U0876499

新时代公文写作实务大全集

XINSHIDAI GONGWEN XIEZUO SHIWU DAQUANJI

中国写作学会公文写作专业委员会／组织编写

岳海翔／编著

人民东方出版传媒
People's Oriental Publishing & Media
東方出版社
The Oriental Press

目　录
Contents

第一章　公文基础知识

第二章　公文法定格式标准

第三章　公文处理工作规范

第四章 公文写作相关知识

第五章　公文病误处理

第六章　常用公文范例

第七章　公文写作人员素质提升

第八章　公文写作疑难问题解析

第一章

公文基础知识

第一节　公文的内涵及外延

一、公文的定义

关于公文的定义，2012 年 4 月 16 日，中共中央办公厅和国务院办公厅联合印发的《党政机关公文处理工作条例》（以下简称《条例》）借鉴并延续了以往公文法规中对公文概念的表述，从公文的形成范围、性质、功能和体式等方面，对公文的定义作出了明确界定。

《条例》第三条明确规定："党政机关公文是党政机关实施领导、履行职能、处理公务的具有特定效力和规范体式的文书，是传达贯彻党和国家方针政策，公布法规和规章，指导、布置和商洽工作，请示和答复问题，报告、通报和交流情况等的重要工具。"

二、公文写作

公文作为传递策令、沟通信息、联系事务的文字载体，必须通过写作这一行为活动才能实现。公文写作作为应用文写作的一个重要分支，是各级党政机关、企事业单位和人民团体从事管理活动的产物。它是在写作活动一般规律和原理的基础上，根据公务活动的客观需要，以党的路线、方针、政策和决议与国家的法律法规为指导，运用科学原理和写作技法，完成对各类公文的撰写。

三、公文处理

关于"公文处理"的内涵，《条例》第四条明确规定，它"是指公文拟制、办理、管理等一系列相互关联、衔接有序的工作"。这一规定，不仅把握了公文处理的基本内容，而且指出了它们之间的内在关系即系统性。公文处理工作从拟制、办理到管理，是一个不可分割的整体，构成了公文从产生到归宿的全过程，这个过程呈现出一环套一环、一扣绕一扣的整体联动特征。因此，不论哪一个环节出现问题，都将影响它的整体效应。这就要求在公文处理过程中，必须树立整体观念，坚持系统思想，加强对公文处理工作的全面质量管理。

《条例》把公文处理工作提到很高的地位来认识并加以规定，明确指出“各级党政机关应当高度重视公文处理工作，加强组织领导，强化队伍建设，设立文秘部门或者由专人负责公文处理工作”。

四、公文的类别

公文是一个集合名词。为了更加准确地理解把握公文，进而正确地撰写公文，需要对公文进行分类。关于公文的分类，一般有以下几种。

1. 根据所起的作用不同可分为：

（1）法规性公文，如条例、规定、办法、章程、守则、规范、制度等。

（2）计划性公文，如计划、规划、要点、方案、预案、设想、纲要、安排、打算等。

（3）指导性公文，如命令、决定、决议、通知、纪要、意见等。

（4）陈述性公文，如综合性工作总结、工作情况报告、调查报告等。

（5）请示答复性公文，如请示、批复、复函等。

（6）沟通情况性公文，如通报、简报等。

（7）宣传教育性公文，如讲话稿、通告等。

（8）商洽性公文，如函等。

2. 根据不同的行文关系可分为：

（1）上行公文，指下级机关向上级主管机关的行文，如请示、报告、意见等。从实质上讲，议案也是一种上行公文。

（2）下行公文，指上级机关对本机关下属单位的行文，属于自上而下的行文，如中共中央给所属各省、自治区、直辖市党委的发文；省政府给各委、办、厅、局发文等。这方面使用的具体文种主要有意见、决定、决议、通知、通报、纪要、批复等。

（3）平行公文，指不具有隶属关系的机关（即无领导或者业务指导关系的机关和单位）之间的往来行文，如函等。

3. 根据公文制发机关的不同性质可分为：

（1）行政公文，指国家行政机关在处理日常公务活动过程中所使用的公文。例如，为行政指挥、领导和指导工作、公务联系和交往等而发出的命令、通知、通报、请示、报告、纪要和函等。

（2）党务公文，指由党的各级机关制发的公文，反映的是党的领导活动和党的建设等方面的情况。例如，章程、条例、规定、细则、决定、决议、请示、报告和通知等。

（3）法规公文，指由国家权力机关和行政机关制定颁布的法律、法令和行政法规。例如，规定、条例、规则、办法、细则、守则、制度和规范等。

（4）外交公文，指在外事活动中专门使用的公文。主要有国书、议定书、照会、备忘录和条约等。

（5）计划公文，指由各级政府提请同级国家权力机关审查批准的国民经济与社会发展计划以及财政预决算等。

（6）军用公文，指由国家军队机关所使用的各种公文。主要有命令、通令、通知、通报、请示和报告等。

4. 根据公文的来源及发出、使用的范围可分为：

（1）通用公文，指各级党政机关、人民团体、企事业单位所普遍使用的公文。它既包括《条例》所规定的正式和主要公文文种，也包括其他常用各种应用文（事务文书）。

（2）专用公文，指在一定的业务范围内，按照特殊需要而专门使用的公文。它包括外交公文、司法公文、计划公文、科技公文和军用公文等。

（3）普发公文，指上级机关对所属下级机关发布的通知和通报等下行文。

（4）专发公文，亦称单发公文，系指只针对某一特定机关所发的公文，只需主送一个机关。例如，批复和复函等。

（5）收入公文，指主管上级、所属下级单位及其他外部单位发来的文件。

（6）发出公文，指本机关向外机关发出的公文。

（7）公布公文，指向社会各界和人民群众公开传达或通过报纸、电台、电视台等新闻媒体向国内外公开宣布的公文。例如，命令（令）、公告和通告等。

（8）内部公文，指党政军机关及企业事业单位组织内部使用的公文。

5. 根据公文内容的重要程度可分为：

（1）绝密公文，指涉及党和国家最核心机密内容的文件，一旦泄露会使国家的安全和利益遭受最为严重的损害。

（2）机密公文，指涉及党和国家比较重要机密内容的文件，一旦泄露会使国家的安全和利益遭受比较严重的损害。

（3）秘密公文，指涉及党和国家重要机密内容的文件，一旦泄露会使国家的安全和利益遭受损害。

6. 根据公文送达和办理的时间要求可分为：

（1）特急公文，指内容特别紧急的公文，其办理时限一般不得超过 24 小时。

（2）紧急公文，指内容比较紧急的公文，其办理时限一般不超过 3 日。

（3）一般公文，其办理时限一般不宜超过 15 日。

7. 根据公文的载体形态可分为：

（1）纸质公文，指以纸张为物质载体的公文，是使用最普遍的公文。

（2）磁介质公文，指以磁带、磁盘、磁鼓等磁性材料为物质载体的公文，诸如录音文件、录像文件和计算机文件等。

（3）光介质公文，指以感光材料如胶片等为物质载体的公文，如照片公文、缩微胶片公文和光盘公文等。

五、公文的特性

公文作为表述社会组织集团意志的文书，其特性主要有以下几个方面。

（一）作用的策令性

公文是传递治理国家的策令的，担负着其他任何文体都不能且不允许担负的特殊使命。策令性是公文所独具的特性。

（二）特有的严密程式性

严密程式是其他文字形式都不具有的特性，体现权限和从属关系。程式性指公文的惯用格式、写作层次与转述来文的方式。惯用格式指具有一定的写作格式，有的是国家明文规定的，也有的是约定俗成的，如文件、条据、诉状、合同、契约、讣告、启事、海报和专用书信等都具有不可随意改变的一定格式；写作层次，主要指公文在篇章结构上的一系列技术性要求，如标题摘由、篇前撮要、段头显旨、分项标号和分层列段等；转述来文的方式，指在转述公文时，要加“文件头”，形成复体行文的形式，被转述的文件列为“附件”。明确规定下级转述上级的来文称作“转发”，上级转述下级的来文称作“批转”，平级机关之间相互转述过来也叫“转发”。拟写“文件头”一般要写明三点内容：一是表明对被批转、转发文件的态度；二是强调被批转、转发文件内容的意义；三是提出贯彻或办理的要求，做到开宗明义，讲究实际。值得注意的是，作为公文程式的延伸，还有一个信符问题，即作为公文有效性的标志加盖印鉴。公文的构成有三个要素，即作为指导国家治理的政策思想，体现党和国家权限的行文程式，以及作为权力标记的信符。三要素的组合是公文的重要特性，是其他文体都不具备的。

（三）撰拟的专任性

公文的策令作用，使公文撰拟必须由指定的专人进行。公文撰拟的专任性是政治工作的需要。只要有公文存在，这种撰拟的专任性就是不可改变的。正是这种撰拟的专任性和传递的严密性，保证了公文准确地履行表达党和国家意志的职能。公文撰拟的专任性，包括两种形式：一是职述，即由担负某种职务的人拟写与其职务相称的公文；二是代拟，即指领导机关或领导干部授权由他人代拟公文。

（四）严格的时间性与特有的时效性

公文是解决公务活动中实际问题的手段之一，这种实用性决定了公文要快写、快发、快处理，以提高工作效率。时效性是指任何一份文件都具有一定的时效，没有时效的文件是不存在的。时效的产生，除文件中明确规定生效的时间外，所有文件都以“成文日期”为生效时间。文件时效的丧失，有两种情况：一是明确宣布被新的文件所代替，从新的文件产生之日起，旧文件的时效性即行停止；二是随着客观形势的变化，有些文件的时效自然终止。

（五）实实在在的真实性

文学作品的真实性，要求的是艺术的真实，允许艺术虚构。公文的真实性，要求的是事实上的真实与方针政策上的真实，这是公文写作的一大特点。事实上的真实，指公文中所反映的事物是真实存在的，而且任何一个细节都必须是真实的，不得有丝毫出入，是绝对的真实；方针政策上的真实，即党和国家方针政策的制定是以客观存在的实际为科学依据的，正确地体现出事物发展的客观规律性。公文的内容只有符合党和国家方针政策，才能符合客观规律。公文的真实性，是事实真实与方针政策真实的有机统一。

（六）作者与阅者的特定性

公文必须是法定作者，即依法成立并能以自己的名义行使权力和履行义务的组织及其代表人。因此，公文的作者不是什么人都可以充当的。同时，公文行文的对象也是特定的，从起草开始就明确了阅者是谁。这种作者与阅者的特定性是其他文体所不具备的。

六、公文的作用

公文作为党和国家机关实施领导、履行职能、处理公务的书面文字工具，具有如下几个方面的作用。

（一）规范作用

在党政机关使用的公文中，有相当一部分是用来公布全国或地方性的各种法律、法令和行政法规。它规范着亿万人民的行动，要求人们必须坚决执行，国家以强制力保证它的权威性，如《中华人民共和国刑法》《中华人民共和国民法典》《中华人民共和国地方各级人民代表大会和地方各级人民政府组织法》及各种规定、条例、决定、通告等。它公布的一些章程、准则、守则等，虽不是法规，但同样起着规范和准绳的作用。

（二）计划作用

计划是党政机关实施管理的中心环节，要管理，就要对工作的目标和任务作出设想和安排，对重大的问题作出决策。通过计划和决策，确定任务的内容、工作步骤、工作方法和各种要求。而党政机关各项计划活动所形成的文字材料是公文的一个重要方面，如计划、规划、工作要点、纪要、意见、决议、设想、安排、办法等，都属于起计划作用的公文。

（三）组织作用

党政机关制订计划和决策之后，就要付诸实施，化为具体的执行活动。在具体的组织活动中，除了使用语言等手段外，还要使用公文这一文字手段。比如，使用简报、通报等来交流信息、提供情况；通过请示、报告等来解决下级工作中遇到的问题和掌握下级的情况；使用命令、决议、通告、意见等对下级的工作提出明确具体的要求，对下级工作加以推进和指导。

（四）协调作用

协调就是改善和调整各机关、各部门、各项活动之间的关系，使各项管理活动分工合作、密切配合、步调一致，实现共同的目标。公文就是实现这种协调作用的重要手段。例如，通过作出决议、发布决定、总结工作来统一人们的思想认识，做到步调一致，以免贻误工作；通过发布通知、通告来纠正不良倾向，保证党政机关整个工作机器正常有效地运转。

（五）控制作用

要使党政机关的管理活动顺利进行并达到预期目的，对管理活动的进程和结果必须加以控制。控制就是监督、检查和规范，公文大部分起这种作用。要实现控制就要上情下达、下情上传，彼情此知、此情彼知，公文中的情况报告、简报、通报、信息快报等就是起这种沟通交流情况作用的。对某一方面工作起指导作用和对某一不良倾向予以制止的指示性通知、批评性通报、指示、指导性通报等都是起控制作用的。

（六）宣传作用

为了保证党和国家的方针政策的顺利贯彻实施，各级党政机关要经常制发一些着眼于对干部群众进行思想教育的公文，以提高人们的思想认识，调动大家建设中国特色社会主义的积极性。

（七）联系作用

在平级和不相隶属的机关之间，通过公文往来，可以相互商洽工作、答复问题、交流信息、沟通情况。

（八）凭证作用

某些公文在完成了它的现行作用之后，就要进行整理，归入档案，对今后的工作，起到记载、凭证和查考的作用。

七、公文语体与稿本

（一）公文语体

语体在修辞学上的使用有两个意思：一是指语体文，即白话文，与文言文相对；二是语言的功能风格，是人们在不同的社会生活领域内进行交际时，由于不同的语言环境所形成的一系列使用语言材料特点的综合。通常所说的语体主要指后者。语体可分为说话语体和书面语体两大类，后者又分为科学语体、艺术语体、政论语体和事务语体。公文语体是事务语体，以实用为目的，这就决定了它的语体风格是平实、简明、庄重的。由于公文讲究实用，在运用语言时必须把着眼点放在明确表意和加快交流上，这就要求写得平实、简明。由于公文又具有一定的权威性，在运用语言时就必须考虑如何保证执行办理的效力，这就要求写得庄重、严谨。

（二）公文稿本

公文稿本是指同一公文在撰写、审核、印制过程中形成的在形式、内容、作用上有所不同的文稿、文本。具体包括以下几种情况：

一是草稿，指公文的原始稿件，供修改、讨论、审批之用。按成熟过程可分为一稿、二稿、三稿、修改稿、讨论稿、征求意见稿等。

二是定稿，即最后完成稿，它是文件的标准稿本，是印制正本的依据。

三是正本，具有标准格式并签署或盖章。

四是副本，亦称抄本，是正本的副件或复制本，主要供参阅、备查之用。

五是存本，指留存的正本，备工作查考之用。

六是试行本（暂行本），一些法规性文件，在内容尚不成熟之时，先以“试行本（暂行本）”发行并试用。

七是各种文字本，包括国内各少数民族文字本和各种外文文本，必要时须规定标准的文字文本。

八、我国现行公文处理法规

我国现行公文处理法规是指《党政机关公文处理工作条例》（中办发〔2012〕14号），由中共中央办公厅和国务院办公厅于2012年4月16日联合正式印发并从2012年7月1日起正式施行，1996年5月3日中共中央办公厅发布的《中国共产党机关公文处理条例》和2000年8月24日国务院发布的《国家行政机关公文处理办法》停止执行。

《条例》正式公布，这是我国党政机关公文处理工作的一件大事。与以前党政两大系统的公文处理法规相比，无论是从内容规定还是从体例设置方面都作出了较大的调整，既适合党政机关公文处理工作的实际状况和未来的发展需要，又很好地体现出公文法规本身所应有的严密性和规范性特征。

与《条例》相配套的是《党政机关公文格式》。我们将在第二章进行详述。

第二节　公文学

一、公文学概念的提出

公文学是以党和国家机关管理工作的重要工具和手段——公文为研究对象的一门学科。

由我国著名公文学家苗枫林著述、齐鲁书社出版的《中国公文学》一书中第一次提出“公文学”这一概念。书中首先提出：公文，作为独立的研究对象进入社会科学领域，就它的出现和发展的悠久历史来看，就它在国家治理中的重要作用来看，应该说，这是一门“迟到了”的学科。其次，书中明确提出，公文的特性是公文学得以成为一门独立学科的基础，即公文作用的策令性，公文以特有的严密程式体现政治集团的权限和从属关系。最后，书中还十分鲜明地指出：公文学是研究公文在国家治理中的作用、公文与政治的依附关系以及公文撰拟程式的专门学科；公文学研究的具体范畴可归纳为中国公文史、现行公文体式、公文的运用和修辞以及撰拟修养等。

二、公文学的研究对象

公文学以公文为研究对象。

公文具有极其严格的特定含义。公文的“公”，从一般意义上讲，泛指一切公共事务，在这里专指党和国家机关的公务活动；公文的“文”是指具有法定效力和规范格式的文书。所谓法定效力，是指法律赋予党和国家机关所具有的特定效力；所谓规范格式，是指这种文书的行文程式是由党和国家统一制定的；所谓“程式”，既包括文种、格式，也蕴含行文的规则程序。严密程式是公文独有的特性，它体现的是权限和从属关系。例如，上行文、平行文、下行文在文种、标印格式以及用语等方面的差异性，上下转述来文方式上对“文件头”使用的严格限制性，以及因写作层次上的一系列技术要求延伸而来的权力标记的信符等。

综上所述，公文是党和国家在领导党的事业和治理国家方面，表达意志、传递策令并具有一定规范格式的文字工具和手段。

三、公文学具备的三个基本条件

根据以上界定，公文学所研究的公文必须具备以下三个基本条件。

第一，它的产生和使用者必须是党和国家机关。从某种意义上说，还包括政协及工、青、妇、科协、社科联等人民团体，因为它们是党实施领导的补充。国家经济组织、事业单位在经济活动中产生的直接体现党和国家意志、显示政治权力关系的文书，也应是公文学研究的范畴。

第二，它必须产生于实施党的领导和国家管理过程之中，是依法行使职权的产物，具有特定的法律效力。

第三，它必须具有规范的格式。党的机关、人大机关、行政机关、军事机关等均有各自的公文处理法规，对公文的文种、行文规则、格式标准等都有明确的规范。因此，其各自所使用的格式必须符合规定。

四、公文学的独立地位

公文学是一门有其特定研究对象的学科。但近年来在学术界不断出现以下四种说法，影响了公文学的学科建设，必须加以澄清。

一是把“公文学”划作“秘书学”的一个组成部分。例如，大量的秘书学著作，都把公文及公文写作、公文处理等方面的内容划作其中的部分章节；在秘书学会的下面设置“公文写作专业委员会”等。按照这种逻辑，好像在“秘书学”的范畴内会有“公文学”，而公文学是“秘书学”的一个分支。但就其实质而言，这种讲法和做法都是不正确的。因为秘书在公文的产生和使用过程中，充其量只是一个“起草”“运转”与“保管”的服务角色，而真正的“决定者”与“使用者”则是这个单位的领导与职能部门；更何况在文件起草过程中，有些文件也不是单纯由秘书部门一家独自进行的，往往要有领导的直接指挥和部门的参与。所以说，“公文学”与“秘书学”只能是交叉关系，而非从属关系。

二是把“公文学”划为“档案学”的从属。“公文学”与“档案学”之间的关系，恰当地说，不是谁从属于谁的问题，而是并列存在的姊妹学科，是一个事物的两个方面。公文是档案的前身与基础，档案是公文的后继与归宿。

三是把“公文学”与“文书学”等同。“文书学”的研究对象既包括“公务文书”，又含有大量的“私人文书”。“公文学”是以实施党的领导和治理国家的文书作为研究对象的，这与“私人文书”截然不同。就“公务文书”而言，虽然“文书学”与“公文学”有相同之处，但它们各自的研究角度、目的与方法不尽相同：“文书学”研究公文，立足于公文的处理原则、程序、方法以及保管利用、立卷归档等；“公文学”除了有“文书学”中研究公文的内容以外，更着重于公文写作与处理的深层次科学规律及其写作要领、技法的研究。在“公文”这个问题上，实际上“文书学”是“公文学”发展的基础，“公文学”是“文书学”在新的历史条件下的继承与发展。

四是把“公文学”视为“应用写作学”的一个分支。“公文学”既包含公文写作也包括公文处理，还包括 3500 多年的公文发展史，它大大跨出了“写作”的范畴。即使就“写作”而言，公文写作的研究也不单单是研究它的写作技法与规律，而是着重探讨公文在国家治理中的作用、公文与政治的依附关系，这一点显然是应用写作中的大量文体所不具备的。

综上所述，公文学是一门地地道道的独立学科。它有着自己特定的研究对象，与“文书学”“秘书学”“档案学”“应用写作学”成交叉关系，而且注重“文书学”有关公文研究的发展与创新。

第三节　公文的种类

一、文种的名称

根据《条例》的规定，党政机关所使用的主要文种（也称法定公文、正式公文）为15种，即“决议”“决定”“命令（令）”“公报”“公告”“通告”“意见”“通知”“通报”“报告”“请示”“批复”“议案”“函”“纪要”。《条例》紧密结合党政机关公文处理实际，对党政机关的法定公文进行了重新梳理和排队，使之更趋于准确、规范、科学、合理。

首先，在数量上进行了调整，删掉原来党的机关使用的“指示”“条例”“规定”。原来党的机关法定公文是14种，行政机关法定公文文种是13个，合在一起是27个，其中相同文种18种，不同文种9种。重新整合以后保留了15种。

其次，对公文种类的排列顺序进行了重组，依据各文种效力、发布主体级别、行文方向等多方面因素，将其依次规定为：决议、决定、命令（令）、公报、公告、通告、意见、通知、通报、报告、请示、批复、议案、函、纪要。这种排列更加科学合理，更具逻辑性和严密性。

最后，《条例》对相关公文的适用范围也作了一定程度的调整，更趋科学和实用。具体表现在：对“命令（令）”文种的适用范围进行了拓展，除原有的使用功能外，新增了“批准授予和晋升衔级”的内容，较之原来更为完善，更加切合实际需要；对于“通知”，删去了原来“发布法规”及“任免人员”的使用功能；对于“通报”，把原来的表述“适用于表彰先进、批评错误、传达重要精神或者情况”调整为“传达重要精神和告知重要情况”，使之更为全面准确。将“报告”的适用范围“答复上级机关的询问”中的“答复”改为“回复”，用词更加准确恰切；对于“纪要”，长期以来一直称为“会议纪要”，将其简化为“纪要”，并且规定“用于记载会议主要情况和议定事项”，更加简明确切。

二、法定公文的适用范围

《条例》所规定的 15 种公文，对于每一种均规定了明确的适用范围，具体内容如下。

（一）决议

党政机关使用的下行文的一种。适用于会议讨论通过的重大决策事项。例如，《中国共产党第十九次全国代表大会关于十八届中央委员会报告的决议》。

（二）决定

党政机关使用的下行文的一种。适用于对重要事项作出决策和部署、奖惩有关单位和人员、变更或者撤销下级机关不适当的决定事项。例如，《中共中央关于全面推进依法治国若干重大问题的决定》。

（三）命令（令）

适用于公布行政法规和规章，宣布施行重大强制性措施、批准授予和晋升衔级、嘉奖有关单位和人员。具体分为：用于公布国家法律和行政法规的为“公布令”，如《中华人民共和国主席令》（第 × 号）、《中华人民共和国全国人民代表大会常务委员会委员长令》（第 × 号）。用于发布某些重大的行政措施和活动的为“行政令”，如《国务院关于在我国统一实行法定计量单位的命令》。用于任免、奖惩、特赦、戒严、部队宣布功过等事宜的为“任免令”“嘉奖令”“特赦令”“戒严令”“通令”，如《关于嘉奖参加纪念抗战胜利 70 周年阅兵的解放军和武警部队全体官兵的通令》。

（四）公报

党政机关使用的公布性文件的一种。适用于公布重要决定或者重大事项。例如，《中国共产党第十九届中央委员会第三次全体会议公报》。

（五）公告

党和国家机关使用的公布性文件的一种。适用于向国内外宣布重要事项或者法定事项。例如，《财政部关于实施境外旅客购物离境退税政策的公告》。

（六）通告

党政机关使用的公布性文种。适用于在一定范围内公布应当遵守或者周知的事项。例如，《福建省人民政府关于禁航禁渔的通告》等。

（七）意见

党政机关公文中既含上行又具有下行乃至平行意义的一种。适用于对重要问题提出见解和处理办法。一般情况下，来自下级机关的“意见”只具有参谋建议性质，一经上级机关批转或批准，即转化为决策性的文件；另一种是出自上级机关的“意见”，虽然文种名为“意见”，但本质含义已非建议的意思，而是具有指挥性、决定性。例如，《国务院关于积极推进“互联网 +”行动的指导意见》。

（八）通知

党政机关使用的下行文的一种。适用于发布、传达要求下级机关执行和有关单位周知或者执行的事项，批转、转发公文。

（九）通报

党政机关使用的下行文的一种。适用于表彰先进，批评错误，传达重要精神或告知重要情况。例如，《国务院办公厅关于对全国第二次大督查发现的典型经验做法给予表扬的通报》、财政部《关于盘活财政存量资金有关情况的通报》。

（十）报告

党政机关使用的上行文的一种。适用于向上级机关汇报工作、反映情况，回复上级机关的询问。例如，广东省人民政府《关于加快营造生物防火林带工程建设议案办理情况的报告》。

（十一）请示

党政机关使用的上行文的一种。适用于向上级机关请求指示、批准。例如，《国家统计局关于建立国家普查制度改革统计调查体系的请示》。

（十二）批复

党政机关使用的下行文的一种。适用于答复下级机关请示事项，针对性、目的性很强。例如，《国务院关于黄河流域防洪规划的批复》。

（十三）议案

国家行政机关专用的文种，适用于各级人民政府按照法律程序向同级人民代表大会或者人民代表大会常务委员会提请审议事项。例如，《国务院关于提请审议设立重庆直辖市的议案》。

（十四）函

党政机关公文中唯一的平行文。适用于不相隶属机关之间商洽工作、询问和答复问题、请求批准和答复审批事项。例如，《国务院办公厅关于出国举办经济贸易展览会审批管理工作有关问题的函》。

（十五）纪要

党政机关使用的公文的一种。适用于记载会议主要情况和议定事项。纪要在行文关系上，可以采取转发（印发）或直接发出的形式，类似于通知，发给下级机关贯彻执行；也可以报送给上级机关，类似于会议情况报告，向上级机关反映情况；还可以发给平级有关机关，类似于公函，使对方知晓，沟通情况。例如，《中央经济工作会议纪要》。

三、常用事务公文的适用范围

除上述15种法定公文以外，在党政机关、人民团体和企事业组织的公务活动实践中，还经常使用以下35种应用性公文。

（一）条例

党的机关公文中的主要种类之一，适用于中央组织制定规范党组织工作、活动和党员行为的规章制度。条例又是国家行政法规、地方性法规的主要形式。例如，《中国共产党党内监督条例》。

（二）规定

党的机关使用的主要公文种类之一，是对特定范围的工作和事务具有约束力的行为规范，又是国家行政法规、地方性法规、部门规章、政府规章的主要形式。例如，《播音员主持人持证上岗规定》。

（三）计划

即对工作的预想和打算的书面化。计划的种类很多，按内容可分为综合性的工作计划、专项（题）性的工作计划；按时间可分为年度计划、季度计划、月计划、周计划；按范围可分为国家计划、单位计划、部门计划、科室及车间计划；按性质可分为规划、计划、安排、打算、设想、方案、预案和工作要点。

（四）规划

计划性文件的一种，一般是带有全局性、长远性和方向性的中期（一般指三年以上）计划。例如，《长江中游城市群发展规划》。

（五）工作要点

计划性文件的一种，以简要的文字，反映一个单位在一定时间内工作计划的主要方面和要点。例如，《××省人民政府研究室2020年工作要点》。

（六）专用书信

指具有专门用途，形成特殊写法的函件，主要包括介绍信、证明信、慰问信、表扬信、喜信（报）和贺信（电）等。

（七）工作总结

指在工作实践中，基于对客观事物规律的认识而形成的文字材料。它有两个特点：第一，对前一阶段工作或某一项工作完成之后所作的总的、全面的检查和回顾；第二，对整个工作进行分析、评定和综合，揭示出事物本质，找出工作规律，以便指导今后的工作。例如，《××市公安局2021年工作总结》。

（八）讲话稿

通常指领导同志代表组织在一定会议上，就有关方针政策、思想、工作、作风等问题所作的带有指导性的讲话而使用的书稿。例如，《在纪念中国人民抗日战争暨世界反法西斯战争胜利70周年大会上的讲话》。

（九）开幕词

举办会议的主要负责人代表大会所作的纲要性讲话，用以阐明大会的宗旨、性质、任务、目的、议程、安排、要求等。开幕词集中体现了大会的指导思想，对大会起引导作用。例如，《国际展览局主席上海世博会开幕词》。

（十）闭幕词

会议结束时，举办会议的主要领导对大会进行的各项议程和会议情况所作的评估和概述，突出解决的主要问题和收获，提出贯彻会议精神的希望和要求。例如，《G20杭州峰会闭幕词》。

（十一）简报

适用于下情上报、上情下达和互通情况，交流信息，在机关内部具有广泛的使用范围，有工作简报、会议简报与情况简报之分。例如，机关内部编发的“××动态”“××信息”“××简讯”“××情况”等均属简报范畴。

（十二）调查报告

机关工作中，对某个问题、某一事件、某项经验、某种情况开展调查，在占有丰富材料的基础上，经过科学的分析研究，将说明问题、澄清情况、揭示本质规律等结果写成的文字材料。

（十三）大事记

一个地区、一个单位或者一个组织把重大事件或活动按时间顺序记载下来的公文。例如，《党的十八大以来大事记》《××市物价局2020年大事记》。

（十四）章程

党政机关和社会团体为规范本组织的成员而对本组织的内部事务（如宗旨、组织、权利、义务等）作出的共同遵守的集体决定。例如，党章、团章、工会章程等，也包括业务部门的一种规章，如招生简章、招工简章。

（十五）细则

贯彻实施某一法规而在要求、办法上的具体化，是业务主管部门或下级机关贯彻实施某一法规中的某几条条款而作的详细规则。例如，《中华人民共和国台湾同胞投资保护法实施细则》就是为配合《中华人民共和国台湾同胞投资保护法》而同步制定的规则。

（十六）制度

为规范有关人员、集体和个人活动所明确的制约规则。例如，医疗保险制度、保密制度、作息制度、会议制度、安全卫生制度等。

（十七）办法

对某一方面的具体工作手续和措施加以条理化和制度化，使有关部门在办理中有所遵循的文件。例如，《党政机关公务用车管理办法》《党政机关办公用房管理办法》。

（十八）守则

在一定范围内为工作人员或社会成员所规定的简明道德规范和行为准则的文种。例如，《国务院工作人员守则》。

（十九）规则

为保证工作的顺利完成，对其程序、方式、方法及要求，写成条文，形成制度，要求有关人员严格遵守，不得违反。例如，《国务院工作规则》。

（二十）会议工作报告

某一级组织的代表人向会议所作的工作报告，以提交大会讨论并作出决定。这类报告不是讲话稿或发言稿，而是包含对前一个时期的工作进行总结以及对今后一个时期的工作作出部署等内容。例如，《政府工作报告》。

（二十一）祝词

以组织或领导人的名义，对某一重要会议、重要活动或在政治、经济、科技、文化、教育等方面取得的重大胜利，以及某一国家、某一政党、某一重要人物的纪念性活动表示祝贺的言辞，是一种重要的应用文体。

（二十二）声明

对某些问题或事件表明自己的观点、态度和主张的文书，它的使用者可以是一个国家的政府或一个政党，也可以是某一个组织或单位。涉及双边、多边事项共同签署的声明，称作“联合声明”。例如，《中台办、国台办就当前两岸关系发表声明》。

（二十三）述职报告

对一个时期内执行岗位职责的实践活动进行自我评述的总结报告。

（二十四）公开信

面向社会公开发布的书信，它的发布者应是党和国家的某一机关、部门，或者是党和国家直接领导的人民团体。例如，《中国女足致全国球迷公开信》。

（二十五）纲要

带有远景发展设想的提纲挈领式的文字计划，具有较强的政策性、思想性与指导性。例如，《新时代公民道德建设实施纲要》《中华人民共和国国民经济和社会发展第十四个五年规划和 2035 年远景目标纲要》。

（二十六）工作研究

对实际工作中具有普遍意义的问题进行研究探讨，提出见解和主张，为领导决策服务或参与社会的公开讨论。

（二十七）方案

对未来要做的某重要事项，在总体筹划上作出最佳选择和安排。例如，《药品监督管理体制改革方案》。

（二十八）安排

对短时期内的工作所提出的计划，是年度、季度工作计划的具体分解。例如，《× × 市公安局关于开展打击赌博专项斗争的安排》。

（二十九）设想

属于初步构想的粗线条的非正式计划，具有参考性、理想性与一定的可变性，时间跨度一般在 10 年以上。例如，《× × 市人民政府关于海滨新区经济建设今后十年（2018 年至 2028 年）发展设想》。

（三十）决策方案报告

一个部门、一个单位，根据有关数据和资料，对管理工作中的现实或未来的重大问题进行分析、研究、对比、论证，提出可供领导选择或采纳的决策方案。

（三十一）新闻通稿

新闻机构在采访到一些重要新闻后，以统一的稿件方式发给需要稿件的各有关媒体。随着公务活动领域的不断扩大、信息传播速度的加快和渠道的增多，越来越多的党政机关和企事业单位在对外发布新闻时，为了统一宣传口径，也会组织新闻通稿提供给需要的新闻媒体。

（三十二）信访回复和答复

有关部门将信访事项的办理情况、复查或复核意见回复信访人的一种文书。具体种类多种多样，基本结构模式和撰写要求大体相同。

（三十三）调研报告

对某种情况、某项经验、某个问题或某一事件进行有目的和系统的调查了解，将全部情况和材料进行深入细致的分析研究之后写出的反映客观实际、揭示事物本质与发展规律的书面报告。根据实际使用情况，通常将其分为总结经验的调研报告、揭露问题的调研报告、反映情况的调研报告三大类。例如，《××市教育局关于农村教育事业发展情况的调研报告》。

（三十四）协议书

国与国、政党团体与政党团体之间，国内机关、团体、企事业单位之间为了解决某一事项，通过协商将取得一致意见的事项整理成共同遵守的文字材料。

（三十五）典型材料

为宣扬社会实践活动中涌现出来的有代表性的先进人物或先进单位的事迹、经验而写成的书面材料。例如，《××同志的先进事迹材料》。按照所涉及的对象来分，有个人典型材料与单位典型材料两种；按照内容性质来分，有典型事迹材料、典型经验材料和典型事件材料三种。

除上述35种常用事务文书外，还有竞聘演讲词、行政奖励及处分决定、公约、讣告、悼词等，种类十分繁杂。

四、公文文种的作用

公文是一个独立的文体，由若干具体文种组成，从表面上看，这些文种名称只不过是一个代号，其实它包含的道理是相当丰富、深刻的。

（一）不同的文种名称，体现了不同文件的性质

例如，命令（令）、通缉令、嘉奖令、惩戒令等文种都有一个“令”字，由于“令”字包含指使的意思，属于使令性动词，所以，在使用令、命令、通令等作为文种名称时，都具有指令性质。又如，通知、通报，都有一个“通”字，即传达的意思，“知”和“报”包含知道的意思，所以在使用通知、通报等作为文种名称时，基本属于告知性、周知性文件。再如，纪要即概述其要点的意思，所以，纪要属于会议文字记录性文件。

（二）不同的文种名称，反映了文件的不同行文方向

例如，决定、决议，都有一个“决”字，“决”就是决策的意思，而决策产生于各级

机关的首脑核心，决策之后要由下属部门去执行、办理，所以，它们的行文方向必然是自上而下。又如，请示这个文种，“请示”二字的含义是请求予以批示。这个含义本身就十分明确地告诉我们，请示的行文方向是自下而上的。再以“函”为例，“函”这个字的本义是书信，书信是人们用以传递信息、互通情况、商洽问题、联系事务时使用的一种文体，它不存在哪一方可以使用，哪一方不可以使用的问题。所以反映到“函”上，便产生了对上、对下以及平级机关或单位之间均可使用的多种行文方向。

（三）不同的文种名称，表达了文件的不同目的或要求

例如，公告、通告、报告均有一个“告”字，“告”即将事情向人陈述、告知的意思，因此这几个文种的行文目的在于向人们（或组织）告知、告诉某一事项；又如，公文中的批复，这个名称非常明显地告诉我们，行文的目的是上级对下级作出的批示和答复；再如，“请示”，有“申请指示”“申请批准”等含义，因此其行文目的就是为了向上级机关请求指示和批准事项。

（四）不同的文种名称，揭示了不同文种的各自特点

以公告、报告两个文种为例，虽然都有一个“告”字，均属陈述、告知性的文件，但前一个“告”受“公”字的限制，后一个“告”被“报”来限定，“公”包含公开的意思（在党政公文里，代表党和国家），“报”在这里可作为向上级汇报来理解。把“公”与“告”联系起来即公开告知，所以公告是面向全社会的告知性文件，它的对象是广大人民群众及各个单位；而“报”与“告”联系起来，是向上级汇报、陈述，所以它是面向上级的陈述性文件。又如，请示、报告，虽同属上行文，但“请示”是请求给予批示，对上有肯定性的要求，由此会引出复文；“报告”的含义是向上级汇报、陈述情况，对上则没有肯定性的要求，不会引出复文。所以，它们又是两个不同性质的文种。再如，决定、决议同属一类，都是决策性文种，但一个是“议”，一个是“定”，“议”说明此文所决策的问题是经过会议讨论通过，“定”是制定的意思，制定决策的形式是多种多样的，有的是经过会议讨论通过的，也有的是某一机关、组织直接制定的。

综上所述，文种的名称具有概括标明文件的性质、作用、运行方向及制发目的、要求的重要作用。因此，在拟制公文时，一定要注意准确选用文种，如果文种名称的确定和使用不当，可能会发生越权的错误，或者是给收文机关的公文处理工作带来诸多麻烦与不便。可见，正确使用文种是一件很严肃的事情。

五、公文文种的法律地位

要准确地把握和使用公文的文种，做到不错用、不滥用，就必须分清公文文种的法律地位，这是确保准确规范使用公文文种的前提条件。

公文的文种有一部分是党和国家通过法规的形式加以确定的，我们通常称这一部分文种为“主要文种”或者“正式文种”，在公文学术界也称之为“法定文种”。如前所述，根据《条例》的规定，党政机关所使用的“法定公文”文种有15种。

与“法定文种”相对应的是“非法定文种”，它不是党和国家法规中加以确认的，而是人们在长期的公文写作实践中约定俗成的。例如，“计划”“总结”“考察（调查）报告”“工作研究”“告人民书”“公开信”“声明”“宣言”“章程”“规则”“细则”“守则”“开幕词”“闭幕词”“大会工作报告”“典型材料”“大事记”“演讲词”“条约”“协议”“专用书信”“简报”“信息快报”“方案”“安排”“纲要”“规划”“设想”“制度”“誓词”“新闻通稿”“信访回复和答复”等。

“法定文种”与“非法定文种”由于法律地位上的不同，决定了前者可以独立行文，而且行文时要采用党和国家公文法规正式规定的标准的公文格式；后者不具有独立行文的资格，不能使用党和国家公文法规中正式规定的标准公文格式。“非法定文种”要上报或下发时，只能从“法定文种”中寻求一个文种来做它的载体，构成复体行文的特定方式，一般把这个载体叫作“文件头”。“文件头”大都用“通知”（下行时）或“报告”（上行时）来充当。值得注意的是，采用这种复体行文方式，“文件头”所载运的“非法定文种”不属于公文的附件，而只是一种文件的发布形式。

六、公文文种之间的关系

公文文种虽然名称繁多，性质各异，作用不同，但彼此之间不是孤立的存在，而是一个有机联系的整体，这就是文种关系。

公文文种之间的关系主要表现为以下三种。

第一种，集合关系。由于文种的功能、法律地位以及运行方向不同，分别集合成若干小的集体。从功能上看，往往体现出指挥性、知照性、呈请性、法规性、计划性、总结报告性、记录性等多种集合关系，从而构成了公文诸多的子系统；从法律地位上看，分别集合为法定的与非法定的两大子系统；从运行方向上看，分别集合成上行文、平行文、下行文三大群体。

第二种，相连关系。是指文种与文种之间的相互依赖、相互作用。例如，请示与批复、报告与批示、计划与总结、通知与报告等文种之间的关系就充分证明了这一点。

第三种，离散、交叉关系。例如，公报与公告、指示与批复以及公告、布告、通知、报告之间都是这种关系。

七、正确确定和使用文种的原则

确定文种是公文写作的重要环节之一。在公文写作实践中，对于文种名称的确定和使用，应当根据行文目的、发文机关的职权范围以及与主送机关的行文关系来确定。文种确定不当，将直接影响公文的质量和效用。具体而言，应当注意把握如下几点。

（一）必须按照《条例》的统一规定，不能乱起名称

“法定公文”的 15 种名称，按规定只能单独使用，不能加以合并。目前在一些单位的行文中出现的“请示报告”“告示”“申请报告”“意见报告”等，就是把两个不同的文种名称合并或缩减一起使用，这样随便给公文文种起名的做法是不严肃的。

（二）要依据制文机关的权限进行，不可超越职权

例如，令与命令，是具有指令性质的文件，常言说“令行禁止”，所以，在实际工作中，只有国家的领导机关、军事机关一般才可使用，假若某一个基层单位也来发布令、命令，就失去了令、命令的严肃性和应有的作用。又如，公告虽属于告知性文件名称，但这个“公”字包含代表党和国家的意思，也就是说只有党和国家的管理机关才有资格使用。但从目前的实际情况来看，对于这一文种的使用显得很不规范，随意性很强。不但党和国家的管理机关使用，就连基层的企事业单位也用，其所涉及的事项既有法规规定的重要事项或者法定事项，也有一般性的事项，甚至有些单位还用“公告”来规定门卫制度，显得很不严肃。报纸广告栏目中那令人眼花缭乱的“招生公告”“招干公告”“征文公告”“征订公告”“迁址公告”“商品展销公告”“开业公告”“拍卖公告”等，这些滥用“公告”的做法，从实质上说是一种越权行为，因为它们的作者（如报社、杂志社、出版社、工厂、商店、学校等）无权代表党和国家，所以不能随便使用“公告”。

（三）要依据行文的关系进行，考虑到与收文机关的组织关系

具体地说，收文机关是自己的上级组织，在文种名称的选用上只能采用“请示”“意见”或者“报告”；向自己的下级组织发文时，一般应选用“通知”“决定”“决议”“意见”“通报”及“纪要”等文种名称；公开向社会群众公布某一周知或应当遵守的事项时，应选用

“命令”“令”“公告”“公报”“通告”；向平级单位或没有隶属关系的单位行文时，主要使用“函”。

（四）要考虑发文的具体目的与要求

例如，行文目的是请求上级给予指示、帮助和支持的，就应用“请示”“意见”；用于向上级汇报工作、反映情况的，可用“报告”；用于推动、指导下级工作的，可使用“指示”或“通知”（指示性通知）；目的是告知下一级某一事项的，应使用“通知”；为商洽、联系、询问某一事项时，应使用“函”等。总之，只有熟悉各个文种的性质、用途，切实把握文种名称的内涵与外延，才能准确地使用文种，这对发挥公文的应有作用，提高公文处理工作的效能，具有直接和重要的影响。

八、使用文种应特别注意的问题

（一）要完整准确地学习掌握《条例》中有关文种使用方面的规定

例如，对“通知”的适用范围删去了原有“发布规章”的内容表述。为此，有的人就提出“不能再使用‘通知’来发布规章，而应采用‘公布令’”。这种说法是不准确的，也是不符合实际的，我们不能机械理解公文法规的任何一个条文。比如，《条例》在正式印发时使用的就是“通知”，恰恰没有使用“公布令”，道理很简单，就是因为《条例》的发布是在各级党政机关内部行文，不是公布于全社会。假如认为《条例》关于“通知”的适用范围规定中删去了“发布规章”的内容，就再也不能用“通知”来发布规章，只能使用“公布令”，那么数以千万计的地（市）级以下的政府、部门以及国有企业、事业单位制订的“类规章性文件”又用什么文种来发布呢？难道也用“公布令”吗？当然不行，“令”的使用不但在法律上而且特别是在习惯上都是有严格限定的，还是采用“通知”为宜。对于“报告”文种的使用也应如此。《条例》中仍未就有关“提出意见或建议”的内容作规定表述，据此，有的人就认为“建议报告”也不能再用，统由“意见”取而代之，这也是一种片面之见。上行的“意见”不同于“建议报告”，前者所面对的必须是“新、大、难”的问题，而后者所面对的范围要远远大于前者，可能是重大问题、难点问题，但不一定就是新的问题。总之，我们必须从鲜活且纷繁复杂的公文工作实际去考虑文种的使用问题，做到完整准确地理解党政公文法规的每一条规定精神。

（二）要准确把握行政机关“公布令”的使用限度

行政机关“公布令”的制发者，必须是具有制定、发布行政法规、规章权的国家机关。

如国家行政法规的制发主体是国务院，“部门规章”由国务院各部门制发；“政府规章”即地方人民政府制发的规章，由省、自治区、直辖市以及省、自治区人民政府所在地的市和经国务院批准的较大城市、计划单列市的人民政府根据法律、行政法规和地方性法规而制定。以上行政法规和规章均可使用“令”来发布。除上述以外，一些地区、部门根据行政法规、地方法规、规章而制定的不属于法规、规章的“类规章性文件”，不得使用“公布令”，而应当用“通知”予以发布。在实践中我们见到某一直辖市的经济技术开发区管委会，对自己制定的“规定”使用“令”在媒体上进行发布，显然值得商榷。

（三）要准确使用“函”与“请示”

《条例》明确规定：“函”适用于不相隶属机关之间商洽工作，询问和答复问题，请求批准和答复审批事项。按这一规定精神，凡是向与自己无领导与被领导、指导与被指导关系的主管部门请求审批事项，均应使用“函”这个文种。同时，也不能因为自己有权审批某一事项（如经商办企业、贷款、用地、房产、减免税、办学及要钱、要物、要机构、要编制、要人员、要政策优惠等），不管有无隶属关系，一律要求对方写出“请示”，然后对其以“批复”处之，这与《条例》的规定是格格不入的，要遵循文种本身严格的权限。

（四）要全面理解“意见”文种的双重作用

“意见”这一文种对我们广大公文工作者来讲并不陌生，虽然过去“意见”从未被列为行政公文的主要种类，但它是党的机关公文中的一个主要文种，大家也一直在使用，过去主要是向上级机关反映自己管辖范围内有关工作的意见，要求上级加以支持或批转，现在也可用于向下级机关指导工作，即对重要问题提出见解和处理办法，要求下级贯彻办理。

（五）“请示”与“报告”必须严格分开

虽同属上行文，但两者却有着严格的区别。例如，“报告”对上级没有肯定性的批复要求，而“请示”则相反；在行文时间上，“报告”是事中或事后行文，而“请示”是事前行文；上级对下级报送的“报告”一般不作回复，而“请示”则不然，不论所请示的事项上级同意与否，按理都应及时作出“批复”。

九、相近易混文种辨析

公文中有些文种的名称、性质、作用、特点是非常近似的，这就给我们在文种的选择、掌握与具体运用上带来一些难度，以致在写作实践中经常出现文种混用和错用的问题，直接影响了公文处理的质量和效率。为此，要准确地使用公文文种就不能不注意对近似文种的辨析。

（一）命令/令

在公文文种发展过程中，“命令”与“令”在使用上经历了一个由分到合的演变。在1981年2月国务院办公厅发布的《国家行政机关公文处理暂行办法》中将其规定为两个文种，到1987年2月18日公布的《国家行政机关公文处理办法》中将其合并，从此以后一直作为一个文种的两种名称使用。具体选用的方法是：如果公文标题是由发文机关加文种构成，或者文种之前有一密不可分的用法限定词如嘉奖、特赦、通缉等，就用“令”。例如，《中华人民共和国国务院令》《国务院对胜利粉碎劫机事件的民航杨继海机组的嘉奖令》《××市公安局通缉令》。当公文标题在文种前有独立完整的事由和助词“的”时，应当用“命令”。例如，《国务院关于在我国统一实行法定计量单位的命令》。

（二）决定/决议

“决定”和“决议”虽然同属议决类下行文，却是两种不同文种。主要表现为：（1）“决议”的内容多是关系全局性、原则性的重大问题、重大事件以及重大方针政策，而“决定”的使用则相对灵活、具体一些。（2）“决议”形成的过程和程序要比“决定”严格。“决议”必须经过有关会议讨论通过，而“决定”不一定经过会议表决程序。（3）“决议”和“决定”同属于指令性公文，都要求下级机关认真贯彻执行，但“决定”的指令性更强，而“决议”所要求达到的效果，却各式各样。有的“决议”具有较强的指令性；有的“决议”则偏重于号召，具有较强的理论性、论证性；还有的“决议”只作认定性、认可性的结论，例如，“人民代表大会对会议期间各种报告所作出的决议”即属此种情况。

（三）议案/提案

“议案”与“提案”不同。主要表现为两点：一是适用主体范围不同。“议案”用于各级人民代表大会或人民代表大会常务委员会，而“提案”则用于各级政协会议和企业职工代表大会。二是内容效力不同。“议案”在提请大会审议通过后，具有较强的约束力和法律效力，而“提案”则没有法律效力。

（四）意见/决定

（1）从行文方向上看，“决定”仅用于下行文，而“意见”既可以下行，也可以上行或平行。（2）从内容效用上看，“决定”具有较强的制约性、指挥性，而“意见”具有突出的指导性，比较注重原则性和灵活性的结合、规定性和变通性的结合，以便为下级机关办文留有更多的创造性余地。

（五）通知/意见

“通知”是上级机关要求下级机关办理和周知或执行有关事项或转发文件时使用的公文，属于下行文，而“意见”是对重要问题提出见解和处理办法，既可以下行，也可以上行或平行。另外，“通知”的内容具有较强的指导性和执行效力，而“意见”则主要是就某项工作如何开展或解决提出建议和思路，具有较强的灵活性，重在提出方案和措施以供参考和选择。从执行程度上看，“通知”一经下发，要求有关单位必须贯彻执行，而“意见”行文如对贯彻执行有明确要求时，应遵照执行，如无明确要求时则可参照执行。

（六）通报/通知

（1）适用范围不同。“通知”适用于发布、传达要求下级机关执行和有关单位周知或者执行的事项，批转、转发公文。“通报”适用于表彰先进，批评错误，传达重要精神和告知重要情况。（2）行文目的不同。发布“通知”的目的是使受文单位了解发文单位要求做什么和怎么做，从而行动起来，而制发“通报”的目的则在于使受文单位了解某一重要情况或典型事件，从而受到教育、启发。（3）内容构成层次不同。“通知”一般要由受文单位做什么和怎么做两大层次构成，要直陈直述，不用举例和论证，而“通报”则不同，它一般由情况和事例构成，要求对情况和事例作简明扼要的分析，并对分析的结果加以议论。

（七）报告/请示

（1）性质要求不同，“报告”属于陈述性公文，“请示”则属于请求性公文，上级机关对“报告”不一定作出批复，而对“请示”则必须作出明确批答回复。（2）行文时限不同，“报告”在事前、事中和事后皆可行文，而“请示”只能在事前行文。（3）内容含量不同，“报告”可以一文一事，也可一文数事，而“请示”只能“一文一事”。（4）行文目的不同，“报告”是为了向上级机关汇报工作，反映情况，回复上级机关的询问，而“请示”是为了向上级机关请求指示和批准。

（八）请示/上行意见

“请示”与“上行意见”相比，在行文方向与目的上比较接近，都要求上级对自己所提的事项或问题给予批准、指示或认可，但其所提的事项与内容不尽相同。“请示”的内容较多涉及的是如机构设置、人员编制、资产购置、财政支出、出国出境等实质性事项，而“意见”往往涉及的是有关政策性的问题，提出见解和处理办法，请上级机关定夺。

（九）纪要 / 决议

“纪要”和“决议”都是反映会议结果的公文文种，但在使用上有所区别。突出表现为内容的重要程度上，“纪要”的内容可大可小、可轻可重，既可以是党和国家的大事，也可以是具体的日常工作，而“决议”的内容通常是党和国家的重大问题或重大事件。“纪要”是对会议议定事项和主要精神的概括和反映，起草后经过主管领导签发即可作为正式文件发布，而“决议”必须经过会议表决程序才可发布。“纪要”所涉及的内容事项往往较多，而“决议”则相对集中单一。

（十）公告 / 通告

（1）从使用者看，公告的制发者主要是党和国家机关；通告则不然，党政军各级机关、部门及社会团体均可使用。（2）从公布的内容看，公告内容的重要性大于通告，是郑重宣布重大事件、重要事项或法定事项的；通告则主要是用于发布应当遵守或周知的事项。（3）从公布的范围看，公告是面向国内外的，范围较广；通告则主要是针对社会的某一方面，用于局部范围。

（十一）批示 / 批复

（1）被批注意见的来文文种不同。批复是针对下级上报的请示；批示所针对的来文则是下级没有肯定性要求予以答复的文种，如报告、总结、计划、调查报告、检讨报告等。（2）行文方式不同。批复的主送对象是报请单位，如果对其他单位也有参考价值，则可列为抄送；批示如具有普遍意义，可把原行文上报的单位与其他单位一并列为主送。

（十二）函 / 平行意见

“函”不同于“平行意见”。“意见”有时也应用于不相隶属的机关之间，但与“函”有所区别。对涉及的某一主要问题所提出的见解和处理办法，如供对方参考而不需要回复，应用“意见”；如需对方回复，则要用“函”。

第二章

公文法定格式标准

第一节　公文的格式

一、公文格式的含义

公文格式专指法定（或称主要、正式）公文外形结构的组织与安排，以及公文的书写、字体、用纸的规格和样式等。公文格式是公文具有法定的权威性和组织约束力在形式上的表现，是区别公文与一般文章的重要标志，也是保证公文的质量和提高办文效率的重要手段。

我国现行公文格式国家标准是指与《党政机关公文处理工作条例》相配套的《党政机关公文格式》（GB/T 9704—2012）（以下简称《格式》)。《格式》由中共中央办公厅和国务院办公厅提出，由中国标准化研究院、中共中央办公厅秘书局、国务院办公厅秘书局和中国标准出版社共同起草，于 2012 年 6 月 29 日由中华人民共和国国家质量监督检验检疫总局和国家标准化管理委员会联合发布，从 2012 年 7 月 1 日起正式实施。这是继 1988 年 9 月 5 日原国家技术监督局发布《国家机关公文格式》（GB/T 9704—1988）以及 1999 年 12 月 27 日发布修订的《国家行政机关公文格式》（GB/T 9704—1999）之后所作的第二次修订。该标准在 1999 年标准的基础上作了修订，更加科学、严谨、完备。《格式》从整个公文的组成部分划分到各要素的标识规则都有十分明确具体的要求，各级党政机关必须坚决依照执行，其他机关包括人大机关、政协机关、审判机关、军事机关、人民团体和企事业单位等应比照执行。这些机关和单位有的制定了本系统或本部门的公文格式标准，在具体行文过程中应当首先按照本系统、本部门的规定执行，如果向党政机关行文时，就必须遵照《格式》的规定执行。

二、公文格式要素

根据《条例》第九条的规定，公文一般由份号、密级和保密期限、紧急程度、发文机关标志、发文字号、签发人、标题、主送机关、正文、附件说明、发文机关署名、成文日期、印章、附注、附件、抄送机关、印发机关和印发日期、页码等组成。

《格式》国家标准将版心内的公文格式各要素划分为版头、主体、版记三部分。公文首页红色分隔线以上的部分称为版头；公文首页红色分隔线（不含）以下、公文末页首条分隔线（不含）以上的部分称为主体；公文末页首条分隔线以下、末条分隔线以上的部分称为版记。需要特别注意的是，版头、主体、版记三部分均位于版心之内，而页码要素则位于版心之外。

三、公文的技术、用纸、印刷要求

（一）公文的技术要求

1. 公文使用的汉字、数字、外文字符、计量单位和标点符号等，按照有关国家标准和规定执行。民族自治地方的公文，可以并用汉字和当地通用的少数民族文字。

2. 公文的版面规格，公文用纸天头（上白边）为 37mm ± 1mm，公文用纸订口（左白边）为 28mm ± 1mm，版心尺寸为 156mm × 225mm。

3. 制版方面，要求版面干净无底灰，字迹清楚无断划，尺寸标准，版心不斜，误差不超过 1mm。

4. 用字方面，如无特殊说明，公文格式各要素一般用 3 号仿宋体字，特定情况可以作适当调整。一般每面排 22 行，每行排 28 个字，并撑满版心，特定情况可以作适当调整。

（二）公文的用纸要求

1. 公文用纸采用 GB/T 148 中规定的 A4 型纸，其成品幅面尺寸为：210mm × 297mm。特殊形式的公文用纸幅面，根据实际需要确定。

2. 公文用纸一般使用纸张定量为 $60g/m^2$~$80g/m^2$ 的胶版印刷纸或复印纸。纸张白度 80%~90%，横向耐折度≥ 15 次，不透明度≥ 85%，pH 值为 7.5~9.5。

（三）公文的印刷、装订要求

1. 双面印刷；页码套正，两面误差不超过 2mm。黑色油墨应当达到色谱所标 BL100%，红色油墨应当达到色谱所标 Y80%、M80%。印品着墨实、均匀；字面不花、不白、无断划。

2. 左侧装订，不掉页，两页页码之间误差不超过 4mm，裁切后的成品尺寸允许误差 ± 2mm，四角成 90°，无毛茬或缺损。骑马订或平订的公文应当：（1）订位为两钉外订眼距版面上下边缘各 70mm 处，允许误差 ±4mm；（2）无坏钉、漏钉、重钉，钉脚平伏牢固；（3）骑马订钉锯均订在折缝线上，平订钉锯与书脊间的距离为 3mm~5mm。包本装订公文的封皮（封面、书脊、封底）与书芯应吻合、包紧、包平、不脱落。

四、版头的含义及拟制规范

版头即公文格式的第一部分，《格式》将公文版心内的公文格式各要素划分为版头、主体、版记三部分。公文首页红色分隔线以上的部分称为版头。包括“份号”“密级和保密期限”“紧急程度”“发文机关标志”“发文字号”“签发人”六项要素。需要注意的是，过去在《格式》发布之前，曾将版头部分称为“眉首”，现已废弃不用。

版头规格是指公文版头部分的尺寸规格。按照《格式》的规定，发文机关标志由发文机关全称或者规范化简称加“文件”二字组成，也可以使用发文机关全称或者规范化简称。

发文机关标志居中排布，上边缘至版心上边缘为 35mm，推荐使用小标宋体字，颜色为红色，以醒目、美观、庄重为原则。

联合行文时，如需同时标注联署发文机关名称，一般应当将主办机关名称排列在前；如有“文件”二字，应当置于发文机关名称右侧，以联署发文机关名称为准上下居中排布。

在 1999 年版的《国家行政机关公文格式》国家标准中，曾经使用版头“反线”的概念，此外，还有诸如“正线”“武文线”“文武线”等概念，由于没有国家标准对这些概念进行统一规定，以至于给实际理解和操作造成了一定的不便。为了避免这一问题，《格式》国家标准中将其统一称为分隔线，如版头部分发文字号之下 4mm 处居中印一条与版心等宽的红色分隔线。

五、主体的含义及组成要素

根据《格式》的规定，主体是指公文首页红色分隔线（不含）以下、公文末页首条分隔线（不含）以上的部分，又称内文，是党政公文的实质性内容，由标题、主送机关、正文、附件说明、发文机关署名、成文日期、印章、附注、附件等要素组成。

六、版记的含义及组成

版记部分又称文尾，位于公文末页首条分隔线以下，末条分隔线以上。它的分隔线与版心等宽，首条分隔线和末条分隔线用粗线（推荐高度为 0.35mm），中间的分隔线用细线（推荐高度为 0.25mm）。首条分隔线位于版记中第一个要素之上，末条分隔线与公文最后一面的版心下边缘重合。版记主要由抄送机关、印发机关和印发日期三个要素组成。

七、公文中的页码及其标识规则

1.《条例》将页码规定为公文的格式要素之一，这充分说明页码是公文的一项重要组成部分，是保证公文完整性和有效性的标志。在公文中标注页码，还有利于对公文进行查阅、统计、检索、印制和装订，甚至有助于公文的防伪。

2. 根据《格式》的规定，页码使用 4 号半角阿拉伯数字，编排于版心下边缘之下，页码数字左右两边各空一个半角空格，放一条一字线。一字线距离版心下边缘 7mm，单页码居右空一字，双页码居左空一字，这样即可保证从两个方向定位页码的位置。在页码数字两边各放置一条“一”字线主要是为了美观和阅读方便。

3. 公文版记前有空白页的，即将版记放到最后一页时，前面会出现空白页的情况。在此种情况下，空白页和版记页均不编排页码，也就是说页码只标识到公文主体部分结束的那一页。

4. 公文的附件与正文一起装订时，页码应当连续编排；附件与正文不一起装订时，附件另编页码。

八、公文的行款及行款规格

行款是指书写或排列文字的行列款式，包括字序和行序。如汉字竖排时，字序由上而下，行序由右而左；横排的行款，字序由左而右，行序自上而下。按《格式》的要求，公文正文用 3 号仿宋体字，一般每面排 22 行，每行排 28 个字，并撑满版心。即公文第一行字顶格编排在版心左上角，公文最后一行字必须沉底到版心下边缘。在特殊情况下也可作适当调整，即当公文排版后所剩余的空白处容纳不下印章或签发人签名章、成文日期时，可以采取调整行距、字距来解决，或者将字距行距调大，或者将字距行距调小，从而使正文和印章处于同一页上。

九、公文的版面尺寸规范要求

公文的版面尺寸指公文页边与版心尺寸。为了美观和装订方便，公文用纸上、下、左、右四个方向都要留下白边，不能印刷文字，能够印刷文字的部分称为版心。按《格式》的要求，公文的版面尺寸规格：公文用纸天头（上白边）为 37mm ± 1mm，公文用纸订口（左白边）为 28mm ± 1mm，版心尺寸为 156mm × 225mm。这样使公文版心居于 A4 型纸的略偏右下部分，从垂直方向看，公文版心整体略处于纸面下部，给人沉重的感觉，符合公文的庄重性要求，同时在天头处留下足够的空间，用于公文处理。从水平方向看，钉口略大于切口，使公文正文正好水平居中，便于阅读。

十、公文中的横排表格及其标识规则

1. 在公文处理实践中，有些公文需要附带表格。如果是竖排表格，应当与正文同等对待，即与一般文字无异；但如果是横排表格，为了与一般页码位置一致，页码应放在横表的左侧，单页码在表的左下角，双页码在表的左上角。

2. 对于横表的表头，单页码放在钉口一侧，双页码放在切口一侧。这样编排能够保证连续编排的表格可以依照顺序向下看。

3. 与公文正文一起装订时，横排表格的页码按照正文的编排要求标注。

4. 公文如果需要 A3 表格，也就是表格的开本比较大，而且是作为公文的最后一页时，为避免表格的脱落，应使表格处于封三之前的位置，而不应将表格粘贴在封四上。此时，A3 表格一般不编排页码。例如，A3 表格在公文中间，页码编暗码。

十一、公文份数序号及标识规则

公文份数序号简称份号，是指公文印制份数的顺序号，系将依据同一文稿印制若干份时对每份公文的顺序编号，其作用便于登记查找、统计、清退。根据公文法规的规定，涉密公文应当标注份号。如需标识公文份数序号，一般用 6 位 3 号阿拉伯数字，顶格编排在版心左上角第一行。对此，需要把握以下几个要点。

1. 并不是所有的公文都需要编制份号。《条例》明确规定，涉密公文应当标注份号，即只有秘密、机密和绝密的公文才需要标注份号。当然，如果发文机关认为有必要，也可对不带密级的公文编制份号，以便准确掌握公文的印制份数以及分发的范围和对象。发文机关根据份号可以掌握每一份公文的去向，因此，发文机关在发文和收文机关在收文时，都要对份号进行登记。当公文需要收回保管或销毁的时候，就可以对照份号掌握其是否遗漏或丢失。

2. 标识公文份号，一般用 6 位 3 号阿拉伯数字，实际编号时采用 3—6 位阿拉伯数字，编虚位补齐，即第一份公文份号可以编为“001”“0001”“00001”“000001”，不应编为

“1”“01”。在实际操作过程中，有的单位是用印号机手工在成文上加盖份号，也有的印刷设备带有印号功能，可以与文件同时印刷，由发文机关自行掌握。

3. 份号所使用的字体，也由发文机关自行掌握。

4. 份号顶格编排在版心左上角第一行。版心第一行也就是天头下边缘，距离公文上页边 37mm 处下面第一行。“顶格居左”的意思是指份号横向紧贴版心左边缘（即钉口边缘，距左页边 28mm），份号上边缘紧贴天头下边缘。

十二、公文密级和保密期限的确定及标识规则

密级是公文格式的组成项目之一。《条例》规定：“密级和保密期限是指公文的秘密等级和保密期限。”对此，应当注意把握以下几点。

1. 秘密等级是标识公文保密程度的标志。《条例》进一步规定涉密公文应当根据涉密程度分别标注“绝密”“机密”“秘密”和保密期限。根据《中华人民共和国保守国家秘密法》的规定，“绝密”是最重要的国家秘密，泄露会使国家安全和利益遭受特别严重的损害；“机密”是重要的国家秘密，泄露会使国家安全和利益遭受严重的损害；“秘密”是一般的国家秘密，泄露会使国家安全和利益遭受损害。

2. 保密期限是对公文密级的时效的规定，公文制发机关应当按照《中华人民共和国保守国家秘密法》和相关规定确定公文的密级和保密期限。

3. 密级的标注位置，根据《格式》的规定，如需标注密级和保密期限，一般用 3 号黑体字，顶格编排在版心左上角第二行，不能编排在版心左上角第一行，因为《条例》规定“涉密公文应当标注份号”。这就意味着标注密级必须同时标注份号，份号编排在第一行，密级和保密期限则一定编排在第二行。保密期限中的数字用阿拉伯数字标注。秘密等级和保密期限之间用“★”隔开，如“秘密★ 1 年”“绝密★ 10 年”，“绝密”“机密”或“秘密”两字之间不空格，保密期限中阿拉伯数字和“年”字也不空格。如果只标密级不标保密期限，“绝密”“机密”和“秘密”两字之间空一个字。

4. 公文如有附件，且附件带有密级的，应以其中的最高密级标识公文的密级。

十三、公文紧急程度的划分及标识规则

紧急程度是公文送达和办理的时限要求，由发文机关对受文机关提出处理的时限要求，是法定公文格式的组成项目之一。对此，应当注意把握如下几点。

1.《条例》规定，根据紧急程度紧急公文应分别标注“特急”“加急”，电报应当分别

标注“特提”“特急”“加急”“平急”。

2. 如需标注紧急程度，一般用 3 号黑体字，顶格编排在版心左上角。具体排在第几行，有三种情况：一是如果只有份号，没有密级和保密期限，紧急程度就编排在版心左上角第二行；二是如果有份号、密级和保密期限，紧急程度就编排在版心左上角第三行，三个要素在版心左上角的第一、二、三行依次编排；三是如果既没有份号，又没有密级和保密期限，紧急程度则编排在版心左上角第一行。

3. 需要强调的是，如果同时标注密级和保密期限、紧急程度，表达紧急程度的两个汉字之间不空格，即应标注为“特急”；如果只标密级和紧急程度不同时标注保密期限，表达紧急程度的两个汉字之间应空一个字，即应标注为“特　急”。

4. 有的公文在标题中对紧急性质已作了标识。例如，《关于 ×××× 的紧急报告（紧急通知）》等，就可不再另外加注紧急程度标识。

十四、发文机关标志的确定及其标识规则

发文机关标志即人们通常所说的“红头”，是公文的非常重要的格式要素之一，它直接体现着发文机关的权威性，也是公文严肃性和庄重性的具体体现。对此，应当注意把握如下几点。

1. 根据《条例》第九条第四项规定：“发文机关标志。由发文机关全称或者规范化简称加‘文件’二字组成，也可以使用发文机关全称或者规范化简称。联合行文时，发文机关标志可以并用联合发文机关名称，也可以单独用主办机关名称。”

2. 值得注意的是对于发文机关标志称谓的变化，原来的公文法规，党的机关称为“版头”，国家行政机关称为“发文机关标识”，存在不一致的情况，《条例》将其统一称为“发文机关标志”。

3. 发文机关全称应当以批准该机关成立的文件核定的名称为准，规范化简称应当由该机关的上级机关决定，当然也有由本机关自定的，但一定要明文告知其他相关的机关，而不能只是自己使用，别人并不知晓。

4. 需要注意的是，以前党的机关公文版头曾经有发文机关全称或者规范化简称后面加“（××）”发布形式，用于各级党委通知重要事项，任免干部，批复下级机关的请示，向上级机关报告、请示工作。《条例》中已经将此种版式取消，不宜再用。这样做也有利于党政机关发文机关标志的规范与统一。

5.《格式》规定，发文机关标志推荐使用小标宋体字，这是因为小标宋体字显得庄重，其他字体如楷体、隶书、魏碑体等都带有某些书法艺术的成分，不适合标注党政

机关。关于发文机关标志的字号，应当以不大于上级机关为原则自行酌定，但不能超过22mm × 15mm（长 × 宽）。

6. 在具体排布位置上，发文机关标志如果文字较少，要尽量拉宽字间距。如果文字较多，则要尽量缩小字间距，总体上要小于版心的宽度，做到醒目、美观、庄重。

7. 值得注意的是，与原来相比，发文机关标志的位置有了变化。原规定发文机关标识上边缘至版心上边缘的距离为 25mm，对于上报的公文，发文机关标识上边缘至版心上边缘的距离则为 80mm，《格式》规定，无论上行文、下行文，还是平行文，发文机关标识上边缘至版心上边缘的距离统一规定为 35mm。35mm 就是三行多的距离，正好可以标注份号、密级和保密期限以及紧急程度。

8. 对于联合行文，发文机关标志可以同时标注联署发文机关的名称，也可以单独使用主办机关的名称。如果需要同时标注联署发文机关时，应分行连续标注所有联署发文机关名称，一般主办机关在前，并将“文件”二字置于发文机关名称右侧，上下居中排布。

十五、签发人的确定及其标识规则

签发人即签发文件人的姓名。根据《条例》的规定，上行文应当标注签发人的姓名，这就是说只有上行文才会出现签发人。公文标注签发人姓名，主要目的是为上级机关在处理下级机关公文时，上级机关负责人了解下级机关谁对上报的事项负责，从而有利于增加决策的透明度，进一步增强公文签发者的责任感。对此，应重点把握如下几点。

1. 所有公文都有签发人这个概念。《条例》要求，公文应当经本机关负责人审批签发。重要公文和上行文由主要负责人签发。因此，任何一份公文都有签发人，一般性公文由主管领导签发就可以，而上行文必须由机关主要负责人签发。主要负责人是指各级机关的正职或主持工作的负责人。因此，上行文标注的也只能是机关的主要负责人。

2. 在具体标注方法上，为清晰醒目，对比明显，“签发人”三字使用 3 号仿宋体字，后加全角冒号，冒号后使用 3 号楷体字标注签发人姓名。

3. 单一机关或者两个机关联合上行文，签发人编排在发文字号的右侧，与发文字号处在同一行，右空一字，这样显得对称美观。

4. 如有多个签发人，签发人的标注方法是，“签发人”三字和全角冒号与首行签发人姓名编排在发文机关标志下空二行位置，按发文机关顺序编排签发人姓名，每行一般排两个签发人姓名，两个签发人姓名中间空一字，回行时应做到每行签发人姓名的第一个字都要对齐。为与三个字的人名对齐，两个字的人名中间空一字。发文字号应始终与最后一个签发人姓名处于同一行。

5. 联合发文时，所有联合发文机关的负责人都是签发人，并都需要标注签发人姓名，当然主办机关的签发人应放在第一位。

十六、版头中的分隔线及其标识规则

1. 分隔线原来被称为版头反线，此外还有诸如正线、文武线和武文线等多种概念表述。由于对所谓正线、反线等说法并没有清晰的定义，在实践过程中公文制作人员也对此表示困惑，不知道多粗的线算正线，多粗的线算反线。为避免歧义，简化操作，《格式》将其调整为“分隔线”。

2. 通常而言，一篇公文中的分隔线可以有若干条。在公文首页版头部分的发文字号之下 4mm 处居中印一条与版心等宽的红色分隔线；公文末页版记部分也有至少两条分隔线，用于区分版记与正文以及版记部分各要素。分隔线应当与版心等宽，即 156mm，居中印制。

3. 需要特别注意的是，党的机关公文，原来在红色分隔线的正中央需要点缀一颗五角星，除了党的机关公文外，其他机关公文均不得在红色分隔线中央嵌入五角星。而在《格式》实施后，这种做法业已取消，即无论党的机关还是国家行政机关公文，均不在红色分隔线中央点缀一颗五角星，否则就是不合规范的。

十七、公文发文字号的编制

《条例》第九条第五项规定：“发文字号。由发文机关代字、年份、发文顺序号组成。联合行文时，使用主办机关的发文字号。”其具体要求是。

1. 发文字号三个构成要素的排列顺序依次是发文机关代字、年份（书写时加六角括号“〔 〕”）、发文顺序号。发文字号编排在发文机关标志下空二行位置，居中排布。年份、发文顺序号用阿拉伯数字标注，年份应标全称，并用六角括号“〔 〕”括起，如〔2015〕；发文顺序号是一个发文机关一年内制发文件的统一流水号，一般以不同的发文形式分别进行统一的编号。例如，以本机关的名义制发的公文可以统一编号，以本机关办公厅（室）名义制发的公文另行统一编号。不加“第”字，不编虚位（1 不编为 01），在阿拉伯数字后加“号”字。

2. 发文字号的拟制，难度最大的要数发文机关代字，它是由发文机关文秘部门为本机关所有部门统一编制的规范化缩写加“发”“函”等组成。规范化缩写应能够代表发文机关的特征，如中共中央的代字为“中”，国务院的代字为“国”。也有在发文机关规范化缩写和“发”“函”之间加拟稿部门的代字，如“发改高技”“发改办高技”。

3. 在机关代字中应明确发文的含义，如“中发”“中办发”“闽党发”“晋汾党发”等。

4. 几个单位联合行文时，不应一文多号，而应只标主办机关的发文字号。

5. 在编写发文机关代字时，要力求做到明确、简洁、规范，且不产生歧义和冲突，特别是不能与上级机关、同级机关的机关代字相互冲突或重复。例如，某县的政府、政协、政法委三机关的代字都会编成“×× 政发”，就会出现不同文件同一文号的现象，要力求避免。

6. 发文机关代字应力求用字简练，有的发文机关代字有七八个、十几个字之多，可能各有其所代表的层次，但代字过长，不仅使人读不懂，还会带来不必要的麻烦，诸如登记烦琐、排版困难等。

7. 在机关代字中，是否注明承办部门的代字，视具体情况而定，如大机关可以考虑这样做，一般中小机关就不必要。

8. 发文字号的标注位置，如果是平下行文，以置于版头之下正中位置为宜。上行文的发文字号则居左空一字编排，此时右侧对称位置标注签发人，发文字号应与最后一个签发人姓名处在同一行。

十八、拟制公文标题的基本要求

拟制公文标题，应当遵循如下几点基本要求。

1. 要准确。包括“三个准确”，即对文件事由的概括要准确，文种名称的确定要准确，标题中书名号的使用要准确。

2. 要简要。即标题不要过长和烦琐，概括文件标题的“事由”要简明，转发文件时文件转发的层次要简明，批转会议文件时要力求使标题简化。

3. 要清楚。即不能使人模糊或引起歧义。

此外，还要注意讲求生动性，富有气派，发人深省，醒目新颖。

十九、拟写标题的形式

公文标题一般由发文机关、事由与文种名称三个部分构成，通常称这种完整的公文标题为“标准式”公文标题。例如，《中共中央关于深化党和国家机构改革的决定》，其发文机关是“中共中央”，事由是“深化党和国家机构改革”，文种名称为“决定”。在具体构成上，通常在发文机关与事由之间加介词“关于”，在事由与文种名称之间加一个结构助词“的”。从语法角度看，公文标题通常是一个偏正词组形式，以文种名称为中心词，前面加发文机关和事由作限制成分。凡是有红色版头的文件，由于版头部分已经标明发文机关，故在标题中可以省略“发文机关名称”。

除标准式的公文标题外，按照惯例还有以下四种特殊形式。

1. 由发文机关名称和文种名称，或由事由与文种名称两部分组成的公文标题，一般称为“双项式”标题，如《中华人民共和国主席令》《地震监测管理条例》。

2. 由发文机关、被批转（或转发）文件的标题、文种名称组成的公文标题，一般称为“转文式”标题，如《国务院关于批转财政部权责发生制政府综合财务报告制度改革方案的通知》。

3. 新闻式的公文标题。简报、调查报告和讲话稿等文种有时会使用此类标题。这类标题表现得很随意，文字比较活泼，有的只有一个标题，有的则由正副两个标题组成，其中正标题一般用来揭示正文的中心内容，副标题用以说明反映的单位、时间、人物和事件。例如，“让党的旗帜在城市社区高高飘扬——关于天津市社区党建工作情况的调研报告”，就是一份调查报告的标题。

4. 附加括号式的标题。即在标准式公文标题的下面正中位置处加一圆括号，括号里面注明某年某月某日、某会议讨论通过或批准的字样。这种标题主要适用于经过会议集体讨论通过，且既无红色版头又无主送机关标识的决定、决议及条例、规定、制度、办法等法规性文件，如《××市安全生产管理规定》（2020年3月25日××市第十四届人民代表大会常务委员会第十次会议通过）。

二十、公文标题的作用

标题是公文的“眼睛”，在公文中具有非常重要的作用。具体包括以下四点。

1. 传神。向阅者传递公文的基本精神和中心思想。作者撰写一份公文都具有一定的主旨，即写作主体通过公文的全部内容所表现出来的一种贯穿全文的基本精神与中心思想，如制文的原委、目的及其主张等。假若一份公文没有标题，阅者只能在通读全篇密密麻麻的文字之后，才知道这份公文的基本精神与中心思想是什么，这就给读者把握公文的主旨带来很大困难。公文有了标题，标题中的“事由”主要用来揭示公文的主旨，人们一看“事由”就知道公文的基本精神和中心思想，可以提高阅读公文的效率。

2. 显性。显露公文的性质、特点。公文标题中都标注有文种名称，公文的阅者通过看标题中的文种，就可以准确地把握这份公文的性质和特点。

3. 好记。标题是一份公文的名字，有了这个名字，收发机关才便于登记管理。

4. 便用。正因为标题是公文的名字，在日常查询、起草公文和讲话时引用起来非常方便，一提标题人们就自然想到是哪份公文，而且便于事后立卷、归档。

二十一、公文小标题的拟定

公文写作中，小标题的拟定主要遵循以下原则。

1. 准确恰当。小标题对于本段所写的内容主旨而言，必须准确无误，恰如其分。

2. 明确集中。拟定小标题，要特别注意不能过于杂乱，力求明确集中，写得越单一越好。不要将几个性质不同、不能相提并论的问题，硬行扯在一起，搞成“小杂烩”。同时，也不能将原本性质相同的问题分散到两个小标题中去说。

3. 照应总题。拟定小标题，要注意与全文总标题相呼应。总标题是对全篇内容的高度概括，是“纲目”，各个小标题均是从不同角度、不同层面对总标题内涵的展示。它们共同服务于总标题，呈现出一种“轮辐向心”和“众星捧月”的态势。

4. 合乎逻辑。拟定小标题，必须注意讲求逻辑性。从逻辑角度讲，公文总标题与小标题之间具有领属关系，而各个小标题相互之间则是并列关系。撰写时要对其进行合理的分类，符合逻辑，不能彼此包容或者相互交叉，不该并列的不能并列。对各个小标题的设置，还要照应全文主旨，分清性质、轻重、主次，仔细考虑其排列次序，做到条理清楚。

5. 有艺术性。拟定小标题，还要讲求艺术性。一般来讲，主要有四种方法：一是运用形象化的语句；二是运用对仗式；但这种对仗一般只讲求字数的对称整齐，而非严格意义上的对仗；三是运用排比式；四是使用该段中具有概括性的“原话”。这在一些综合性的简报以及先进人物事迹材料中较为多见。

二十二、公文标题中三种标号的使用

（一）引号

现代汉语中的引号，表示行文中直接引用的话，表示特定的称谓或需要着重指出的部分，表示具有特殊含义的词语。引号分为单引号和双引号两种。在公文标题的制作中，要时常用到引号。公文标题中引号的使用意义较为固定、单一，一般是在对某一事物需要着重指出时使用。值得注意的是，某些非法规性的文件，在批转、转发时，该文件名称一般用引号加以强调，而不使用书名号。例如，有一标题为“转发 ×× 省 ×× 厅‘关于人文函大招生问题的通知’的通知”，其中的“关于人文函大招生问题的通知”属一般的告知性文件，不具有法规性质，故不能使用书名号。

（二）括号

现代汉语中的括号表示文章中注释的部分。在公文标题中，有时要用到括号，用以对标题内容进行补充、解释或说明。这种标题中的括号，多是针对文件内容的成熟程度予以说明，是公文标题的组成部分，是不可缺少的。例如，《××市人民政府住房公积金管理办法（试行）》，其中的“试行”是对文件成熟程度的限定，说明此办法尚有待于在实践中进一步修订、补充。它与标题同为一个整体，不能割裂开来。

现行的公文写作中，在使用括号时存在的问题较为严重。这突出表现在拟写批转或转发性公文标题时，把“试行”“修改草案”“暂行”等说明性词语置于书名号之外。这是不正确的，有损原标题的完整性。

（三）书名号

现行公文写作中，在拟制标题时使用书名号常见的错误有两种：一是该用引号的却误用书名号；二是位置不当。例如：批转××县商业局《关于深化改革，振兴××县商业实施意见的请示》的通知。这个标题不仅书名号的使用不当，而且位置也不当。因为这是一个批转性标题，批转和批复是不同的。批转是针对原文件的批准和转发，需将原文标题一字不改地标出；而批复则是针对来文所请示问题的答复性意见。如果将此标题改为批复性的，因其对象是××县商业局请示的问题，故可将标题拟为“对××县商业局《关于深化改革，振兴××县商业实施意见的请示》的批复”，发文机关可以置于书名号之外。而在批转时，因是县商业局的文件。因此，在拟写标题时，应将“××县商业局”作为原标题不可缺少的部分，一并加上书名号，而不能将其截然分开，故此标题应改为“批转《××县商业局关于深化改革，振兴××县商业实施意见的请示》的通知”。

二十三、主送机关及其标识规则

根据《条例》的规定，主送机关是指公文的主要受理机关，负有办文的责任，是公文的致送对象，也是一个非常重要的格式要素，是公文行文能否做到“有的放矢”、顺利实现行文目的、发挥公文应有效用的关键所在。没有主送机关或者主送机关确立不准，将直接影响公文的效力。准确认定公文的主送机关，是文件发出后能否得到及时贯彻处理的一个关键性问题。对此，应当注意把握如下几点。

1. 主送机关，要注意使用发文机关全称、规范化简称或者同类型机关统称。所谓同类型机关的统称，如“各省、自治区、直辖市人民政府，国务院各部委、各直属机构”“各区、县委，各区、县政府，市委、市政府各委办局，各总公司，各人民团体，各高等院校”。

2. 对于上行文，原则上只能有一个主送机关，以便于办理。只有普发性的下行文，才可以有若干个主送机关。

3. 有些公文可能没有主送机关，如选用公告文种的行文，用于向国内外宣布重要事项或法定事项，一般通过报纸、电视、广播电台、网络等媒体向国内外公开发布和传播，所以没有特定的主送机关。

4. 主送机关一般按照重要程度排列。各有关单位之间使用顿号或逗号分清层次。同类型机关内同级机关之间用顿号分隔，不同类型机关之间使用逗号分隔，最后一个主送机关之后标全角冒号。例如，“各省、自治区、直辖市党委和人民政府，中央和国家机关各部委，解放军各总部、各大单位，各人民团体：”。

5. 根据《格式》规定，主送机关使用 3 号仿宋体字标识，其位置编排于标题下空一行位置，居左顶格，回行时仍然顶格。如果主送机关名称过多导致公文首页不能显示正文时，应当将主送机关名称移至版记，除将“抄送”二字改为“主送”外，编排方法同抄送机关。既有主送机关又有抄送机关时，应当将主送机关置于抄送机关的上一行，与抄送机关之间不加分隔线。

6. 需要注意的是，“命令”“纪要”等文种不使用“主送”与“抄送”，统用“分送”代替。

二十四、公文正文及其行款规范

《条例》规定，正文是“公文的主体，用来表述公文的内容”。可以这样说，正文是公文写作最为核心、最为重要的部分，我们讲公文写作，实质上就是指公文正文部分的写作。通过正文部分，将公文的具体主张、见解、依据、背景、缘由、办法、措施、结论等传输给读者，以推动公务活动的开展。因此，对于公文正文部分的写法，一定要高度重视。

1. 正文是一份公文具体叙事、明理、提出要求的文字表达部分。公文正文一般由三个部分构成：一是开头部分，其内容或是引据，或是讲明背景、原委，或是概述情况，或是篇前提要，或是明了目的。二是主体部分，内容或是针对问题进行分析，在分析问题、讲明道理的基础上提出解决问题的办法，或是直陈要求、意见，或是提出主张、列摆措施、讲明办法。三是结尾部分，这部分的用语因不同文种而异，切不可千篇一律。例如，上行文一般可用“当否、请批示”“以上是否可行，请批示”等；下行文一般可用“希即遵照”“特此通知”“此复”“此令”等；平行文则一般可用“为荷”“为盼”“为要”“特此函复”等。

2. 按照《格式》的规定，公文首页必须显示正文，这是公文行文的一条最基本原则。

之所以这样规定，主要是为了保证公文的严肃性、真实性。如果公文首页没有正文，使人看了首页还不知道文件的内容是什么，是不严肃的事情，并且容易产生假冒公文。那么，在哪些情况下可能会出现首页显示不了正文呢？主要有：首先，联合行文。一般来说，单一机关行文，不可能出现将正文挤出首页的情况，但如果联合行文的机关过多。例如，极端情况下曾经有26个单位联合行文，就可能出现将正文挤出首页的情况。发文机关过多时，推荐只使用主办机关标志。例如，标题中可用“××等26部门关于××××”；也可以将所有联署发文机关标志字号缩小，字距、行距缩小，直至保证公文首页显示正文为止。总之，可以采取各种变通的方法满足首页必须显示正文的基本要求。其次，主送机关过多。主送机关过多时，也可能出现将正文挤出首页的情况。对此，可采取将主送机关移至版记部分，编排在抄送机关上一行的方式加以解决。最后，签发人过多。联合上报公文的签发人太多时，也可能将正文挤出首页，可以采取增加每行签发人个数等办法解决。

3. 正文一般采用3号仿宋体字，从主送机关下一行开始，每个自然段左空二字，回行顶格，自然段之间不空行。这些要求与一般文件格式的要求相同。要注意一般每面排22行，每行28个字。

4. 对于正文中涉及的阿拉伯数字和汉字数字的用法，应当按照国家标准《出版物上数字用法》（GB/T 15835—2011）中的有关规定执行。在使用数字进行计量、编号的场合，已定型的含有阿拉伯数字的词语（如5G手机、MP4播放器等）中，应该使用阿拉伯数字；作为非公历纪年、概数（如三四个月、一二十个），已定型的含有汉字数字的词语时，应该使用汉字数字。表达计量和编号所需要用到的数字个数不多，选择汉字数字还是阿拉伯数字在书写的简洁性和辨识的清晰性两方面没有明显差异时，两种形式均可使用，如17号楼（十七号楼）、3倍（三倍）；如果要突出简洁醒目的表达效果，应使用阿拉伯数字；如果要突出庄重典雅的表达效果，则应使用汉字数字。该标准还规定，一个阿拉伯数字书写的数值应在同一行中，避免被断开。因此，正文中的数字不能回行。

5. 公文中如果涉及字母词时，应注意使用的规范要求。首先，公文应依法使用规范汉字，《中华人民共和国国家通用语言文字法》明确规定：“国家机关以普通话和规范汉字为公务用语用字。”其次，“汉语文出版物中需要使用外国语言文字的，应当用国家通用语言文字作必要的注释”。各级党政机关要按规定办事，制发公文时一般不应使用字母词，如确需使用，应当在文中首次出现时以括注的方式注明准确的汉语译名。例如，使用GDP这个概念，应该以“GDP（国内生产总值）”的方式引用。对于《现代汉语词典》中收录的以西文字母开头的字母词，已有对应汉语译名的，要使用其汉语译名。

6. 公文正文中的计量单位应当使用国家法定计量单位。以面积单位为例，可根据实际面积大小，选用平方米、公顷、平方千米等计量单位。

7. 公文中的结构层次，一般不超过四层，其层次序数依次可用“一、”“（一）”“1.”“（1）”标注，第一层一般使用黑体字，第二层一般用楷体字，第三层和第四层一般用仿宋体字标注。之所以这样规定，是为了使各级层次更加清晰醒目。此外，需要加以强调的是，第一层次“一、”后面跟的是顿号，第二层次“（一）”后面不能跟标点符号，第三层次“1.”后面跟的是一个小圆点“.”，第四层次“（1）”后面不能跟标点符号。

公文中的结构层次序数可以越级使用，如果一篇公文的结构层次只有两层，第一层用“一、”，第二层既可以使用“（一）”，也可以使用“1.”。

8. 当公文正文中需要引用其他公文时，应按照先引标题、后引发文字号的方式进行引用。例如，“根据《国务院国有资产监督管理委员会关于××××的通知》（国资发〔2015〕××号）的要求”。

二十五、公文附件说明及其标识规则

附件说明也是公文主体部分的一个格式要素，但并非每份公文都有。根据《条例》的规定，附件说明是指公文附件的顺序号和名称。对此，需要把握以下几点。

1. 什么是附件说明。公文正文中的一些内容，如图表、名单、规定等，如果穿插在正文中，往往会隔断正文的前后联系而造成阅读上的不便，需要将其从正文中抽出来作为公文的补充单独表述，即附件。公文附件是正文的说明、补充或者参考资料，是公文格式的一个重要组成部分，与正文一样具有同等效力。因此，需要在正文中以及附件内容处加括号注明“见附件”或“附后”。

2. 在公文的正文之下、公文生效标志（发文机关署名、成文日期和印章）之上需准确标注附件的顺序号和名称，以显示公文的附件与正文不可分割的关系。若公文带有一个附件，须在正文之下、公文生效标志（即发文机关署名、成文日期和印章）之上准确标注附件的名称；若公文带有两个及两个以上附件，须在公文的正文之下、公文生效标志（即发文机关署名、成文日期和印章）之上注明附件的顺序号和名称。如果公文带有两个及两个以上附件，附件名称前面用阿拉伯数字标注附件的顺序号，顺序号后面紧跟一个小圆点（如“附件：1.××××”）。

3. 公文如有附件，要用3号仿宋体字在正文下空一行之后，左空二字开始标注“附件”，后标全角冒号和附件名称。

4. 如果附件名称较长需要回行时，应当与上一行附件名称的首字对齐。

5. 附件名称之后不加任何标点符号。

6. 正文中涉及的附件处的标注内容、附件说明处的标注内容及附件的标注内容，前后要保持一致。

7. 需要注意的是，以往存在一种说法，即采用复体行文方式用于向上级机关报送或向下级机关批发（批转、转发、印发）的相关文件材料，有人认为也属于公文的附件。其中，前一类附件是真正意义上的附件；而后一类附件，实际上是主件，是真正意义上的主件，原来的主件成为一种形式，只起报送、发布、按语、转发、函告的作用。这种观点是错误的。正确的观点和做法是，在正文中写明“报送”“批转”“转发”“印发”等字样的公文，在其生效标志后所附的内容不是公文的附件，因此，在附件说明处也就不必标注相关内容。

二十六、公文的生效标志各构成要素的特点

公文的生效标志包括三个要素，即发文机关署名、成文日期和印章，这三个要素联系紧密，在公文文面上的编排位置相互影响，是一个有机的整体。对此，需要把握如下几点。

1. 发文机关署名即公文的制发机关，亦称落款，是指发文使用的名义。它是公文格式的一个重要组成部分。发文的名义必须是法定的公文作者，党和国家机关以及企事业单位，都是依据法律、条例、章程而建立的，它们可以根据自己的职能和权限制发公文，都是法定的公文作者。发文的名义主要是以单位组织的名义为主，有时也用机关首长和国家领导人的名义，如中华人民共和国主席令、全国人大常委会委员长令、机关首长对所属工作人员的任免令（或任免通知）等。以领导人名义作为公文的作者，并非以其私人身份出现，而是以他所在机关法定领导人身份行使职权的一种表现。《条例》规定，发文机关署名应当使用发文机关全称或规范化简称，公文一般以发文机关名义署名，特殊情况［如议案、命令（令）等文种］需要由签发人署名的，应当写明签发人职务并加盖签发人签名章。要注意发文机关署名应与发文机关标志、标题中的发文机关名称相一致。联合行文时，若发文机关标志并用联合发文机关名称，则发文机关署名的顺序应与发文机关标志的排列顺序相一致。值得注意的是，对于发文机关署名，原来曾规定单一机关以及两个机关联合行文时不要求署名，但《格式》已经统一，明确规定均须标注发文机关署名。

2. 成文日期是公文的生效时间，是党政机关公文生效的重要标志。根据《条例》的规定：“成文日期。署会议通过或者发文机关负责人签发的日期。联合行文时，署最后签发机关负责人签发的日期。”成文日期确定的原则是：会议通过的决议、决定等以会议正式通过的日期为准；经发文机关负责人签发的公文，以签发日期为准；联合行文的公文，以最后签发的机关负责人签发的日期为准；法规性公文，以批准日期为准；一般电报、信函等则

以实际发出日期为准。

成文日期在公文中的标注位置有两种：一是在公文标题之下，写全年、月、日并用“( )”括起来，适用于经会议集体讨论通过批准而又不以“红头文件”（带有红色版头的文件）形式发出且无主送标识的公文。如会议通过的决议、决定等公文。二是成文日期在公文正文或附件说明的右下方标注，写全年、月、日，并统一使用阿拉伯数字标识。成文日期用阿拉伯数字将年、月、日标全，年份应标全称，月、日不编虚位（即 1 不编为 01）。这与原来也有所不同，按原来的规定，党的机关公文的成文日期使用阿拉伯数字，而国家行政机关公文的成文日期则使用汉字数字，《格式》对此作了统一规定，一律使用阿拉伯数字标注。

3. 公文加盖印章是体现公文效力的表现形式，是公文生效的标志，是鉴定公文真伪最重要的依据。根据《条例》规定，公文中有发文机关署名的，应当加盖发文机关印章，并与署名机关相符。上行文，一定要加盖印章；纪要一般不加盖印章；联合下行文时，所有联署行文机关均须署名并加盖与发文机关署名、发文机关标志相符的印章。需要明确的是，签发人签名章也属于印章的一种特殊形式，对于以机关负责人名义制发的公文，需要署签发人的签名章，如议案、命令（令）等。

二十七、公文生效标志的编排规则

（一）加盖印章的公文

1. 单一机关制发的公文。成文日期编排的横纵坐标通过以下方法确定：横向位置，成文日期最后一个字距离版心右边缘的距离一般为四个字，右空四字是为了确保印章两端不超出版心。纵向位置，置于正文（或附件说明）之后若干行，置于具体放在多少行之后，是由机关印章的大小决定的，因为印章大小是固定不变的，要确保成文日期处于印章中心下边缘位置，同时保证印章顶端距离正文（或附件说明）一行之内。发文机关署名标注在成文日期之上，以成文日期为准居中排布。若发文机关全称较长，一般使用规范化简称，若规范化简称仍然较长，则发文机关署名可以考虑分为两行编排。署名之间是否空字，可以根据署名的长短和印章的大小自行确定。需要注意的一个问题是，发文机关署名在成文日期之上居中编排，空一行的位置，即发文机关署名应当在成文日期之上一行。加盖印章后，要使发文机关署名和成文日期位于印章的中心偏下位置，以不影响印章的庄重和美观。

值得注意的是，对于印章的加盖，原来曾经有下套和中套两种方式，其中，下套就是把印章的下弧压在成文日期上，中套就是把印章的中心线压在成文日期上。《格式》已经将其统一，取消了中套的加盖印章方式，一律采用下套方式。

印章要端正居中下压发文机关署名和成文日期，使发文机关署名和成文日期居于印章中心偏下位置。居中下压是指印章、发文机关署名和成文日期的纵向中心线应该重合，印章下边缘与成文日期下边相切，印章的上边缘距离正文（或附件说明）应在一行之内。

2. 联合行文。联合行文时，成文日期的编排格式与单一机关行文一致，仍然在正文（或附件说明）后下空若干行，用阿拉伯数字右空四字编排。发文机关署名按照发文机关的顺序排列，每排最多排三个印章，要确保两印章间互不相切或相交，印章和署名的纵向中心线应重合，署名的左右排列顺序与发文机关标志中的排列顺序应一致；同时保证首排印章的顶端距离正文之间（或附件说明）也不能超过一行。最后一个印章端正居中下压发文机关署名和成文日期。

（二）不加盖印章的公文

无论是单一机关行文还是联合行文发文机关署名，第一个发文机关署名都标注在正文（或附件说明）下空一行位置。联合行文时应首先标注主办机关署名，其余发文机关署名与主办机关上下对齐，依次向下排列。成文日期标注在发文机关署名的下一行（距署名的距离为一个行距，3 号字高度的 7/8 的距离），成文日期首字比发文机关首字右移二字。如果发文机关署名长于成文日期，那么发文机关署名居右空二字编排；如果成文日期比发文机关署名长，成文日期居右空二字编排，发文机关署名适当增加右空字数。

（三）加盖签发人签名章的公文

单一机关制发的公文，在加盖签发人签名章时，应当在正文（或附件说明）下空二行右空四字加盖签发人签名章，签名章左空二字标注签发人职务，相对于签名章上下居中。在签发人签名章下空一行右空四字标注成文日期。联合行文需加盖签发人签名章时，在正文（或附件说明）下空二行右空四字加盖主办机关签发人签名章，签名章左空二字标注签发人职务，相对于签名章上下居中。其余机关签发人职务、签名章依次向下编排，与主办机关签发人职务、签名章上下对齐；每行只编排一个机关的签发人职务、签名章；签发人职务应标注全称。签名章一般用红色。

二十八、“此页无正文”及特殊情况处理

“此页无正文”属于对公文排版时遇到的特殊情况的处理，在过去的公文处理实践中经

常使用。对此，应当注意把握以下两点。

1. 在公文中是否允许使用“此页无正文”的编排方式，《条例》并没有作出明文规定。当正文之后所剩空白处不能容下印章或签发人签名章、成文日期时，一般应当采取调整行距、字距的措施解决。具体的调整方法是：当正文之后的空白只有一两行时，可以加宽行距，至少将一行文字移到下一页；如果正文之后的空白仅差一两行便可容下印章位置时，可以缩小行距或缩小一两行字距，挤出能容下印章的空间。这样，使印章与正文务必同处一页，不留任何空白。

2. 如果出现采取调整正文字距或行距的措施仍无法解决的极特殊情况，如多个机关联合下行文，联合行文的机关过多，无法实现正文与所有发文机关的印章同处一页，就应采取“此页无正文”的方法，即将印章加盖在下一页空白上，并在该空白页第一行标注“(此页无正文)”。这种情况可以通过加强排版的计划性，其目的主要有两点：一是说明正文内容在前页已经完结；二是防止末页被人撕下，伪造他用。

二十九、附注的含义及其标识规则

根据《条例》的规定，附注是公文印发传达范围等需要说明的事项，对公文的发放范围、使用时需要注意的事项加以说明。对此，需要把握如下几点。

1. 并非所有公文都需要标注附注，公文的印发传达范围一般针对平行文和下行文。例如，“此件公开发布”“此件发至县团级”“此件发至乡镇级”“此件可登党刊”等，对发送范围和阅读对象进行限定。

2. 值得注意的是，请示行文需要在附注处注明联系人姓名和电话号码，这属于一种特殊情况。

3. 需要明确的是，附注不是对公文内容的解释，对公文正文的注释或解释一般在公文正文中采用句内括号或句外括号的方式解决，这一点在使用附注时需注意。

4. 确定公文的阅读范围，要依据工作的需要和安全保密的要求进行。需要限定阅读范围的，一般属于机密文件，不是机密文件没有确定阅读范围的必要。

5. 公文如有附注，根据《格式》的规定，应当使用 3 号仿宋体字，紧接成文日期之下一行居左空二个字，并在文字外加圆括号，回行时顶格。

6. 需要注意的是，对上行文不可标注阅读范围。

三十、附件的含义及其标识规则

根据《条例》的规定，附件是指公文正文的说明、补充或者参考资料。对此，应当注意把握以下几点。

1. 附件是附属于公文正文的其他文字、图表、图形等材料，对正文起到解释、补充、说明或者印证、参考作用，是正文的有机组成部分，与正文具有同等效力。

2. 附件并非每份公文的必备要素，它主要包括与正文内容相关的文字材料、数据、名单、图表、图形等。这些内容如果穿插在正文中，往往容易隔断公文前后意思的联系而造成阅读上的不便，在这种情况下需要将其从正文中抽出来作为公文的附件单独表述。这样既可以补充完善正文，又可使正文的内容简洁连贯。

3. 根据《格式》的规定，公文的附件需要另面编排。也就是说，无论前一面留有多少空白，都需要另起一面。

4. 附件应当在版记之前编排，并与正文一起装订，这也是在实际操作中容易忽视的一点。如果在版记之后编排装订附件，由于版记是公文结束的标志，附件就不能被视为公文的组成部分了。

5. 附件首页首先要在版心左上角第一行顶格编排“附件”二字，使用3号黑体字，如果有多个附件，后面必须紧跟附件顺序号，顺序号后无需加冒号。

6. 附件标题编排在首页第三行居中位置，附件序号和附件标题必须与附件说明中的内容完全一致。附件标题以及附件中行、字、段落等的编排与主体部分相应格式要素的要求一致。

7. 如果附件不能与公文正文一起装订，则应在附件首页版心左上角第一行顶格标注公文的发文字号加“附件”二字以及附件的顺序号。例如，正文中的附件标识为“附件：1.2015年度国家标准制修订计划项目”，在与正文不一起装订的附件左上角应顶格标注“国标委〔2015〕215号附件1”。

8. 值得注意的是，批转、转发、印发类公文，被批转、转发、印发的内容（诸如工作要点、工作总结、实施方案、领导人的讲话等）不属于公文的附件，在公文正文中不加附件说明，直接另面编排，所附内容首页也不标注“附件”二字，其他格式方面的要求与正文一致。

三十一、公文版记的标识规则

版记是公文不可缺少的重要组成部分，是公文结束的标志。对此，应当注意把握以下几点。

1. 版记一般由抄送机关、印发机关和印发日期等要素组成。

2. 置于公文的最后一页，版记的最后一个要素要置于最后一行。也就是说版记一定要放在公文的最后，即公文的最后一面（《格式》规定公文双面印制）的最下面位置。

3. 在实际操作过程中一定要注意版记必须处在偶数页。假设公文内容很短，即使首页能够放得下版记内容且第二页除了版记之外没有任何内容，由于公文是双面印刷，也必须将版记移至第二页。

4. 公文的篇幅如果在一个折页（有 4 面）以上，这时公文的页数一般应是 4 的倍数（一般是用 A4 型纸印制，骑马装订）。此时版记也一定要放在最后一面，而不管前面的空白有多少（一般不会超过 3 面），版记页和空白页均不标页码。

5. 如果附件是被转发的文件，转发文件还应标识自己的版记。

6.《格式》规定版记中的各个要素与印发机关和印发日期之间加一条分隔线隔开：一是为了显示各要素之间的区别；二是如此设计显得美观。要注意第一个要素之上和最后一个要素之下也有一条分隔线，但这两条一头一尾的分隔线要比中间的分隔线略粗一些。按照规定，分隔线应与版心等宽，即 156mm，首条分隔线与末条分隔线的高度应为 0.35mm，中间的分隔线用细线，高度一般为 0.25mm。

7. 印发机关，是指发文单位的中心机构或业务主管部门。标注印发机关的目的，在于收文单位对文件内容中未尽事宜的询问或工作中遇有什么问题、什么情况需要联系、反映时，直接与印发机关的承办部门联系，不必什么事都找机关领导，以提高工作效率。

三十二、抄送机关的含义及其标识规则

《条例》规定，抄送机关是指除主送机关外需要执行或者知晓公文内容的其他机关，是公文的一个重要格式要素，但不是必备的要素。对此，应当注意把握如下几点。

1. 抄送机关要使用机关全称、规范化简称或者同类型机关统称。机关全称应以批准该机关成立的文件核定的名称为准；一个机关或者单位的简称，应当由其上级机关或单位确定。当然也有本单位自定的，如果是本单位自定的简称，应当明文告知相关的机关或单位，而不能只是自己使用别人并不知晓。同类型机关统称，则应注意其排列的先后次序，而且

要按系统和级别恰当排列。例如，“各省、自治区、直辖市人民政府，国务院各部委、各直属机构：”。

2. 对于抄送机关，不论是上级、平级或下级，均称为“抄送”。过去那种分列“抄报”“抄送”“抄发”的做法不符合现行党政机关公文抄送格式。

3. 抄送机关的排列顺序，首先是上级机关，其次是同级机关，最后是下级机关，而且要按照党、政（地方党委政府在前，部门和厅局在后）、军、群的顺序排列。

4. 抄送机关是版记中的第一个要素，如有抄送机关，一般用 4 号仿宋体字，在印发机关和印发日期之上一行、左右各空一字编排。先标注“抄送”二字，然后加全角冒号，随后标注抄送机关名称，回行时与冒号后的第一个抄送机关首字对齐。

5. 一般情况下，抄送机关之间标点符号的使用方法是：同一系统内同级机关之间使用顿号分隔，不同系统机关之间使用逗号分隔，最后一个抄送机关名称后标句号，表明结束的意思。

6. 在实际操作中，有时会遇到公文的主送机关名称过多而使公文首页不能显示正文，这样就需将部分主送机关移至版记部分。如果抄送机关名称之上需要标注主送机关，要注意主送机关和抄送机关之间不用分隔线分开。如遇此种情况，主送机关与抄送机关的编排方法相同。

三十三、印发机关和印发日期的含义及其标识规则

根据《条例》的规定，公文的印发机关和印发日期是指公文的送印机关和送印日期。对此，应当注意把握以下几点。

1. “印发机关”不是指公文的发文机关，而是指公文的印制主管部门，一般应是各机关单位的办公厅（室）或文秘部门。有的发文机关没有专门的文秘部门，此种情况下，发文机关就是印发机关。

2. 标注发文日期是为了准确反映公文的送印时间。一般来说，公文在负责人签发之后，也就是成文日期之后，往往需要经过打字、校对、复核等环节，因此成文日期与印发日期通常存在时间差。通过标注印发日期，既可以使发文机关掌握制发公文的效率，也可以使收文机关掌握公文的传递时间，从而有利于公文的办理和工作效率的提高。

3. 按照《格式》规定，印发机关和印发日期使用 4 号仿宋体字，如有抄送机关，编排在抄送机关下一行，印发机关和印发日期只能占一行。印发机关居左空一字标注，使用机关全称或者规范化简称；印发日期居右空一字标注。印发日期使用阿拉伯数字完整写明年、月、日，后面加“印发”二字。

4. 翻印文件时需要标注翻印机关和翻印日期，并标注在印发机关和印发日期的下方位置。翻印机关居左空一字标注，使用全称或规范化简称；翻印日期居右空一字标注，用阿拉伯数字完整写明年、月、日，并在其后加“翻印”二字。

三十四、公文的成文日期与印发日期

公文的成文日期是公文发出和生效的时间，直接关系到公文的时效。对于成文日期的确定，一般是以发文机关负责人签发的日期为准；联合行文，以最后签发机关负责人的签发日期为准；经会议讨论通过的公文，以通过日期为准；电报，以实际发出日期为准。

公文的印发日期是指公文的付印时间。如上所述，在一般情况下，成文日期与印发日期可以有一定的时间差，主要原因是公文在签发之后，往往需要经过复核和印制等环节，因此印发日期可能略晚于成文日期，但绝不可能提前。

有些规范类公文，如政策性、规章制度类公文，其施行日期与公文的成文日期也可能有一定的时间差，即某些政策、规定从制定下发到正式实施需要有一定的准备时间，在行文时应当根据实际情况在公文中加以明确。例如，“本规定自 2021 年 5 月 1 日起正式施行”，表明该规定的生效日期应为 2021 年 5 月 1 日，而不是公布该规定的公文的成文日期（该规定的批准公布时间）。

第二节　公文行文规则

一、行文的基本内涵

所谓行文，是指一个法定作者向另一个法定作者或自己下级组织机构的发文，是机关办理公务的最主要形式。这里所说的法定作者，就是指公文的制文机关，它是依法成立并能以自己的名义行使权利的组织或者个人。根据公文法规的规定，公文行文应确有需要，注重实效，坚持少而精。可发可不发的公文一定不发，可长可短的公文一定要短。2012 年

12月，中共中央政治局会议审议通过了《中央政治局关于改进工作作风、密切联系群众的八项规定》，其中很重要的一条就是要“切实改进文风”，指出“精简文件简报。切实改进文风，没有实质内容、可发可不发的文件、简报一律不发”。这对规范公文的行文具有重大指导意义。

二、行文关系的基本内涵

由于行文是一个机关给另一个机关或本机关下级组织机构的发文，这一发一收之间必然构成一对行文关系。行文关系的确定一般看两个方面：一看隶属关系，向具有被自己领导或指导关系的单位行文为下行文关系，向具有领导或指导自己关系的单位行文为上行文关系，具有平级或不相隶属关系单位之间的行文为平行文关系。二看职权范围，按照职权大小分别适用于不同的行文关系，如职权范围大的单位对职权范围小的单位行文属于下行文，反之，则为上行文，而不同的组织系统或同一组织系统但机关级别相同的单位之间的往来行文为平行文。

行文关系，是指发文机关与受文机关之间的公文往来关系。

机关与机关之间的行文，是根据组织系统和本机关的职权、所处的地位及与其他机关之间的工作关系而进行的，主要是以机关或部门为单位的立体交叉的行文关系。在特殊情况下，领导者个人与机关、部门之间也可以形成行文关系。

行文关系具有双向性特点。具有行文关系的双方，一般都可以互相行文。

党政公文的行文具有一整套特定的制度，包括行文的方式和规则。为了避免行文混乱，《条例》设有专章“行文规则”为各级党政机关制定了严格的行文制度，以保证党和国家机关之间上下左右联系畅通，使党和国家机器指挥灵便、管理协调、运转自如、工作有效。

三、行文方向的基本内涵

行文方向是指公文运行的方向，包括上行文、下行文和平行文三种方向。由于方向不同，行文方式也有所区别。行文方向不同，公文所涉及的文种以及行文的语气等都有很大的不同，而正确把握这种不同之处，是充分发挥公文的应有效用、顺利实现行文目的的关键所在。

（一）上行文

上行文是下级机关向具有隶属关系的上级机关的行文。其行文方式有逐级行文、多级行文和越级行文三种。

1. 逐级行文。即下级机关向具有隶属关系的上一级机关行文，是上行文最基本、最常用的方式。除特殊情况外，下级机关一般均应向直接上级机关行文，以保持正常的领导与被领导关系。

2. 多级行文。即下级机关在必要时向具有隶属关系的上一级机关和更高一级的上级机关行文。这种行文方式只在个别特殊情况下如遇有重大问题时才可使用。

3. 越级行文。即下级机关在非常必要时，越过有隶属关系的上一级机关而向更高一级的上级机关行文。这种方式只能在下列特殊情况下采用：

（1）由于发生特殊紧急情况，如严重火灾等，逐级上报会延误时机，造成更大损失的问题。

（2）向具有隶属关系的上一级机关请示多次，长期未能得到解决的问题。

（3）隶属下级机关与上级机关之间有争议而无法解决的问题。

（4）上级机关交办的，并指定越级上报的事项。

（5）对上一级机关进行检举、揭发的问题。

（6）询问与请示极个别的、必要的具体问题等。

（二）下行文

下行文是上级机关向所属的下级机关的行文。其行文方式有逐级行文、多级行文和直达基层行文三种。

1. 逐级行文。即采取逐级下达的方式或只对直属的下一级机关行文。

2. 多级行文。即上级机关根据需要同时向所属的几级下级机关行文。

3. 直达基层行文。即上级机关直接向最基层机关行文。采用这种方式行文的多是无须保密的普通文书。

（三）平行文

平行文是相互没有隶属关系的同级机关或不属同一系统的机关之间的行文。这是不分系统、级别、地区、性质的机关之间的行文。机关之间需要彼此联系工作、沟通情况时，可以使用函、通知等文种。

四、行文应当遵循的基本规则

所谓行文规则是指制发公文必须遵循的基本准则。根据党和国家公文法规规定以及约定俗成原则，公文行文应当遵循如下基本规则。

（一）行文原则

公文行文应当确有必要，讲求实效，注重针对性和可操作性。

（二）行文权限

1. 公文的行文关系，应当根据隶属关系和职权范围确定。一般不得越级请示和报告。

2. 根据授权行文。上级机关的职能部门根据授权，可向下级机关行文。

3. 同级机关或相应单位可以联合行文。

（三）行文要求

1. “请示”应当一文一事和主送一个机关，如需要同时送其他机关阅知的，应当用抄送形式，但不得同时抄送下级机关。

2. “报告”中不得夹带请示事项。

3. 公文一般不直接报送领导同志个人。

4. 涉及其他机关职能的事项，机关之间对有关问题未经协商一致，不得各自向下行文。

五、怎样理解行文应当“确有必要，讲求实效”

《条例》第十三条明确规定，公文“行文应当确有必要，讲求实效，注重针对性和可操作性”。这是公文行文的基本原则，也是行文的出发点。在确定行文时，首先要明确行文的目的和作用，做到有的放矢，富有针对性。只有坚持这一点，才能有效地控制公文数量，从源头上治理“文山”问题，同时还要纠正“发文越多、文件的规格越高，对工作越重视”的误区，根据实际需要确定是否行文。例如，制发上行公文，就应当研究请示事项是否属于上级机关的职责范围，同时还要研究解决该问题的可行性；制发平行文，要注意明确职权，防止推诿扯皮，搞公文旅行；制发下行文，则要符合实际，富有针对性，讲求实效，要注意避免照抄照搬上级机关文件或以文件贯彻文件，形成新“八股”。只有这样，才能使发出的公文达到预期的目的。

六、上行文的行文规则

行文规则是行文制度的系统规定，是行文关系的处理规范，是将公文处理过程中产生的机关或部门之间的权利与义务关系用规则确定下来，从而形成共同遵守的行文制度。

在上行文的行文关系上，应注意把握以下几点。

1. 原则上主送一个上级机关，根据需要同时抄送相关上级机关和同级机关，不抄送下级机关。

2. 党委、政府的部门向上级主管部门请示、报告重大事项，应当经本级党委、政府同意或者授权；属于部门职权范围内的事项应当直接报送上级主管部门。

3. 下级机关的请示事项，如需以本机关名义向上级机关请示，应当提出倾向性意见后上报，不得原文转报上级机关。

4. 请示应当一文一事。不得在报告等非请示性公文中夹带请示事项。

5. 除上级机关负责人直接交办事项外，不得以本机关名义向上级机关负责人报送公文，不得以本机关负责人名义向上级机关报送公文。

6. 受双重领导的机关向一个上级机关行文，必要时抄送另一个上级机关。

七、下行文的行文规则

在下行文的行文关系上，应注意处理好以下几点。

1. 主送受理机关，根据需要抄送相关机关。重要行文应当同时抄送发文机关的直接上级机关。

2. 党委、政府的办公厅（室）根据本级党委、政府授权，可以向下级党委、政府行文，其他部门和单位不得向下级党委、政府发布指令性公文或者在公文中向下级党委、政府提出指令性要求。需经政府审批的具体事项，经政府同意后可以由政府职能部门行文，文中须注明已经政府同意。

3. 党委、政府的部门在各自职权范围内可以向下级党委、政府的相关部门行文。

4. 涉及多个部门职权范围内的事务，部门之间未协商一致的，不得向下行文；擅自行文的，上级机关应当责令其纠正或者撤销。

5. 上级机关向受双重领导的下级机关行文，必要时抄送该下级机关的另一个上级机关。

八、平行文的行文规则

在平行文的行文关系上，应注意把握如下几点。

1. 要选准文种。用于平行文的文种相对较少，主要有函、周知性的通知以及告知性的意见。

2. 要注意联合行文的条件。根据《条例》第十七条的规定："同级党政机关、党政机关与其他同级机关必要时可以联合行文。属于党委、政府各自职权范围内的工作，不得联合行文。""党委、政府的部门依据职权可以相互行文。"

3. 要注意行文的态度和语气。在写法上，由于平行文的各机关或部门之间是对等关系，因此要做到态度谦和，语气平缓，不能唯我独尊，强加于人，更不能用指示性的口吻。

4. 不相隶属机关之间一般用函行文。

九、“越级行文”及其规则

《条例》第十四条明确规定公文的行文关系应当根据隶属关系和职权范围确定。一般不得越级向上级机关行文，尤其不得越级行文请示问题；但因特殊情况必须越级行文时，应当同时抄送被越过的上级机关。所谓“越级”是指越过自己的直接上级领导机关而向更上一级的上级机关行文。所谓“特殊”，主要包括下列一些情形：由于情况十分紧急（如战争、重大灾害等），逐级请示会延误时机给工作带来损失；经多次请示直接上级领导机关，长期拖而不批的重大问题；上下级机关有所争议而无法办理的原则性事宜；上级机关指定越级上报的事项；对直接上级组织严重违法乱纪问题的揭发、检举等。

上级机关向下行文，除非特殊需要，也不可越过直接下级组织向更下一级组织行文指挥工作、布置任务、决定事项。

十、违背行文的行为

公文的行文关系，不是随意产生的，而是按照机关的性质、地位、隶属关系及职权范围来划分的，是有规定的。只有按规定办事，才能真正发挥公文的作用。正确地按行文关系去做，对于提高党和国家机关的组织管理效能有着极其重要的作用。但是，目前有些单位的公文不符合正确的行文原则，给公文的正常运转和准确、快速的传递、处理带来不少麻烦。其具体表现在以下九个方面。

（一）党政机关上下之间相互行指令性、报告性、请示性文种

例如，某局党委直接向局属各公司行政机构发指示，某县委向县直各行政部门发指示性通知（这些机关、部门的党组仍然存在），某县粮食局以行政机构的名义向县委报送总结，某一农垦总场以行政名义向各分场党政组织发紧急通知等，这些行文方法都是不妥的。前两种情况应以向各公司及县政府和县直各单位的党组、党委行文为宜，第三种情况则应改以粮食局党委的名义向县委报送为妥，最后一种情况则以改作农垦总场党政联合行文为好。

（二）上下级行政机关的党组相互行上行文或下行文，以某一机关党组的名义向外机关行指令性文种

例如，某市商业局党组向各区、县的商业局党组发指示，某县农林局党组向市农林局党组写工作报告等，这种行文显然是不妥当的。又如，某市人大常委会党组直接向市政府所属各局、委、办和市属各企业、事业单位的行政机构发指示性通知，要求认真宣传贯彻《中华人民共和国治安管理处罚法》，并要求这些单位将宣传贯彻的情况予以报告。由于市人大常委会党组与市直各行政、企事业单位并没有直接的隶属关系，所以这样行文是不合适的。正确的做法是以市人大常委会党组名义就有关《中华人民共和国治安管理处罚法》的宣传贯彻问题提出具体意见上报市委，请求批转全市各单位的党组织，予以贯彻执行；或以市人大常委会的名义，直接行文给它的执行机关——市人民政府，再由市政府或采取转发的形式，或采取另行发文的办法，要求市直各单位认真贯彻执行市人大常委会的意见。

（三）多头主送

例如，某市所属一个区的公安分局，在报送《关于我区当前治安主要情况及今后工作的意见》时，主送机关写的是“区委、市局”。这不仅在行文上造成党政不分（因为公安分局用行政部门的名义向上级党组织行文），而且容易给工作带来一定麻烦。要么区委、市局都不批复，要么双方都作出批复而批复的意见恰恰相反，导致下一步工作无法顺利进行。

（四）上下级机关联合行文

例如，某县人民政府与本县安全生产监督局联合行文，标题是“关于加强煤矿安全生产管理工作的通知”，这一行文的错误在于县政府与县安全生产监督局不是平行单位，后者是前者的下属单位。以一个县的最高行政机关行文足以解决问题，而偏偏挂上一个管理部门，这不但没有显示县人民政府的权威性，而且有失行文的严肃性，多此一举。

（五）向上级机关的请示，同时抄送下级部门

例如，某市市场监督管理局，拟对全市现有的 27 个市场监督管理所的设置进行调整，合并为 10 个。其在向市政府报送《关于调整合并全市市场监督管理所设置的请示》的同时，也将此件抄送局属各科、室，结果消息传播出去，未等政府作出批示，下面业已人心浮动，有的干脆自行合到一起办公，给工作带来了麻烦。由此告诉我们，向上级机关的请示，不能同时抄送同级或下级部门。因为在上级未批准之前文件并不生效；但向下级机关发布的重要文件，必要时可同时抄送上级机关，以便上级机关了解和掌握情况。

（六）平行单位之间使用上下行文文种

例如，某市教育局向市财政局发送《关于召开我市教育工作会议所需经费的请示》，市财政局不但安然受之，而且给对方发出《关于同意拨付我市教育工作会议所需经费的批复》。双方本是平行单位，在会议经费上却一下子变成一个上级、一个下级，而且谁也不以为忤，不知是“病”，岂不怪哉。按照公文行文关系的原则，平行单位之间不能写请示或报告，也不能使用批复。正确的做法是向有关平行主管部门行文，只能使用函（申请函）这个文种。

（七）上级部门给没有业务指导关系的下级部门行指挥性公文

例如，某市教育局给各区县的卫生局、教育局行文，要求为具有 30 年教龄的中小学教师开设“专门保健门诊”。市教育局与各区县的卫生局没有业务上的指导关系，故这样行文是不妥的，它极易给工作带来指挥上的混乱。

（八）上级部门向下级机关行指令性公文

按照公文行文关系的原则，上级机关所属的主管部门，只能根据本级机关授权或相关规定，答复下级机关向本部门联系、商洽或申请批准的问题，但无权作指示、下命令。但实践中有些行文违反了这一原则。例如，某县民政局给乡镇人民政府发出通知，内容是“定于本月 7 日上午召集殡葬改革工作座谈会，望乡、镇政府主要负责同志及分管民政工作的副职务必参加，并按通知要求准备好发言材料”。这样行文是不合适的。因为它们之间没有上下级的隶属关系，县民政局无权对乡镇政府下指示、派任务。

（九）部门内设机构对外正式行文

例如，某市煤炭生产管理局安全处，以处的名义行文给下属的 32 个煤矿生产单位，要求各单位吸取贵州省盘州市梓木戛煤矿发生的瓦斯爆炸事故教训，立即开展安全大检查，发现隐患、堵塞漏洞，严防类似事故的发生，并将各单位安全检查整顿的情况作出书面报告。这一行文，内容十分必要，但方式极其不妥。根据《条例》的规定，部门内设机构除办公厅（室）外不得对外正式行文，此事应以市煤炭生产管理局的名义行文为妥。

上述种种均属公文行文中应当注意纠正和防止的问题。坚持正确的行文关系，可以避免行文混乱，防止和克服文牍主义，有助于机关工作的正常运行。因此，对行文关系切莫抱无所谓态度，要严格、慎重地对待，以确保公文处理工作的规范化。

十一、怎样区分函与信函式公文

函与信函式公文是在公文处理实践中容易被人们混淆的两个概念。函是正式公文文种之一，而信函式公文是以信函格式印制的公文，是一种重要的公文发布形式。在实际工作中，一些非普发性公文，诸如批复、函、通知、通报等，常常使用信函格式印发，此即所谓信函式公文。因此，二者属于不同的范畴，不能相提并论。

十二、函的形式有什么特殊要求

部门内设机构与相应的其他机关进行工作联系需要行文时，只能以函的形式行文。“函的形式”是指公文格式中区别“文件格式”的“信函格式”。以“函的形式”行文应注意选择使用与行文方向一致、与公文内容相符的文种。

1. 部门内设机构除办公厅（室）外，不得对外正式行文，不得向本部门机关以外的其他机关（包括本系统）制发政策和规范性文件，不得代替部门审批下达应当由部门审批下达的事项。

2. “信函形式”的格式与正式标准的文件格式是截然不同的。这里所讲的“函”是形式，而不是指文种，所以在具体使用时，不要把“函的形式”与作为文种的“函”混为一谈。至于“函的形式”所使用的文种，“应注意选择使用与行文方向一致，与公文内容相符的文种”。这些都是确保函这一文种使用趋于规范的必要条件。

第三节　公文的制发程序

一、公文的起草

公文的起草，也称撰稿、拟稿，是公文拟制的第一道程序，也是至关重要的程序。根据《条例》的规定，起草一般应掌握下列基本要求。

1. 重要的文件应由负责人亲自撰写，一般日常文件则由秘书部门或业务部门拟稿，通常是“谁主管，谁拟稿”。《条例》明确规定：“机关负责人应当主持、指导重要公文起草工作。”这对新形势下党政机关领导同志具备较高的公文写作水平，通晓公文的运转规则，提出了基本要求。

2. 起草的总要求就是毛泽东同志在《工作方法六十条（草案）》第三十七条指出的：“文章和文件都应当具有这样三种性质：准确性、鲜明性、生动性。”[①] 具体地说，主要包括以下几点。

（1）在内容上，要同制文机关的职权范围相一致，不可超越本机关的职权；要充分体现并符合党的理论路线方针政策和国家法律法规，完整准确地体现发文机关意图，并同现行有关公文相衔接；同时还要符合公务活动的客观规律；材料、情况要真实，观点要统一，重点内容要突出，要合乎保密要求。要做到一切从实际出发，分析问题实事求是，所提政策办法和措施切实可行。

（2）在词章上，内容要简洁，主题要突出，观点要鲜明，结构要合理，层次要清楚；遣词造句要准确，语言要庄重、平实；论理要合乎逻辑，用语要符合语法。

（3）在形式上，要符合党和国家规定的公文体式（包括文种名称、公文格式、行文关系等），文种使用要正确，并严格执行《格式》的规定，不可自造一套；坚持一文一事制度；正确地使用汉字和标点符号，使用数目字、简称词语等要规范化，不能随心所欲地另行一套；篇幅要简短，中央规定报告每次不超过千字，这就要求公文应当言简意赅。

（4）要深入进行调查研究，充分进行论证，广泛听取意见。

（5）公文涉及其他地区或者部门职权范围内的事项，起草单位必须征求相关地区或者部门的意见，力求达成一致。

3. 公文起草者要努力学习政治理论，至少要懂得辩证唯物主义和历史唯物主义常识，要懂点政治经济学，要掌握一定的有关科学社会主义的知识，只有这样才能保持清醒的政治头脑，才能在起草文件时不出现政治上、原则上的失误或不周，才能自觉地把党和国家的方针政策融会贯通到所起草的文件中去。

4. 要有高度的政治责任心和认真踏实的工作作风。起草前，要切实领会与把握机关领导的制文意图，认真研究实际材料，明确包括制文原委、目的及中心思想在内的公文主旨“三要素”，即提炼出主旨来。之后，谋篇定局，列出提纲，明确先写什么，再写什么，最后写什么，明确每个层次的中心及每个段落的段旨，还要明确在什么观点下使用哪些实际

①《毛泽东文集》第七卷，人民出版社 1999 年版，第 359 页。

材料。在上述工作的基础上，再落笔起草，正式拟稿。初稿写成后，个人至少要通读一两遍，反复斟酌修改，做到一丝不苟。

5. 要学习掌握本单位的业务知识。文件的起草者，如果不了解本单位的业务知识，是业务的外行，可以说他很难担负起文稿的起草工作。要拟好文稿，起草者对本单位的业务活动、常用词语、专业知识等必须基本熟悉、清楚，只有这样才能写出符合实际、针对性强、能有效地推进与指导工作的公文来。

6. 要努力掌握一定的逻辑、语法、标点符号知识。要想使自己起草的文稿准确顺畅、简明生动，不出现差误、不周、啰唆、冗长和呆板等问题，就要下功夫学点逻辑学及语法常识。掌握逻辑知识极其重要，它有助于增强思维能力，使起草出来的公文思路清晰，文笔敏捷，准确地表达概念、判断与进行推理，符合逻辑思维的基本规律。

二、公文的审核

审核也就是核稿，即公文起草成形送交领导审批签发之前，由发文机关办公厅（室）或业务部门负责人对公文的观点、文字、内容、体式所作的全面审核工作。核稿，主要审核下列七个方面：

1. 行文理由是否充分，行文依据是否准确。

2. 内容是否符合党的路线方针政策和国家法律法规，是否完整准确体现发文机关意图，是否同现行有关公文相衔接，所提政策措施和办法是否切实可行。

3. 涉及有关地区或者部门职权范围内的事项是否经过充分协商并达成一致意见。

4. 文种是否正确，格式是否规范；人名、地名、时间、数字、段落顺序和引文等是否准确；文字、数字、计量单位和标点符号等用法是否规范。

5. 其他内容是否符合公文起草的有关要求。

6. 需要发文机关审议的重要公文文稿，审议前由发文机关办公厅（室）进行初核。

7. 经审核不宜发文的公文文稿，应当退回起草单位并说明理由；符合发文条件但内容需作进一步研究和修改的，由起草单位修改后重新报送。

三、公文的把口

把口是指对公文文稿进行把关。为什么要对公文文稿进行把口呢？主要是为了节省领导耗费在审阅和修改公文上的时间，有利于贯彻集中统一的办文原则，保证公文有较高的质量，便于下级办理或执行。把口由办公室主任（或秘书人员）对机关各职能部门拟写的以机关名义外发文件的文稿，从政策、措施、手续及体式、文字提法等方面进行审核。对于不成熟或质量上有问题的文稿，在征得拟稿单位同意或者请示领导以后，可以根据实际情况采取退、补、改三种办法加以处理。

1. 退。对于不需要发布的或者可以由各业务部门自行发布而不需要以本机关名义发布的文稿，退回拟稿单位进行处理；对于内容不成熟或者文字需要作大量修改的文稿，或者可以合并发布的文稿，提出问题和处理意见后退回拟稿单位修改。

2. 补。对于不按照公文处理工作的有关规定拟定的文稿，退回原拟稿单位予以补正。

3. 改。对于质量上虽然有些问题，但不需要退回拟稿单位修改的，可以根据实际情况采取以下两种方式进行修改。

第一，内容比较简单，文字修改不大的，可以由秘书工作部门自行修改，也可以请拟稿单位来人修改。

第二，急件或特急件，可以请拟稿单位来人共同研究修改。

为了保证公文把口的顺利进行，单位职能部门写的文稿，除指定径直送机关领导同志直接审阅外，一般都要归口到办公部门，由办公部门初审认为合格以后再送机关领导同志签发，以确保文稿质量。

四、公文的签发

“签发”是文件拟制的最后一个关键环节。文件经过负责人签发即成定稿，产生效力。

根据《条例》第二十二条的规定，公文应当经本机关负责人审批签发。重要公文和上行文由机关主要负责人签发。党委、政府的办公厅（室）根据党委、政府授权制发的公文，由受权机关主要负责人签发或者按照有关规定签发。签发人签发公文，应当签署意见、姓名和完整日期，以示负责，便于查考。圈阅或者签名的，视为同意。联合发文由所有联署机关的负责人会签。被主要负责同志授权代行签发的文件，应在签发人姓名右侧注明“代”字。

五、公文的印制

文稿经负责人签发后即送交印制部门印制，进入制发阶段。通过缮印、校对，才能成为正式文件。文稿送印前要注明缓急和密级标记，确定印制份数，编好发文字号，以便一并缮印。缮印和校对工作，是公文处理工作的重要组成部分。这些工作做得好坏，直接关系到文件的处理速度和准确性。在具体印校时要做到以下四点。

1. 缮印要按公文格式规范进行，文件的字数多少要和纸幅大小相适应，尽量避免末页无正文现象。

2. 字迹务求清晰、整洁、排列匀称，注意保护原稿，不得涂抹或污损。

3. 印制时要分清主次缓急，急件先印。密级较高的文件应专人打印，大量印刷应指定专门场所。

4. 印制文件需认真校对，校对是保证公文不出差错的重要一环。校对的方法当是一人念原稿，一人查印件。发现文稿上有疑问，应向承办人员提出核对，不得擅自改动。

文件印制好以后，一般还需盖上机关印章，这是代表机关的标记。加盖印章的文件才能生效，这是我国长期以来形成的传统习惯。党的机关在颁布一些普发性的文件时，由于是在指定地点印制的，一般都不盖章；而政府机关发出的公文一般都要盖章；按一定规格铅印的文件，在印刷时即加套机关印章；外交文件多数只签字不盖章。

六、公文的封发

1. 发文登记。发文主要是向外发出，有些也要同时发给机关领导同志和各直属部门。一切发出的文件，均须经严格的登记。发文登记的作用跟收文登记一样，主要是为了便于对文件的管理、统计和查找等。登记的形式，主要用簿册式。登记的项目主要有：顺序号、发文日期、发文字号、文件标题、附件、密级、份数、发文机关、签发人、归卷日期、归入卷号、备注等。登记后便可装封发送受文单位。

2. 封发时，除“亲启”件以外，一般要写受文的机关或办公室收，以便对方及时处理。受文机关的地点、名称要写准确、清楚；如系密件、急件、亲启件，凡文件上没有注明的，须分别注明，并在封套上加盖密件戳、急件戳，写明亲启。凡是应当收回的文件，要注明收回日期，按期收回。需要回执的文件，应预先在封套背面贴上回执单，注明发文编号。

七、公文的发布方式

1. 批转，是一种重要的公文发布方式，适用于上级机关对下级机关公文的处理，是上级机关对下级机关的文件材料批注意见后下发所属单位贯彻或参考的行文方式。行文由批转行文和被批转行文两部分组成。批转行文一般包括：对被批转文件的评价，批转的目的、意义、要求或希望等。对一些比较重要的问题，还可进行必要的强调或补充说明，提出指导性意见和要求。

2. 转发，是一种重要的公文发布形式，它适用于把上级、平级和不相隶属的机关的文件材料下发给所属机关贯彻执行或学习参考。行文部分由转发行文和转发对象（被转发的文件材料）组成。转发行文正文通常包括被转文件材料全称，转发的目的、意义、希望和要求等。

3. 印发，字面意思就是把文件印出来发下去。这里不是指公文形成过程中印制和发出这两个环节，而是指制文机关制作的批语性公文的一种形式。在实际工作中，有不少文件本体很短小，而随之制发的文件材料（可称副体）却较长，这些公文就是批语性公文，其中有一部分就是以印发形式制作的。

以印发形式下发的文件材料，通常是制文机关某一部门或某位负责人或某次会议形成的文件材料。例如，机关内某一部门制定的规章制度要发给下级执行，就可以印发的形式发下去。又如，某位负责人的讲话（谈话）对下级工作有指导作用，也可以印发的形式发给下级学习。再如，某次会议形成的简报、纪要之类的文件，也可印发给下级贯彻执行。

八、公文的收文办理程序

收文办理是公文办理的一道重要的和必不可少的程序，《条例》第二十四条规定，收文办理的主要程序是：

1. 签收。对收到的公文应当逐件清点，核对无误后签字或者盖章，并注明签收时间。

2. 登记。对公文的主要信息和办理情况应当详细记载。

3. 初审。对收到的公文应当进行初审。初审的重点是：是否应当由本机关办理，是否符合行文规则，文种、格式是否符合要求，涉及其他地区或者部门职权范围内的事项是否已经协商、会签，是否符合公文起草的其他要求。经初审不符合规定的公文，应当及时退回来文单位并说明理由。

4. 承办。阅知性公文应当根据公文内容、要求和工作需要确定范围后分送。批办性公文应当提出拟办意见报本机关负责人批示或者转有关部门办理；需要两个以上部门办理的，应当明确主办部门。紧急公文应当明确办理时限。承办部门对交办的公文应当及时办理，有明确办理时限要求的应当在规定时限内办理完毕。

5. 传阅。根据领导批示和工作需要将公文及时送传阅对象阅知或者批示。办理公文传阅应当随时掌握公文去向，不得漏传、误传、延误。

6. 催办。及时了解掌握公文的办理进展情况，督促承办部门按期办结。紧急公文或者重要公文应当由专人负责催办。

7. 答复。公文的办理结果应当及时答复来文单位，并根据需要告知相关单位。

九、公文的发文办理程序

发文办理也是公文办理的主要程序，《条例》第二十五条规定，公文的发文办理程序主要包括以下四个环节：

1. 复核。已经发文机关负责人签批的公文，印发前应当对公文的审批手续、内容、文种、格式等进行复核；需作实质性修改的，应当报原签批人复审。

2. 登记。对复核后的公文，应当确定发文字号、分送范围和印制份数并详细记载。

3. 印制。公文印制必须确保质量和时效。涉密公文应当在符合保密要求的场所印制。

4. 核发。公文印制完毕，应当对公文的文字、格式和印刷质量进行检查后分发。

另据《条例》第二十六条的规定，涉密公文应当通过机要交通、邮政机要通信、城市机要文件交换站或者收发件机关机要收发人员进行传递，通过密码电报或者符合国家保密规定的计算机信息系统进行传输。

十、公文的整理归档及其规范

公文加盖公章后即为正本。凡本机关主办制发的公文，形成正本之后，都要留出一式二至三份，连同原稿一起归卷（原稿也应加盖公章，公章一般盖在拟稿纸的制发机关名称处）。

从拟稿形成文件之后到归档，是制发全过程，任何一个环节上稍有疏忽都会造成不良后果。值得注意的是，有的机关或单位为体现负责精神，往往在文件的末尾最下端分别注明撰稿人、校对人、打字人等人员的姓名以及份数等信息，这是完全不必要的。因为国家标准《发文稿纸格式》（GB/T 826—1989）中规定了发文机关告知的基本格式，发文稿纸是从公文起草、审核到签发完整过程的记录载体。在发文稿纸中包括了起草公文的拟稿人、印发前的校对人以及印制份数等信息，对于一个正式对外发布的公文来说，这些信息反映的都是机关内部事务和过程，不适宜放在对外印发的公文中，也不需要收文机关知晓。如果是为了保证公文质量，追溯公文办理过程中的人员信息，可以查阅发文稿纸。

十一、公文的管理及其规范

根据《条例》的规定，公文管理应当符合如下基本规范要求。

1. 各级党政机关应当建立健全本机关公文管理制度，确保管理严格规范，充分发挥公文效用。

2. 党政机关公文由文秘部门或者专人统一管理。设立党委（党组）的县级以上单位应当建立机要保密室和机要阅文室，并按照有关保密规定配备工作人员和必要的安全保密设施设备。

3. 公文确定密级前，应当按照拟定的密级先行采取保密措施。确定密级后，应当按照所定密级严格管理。绝密级公文应当由专人管理。

公文的密级需要变更或者解除的，由原确定密级的机关或者其上级机关决定。

4. 公文的印发传达范围应当按照发文机关的要求执行；需要变更的，应当经发文机关批准。涉密公文公开发布前应当履行解密程序。公开发布的时间、形式和渠道，由发文机关确定。经批准公开发布的公文，同发文机关正式印发的公文具有同等效力。

5. 复制、汇编机密级或秘密级公文，应当符合有关规定并经本机关负责人批准。绝密级公文一般不得复制、汇编，确有工作需要的，应当经发文机关或者其上级机关批准。

复制、汇编的公文视同原件管理。复制件应当加盖复制机关戳记。翻印件应当注明翻印的机关名称、日期。汇编本的密级按照编入公文的最高密级标注。

6. 公文的撤销和废止，由发文机关、上级机关或者权力机关根据职权范围和有关法律法规决定。公文被撤销的，视为自始无效；公文被废止的，视为自废止之日起失效。

7. 涉密公文应当按照发文机关的要求和有关规定进行清退或者销毁。

8. 不具备归档和保存价值的公文，经批准后可以销毁。销毁涉密公文必须严格按照有关规定履行审批登记手续，确保不丢失、不漏销。个人不得私自销毁、留存涉密公文。

9. 机关合并时，全部公文应当随之合并管理；机关撤销时，需要归档的公文经整理后按照有关规定移交档案管理部门。

10. 工作人员离岗离职时，所在机关应当督促其将暂存、借用的公文按照有关规定移交、清退。

11. 新设立的机关应当向本级党委、政府的办公厅（室）提出发文立户申请。经审查符合条件的，列为发文单位，机关合并或者撤销时，相应进行调整。

第三章

公文处理工作规范

第一节　文秘部门及管理机构

一、文秘部门的含义

《条例》第六条规定："各级党政机关应当高度重视公文处理工作，加强组织领导，强化队伍建设，设立文秘部门或者由专人负责公文处理工作。"第七条又进一步规定："各级党政机关办公厅（室）主管本机关的公文处理工作，并对下级机关的公文处理工作进行业务指导和督促检查。"

所谓文秘部门，通常是指各级党政机关办公厅（室）专设的从事文件收发、传递、审核、制作等管理工作，也就是担负机关公文处理的专职机构。一些主要机关大都在办公厅（室）下设专职文秘机构，如秘书、文电、文印、印发、收发、通信、档案、值班处（室）等。这些机构的层次划分一般不超过两层，它们既可以是并列关系，也可在秘书或文电处下设几个科室。实行分散型或复合型组织形式的一部分机关，在职能部门办公室内设置专职文秘机构，配备专职文秘工作人员。小型机关特别是一些基层单位由于机构简单，一般不设文秘部门，而是由综合办公部门直接兼管，安排一两名专职人员负责日常的文秘工作。

公文由文秘部门或专职人员统一收发、审核、用印、归档和销毁。其主要职责是在办公厅（室）的领导下，承担机关日常的公文处理，即收文办理、发文办理、公文管理等工作，为机关工作和领导决策服务。为此，文秘部门及文秘工作人员必须以良好的心态及素质、饱满的工作热情及强烈的工作责任感投入工作，与机关领导和职能部门保持密切联系，承上启下，沟通各方，熟悉情况，努力争取各个方面的大力支持，共同做好机关的文秘工作。

二、公文处理的管理机构

公文处理工作是机关日常工作的重要组成部分，是机关行使职权、开展工作的一种重要手段，它涉及机关的上下左右、方方面面，从机关领导到各个职能部门，都要参与公文的处理工作。为加强对公文处理工作的指导和协调，必须明确公文处理的管理机构及其职能，以提高部门的权威性。为此，《条例》第七条规定："各级党政机关办公厅（室）主管本机关的公文处理工作，并对下级机关的公文处理工作进行业务指导和督促检查。"由此可见，党政机关的办公厅（室）是本机关公文处理的管理机构，它对公文处理工作的基本职责包括两个方面：一是对本单位的公文处理工作实施领导，二是对下一级组织的公文处理工作实施指导。在具体做法上，一般由秘书长或办公厅（室）主任负责，主要侧重于方针、政策上的领导，需要根据党和国家或部门的中心工作，对公文处理工作提出原则要求或意见，并负责督促检查、组织协调。至于公文的起草、核收、分转、承办，即所谓公文的"出"和"进"，则由办公厅（室）下设的文秘部门或专职人员负责处理。

第二节　公文处理工作的内涵、性质和任务

一、公文处理工作的内涵

公文处理工作是指公文的拟制、办理、管理等一系列相互关联、衔接有序的工作。从实质上讲，就是运用科学的原理与系统的方法，完成对文件的制发和收发管理工作，为党和国家的管理工作服务。一般来讲，公文处理工作主要包括三个方面：（1）公文的拟制，包括公文的起草、审核、签发等程序；（2）公文的办理，包括收文办理、发文办理和整理归档；（3）公文的管理，包括对涉密公文的管理，对复制、汇编公文的管理以及公文的清退和销毁、发文立户申请程序等。

二、公文处理工作的性质

1. 政治性。党和国家通过制发公文来贯彻党中央精神，记录信息，传达政策，解决问

题，推动工作，具有很强的政治目的。从党中央到千千万万个基层党支部，从国务院到成千上万的县、乡政府，公文好像是纽带，把上下组织紧密联结、沟通在一起，以保证全国上下各级组织之间政令畅通、运转灵活、上下合拍。我们必须站在党和国家的高度去充分认识公文处理工作的政治性。

2. 机密性。公文处理工作具有很强的机密性，不少公文内容涉及党和国家的核心机密和暂时不得公开的重要事项，工作中一旦疏忽大意，出现失密、泄密情况，就会给党和国家的工作带来不良后果甚至严重损失。

3. 枢纽性。公文处理工作是承上启下、沟通左右的工作。上级的指示通过文件贯彻下去，下级的工作情况和问题又通过文件反映上来，达到彼情我知、我情彼知，认识一致、行动协调的目的。因此，公文处理工作实际上起到一种枢纽作用。

4. 系统性。公文处理从撰写、审定、校印、分发、拟办、批办、承办、归档的整个过程，是一环套一环、一扣跟一扣的。作为一个运行整体，无论在哪一个环节出了问题，都将影响整个公文处理工作的运转，所以说它是一个系统工程。

5. 统一性。对于公文的种类名称、体式结构、用纸尺寸等，党和国家的公文管理法规中都有统一的规定，任何机关单位不得随意标新立异；对公文的办理、行文的规则、文件的立卷销毁等，党和国家也有统一规定，不能随意行事。这种统一性，有利于维护文件的严肃性，有利于全国上下在办文上协调一致，促进公文处理工作的科学化。

三、公文处理工作的任务

公文是党和国家实施管理的工具之一，公文处理工作就是运用这一工具完成党和国家的党务与政务管理。它的基本任务是科学地组织机关的公文工作，帮助领导处理日常工作活动中的文件，密切各组织之间的联系，提高工作效率，促进机关工作的顺利进行。

公文处理工作的具体任务，概括起来主要有以下几点：（1）文件的收发、登记、审核、分送。（2）文件的拟办、批办、承办和催办。（3）文件的撰写、核签、缮印和校对。（4）会议、汇报、电话的记录与整理。（5）文件的平时归卷、管理和提供利用。（6）文件的立卷和归档。

第三节　公文处理工作的原则和保密要求

一、公文处理工作的原则要求

根据《条例》的要求，公文处理工作必须做到准确、及时、安全、保密。这是一条最基本的原则。具体而言，主要是：

（一）及时、迅速、不拖拉、不积压

这是对公文处理工作时效性的要求。目前，有的机关在制文、办文上所实行的“一、二、三、四”制度，对克服与防止公文处理上的拖拉积压与文件旅行有一定的作用。“一”是收文要日清、日结、日分发，“二”是核稿、拟办不超过两天，“三”是签发、批办不超过三天，“四”是打印、发出不超过四天。

（二）准确、周密，办文要保证质量

这是对公文处理工作质量性的要求。具体地说，制文要明确、文件运转要严密、办文要精确，各个环节要协调一致，切实保证文件的质量。

（三）集中、统一，办文要规范

这是实现公文管理科学化、规范化的要求。在公文体式上，要严格执行党中央、国务院有关规定，力求规范化、标准化、统一化。在行文关系上，要按照党和国家规定，“根据各自隶属关系和职权范围确定”，不得打乱现有的隶属关系随便发文，特别是要严格控制部门内设机构的行文数量。

（四）安全、保密，确保文件在质量上、政治上的安全

这是对公文管理安全性的要求。它包括物质上的安全，就是使文件不受损坏；政治上的安全，就是要确保党和国家的机密安全，做到不失密、不泄密，保证文件不丢失、不被窃。

二、公文处理工作的保密要求

1. 正确确定密级，在规定的保密期限内按规定的范围做好发放、登记、传阅、保管工作。

2. 一切密件的誊抄、打印都要指定专人，铅印要确定专点印制，对超过印制规定的和作废的部分要监督销毁。

3. 密件函件应由机要通信部门递送。

4. 绝密文件内部传阅、接交都要有一定的登记手续，应指定专人办理，尽量减少接触人员。

5. 个人不得长时间保存秘密文件，对因工作需要而借用的秘密文件，要及时清退。

为了确保公文机密安全，对因工作需要而接触机密的工作人员，要不断加强保密教育，要求他们做到：

1. 不该说的机密，绝对不说。

2. 不该问的机密，绝对不问。

3. 不该看的机密，绝对不看。

4. 不该记录的机密，绝对不记录。

5. 不在非机密本上记录机密。

6. 不在私人通信中涉及机密。

7. 不在公共场所和家属、亲友面前谈论机密。

8. 不在不利于保密的地方存放机密公文、资料。

9. 不在普通电话、明码电报、普通邮局传递机密事项。

10. 不携带机密文件游览、参观、探亲、访友和出入公共场所。

第四节　公文的全面质量管理及制约因素

一、公文的全面质量管理的内涵及规范流程

公文的全面质量管理，是指由公文制发、处理、管理等全员参加的，贯穿公文处理全过程的，具有规范化、科学化、标准化的全面质量管理。

1. 要增强组织行为观念，既立足于本岗位又着眼于下一步，这是实现公文全面质量管理的思想基础。在整个文件运转流程中，拟制者要想到收文者的需要，文件管理者要考虑文件使用者的需要，文件使用者要为文件保管者着想。这样，每一环节都为下一环节打下良好的基础，文件的质量管理就能有可靠的保证。

2. 要严格控制公文的制发数量，这是解决公文全面质量管理的一项治本性的措施。这一点在当前具有相当重要的现实意义。文件制发数量过多，从整体上讲有损公文的质量。平整“文山”，是做好公文全面质量管理的当务之急，而减少部门对下一级机关的正式行文或不允许部门内设机构对外正式行文，又是解决“文山”的重中之重。

3. 要层层把关，加强公文管理工作的标准化。准确、及时、安全、保密是公文处理工作的四项基本原则，公文管理的各个环节都要层层落实，务必把好这四道关口。比如，围绕“准确”这一关，必须严格执行文件的审核制度，未经核稿的文件不得径直进入签发程序；严格执行打印后的校对制度，原则上应当坚持谁起草的文件谁校对，重要文件要坚持一校、二校，甚至三校，不经校对的打印文件不准印发等。应当在各个环节建立“职、责、权、利”相统一的公文全面质量管理责任制，要对每个岗位或程序的工作内容、标准以及履行职责的考核和相应的奖惩作出明确的规定，并严格执行。

二、影响公文处理效率的基本因素

公文处理必须讲究效率。所谓效率，即在办文过程中投入的劳动量与获得办文效果的

比率。

要不断提高公文处理工作的效率，就必须不断克服妨碍公文处理效率提高的主要因素。除了文秘工作人员本身素质方面的问题外，主要有以下三个因素。

第一，公文处理工作形式不从实际情况出发，缺乏科学性，这是影响公文处理效率提高的主要因素之一。公文处理工作的形式，是指在一个机关中对于公文处理的运转流程所采取的形式，主要包括两种情况：一种是集中的形式，另一种是分散的形式。

作为一个机关，究竟选择哪种公文处理工作形式，应当从本单位的具体情况出发，切不可盲目随从。目前，有些机关在选择公文处理工作形式时，事先缺乏周密的分析和论证研究，往往简单地加以确定，甚至把公文处理形式和权力的调整，即收权与放权相提并论，致使该集中的不集中，该分散的反而集中。前者，由于中枢机构和业务职能机构都承担文件处理业务，都配备担负文件处理工作的人员，而公文处理工作的实际任务量并不大，因此，就很可能出现“人多手脚乱，鸡多不下蛋”的情况。本来一个人完全可以胜任的工作，由于众多人的介入，反而使工序增多，劳动重复，等于降低了工作效率，而且势必引起互相扯皮的情况发生。至于后者，由于不应有的集中，使中枢机构的公文处理工作忙于应付，而业务职能机构的积极性得不到有效发挥，显然也难以使公文处理做到又快又好。因此，要提高公文处理效率，就必须从实际出发，选择公文处理的最佳组织形式。

第二，凡是文件必入公文处理实际流程，是影响公文处理效率的又一主要因素。

公文处理的程序是就公文处理工作的整体情况而言的，并不是说任何一份文件都必须经过这样一个程序，假若不视文件的具体情况，凡是文件都要如此“大摇大摆”地周游一番，使一些本不应该进入公文处理实际程序的文件材料进入，就会加大公文处理的文件数量，所耗用的时间必然增加，这样不仅影响主要文件的办理，而且大大降低了一个机关处理公文的效率。

第三，对公文处理程序中各个环节所需要的必要劳动时间缺乏严格要求，无时限、无考核、无查究，这是造成一些机关公文处理效率低下的第三个主要因素。

公文处理是一个系统工程，只有每个环节都做到既科学又规范，才能提高公文处理效率，从而使机关、单位的整个工作实现整体优化。因此，要在总结单位公文处理工作经验教训的基础上，面对现实，规定切实可行的各种公文处理程序所需的时限。比如，公文在接收、登记、分发上，文秘人员应做到“日清日结”；在拟办、批办文件上，应做到特急件随到随办，急件不过夜，一般文件最多不超过三天；在文件的撰写、承办上领导批文时必须提出明确的完成时限；发文核稿，一般控制在最多不超过两天，签发文件（不包括会议集体讨论定稿）最多不超过三天；文件从打印到发出，每道工序都有实际的时间要求，效率高的给予奖励，效率低的进行处罚。这样必将大大提高公文处理的效率，即使出现了拖办、压办文件的情况，也易于追查责任，总结经验教训。

第五节　公文的收文处理规范

一、收文办理的含义

根据《条例》的规定，收文办理是指对收到公文的办理过程，包括签收、登记、初审、承办、传阅、催办、答复等程序。

二、收文办理中审核的重点内容

在收文办理中，对于收到的下级或平级机关的来文应当进行审核。审核的重点应当包括以下几个方面：

1. 行文理由是否充分，行文依据是否准确。

2. 内容是否符合党的路线方针政策和国家法律法规；是否完整准确体现发文机关意图；是否同现行有关公文相衔接；所提政策措施和办法是否切实可行。

3. 涉及有关地区或者部门职权范围内的事项是否经过充分协商并达成一致意见。

4. 文种是否正确，格式是否规范；人名、地名、时间、数字、段落顺序、引文等是否准确；文字、数字、计量单位和标点符号等用法是否规范。

5. 其他内容是否符合公文起草的有关要求。

需要发文机关审议的重要公文文稿，审议前由发文机关办公厅（室）进行初核。

三、收文办理中对于不符合要求来文的处理办法

对于不符合要求的来文，应以其是否严重影响公文办理为原则来具体确定处理方式。（1）如果来文属于非特殊情况下的越级行文、请示一文多事、多头主送、请示事项不明确、

应协商会签但未协商会签、公文格式有重要疏漏（诸如请示件未标注签发人、公文未加盖印章等）和字迹不清或掉页等情况，可作退文处理。（2）对于一般性的问题，如文种使用不准确、个别格式不规范等，应先办理并提醒来文单位，或商来文单位予以修改，以免误事。（3）对于屡次提醒仍不改正的，可按有关规定启动退文程序，并以适当形式予以通报批评。

四、签收及其方法

签收，是指收件人在对方的传递单或送文簿上签字，以表示收到。文件的收入，一般机关由收发室负责，较大机关多设有内外两种收发。机关的收发室负责文件的收入及简要登记工作，一般称外收发。对收入的信函文件，除上级下发指定领导亲启的应直送领导外，其余应分送给机关的办公室文秘部门和各业务部门的文秘人员，后者相对前者一般称为内收发。

内、外收发部门，对外机关的来文，要认真加以清点，看实际信函与签单上登记的件数是否相符，看信函是否为发给本机关的，有无错投现象，然后再正式签收。

对于外来的机要信函，不管是上级下达的，还是下级上报的，不论是机要交通员传递的，还是专人送来的，都必须直接送达总收发室或该机关部门负责接收机要信函的地方予以签收，中间不得由无关人员捎带转手。非机要信件的接收部门与人员也不得经手机要信函的接收。

五、启封

启封即拆封。拆封是党和国家赋予指定的文秘部门与文秘工作人员的一种特有的职责。除上级发来的指定具体领导拆封的“亲收”“亲启”件外，其他所有的信函，只有指定的文秘部门与文秘人员有拆封权，其他任何人员都不得拆封收入信函。凡拆封的信件，都要随即核查文件有无错发、缺页、短份等现象，并按照规定的要求对下级来文进行收文审核。

六、收文登记的具体要求

收文登记是管理收入文件的“账目”，可以用它记录收入文件及其处理情况，控制文件的运转，明确交接责任，避免紊乱。因此，设立收文登记是管理与保护文件的一种必要措施，认真履行登记手续是公文处理工作中一项重要的制度。

1. 要把好文件登记关。首先，要做到“登记一本账”，即凡文秘部门经管的外来文件要逐件登记，不论是直接发来的还是参加会议的人员捎带回来的，是正式收文还是电话记录，是重要文件、机密文件还是一般、普通文件等，都要一件不漏地予以登记入账，这就叫作“登记一本账”。其次，登记要分门别类，坚持“四个分开”：收文与发文要分开，机密文件与普通文件要分开，正式文件与电话记录要分开，信访文书与一般文件要分开。最后，对文件的传阅、借用、催办等登记尽量与收文登记结合在一起，做到一账多用。

2. 收文登记的具体方法是：在文件上加盖文书处理印戳，然后进行登记。收文登记项目，一般应包括：收文顺序号、文件标题、密级、份数、承办单位、签收、归卷号、备注等。登记要及时，字迹要清楚，不要勾抹或涂改。如果有的文件原来没有标题，只写有文种的名称（诸如只写“通知”“通知如文”等），可根据文件的内容编拟一个简明确切的标题，填写在“收文登记”上，不可收文无标题。对需要催办的文件，要在备注栏中加以注明。

对于专题性质的文件，如为解决某一项重要事项而向各方面专门收集的各种材料或同一类型的文件（如年终总结、年初工作计划等），可用“专门收文簿”作专题收入登记，或在收文簿上注明标记，以便查找和使用。

3. 收文登记的方式：收文数量较多的单位，可把收进的文件按党政两大系统和机关另分类登记，如分成“中央来文”“国务院来文”“市委来文”“市政府来文”“市局来文”等；收文数量相对不多的单位，可采取综合性登记的做法，不分类别，统一登记。

七、分发的要求

分发是文件的分发、分办，即把收入登记后的文件，按其性质和办理要求分别送给领导、有关部门参阅或办理。分发的基本做法是：

1. 对涉及全局性、政策性、指导性或重大问题的请示、报告之类的文件以及文秘人员不能判定应由哪个部门承办的文件，应一律先送文秘部门负责人（如秘书处处长、科长，文电处处长、科长或基层单位的办公室主任等）阅处。

2. 内容属于一般日常业务及有明文规定应由哪个部门承办的文件，可径直交有关部门阅处。

3. 分送给领导批阅的文件，要先填好“公文处理单”，将文、单一并送批。

4. 便函、请柬、介绍信、广告、启事等，不作登记，直接交具体负责人员办理。

5. 在文件份数少、阅办阅知部门（或领导）多的情况下，应按先办理、后阅知，先主办、后协办，先正职、后副职的次序分别阅处。

八、传阅的具体做法

传阅，是指在文件只有一份或很少几份，而需要阅知的人又较多的情况下，在相关人员中间传递阅知。

传阅文件要注意：一是传阅的次序，一般是先机关的主要领导、后机关的其他领导，先主管业务部门、后其他业务部门。二是对投入传阅的文件，事先一般应由文秘人员填好“阅文单”，单上写明文件的标题、编号，并排列好阅知人员的姓名。阅知人阅后在“阅文单”上签注姓名及阅文时间。三是机要文件传阅不得“自传”，即阅件人接交文件只对文秘人员，阅件人之间不能自行传递文件。这是文件传阅中避免发生差错的一种重要经验，这种做法叫“传阅一个点”。

九、拟办及其具体做法

拟办，是指文秘部门、业务部门的负责人或文件承办人，对来文如何处理所提出的初步意见，供机关领导或有关负责人定夺。拟办的意见类似于请示或建议。“文件处理单”上的“拟办”栏虽然不大，通常也容不下太多的文字，但它却是协助机关领导或部门负责人考虑问题、处理工作、搞好公文处理的一个比较重要的环节。拟办意见切实可行，可起到参谋与助手的作用。

“拟办”栏签署的内容，主要有四种情况：

一是阅知类。即只写明请某某领导同志阅知，不提出任何具体意见。如“呈 ×× 市长阅”“请 ×× 同志阅”“请 ×× 局长阅”“请常委同志传阅”等。

二是阅示类。即只要求某某领导同志给以批示，不提出具体参考意见。如“请 ×× 副市长阅示”。

三是建议类。即不但写明文件的送阅对象，还提出一些有关意见。如“请 ×× 同志阅后交 ×× 同志办理”“请 ×× 同志阅示，建议此件应……办理为宜”“此件请各位书记传阅，并建议提交常委会作专题研究”等。

四是评议类。即不但写出评论性意见，还提出相应建议。如“此件第 × 点提法欠妥，望再作调查研究后上报。请 ×× 同志阅示”“此件较好，拟批转，请 ×× 同志阅定”等。

做好拟办工作的要求：一是要熟悉本单位的工作情况和有关业务，认真研究来文的内容和制文机关的要求，然后周密考虑适宜的处理方案。二是拟办意见要言简意明，便于思考和执行。三是对一些需要批复、回复上报或批转、转发的公文，拟办人还可以将来文与回复、批办的草稿一并送领导批阅。

十、批办及其具体要求

批办，是机关或部门负责人对公文应如何处理所作的批示。搞好批办的具体做法：一是对需阅知或参考性的文件，只在传阅栏中签名，标明阅知日期即可。二是对需要在一定范围内传达的文件，要批明传达的范围、方式、时限以及由谁负责传达等，以便于考核。三是对需要贯彻执行的，要先对拟办意见表明态度，同时提出处理原则、办法、措施、承办部门或人员以及承办的时间要求等。

做好批办工作，还应注意以下三点：（1）批办意见要写在文件处理单或传阅单上，不宜写在文件的天头页边上。（2）批办意见要写得清楚准确，简明扼要，应用毛笔、钢笔等符合存档要求的书写工具拟写批语，忌用铅笔、圆珠笔。（3）需要两个以上部门或人员承办的，应明确由谁主办、由谁协办。

十一、承办及其具体做法

承办，包括对上级指示的贯彻执行，本级机关公文的下达，下级机关请示、意见、报告的处理。这里所讲的承办，既含办文，又包括办事。通过文件形式完成承办的是办文，以其他形式完成对文件的承办则是办事。

1. 承办上级的公文，首先，要消化理解上级指示的内容实质，这是完成承办任务的基础。其次，办文时不能照抄、照转，充当“收发室”；办事时不能死搬硬套，充当“传声筒”，必须结合实际情况具体贯彻。再次，对上级文件指示的传达，要按照有关规定和领导批办意见，不能只是念一念上级的文件了事。最后，上级的文件一经下达，要根据领导批办的意见，及时检查贯彻执行情况，做好信息反馈。

2. 承办下级的请示、报告、意见，首先对请示要着重审核所请示问题的事由、依据情况、要求，是否符合实际，是否正确；对报告要认真审核报告的情况、观点，有无与上级指示相抵触之处；然后，再根据上级有关规定和机关领导批办的意见作出答复，答复问题要明确、肯定。对报告可根据不同情况分别作出处理，如批转或转报上级，或摘其要点编发简报、快报等；对意见则可视具体情况或直接批示或加以批转。

3. 当承办的文件较多时，应区分轻重缓急，将其分为正在办理的、急待办理的、待办的等，以不同颜色卷宗（如红色的、绿色的、蓝色的、白色的等，分别代表火速即办、当日必办、三日内必办、一周内完成等几种）分类放置，依次进行，有条不紊。文件办毕后，应及时将文件退还文秘部门。

十二、请办和注办及其做法

请办，是办公厅（室）根据授权或有关规定，将需要办理的公文提请主管领导批示或者主管部门研办。对需要两个以上部门办理的，应当指明主办部门。

注办，是将文件的处理结果，由承办人在文稿末尾或公文处理单上作出简要的说明。搞好文件的注办，对于检查文件承办和日后考查都具有不可忽视的作用。

十三、怎样搞好催办

催办，是对办理中的公文，向承办部门或承办人员进行督促或检查。催办的目的在于防止积压和误事。

催办一般分为对内催办与对外催办。对内催办，是指对本机关内部承办公文情况的督促检查，一般由机关文秘工作人员负责，不仅对承办的公文要进行催办，同时对呈阅、传阅、缮印中的文件也要注意催办。对外催办，是指对机关发往外单位需要回复的公文的督促与提醒，一般是谁承办的由谁负责催办，可采用电话、发函、传真等方式催办。对重要文件办理情况的催办，要及时做好催办记录，包括什么时间、催办方式、被催办人的姓名等，以备查考。

十四、送领导阅批公文的呈送顺序

对于呈送领导阅批的公文，原则上应按照领导同志的排序，依次呈送。传批件由后向前送批，传阅件由前向后送阅。领导同志之间一般不横传文件，而应由领导同志秘书通过文秘部门组织传递。如遇领导同志出差（出访）或其他原因不能阅批时，则应由文秘部门注明事由转呈其他领导同志。

十五、文件的清退及翻印机要文件的要求

清退，是指文件的承办部门对已经办理完毕的文件，按照有关规定和上级所确定的时限要求，将其退还给上级机关。除个别文件随办毕随退还外，一般是在年终统一清退，要随同上交文件填写“文件清退单”。

未经制发机关批准授权，下级不得翻印上级带有机密性质的文件。绝密件不得翻印。

经上级批准翻印的机密文件，翻印时要注明翻印机关的名称、时间及份数，并向原发文机关备案。上级机关翻印下级机关的机密文件与此无关。

第六节 公文的发文处理规范

一、发文办理的含义

根据《条例》的规定，发文办理，是指以本机关名义制发公文的过程。发文办理包括草拟、审核、签发、复核、缮印、用印、登记、分发等。

二、缮印及其做法

缮印，是将公文定稿印制成正本，准备向外发出。缮印包括誊抄、缮写、打字、排印等。在当今时代，随着电子计算机的应用和普及，无纸化办公的推广，公文制发的缮印环节已经有所简化，特别是誊抄等，业已基本退出历史舞台。缮印的正本是发文处理的最后"完成品"，它代表本机关的意见对外发生效力。所以，缮印工作一定要按公文格式进行，字迹清晰整洁，排列匀称。同时，还应注意保护好原稿，不折、不损、不丢失。缮印机密文件，应由专人负责，保护文件安全，对底稿、废页、清样等材料要严加管理，妥善处理，及时销毁。缮印中对原稿如产生疑问，应及时与承办人进行联系，不得私自改动。

三、怎样做好文件的校对工作

校对，是把文件的清样与定稿进行核对校正。这是一件非常细致的工作，要求杜绝差错，切实保证文字准确、格式符合规范。一般文件应至少校对一次，重要文件则应实行复校甚至三校。校对的方法，一是谁起草的文稿谁校对，方法是自己读，产生疑问核对原稿；二是一人读原稿，一人看打印件。校对不仅要校正文字，还包括标点符号。

四、发文登记的含义

对外发出的文件要进行发文登记，以便于进行管理和查找。登记的项目主要有：发文日期、发文字号、文件标题、密级、份数、发往机关、签收、归入卷号、备注等。

五、封发及其做法

封发，即文件的装封与发出。文件装入信封后，先将装有文件的函件数量与文件印制的数量进行核对，清点无误后再粘封。对密级、急件、亲启件，应加盖戳记，注明“亲启”字样；凡应回收的文件，要注明收回的时限。外发文件，应留出两三份作为存本，连同定稿一并存卷备查。

六、怎样做好文件的复核工作

文件的复核，包括印前复核和收文复核。前者是指公文正式印制前，文秘部门应当进行复核，重点核查审批、签发手续是否完备，附件材料是否齐全，格式是否统一、规范等。经复核需要对文稿进行实质性改动的，应按程序复审。后者是指收到下级机关上报的需要办理的公文，文秘部门应当进行审核。审核的重点是：是否应由本机关办理；是否符合行文规则；内容是否符合国家法律法规及其他有关规定；涉及其他部门或地区职权的事项是否已协商、会签；文种使用、公文格式是否规范。经审核，对符合规定的公文，文秘部门应当及时提出拟办意见送负责人批示或者交有关部门办理；需要两个及以上部门办理的应当明确主办部门；紧急公文，应当明确办理时限。对不符合规定的公文，经办公厅（室）负责人批准后，可以退回呈报单位并说明理由。

第七节　公文的立卷（整理）规范

一、如何做好文件的平时归卷

做好平时归卷工作，有利于加强对文件的日常管理，防止散失堆积，方便机关公文处理工作，并为年终立卷的整理归档打下良好的基础。公文立卷工作人员必须认真细致，坚持做好这一工作。对于承办完毕的文件，应积极催退，已收集起来的文件，应按立卷类目上所列的有关条目归入卷夹。平时主要应收集下列文件材料：发文的各种文稿及文本，收集的公文和内部文件，包括机关党组织和行政会议记录、工作计划、总结、领导讲话、重要调查报告、统计报表、业务材料，以及机关召开的各种会议形成的文件和外出参加会议带回来的文件等。对这些文件的收集应当注意如下几点。

1. 时刻不要忘记归档文件的重点。对反映本机关重要职能活动的文件宁可收宽点，谨防漏掉。收宽了可以剔除，漏掉就没有了。

2. 把好文件的关口，堵塞文件散失的漏洞。要健全公文登记、传阅、催办、清退、归档等制度，按规定把住文件运转环节的各个关口，特别要把好收发登记的总口。还要把好未经收发登记的“账外文件”关，对一些会议的文件，领导同志自办的文件，机关内部形成的文件，都应分类“把守”，指定专人负责收集。

3. 要把归卷工作和催办工作紧密结合起来，并由具体负责文件收发、运转和催办工作的人员共同来归卷。承办人员要积极协助配合，办完的文件要及时退交；档案室也要把协助文秘人员做好归卷工作列为经常性任务，并关心和帮助他们。文件归卷的具体做法是：发文可以在文件正本发出时，将定稿和存本归入卷夹。收文可以在登记或批办后分送前，用铅笔在装订线内注明应归入的条目号，然后结合催办工作，在文件办完清退以后按号入卷，并在登记簿上注明归入的条目号。

二、公文立卷类目的方法

公文立卷类目，即立卷的具体方案，是根据近几年的工作活动并预计本年度新的任务，按照立卷的原则与方法，拟制出的本单位年度文件分类归卷的条目。有了它可以使文秘部门或文秘人员有条不紊地整理与保管文件，便于随时依据条目检索文件。立卷类目的编制，通常由办公室的综合研究部门、文秘部门和机关档案室共同负责，经办公室负责人最后审阅定稿。立卷类目一般是以条目的形式写成，每个条目按照组卷的要求与方法概括写出所包括的一组文件的作者、问题与文种名称等，后面注明保管期限。每一条目是年终将要形成的一个案卷，条目的名称也就是预拟的案卷的标题。立卷类目拟好以后，应按照立卷类目为每一个条目准备一个卷夹，并将条目号和条目名称抄写在卷脊或卷面上，卷夹按条目号依次分类摆放，以便随时归入和查找文件。

立卷类目条目的繁简，要根据本单位的文件具体数量而定。例如，某国有企业党委的文件立卷类目的主要条目是：

1. 上级党委针对本厂下发的文件。

2. 厂党代会文件。

3. 厂党委会议文件及记录材料。

4. 厂党委常委会议记录。

……

三、怎样做好公文的整理（立卷）工作

公文整理，即文秘工作部门对办理完毕的文件，以件为单位进行整理。一般以每份文件为一件，文件正本与定稿为一件，正文与附件为一件，原件与复制件为一件，转发文与被转发文为一件，报表、名册、图册等一册（本）为一件，来文与复文为一件。件是文书档案的基本保管单位。

公文是机关工作的一种办事工具，具有现行效用，同时，由于文件的内容反映了机关工作活动的基本轨迹，又可作为机关工作的历史记录与凭据，具有可供日后查证参考的作用，因此，对办理完毕的文件必须做好整理工作。公文整理不仅对文书工作，而且对档案工作也具有十分重要的意义：一是可以保持文件之间的有机联系，便于查找利用。二是可以保持文件的完整与安全，便于文件的保管。三是为档案工作奠定基础。

归档范围内的公文，应当根据其相互联系、特征和保存价值等整理（立卷），要保证归

档公文的齐全、完整，能正确反映本机关的主要工作情况，便于保管和利用。

四、公文整理（立卷）的材料范围

根据2006年12月18日国家档案局公布的《机关文件材料归档范围和文书档案保管期限规定》，凡是反映本机关工作活动、具有查考利用价值的文件材料均应立卷归档。具体包括以下四个方面内容。

1. 上级机关发来的文件材料中属于下列情况的应当立卷归档：上级机关召开的需要贯彻执行的重要会议的文件材料；上级机关颁发的属于本机关主管业务并要求执行的文件，以及普发的非机关主管业务但需要贯彻执行的法规性文件；党和国家领导人、人民代表、上级机关领导等视察、检查本地区本机关工作时的重要指示、讲话、题词等材料；代上级机关草拟并被采用的文件的最后文稿和印本；上级机关转发本机关的文件（包括报纸、刊物转载）。

2. 本机关制发的文件中属于下列情况的应当立卷归档：本级党委、人大、政府、政协、工青妇领导机关召开的代表大会、代表会议、工作会议的全套会议文件；本机关党政领导会议、工作会议、专业会议的文件材料；本机关颁发的各种正式文件的签发稿、印制稿和重要文件的修改稿；本机关的请示与上级机关的批复文件，下级机关的请示与本机关的批复文件；本机关及其内部职能部门活动形成的工作计划、总结、报告；本机关党委、团委、工会和内部组织机构在工作中形成的重要文件材料；内容重要的人民来信、来访材料，从外机关带回的与本机关有关的来往文书处理登记的文件材料；本机关成立、合并、撤销、更改名称、启用印章及其组织简则、人员编制等文件材料；本机关制定的各种规章、制度；本机关的历史沿革、大事记、年鉴；本机关干部任免、奖惩、调动、专业技术职务评聘等方面的文件材料；本机关编印的情况反映、简报等刊物定稿和印本，编辑出版物的定稿、样本；本机关与有关机关单位签订的各种合同、协议书等文件材料；本机关与外国签订的条约、议定书、协定、合同、换文（正本、副本）和机关外事活动中所形成的请示、报告、计划、考察总结、重要简报、会议纪要、记录等文件材料；各种普查工作中形成的文件材料；等等。

3. 在同级机关和非隶属机关发来的文件材料中，属于下列情况的应当立卷归档：颁发的非本机关主管业务但需要执行的法规性文件；有关业务机关对本机关工作检查形成的重要文件；与本机关联系、协商工作的重要来往文件等。

4. 下级机关报来的文件材料中，属于下列情况的应当立卷归档：重要的工作计划、报告、总结、典型材料等文件材料；下级报送的法规性备案文件。

五、不需要立卷归档的材料范围

不具备归档和存查价值的公文，经过鉴别并经办公厅（室）负责人批准，可以销毁。

那么，什么公文属于不具备归档和存查价值的呢？主要有四种。

1. 在上级发来的文件中，普发供参阅而不需要办理的文件；供工作参考的抄件；征求意见而未定稿的文件。

2. 本机关文件中的重份文件；无查考利用价值的事务性、临时性文件；未经会议讨论，未经领导审阅、签发的未生效文件；一般性文件的历次修改稿；印刷文件的各次校对稿；从正式文件上摘录的供工作参阅的非证明材料；无特殊保存价值的信封；一般性表态、询问一般性问题、提出一般性建议或意见的人民来信；机关内部互相抄送的文件材料；本机关负责人兼任外机关职务形成的与本机关无关的文件材料；为参考目的从各方面收集的文件材料等。

3. 在同级机关和非隶属机关发来的文件中，参加非主管机关召开的会议不需要贯彻执行和无查考价值的文件材料；非隶属机关抄送的不需要办理的文件材料。

4. 在下级机关报送来的文件中，送参阅的简报、情况反映、不应抄送或不必备案的文件材料；抄送的一般的、不需要办理的文件材料；下级机关抄送备案的一般性文件材料等。

六、联合办理的公文由谁整理（立卷）

根据《条例》的规定精神，联合办理的公文，原件由主办单位整理（立卷）、归档，其他单位保存复制件或其他形式的公文副本。机关负责人兼任其他机关职务的，在履行所兼职务过程中形成的公文，由兼职机关整理（立卷）归档。

七、归档公文保管期限的确定

归档范围内的公文应当确定保管期限，按照有关规定定期向档案部门移交。按照国家标准，档案文件的保管期限定为永久、定期两种。定期保管的期限分别为 30 年、10 年两个档次。

凡是反映机关主要职能活动、中心工作和基本历史面貌的，对本机关、国家建设和历史研究有长远利用价值的文件材料，以及在维护国家、集体和个人权益等方面具有永久性的凭证价值和文化价值的各种文字、图表、音像等不同形式的文件材料，均应定为永久保管。主要包括：本机关制定的法规政策性的文件，处理重要问题形成的文件材料，召开重要会议的主要文件材料，重要的请示、报告、总结、综合统计报表、机构演变、机关负责人任免等文件材料，房屋买卖、征用土地、资产登记、重要合同协议等法律凭证性文件材料。

凡是反映本机关一般工作活动，在较长时间内对本机关工作有查考利用价值，以及在一定时期内在维护国家、集体和个人权益等方面具有凭证价值的各种文字、图表、音像等不同形式的文件材料，均应定为定期保管。主要包括：本机关一般工作问题的文件材料，一般会议的主要材料，人事管理工作形成的一般材料，本机关一般事务性材料；直接上级机关颁发的属于本机关主管业务并要贯彻执行的文件材料和非直接上级机关针对本机关主管业务并要贯彻执行的重要文件材料，上级机关和同级机关颁发的非本机关主管业务但要贯彻执行的文件材料；下级机关报送的总结、报告和统计报表等文件材料。

八、公文归档的范围及要求

文秘部门将办理完毕的文件经过整理（立卷），移交给档案部门或档案工作人员保管，称作归档。把这项工作作为一项制度执行下来，叫作归档制度。归档制度包括以下三方面内容。

1. 归档范围。凡是本单位工作活动中形成的对本机关及国家和社会有保存价值的各种文字、图表、音像等不同形式的文件材料，均属于归档范围，必须定期向本单位档案部门或档案工作人员移交归档，集中统一管理。

2. 归档时间。一般在第二年上半年内向本单位档案部门或档案工作人员移交。实践中，有些机关和单位专门规定了集中归档的时间。

3. 归档要求。归档文件应符合分类方案的有关规定，完成的归档文件应能正确地反映机关活动的基本面貌，便于保管利用。

九、如何销毁公文

根据党和国家及档案事业管理机关的有关规定，对失去保存价值的档案进行销毁应编造档案销毁清册和撰写销毁报告，办理批准手续，坚持执行监销制度。销毁档案应注意安全保密，一般要有两人以上监销。销毁后监销人应在销毁清册上签字盖章，并注明销毁方式（焚毁或化为纸浆）和时间。

十、汇编党内文件的基本要求

未经上级主管机关批准或授权，不准汇编党内文件。文件汇编要按其中最高密级予以管理。

十一、会商的含义

会商，顾名思义，就是会同、商量。拟制公文，对涉及其他部门职权范围内的事项，主办部门应当主动与有关部门协商，取得一致意见后方可行文；如有分歧，主办部门的主要负责人应当出面协调，仍不能取得一致时，主办部门可以列明各方理据，提出建设性意见，并与有关部门会签后报请上级机关协调或裁定。公文办理中遇有涉及其他部门职权的事项，主办部门应当主动与有关部门协商；如有分歧，主办部门主要负责人要出面协调，如仍不能取得一致，可以报请上级机关协调或裁定。

十二、圈阅的含义

圈阅，是指领导审阅文件后，在自己的姓名处画圈，表示已经看过。领导签发公文，应当明确签署意见，并写上姓名和时间。若圈阅，则视为同意。审批公文时，对有具体请示事项的，主批人应当明确签署意见、姓名和审批日期，其他审批人圈阅视为同意；没有请示事项的，圈阅表示已阅知。

十三、行文的现行效用

从公文所起作用的时效看，凡是正在起着规范、指挥、计划、组织、协调、控制等法定效力作用的，都是具有现行效用的文件；相对来说，已经失去现行效用、立卷归档的文件，称作历史效用文件，这种文件主要起凭据、记载、查考等作用。

任何一份文件都应当发生过现行效用，也就是说，不具有现行效用的文件应当是没有的。同时，没有一份文件的现行效用是无限期的，即任何一份文件的现行效用都有一定的时间性。比如，上级发来一份指示，要求对市场经济秩序进行整顿，收文机关结合本地区的实际情况作了具体的部署，并会同有关部门对市场进行了全面检查整顿，市场秩序有了较大的好转，整顿工作告一段落，市场管理转入正常，到这时，那份关于整顿市场经济秩序的指示的现行效用阶段即告结束，经立卷归档，转入历史效用阶段。

文件的现行效用阶段有的会很长，如一经制定而几十年不变的政策、规定，为期数十载的合同、协议，具有长远指导意义的重要决定、决议，富有远景、理想性的工作规划、设想等。也有的时间很短，如对上级某一具体批示、指示、通知事项的落实与办理，对下级某一请示事项的批办与答复，外机关发来属于阅知性的文件（如简报、通报等）已经阅读完毕等。总之，文件的现行效用，只有时间的长短之分，而无时限之别。

十四、文件四个“一”安全保密法

公文处理必须做到安全、保密，以维护党和国家的机密不外泄，这是公文处理工作的一条基本原则。《条例》专门提出有关文件的一系列保密要求。保守党和国家机密，应当慎之又慎，要记取因泄密而导致的严重教训。

做好文件处理过程中的保密工作，至少在制度上应当坚持以下四个“一”。

1. 进出一个口。机要文件的收发进出，要坚持一个口，这个口就是机要文秘部门。

向外发送机要文件，无论采取哪种方式，都应由机要文秘部门统一负责。与机要文秘工作无关的部门或人员，不得参与机要文件的装封与传递，不得让非机要人员捎带机要文件，更不能借开会方便之机，让开会人员给本单位捎带机要文件。机要文件必须装封牢固，以防中途破损，重要的机密文件要加贴密封条；要反复检查送达单位和收件人是否与文件的主送机关和抄送机关相符；还要认真登记，严格编号，核准份数，以防有误。

接收机要文件的单位，不论该机要文件来自何方，采用哪种方式，只有该机关的机要文秘部门才能接收，中间不得转手；非机要文秘部门或人员，特别是传达室不得经手机要文件的接收。机要文秘人员对收到的机要文件，首先要认真查验封装得是否完好，密封条是否异常；其次，对接收的多份机要文件，要注意点收，查对有无发错、短份现象。

上述机要文件的进出必须经由机要文秘部门的做法，是公文处理工作上的一条老规矩，人们通常称它为“进出一个口”。

2. 拆封一只手。拆封就是启封，是公文处理工作的一个重要环节。

在公文处理工作中，党和国家赋予机要文秘部门一种特有的职责，即除上级发来指定负责人拆封的“亲启”信件外，对其他机要文件，机要文秘部门均有拆封权。也就是说，非机要文秘部门不得自行拆封机要文件，一般把这种做法叫作“拆封一只手”。

3. 登记一本账。文件登记是管理文件的账目。设立文件登记是管理与保护文件的一种必要措施，也是一项细致的工作。所谓登记一本账，是指对收入的秘密、机密和绝密文件，应与非机密性的文件分开，单立一本“机要文件收文登记簿”。

4. 传阅一个点。传阅，是指在文件只有一份或很少几份的情况下，需要阅知的人又较多，故在他们中间传递阅知。机要文件传阅应当坚持“点传”，即以机要人员为一个“中心点”，阅件人只和机要人员有严格的取还登记手续，阅件人相互之间不发生直接关系，一般把这种方法叫作“传阅一个点”。这是避免机要文件在传阅过程中“不翼而飞”的一个好办法。同时，又可以防止阅件人积压文件。

十五、公文的变异和失真

所谓公文的变异和失真，就是公文在自上而下的传递运转过程中，其重要性被贬低，本意遭曲解，执行起来被打折扣，从而使这一文件本可以起到的作用受到损失或从根本上失去应有作用。

为了保证党的路线、方针、政策及上级机关的意图顺利贯彻执行，为了发挥各级党政机关的整体效能，为了防止和克服一些部门、单位和少数党政机关工作人员自由主义、分散主义的不良倾向，就不能不注意解决有关公文在传递运转过程中所出现的变异和失真问题。要解决好这个问题，至少应注意排除两大干扰，即“接受干扰”和“运用干扰”。

所谓接受干扰，主要是指对上级的来文一不仔细阅看，二不认真思索，三不好好研究，公文的立意，似明非明，来文的要求似知非知，来文的目的似懂非懂，从而在办文上轻重不辨，缓急不分，致使一些该重点办理的公文却被当作一般文件签上“阅”字了之，或是在领导班子成员中转上一圈，画上几个“○”，便存档打入“冷宫”。这样就使一些重要公文的使用价值遭到贬值，出现变异。

排除接受干扰的办法主要有两个：一是文秘部门要在仔细阅读、认真思考的基础上，写好拟办意见，为领导批文定事当好助手；二是领导要在文秘部门提出拟办意见的基础上，认真做好批办。

所谓运用干扰，主要是指某些机关、团体、企事业单位的负责人从小团体或个人的利益出发，从个人的好恶出发，有意无意以至随心所欲地曲解上级公文的原意，为我所用，导致公文原意的变异和失真。

排除运用干扰的办法也有两个：一是要通过宣传、教育，使广大秘书人员以及单位负责人，充分认识公文在党和国家用以实现领导，指挥、组织和管理上所占据的重要地位，认识它所具有的政治性、政策性和权威性，要以对党、对国家和对人民高度负责的精神对待上级的指示、通知、决定、决议和规定等，万万不可采取实用主义的做法，以利于“一盘棋”思想的确立，做到统一思想，统一要求，统一步调，统一行动。二是上级机关对公文下达后的实效要坚持经常深入地具体检查，不能认为只要文件一发即万事大吉，必须在公文下发后不久，紧跟上必要的督促和检查，这样才能使公文的本意不被人为歪曲，公文应有的价值不遭贬低，进而充分发挥它应有的执行作用。

十六、文牍主义及其表现

文牍主义，是官僚主义的一种表现，主要是指脱离实际，不深入基层，不了解下情，关在办公室里单靠制发、处理公文来指挥工作。

当前，文牍主义在一些单位的主要表现为：文件过多且太长，处理速度过慢；行文过“滥”，影响各级领导同志深入基层、深入实际，挫伤下级的积极性，使较多的人力、物力、财力消耗在文件上。要克服文牍主义，领导是关键，各级领导应以身作则，改变过多依靠文件指挥工作的习惯，深入基层、深入实际，多做些面对面的具体指导；对下级报请的文件，该批则批，一时批不了的也得有一个倾向性的意见，不要你画“○”、我挑“√”，也不要你写送他阅示、他写送你审批；要端正文风，文秘人员在工作中要勤奋刻苦，不怕吃苦受累，做到“嘴勤、腿勤、手勤”；要认清文牍主义是官僚主义的一种表现形式，必须同心协力，同官僚主义作不懈的斗争。

十七、电传公文的使用要求

所谓电传公文，包括使用电话传递、电视传递文件的工作，它是文件传递的一种重要方式，通过这些电讯手段以实现公文传递的现代化。

用电话传递公文，包括使用普通电话、保密电话、内部电话、专线电话、无线电话等；用电视传递公文，包括使用电视电话、闭路电视、电视传真等。

使用现代电讯手段传递公文的主要要求是：

1. 要确保它的机密性。严格划清明与密的不同范围，重要机密事项原则上不使用电话传递，因为即使是保密电话，它的保密作用也是有限的。

2. 负责电传公文工作的人员要严格遵守电传人员守则。其内容一般包括：对党忠诚、工作积极、坚守岗位、服从领导、熟悉机器性能、做好对机器的维护保养、保守党和国家机密等。

3. 要加强对电传工作的管理。向外电传公文，要按单位的有关规定进行审批、签字。

4. 要注意电传公文的书写格式与处理程序。电话传递公文，收发两方均有收话记录与发话底稿。

凡发出的电传公文，必须严格按照拟稿、送审、校对、登记、送发、签名、交接程序办理。凡收到的电传公文，应按检查、签名、接收、登记、交办的程序办理。这样，才能切实保证电传公文的准确、及时与安全。

十八、文件为何必须归组织所有

无论是来自上级、本级还是下级的文件，其所有权属于受文的机关组织本身，这个机关的工作人员对本文件有使用权，但所有权不归属个人。使用完毕的文件，要及时归还文秘部门，不得长期滞留不交，更不准想方设法据为己有。领导干部对外出参加会议或直接与外界商洽工作或下级径直报给自己的文字材料，除极个别的特殊情况外，一般要交给文秘人员进行登记，如因工作之需需要放在自己手中保管一段时间的，应当办理借用手续，不得私存文件，更不准背着文件管理部门私设“小文件柜”。干部调动时，要将手中使用的文件全部交给公文管理部门，不得私自带到新的单位。工作人员调离工作岗位时，应将本人保管、使用的公文按照有关规定移交、清退，个人不得保存应归档的公文。

第四章

公文写作相关知识

第一节　公文写作基本知识

一、公文写作的新形势和新任务

2012 年 4 月，中共中央办公厅、国务院办公厅印发了《党政机关公文处理工作条例》；同年 6 月，国家质量监督检验检疫总局、国家标准化管理委员会发布了《党政机关公文格式》。这标志着我国党政机关两大系统在公文处理上实现了法规和国家标准的统一，对推动机关公文处理的科学规范、系统协调、高效权威具有十分重要的意义。

“文变染乎世情，兴废系乎时序。”党的十八大以来，党领导全国人民，统揽伟大斗争、伟大工程、伟大事业、伟大梦想，推动中国特色社会主义进入了新时代。当前正处在全面建设社会主义现代化国家、实现中华民族伟大复兴的关键时期，万众一心共筑中国梦的进程为公文写作和发展提供了广阔的舞台，使公文的语境、用语、文风发生着前所未有的变化。公文写作要遵循规律、符合规范、讲求定式，力求文约事丰，尤其是在互联网时代，更要拓宽视野、注重应用、不断创新，积极适应公文主体与客体、载体与受体等诸多方面的新变化、新要求、新趋势，在体式、表达、语言、文风上跟进时代需求，使公文更加生动、准确、鲜明、规范、权威，彰显话语体系“短、实、新”和“接地气”的特色，更好地服务于各级党政机关和企事业单位的各项工作。

刘勰在《文心雕龙》中指出：“文律运周，日新其业。变则可久，通则不乏。”虽然公文有定式，但又需在循规的基础上融会贯通，“有法而无定体”、“因革以为功”。因此，广大公文工作者一定要紧跟形势，不断加强自身修养，打牢政策理论根基，逐步成为公文写作领域的行家里手。

二、公文写作的特性

公文写作是写作者思维活动的产物，其特性主要有以下几点。

（一）公文写作是受命性的写作

公文的起草者，要写某一份公文，在很大程度上不是取决于个人的意图，而是来自这样一些情况：上级的某一决策意见需要传达贯彻；上级要求将某一情况书面上报；本机关要召开某一会议；机关领导决策、指挥活动的需要；下级的来文请示需要作出批复；下级来文中的某一问题需要加注批语并予以转发；年终总结、年初计划等例行写作；等等。面对这些情况，不管起草文件的有关人员（如秘书人员、领导或业务部门的办事人员）有没有“灵感”和兴趣，想不想写作，都要遵命执笔、起草成文。上述情况说明，公文写作与文学创作、新闻写作那种有感于人、事、景物而产生写作动机是不大一样的。但我们说公文写作是受命（或遵命）写作，并不是说秘书人员在制文方面完全处于被动的地位，从实际工作来看，有些公文就是源自秘书人员事前对领导的参谋和建议。当然，建议能否被采纳，还是取决于机关领导。

（二）公文写作是忠实性的写作

忠实性，就是以党的路线方针政策及国家的法律、法令、法规为指导，忠实地体现制文机关的意图。文学创作、学术论文的作者和执笔人是两位一体的，反映的是个人的思想、感情、观点和见解，文责自负。公文写作恰恰相反，它的作者是制文机关，代表机关讲话，反映了制发机关的权威。公文起草是内部制文的一个基础环节，执笔人是公文的起草者，而不是公文的法定作者。制文机关也就是各级机关、部门，都是以贯彻执行党和国家的方针、政策为中心开展自己工作的，上级的指挥意图及决策意见要通过它传达下去，下边的工作执行情况及经验、问题等又需要通过它反馈上来。这上上下下所使用的诸多公文，其起草者必须增强法治、政策观念，坚持党性原则，忠实于机关的意图。在公文写作中，任何掺杂个人的想法和看法，以及融入个人的情绪都是不允许的。公文不是学术论文，公文中不含探讨性、争议性、学术性的成分。在实际工作中，有时我们见到公文起草者为公文中的某一提法与机关领导争执不下，坚持己见，不作必要的妥协，这种种做法，都是由于对公文写作的忠实性缺乏全面、正确的理解和认识的缘故。我们所讲的忠实性，是忠实于党和国家方针、政策，忠实于制文机关的意图，这个制文机关既是一个领导集体、一个组织，也包括正确执行党和国家方针、政策和上级指示、决策的领导者个人。

（三）公文写作是实际性的写作

公文与供读者欣赏的文学作品不同。公文写作不能像文学创作那样对生活中的素材加以提炼集中创造出典型，也不能用含蓄的倾向性笔法去感染读者，让读者自己去联想和品味。公文是办事的工具，要用它来指导工作和处理问题，这一根本的性质，要求公文的执笔者必须讲求实际。这里所讲的实际，主要包括：一是制文要从实际出发。要按公务活动的客观实际需要来确定是否行文，转发上级的文件不能简单地照抄照转，只当“收发室”“传声筒”。二是公文的内容必须符合实际。情况要准确，材料要可靠，做到“案皆可考”“言必有证”。

（四）公文写作是限时性的写作

在公文写作中，像文学创作中那种不受时间严格约束，自己觉得不够得心应手时先放一放、看一看、想一想的情况虽然也有，但十分少见。日常公文的起草都有严格的时间限制。如遇急需向下传达的重要事项，紧急向上反映的重要问题，领导同志临时决定的一些文字材料的整理（如请示、汇报材料、讲话材料、答复下级的来文等），有时必须在几天，甚至一两天内撰写出来。面对这种情况，公文的执笔者有时需要加班加点地赶制公文，这也是写作人员的美德所在。有时一份公文，由接受领导指令、构思、立题、定格到起草成文，仅仅用了几个小时，这种严格的写作限时性，又锤炼了写作人员思维敏捷、动作迅速的工作能力和“倚马可待”之才。

三、公文写作的一般步骤

与一般文章写作和文学创作不同，公文写作讲究特定的步骤和程序。通常包括如下三个方面。

（一）公文写作的前期准备

1. 明确行文目的和要求；
2. 确立公文主题；
3. 选定公文文种；
4. 占有材料；
5. 确定具体表达方式。

（二）撰拟文稿

1. 安排好结构。一是确定篇章结构的总体构成；二是确定正文的具体构成，解决好各组成部分的编排次序，安排各层次、段落之间的衔接与转换，处理好开头和结尾的设置。
2. 拟出写作提纲。
3. 正式撰拟文稿。

（三）审核修改

文稿的审核修改要认真严肃、反复进行，并按规定的程序进行。

四、公文写作的前期准备工作

公文写作的前期准备工作应该从以下五个方面着手。

（一）明确公文的发文意图

任何一份公文的制发都有它特定的目的，都是为了解决某一件事、某一方面的工作问题，或为了指导某些工作或公务活动开展，都有它特定的针对性。为此，明确公文的发文意图，应该包括如下两个方面的写作内容。

1. 明确制发公文的目的。公文制发的目的性非常明确。例如，通过公文发布行政规章，用以整顿管理秩序；或陈述申请事项，说明理由请求批准；或要求受文机关采取行动、措施，贯彻执行；或要求受文机关了解某些工作情况，认识某些问题等。制发公文的目的是确定公文主旨、收集公文写作材料和选择文种的重要依据。因此，在公文写作前，必须首先明确目的。制发公文的目的一般是由机关领导核心确定，然后向撰稿者授意。撰稿者应当准确领会领导意图，并据此进行写作。

2. 明确公文的主旨。公文是用来进行公务活动的工具，不是宣传材料，也不是理论文章，拟定一份公文首先考虑的是有没有用处，发文的目的明确不明确。若是没有实际需要的公文，就不必写，不能发。应该说制发公文所强调的是行文的目的或者行文用意，公文主旨就是指公文的全部内容所表达或体现出来的行文目的和用意。如果行文的目的和用意不确定，那么公文是无法拟写的。公文的主旨可以根据机关的主要领导授意和对客观实际情况全面而深入的探索结果来表述。

（二）明确公文写作的主要内容

公文写作前，对哪些方面和范围的事实应该纳入公文写作的视野内，哪些意见、要求、措施等该写进公文，必须做到大体上的成竹在胸，并且确定表达这些内容材料的要点与思路，使所要撰写的公文有一个明晰的轮廓。

（三）明确公文的阅读对象（主送机关）

明确了公文的主送机关，在公文写作内容的选择方面才能有所依凭和侧重，才能确定哪些内容应写进公文，哪些不适于写进公文。例如，同一份工作总结，若是报送上级机关，那么公文的内容应该是多反映过去一段时间机关的工作情况、工作实效及从工作中获得的规律和经验。如果是下发给所属下级机关，那么公文的内容要在回顾过去一段时间的工作情况与工作实效的同时，多写从过去一段工作中所获得的规律、经验教训，以及其对过去一段时间工作的指导和重要作用。另外，公文的主送机关不同，行文的语气和语言表达方式也应有所区别，以显示双方的工作关系。

（四）明确公文文种和发文机关的名义

公文文种在公务活动中的工具功能不同，公文的文种不同，所写的公文用途也就不同。例如，公文内容是请求隶属上级机关批准某一事项，就该用“请示”；公文内容是请求业务主管部门批准某一事项，就该用函。如果对某项工作作出安排，就要考虑工作是属于重大工作安排，还是一般性的布置任务。如是前者，那么该用决定；若是后者，那么该用通知。发文机关的名义是指是以部门的名义发文，还是以机关的名义发文；是单独一个机关发文，还是几个机关联合发文。发文机关的名义不同，公文的内容和表述的语气也应有所不同。

（五）收集公文写作材料

材料是公文写作的基础。在明确公文的行文意图，制发公文的目的，选定文种和确定了发文机关的名义之后，就应进行深入的调查研究，收集和占有材料。写作公文是要反映公务活动，公务活动是公文撰稿者必须接触和参与的工作，它是收集积累公文写作材料的一条重要途径。公务活动是十分丰富而广泛的，由此决定了公文写作过程中材料收集方法的多样性。其主要的途径有：听取领导指示；现场观察询问；处理信访和接待来访；参加各种会议；承办查办工作等。但通过直接参与公务活动所获得公文写作的直接材料是远远不够的，公文撰写者还应当吸取别人的经验而获得间接的公文写作材料。其主要途径有三种：一是阅读公文。重要的文件和专业文件要认真地研读，对其他方面的公文也要有所涉猎。对于一些新的概念、新的提法，只要是文件中常用的就要熟记下来，以替换陈旧的公文写作语言。二是阅读报刊。要阅读报刊上有关时事政治、政策方面的文章，对于文章的重要内容应进行摘录。三是收听广播、收看电视，上互联网查阅政治、经济、时事等方面的信息。充分利用声像和数字传播媒介拓宽公文写作者的视野，获取和占有更多的公文写作材料。

公文撰稿者在公文写作的准备阶段应当做到三点：一是积极参加公务活动，认真进行调查研究，使公文内容有真实的社会性和公务性；二是对社会和经济发展的状况及面临的形势要有清醒的认识，对其所作的分析要体现科学性；三是写进公文内容中的要求、意见、对策要务实。

一名公文撰稿者在公文写作准备阶段要能真正为下一阶段的公文写作打好基础，同时还应当训练这样三种能力：一是感触能力，即善于运用五官，捕捉感受的目标。这就是正确又敏锐的感觉、感受，它是认识社会政治、经济和公务活动的第一步。二是分析问题的能力，即正确分析社会经济、政治、文化、科技和公务活动各个方面、各个阶段的各种情况。这是进行综合分析的前提。三是综合能力，就是能将各部分内容、本质的联系归结为一个整体。以上这三种能力都是认识能力的具体表现，在整个公文写作中起着十分重要的作用。

五、公文写作中的思维定向控制

公文撰稿人表达的不是自己的意愿，而是代表一级组织或领导叙事论理，为他们“立言”。因此在公文写作中对思维进行定向控制十分重要，发布任何一篇公文都有一定的目的。公文的谋篇布局、结构安排和表达技巧都是为了实现这一目的，即公文写作中的一切思维活动必须紧紧围绕行文目的的实现进行，用行文目的去规范公文写作中各个阶段的思维活动，使思维路线符合行文目的，不致偏离既定目标。对思维进行定向控制，必须注意以下两点。

1. 必须有一个明确的行文目的。这是定向的基础。

2. 选好重点。控制的重点因文而异。就公文写作的要素而言，重点应放在立意、结构、表达上；就公文体现制文者意志而言，重点应放在以下四个方面。

（1）成熟的思想，放在表达上。

（2）尚不成熟的思想，则放在完善上。

（3）不够正确的思想，则放在改造上，使之趋于正确。

（4）及时调节，使公文写作中的思维活动始终沿着既定方向进行。

六、公文写作的构思原则

公文写作的构思是作者在公文写作中的思维活动所经历的“路线”。它具有不同于其他文体的一些原则，主要表现在以下三个方面。

1. 以实际情况为中心。公文所表达的领导决策、组织指挥、规章制度以及信息交往等内容，虽然也涉及人际关系、思想感情，但都是将实际情况作为直接写作对象，思路集中在处理情况和办理事项的范围内运行，并以此为中心，具体完成提炼主旨、选配材料、谋篇布局和语言表达等任务。

2. 以事理为主导。公文不但要交代做什么、怎么做，还必须阐明为什么，并以此为主导，贯穿全文。

3. 以实效为准则。以公文推动公务，最终是为了取得实际的社会效益。这也是贯穿公文构思全过程的一条重要原则。

七、公文提纲的拟写

拟写公文写作提纲是在明确公文内容的基础上，理顺思路，安排公文整体布局形式的过程。在一般情况下，公文的写作目的、公文主旨以及主要内容等，都要在提纲中显示出来。提纲的内容有以下五点。

1. 公文的标题。公文的标题要准确概括该篇公文的主要内容。

2. 公文的组成部分。为维护公文的权威性与有效性，公文的各个组成部分必须完整。除了必须具备的基本组成部分外，还应根据每篇公文的特殊需要正确选取其他组成部分。

3. 安排正文各层次的主要内容和合理安排正文的表述顺序。公文正文的次序得当，逻辑性强，可使公文内容紧凑有序，纲目清楚，前后衔接紧密，方便阅读与理解。在安排表述顺序时，要照顾不同公文文种的特点，根据其反映信息的角度与方式以及信息容量的大小而采用不同的排列形式。

4. 安排层次、段落之间的衔接与转换。公文正文的各层次、各段落之间的衔接与转换要妥善安排，使之相互连接，前后贯通，转折过渡自然，结构严密完整。安排时要根据正文内容和表述方法发生变换，在上下文之间使用关联词或惯用的承转词组、句子、句段。

5. 安排好公文的开头与结尾。应当根据行文的实际情况，妥善安排好开头及结尾。要特别注意其必要性，切忌无端“戴帽”和“穿靴”。

公文写作提纲没有固定模式，但有粗细之分。粗一点的提纲，只需写出标题和各层次的主要内容，所用语句也不一定是起草后文稿中的语句，只是“撮辞以举要”。有些内容简单的公文在下笔之前有个腹稿即可。内容复杂的公文写作提纲，应该把大小标题、各层次的主要内容及各层内部的段旨，所用的材料，尽可能详细地开列出来。这样的提纲不只是分条列项，而是近乎文章的形式。

拟定公文写作提纲既可理顺写作思路，使公文的结构初步定局，动笔写作时心中有数，避免丢三落四、前后重复、主次不合理等结构上的问题，也有助于在写作过程中把握写作的意图和目的。公文写作提纲还可以用来征求机关（单位）领导对公文写作的意见。重要公文的写作提纲拟定以后，要请机关（单位）负责人阅示，以便让领导对公文写作提出更为具体的意见和指示。有的公文在起草前还要专门安排一次会议，由执笔起草人直接汇报写作提纲，领导班子成员或有关人员集体讨论，提出写作或修改的具体意见。

八、公文起草的基本要求

《条例》第十九条规定，起草公文应当做到以下七个方面的要求。

1. 符合党的路线方针政策和国家法律法规，完整准确体现发文机关意图，并同现行有关公文相衔接；

2. 一切从实际出发，分析问题实事求是，所提政策措施和办法切实可行；

3. 内容简洁，主题突出，观点鲜明，结构严谨，表述准确，文字精练；

4. 文种正确，格式规范；

5. 深入调查研究，充分进行论证，广泛听取意见；

6. 公文涉及其他地区或者部门职权范围内的事项，起草单位必须征求相关地区或者部门意见，力求达成一致；

7. 机关负责人应当主持、指导重要公文起草工作。

九、公文文稿的修改

修改公文文稿是起草者对文稿所作的加工和润饰。修改的范围主要包括：深化主旨，审查内容，调整结构、语序、句群，修正语句和标点符号，增删格式项目。公文修改主要从以下七个方面着手。

1. 看标题。看标题的事由概括得是否准确，文种使用是否正确。在这方面常见的错误是相近文种混用，应予特别注意。

2. 看主旨。公文主旨的要求是否正确、深刻、有针对性。这方面常见的问题是：看问题不切合实际，或者失之肤浅。主旨的修改是一件大事，除了本着一文一事的基本原则外，必要时还应与机关领导、相关同志共同讨论，如果原来主旨根本不符合要求，要推倒重立新旨。

3. 看材料。材料必须根据主旨的需求来选取。修改时主要看材料是否精当、典型、真实、充分。公文材料需要修改的情况有：更换材料，即改用那些能说明本质问题的典型材料；删繁就简，即把叙述过多的过程及该概述而用详述的材料全部删去；增添材料，即对事情过程叙述不完整，该说的没说，事实不能全面说明问题的部分，有事实但无理论或政策依据的部分，或有理论但事实不足的部分，这些情况都要增添。对没有认真核实的材料，或写错的数字、时间等内容要进行全面修改，去伪存真。

4. 看结构。结构是为公文主旨服务的。结构有问题，必然影响主旨的表述。修改时主要看层次安排是否符合逻辑，是否符合文种的结构特点，过渡照应是否周全、严密。

5. 看语言。主要是修改不准确的词句，同时删去多余的词句。公文的语言提倡准确、简洁、庄重、朴实、得体；反对假话、空话、套话、废话。

6. 看标点。正确使用标点能把意思、语气表达清楚。这虽然是小问题，但从这个方面能看出写作者的素养。

7. 看公文的数据项目。公文的数据项目是一篇规范性公文的必备因素，它体现了公文的严肃性、庄重性。每篇公文所需的数据项目缺少或多余，都会损害它的执行效用。修改时主要看公文的基本数据项目是否具备，还要看根据该篇公文的特殊需要，应选取的其他数据选择了没有，是否选对。

文章不厌百回改。写文章根本不能落笔便成，通过修改则“瑕可以为瑜，瓦砾可以为珠玉”。公文是党和国家机关发布和传达路线方针政策，依法治国理政和进行公务活动的工具，为保证公文的质量、发挥公文的工具性功能，在写作过程中一定要重视修改。公文修改后还要誊抄印制，然后提交主管领导和综合办公部门核稿，最后经领导签发同意才能转化为定稿。至此，公文写作才算结束。

十、公文写作时正确使用机关或单位的全称与简称

公文中经常涉及机关或单位名称的表述问题，不仅版头部分要用，发文字号中要用，公文标题、落款（发文机关署名）以及印章中也要用。至于正文部分的写作，使用得就更多。但在表述时究竟是用其全称还是规范化简称，并无硬性规定，一般情况下二者是通用的，但有时需要根据具体情况作适当处理。

（一）在公文的版头部分，发文机关的标志既可使用全称，也可使用规范化简称

例如，可用《中国共产党中央委员会文件》，或者用《中共中央文件》。这就是说，下行文的版式中，发文机关名称既可用全称，也可用简称，但上行文版式中的发文机关名称一般只能使用全称。

（二）要根据文字的繁简酌情确定使用全称或简称

例如，公文版头、标题、发文机关署名（落款）中所涉及的发文机关名称，究竟以使

用全称还是简称为宜，应当根据实际情况酌定。一般而言，如果机关名称字数较多，特别是一些企业名称往往长达一二十个字，则通常应当使用简称，以使行文趋于简洁，并求得文件布局的醒目、匀称、美观。但需要注意的是，发文字号中的机关代字必须是简称，而且是高度浓缩了的称谓；印章中的发文机关名称则应使用全称，以示庄重、严肃。

（三）要根据公文的运行范围和内容性质酌情确定使用全称或简称

一般而言，对于系统或机关单位内部运行的公文，其发文机关名称可以使用简称，这既不会令人费解，又会使行文显得简练，便于接受；但对于那些政策性、规定性较强的公文以及会议性公文，如公报、决议、纪要等，则以使用全称为宜，以体现行文的庄重性和严肃性。

（四）要注意讲求规范

根据公文处理法规的规定，在公文写作中第一次使用机关名称时应当使用全称并用括号注明简称，下文再出现相同名称时，则可用简称。

值得注意的是，对于简称的使用必须注意讲求规范，不可随意简化。例如，“中共××委员会”“中共××乡党委”之类的简称就不符合规范。其中，前者的问题在于繁简混杂，“中共”是简称，但“委员会”又不是，故而应改为“中共××委”；后者的问题属于叠床架屋，其原由如前所述。

十一、公文结构

（一）公文结构的原则

结构是指公文内容的组织和构造，它根据主旨的需要，合理地安排和展开材料，使文章成为一个有机的整体，即谋篇布局、立格定局。公文的特殊性决定了公文结构的原则和要求与其他文章有所不同。

1. 公文结构必须能够准确反映公务活动这一客观事物的内在本质和联系。一切公务活动和所有现实社会活动一样，都有其发展过程和内在联系，公务活动的发展和内在联系是确定公文组织结构的客观依据，也就是，基本上按照首先提出问题，然后分析问题，最后解决问题的顺序来安排的。当然，一篇公文结构的形成，不是对公务活动的机械反映，而是经过公文撰写者的思维加工，是公务活动客观规律和撰写者组织全篇的思路的有机统一和集中表现。

2. 公文结构必须服务于公文主旨的需要。主旨是一篇公文的灵魂。在起草公文时，如何组织安排材料，包括先写什么，后写什么，材料的主次详略及相互联系，怎样划分层次段落，怎样过渡照应，开头结尾怎样交代等，都必须紧密围绕公文的主旨或基本观点这条主线来组织安排，使结构更好地为公文的主旨服务。

3. 公文结构必须适合公文的不同体式。公文的结构组织同公文的不同文种有一定关系。从公文结构的整体分析，其外部结构形式一般是“开头—主体—结尾”，其逻辑形式表现为“总—分—总”，其内容的详略表现为“凤头—猪肚—豹尾”。这是就公文结构组织的一般情况而言的，但由于公文的内容繁杂，文种很多，在组织材料的时候，还必须从所写的内容实际情况出发，采用恰当的结构方式，以适应公文不同文种的特点，做到内容与形式相统一。如综合性的工作总结、工作情况报告、经验介绍等，一般采取“基本情况概述—做法（经验或体会）—存在问题和今后打算（或只讲不足）”的结构；通知、通报、指示等，一般是采取“提出问题—分析问题—解决问题”的结构；决定、规定、章程、条例、办法等法规性的文件，一般采取“总则—分则—附则”的结构；公告、通告一般采取首先简要概括地提出问题，然后把解决问题的结果或意见分项列出的结构；批复基本上是采取对解决问题的结果予以答复这样单一的结构。

4. 公文结构必须符合公务活动认识上的思维逻辑。一要有序。表达公文主旨应按照人们认识公务活动的一般规律，由开端到结尾，由总到分，由远到近，由局部到整体，由特殊到普遍，由原因到结果，由过去到现在，由主到从，当然也不排除个别情况所出现的相反方向。但是无论按照哪种顺序表达公文思想，都要有条理地排列，防止忽远忽近，忽主忽从，否则势必思路不清，结构混乱。二要连贯。在公文的逻辑上要讲顺序，注意结构的顺序（层次与层次、段落与段落、开头与结尾之间）具有必然性，使全篇思路畅通、前后衔接、语意连贯、浑然一体，千万要防止上下语意断止、跳跃和互相对立的现象出现。三要区别。对相反的意思，一定要区别开来，要对相同的意思加以集中，以做到界限清楚，避免混淆不清，妨碍公文主旨的表达。四要周密。在结构的安排上，防止顾此失彼，要坚持两点论，切忌肯定一切或否定一切。

只有按照上述原则所形成的公文，才有可能达到严谨、自然、完整、统一，即精当细密、顺理成章、匀称饱满、通篇和谐，更好地表达公文的思想。

（二）公文结构的外形体式

公文的外形体式，即公文的开头、主体、结尾在文面上的组合表现形式。党政机关公文的外形体式，主要有八种。

1. 篇段合一式。篇段合一式的公文只有一段，这一段就是一篇，俗称“单枪匹马式”。

这种体式主要适用于命令（令）、公告，内容简单的决定、决议、函及批复、任免通知等。

【例文】

中华人民共和国主席令

第二十七号

《中华人民共和国法官法》已由中华人民共和国第十三届全国人民代表大会常务委员会第十次会议于2019年4月23日修订通过，现将修订后的《中华人民共和国法官法》公布，自2019年10月1日起施行。

中华人民共和国主席　习近平

2019年4月23日

2. 撮要分条式。撮要分条式的公文开头属篇前撮要，概括全文中心内容，然后对所要解决的若干问题按照主次先后，形成若干条，并用数字标明，俗称"天鹅下蛋式"，即把"撮要"比喻为"天鹅"，把分条看作天鹅下的"蛋"。这种体式可视为下行公文的基本体式，是普遍采用的，如通知、指示、通告、公告以及内容较复杂一些的决定、决议、通知型会议纪要等。

【例文】

北海市人民政府通告

为加强对市区北部海域的管理，充分发挥海域使用的整体功能，广西北海市人民政府根据国家有关法律法规，决定对市区北部乱占乱用海域的现象进行清理整治，并就有关事项颁布通告如下：

一、……

二、……

三、……

四、……

3. 分列小标题式。分列小标题式的公文是把全篇公务文书分成若干条、段，把每一条、段的中心内容，分别归纳成若干小标题，置于每一条、段之上，如指示性通知、调查报告、纪要、决定、决议、简报、通报及规划、纲要等多采用这种体式，俗称"刀枪剑戟式"。

【例文】

中共中央关于认真学习宣传贯彻党的二十大精神的决定

（2022 年 10 月 29 日）

为深入学习宣传贯彻党的二十大精神，把全党全国各族人民的思想统一到党的二十大精神上来，把力量凝聚到党的二十大确定的各项任务上来，作出如下决定。

一、充分认识学习宣传贯彻党的二十大精神的重大意义

……

二、全面准确学习领会党的二十大精神

……

三、认真做好党的二十大精神的学习宣传

……

四、坚持知行合一，贯彻落实好党的二十大作出的重大决策部署

……

五、切实加强组织领导

……

4. 全面性分块式。全面性分块式是把全文划分为几大块，各块相对独立，各自成章。采用这种形式的主要是工作总结、调查报告、指示型纪要、工作研究以及内容复杂的决定、意见等文种，俗称“豆腐块式”。

【例文】

中共中央关于深化党和国家机构改革的决定

（2018 年 2 月 28 日中国共产党第十九届中央委员会
第三次全体会议通过）

为贯彻落实党的十九大关于深化机构改革的决策部署，十九届中央委员会第三次全体会议研究了深化党和国家机构改革问题，作出如下决定。

一、深化党和国家机构改革是推进国家治理体系和治理能力现代化的一场深刻变革

党和国家机构职能体系是中国特色社会主义制度的重要组成部分，是我们党治国理政的重要保障……

党中央历来高度重视党和国家机构建设和改革……

……

二、深化党和国家机构改革的指导思想、目标、原则

深化党和国家机构改革，必须全面贯彻党的十九大精神，坚持以……

深化党和国家机构改革，要遵循以下原则。

——坚持党的全面领导……

——坚持以人民为中心……

……

5. 转发转述式。转发转述式用批转、转发、转述的形式，把下级或上级、平级的来文转印给下级单位。它的突出特征是：以文载文，文后有文，诸如批转性通知、转发性通知、转述式通报、转发式简报（加写编者按语）等，俗称“枪里加鞭式”。

【例文】

中共中央关于印发《中国共产党支部工作条例（试行）》的通知

各省、自治区、直辖市党委，中央各部委，国家机关各部委党组（党委），解放军各大单位，中央纪委机关各部门党委，各人民团体党组：

现将《中国共产党支部工作条例（试行）》（以下简称《条例》）印发给你们，请认真遵照执行。

……

各地区各部门在执行《条例》中的重要情况和建议，要及时报告党中央。

中共中央

2018 年 10 月 28 日

6. 章、条、款分列式。章、条、款分列式即全篇分章、章下有条、条下设款，分条列目，款项清楚，俗称“下楼梯式”。它是法律、章程、条例、规定、规则、办法、细则等法规性公文的基本写法。

【例文】

中华人民共和国道路交通安全法

第一章　总　则

第一条　为了维护道路交通秩序，预防和减少交通事故，保护人身安全，保护公民、法人和其他组织的财产安全及其他合法权益，提高通行效率，制定本法。

……

第二章　车辆和驾驶人

第一节　机动车、非机动车

……

第二节　机动车驾驶人

……

第三章　道路通行条件

……

第一百二十四条　本法自2004年5月1日起施行。

7. 条段贯通式。条段贯通式是把全文划作若干条，标以序号，无单独的开头与结尾，或划分为若干自然段，段落不标序号。它是一些指示、指示性通知、内容比较简单的法规性文件及领导讲话材料常用的体式。

【例文】

在纪念马克思诞辰200周年大会上的讲话

（2018年5月4日）

习近平

同志们：

今天……

马克思是全世界无产阶级和劳动人民的革命导师，是马克思主义的主要创始人，是马克思主义政党的缔造者和国际共产主义的开创者，是近代以来最伟大的思想家。两个世纪过去了，人类社会发生了巨大而深刻的变化，但马克思的名字依然在世界各地受到人们的尊敬，马克思的学说依然闪烁着耀眼的真理光芒！

1818年5月5日，马克思诞生在德国特里尔城的一个律师家庭……

——马克思的一生，是胸怀崇高理想、为人类解放不懈奋斗的一生……

——马克思的一生，是为推翻旧世界、建立新世界而不息战斗的一生……

马克思是顶天立地的伟人，也是有血有肉的常人。

同志们！

马克思给我们留下的最有价值、最具影响力的精神财富，就是以他名字命名的科学理论——马克思主义。这一理论犹如壮丽的日出，照亮了人类探索历史规律和寻求自身解放的道路。

马克思有一句名言："批判的武器当然不能代替武器的批判，物质力量只能用物质力量来摧毁；但是理论一经掌握群众，也会变成物质力量。"……

——马克思主义是科学的理论，创造性地揭示了人类社会发展规律……

——马克思主义是人民的理论，第一次创立了人民实现自身解放的思想体系……

——马克思主义是实践的理论，指引着人民改造世界的行动……

——马克思主义是不断发展的开放的理论，始终站在时代前沿……

同志们！

……

——学习马克思，就要学习和实践马克思主义关于人类社会发展规律的思想……

——学习马克思，就要学习和实践马克思主义关于坚守人民立场的思想……

——学习马克思，就要学习和实践马克思主义关于生产力和生产关系的思想……

——学习马克思，就要学习和实践马克思主义关于人民民主的思想……

——学习马克思，就要学习和实践马克思主义关于文化建设的思想……

——学习马克思，就要学习和实践马克思主义关于社会建设的思想……

——学习马克思，就要学习和实践马克思主义关于人与自然关系的思想……

——学习马克思，就要学习和实践马克思主义关于世界历史的思想……

——学习马克思，就要学习和实践马克思主义关于马克思主义政党建设的思想……

同志们！

……

恩格斯说："只要进一步发挥我们的唯物主义论点，并且把它应用于现时代，一个强大的、一切时代中最强大的革命远景就会立即展现在我们面前。"前进道路上，我们要继续高扬马克思主义伟大旗帜，让马克思、恩格斯设想的人类社会美好前景不断在中国大地上生动展现出来！

8. 并列句式。并列句式先以简要文字做开头，开宗明义，正文用若干句子排列组合而成，有的还讲究押韵，类似诗词歌赋一样，又称"诗词模拟式"。这是守则、公约等规章制度类文件的基本写法。

【例文】

天津市民行为守则

讲礼貌　不粗言脏语、乱吐乱扔
爱家园　不私搭乱建、违规养宠
遵公德　不损坏公物、乱贴乱画
守秩序　不乱停乱放、乱穿马路
倡网德　不传谣信谣、盲听盲从
树新风　不铺张浪费、乱烧纸钱
重信誉　不欺诈作假、食言失信
育家风　不骄奢懒散、溺爱放纵

公文的外形体式在“开头—主体—结尾”的基础上，呈现出纷繁复杂的表现形式。切实了解和掌握这些表现形式，有利于增强驾驭公文的能力，使形式更好地服务于内容表达的需要。

（三）公文结构的内在规律

在公文写作中，作者要通过对公务活动的观察认识，依照一定的逻辑关系理出一个表达顺序，也就是说，公文的开头和结尾、层次与段落之间要通过一种内在关系把它们有机地联系起来。公文的外形结构多种多样，呈现多彩多姿的状态，如篇段合一、全面分块、章条结合、条段贯通、转发转述、并排列句等，但它的内在结构万变不离其宗，存在一条固有的基本规律，这就是“提出问题—分析认识问题—解决问题”。公文的内在结构之所以有这样一条规律，是由党和国家公务活动的客观实践所决定的。党和国家公务活动的客观运动过程基本上表现为发现（提出）问题、分析认识与解决问题，而作为党和国家完成公务活动的重要工具之一的公文，它的内在结构必须与党和国家公务活动的客观运动形式保持一致。正因如此，不论公文的外形表现为什么样式，其内在结构都应是“三个问题”的“珠联”或至少是“提出问题”与“解决问题”的“璧合”。只提出问题而不分析，解决问题或只解决问题而不提出问题的公文在客观上是根本不存在的。具体而言，公文的内在结构表现形式大体有以下五种。

1. 主要是对解决问题的结果予以答复或表态的单一结构形式，如批复、命令（令）等。

2. 主要在于提出问题、分析问题，但不直接具体解决问题的单纯结构形式。如情况简报、情况通报等。

3. 先提出问题，然后把解决问题的结果或意见表达出来，即“提出问题—解决问题”的简单结构形式。诸如公告、函、转发（包括批转）性通知以及内容简单的决定、决议、通知、议案等。

4. “提出问题—分析问题—解决问题”的完整形式。如指示性通知、指导性通报、指挥型纪要、工作报告、调查报告以及专门性的决定、决议等。

5. 边摆问题，边分析与解决问题的特殊结构形式。它与前四点不同的是打乱了先提出、后分析、再解决问题的逻辑次序，将其糅合在一起，分列几个专门问题来安排结构，每个问题中既包括问题的提出，又有对问题的分析与解决。综合性的工作总结、调查报告、工作计划以及会议纪要，内容比较复杂的决定、决议，以及对重大问题所作出的具有指挥性的意见以及条例、规定等法规性文件通常采用这种结构形式。

（四）公文层次

公文层次，同公文的标题、开头、结尾一样，都属于公文结构的内容。层次就公文而言，即写作使用的单位，这些单位一般包括字、词、句、层次、段落、篇章。层次和段（自然段）、段落是三个不同的概念。按照文章内容划分，有时层次和段（自然段）一致；有时，一个段（自然段）中有若干个层次。一个段落中可以是一个段（自然段），也可以由若干个段（自然段）组成。在这种情况下，如果层次与段（自然段）一致，这个段落有几段（自然段），就有几个层次；如果层次与段（自然段）不一致，那么这个段落包含的层次可能更多。

在公文写作中，安排层次的一般原则和方法有以下两点。

1. 遵循依据逻辑顺序组句成层的原则。按照起始句的内容要求，依照逻辑思维顺序，依次承接，逐层递进，到最后用收束句收住。

2. 遵循“集数句以显一意”的组句成层原则。要围绕一个中心意思从不同角度来安排各个层次的内容，并使各层次的内容既具有单一性，又具有相对完整性。层次具有单一性，避免了内容的杂乱；层次具有完整性，可以使内容有头有尾。层次的单一性和完整性，既互相联系又彼此制约。安排层次，若能做到二者的统一，即可避免层次内容的重复和层次形式的杂乱，使公文中心突出，脉络清晰。

安排层次的方法，最常用的除了上面提到的以每个段（自然段）的起始句为纲，组织层次的内容外，有时还用上一个层次的结束句来组织下一层次的内容，这也是较常用的组句成层的方法。

（五）公文段落

公文中的段落，是比层次更大的单位，它是由一个或若干个层次组成的。层次所能容纳的内容有一定的限度，而段落的内容容量要大得多，并且既有中心内容，又有相对独立的完整形式，可分可合。分之，每个段落在公文中具有相对独立性；合之，若干个段落围绕公文整体的关键内容，组成了公文统一的篇章。

公文的段落在表现形式上有以下四种情况。

1. 用数字标明公文的段落，使段落的脉络比较清楚。例如，《关于若干历史问题的决议》一文，就是用数字（一）（二）（三）（四）（五）（六）（七），将“决议”的七个大段落划分得一清二楚。

2. 用小标题标明公文的段落。这种划分段落的方式既标明了段落走向，又显示出每个段落的中心意思，给读者以明确的印象。一般用于内容较多、篇幅较长的公文。例如，《中国共产党中央委员会关于建国以来党的若干历史问题的决议》一文，就是用八个小标题，将“决议”的内容划分为八个大段落。

这种公文，虽然篇幅很长，但读后使人对于全文的内容梗概和中心思想，有着深刻的印象。

3. 采用数字和小标题相结合的方式标明公文的段落。这种标法，兼有了上述两种划分方法的优点。例如，《中共中央关于经济体制改革的决定》一文，就是采用了这种划分段落的方法。全文内容分为十个部分，使用了十个汉字数字加以标示，同时配以十个小标题，对每个段落的内容加以概括。

4. 用上下段落之间空开一行的形式标明段落。这种标法比较简单，能起到分清段落的作用，一般篇幅较短的公文常用这种方式进行划分。

（六）公文写作中的过渡

公文写作中的过渡，主要是指公文中段与段之间的衔接，它像公文中段与段之间的桥梁，使文意由这一段到下一段，顺桥而过，一脉相通。好的过渡，可使公文的段与段紧密相连，整篇公文浑然一体；公文若过渡得不好，则给人以散、断、隔之感，读起来文气不接，文脉不贯，其效果显然不佳。

1. 着重于内容方面的过渡。这类过渡，着重于公文内容的意接，讲求段与段之间在思想内容上内在的联系，可以根据公文内容以时间为序或以空间为序安排段落，也可以按照公文内容的逻辑关系组织材料。

《中国共产党中央委员会关于建国以来党的若干历史问题的决议》的第二、三、四、五、六部分，即“建国三十二年历史的基本估计”“基本完成社会主义改造的七年”“开始全面建设社会主义的十年”“‘文化大革命’的十年”“历史的伟大转折”这五个段落，就是按内容的时间顺序衔接的。它们之间并未加任何连接成分，靠其内容本身，就自然紧密地连接起来。

2. 着重于形式方面的过渡。这类过渡，是在公文的段落之间，使用过渡词句或过渡段，过渡词句用在每个段的开头或结尾处，使上下段衔接起来。用在段首，起承上启下的作用；写于段尾，则用于结上生下。过渡词句不宜过长，重在贴切。

过渡段用在两个段落之间，承上启下，使其衔接自然、顺适。过渡段宜短不宜长。

不论是着重于公文内容方面的过渡，还是形式上的过渡，说起来简单，做起来尤其是要做好并非易事。写作者不仅要具有较为丰厚的素养，还要具备很高的公文写作技巧。

（七）公文写作中的照应

照应，也称呼应，是指在公文前面提出或交代了某种问题，而在公文的后面则要对其作出补充、强调或说明，以强化公文的内部联系，使之首尾圆合，结构严谨，文气贯通，浑然一体。

（八）公文开头

开头是公文结构的重要组成部分，是全篇内容的高度概括和主旨思想的集中反映，是行文的“先锋”。它既要囊括公文的全部内容和主要观点，又要概括得简明扼要、精练明确。一般而言，撰写公文的开头应开门见山，起句立意，简洁精练，富于概括力，切忌无端“戴帽”，空洞乏味。具体来讲，主要有以下几种形式。

1. 根据式，即开头交代行文的根据，以保证发文的法定权威性，一般多用“根据”“遵照”“按照”等作为语言标志。用来作为行文根据的，通常是党和国家的某项方针政策、法令法规，上级的文件指示精神，某会议的决定以及本单位的实际情况等。例如，《××服务修理公司关于实行经营责任制的计划》一文的开头：“根据我市商业改革会议的精神和我公司试点的经验，公司党委决定……”

2. 目的式，即在开头交代行文的目的或意图，开宗明义，以便收文机关明确发文机关的意图，一般常用“为”“为了”等介词标引。例如，《××市人民政府关于查禁赌博的通告》的开头：“为了保证现代化建设顺利进行，根据国家有关法令，特通告如下。”

3. 原因式，即在开头讲明制发文件的缘由，既可以揭示行文的必然性和合理性，还可以昭示行文的必要性与重要性。一般用“由于”“鉴于”等介词标引。例如，《全国人民代表大会常务委员会关于严惩严重破坏经济的罪犯的决定》一文的开头为：“鉴于当前走私、套汇、投机倒把牟取暴利、盗窃公共财物、盗卖珍贵文物和索贿受贿等经济犯罪活动猖獗……有必要对《中华人民共和国刑法》的一些有关条款作相应的补充和修改……”

4. 引文式，即在开头先引用文件或领导讲话中的某些句子作为引言或点明主旨。例如，《中共 ×× 省委、省人民政府关于印发全省教育工作会议纪要的通知》的开头：“现将《全省教育工作会议纪要》印发给你们，望结合本地区、本部门的实际情况，认真研究贯彻执行。”

5. 时间式，即开篇点明某事、某情况的时间。可写具体时间，也可用“最近”“近来”等模糊度稍大的时间副词，还可用“……之后”的句式开头。例如，《×× 区关于贯彻饮食卫生现场会议决定的报告》的开头：“九月二十日，市委、市政府召开饮食卫生现场会，通报了我区 ×× 饭店出售臭肉包子的情况后，引起区委、区政府的高度重视……”

6. 事情式，即开篇简明扼要地介绍事件或情况，给人清晰印象。例如，民政部《关于增加选举工作干部编制名额的请示》的开头：“经中央批准，今年县、乡两级选举的日常工作由民政部门负责。但是在确定民政部门人员编制时，没有选举工作这项任务。为了做好这项工作，需要给民政部门增加必要的编制……”

（九）公文结尾

总的来讲，公文的结尾应简明概括，意尽言止，力摒“弦外之音”，胡乱“穿靴”。一般来讲，主要有以下七种形式。

1. 总结式，对全文的主要内容和基本思想作出进一步的概括和归纳，以加深人们的认识，明确行文意图。例如，毛泽东同志的《湖南农民运动考察报告》在列举出十四件大事之后，有这样一段结论性的文字：“总上十四件事，都是农民在农会领导下做出来的。就其基本的精神说来，就其革命意义说来，请读者们想一想，哪一件不好？”[①] 接着揭露和批驳了蒋介石和国民党反动派对农民运动的恐惧和攻击，起到了总结作用。

2. 展望式，用充满激情和希望的笔调，对未来作美好的憧憬，从而激励人们为实现文中所提目标不懈努力，奋力拼搏。例如，《×× 市公安局关于“海钢”周围不断出现盗窃倒卖工业用铜案件的调查报告》，其结尾是：“我们认为，只要认真做好了这些工作，盗窃倒卖工业用铜的犯罪活动是完全可以制止的。”对于正在发展蔓延中的事态或问题的前景和发展方向作出预测，便于上级机关作出针对性的指示。

3. 号召式，在正文部分阐述今后一定时期的工作任务或奋斗目标后，号召人们为实现这一任务或目标而积极进取。例如，毛泽东同志的《新民主主义论》一文的结尾：“新中国站在每个人民的面前，我们应该迎接它。新中国航船的桅顶已经冒出地平线了，我们应该拍掌

① 《毛泽东选集》第一卷，人民出版社 1991 年版，第 41 页。

欢迎它。举起你的双手吧，新中国是我们的。”[①] 语句铿锵有力，读起来令人振奋，备受鼓舞。

4. 警告式，为使文中规定的事宜得以顺利实施，对有可能违反这一规定的人事先提出告诫，行文时即可用警告式结尾。例如，《陕甘宁边区政府、第八路军后方留守处布告》的结尾是：“右列四条，全边区军民人等一律遵照，不得违背。倘有不法之徒，胆敢阴谋捣乱，本府本处言出法随，勿谓言之不预。切切。此布。”[②] 用语坚定有力，不容置疑，具有极其强大的震慑和警策作用。

5. 指令式，对正文中所阐述的主要措施、意见或办法，提出明确而又具体的贯彻落实意见。例如，《××省公安厅关于××××年上半年民警违法乱纪情况的报告》，在正文叙述了六种违法乱纪行为和四种违法乱纪案件上升的主要原因后，结尾写道：“根据上述情况，我们拟定选其典型事件连续通报，以任长霞为榜样，联系实际对民警加强法纪政策教育，加强政治思想工作。”

6. 要求式，上级机关向下级机关行文发布指示，同时要求下级机关将落实、执行情况在特定时间内反馈回去，或者是征求下级机关对文件的意见或建议。例如，《中共中央关于认真学习宣传贯彻党的二十大精神的决定》一文的结尾：“各地区各部门要及时将学习宣传贯彻党的二十大精神的情况报告党中央。”

7. 自然式，随着正文结束自然而然地收尾，意尽言止，干净利落。

第二节　公文写作时一些事项的选择

一、文风的选择

（一）文风的性质

文风指写作中所表现出来的文章的作风。优良文风的基本特征，就是毛泽东同志在《工

①《毛泽东选集》第二卷，人民出版社 1991 年版，第 709 页。

② 同上书，第 402—403 页。

作方法六十条（草案）》中指出的："文章和文件都应当具有这样三种性质：准确性、鲜明性、生动性。"①

准确性，是指文章的科学性，即具有科学精神，要合乎实际，能够真实地反映客观事物的本来面目。要使文章具有准确性，应当认真把握三点：（1）文章的观点要正确，即自觉地宣传党的路线、方针和政策，宣传积极向上的思想，反映事物的本来面目，加强对客观事物的反复分析与研究；（2）文章的材料要准确，即真实可靠、准确无误，慎重使用第二手材料，引用材料时要核对；（3）文章的语言要准确，要做到字斟句酌，恰如其分。

鲜明性，是指文章的立场坚定、旗帜鲜明、观点正确、态度明朗。要使文章具有鲜明性，应当做到以下两点：（1）倾向和态度要鲜明，即是非清楚、爱憎分明；（2）观点要鲜明，即写文章要注意明确提出问题，然后靠深刻有力的分析，揭示事物的本质和内在联系，经过分析、综合使问题得到鲜明的解决或回答。毛泽东同志在《反对党八股》一文中，批评"甲乙丙丁，开中药铺"②的写作方法，就是指文章写作中存在的只罗列现象，而不提出、分析和解决问题的不良文风，属于观点不鲜明。

生动性，是公文写作中不能忽视的问题。文章写得生动，讲究文采，使人爱看，才容易取得好的效果。要使文章具有生动性，应当做到以下四点：（1）内容要新颖；（2）增强文章的形象性；（3）要富于变化，克服和防止死板老套的写法；（4）要有创造性，从结构、表达方式到选词炼句，都应不断脱俗创新。

（二）可读性

可读性指公文写得具有活力，能感动人。公文的可读性主要表现为：

1. 观点鲜明。观点是一篇公文思想内容的集中概括，是文件的精神实质。一份文件要反映什么情况，解决什么问题，说明什么道理，达到什么目的，都必须旗帜鲜明、态度明朗，不能意在文外。

2. 材料实在。文中所表达的事实、材料要详尽具体，并具有典型性、代表性，不能"随处可安"。所谓典型性、代表性的材料，是指经过深入调查了解而独自占有的，不仅具有个性，更具有反映问题的共性。

3. 语气恳切。除判决书、命令、驳论、声讨之类的公文外，其他公文都应务求语气谦和、语言亲切，不要训斥、苛责、挖苦、讽刺。

4. 语言脱俗。即不用"陈话""套话"。陈话毫无新意，令听者厌烦；套话千篇一律，

①《毛泽东文集》第七卷，人民出版社 1999 年版，第 359 页。

②《毛泽东选集》第三卷，人民出版社 1991 年版，第 838 页。

让读者乏味。如写模范人物时总是“他是这样说的，也是这样做的”；写形势好时总是“东风劲吹，莺歌燕舞”；写总结开头总是“在 ×× 正确领导下，在 ×× 精神的指引下，在 ×× 决定和 ×× 号文件的要求下，在广大职工的努力拼搏下……”；写广告总是“畅销内外，誉满全球，物美价廉，欲购从速”等，这些都是应力求避免的。

（三）思路

思路指写公文时思考的线索。它是公文撰拟者与指挥者对客观世界观察、理解、认识的反映。思路不是凭空产生的，是以客观现实为基础的。客观世界反映到作者的头脑里，经过调查研究、思考判断，形成对这一事物的印象、看法、态度，把这些印象、看法、态度依照一定的逻辑整理出一个头绪，就是思路。

（四）一文一事

在一份文件里，要做到只讲一件事，以利于问题集中，方便处理。特别是向上级机关行文请示或报告事项，更应严格坚持“一文一事”制度，避免“一文数事”和在报告中夹带请示事项或在请示中掺杂报告内容。

（五）“三简”

要使公文内容达到简明，须注意把握好三点：

1. 在撰写文件叙述问题时，要做到“一文一事”，问题集中，即事简。

2. 在撰写文件说明问题、主张、意图时，要做到“内容单一确定”，即意简。

3. 在撰写文件使用文字上，要惜字如金，尽量做到用比较少的文字说明较多的内容，即字简。

（六）条理性

一切文章都应讲究条理，而公文尤其突出。它的条理性主要表现在层次和文理上的一目了然。具体指以下三点：（1）主旨的明白显露，多在标题的事由部分加以概括或在开头处进行篇前撮要；（2）结构篇章上的分条列项、立章划节、划层列段及标明序号；（3）语言的简明和逻辑的严密周全。

（七）政策思想的系统连贯性

所谓公文的政策思想，是指通过公文这个载体传递方针、政策、主张、观点等。所谓系统连贯，是指通过公文传递的政策规定、方针主张、思想观点等，在时间上要维系前前后后，保持“昨天—今天—明天”的持续；在空间上要维系上下左右，保持上下之间、左右之间同步。对上级的政策规定不要自作主张，对同级的意见不要唯我是从。这就要求我们看问题、办事情，既要瞻前又要顾后，不切断事物的来龙去脉，这对于维护党和国家的权威与集中统一、做到取信于民是十分重要的。

要保持公文政策思想的系统连贯性，一般应注意以下三点。

1. 注意前前后后。即保持过去与现在为解决某一问题所制发的文件在政策上的系统连贯，不要忽东忽西、前后矛盾，使下级无所适从。例如，我们看到有的单位，由于班子更迭、新官上任，为显示“新”的高明与权威，对先前一些正确的主张、要求、规定一笔抹杀，重打鼓另开张，造成政策多变，这就损害了公文的系统性。

2. 注意上上下下。只有与上级文件的政策思想与基本原则保持系统连贯，才有利于在公务活动中做到政策连贯、上下合拍、运转一致。在实际工作中，我们有时看到一些机关单位在制定实施上级某一政策的具体规定时，断了线、走了样、变了调、串了味，使本来应当连贯的政策出现脱节，损害了公文的权威性。例如，某省人民政府为了搞活企业，制定了“厂长活动基金按销售收入的 5 %—10%提取”的规定，而在具体贯彻时，这个省的税务部门制定的实施细则规定不超过 5 %。由于比例不一，致使下面无法执行。

3. 注意左左右右。为了保障上级某一政策的落实，下属各个主管部门必然要各自制定具体的实施办法。部门与部门之间有些规定的界限是清楚的，但也有些事情是出现交叉的。对于交叉性的问题，在制定具体的实施办法时，要及时沟通，协调一致，防止文件“顶牛”与“撞车”。

（八）求短求好

求短求好是指撰写公文要做到短而精，切忌又长又空。当前，公文也面临改革。要改革，就不能不扳倒“文山”。要达到此目的，首先就要解决公文写作中的“长”病，变“长”为“短”。

对于这个问题，《中共中央关于纠正电报、报告、指示、决定等文字缺点的指示》明确指出：“凡文电必须认真压缩……在写请示文电或报告时必须注意文字的简明扼要，条理清楚，便于阅读。现在有很多文电，既嫌冗长，又嫌杂乱。其原因，是未经压缩，说了许多无须说的空话，或者没有分清条理，把杂乱无章的草稿随便往上送。”毛泽东同志一直提倡写短文件，要求报告文字每次一千字左右为限，还身体力行，为我们树立了典范。以他为中共中央军委起草的致“辽沈”“淮海”“平津”三大战役前线指挥者有关作战方针的 4 封电文为例，分别浓缩于 600—1700 字，其中有关辽沈战役作战方针的电文分别为 900 多字和 600 多字，有关淮海战役作战方针的电文为 800 多字，稍长一点的有关平津战役作战方针的电文也不过1700多字。即使将4篇电文加起来也只有4000字，还不如当今某些“通知”和“意见”的文字多，确实值得我们认真学习和借鉴。

公文写作强调要短，是有深刻道理的。首先，只有短，才能真正剔除一些公文“长而空”的积弊。写得非常短才能使一篇公文的字字句句都说到点子上、讲到实处，这有利于对上反映情况、对下指导工作。其次，只有短，才能做到节约，省工、省物，节省了秘书人员和领导干部的宝贵时间和精力，从而使他们从“文山”的压迫下解放出来，获得指挥工作的主动权。最后，只有短，才有利于养成“少说空话，多办实事”的良好作风。

二、结构层次序数的规范性

结构层次序数往往见于内容复杂、篇幅较长的公文。它的使用是否规范、正确，直接关系到公文的条理是否清楚、外在结构是否合理。关于这一问题，《格式》中作了明确规定:“文中结构层次序数依次可以用‘一、’‘(一)’‘1.’‘(1)’标注；一般第一层用黑体字、第二层用楷体字、第三层和第四层用仿宋体字标注。”这种结构层次序数标识方法，可以使人清楚地看出一篇公文大的层次及里面所包含的小层次，便于把握公文的脉络，从而为准确理解和办理公文打好基础。在具体使用时，需要注意把握以下几点。

1. 要准确，不要写错。第一层“一”之后应是顿号，第二层“(一)”之后不加任何标点符号，第三层“1”之后应是下标小圆点，第四层“(1)”之后也不加任何标点符号。实践中常见的如“(一)、”“1、”“(1)、”之类的写法都是不符合规范的，应分别改为“(一)”“1.”“(1)”。

2. 要适度，不要过细。公文中使用的结构层次序数一般不超过四层，法规中所规定的四个层次，一般而言已够用。因此，应当尽可能地控制在四层以内。实践中有些公文所使用的诸如“①”“1)”，甚至A、B、C、D之类的层次序数均为不妥。公文中使用的结构层次序数过细过多，往往会给人散乱、零碎之感，显得很不紧凑。

3. 要有序，不要越级。公文中的结构层次序数，一定要按照法规中规定的层级顺序使用，一般而言不能越级套用。因此，实践中所见的诸如“(一)、(1)”之类的表述，是不合规范的。如果一篇公文的结构层次只有两层，则第一层用“一、”，第二层既可以使用“(一)”，也可以使用“1.”。

4. 要合格，不要旁出。是指对于结构层次序数的使用，应当采取序数显示的形式，尽可能地不用“首先”“其次”“最后”，“第一”“第二”“第三”，“此其一”“此其二”“此其三”之类的结构层次序数表示法。

三、数字的规范性

（一）数字倍数的正确表述

倍数用于表示数量的增长，常与“为”“到”“了”配合。增加时，要注意将除原数外的增加后的和数表述准确。例如，“增加”“上升”“提高”“扩大”“增长”等词后面附带“到”“至”“为”字，是用以说明加上增加数的和数；附带“了”或不带“了”字，则不包括本数在内。减少时，如“减少”“降低”“缩小”等词后面附带“到”“至”“为”字，是用以说明原数减去减少数的差数，附带“了”字，则不包括本数在内。例如，增加了3倍即原为1，现为4；增加到3倍，则原为1，现为3。降低了60%，即原为100，现为40；降低到60%，即原为100，现为60。要注意不能用“降低××倍”“减少到××倍”的表述方式，而只能用“降低××%”“减少了××%”。

（二）表示比例关系的数字的正确表述

公文中经常涉及对有关比例关系的表述问题，撰写时要注意讲求规范。例如，降低到过去的70%是指过去为100，现在为70；提高到过去的130%是指过去为100，现在为130，现在比过去提高了30；比过去提高了80%是指过去为100，现在为180；比过去降低80%是指过去为100，现在为20；由过去的60%提高到80%，是指过去和现在两者的基数均为100，过去为60，现在为80；由过去的80%降低到60%，是指过去和现在的基数均为100，过去为80，现在为60。

（三）“零”和“点”的规范表述

“零”和“点”在公文中经常用于表示事物的数量。应当注意的是，凡用汉字并加位数词的数字，除年份可用“○”外，如“二○一二年”，其他应一律用“零”。但“二百零三公里”，不能写成“二百○三公里”。“点”仅用于汉字数字，阿拉伯数字不用。例如，“零点六”或“0.6”，不能写作“零.6”或“0点6”。

（四）公文写作中必须使用小写汉字数字的情形

公文写作中必须使用小写汉字数字的情形主要包括以下几种。

一是前两层结构层次序数。

二是在词语中作为词素的数字，如一律、星期二、三三两两、五湖四海、七上八下、三六九等、小九九、三下五除二、不管三七二十一、春打六九头等。

三是由相邻两个数字并列连用表示概数，此时两数字间不用顿号隔开，如二三天、四五个月、六七个人、一千七八百元、略知一二、十之八九等。

四是用带有“几”字的数字表示约数，如几十天、几千年、几万分之一等。

五是中国干支纪年、农历月日、清朝及其前的历史纪年、各民族的非公历纪年，如甲子年九月八日、正月初二、清道光二十年等。

六是用日月简称表示节日、事件等内容的词组。如果月份是一月、十一月、十二月，应该用间隔号“·”把月与日隔开，并外加引号，以免产生歧义。其他词组，知名度高的不必在月日之外加引号，如五一国际劳动节、五四运动、七七事变；不然则需使用引号，如“一二·九”运动、“九一三”事件。

（五）公文写作中必须使用阿拉伯数字的情形

公文写作中必须使用阿拉伯数字的情形主要包括以下几种。

一是保密期限中的年份。

二是发文字号中的数字。

三是印发日期中的数字。

四是正文中公历纪年的世纪、年代、月、日等。

五是正文中表示时间的时、分、秒等。

六是多位整数与小数。

七是其余应使用阿拉伯数字的地方。

至于公文标题中的数字用何种形式标注，可根据标题字数的多少及版面美观大方的需要来灵活决定。

四、计量单位的规范用法

《条例》第十一条规定：“公文使用的汉字、数字、外文字符、计量单位和标点符号等，按照有关国家标准和规定执行。”一般而言，公文中常用的法定计量单位有八种。

1. 质量（重量）单位：千克或公斤（kg）、吨（t）、克（g）、毫克（mg），不能用斤、市斤、两、钱。

2. 长度单位: 千米或公里（km）、米（m）、厘米（cm）、毫米（mm），不用里、尺、寸、公分。

3. 功率单位：千瓦（kw）、瓦（w），不用马力。

4. 功、热单位：焦耳（j），不用卡、千卡。

5. 体积（容量）单位：升（l），毫升（ml），不用公升、立升。也可用立方米（m^3）、立方厘米（cm^3）。

6. 电量单位：千瓦·时（kw·h），不用度。

7. 土地面积单位：平方米（m^2）、公顷（hm）、平方公里（km^2），不用亩、分、厘、平方丈。

8. 力的单位：牛［顿］（n）、千牛［顿］（kn），不用公斤力、千克力。

五、标点符号的正确用法

标点符号是书面语言重要的有机组成部分，它能帮助人们分清句子结构、辨明句子的语气、识别词语的性质。对公文写作来讲，更有其特殊的意义。往往一“点”之差，就会谬以千里。现行公文中因标点符号的误用、漏用而出现歧义影响工作的情况不乏其例。因此，对于公文中的标点符号问题，必须予以高度重视。

一般来说，公文写作中对于标点符号的使用应当注意以下几点。

1. 严格按照新的《标点符号用法》国家标准的规定使用。中华人民共和国国家质量监督检验检疫总局和中国国家标准化管理委员会于 2011 年 12 月 30 日发布、2012 年 6 月 1 日起实施的《标点符号用法》（GB/T 15834—2011）是最新的有关标点符号使用方面的规定，将标点符号的种类规定为点号和标号两大类 17 种，各有其特定的用途标准。在公文写作中必须按照规定使用，以确保其规范化。

2. 掌握标点符号的点放位置。点号置于语句的右下角，占一个字的位置，居左偏下。可放在一行的末尾，但不能置于开头。标号中的引号、括号、书名号，前半个不能放在一行的末尾，后半个不能置于一行的开头。省略号、破折号各占两个字的位置，不能分为两半放在上行的末尾和下行的开头。标号中的引号、括号、书名号在与点号连用时，半个引号、括号和书名号可以与点号同占一个字的位置。此外，引文结尾处的句号和引号，如果引用语是作为一个独立整体而存在的，则句号在先，引号在后；否则相反。

3. 尽量排斥各种异号的使用。异号是书面语言中使用的国家正式规定之外的标点符号，主要有这样几种：（1）用“△”或“●”标明顺序；（2）用“/”表示列车往返车次；（3）用“,”作为数字中三位分节法的分节号；（4）用“××”代替人名、地名、数字或一些不便于明确表示的概念等。在公文中，应尽量排斥异号的使用。因为公文重在实用，无论是内容的表达、格式的安排，还是语言的运用，包括标点符号的使用都应力求规范和正确，符合国家的有关规定。所以，对那些国家没作明文规定的异号不应随意使用，以维护公文的规范化和严肃性。

现在各类文章通用的17种标点符号，在公文写作中基本都可以用到，只是感叹号、问号、省略号用得少些。

在标点符号的使用上，首先，应注意标点要点在稿纸格子的格内；逗号、顿号、句号、分号、冒号、感叹号等，均应占一格，而且要点在左下方四分之一格的地方，省略号要占两字的位置，写在稿纸格子的中间线上。引号、括号、书名号，原则上两端均应各占一格。

其次，要注意标点应尾随文后。原则上每行第一格内不得有标点。这是由鲁迅最早倡导的。遇到有回行的情况时，逗号、顿号、分号、冒号、句号、问号、感叹号等标点符号，一定要尾随文后，点在文末框线处；引号、括号、书名号的一部分也不得回行，若系前一部分且必须转行时，不得孤立地写在文末；省略号、破折号则应尽可能放在同一行，不要拆开分写为两行。

最后，在标点符号的具体运用上，最常用的标点符号大致可分三种情形，即句末点号、句中点号和标号。

六、材料的占有和筛选

公文材料是公文写作的物质基础。从内容上说，材料既是公务活动中需要人们去解决的客观存在的形形色色的问题，又是人们在改造社会、改造大自然中所取得的一个个进步。从形式上看，材料既有理论材料，又有事实材料。没有材料，就无法写作公文，即使勉强写出来，这篇公文也只能是胡编滥造、捕风捉影而成，用这样的公文来办理公务后患无穷。

（一）材料占有

在公文写作中，如何获取材料呢？首先，在公务实践中，通过作者的直接观察来获取材料。观察是人类认识客观事物的重要方法，它是人脑通过感觉器官有意识有目的地感知社会或自然现象的过程。它既有感性认识又有理性认识。写作公文的大部分材料是通过“观察—解释—结论”这样一个自然顺序获得的。其次，通过调查、采访和阅读有关文件资料而获得。最后，要占有大量的写作材料，必须进行长期的积累。积累的方式有一般积累（指在日常工作中对材料随时性的积累）与专题积累（按已确定的专门题目有选择地积累资料）；积累的形式包括提纲、摘录、札记、手册、卡片、照相、复印等。

1. 从时间角度来看，既要占有以前的，又要占有最近的。这样在写公文时就可以运用前后对比的方法，写出事情的前后发展变化，给读者一种具体的认识。

2. 从性质角度看，既要占有正面的材料，又要占有反面的材料。工作中的正确与错误，成绩与缺点，好与坏，总是相比较而存在的。只有占有正反两方面的材料，才能在公文中正确反映事物的本来面目。

3. 从类别角度来看，既要占有点上的材料，又要占有面上的材料。前者能够反映事物的深度，后者能够反映事物的广度。把两者结合起来所写出的公文，才能既突出重点，又反映全貌。

4. 从来源上看，既要占有直接材料（第一手材料），又要占有间接材料。对公务活动来说，直接材料主要是单位领导和秘书人员直接进行调查研究、接触人民群众和进行社会考察而得到的材料，这类材料大都是带有一定典型意义的材料。日常公文写作使用的大量材料是间接的，如下级的书面报告、口头汇报、座谈记录等。直接材料当然很可贵，但间接材料也必不可少。

（二）材料筛选

可供筛选的材料来源有以下三种：一是机关资料室经过整理的现成的材料；二是文秘人员自己平常积累的各种材料；三是通过专题调查研究获得的丰富材料。不论通过哪种渠道得来的材料，在用于公文写作时，都必须经过精心的筛选。筛选的标准有五点，即切题、真实、客观、典型、概括。

1. 切题。因为选取的材料都是用来反映、阐述、论证公文策见的，所以材料要与观点一致，要切合公文题意。如果筛选出来的材料不符合题旨，不能说明政策观点，即使再真实、再客观、再典型、再概括，也是无用的。

2. 真实。如果选用的材料不真实，那么用以说明或论证的策见也就缺乏可信的基础。要做到筛选材料真实，从筛选者的态度上讲，应有实事求是的作风，要尊重事实，既要报喜也要报忧，要敢于反映客观事物的本来面目。从工作方法上讲，要认真地鉴别材料的真伪，对来自客观渠道的现有材料，都要做“去伪存真”的工作，要尽可能地查对原始材料和第一手材料，花较大的精力，做大量的考证工作，考证其真伪程度，然后再决定取舍。

3. 客观。与真实密切相关的，是筛选的材料要客观。所谓客观，就是材料筛选者在筛选材料时，切忌带有主观随意性，也就是不能根据筛选者本人的意愿、口味、感受来决定材料的取舍，不能以偏概全。在材料筛选过程中，由于一些原因，写作者可能对某种材料不喜欢，或者对这种材料所体现的观点不赞成，但这种材料既真实准确，又典型新鲜，那就应该把它挑选出来，用在公文写作中。

4. 典型。筛选的材料要有典型性，就是在材料切题、真实、客观的基础上，进一步挑选，好中选好。所谓材料的典型性，就是材料的代表性。有代表性的材料，才能反映事物的本质，才最有说服力。

5. 概括。材料筛选的概括性，是指筛选出切题、真实、客观、典型的材料之后，不能将材料原原本本地引入公文，而是要加以提炼、融合，用概括的语言反映在公文写作之中。公文语言贵在概括，在使用材料时亦然。

七、表达方式的选择

公文写作的表达方式，与通常的写作表达方式一样，也包括叙述、说明、议论、描写、抒情和夹叙夹议。在公文中，常用的表达方式是叙述、说明、议论，描写和抒情极少或基本不用。

这几种表达方式在公文写作中的关系，由于受公文写作固有特点的制约而各有表现，即说明是公文写作的基本方式，而说明又往往和叙述、议论相互融于一体难以分开，个别公文有时也采用描写和抒情的手法，但较为少见。具体地说，请示、报告、通报、简报侧重于叙述；综合性的工作总结、经验介绍、调查报告、会议纪要等，通常是夹叙夹议；通告、公告及法规性文件（条例、规定、守则、准则、办法、制度等）主要是说明；可以采用描写和抒情手法的，主要是简报、通报，在调查报告中偶然也见到描写，当然这种描写是粗线条的描写，抒情多数出现于讲话稿和简报、通报等文种的结尾。

（一）叙述

叙述就是把人物的经历和事物发展变化的过程表现出来。它是写作中运用最广泛的一种表达方式，几乎各种文体的写作都要使用。在公文写作中，除计划性、法规性文种一般不采用叙述和指令性文件较少采用叙述外，其他如通知、通报、简报、请示、报告、总结、调查报告、纪要、工作研究、讲话材料等都必须以叙述为基础。因此，切实掌握好叙述的表达方式，对提高公文写作质量是至关重要的。公文中的叙述主要有四个特点。

1. 公文中的叙述讲究顺叙。公文写作中的叙述与文学作品中的叙述是大不一样的。文学作品讲究把事物发展的过程顺序打乱，跌宕多姿，故布疑阵，掀起一个又一个波澜，制造一个又一个悬念，唯恐读者猜出事物发展的结局，直到结尾一般才真相大白，甚至有的到结尾还留有悬念，让读者自己去回味。而公文则不同，由于它不为欣赏而求实用，希望阅者一看便知，一听即懂，所以，公文写作中的叙述讲求一目了然，明白晓畅，忌讳曲折起伏、变幻莫测。一篇公文，如果阅者一看标题或者一看开头，就知道文中所要表达的内容并猜出它的结尾，那就是一篇叙述十分成功的公文。

要做到叙事一目了然，明白晓畅，唯一的写法就是平铺直叙，即通常所说的顺叙。顺叙是按事件发生的时间先后顺序或按事物发展的过程顺序来进行叙述，行文的层次、段落和事件发展过程与时间的先后次序基本上是一致的。顺叙还包括按照提出问题、分析问题、解决问题以及按照事物发展的因果关系等逻辑顺序来进行叙述，诸如请示、通报、简报、总结报告、指示性通知等文种中的叙述一般都采用这种顺叙的方法。

2. 公文中的叙述讲究实叙。公文写作中的叙述必须坚持求实，最忌虚妄，这是做好公文叙事的关键一条。因为公文写作的目的是解决党和国家公务活动中的实际问题，只有对上如实陈述问题，对下如实讲明情况，既表成绩又讲问题，才能有利于公务活动的顺利开展。

有人认为公文中的叙述最为简单，其实不然。公文写作中的叙事是颇有一些难度的。其所以难，恰恰在于不能失实，也就是说，丝毫不能走样。公务活动中的大量事实存在于党政机关及企事业单位的日常工作之中，它不但为本单位周围环境中的一些人所熟悉，也为上级、下级所了解，在这种情况下，叙述时如果不严格遵守事情真相，只求写得顺畅而添油加醋甚至“马大哈”式的叙述，不但其写作本身是失败的，还将给党和国家的事业带来极为不良的影响。

3. 公文中的叙述讲究尺度。公文写作中的叙述，是用以客观地反映某一单位、某一时期、某一方面或某项工作的得失成败、好坏优劣、经验教训的，为了准确地反映公务活动的客观面貌，就不能不讲究叙事的分寸。把握不好分寸，叙述不当，将会引起不良的后果。只有掌握叙述尺度，才能根据事实准确地作出分析判断，有针对性地采取措施加以解决，以收“寸辖制轮，尺枢运关”之效。否则，言过其实、言不及实都将给有关公务的决定或执行带来错误的判断，以致造成决策上的失误。

4. 公文的叙述讲究概述。公文中的叙述与记叙文中的叙述不尽相同。记叙文的叙述要求具体、详尽，而且往往和描写配合起来，精雕细刻，犹如绣花，使文章传神，栩栩如生；公文中的叙述，不为欣赏，而为实用，故应采用概述的方法，即着重于事件整体的勾画，讲明事情的原委，通过叙述来表明事理。公文的叙述不求细腻而求概括，不求多角度的详叙，而求整体事件上的粗述。概括事实往往被误认为很容易，其实恰恰相反。南宋李涂在其著作《文章精义》中写道，文章不难于细而难于粗。这句话不是没有道理的。因为要想把事情讲得粗些、概括些，必须对事物了如指掌，对问题知道得如“水清见底”“游鱼可数”，这样才能抓住要领。如果西瓜、芝麻一起端，那就谈不上概括。可见，概述在某种程度上要比细述更难以驾驭。

（二）说明

说明就是用言简意赅的文字，把事物的形态、性质、特征、成因、关系、功能等解说清楚。其中事物的特征、本质及其规律性，则是说明的主要之点。

公文中说明的方式主要有以下六点。

1. 说明事物的性质、特点，即用简明的语言，把某事物区别于其他事物的性质、特点概括起来，给人一个明确的认识。例如，《中共中央关于党的百年奋斗重大成就和历史经验的决议》："习近平新时代中国特色社会主义思想是当代中国马克思主义、二十一世纪马克思主义，是中华文化和中国精神的时代精华，实现了马克思主义中国化新的飞跃。"

2. 说明事物的范围。公文中在表达事物的外延时，通常采用说明的方式。例如，《国家能源交通重点建设基金征集办法》："一切国营企业事业单位、机关团体、部队和地方政府的各项预算外资金，以及这些单位所管的城镇、集体企业交纳所得税后的利润，都应当按照本办法的规定，交纳国家能源交通重点建设基金。"

3. 说明事物的类别，即把公务活动中应当说明的对象，按照一定的标准划分不同的类别，一类一类地加以说明。这种方法运用得好，不仅可以帮助人们掌握说明对象的概貌乃至一些具体情况，而且头绪清楚，层次分明，容易让人接受。例如，对公文进行分类说明，从来源的角度可分为收来文件、对外文件、对内文件；从行文关系的角度可分为上行文、下行文、平行文；从文种的作用范围角度则可分为通用文件、专用文件等。

4. 说明公务完成的手段。公文中经常涉及解决某一问题的措施、完成某一任务的手段，在表述这些内容时，常常采用说明的表达方式。例如，中共中央、国务院《关于处理非法刊物非法组织和有关问题的指示》："接到本指示以后，各级党委和政府迅速组织所属各机关、学校、群众团体、部队及各企业、事业单位，确实了解本单位有没有人、有哪些人参加非法刊物、非法组织的活动，同非法刊物、非法组织或其成员有什么样的联系；是否有人利用本单位的纸张、印刷机、油印机以及出版发行等条件，为这些刊物和组织提供方便；是否有人以公家的或个人的经费或其他方式，支持这些刊物和组织的活动。查清以后，不论是哪一种形式的支持，都必须立即停止，并把有关情况按系统逐级上报。"

5. 说明制文机关的主张。主张是公文主旨的扩充和延伸，即意见、要求、观点等。公文中对这些内容的表述基本上都是使用说明的方式。例如，《国务院关于切实加强艾滋病防治工作的通知》一文的开头部分，即鲜明地表达了制文机关的主张："艾滋病防治关系经济发展、社会稳定、国家安全和民族兴衰，是一项长期、艰巨的任务。地方各级人民政府要充分认识加强艾滋病防治工作的重要性和紧迫性，将艾滋病防治工作纳入重要议事日程，加强领导，统一协调，把这一关系国家和人民利益的大事抓紧抓好，坚决遏止艾滋病在我国蔓延的势头。"

6. 说明事物的优劣、进退、好坏或成败。例如，"我厂今年生产各种洗衣机 1.56 万台，完成原生产计划的130%，比去年增产17%；产值达到267万元，完成原计划产值的125%，比去年增加19%”。以上通过引用一些数据，对该厂今年生产的良好局面作了肯定性的说明。

公文写作中运用说明的基本要求是：对事物的说明，一定要符合客观事物的规律，抓住事物的本质，不可主观地加以“说明”，要有科学性；要把某一项事物解说清楚、明白、深刻，就必须抓住事物的特点和本质，需要交代清楚该事物与其他事物之间的差异，特别是要揭示事物的疑似之点。要把主张、意见、办法、措施等交代清楚，以利于公文阅者贯彻、执行和办理，也就是要直截了当地告诉人们可以做什么，不可以做什么，什么是对的，什么是错的，明确界限，直陈要求。公文中说明事物的目的是让人明白、理解这种事物，因此说明的文字一定要浅显易懂，详尽透彻。

（三）议论

议论是公文作者运用概念、判断、推理的思维形式阐明事物的内在联系，揭示事物本质和规律的一种表达方法，包括论点、论据和论证三个要素。但公文写作一般较少单独使用议论的形式，多数是在一篇公文中含有一些议论的成分，并且在表达上有一个最突出的特点，即只是原则地表述事理，一般不作多方面、多层次、多角度的完整性论证；在手法上往往是直接加以议论，即一针见血、一语道破、画龙点睛，有时只是一两句结论性的话，是直接说明的简单的逻辑论证方法。例如，中共中央、国务院《关于打击经济领域中严重犯罪活动的决定》“(二)”部分，虽然先后有三处出现了议论文字，但是这些议论均是概括性地直陈事理，未作具体的论证展开。

（四）抒情

公文写作中一般不需要使用抒情的表达方式，因为公文的语言是郑重、平实、严肃的，公文的推理是非常严格、直接的。公文的特点是科学性、政策性与权威性的高度统一。因此，讲话要十分讲究分寸、注意尺度，做到“言不过甚”“言不过激”。但在不违背前述要求的条件下，在必要时也可以带些感情色彩。其中的关键是要运用得当，使用到位。它的抒情是和议论文字紧紧结合在一起的，在表述上不像文学写作，特别是诗歌写作那样奔放地抒发情感。如“大海啊！我要紧紧地把你拥抱”。也就是说，其抒情的特点是不失庄重、平实。从目前情况看，党政机关公文中采用抒情手法主要见之于以下三种情形。

第一种，讲话稿。抒情多在开头或结尾处，用非常简短的几句话抒发讲话者的情感，以鼓舞人心，激励士气。例如，习近平主席在十三届全国人大一次会议上的讲话，无论是开头还是结尾，无不充满了无限真挚的情感，含意深刻，情深意切，令人感动。

第二种，调查报告。抒情多用于通过摆事实进而讲道理抒发作者的情感，使褒贬分明。例如，毛泽东同志的《湖南农民运动考察报告》中，抒发作者情感的笔墨出现在多处。在讲到所谓“过分”的问题时，直接抒发了这样的感情：“革命不是请客吃饭，不是做文章，不是绘画绣花，不能那样雅致，那样从容不迫，文质彬彬，那样温良恭俭让。革命是暴动，是一个阶级推翻一个阶级的暴烈的行动。”①

第三种，有的文件标题就十分讲究抒情。例如，毛泽东同志撰写“愚公移山”这个标题，作者代表全党和全国人民，表达了对搬掉压在中国人民头上的“三座大山”、建立新中国的坚定信心和意志，既形象生动又感情真挚。

（五）夹叙夹议

夹叙夹议即以叙述为主结合议论的表达方式，也就是一边摆事实，一边讲道理。摆事实是叙，事实就是我们通常所说的“材料”；讲道理是议，道理就是我们通常所说的“观点”。事实是产生认识、观点的基础，而只有在一定认识、观点的统帅下，公务活动中的客观事实才能得以充分的表达和解决。摆事实与讲道理是紧密联系、相辅相成的，是客观存在与主观认识的对立统一，正是这种辩证统一，才使我们的许多公文脱离了空洞的说教与事实现象的罗列、堆砌，变得有血有肉。

夹叙夹议可以说是公文写作中最主要的表达手法。除法规性、计划性、请求性、商洽性公文较少或不适宜使用这种方式外，其他如综合性工作总结、综合或专题性工作报告、行政令、指示、指示性通知、指导性通报以及讲话稿等陈述、指挥性公文，都要较多地运用这种方式。因为这类公文的特点是不仅在言事，还要明理，即言事明理，以理证事，事理结合，相辅相成。这里讲的“事”，即指事实、根据、原委、背景等；这里讲的“理”，即主张、意图、想法、观点和措施等。要在一篇公文中运用事实材料来说明观点的正确性，陈述背景、原委来证明主张的针对性，明确根据来讲清意图、想法、措施的必要性，就势必需要一边摆事实，一边讲道理，把叙述和议论紧紧联系在一篇公文之中。单纯地运用叙述或者议论的公文是很少见的。

1. 夹叙夹议的运用。夹叙夹议方式的具体运用，主要表现在以下三个方面。

（1）在一段话中夹叙夹议，即边摆事实、边讲道理，以增强语言的立体感及深刻的表达效果。以毛泽东同志的《将革命进行到底》（1948 年 12 月 30 日）一文为例：

敌人是不会自行消灭的。无论是中国的反动派，或是美国帝国主义在中国的侵略势力，

①《毛泽东选集》第一卷，人民出版社 1991 年版，第 17 页。

都不会自行退出历史舞台的。正是因为他们看到了中国人民解放战争在全国范围内的胜利，已经不能用单纯的军事斗争的方法加以阻止，他们就一天比一天地重视政治斗争的方法。中国反动派和美国侵略者现在一方面正在利用现存的国民党政府来进行“和平”阴谋，另一方面则正在设计使用某些既同中国反动派和美国侵略者有联系，又同革命阵营有联系的人们，向他们进行挑拨和策动，叫他们好生工作，力求混入革命阵营，构成革命阵营中的所谓反对派，以便保存反动势力，破坏革命势力……

这段话开头是讲道理，即议；之后的两句话是摆事实，即叙，使议与叙紧密地融于一段话之中。

（2）在一个层次中，分开段落，有的段落是叙，有的段落是议，或者是先叙后议，或者是先议后叙，形成一个夹叙夹议的完整层次。例如，毛泽东同志为党中央起草的《三个月总结》（1946 年 10 月 1 日）的前五段，是对 1946 年 7 月至 9 月三个月作战情况的概括部分，其中第一、二段是议：

（一）七月二十日中央对时局的指示上说：“我们是能够战胜蒋介石的。全党对此应当有充分的信心。”七、八、九三个月的作战，业已证明此项断语是正确的。

（二）除了政治上经济上的基本矛盾，蒋介石无法克服，为我必胜蒋必败的基本原因之外，在军事上，蒋军战线太广与其兵力不足之间，业已发生了尖锐的矛盾。此种矛盾，必然要成为我胜蒋败的直接原因。①

第三、第四、第五段，叙述了打击、歼灭敌军的具体情况。

以上五段文字从事实与道理两方面概述了三个月敌我作战的情况，完整、全面，令人信服。

又如，1982 年 4 月 10 日，邓小平同志发表了《坚决打击经济犯罪活动》的重要讲话。该文的第一段文字较长，通过列举大量事实，说明当时面临的经济犯罪活动形势是十分严峻的；然后，用第二段文字，深刻论述了严厉打击经济犯罪活动的重大意义。显然在这个层次中，第一段是叙，第二段是议，叙议相辅相成于一个层次中。

（3）夹叙夹议的表达方式不仅表现在组句构段和层次的组织安排上，还可以运用它进行谋篇，以体现一篇公文的整体。以毛泽东同志的《向全国进军的命令》（1949 年 4 月 21

①《毛泽东选集》第四卷，人民出版社 1991 年版，第 1205 页。

日）为例，开头一句“由中国共产党的代表团……所拒绝”[①]是叙述；接着从“南京国民党政府的负责人员之所以拒绝这个国内和平协定”[②]开始，到“就没有理由拒绝根据这些基础条件所拟定的而且是极为宽大的各项具体办法”[③]结束，是一段较长的议论文字；由“在此情况下，我们命令你们”[④]起到全文结束，使用的是说明性的文字，叙述与议论就是如此紧凑地融于一篇公文的整体之中。

2. 夹叙夹议的表达方式。在公文写作中，运用好夹叙夹议的表达方式，应掌握以下要领。

首先，要掌握好“叙”的手法。对这里的“叙”不能理解为文学写作中一般所讲的“叙述”，它不是精雕细刻，不是细腻的表达，更不是由头至尾、由边沿到中心的全面介绍，而是采用高度概括的手法，着重事件整体性的勾画，说明事情的原委、背景、根据，点到为止，否则，就会使文章显得文字累赘、事实罗列，冲淡了要讲的道理。

其次，要掌握好“议”的特性。这里讲的“议”，千万不要理解为议论文那种完整的议论手法。公文中所讲的议，基本上是指包含一些议论性的表达成分。这种议在具体表达上，只是原则地表达事理，不作多方面、多层次、多角度完整性的论证；在手法上是直接加以议论，即一针见血，一语道破，有时只是一两句结论性的话，是直接说明的简单逻辑论证方法。

再次，要坚持辩证唯物主义的科学方法，夹叙夹议要切中事物的本质。公文是一种办事工具，它不是供人欣赏的艺术品，而是一步一个脚印的实实在在的指导工作、办理公务、联系事务、交流经验、请示答复问题的文字工具。公文写作中所叙述的事实，应当是反映当前公务活动的一种倾向或具有普遍意义的客观存在，切不可把那些其他的、零碎的，并不占有重要位置的枝节性问题，人为地上升到普遍的、完整的、主导的地位上来，也就是我们常说的以偏概全，以个别代替一般。因为公务活动所面临的对象是非常广泛而复杂的，如果我们不能坚持辩证唯物主义的科学态度，善于透过现象看本质，那么随便都可以找到一些非本质的个别事实，以这些事实为根据而毫不负责地讲出一些不具有普遍指导意义的“道理”来向上反映情况，对上级的决策指挥是一种干扰；用它来指挥下级，会使下级误入歧途。

最后，要注意事实与道理的完全一致性，防止出现事大理小或事小理大的不协调现象。

---

①《毛泽东选集》第四卷，人民出版社 1991 年版，第 1449 页。

② 同上书，第 1449—1450 页。

③ 同上书，第 1451 页。

④ 同上。

事情的性质本属严重，而议论的道理不痛不痒，不如不说；事情的性质较为一般，道理却讲得十分惊人，实为小题大做。当然，事实与道理两张皮的情况更属杜绝之列。

综上所述，要写好公文，就要切实掌握公文写作的基本表达方式——夹叙夹议；运用好夹叙夹议，又要掌握叙、议的特殊性，坚持科学的态度与方法。可以说，这是公文写作的一条基本规律。

八、公文逻辑

公文中所讲的逻辑，主要是指逻辑思维规律，即人们在认识过程中正确地形成概念、作出判断、进行推理的规律。

（一）运用逻辑的注意事项

具体而言，公文写作中运用逻辑应注意以下三个方面。

1. 概念要准确。概念是对事物本质属性的反映，它的语言形式是语词。例如，“人”“手”“足”“刀”“尺”，从逻辑角度讲是一个个的概念，从语言角度看是一个个的词。公文写作中概念的运用准确无误，才能作出恰当的判断，精确地表达作者的意图。

（1）必须明确概念的内涵，即概念所反映的客观事物的本质属性。

（2）必须明确概念的外延，即概念所反映的那类事物，防止出现概念外延过大或过小的错误。例如，“离休干部”这个概念的定义，就是中华人民共和国成立以前参加工作，办理了离休手续，已离开实际工作岗位的老干部。这个定义明确了“离休干部”这一概念的内涵，从而与“在职干部”“退休干部”等概念相区分。再看一下这个概念的外延，从性别上看，分为男的、女的；从原职务上看，分为领导干部、一般干部；从参加工作时间上看，分为 1937 年 7 月 7 日以前、1942 年以前、1945 年 9 月 3 日以前、1949 年 10 月 1 日以前等。通过这种不同方面的划分，就搞清楚了“离休干部”这个概念的适用范围，明确了它的外延。

（3）必须了解概念间的关系。概念是反映客观事物的，而客观事物之间又有着种种不同的联系，因而概念之间也有这样或那样的关系。包括：同一关系，如“国务院”与“最高行政机关”；属种关系，如“干部”和“老干部”、“专业技术人员”和“专业技术人才尖子”；交叉关系，如“共产党员”和“干部”，“男职工”和“劳动模范”；并列关系，如“农业人口”和“非农业人口”是“人口”这个属概念下面的并列关系；对立关系，如“白”和“黑”；矛盾关系，如“白”和“非白”等。

2. 判断要恰当。判断是对事物的论断，或者肯定某一事物，或者否定某一事物。例如，

“商品广告是经济应用文”这一判断，就是肯定“商品广告”具有“经济应用文”的性质；“公文不是文学作品”这一判断，就是否定“公文”具有“文学作品”性质。既不肯定什么，也不否定什么，就不是判断。在公文写作中要做到判断恰当，应注意以下四点。

（1）判断的“质”要恰当。“质”指“是”与“不是”，因此，凡属肯定的应当用“是”，凡属否定的应当用“不是”，绝对不能含糊。例如，“干部是人民的公仆”“干部不是高居于人民头上的老爷”。

（2）判断的“量”要恰当。“量”由判断的量词表示，判断的量词可分两大类：一是全称量词，如“所有”“一切”“全部”等；二是特称量词，如“有些”“有的”“小部分”等。判断的量不准确，整个判断也就不会恰当。

（3）判断的主宾词语要相关，即指主词与宾词或者有肯定关系，或者有否定关系。如既无肯定关系，又无否定关系，那就是主词与宾词不相关。例如，“我对自己能否考上北京大学失去信心”这句话就难以理解，因为前者“我”与“失去信心”相关，后者“北京大学”与“失去信心”不相关。

（4）判断间的关系要恰当。一是条件关系，即一个判断的存在决定着另一个判断的存在，客观事物之间是有条件关系的，在公文写作中必须如实反映出这种关系，不能把充分条件当作必要条件；二是选择关系，即对某一事物有时不能立即作出确切的当否结论，而作出若干断定供人选择，在公文写作中注意不要把相容的关系当作不相容的关系；三是联合关系，即同时断定事物有几种属性而形成的关系。在公文写作中要注意断定的顺序，即先说什么后说什么，不能颠倒。

3. 推理要严密。推理是从一个或几个已有的判断，再推出一个新的判断的思维方式。在一篇公文中，前一句话和后一句话，往往就是推理关系。推理分为以下三种：演绎推理，其中常用的是“三段论”，即先有大前提，再有小前提，最后是结论，这是从一般到特殊的推理；归纳推理，这是以特殊性为前提，推出一般结论的推理；类比推理，这是从特殊到特殊的推理。这三种推理方法，前两种可靠性大，最后一种不一定是可靠的。所以用类比推理方法时，要特别强调实践证明的重要性。在推理中，无论采用什么方法，都必须注意：要有充分的根据；要有确能成立的因果关系；要按步骤进行，必要的推理步骤不能省去。

（二）遵守思维规律

遵守思维规律是撰写公文的逻辑要求之一，需要遵守的思维规律主要有四种。

1. 同一律。同一律是逻辑思维的基本规律之一，是关于思维准确性的规律，即在同一思维过程中，每一思想的本身是同一的，或者说，在表述任何事物或问题时，在同一时间、同一关系、同一意义下，要自始至终保持一个说法。在公文写作方面，要求我们在一篇公文中，其主张、思想、解释、要求等要保持一种说法，否则，就是违背了同一律。在公文写作中，要做到遵守同一律，必须注意以下六点。

（1）公文格式中的同一项目或相关项目之间要保持同一性。公文格式中的一些项目是密切相关的，如版头中的“文件作者”与文尾处的“落款”，紧急程度、机密程度与文中的内容，标题中的“事由”“文种”与正文，发文字号中的“年份”与制文日期，阅读范围与贯彻要求等，必须保持同一性，否则，不仅不利于公文的贯彻与执行，而且会给工作带来混乱。

（2）标题与正文内容要保持同一性。公文的标题一般是用来揭示正文内容，即中心思想与基本观点的，标题是主旨的浓缩。因此，它们之间必须保持严格的一致性，否则，就叫题文不符，是违反同一律的。

（3）公文的中心思想与具体思想要保持同一性。一些内容较多的公文，在一篇文章中不但有总的观点，即中心思想，还包括一些分观点，即具体思想。一篇公文在同一思维过程中，总的观点、中心思想与分观点、具体思想必须完全一致，以总统分，以中心带具体，分观点之和恰好等于总观点。否则，总大于分属于“漏题”，分大于总则为“跑题”。

（4）公文的头尾，前后内容要保持同一性。一篇公文的头与尾、前与后要处在同一思维过程中，头尾要呼应、前后要和谐，这样才有利于公文的贯彻与执行，维系发文者与受文者在思想认识上的一致性，否则，必将给公文的办理带来认识上的混乱。

（5）使用概念要保持同一性。公文中使用概念要确定，不能偷换，在一篇公文或密切相连的一组公文（如在某一问题上的上级决定、通知与下级贯彻执行情况的报告，下级的请示与上级的批复，下级的计划、总结、报告与上级的批示等）中所使用的概念必须始终如一，中间不得任意变更。

（6）运用判断要保持同一性。判断是对事物情况有所断定（即肯定或否定）的一种思维形式。在公文写作中，当我们对某一事物的属性作出明确判断后，不能再作出另外一种判断，否则，就是违反同一律，亦称偷换判断。

2. 矛盾律。矛盾律也叫不矛盾律，是关于思维一贯性的规律，即在统一思维过程中不能有两种相互矛盾的说法，要保持首尾一贯。在公文写作中要做到遵守矛盾律，应当注意以下三点。

（1）在公文时间表述上，前后要一致，避免出现矛盾。如“自去年 8 月 4 日正式投产到今年 8 月 14 日将近一年多的时间里……”这句话在时间上就自相矛盾。

（2）在公文数字的表述上，要符合事实，避免出现矛盾。如“今年全县工业总产值为

3.7 亿，与去年 1.9 亿相比，几乎超过一倍以上”这段话，在数字的表述上有矛盾。

（3）在事物的范围、程度、性质等表述上，要合乎情理，避免出现矛盾。例如，“今年我厂的总产值虽然低于去年，部分产品未能如期完成总公司下达的计划指标，但是从生产的整体性能及职工的精神状态看，一年的成绩仍然是主要的，形势是大好的，主流是不错的……”这段话的讲法是自相矛盾的。

3. 排中律。排中律是关于思维明确性的规律，即对同一事物或问题作出判断时，是肯定还是否定，要作出不是这个就是那个的鲜明选择，不能两者都否定；在是与非、真与假之间，要旗帜鲜明，不能含糊，模棱两可。公文写作要做到遵守排中律，一般应在判断、表述某一问题、某一政策主张、某一事物时，旗帜鲜明、立场坚定、内容明确，不得含糊其词、折中调和。例如，“说用公款请客送礼是不可避免的显然不妥当，但是在目前条件下想真正解决这个问题也的确存在一定的难度……”这段话就违反了排中律。

4. 充足理由律。充足理由律是关于思维根据性的规律，即对任何对象作出判断，都必须有充分的根据，其根据又是实实在在的，能经得起实践的考验，在任何时候、任何情况下都能站得住脚。充足理由律要求在公文的判断、推理、论证中都要理由正确充足，要同结论有必然联系，做到“持之有故，言之成理”。为此，在表达意见、提出要求时，要有根据；在交代理由时，要注意真实可靠，充足有力；在理由与结论之间要有必然的关系。

九、公文修辞的规范使用

公文修辞是指在公文写作中，根据表达的需要，选用最恰当的语言形式表现所要表达的内容，以提高表达效果。公文的修辞主要表现为消极修辞。所谓消极修辞，是以内容上明确、通顺，形式上平匀、稳密为标准。但有些文件，如调查报告、专用书信、工作总结、工作研究等，特别是一些讲话稿，为了表达的需要，也要积极、恰当地利用各种语言手段来增强所要表达内容的具体性、生动性和形象性，因而其所运用的各种修辞方式都是积极修辞。但这里所讲的积极修辞，不是指文学写作中那种一般意义上的积极修辞，而是在力求简明、准确、庄重、平实的前提下，大胆突破“禁区”，巧用多种辞格，这种“巧”用（或称“创造性”）的突出特征是多具有仿真性，而不像文学作品那样别具想象性。

修辞的格式称为辞格，又称“修辞格”或“修辞方式”。现代汉语中常用的辞格有很多种，这些辞格对文学写作的适应性是十分广泛的。对于公文来说，像排比、层递、对比、对偶、回环、引用、比喻、借代、设问、反问、反语等也是不乏其用的。下面分别介绍几种常用的辞格。

（一）比喻

比喻是利用事物之间的相似点，用较形象、具体、容易理解的事物来描绘所要表现的事物的一种修辞方法。

在公文写作中，比喻主要有以下五种类型。

一是昭然揭示文章的主旨，给人一种具体深刻的印象，便于读者理解和掌握。例如，在《将革命进行到底》一文中，毛泽东同志即运用了比喻的辞格：

应该怎样来对付这些君子国的先生们呢？这里用得着古代希腊的一段寓言："一个农夫在冬天看见一条蛇冻僵着。他很可怜它，便拿来放在自己的胸口上。那蛇受了暖气就苏醒了，等到回复了它的天性，便把它的恩人咬了一口，使他受了致命的伤。农夫临死的时候说：我怜惜恶人，应该受这个恶报！"外国和中国的毒蛇们希望中国人民还像……这个农夫一样地怀有对于毒蛇的好心肠。[①]

此例中，作者引用《伊索寓言》里的一个故事，尖锐地讽刺和深刻揭露了中外反动派的罪恶阴谋和反动本质，生动形象地表达了文章的主旨。

二是使用一些成语、典故等，使文章语言精练，含意深刻，概括性强，言简意赅。在《关于平津战役的作战方针》中，毛泽东同志用"惊弓之鸟"这个成语比喻被我军强大威力惊吓而终日惶恐不安的敌军，这样既节省了许多文字，又寓意深刻。

三是通过事物内在本质的具体形象化，使人们直接获得感觉和认识，以利于读者透过现象把握事物的本质。例如，教育部等部门发布的《关于进一步加快高等学校后勤社会化改革的意见》一文中有这样一段文字："但是，当前高等学校后勤服务模式落后，后勤社会化改革滞后，后勤负担沉重的状况，已经成为制约高等教育发展的'瓶颈'因素。因此，进一步推进并尽快完成高等学校后勤社会化改革，关系到今后我国高等教育工作的全局，具有重要而深远的意义，任务艰巨，时间紧迫。"瓶颈一般是指在整体中的关键限制因素，这里将高等学校后勤服务模式落后，后勤社会化改革滞后，后勤负担沉重的状况，表述为制约高等学校发展的"瓶颈"因素，让人们能直接认识到高校后勤社会化改革的重要性。

四是借用比喻，强调主题，以引起人们的高度重视与注意。例如，1981 年 6 月 27 日党的十一届六中全会通过的《中国共产党中央委员会关于建国以来党的若干历史问题的决议》中，在谈到毛泽东同志在新民主主义革命过程中的重要作用时，有一段形象而又深刻

①《毛泽东选集》第四卷，人民出版社 1991 年版，第 1377 页。

的文字："……如果没有毛泽东同志多次从危机中挽救中国革命，如果没有以他为首的党中央给全党、全国各族人民和人民军队指明坚定正确的政治方向，我们党和人民可能还要在黑暗中摸索更长时间。"[①] 其中"在黑暗中摸索"的寓意是十分深刻的，包括困难、艰苦、曲折、迂回、徘徊等。通过这样的比喻，中共中央对毛泽东同志的认识和评价就更为突出。

五是描绘、渲染事物的特征，给读者留下深刻明了的印象。例如，《星星之火，可以燎原》一文中，毛泽东同志热情洋溢地比喻即将到来的中国革命高潮："它是站在海岸遥望海中已经看得见桅杆尖头了的一只航船，它是立于高山之巅远看东方已见光芒四射喷薄欲出的一轮朝日，它是躁动于母腹中的快要成熟了的一个婴儿。"[②]

在事务性和说明性公文中，一般不使用增强美感和抒情性的比喻，解释说明性的比喻也要慎用，要力求平实简明。

（二）排比

排比是将结构相同或相似、语气一致的一些句子或词组排列起来，表达意义密切相关的内容，借以增强语势和表达效果，是公文中最常用的一种修辞方法。构成排比的主要是句子或分句，如"我们搞社会主义，没有远大的理想，没有宽阔的胸怀，没有自我牺牲精神，怎么行呢？"也有并列的句子成分用排比的，如毛泽东同志在《新民主主义论》中说："鲁迅是在文化战线上，代表全民族的大多数，向着敌人冲锋陷阵的最正确、最勇敢、最坚决、最忠实、最热忱的空前的民族英雄。"[③]

使用排比，要注意两点：一是避免不顾内容要求，牵强地拼凑排比句式；二是要准确使用提示语，注意整齐中有适当变化，避免呆板和僵化，如毛泽东同志在《纪念白求恩》中说："一个人能力有大小，但只要有这点精神，就是一个高尚的人，一个纯粹的人，一个有道德的人，一个脱离了低级趣味的人，一个有益于人民的人。"[④]

（三）借代

借代是利用事物的相关性，用与本体密切相关、能显示其特征的事物来代替本体的一种修辞方法。用来代替本体的事物叫"借体"，其特点在于起代替作用。借代在公文中的表现形式主要有三种。

---

①《中国共产党中央委员会关于建国以来党的若干历史问题的决议》，人民出版社 1981 年版，第 6 页。

②《毛泽东选集》第一卷，人民出版社 1991 年版，第 106 页。

③《毛泽东选集》第二卷，人民出版社 1991 年版，第 698 页。

④ 同上书，第 660 页。

1. 以具体代替抽象。例如，“在中国共产党的领导下，中国人民用小米加步枪，打垮了帝国主义在中国的统治”一句，用“小米”代替“军需供应”，用“步枪”代替“武器装备”。

2. 以部分代替整体。例如，“划清两种界限。首先，是革命还是反革命？是延安还是西安？有些人不懂得要划清这种界限。”①“延安”当时是解放区的首府，代替革命；“西安”当时是国民党统治区，代替反革命。

3. 以专称代替泛称。例如，“向科学现代化进军中，我们多么需要奔腾驰骋的‘千里马’，多么需要无产阶级的‘伯乐’啊！”“伯乐”原是神话中管理马匹的神仙，后来借用它指擅长相马的人。这里以“伯乐”泛称尊重知识、尊重人才的领导干部。

在公文中运用借代，一要注意借体的选择，既要能反映本体的主要特征，又要注意适合文体典雅、庄重的风格；二要注意本体与借体的关系应该显豁爽朗，防止与比喻相混，不至于造成读者理解的困难、分歧和错误。

（四）设问

设问是说话人本来没有疑问，却故意先提出问题，然后再自己回答这个问题，是无疑而问、明知故问的一种修辞方法。公文中使用设问，是为了加强语势，引起读者注意，启发读者思考，加深读者对所提问题的理解。

设问在公文写作章法上主要表现为四点。

1. 直接用设问作标题。例如，《中国的红色政权为什么能够存在？》《“友谊”，还是侵略？》都是用设问作标题，这样的标题十分醒目，引人入胜，达到鲜明、生动的修辞效果。

2. 置于篇首，一问一答。例如，“人的正确思想是从哪里来的？是从天上掉下来的吗？不是。是自己头脑里固有的吗？不是。人的正确思想，只能从社会实践中来，只能从社会的生产斗争、阶级斗争和科学实验这三项实践中来。”②先设问“人的正确思想是从哪里来的”，然后用两个设问提出两种不同的解答，并加以否定，最后说出了唯一正确的答案。这样，有问有答，有破有立，论证清楚，说服力强，从而把这篇文章的中心思想与基本观点全盘托出，易于读者把握文章的主旨。

3. 置于段首或段中，作为全段的立论。例如，在《关心群众生活，注意工作方法》一文中，毛泽东同志说：“真正的铜墙铁壁是什么？是群众，是千百万真心实意地拥护革命的

①《毛泽东选集》第四卷，人民出版社 1991 年版，第 1444 页。

②《毛泽东文集》第八卷，人民出版社 1999 年版，第 320 页。

群众。这是真正的铜墙铁壁，什么力量也打不破的，完全打不破的。”[①] 该段话在关键性的内容上，设问说理，承上启下，形成波澜。

4. 置于篇尾，起概括全文的作用。

（五）对比

对比是把两个相反、相对事物或同一事物的两个方面加以比较，使想要表达的意思更为鲜明的一种修辞方法。公文中运用对比辞格，更能使读者增强对事物的了解与认识。例如，邓小平同志在《在全国科学大会开幕式上的讲话》中说：“革命事业需要有一批杰出的革命家，科学事业同样需要有一批杰出的科学家。”[②] 通过“革命事业”与“科学事业”相比较，是两种不同事物的对比。而毛泽东同志在《中国共产党在民族战争中的地位》中，把对立的两个方面放在一起说：“阳奉阴违，口是心非，当面说得好听，背后又在捣鬼，这就是两面派行为的表现。”[③] 从三个方面的对比描绘了两面派阴一面阳一面的嘴脸。

对比把对立或有差别的现象加以比较，有助于揭示事物的本质，给人留下鲜明深刻的印象。公文写作中运用对比，要注意主次关系，比较对象是次要的，必须突出主要的被比较对象，不能喧宾夺主。同时要注意突出事物的本质特征，做到明朗简洁。

（六）对偶

对偶是利用语句形式上的对称关系，把字数相等，结构相同或相似、意义密切相关的两个句子或短语，对称排列起来的一种修辞方法。

公文写作中，多用宽式对偶，即只要求上下语句相等，结构相似，字面可以重复，平仄可以不对。根据相对语句的性质，对偶可分为相似的、相反的、相连的三种。

如毛泽东同志在《改造我们的学习》一文中引用了这样一副对联：“墙上芦苇，头重脚轻根底浅;山间竹笋，嘴尖皮厚腹中空。”[④] 上下两个分句对偶，可以说相当尖锐而深刻地批评了那些没有科学态度，只靠背诵马克思列宁主义经典著作中若干词句来装点门面，徒有虚名并无真才实学的人。

例如，“横眉冷对千夫指，俯首甘为孺子牛”，是上下句意思相反或相对式的对偶。

又如，“才饮长江水，又食武昌鱼”以及“关心群众生活，注意工作方法”，为内容相连的对偶式，上下句有顺承、因果、条件等相承关系，即为相连，又叫串对。

---

①《毛泽东选集》第一卷，人民出版社 1991 年版，第 139 页。

②《邓小平文选》第二卷，人民出版社 1994 年版，第 96 页。

③《毛泽东选集》第二卷，人民出版社 1991 年版，第 532 页。

④《毛泽东选集》第三卷，人民出版社 1991 年版，第 800 页。

在公文中使用对偶时，要注意适当，切合文章的需要，注意对偶句与散句的协调关系，不要为对偶而对偶。另外，还要注意表达的顺畅自然，不要刻意雕琢，单纯追求形式上的整齐匀称，以辞害意。

（七）反复

反复是有意让同一语句重复出现的修辞方法。公文中的反复是为了突出某一意思，强调某一问题而重复使用某一语句。

不间断地重复同一语句，是连续反复，连续反复有强调、突出某一语句的作用。例如，毛泽东同志在《丢掉幻想，准备斗争》一文中两处使用连续反复："帝国主义者的逻辑和人民的逻辑是这样的不同。捣乱，失败，再捣乱，再失败，直至灭亡——这就是帝国主义和世界上一切反动派对待人民事业的逻辑，他们决不会违背这个逻辑的。"[①]"斗争，失败，再斗争，再失败，再斗争，直至胜利——这就是人民的逻辑，他们也是决不会违背这个逻辑的。"[②]

相同的语句间隔开来出现，中间插入其他语句，叫间隔反复。间隔反复可以显示出前后语句间的关系。间隔反复的修辞效果是体现联系，组成整体，增强句子内部的条理性和整体力度。公文语言经常使用间隔反复的修辞方式，但要注意避免不必要的重复，防止累赘。

（八）顶真

顶真也叫蝉联，是用前一句末尾的词语做后一句的起头，使两个或几个句子递承紧凑，表现内容上相承、相接关系的一种修辞方法。例如，毛泽东同志的《中国革命战争的战略问题》一文中有这样一句话："指挥员的正确的部署来源于正确的决心，正确的决心来源于正确的判断，正确的判断来源于周到的和必要的侦察，和对于各种侦察材料的联贯起来的思索。"[③]从"决心"追溯到"判断"，又从"判断"追溯到"侦察"和"思索"，首尾相连，层层推进，将内在联系作了清楚的阐述。说理周密谨严，表达如行云流水，气势贯通，深刻揭示了三者之间的内在紧密联系。

有时，顶真的词语之间也出现其他词语，形成间接顶真。例如，《愚公移山》中有这样一段话："我们一定要坚持下去，一定要不断地工作，我们也会感动上帝的。这个上帝不是别人，就是全中国的人民大众。全国人民大众一齐起来和我们一道挖这两座山，有什么挖

① 《毛泽东选集》第四卷，人民出版社 1991 年版，第 1486 页。

② 同上书，第 1487 页。

③ 《毛泽东选集》第一卷，人民出版社 1991 年版，第 179 页。

不平呢？”[①]把寓言中的“上帝”跟全中国的“人民大众”联系起来，非常深刻有力。另外，“我失骄杨君失柳，杨柳轻飏直上重霄九”也是间接顶真辞格。

顶真辞格前后相接，紧凑连贯，尤其有助于表现层层深入的剖析和说明，在公文中运用得当，能收到很好的效果。

（九）倒悬

倒悬是在公文起篇开头时先交代缘由、目的、依据、中心思想、基本观点及结论，然后再引申出具体事项要求的一种修辞方法。这种辞格有助于读者一看公文的开头便得其要领，把握行文的缘由、目的、意义，引起注意。例如，《国务院、中央军委关于授予钱学森同志“国家杰出贡献科学家”荣誉称号的命令》一文的开头：“钱学森同志是我国著名科学家。他早年在空气动力学、航空工程、喷气推进、工程控制论等科学技术领域作出许多开创性的贡献……他热爱中国共产党，热爱社会主义祖国，热爱人民，充分体现了新中国知识分子的高尚品德，他是我国爱国知识分子的杰出典范。”这份命令开头就点明了钱学森同志早年就有许多开创性的贡献，回国后“为我国火箭、导弹和航天事业的创建与发展作出了卓越的贡献”。读者看了这份命令的开头就会对钱学森同志肃然起敬，心生仰慕。

（十）提前

提前是公文写作中常用的一种修辞方法，即由“将”字结构组成的第二宾语句式提前。

在批转、转发性通知及充当“文件头”的报告、通知开头起笔处，常采用这种句式。例如，《关于印发〈关于新时期加强高等学校教师队伍建设的意见〉的通知》的开头：“现将《关于新时期加强高等学校教师队伍建设的意见》（以下简称《意见》）印发给你们，请遵照执行。”这是经过处理的宾提句式，即“将”字结构的第二宾语提前。如果不作修辞，按照两例的同义内容可写成：“现在发给你们《关于新时期加强高等学校教师队伍建设的意见》（以下简称《意见》），请遵照执行。”

相比之下，前者语言刚劲有力，后者的语言则相对平淡。实际上，两者的字数并无多少差别，只是前者第二宾语即文件名称前置。可见，在公文句式上用不用修辞格，效果截然不同。

（十一）重后

重后是公文写作中常用的句式，即“重点后置”。

①《毛泽东选集》第三卷，人民出版社1991年版，第1102页。

公文中"请示"的结尾用语，可以说基本都采用"重后"。这里所说的"重后"，是指一句话中两种截然不同的含义，一个为虚，一个为实，而且"虚意"位前，"实意"在后。例如，"是否可行，请批示""妥否，请批示"，从字面上看好像作者的本意是这样的："我们的意见、要求是可以（可行、可办）还是不可以（不可行、不可办），请上级给予批示、核定。"实意则大不然。假若"请示"的内容是可行可不行，可办可不办的，那作者在一般情况下是不会向上级行文"请示"的。从实际工作看，凡是要行文请示的事情，一般都是作者认为该办的、可行的，但由于职权所限等原因，不能不请示。可见，"妥否，请批示""是否可行，请批示"中所希望"批"的是"妥"而不是"否"，是"是"而不是"否"，批"妥"、批"是"才是作者的实意，前半句中的"否"只是一种虚意，是作者本身所不愿看到的。对请示的结尾采用"重后"修辞，不仅文字精练，而且体现了作者的肯定性要求以及对工作的严肃态度。

公文中有时会把语句中的定语或状语加以后置，以突出或强调某些内容，给人更强烈深刻的印象。例如，"在一个月时间里，他们共抢运救灾粮一千余吨，加固水坝三十多座"（定语后置）；"在此我们谨向您的热情支持表示感谢，为国家，为孩子们"（状语后置）。

（十二）进解

进解是修辞插注的一种方法。公文中对较长文字或某一词语需要作进一步解释的，可安排一个插注段落或用插注语。这种解释的目的或是赋予新意，或是拓宽其含意。进解有四种形式：明解、以叙代解、以论代解、以附加语代解。

明解是在需要作插注的词语后面用"也就是说"，或用"即"字，把插注引出，使读者明确前意。这种方法在讲话、报告、总结等一些文体中经常使用。例如，毛泽东同志为中共中央起草的《关于镇压反革命运动的指示》，谈到镇压反革命分子要"稳、准、狠"时，便使用了进解的修辞方法："所谓打得稳，就是要注意策略。打得准，就是不要杀错。打得狠，就是要坚决地杀掉一切应杀的反动分子（不应杀者，当然不杀）。"①

以叙代解是在需要作出注解的词语后面跟上一番叙述，通过叙述的形式对词语作出进一步说明。例如，毛泽东同志在《怎样分析农村阶级》一文中对"地主""富农""中农""贫农"和"工人"的注解就很有特色："……中农一般不要出卖劳动力，贫农一般要出卖小部分的劳动力……"②

以论代解就是在需要作出注解的词语后面，跟上一段论证起注解作用，使读者明了前

①《毛泽东文集》第六卷，人民出版社 1999 年版，第 117 页。

②《毛泽东选集》第一卷，人民出版社 1991 年版，第 129 页。

一事理。例如，《国务院办公厅关于成立国务院旅游协调小组的通知》中对“发展旅游业大有可为”的论证：“我国拥有堪称世界一流的旅游资源，发展旅游事业大有可为。旅游业资金周转较快，外汇收入较多，通过旅游事业的发展，可以扩大就业，提高有关行业的经营管理水平，带动其他行业的发展。还可以促进精神文明建设和同世界各国的友好交往。发展旅游业是我国经济建设的重要组成部分，在政治上也有重要意义。”

以附加语代解就是把注释性的文字放在主述词语之前，来达到注解的目的。例如，《中华人民共和国政府和大不列颠及北爱尔兰联合王国政府关于香港问题的联合声明》：“中华人民共和国声明：收回香港地区（包括香港岛、九龙和‘新界’，以下简称香港）是全国人民的共同愿望，中华人民共和国政府决定于 1997 年 7 月 1 日对香港恢复行使主权。”括号内的插入语，起注释说明作用，指明“香港地区”的范围，使句子表意十分具体、明确。

公文写作中，可以按照不同文种和表述推进的不同情况来选择使用进解的形式，以求达到最佳效果。

（十三）综说

综说就是把几个并列句子成分连接在一起，由句中的一个相同意思的成分综合成句的一种修辞格。在公文写作中使用综说可以使公文达到简洁、精悍的修辞效果。这种辞格有两种方式：一种是综合成分在前，并列成分在后；另一种为并列成分在前，综合成分在后。

综合成分在前、并列成分在后可使句子简洁、有力。例如，“为使国家行政机关（以下简称行政机关）的公文处理工作规范化、制度化、科学化，制定本办法”，其中的“为使国家行政机关……”为综合成分，“规范化”“制度化”“科学化”是并列成分。如果不进行综说，按其同义内容，必然写成“为使国家行政机关的公文处理工作规范化，为使国家行政机关的公文处理工作制度化，为使国家行政机关的公文处理工作科学化，制定本办法”。显然这段文字显得既重叠又冗长，语言啰唆。并列成分在前，综合成分在后，不仅节省文字，且能使句子铿锵有力，气势增强。

（十四）浓缩

浓缩是对一些专有名词或内容特定的长句进行高度简缩的修辞方法。在公文写作中，出于语言简洁的需要，常对一些内容特定的长句，通过附以数词的手法，进行高度的浓缩，使之言简意赅，既节约文字，又易读易记。例如，“一带一路”“两学一做”“三严三实”“‘四个全面’战略布局”“三去一降一补”等。在使用浓缩辞格时要注意以下四点。

一要约定俗成，避免歧义。任何一个简称的成立，都必须是约定俗成的。简称并非公文独有，它来源于日常用语，经过规范，才能进入书面语。容易造成歧义的语句，都不能成为公文的浓缩语。

二要注意适当保留必要的限制成分，不可一味浓缩。尤其是对那些带有时间性、地域性及有特指性的概念，要用规范性的简称，否则时间一久，就会带来麻烦。例如，“十八届三中全会”就不宜浓缩为“三中全会”。

三要根据文种区别对待。一些内容重要的法规性强的公文应尽量少用浓缩语。重要的专用名称、关键概念等浓缩语，第一次在公文中出现时，必须使用全称。

四要选用与词语本身的色彩和读音顺口的浓缩语。

（十五）回文与婉转

回文是一种修辞方法，即前一语句的结尾部分作为后一语句的开头部分，而前一语句的开头部分又作为后一语句的结尾部分。回文可使语句整齐匀称，能揭示事物间的辩证关系，使语意精辟警策。这种修辞方法在公文中不乏使用。例如，《实践论》中的一句话：“理性认识依赖于感性认识，感性认识有待于发展到理性认识，这就是辩证唯物论的认识论。”① 毛泽东同志用回文的句式深刻阐明了“理性认识”和“感性认识”的密切联系，即理性认识来源于感性认识，而感性认识只有发展成理性认识，才能正确认识客观世界。这种修辞方法的作用是通过回文往复的形式表现事物或现象间互相依存或互相排斥的辩证关系，以加深读者对客观实际的认识和理解。

婉转又叫“委婉”“婉曲”，是有意不直接说明某事物，而是借用一些与某事物相应的同义语句委婉曲折地表达出来的一种修辞方法。婉转的主要作用是避讳或礼貌。

避讳就是避免直接使用一些有所忌讳的词语，换一种较为文雅的容易接受的说法来避开直说某些“不祥”或“不洁”的事物。例如，“死亡”这个词就有许多隐晦、曲折的替代说法。恩格斯的《在马克思墓前的讲话》一文的开头：“3 月 14 日下午两点三刻，当代最伟大的思想家停止思想了。”②

婉转在一些交际环境中表示礼貌，尤其是在一些重大的国际交往活动中，为照顾对方感情，会使用这种方法。在公文中有时会用“请另行考虑，务必重新斟酌”来表示“不同意”的意思；用“可以理解，可以谅解”来表示“不赞成”的意思，以免刺激对方，使人乐于接受。

在公文写作中，一般情况下不使用婉转，但在必要条件下使用时要注意环境和对象，该直说的直说，该曲说的曲说，不要故作曲折，影响意义的鲜明表达。

---

①《毛泽东选集》第一卷，人民出版社 1991 年版，第 291 页。

②《马克思恩格斯选集》第三卷，人民出版社 2012 年版，第 1002 页。

（十六）换字

换字是为了语言表达的准确、形象、明快，将比较固定的一个词语中的某一个字临时加以更换的修辞方法。这种修辞方法能使语言形象生动，避免呆板拘谨。讲话稿、大会报告等文种有时会用到这种修辞方法。例如，周恩来同志在《当前文字改革的任务》一文中，就采用了换字的辞格："希望大家积极支持文字改革工作，促进这一工作而不要'促退'这一工作。"[①] 又如，毛泽东同志的《新民主主义论》中有一段话："中国有一句老话：'有饭大家吃。'这是很有道理的。既然有敌大家打，就应该有饭大家吃，有事大家做，有书大家读。那种'一人独吞'、'人莫予毒'的派头，不过是封建主的老戏法，拿到二十世纪四十年代来，到底是行不通的。"[②] 这段话中的"有敌大家打""有事大家做""有书大家读"里的"敌""事""书"三个字，就是由"有饭大家吃"这个短句中的"饭"字临时更换而来。

（十七）析词

析词是为了把话讲得诙谐、生动而将一个复音词或固定词组故意拆开，取出其中一个字来单独使用的修辞方法。例如，邓小平同志 1962 年 2 月 6 日在扩大的中央工作会议上的讲话："……是有理想，有志气，不怕'鬼'的。尽管这几年我们有一些想法和做法不切实际，也不要因为批判了这些东西，就丧失了理想，丧失了志气，就怕起'鬼'来了……就看到绳子都是蛇了。现在有各种'鬼'，可能有这样一种丧失信心的'鬼'。全党要防止这种'鬼'。"[③] 抽出一个"鬼"字来单独使用，语言非常生动形象，可谓精彩。

（十八）反语

反语是在一定的语言环境中，用意义或色彩相反的词语来表达本意，形成强烈对比效果的一种修辞方法。多数表示讽刺、嘲弄的意思，有的则表示幽默、诙谐的情趣。有时候说反话往往比正面论述更为有力，更能发人深省。

反语有两种，一种是以正当反，即以褒词表达贬义。例如，毛泽东同志在《"友谊"，还是侵略？》一文中有这样一句话："参加八国联军打败中国，迫出庚子赔款，又用之于'教育中国学生'，从事精神侵略，也算一项'友谊'的表示。"[④] 其中的"友谊"用的是反语，获得了辛辣、尖利的讽刺效果。又如，在《反对党八股》一文中，毛泽东同志说："党

①《周恩来选集》下卷，人民出版社 1984 年版，第 294 页。

②《毛泽东选集》第二卷，人民出版社 1991 年版，第 683 页。

③《邓小平文选》第一卷，人民出版社 1994 年版，第 299—300 页。

④《毛泽东选集》第四卷，人民出版社 1991 年版，第 1506 页。

八股也就是一种洋八股……我们为什么又叫它做党八股呢？这是因为它除了洋气之外，还有一点土气。也算一个创作吧！谁说我们的人一点创作也没有呢？这就是一个！（大笑）”①其中的“创作”虽然属反语相讥，但目的是提醒大家自觉地改变坏文风。

另一种是以反当正，即用贬词来表达褒义。例如，毛泽东同志在《湖南农民运动考察报告》中对农民运动的描述：“动不动捉人戴高帽子游乡，‘劣绅！今天认得我们！’为所欲为，一切反常，竟在乡村造成一种恐怖现象。”②这段话中的“动不动”“为所欲为”“恐怖现象”本是贬义词，而这里却是称赞农民革命运动“好得很”。

运用反语，要注意明确性，让人一看就知道是说反话，不致引起误解。有时在上下文中点明正意，有时可以把反面的词语跟正面词语放在一起，有时还可以用引号、着重号来暗示。在公文中反语的使用是有限制的，指令性公文中一般不宜使用。

（十九）引据

引据，即引述行文的根据，是公文写作中不可缺少的一项内容。它有时是上级机关的指示精神，有时是基层的实际情况，有时又是二者兼而有之。在章法上，一般写于文端。

（二十）分条

所谓分条，是指分清条理，是确保文章条理清晰的主要手段。其方法有二：一是按照条项之间的内在联系，组织好条项的先后；二是分项标出序号。

（二十一）虚实

虚写和实写是在公文写作中对同一事理写其虚或者写其实的两种表述方法，又称虚笔和实笔。在一篇公文中，主述事件和中心观点完全不重复出现是不可能的，解决重复出现的方法是虚写与实写交叉使用。所谓“虚”，主要指略其事理本身，或讲其意义，或概其要点，或取其别称，或与其他事理并论；所谓“实”，即具体、完整、透彻的表述。

（二十二）并列

并列是公文谋篇布局的一种重要方式。并列，即将所叙之事、所言之理、所发之论，以一篇公文的主旨，即它的基本观点、中心思想为“轴”，分作多角度，平等、相对地列开，它很像把折扇展开后的半圆形扇面，又似“孔雀开屏”，这样所反映的公文思想是横向展开的。

①《毛泽东选集》第三卷，人民出版社 1991 年版，第 830 页。

②《毛泽东选集》第一卷，人民出版社 1991 年版，第 16 页。

这一谋篇的形式主要有两种类型。

1. 分条列项式的并列。公文中的法规性文件以及有关重大问题决策而产生的决议、决定等，一般采用此种形式。

2. 分块按部分的并列。公文中的总结、调查报告、综合性的工作情况报告、大型工作会议纪要等，多采用此种方法谋篇立章。

（二十三）层递

所谓层递，是将所说的事理，按照由浅到深、由窄到宽的不同程度，层层递进地加以表达的一种修辞方法。它既是炼句的一种手法，也是谋篇布局的一条相当重要的章法。可以说，绝大多数公文运用的都是层递的章法。由于层递能够有顺序地表达多层次的事理，因而可以使公文所述之事、所明之理、所发之论达到脉络清晰、步步深入、顺理成章、合乎自然的效果。

公文谋篇运用层递基本有三种方式。

1. 对叙述的事物，按时间前后顺序，由远到近地加以表述。例如，《中国共产党中央委员会关于建国以来党的若干历史问题的决议》的一至六部分，就是按时间顺序前后远近的层递修辞方法来谋篇布局的。

2. 按照事情发展的过程，由低到高、由始到末、由轻到重地运用层递的修辞方法来谋篇。专题情况报告、专门事项通报、专一事情的调查报告多采用这种形式。

3. 按照事物的内在联系，即相互间的主从、因果、总分、种属等关系，层层深入地进行表述。公文中的请示、工作报告、总结、计划、纪要等较多使用这种形式。

（二十四）引用

引用，是指为了充分有力地说明问题而运用现成的词句（包括文字材料）。在公文写作中，这种“辞格”被广泛运用，它可使行文目的更加明确，观点更为突出，理据更显充实，从而增强其说服力和论证性。

公文写作中引用主要有以下 11 种情形：一是引用革命导师经典著作中的有关论述，来证明公文中所提出的思想观点和方针、政策的正确性。二是引用有关的文件，其功用在于使文中所提问题、观点或所作的结论有理有据，增强行文的力度。三是引用领导人的讲话、指示或批示。四是引用有关的法律、法规条文。五是引用群众语言，群众语言丰富多彩，蕴意深刻，在公文写作中恰当引用，可使行文生动活泼，富有表现力和说服力。六是引用成语。成语含义深刻，语意凝练，如能恰当引用，能够极大地增强行文的表达效果。七是引用典故。八是引用格言。格言是具有教育意义的警句，一般是出自名人之手并在群众中广泛流传的语句。格言内容精辟，蕴意深刻，能给人警策和启示，并能增强行文的说服力。九是引用民谚。民谚是人民群众口头流传的通俗、简练而又含义深刻的固定的语句，包括农业谚语、讽诫谚语和生活知识谚语等，一般都能揭示客观真理，富于教育意义。由于民谚具有句式匀整、音调和谐、具体通俗、形象生动的特点，故在公文中恰当地加以引用，能够增强其表达效果。十是引用寓言。十一是引用歇后语。歇后语是由近似谜面、谜底两部分组成的带有隐语性质的口头语，有些公文根据内容表达的需要和特定的语言环境，恰当地引用歇后语，可使行文生动活泼，饶有趣味，并给读者留下深刻印象，收到较好的表达效果。

公文写作中引用应当注意把握以下几点。

1. 要引全，即要保持所引内容的完整性，使之能够表示一个完整的意思，切忌断章取义、随意肢解原文。要特别注意的是，引用公文要写明标题和发文字号两项要素，二者缺一不可；引用法律法规所涉及的条款都要齐全，不要漏引。

2. 要引准，即必须保证引用公文内容的准确无误，毫厘不差。直接引用一般将所需要内容如实抄录，并用引号加以标明即可；间接引用系对原文或原话的概括和浓缩，故应特别注意其准确性，为此，引用者必须“吃透”原有材料，弄清其确切含义，在此基础上再选择恰切语句加以概括。

3. 要得体，即引用一定要结合上下文内容进行，使之衔接顺畅，天衣无缝。无论从思路还是行文语气方面，均应如此。切忌牵强附会，将原本与行文关系不大甚至毫不相干的内容硬扯在一起。此外，还要注意引用的“度”，切忌贪大求全（如对上级文件中的整段或几段照搬套用），导致引语过长过多，给人烦冗杂乱、枯燥乏味之感。

十、正确运用汉字

公文语言是凭借文字来记载的，文字是公文的物质外壳。由于公文是传达贯彻党和国家的路线、方针、政策，联系和处理各种公务的工具，具有很强的政策性、权威性和现实的效用性。因此，要求其在用字方面必须做到标准化和规范化。

1. 要严格执行党和国家制定并正式颁布的用字法规的规定，不写繁体字、异体字，也不随意滥造简化字。首先，不写繁体字。1956 年的《汉字简化方案》公布并分批推行后，规定面向公众的社会用字必须规范化。据此，公文用字应以国家正式公布的简化字为准。其次，不用异体字。1955 年国家公布的《第一批异体字整理表》，废除了 1055 个异体字。除翻印古书或用作姓氏以外，一般不能再用。对此，公文写作也需依照执行。最后，不要滥造简化字。公文中使用简化字应以 2013 年 6 月 5 日国务院公布的《通用规范汉字表》为准。凡是不符合表中规定的简化字，都不合规范，不能使用，更不能随意滥造。

2. 要注意把握汉字的字形、字音、字义，坚决纠正错别字，也要防止出现漏字或多字。汉字是形、音、义的高度统一体，我们在书写时必须认真把握它的基本笔画、笔顺规则以及偏旁部首和间架结构，注意分辨多音字、同音字、形近字和多义字，读准字音，认清字形，了解字义，做到正确使用。

十一、句式的选择

公文写作中要注重句式的变化，这是由公文语言的特点所决定的。要使写出来的公文显得有活力、有生气，就应当采用不同的句式，特别是交替使用长句与短句、整句与散句，使语言富于变化。

长句是指字数较多，结构复杂的句子；短句是指字数较少，结构比较简单的句子。长句的特点是表意周详、气势畅达；短句的特点是简明活泼，刚劲有力。要写好公文，既不能只用长句，也不能偏重于短句，只用前者使公文显得烦冗、沉闷，而只用后者又会使公文过于跳跃、有失庄重。因此，有长有短，长短结合，兼容并取两者长处，才显得语言富于变化，充满生气。例如，我们党来自人民，失去人民的拥护和支持，党就会失去根基。必须把坚持全心全意为人民服务的根本宗旨、保持党同人民群众的血肉联系作为加强和规范党内政治生活的根本要求。

整句是指结构相同或相似，长短一致或接近的句子；散句是指结构灵活，长短不一的句子。整句的特点是条理清晰、富有节奏。散句的特点是长短不一、灵活方便。整句与散句交错使用，有利于增强公文的表达效果。例如，毛泽东同志的《反对党八股》一文中有这样一句话："它们不是生动活泼的东西，而是死硬的东西了；不是前进的东西，而是后退的东西了；不是革命的东西，而是阻碍革命的东西了。这就是说，洋八股或党八股，是五四运动本来性质的反动。"①

（一）"……了"句式

这是公文中大量使用的一种陈述句，特别是在工作总结、报告、通报、简报、调查报告等文种中更为多见。公文中对陈述句的运用是有其特点的，一般以"解决""完成""锻炼""推动""开展""巩固""克服""取得"等动词后面加助词"了"字，直接表示事情的已然时态，后面带宾语，形成一种完成了某一工作、任务，解决了某一问题、困难，取得

①《毛泽东选集》第三卷，人民出版社1991年版，第831页。

了某一成绩、进展的已然时态的动宾句式。

（二）“为……”“为了……”句式

党政公文都要交代“行文目的”。为了把行文目的准确、简明地表达出来，便于受文一方理解、掌握，人们积多年之经验形成了以介词“为”“为了”做句首并由作者直接加以说明的目的句式。在具体的方法上有两种：一是在“为”“为了”的后面直接写出目的对象、内容。例如，“为加强土地管理”“为了进一步贯彻‘经济建设必须依靠科学技术，科学技术必须面向经济建设’的方针”等。二是在“为”“为了”的后面用“此”“这一问题”来指代先行语句中通过叙述所提出的公务活动中的问题，以说明为什么要行文。例如，“对于破坏长城，毁坏祖国宝贵文化遗产的行为必须坚决制止。为此，特布告如下”“近几年，市政府多次提出加强机构编制管理，包括严格控制机构编制增长，严格执行机构编制审批制度，坚决按照规定的领导职数配备干部等。但是，在部分地区、部门有令不行、有禁不止的现象仍然存在。这样做，不仅机构编制进一步膨胀，而且给以后的机构改革带来更多的困难，不利于认真贯彻落实中央关于进一步治理整顿和深化改革的决定。为了解决这一问题，特作如下通知”显然，这样做可以使行文目的简洁明快。

十二、注意公文用语的特性

公文的语言属公文语体，它以实用为目的，以传递治理国家的策令为内容，因而其语言运用与一般文章相比，既有相同之处，又有其独特之处。具体地讲，公文的语言特点主要表现在以下几个方面。

（一）大量运用介词结构

介词结构即介词词组，它在公文中是常见的、被大量使用的，并由此形成较为稳定的、程式化的表达句式。主要有这样几种情况：一是表达根据、方式的，如“根据”“遵照”“按照”“依照”“通过”等；二是表达对象、范围的，如“对”“对于”“关于”“将”等，其中，“关于”的使用在公文标题中已成为定型化的词素；三是表达目的、原因的，如“为”“为了”“由于”等。这些介词通常与其后面的宾语并连使用而构成介词结构，在句子中充当定语或状语。

（二）广泛运用专用词语和文言词语

公文写作中广泛运用的专用词语，主要有以下几类：

1. 称谓语。即公文中对不同的行文对象的特定称谓用语。常见的有“我”“你”

“他”“贵”“该”“各”“本”等。写作时，应当根据不同的行文方向和隶属关系，恰当选用，不可随意为之。

2. 起首语。即公文的开篇语。起首语关系重大，公文写作不可不重视起首语的运用，因为它是行文开头的“尖兵”，直接关系公文的命运。公文中常用的起首语大体上可分为四类：其一，表目的的，如“为”“为了”等；其二，表根据的，如“根据”“遵照”“按照”“依照”等；其三，表原因的，如“鉴于”“由于”“随着”等；其四，表态度、方式的，如“兹定于”“兹派”“兹将”“兹介绍”“欣闻”“欣悉”等。

3. 经办语。常用的有“拟”“拟定”“拟于”“拟予”“草拟”；“布置”“部署”“计划”“决定”“安排”“审定”“审核”“审批”“审签”“批阅”“批复”；“出示”“出具”“赋予”“付诸”“会同”“会签”“会审”“会晤”；“实施”“施行”“公布”“颁布”“发布”“颁发”“颁行”；“报请”“报告”“报批”“报呈”“呈请”“呈阅”“呈签”；“递交”“申报”“递送”“送审”“传阅”“提请”；“准予”“签发”“签署”“签证”“签字”；“业已”“业经”“报经”等。这类专业术语数量颇多，不胜枚举。

4. 时间语。常用的有“最近”“目前”“不久前”“迅即”“时限”“时效”“时宜”“顷刻”“过去”“现在”等。这些时间语，多系表量模糊而表意准确的模糊语言。

5. 祈请语。常用的有“请”“务请”“恳请”“即请”“请予”“请示”；“希”“希望”“务希”“即希”“尚希”“尚祈”“尚盼”“尚望”；“接洽”“商洽”“商定”“商议”“商酌”；“须即”“须经”“务须”“应予”“应当”“悉力”“悉心”等。

6. 询问语。常用的有“当否”“妥否”“可否”“是否可行”“是否同意”“是否妥当”“意见如何”等。

7. 表意语。常用的有“应”“拟”“责成”“批准”“同意”“欠妥”“不妥”“照办”“禁止”“取消”“力戒”“力避”“切勿”“切记”“严惩”“严厉”“查询”“查勘”“查证”“酌定”“酌办”等。

8. 谦敬语。常用的有“承”“不胜”“大力”“通力”等。

9. 过渡语。即公文层次或段落以及语句之间的连缀语。常用的有“为此”“现将”“特作”“基于”“对此”“据此”“总之”“由此观之”等。

10. 结尾语。即位于公文结尾部分的固定性语句，具有使行文显得简洁凝练、典雅庄重的功用。常用的有“此令”“此复”“特此通知”“特此报告”“希照此办理”“请即遵照执行”“现予公布”“妥否，请批示”“请予函复”“为荷”等。

公文中还广泛运用文言词语，如“拟请”“承蒙”“为荷”“兹有”“值此”“经由”“贵（厂）”“此布”“是否”“为此”“悉”“若干”等，不胜枚举。这些文言词语多是由古汉语发展演变而成，并且经过长期发展，在公文中使用广泛，且具有专门性。

（三）句式灵活多样

这是公文在语言运用方面的又一显著特征。公文句式主要有以下四类。

第一类，文言句式。文言句式的类型不是很多，但其使用频率非常高，最常用的是“凡……者（的）”。例如：

1. “这些人员中，凡有一技之长，而无反动行为或严重劣迹者，民主政府准予分别录用。”（《平津前线司令部约法八章》）

2. “凡进入或者经过中国领陆、领水、领空的外国人和外国的航空器、船舶、车辆、物资、生物等，必须遵守本法和其他有关环境保护的条例、规定。”[《中华人民共和国环境保护法（试行）》]

上述两例中的“凡……者（的）”是文言句式的一种，从逻辑角度讲，具有表“全称判断”的功用，表明所有这一类型的人或事物全部包括在内，毫无例外。同时，它还使行文具有庄严色彩。此外，应当注意，“凡……的”除具有表全称判断的作用外，往往还带有贬义。

第二类，非名词性词语充当宾语的句式。一般来说，作动词宾语的应当是名词性宾语，但公文语体中有一些带非名词性宾语的动词，如“严禁”“予以”“禁止”“给予”“严加”等。它们与被支配动词组成动宾结构，如“严禁公车私用”“给予适当奖励”等。如果动词性宾语不止一个，使用时应注意按一定的逻辑顺序排列，以使表达趋于周密、庄重。例如，“分别予以教育、警告、罚款、行政拘留，直至依法追究刑事责任”，语意由轻至重依次递增，视违法行为的具体情况和严重程度分别给予不同的处理。

第三类，无主句。无主句也属常用句式，它多见于法规性文种之中，如条例、规定、办法、章程、守则等。其作用在于既能明确表义，又能使文字表达简洁凝练。这些文书的执行主体或遵行者通常是不言而喻的。例如，“对于涉及国家机密的证据，应当保密”（《中华人民共和国刑事诉讼法》），其执行主体显然系国家机关及有关人员，不言自明。

第四类，长句。长句指字数多、形体长、内涵丰富、结构复杂的句子。公文中长句的使用频率颇高，能使语意表达详尽充实、准确严谨，还可使全文结构紧凑，语势坚定有力。

使用长句要注意句中各成分之间的逻辑关系，既要按恰当顺序排列，又不能彼此包容和交叉，同时还要避免顾此失彼、照应失周、搭配不当。

（四）大量使用联合词组充当句子成分

联合词组是现代汉语词组的基本结构类型之一，一般由两个或两个以上部分构成，各部分之间有并列、顺承或选择关系，它在公文中尤其是在法规性文种中被广泛使用，不仅能使论述周全、严密，而且还能使表意明确、简要。

联合词组在公文中可以充当下列各种句子成分：

1. 作主语。例如，“工厂、企业、机关、学校、街道里弄都有责任积极宣传禁止赌博的法律、法令”（××市公安局《关于禁止赌博的通告》）。

2. 作谓语。例如，“保护、发展和合理利用野生动物、野生植物资源”（《中华人民共和国环境保护法》）。

3. 作宾语。例如，“严禁非法制造、私藏、贩卖和携带枪支、弹药、雷管、炸药、土枪、匕首、刮刀等凶器”（××市公安局《关于收缴犯罪凶器的通告》）。

4. 作定语。例如，“严防食品在生产、加工、包装、运输、储存、销售过程中的污染”（《中华人民共和国环境保护法》）。

通过上述例子，可以看出，充当不同句子成分的各个联合词组，其内容各组成部分都按一定范围依一定逻辑顺序排列，由“类义词”组成；同时，它又作为一个整体充当句子成分，从而在句子成分配合关系上改变了该词组各成分跟组外其余成分分别配合的状况，简省了句子的重复成分，使表意简洁精练，概括性强。

（五）广泛使用“的”字词组

“的”字词组的广泛使用是公文语体词语运用的明显特征之一。例如，《中华人民共和国刑法》第二百九十三条第一款：“有下列寻衅滋事行为之一，破坏社会秩序的，处五年以下有期徒刑、拘役或者管制：（一）随意殴打他人，情节恶劣的；（二）追逐、拦截、辱骂、恐吓他人，情节恶劣的；（三）强拿硬要或者任意损毁、占用公私财物，情节严重的；（四）在公共场所起哄闹事，造成公共场所秩序严重混乱的。”本款所列四项内容，均在句末使用了“的”，而省略了中心语“行为”，褒贬分明且用语简洁，因而被大量使用。

第三节　具体文种的写作格式

一、新闻通稿

通常而言，新闻通稿是新闻机构采访到重要新闻以后，以统一的稿件方式发给需要的各有关媒体的稿件。随着公务活动领域的不断扩大、信息传播速度的加快和渠道的增多，越来越多的党政机关和企事业单位在对外发布新闻的时候，为了统一宣传口径，也会组织新闻通稿，以提供给需要的新闻媒体。所以，新闻通稿是反映各机关单位有关政策、会议、活动和事件等方面工作，可供新闻发布会和新闻单位使用的稿件。

按照基本的表现形式，可将新闻通稿分为消息稿和通讯稿。按照报道的对象，可将其分为反映人物的新闻通稿、反映事件的新闻通稿、反映经验的新闻通稿和反映会议的新闻通稿等。

新闻通稿一般由以下几部分组成。

（一）标题

标题是新闻通稿的“窗口”，全文的“眉目”，要写得准确、显豁、突出和传神。

（二）导语

类似于消息的导语，简要叙述发布的新闻事实、新闻亮点和重要意义。通常是用一句话或一段文字，将所要发布的新闻最重要的事实和事件的结果作出交代，起到提纲挈领的作用，引领人们继续读下去。

（三）主体

主体由两部分组成，即新闻事实的详细介绍和相关背景材料。在写作时要注意运用充分、典型、有力的事实材料和背景材料对导语部分所揭示的主题作进一步阐释，可以采用纵式结构（按时间顺序来写）、横式结构（按事物的内部联系和逻辑顺序来写）、纵横式结构、断裂式结构（段落之间跳跃性较大）等多种结构形式，把所要表达的问题交代清楚。

（四）结尾

这是对全文内容的收束，可以是一句话，也可以是一段话；可以是全文内容的总括，也可以是对发展前景的展望；要能够加深读者印象，升华主题，发挥更好的宣传教育作用。

二、信访回复与答复

信访回复与答复，是指有关部门将信访事项的办理情况、复查或复核意见回复信访人的一种公文。这是各级各部门处理信访事项的一个重要环节，是信访人通过信访活动求得的结果。

由于信访活动涉及的内容比较复杂，所以其种类也就多种多样。无论如何，其基本的结构模式和撰写要求大体相同。

信访回复与答复一般由标题、正文、落款三部分构成。

（一）标题

可直接写为"关于××信访事项的回复（答复）"。为具体起见，还可标明是处理意见、复查意见还是复核意见，以便给人明晰之感。

（二）正文

这部分是全文的重心，要写得明确、具体、简练。一般分为三层内容来写。

第一层：信访人反映的具体信访事项的受理情况。重点包括：（1）收到信访事项的日期。如果是由其他机关转送、交办的，要写明转送、交办机关和本单位收到日期。（2）受理的信访事项。要与信访人实际反映的情况相一致，如受理多个信访事项，应逐一写明。

第二层：信访事项的事实认定情况及处理意见。重点包括：（1）对信访事项发生的时间、地点、主要事实的认定。（2）作出处理意见所依据的法律、法规和政策。（3）处理意见。必须对信访事项作出明确的认定，不能隐约其词，含蓄蕴藉。对多个信访事项要逐一作出回复和答复。

第三层：告知对回复或答复意见不服的补救措施。即告知信访人如对回复或答复不服，可自收到本答（回）复意见之日起30日内向上一级行政机关申请复查。

（三）落款

包括作出回复或答复意见的单位名称及日期，并加盖单位公章。

三、开幕词

开幕词是会议的序曲、前奏、动员令，它是在比较重要或隆重的会议开始时，由会议主要领导人所作的讲话。主要是简明扼要地介绍会议召开的背景、组织工作等情况，宣布会议的目的、议程，对会议的进行起着定调的作用。

开幕词属专题灵活式的讲话稿，它虽然多以个人名义出现，但实际上代表了某一组织和领导集体，当其作为公文发出，具有了相应的权威性时，就成为讲话体公文。从文体上看，属于议论文，但比一般议论文更具有鲜明的个性、生动的临场性、实际的针对性、高度的概括性和激昂的鼓动性。对会议的有关问题只是提示一下即可，不必讲得过细，主要是通过简明扼要、庄重热情、带有指导性的提示，使与会者明确会议的有关内容，调动其参加会议的积极性。

开幕词一般由标题、称谓、正文和结语四部分构成。

（一）标题

有三种写法：一是由会议名称加文种组成，如《中国共产党第十二次全国代表大会开幕词》；二是由讲话人姓名、职务、会议名称以及文种组成；三是用开幕词的主旨或主要内容作标题。例如，1945 年 4 月 27 日，毛泽东同志在中国共产党第七次全国代表大会上所作的《两个中国之命运》的开幕词。

（二）称谓

开幕词称谓的写法与演讲词的类似。

（三）正文

正文有开头、主体和结尾三部分。

第一，开头。开头常见的写法有：

以宣布大会开幕为开头。例如，1945 年 4 月 27 日，毛泽东同志在中国共产党第七次全国代表大会上所作的《两个中国之命运》的开幕词，只用了一句“中国共产党第七次全国代表大会今天开幕了”作开头，既简洁又庄重。

以介绍与会者的有关情况为开头。例如，1954 年 9 月 15 日，毛泽东同志在第一届全国人民代表大会第一次会议上的开幕词的开头：“中华人民共和国第一届全国人民代表大会第一次会议，今天在我国首都北京举行。代表总数 1226 人，报到的代表 1211 人，因病因事请假没有报到的代表 15 人，报到了因病因事今天临时缺席的代表 70 人。今天会议实到的代表 1141 人，合乎法定人数。”

以向与会者表示祝贺与欢迎为开头。

第二，主体。主体是开幕词的核心部分，主要写明召开大会的意义、会议的议程、大会的目的和任务等内容。

第三，结尾。结尾或提出希望与要求，或发出号召，或展望前景，坚定信念。

（四）结语

常用“预祝大会圆满成功”之类的祝颂语来结束全文。

四、闭幕词

闭幕词是在会议结束时，由主要领导所作的讲话，是会议的结束语。主要是总结会议的成果，提出贯彻会议精神的要求，指出今后的努力方向，最后祝贺会议成功等。闭幕词能明确人们的工作方向，鼓舞与会人员的斗志，增强完成会议内容的信心。

闭幕词一般由标题、称谓、正文和结语四部分构成。

（一）标题

闭幕词标题的写法与开幕词类似，可以直接标明会议的内容和文种。同一会议的闭幕词要与开幕词标题相对应，如毛泽东同志在党的七大上所作题为《愚公移山》的闭幕词与题为《两个中国之命运》的开幕词相应，两者都以主要内容为标题。

（二）称谓

称谓的写法与开幕词的一致。

（三）正文

正文由开头、主体和结尾三部分组成。

第一，开头。用简洁的文字对会议作总体的评价。例如，《在第十三届全国人民代表大会第二次会议闭幕时的讲话》的开头就是如此。

第二，主体。主体是对会议所完成的任务以及会议的意义进行概括总结，并提出贯彻会议精神的要求和希望。对会议所完成任务的概括总结，一定要注意列举出实在内容，不能空泛笼统。

第三，结尾。结尾可提出希望，发出号召；也可对支持会议以及为会议服务的人员表示感谢，或对与会者表示祝愿。

（四）结语

结语用以宣布会议结束，常用“现在，我宣布，大会胜利闭幕”作为结束语。视具体情况，有时也可省略结语，以求简洁。

五、欢迎词

欢迎词是机关、团体和企事业单位常用的一种重要公关礼仪文书。它是在迎接宾客的仪式、集会和宴会上对宾客的光临表示热诚欢迎时使用的一种礼仪文书。

欢迎词一般由如下几部分组成。

（一）标题

一般应由致词场合、致词人和文种三个要素组成，如《在欢迎 ×× 集团考察团宴会上 ×× 总经理的欢迎词》；也可以省略致词人姓名，只以场合和文种名称为题，如《在 ×× 公司组建 10 周年庆典上的欢迎词》；还可以直接以“欢迎词”文种名称作为标题，以示显豁、鲜明。

（二）署名和日期

署名在标题之下居中，必要时注明职务头衔；日期在署名之下居中，用括号注明。

（三）称谓

即对被欢迎宾客的称呼，一定要写得礼貌得体。用语要确切、亲和，一般应在称呼之前冠以诸如“尊敬的”“亲爱的”之类的修饰语，并在其后加上被欢迎宾客的头衔，也可加“先生”“女士”“夫人”之类的称谓。

（四）正文

这部分是欢迎词写作的主体，应根据实际情况表达不同的内容。一般应先交代致词者在何种情况下，代表谁，向宾客表示欢迎、感谢和问候；接下来阐明宾客来访的目的、意义和作用，同时回顾宾主双方交往的历史与友谊，对宾客在交往过程中所作的贡献予以赞扬，突出双方合作的成果，并表示继续加强合作的意愿。要用充满激情的笔调，对合作的前景作出展望，以增强行文的鼓动性。

六、欢送词

欢送词是在欢送宾客的仪式、集会和宴会上对宾客即将离去表示热诚欢送而使用的一种礼仪文书。

欢送词大体上由如下四部分组成。

（一）标题

欢送词标题一般应由致词场合、致词人和文种三个要素组成，如《在欢送 ×× 集团考察团宴会上 ×× 总经理的欢送词》；也可以省略致词人姓名，只以场合和文种名称为题；还可以直接用文种名称作为标题，以示显豁、鲜明。

（二）称谓

欢送词的称谓即对被欢送宾客的称呼，一定要写得礼貌得体。用语要确切、亲和，一般应在称呼之前冠以如“尊敬的”“亲爱的”之类的修饰语，并在其后加上被欢送宾客的头衔，也可加上“先生”“女士”“夫人”之类的称谓。

（三）正文

正文部分是欢送词写作的主体，应根据实际情况表达不同的内容。写法与欢迎词大体相同。一般应在写明对宾客的离去表示热诚欢送之意以后，追叙宾客访问期间的活动情况及收获，对其访问的成果进行概括和总结，然后表示需要进一步加强交往与合作的意愿，并以饱含深情的笔墨再次对宾客的离去表示热烈欢送。

（四）结尾

结尾即在正文的右下侧，由致词的机关、致词人具名并署上日期，也可在标题之中载明。

七、悼词

悼词又称悼文、祭文，是由领导同志代表组织在追悼会上对死者表示缅怀、敬意与哀思的一种应用性文书，属于礼仪类公文。通常用于在追悼会上宣读，或在报刊上发表以示祭奠。它既是对死者的悼念，又是对死者家属的安慰，体现了组织与单位对死者一生的总结与评价。

悼词按写作表达方式的不同，可分为叙述性悼词与议说性悼词。叙述性悼词以叙述死者的生平业绩为主，适当加入一些说明性文字，这是集体组织目前较为普遍使用的一种悼词。议说性悼词以说明死者的高尚情操、品德、作风和议论死者生前对党、对人民、对社会的贡献及提出学习要求为主要内容，适当加以叙事。例如，恩格斯的《在马克思墓前的讲话》就是一篇议说性悼词。

悼词按发表方式的不同，可分为宣读性悼词和书面性悼词，以前者居多。宣读性悼词不仅是礼仪类公文，而且是一种极富于思想性和现实性的应用文，因此，其写作要求较高，难度也较大。

悼词通常由标题、引言、主体和结语四部分组成。

（一）标题

悼词标题的写法较为灵活，一般以“在 ×× 同志追悼大会上的悼词”为标题，也可直接写明文种名称，即“悼词”。根据实际情况，有时还可使用“沉痛悼念 ×× 同志”“鞠躬尽瘁，死而后已——悼念 ×× 先生”等更加具体化的标题。

（二）引言

这是悼词正文的前置部分，是行文的“序言”。要用简明扼要的文字介绍死者的有关情况，包括生前身份、职务、逝世原因，逝世的时间、地点以及享年等。这里，值得注意的是对于死者年龄的表述，究竟是用“终年”还是用“享年”，在实践中常常被混淆。一般来说，“享年”多用于长辈或者人们所尊敬的老者，而“终年”的用法则比较普遍。

（三）主体

悼词的主体部分一般应当载明三个方面的内容：一是以简要的语言叙述死者的简历、生平事迹和主要贡献；二是对死者的功绩作出总体评价，对其高尚品德和突出贡献进行概括；三是勉励死者的亲属、朋友、同事要化悲痛为力量，提出继承死者的遗志，为祖国和人民多作贡献的倡议。

（四）结语

结束语用于表示对死者的悼念，并向生者提出希望，激励其化悲痛为力量，积极奋进。最后，通常以“×× 同志安息吧”“×× 同志精神长存”“×× 同志永垂不朽”之类的语句作结。

八、声明

声明是就某一问题或某一事件公开表明立场、观点、态度和主张的一种文书。它的使用者可以是某一国家、政党、社会经济组织。它的发布形式是通过新闻媒介（报纸、电台、电视台）或新闻发布会的形式公布给社会。

声明既可用于针对国内的有关事项发表，也可用于外交场合。外交声明，是指国家、政府及有关部门、政党或其领导人对某些有国际影响的事件、问题公开表明态度、看法，或是在公布某项重要决定时加以说明所形成的正式文件。

两国或两国以上的“联合声明”，其内容往往包含着有关国家相互权利和义务的协议，具有接受国际监督、相互制约、共同信守履行之作用。

声明与宣言相比，其目的和作用颇为接近，但宣言所涉及的内容往往更为重大，意义更为深远，公布形式也显得更加庄严。

声明大体由以下几个部分组成。

（一）标题

通常由单位名称、事由和文种三个要素构成，也有的由内容事项和文种两个要素构成。

（二）日期

日期在标题之下，可用括号注明。有的声明中已明确发表声明的地点和时间，所以往往省略。

（三）正文

声明的正文部分应当用简明扼要的文字将需要有关方面和人员周知的事项表述清楚，同时表明发布者对该问题或者事件的观点、态度和主张。

（四）结尾

包括署名、时间和附项三项内容，但有的声明没有这三项。

撰写声明时应注意以下三点：一是观点鲜明，态度明确。二是用语准确、简明。三是要体现出庄严郑重的色彩。

九、规划

规划是有关部门、企事业单位制订的全面或专项的、长期的宏观发展计划。用于对一定地区、一项事业或某项需要较长时间完成的工作，提出在若干年内的全局性战略部署，制定出发展远景和总体目标，并划分实现设想的阶段与步骤。它是一种粗线条的带有全局性、长远性和方向性的计划。

规划一般由标题、正文、落款三部分构成，具体写法如下。

（一）标题

规划的标题通常由适用范围、时限、内容和文种四个要素构成，如《××市2018年至2022年城乡建设规划》。有的可不加时限，如《××公司市场发展战略规划》。

（二）正文

正文是规划的主体，一般包括指导思想、现状分析、发展目标、措施办法、实施步骤等多项内容。对其内容的制订，要充分运用科学理论，遵循客观规律和科学原则，结合实际情况，确立一个切实可行的、先进的目标体系，并通过一系列令人信服的控制指标数据系统地表现出来。

由于规划的内容涉及面较广，为了有条理地进行表述，应在结构上多下功夫。规划一般采用总分式结构，首先写出前言，阐明依据、目的、总体目标等，然后就有关事项内容逐条展开叙述。这样写，能够给人层次清晰、条理分明之感。

（三）落款

在正文的右下方，署上制订规划的单位名称和日期。

十、安排

安排，是对未来短期内就某项工作作出先后安排与时间筹划、提出要求和任务的一种计划体公文。它适用于范围较小、时间较短、内容单一、要求具体的短期行为。

安排通常由标题、正文和结尾三部分组成。

（一）标题

安排的标题一般由制订安排的机关或单位名称、适用时间、内容和文种等几个要素组成，如《××集团公司党委2022年4月工作安排》。

（二）正文

安排的正文部分通常应当载明三层内容：一是总的目的、工作任务与要求。要用简要语句加以概括，开宗明义，令人一目了然。二是具体安排事项，包括方法、步骤、措施等。撰写这层内容时，应当注意按照时间的先后顺序或按工作任务的不同方面有条有理地进行叙写，切忌主次不分，杂乱无序。工作的有序性决定了安排内容表述的时序性，即按照时间发展的顺序表述，这一特点必须在正文部分得以充分体现，否则就难以取得应有的效果。三是施行要求与变通措施。要写得简练明确，易于把握和执行。

（三）结尾

安排的结尾要写明制订安排的机关或单位名称及制订日期。

十一、设想

设想，是一种重要的计划体公文。它是一种粗线条勾勒的尚未成熟的非正式计划，具有较强的参考性、理想性和一定的可变性。其适用时间一般较长，范围也较广，侧重于方向性、原则性的引导，内容也往往较为概括。

设想一般由标题、正文和结尾三个部分组成。

（一）标题

设想的标题通常由制订设想的机关或单位名称、适用时间和文种三个要素组成，如《××海洋化工集团十年（2018—2028年）发展设想》。

（二）正文

设想的正文应当首先明确工作的任务和总体目标，这是制订设想的首要之点。在此基础上，进一步阐明为了实现目标所要采取的主要措施。要注意体现出可行性和有效性，以确保实现设想的可能性，最大限度地使设想向成功贴近。最后要写明有关的步骤，即实施设想的阶段和程序。值得注意的是，尽管名为“设想”，属于粗线条的初步构想，但也绝非“凭空猜想”，而应力求做到明确无疑，具有充分的客观依据。

（三）结尾

设想的结尾写明制订设想的机关或单位名称及制订日期。

十二、预案

预案，是各级政府或企事业单位根据自身工作权限和职责范围，所制订的有关应急方案，以应对处置重大突发性事件而采取的具体措施。例如，地震、水灾、台风等自然灾害引起的突发性事件；安全事故、爆炸品、危险品、交通事故、疫情、中毒等引起的突发事件；重大集体罢工、集会、游行、示威、刑事案件、邪教或敌对事件等引起的突发事件。

预案一般由标题、正文和落款三部分组成。

（一）标题

预案的标题有两种写法，一是由范围、预案内容、文种三个要素组成，如《国家突发性公共卫生事件应急预案》《××市破坏性台风紧急预案》；二是由预案内容、文种两个要素组成，如《食品中毒事件应急预案》。

（二）正文

预案正文包括三个层面的内容。（1）前言。即为什么，主要说明制定预案的依据、目的和指导思想，是全文的总纲，要求高度概括，简明扼要。（2）主体。解决做什么和怎样做，即目标任务、措施、步骤三个要素。包括适用范围、实施原则、启动标准、事件处置指挥系统及指挥协调责任、事件处理措施与维护、综合保障、事件请示与报告制度等内容。（3）结尾。包括实施范围、实施时间及对有关单位、个人的要求。

（三）落款

落款包括两项要素：一是制定的单位名称；二是制发预案的日期。

十三、工作研究

工作研究，是指对实际工作中重要的具有普遍意义的新问题进行研究探讨，提出见解和主张，为领导决策服务或参与由社会需要引起的公开讨论。

工作研究一般由标题、具名和正文三部分组成。

（一）标题

工作研究的标题要写得明确扼要，可采取灵活多样的表述手法，如论文式标题、陈述式标题、设问式标题等，无论采用哪种标题，都必须做到鲜明醒目，引人入胜。

（二）具名

应在标题之下署上作者的单位名称及姓名。但具体情况根据实际而定，有些工作研究只写单位名称或只写作者姓名，也是可以的。

（三）正文

正文部分是工作研究的重心，要写得条理明晰，重点突出。首先，要用简明扼要的语句开门见山地提出所研究的问题，以便给人总体印象。其次，要深入具体地分析问题产生的原因或者提出问题的缘由，可以采用分总式的写法，也可以采用条文式的写法。所谓分总式写法，即先分析原因而后加以归纳总结；条文式写法则是指按照问题原因的主次顺序分条列项进行表述。最后，在此基础上，进一步提出解决问题的意见和办法。要注意所提意见和办法的可行性和针对性，切忌笼统空泛。有些工作研究将原因分析和意见融合在一起写，也是一种很好的处理办法，可使行文更显紧凑，更有利于说明问题。

十四、章程

章程，是一个党政机关或社会团体为规范本组织的成员而对本组织的内部事务（如宗旨、组织、权利、义务等）作出的共同遵守的集体决定，要求组织整体及每个成员严格遵守和执行的规范性和纲领性文件，如《中国共产党章程》《中国共产主义青年团章程》《中国工会章程》等；也是业务部门办事的一种规章，如招生简章、招工简章。

章程一般由标题、签署和日期、正文三部分构成。

（一）标题

章程的标题由组织或团体名称和文种组成，如《中国共产党章程》。组织或团体名称应当写全称或规范化简称，以示庄重、严肃。

（二）签署和日期

签署和日期即通过章程的会议及时间，是章程权威性和执行效力的标志，通常置于标题下方，用圆括号加以标注。

（三）正文

章程的正文部分一般应当载明组织或团体的性质、宗旨、任务、组成人员、组织结构和活动规则等基本内容。在结构安排上，可采用章断条连或条款贯通的形式，实际中多数采用章断条连式结构，由总则（或总纲）、分则和附则组成。

1. 总则（总纲）。总则（总纲）是章程的灵魂或统帅。要简明、准确地写明该组织或团体的名称、性质、宗旨、任务、指导思想和组织或团体自身建设等内容。为了突出这部分内容在整个章程中的地位和作用，有的党派、团体的重要章程将总则部分列为总纲，行文不分章条而独立于分则各章之前，如《中国共产党章程》等；而在条款贯通式结构中，总则的内容通常列为第一、第二条。

2. 分则。分则是章程的主体，一般分数章若干条写明以下内容：成员条件、参加组织或团体的手续和程序、享受的权利及承担的义务、对成员的纪律要求等；组织机构，包括领导机构、常务机构和办事机构的设置、人员规模、产生方式和程序、任期、职责及相互关系；经费来源及其管理方法；活动内容及方式；其他事宜，一般视组织或团体的需要确定其具体内容。

3. 附则。附则是对前述内容的一种补充说明或其他相关内容，通常用最后一章（条款贯通式为最后的一至二条）简要说明章程的生效时期、适用对象、实施要求、修订及解释权限的归属等；有的章程不写这部分。

十五、规程

规程，就是规定的程序，是机关单位对某一事项或者操作在一定范围内要求人们遵守的统一的程序和要求。它是一种规范性文件，目的在于规范人们的行动，建立统一的工作、生产和活动秩序。

规程一般由标题、正文、结尾三部分组成。

（一）标题

规程的标题通常包括制发规程的机关或单位名称、主要内容和文种名称三个要素，如《××机械厂电工操作规程》；根据实际情况，也可只写主要内容和文种两个要素，如《××操作规程》《××活动规程》。

（二）正文

正文是规程的主体部分和实质性内容，应写得明确具体，条理清楚。要将有关内容事项按照一定的内在逻辑顺序逐一作出表述，而且要尽可能地涵盖工作或生产过程的每一个环节，不使遗漏。在结构安排上，对于内容复杂的规程，可以采取章条款分列的形式；如果内容较为简单，则可采用分条列明的形式，条下可以分成若干项，用序号标明层次，将规定事项顺次列出。

（三）结尾

结尾通常包括署名和日期两项要素，其位置在正文的右下方。内容简单的规程，也可省略结尾。

十六、规范

规范，是机关、团体和企事业单位为了实现预定的工作目标，按照有关工作任务的实施要求而制定的行为准则，是一种具有规范性和约束力的事务性公文。

规范一般应由以下三个部分组成。

（一）标题

规范的标题通常应当载明适用范围和文种名称两个要素，如《人民警察职业道德规范》《教学工作规范》等。

（二）正文

规范的正文部分，应当首先用扼要的文字交代行文的目的和依据，以此作为规范的引言，并提领具体的规范事项。要根据不同的行业、不同的工作性质和内容，分别制定出相应的规范性要求，可以采用分条列述的形式，将有关工作程序的规范化要求逐一表述清楚。

（三）结尾

规范的结尾应当包括有关的实施说明或名词术语诠释等内容。视具体情况，也可省略结尾部分，以求简洁。

十七、细则

细则，是为了更好贯彻实施某一法规而对其中某些条款进行解释和说明的法规性文件。例如，《中华人民共和国反间谍法实施细则》，是为具体贯彻实施《中华人民共和国反间谍法》而制定的。

细则通常由标题、题注和正文三部分组成。

（一）标题

细则的标题一般由适用范围和文种名称两个要素组成，如《中国互联网络信息中心域名注册实施细则》；也可由制定细则的机关或单位名称、主要内容和文种三个要素组成。如果细则所补充或解释的法规文件属于试行或暂行性质的，则须在标题中冠以“试行”或“暂行”字样。

（二）题注

题注即在标题之下居中位置写明批准时间和批准机关名称、发布时间和发布机关名称等内容，用圆括号括入。

（三）正文

正文是细则的实质性内容，是细则的主体部分，是对原办法规定或规章正文的进一步解释和补充。应当采用条款式结构形式，首先用一个条文简明扼要地表明细则的制定依据，即写明根据什么法规的哪一章、哪一条而制定的细则，常用“为了……根据……（法律、法规名称或法律、法规某条），制定本实施细则”的固定性语句提领，以引出主体部分；然后分条具体列明各项细则内容。要力求做到详尽明确，以便管理和遵照执行。细则的最后一条通常是结语部分，主要写明细则的生效日期及解释权等内容。要注意根据细则内容的实际情况进行叙写，全面实施细则要对原件全部条文作出全面解释和补充；部分实施细则则要紧紧围绕实施条文作详细说明；地方实施细则要结合区域或单位实际提出具体意见和措施。

正文的结构形式，可以采取条款式、序言加条款式和章断条连式三种形式。其中，条款式结构用于内容比较简单的规则，通常是在第一条主要写明制定规则的缘由和目的，而后依照内容的主次，逐条将应当遵守的规范事项列出；序言加条款式的写法是在规则的条款之前先用一段文字说明制定规则的缘由和目的，并用“为了……制定本规则”或“为此，特制定以下规则”之类的固定语句提领具体的规则条款；章断条连式的写法一般用于内容复杂、层次较多的规则，其写法与其他相关的规章制度类公文相同。

十八、汇报提纲

汇报提纲，是下级机关向上级机关或某一特定会议口头汇报工作时使用的一种纲要性文书。它是一种发言或汇报提要，主要目的和作用在于增强发言或汇报的条理性，突出重点，防止出现内容重复或者遗漏，易于听者理解和掌握，从而节省时间，提高工作效率。

汇报提纲主要由标题和正文两部分组成。

（一）标题

汇报提纲的标题一般由汇报主体名称、主要内容和文种三个要素构成，如《××市公安局关于开展基层基础建设工作的汇报提纲》。

（二）正文

正文是汇报提纲的主体，用来表述汇报的主要内容。由于是提纲，所以在写法上应力求简练概括，择“要”叙写。一般应先用扼要文字交代出有关问题的基本情况，提出总的看法和基本观点，然后采用分条的形式，将为了完成某项工作任务所采取的措施及取得的效果、存在的问题以及下一步工作的意见、最终实现的目标等，逐一列述出来。

十九、建议

建议是为了开展某项重要工作或活动，向有关方面提出建设性意见时所使用的一种公务文书。建议的内容一旦被采纳，将会在一定的范围内产生相应的社会效益和经济效益，有利于推动工作的深入开展。

建议一般由标题、正文和结尾三部分组成。

（一）标题

建议的标题通常应当载明提出建议的机关或单位名称、建议内容和文种三个要素，如《中共中央关于制定国民经济和社会发展第十四个五年规划的建议》。

（二）正文

正文部分是建议的核心，应写得完整、具体、明确。一般要先写提出建议的缘起，即为什么要提出建议，有何针对性，用以说明所提建议的必要性和合理性。以此作为引言，旨在让人大概有所了解。接下来是建议的实质性内容，要根据实际情况提出具体的意见或办法、措施、途径等。如果内容较多，应采用分条列目或者分部分的结构形式，以清眉目。

（三）结尾

建议的结尾用来表达提出建议的机关或单位的希望或要求。有时也可省略这部分内容，以求简洁。

二十、整改措施

整改措施是机关、团体和企事业单位为了推动工作的开展，维护正常的工作、生产和生活秩序，针对存在的主要问题提出具体的改进意见和措施的一种公务文书。它的目的性、针对性十分突出，问题明确，措施具体，在实际工作中发挥着十分重要的作用。

一篇完整规范的整改措施应当由以下三部分构成。

（一）标题

整改措施的标题应载明主要内容、适用范围和文种名称三个要素，如《2017 年度全市创建文明行业群众评议活动对各行业主要意见和各行业整改措施》。

（二）正文

整改措施的正文部分应写得明确、具体，条理清晰。要将实际工作、生产和生活中所存在的主要问题理顺，归纳出若干个方面，逐一进行列摆。对于这些问题，要考虑到其主次和轻重顺序，将主要的问题写在前面，次要的问题放在后面，以突出重点；在列摆问题的基础上，分别提出具体的改进办法和措施。要注意写作的针对性，即必须紧紧围绕所提问题制定出相应的措施，以使行文前后贯通，勾连紧密，能够切实解决实际问题。切不可抛开所提问题本身去随意引申发挥。在结构安排上，可以采取分条罗列的形式，先摆问题，再提出解决的对策，能够给人完整、清晰之感。

（三）结尾

结尾由制定整改措施的机关或单位署名，并签具成文日期。

二十一、公示

公示是用于发布需要公众了解和掌握的情况，以征询公众的意见和接受公众监督的一种周知性公文文种。

公示通常由以下三部分组成。

（一）标题

公示的标题一般按三要素的公文式标题拟写，如《中共 ×× 市委组织部关于 ×× 同志任职的公示》。标题可以有所省略，但一般不省略事由、事项，如《关于 ×× 同志按期转为正式党员的公示》《任前公示》。

（二）正文

公示的内容和写法都比较固定。一般包括以下三个部分。

1. 公示缘由。简要写明发布公示的目的、原因、根据。若依据有关法律、法规、规章或者其他文件规定的，应注明引用文件的标题和文号。

2. 公示事项。简要而具体地写明需要而且应该让一定范围公众了解的有关内容。若是出台有关决策、政策的，要说明出台决策、制定政策的依据，并具体陈述决策内容及政策条文；若是拟任职务的，要说明职务名称，拟任对象的简要情况诸如姓名、年龄、性别、民族、政治面貌、文化程度、工作和任职经历、奖惩情况、主要政绩等；若是提名表彰先进模范人物的，除说明提名对象的基本情况外，还要简单介绍其先进模范事迹；若是推举学科、学术带头人的，除说明提名对象的基本情况外，还要说明其在相关学科、学术领域内的建树、成绩，如主要科研成果、著述等；若是确定领导干部出国人员名单的，则要说明出国学习考察的地点、时间、内容等。无论什么类型的公示，其内容都要有针对性、限定性，无关内容一定不要写。上述内容的详略取舍，也要由发文机关单位根据实际需要来确定。总之，要做到内容简明，语言简洁，篇幅简短。

3. 公示要求。简要写明需要公众反馈的意见。要写清楚反馈意见的形式、时间限定、联系人、联系电话等。个别的还要说明保密要求，以打消提供意见者的顾虑。

（三）落款

落款一是写发布公示的机关或单位的全称或规范化简称；二是写发布公示的日期，写明完整的年月日。

二十二、会议记录

会议记录是指在会议进行过程中，记录人员把会议的基本情况如实记录下来的文字材料。会议记录记载了会议的全过程，反映了会议的全貌，是关于会议情况、会议内容的最原始的材料。它可以被立卷归档，作为研究资料保存起来，以备查考；也可以作为第一手材料为领导部门制定政策措施提供参考依据。

会议记录一般由标题、会议组织情况、会议内容和署名四个部分组成。

（一）标题

会议记录的标题由召开会议的机关或单位名称、会议名称和文种三个要素构成，如《××市企业改革和发展工作会议记录》。

（二）会议组织情况

会议组织情况要求写明下列八点内容:（1）会议名称。（2）会议时间。具体写明××××年××月××日××时。（3）会议地点。（4）出席人员。一般而言，在出席人员不多的情况下应一一写出每个人的职务、姓名；如果出席人员较多，则只需写出人数。（5）列席人员。记录方法与出席人员相同。（6）缺席人员。写明缺席人姓名、职务、缺席原因。如果是大型会议，缺席人较多，则只需写出缺席人数。（7）主持人。写明主持人的姓名和职务。(8)记录人。写明记录人的姓名和职务。以上八项应各自单独成段。

(三)会议内容

会议内容是会议记录的主体部分，主要包括以下三点内容:(1)会议议题。(2)会议发言。一般按发言的先后顺序记录，要求依次写明发言人的姓名及发言内容。(3)会议决议。有的会议形成决议，有的则不形成。形成决议时要在会议内容下面另起段落，逐条写出决议内容。假如通过表决，还应记录表决情况，即有多少赞成票，多少反对票，多少弃权票。会议结束，记录完毕应另起一行空两格写上“散会”二字。

(四)署名

在全文结尾的右下方，由主持人和记录人分别签名，并注明会议散会时间。

二十三、主持词

主持词是主持人在各种重要的集会、仪式和盛大典礼上进行主持活动过程中所使用的一种文稿。

主持词的写作比较简单，一般应当包括以下三个方面的内容。

(一)标题

标题应当写得简明醒目，要反映出活动的名称和文种，如《冀东人民抗日暴动70周年纪念大会主持词》。有些比较简单的会议或典礼，其标题可以直接写“主持词”，以示简洁。

(二)称呼

称呼根据会议的性质和与会者的身份来确定。在国内，党的会议一般用“同志们”或“各位领导、同志们”来称呼；人大、政协会议用“各位代表(委员)”来称呼；国际会议一般按国际惯例用“各位来宾、女士们、先生们、朋友们”来称呼。

(三)正文

正文是主持词的主体和核心部分，一般应写明以下四层内容。

第一，对活动的目的、性质、意义等的介绍或说明，让人总体了解和把握。在文字上一定要简练明快，寥寥几句即说明问题，切不可拖泥带水，失之冗长，否则就达不到应有的效果，甚至令人产生厌烦之感。

第二，对出席活动人员的介绍。要注意讲究顺序，切不可随意而为。通常而论，应当先介绍来宾，再介绍主人；先介绍领导，再介绍一般群众。恰当得体的介绍是确保活动顺利进行的重要一环。

第三，按照事先确定的活动议程，逐一宣读主持语。要注意敏锐地把握活动的进程，适时宣读，既不能抢话，也不可出现冷场；要通过适度得体的主持语，顺利引导活动程序的进行，使人感到前后衔接顺畅，既紧凑又舒适，浑然天成。实践表明，主持人主持水平的高低，直接影响活动的成败。

第四，还要对所有参与活动的人员再次致以谢意，并宣布活动结束。

二十四、答谢词

答谢词属于礼节性社交活动中所使用的讲话稿。它是在专门的仪式、宴会或招待会上，宾客对主人的盛情接待表示感谢时所使用的一种礼仪文书。

答谢词一般由如下四部分构成。

（一）标题

答谢词可直接以文种名称作为标题，如“答谢词”；也可以由致词人、致词场合和文种三个要素组成，如《××董事长在欢迎××代表团的宴会上的答谢词》。

（二）称谓

答谢词称谓写法和要求与欢迎词和欢送词相同。

（三）正文

正文部分是答谢词的主体和核心，要写得完整、规范、有力。应该首先对主人的热情接待表示衷心的感谢，接着对访问期间或双方交往过程中所感受到的主人崇高的精神风范、出色的工作业绩等加以赞誉，或对宾主双方共同关心的一些问题表达出自己的观点、态度和愿望，然后对主人的热情接待再次表示感谢，以示强调。

（四）结尾

答谢词的结尾写法与欢迎词相同。

二十五、证明信

证明信是为证明有关人员的身份、学历、职务、经历或有关事项真实情况所写的专用书信。它通常被称为“证明”或“证明书”。包括个人证明和组织证明两种。

证明信一般由标题、称谓、正文、结尾、落款和日期五部分组成。

（一）标题

证明信的标题可以直接写“证明信”三个字；也可写为“证明”或“证明书”。

（二）称谓

证明信称谓在标题之下顶格写明收信单位名称，并在其后加冒号。如果没有明确的接收单位，则此项内容省略。

（三）正文

正文部分应简要、确切地写明需要证明的内容事项。要根据不同的情况，如实叙写。例如，证明有关学历情况的，应该将姓名、性别、年龄、籍贯、何年考入何校、学何种专业、何年毕业等要素交代清楚；证明是否参加某项活动的，则应据实说明参加与否，如果参加，还要写明有关的时间、地点和具体情况；证明证件遗失的，则应将失主的姓名、遗失时间、地点、经过以及失物的号码、特征等要素交代清楚。但无论如何，都应力求做到言简意赅，只要将需要证明的人或事表述清楚即可，切忌烦冗啰唆，不得要领。

（四）结尾

正文部分结束以后，另起一行，前空两格，用“特此证明”之类的固定语句收束全文。

（五）落款和日期

在正文右下方先写明证明单位名称，并加盖公章。在落款的下方写明具体的年月日。

二十六、介绍信

介绍信是用于介绍本单位有关工作人员前往有关部门商洽工作、联系事宜或者参观学习、出席会议时使用的一种专用书信，它具有介绍和证明的双重作用。

介绍信有两种形式：一种是事先印好固定格式的，使用时只需在空白处填上相关内容即可。这种介绍信属联单式，留有存根，有编号，便于查询。另一种是用公用信笺临时书写，不受固定格式限制，可以根据需要灵活掌握。这种介绍信一般不编号，亦不留存根，不便查询，故一般不轻易出具。

介绍信一般包括以下四个方面。

（一）标题

标题即在文本首行居中印制或书写“介绍信”或“××单位介绍信”。

（二）致送单位

致送单位位于标题下面顶格位置。

（三）正文

介绍信的正文部分应当载明三层内容：一是被介绍者的姓名、性别、身份等要素。如有需要，还应注明被介绍者的政治面貌、职务，以便对方妥善接待。如果被介绍者不止一人，可只介绍带队者的基本情况，并写明总人数。二是简明扼要地交代需要接洽的事项和对接洽单位提出的希望要求。三是用较为固定的祈请语、谦敬语和感谢语作结，通常是“请予接洽为荷”“请予支持为盼”等。在行文的外在结构表现形式上，这三层内容往往一气呵成，篇段合一。

（四）落款

在正文的右下方载明出具介绍信的单位及日期，并加盖公章。

二十七、聘请书

聘请书是聘请有关人员担任某一职务或承担某项工作时所使用的一种专用书信。使用此种文书，既体现了对受聘者的尊重之意，又有利于增强受聘者的荣誉感和责任心，从而达到行文的目的。从更为广泛的层面上讲，此种文书有利于人才的交流与合理使用，可以增进机关单位之间的工作联系，加强合作，更好地促进工作的开展。

聘请书通常包括标题、称谓、正文、结语和署名与日期五个部分。

（一）标题

在文本首行正中位置印制单位名称和“聘书”或“聘请书”字样。视实际情况，也可只标明“聘书”或“聘请书”。

（二）称谓

在标题之下顶格写明受聘者的姓名及称谓，如“××同志”“××先生”等。有时也可将其置于正文部分，而不单独列明称谓。

（三）正文

正文是聘请书的主体部分，要简要写明聘请的原因、所担任的职务或所从事的工作等项内容；对于正式聘请书，往往还要写明聘请原因、报酬以及对被聘者的要求等内容。聘请某人担任某一职务的聘书，要将职务、工作性质、待遇等交代清楚。

（四）结语

在正文之后写上表示敬意或希望的话语。或在正文下一行空两格写“此聘”两字。有的聘请书会省略结语。

（五）署名与日期

在正文的右下方载明包括聘请单位名称与聘请日期两项要素，并加盖公章。

二十八、邀请书

邀请书又称邀请信、邀请函，它是邀请有关单位和人员前来参加某项活动或某一会议时所使用的一种专用书信。它是一种正式书信，用来表达对被邀请者真诚、郑重地进行邀请的意愿，同时具有对被邀请者予以提示而不至于遗忘的功用。

用于公务活动的邀请书，通常由标题、称呼、正文、结尾和落款五部分组成。

（一）标题

邀请书的标题一般有两种形式：一是由发文缘由和文种名称共同组成，如《关于出席亚太经济发展会议的邀请书》；二是单独以文种名称组成，如“邀请书”“邀请信”。

（二）称呼

称呼是邀请书的致送对象，在标题之下顶格位置写明被邀请的单位名称或个人姓名。例如，“×× 市人民政府办公厅秘书处”“×× 大学”“×× 同志”等，后加冒号，引出正文部分。

（三）正文

正文是邀请书的主体部分，一般要将举办有关会议或活动的目的、背景、适用对象、时间、地点、内容以及相关事宜等交代清楚。出席有关学术会议的邀请函，还应写明报名的方法、收费标准以及联系人的姓名及电话。此外，对于需要被邀请者准备和携带的材料、物品及其他有关事项等也应在正文中作出交代。

（四）结尾

邀请书的结尾通常应当写明诸如“届时敬请光临指导”“敬请莅临”“恳请光临”“致以敬意”等礼节性的词语。

（五）落款

邀请书的落款要署上发文单位名称和日期两项要素，并加盖公章，以示郑重。

二十九、祝词

祝词也属于礼节性社交活动中所使用的讲话稿，是对有关重大节日、重大活动以及庄重场合表示祝愿的致辞。

祝词一般由如下四部分构成。

（一）标题

可直接以文种名称作为标题，即“祝词”；也可以由致词人、致词场合和文种三个要素组成，如《××董事长在欢迎××代表团的宴会上的祝词》。

（二）称谓

祝词的称谓写法和要求与欢迎词和欢送词相同。

（三）正文

正文是祝词的主体和核心，要写得完整、规范、有力。正文应视不同情况的需要而采取不同的写法。如果属于庆祝宴会或庆功方面的祝词，则应概括地回顾总结前段工作所投入的力量及所取得的成绩或发展、变化情况；如果是事业祝词，则应突出祝贺事业的内容并祝愿其获得更大的成功；如属会议祝词，则应突出祝贺会议的内容并寄予希望。至于在公关和外交场合所使用的祝酒词，则应在对宾客表示热烈欢迎的基础上，进一步回顾双方的友好交往情况，进而提出良好的祝愿。值得一提的是，这种祝酒词往往与欢迎词和欢送词类似，但要在正文结尾处写具有鼓励和号召性的祝酒辞令，从而显现出其独具的特色。

（四）结尾

祝词的结尾写法与欢迎词和欢送词相同。

三十、慰问信

慰问信也是常用的一种专用书信。它是以组织或个人的名义向对方表示慰勉、安慰的礼仪文书。

慰问信一般由以下四部分组成。

（一）标题

多数标题直接写文种名称，如“慰问信”；有时也可写明受文对象和文种名称两个要素，如《致 ×× 的慰问信》等。

（二）称谓

应当在标题之下顶格写明被慰问的单位名称或个人姓名，后加冒号，提领正文部分。

（三）正文

慰问信的正文部分应主要写明慰问的原因，要对对方在工作和生产过程中所做出的成绩以及体现出来的可贵精神予以较为具体的叙述并表示赞扬，对不幸、损失和困难等表示安慰和同情，而且通常要在最后提出有关的希望或要求。

（四）结尾

在正文的右下方由发送慰问信的单位或个人署名，并签具日期。以单位名义发出的慰问信，还应加盖公章，以示郑重、严肃。

三十一、致敬信（电）

致敬信（电）是向工作、生产和有关重大活动中作出突出贡献的英雄模范人物表示敬谢之意时使用的一种专用书信，兼有致敬与贺喜的双重作用。根据发布载体的不同，以纸质形式发出的称为致敬信；以电报形式发出的，则称致敬电。

致敬信（电）一般由以下四个部分组成。

（一）标题

致敬信（电）的标题可直接写明文种名称，即“致敬信”或“致敬电”；也可写为“向 ×× 致敬”；还可写明发布致敬信（电）的机关或单位名称、致敬对象、文种名称三项要素，如《中央新闻采访团致张云泉同志的一封信》；甚至可以采用正副题的结构形式。

（二）致敬对象

在标题之下，顶格写明致敬信（电）的致送对象名称，应写全称或者规范化简称，以示庄重、严肃。

（三）正文

致敬信（电）的正文部分一般应分为三个层次来写：首先，用抒情的笔法表达对致敬对象的由衷敬意，文字要简洁洗练，不宜过于铺陈；其次，作进一步的引申和发挥，阐述致敬对象的主要成就及其值得敬重之处，并进一步表述致敬之情；最后，用扼要的文字表明愿望和决心。在具体的写作手法上，可以采用叙述、议论和抒情相结合的方式，使行文显得情真意切，能够产生强烈的感染力和影响力，令人荡气回肠，遐想无限。

（四）结尾

致敬信（电）的结尾部分应当载明发送致敬信（电）的机关或单位名称和日期。

三十二、致辞

致辞是在大型活动或重要会议上由主要领导人所作的讲话。在当今公务活动越来越繁忙的情况下，领导人要经常出席各种重要的会议和重要活动，并较多地应用这种文书。

致辞一般由如下四个部分组成。

（一）标题

致辞的标题应当载明会议或活动的名称和文种，如《在联合国教科文组织的第五届全民教育高层会议上的致辞》。

（二）署名和日期

在标题之下署上致辞人的职务和姓名。

（三）称呼

顶格写明称呼，要注意做到妥帖、得体，如“尊敬的各位来宾，女士们，先生们”等。

（四）正文

致辞的正文部分一般应首先表达对活动或会议的祝贺之意，然后对会议或活动进行扼要评价，阐明其意义和重要性，在此基础上转入致辞的具体内容。应紧紧围绕会议或活动的主题发表具体的看法和意见，最后提出有关的希望和要求，向有关人员发出号召。

三十三、单位（地方）概况

单位（地方）概况也称单位（地方）简介，是简要介绍某一单位或地区的基本情况和主要特色的文书。通过这一文书，能够使人对该单位或地区有较为全面的了解，同时也能对该单位或地区起到一种重要的宣传作用。

单位（地方）概况通常由标题和正文两部分组成。

（一）标题

标题可直接写明“××（单位或地区名称）概况（或简介）”；也可拟定一个能够反映该单位或地区主要特色的概括性语句，以之作为正题，并用破折号引出具体的单位或地区以作副题。

（二）正文

正文是单位（地方）概况的主体，要对该单位（地方）各方面的基本情况进行完整、充分、扼要的介绍。要注意根据不同情况，抓住该单位或地区的主要特点来写，给人留下深刻的印象。

单位概况应重点写明该单位的性质、地理位置和交通、主要职能、已取得的工作业绩、软硬件建设情况以及对未来的展望等；地方概况应主要写明该地区的地理位置、资源特色、气候、风土人情、行政区划、经济和社会发展状况等。在结构布局上，要注意从不同的侧面、不同的角度加以反映，做到条理清楚，层次分明，重点突出。

三十四、综述

综述是运用夹叙夹议的手法对有关方面的情况进行综合性评述的一种实用性文书。它常用于综述某一重要会议讨论情况，综述学术研究领域针对同一论题的不同观点等。写作时往往要站在更高的角度对有关情况进行论述，从中总结归纳出带有规律性的东西，以便给人们提供有益的启示，进而推动工作的继续开展和学术研究活动的进一步深化。

综述通常由标题和正文两大部分组成。

（一）标题

标题一般由主要内容加文种名称两个要素构成，如《关于公文定义之争综述》；也可以采用正副题的形式，其中正题对全文的内容进行概括，副题则对正题内容进行补充、解释和说明，如《为两岸和平繁荣贡献心力——两岸经贸论坛综述》。

（二）正文

正文部分是综述的重心，要对有关情况进行综合性的分析与评述。在撰写时应当首先交代问题的缘起，并进行总体评价，然后转入具体的评述。要注意将有关情况和问题进行认真的整理和归纳，从分散复杂的材料中剥茧抽丝，厘清头绪，找出规律性的东西，努力把握事物发展的趋势和动向。值得注意的是，对有关问题的归纳一定要抓住要害，找准症结，并给予恰切的评议。要注意所归纳问题之间的内在联系，结构要匀称，主次要分明，条理要清晰，用语要简练，从而站在更高的层面总结问题的规律。

三十五、讣告

讣告，又称“讣闻”，也可写作“讣文”。“讣”原是报丧的意思，即把某人的死讯告知于众。它是中国丧礼仪式的组成部分，一般在追悼会和葬礼之前由死者的亲属或者治丧委员会发出，以使有关方面和人员知晓追悼会和丧葬活动的情况并出席凭吊悼念。概括而言，讣告是把某人不幸逝世的消息通报给死者的亲属、朋友及有关方面的一种应用性文书。

讣告通常由标题、正文和落款三部分组成。

（一）标题

普通式讣告的标题一般写为“讣告”或“××同志（先生）的讣告”；公告式讣告的标题一般由发布讣告的组织名称（如治丧委员会等）和“公告”“宣告”组成，如《中国共产党中央委员会公告》《中共中央、全国人大常委会、国务院沉痛宣告》；消息式讣告的标题一般采用“××同志在××（地）逝世”或其他具有新闻特点的标题。

（二）正文

正文部分是讣告的主要内容，也是写作的重点和核心。首先，扼要交代死者的基本情况，包括其职务、姓名，逝世的确切时间、地点、原因，终年或享年岁数。其次，对死者的生平事迹进行简要介绍，包括死者的主要经历、贡献以及对死者的评价等。要注意写得精练概括，切忌冗长杂乱。写进讣告的生平事迹，因篇幅所限，只能是言简意赅式的表述，不能过长。死者的具体经历和事迹则应放在人物生平部分或者悼词中去写。最后，写明举行吊唁仪式、召开追悼会和举办丧葬活动的时间、地点和有关的注意事项等。写完上述内容后，应另起一行以“特此讣告”或“谨此讣闻”之类的固定语句作结。

（三）落款

在正文右下方注明治丧委员会、发布讣告的组织名称和发布时间。若有治丧委员会，一般要附上成员名单。

三十六、誓词

誓词也是一种重要的事务性应用文。它是人们为了完成某一重大任务或者加入某一组织、从事某一特定职业，在宣誓仪式或者庄严集会上所使用的表示决心的文辞。

誓词通常由标题、正文和结尾三部分组成。

（一）标题

誓词的标题一般应当载明内容性质和文种两个要素，如《入党誓词》《人民警察誓词》等；也可只写文种名称，如《誓词》。

（二）正文

誓词的正文部分要用简明精练、高度概括的语句写明为完成某一特定工作任务或加入某一组织、从事某一职业的决心、意志和许下的诺言。其内容一般都很简短，寥寥数字即可。在结构安排上通常是篇段合一，即全文只有一个自然段，一气呵成；对于内容相对较多的誓词，可按其内在的逻辑关系分层分段进行表述，但一般不宜采用以序号标示的形式。

（三）结尾

结尾由宣誓人姓名和虚实日期两项要素组成，其位置在正文的右下方。

三十七、宣言

宣言，是指国家、政府、政党或其领导人对外宣告其政治纲领，对重大问题、事件公开表明其基本立场、观点而发表的文件。

宣言一般由标题、正文和结尾三部分组成。

（一）标题

标题通常采用发布者加宣言名称的形式，这是宣言标题的一种独特写法。除这种写法外，常见的还有“发布者 + 事由 + 文种”（如《非洲统一组织关于海洋法问题的宣言》《不结盟国家第 9 次会议关于海洋法的宣言》），“事由 + 文种”（如《独立宣言》），“发布者集会

地点 + 文种”（如《圣多明各宣言》）及“发布者 + 文种”等多种形式。

（二）正文

正文应当先用简明扼要的语句交代出发布宣言的目的、背景与依据，接下来进一步阐述宣言的具体内容事项。以《亚太经合组织〈领导人宣言〉》一文为例，开头为前言，然后分作若干个部分，每个部分中分列若干段。每一部分都是一个独立完整的意思，但段落与段落之间有着密切的联系。通篇每个部分都有一个显示主旨的大标题，使人一目了然。

（三）结尾

结尾由发布宣言的组织或机构名称以及发布日期两个要素组成。

三十八、启事

启事属于告知类应用文。它是需要向社会公众说明某一事项或期望公众协助办理时使用的一种公关文书。

尽管启事种类繁多，但其内容结构基本相同，大体包括如下三个部分。

（一）标题

启事的标题一般应由内容加文种名称两个要素组成，如“招聘启事”等；也可将发布启事的单位名称载明，如“中国民生银行广州分行招聘启事”等。为简洁起见，有时也可只标识文种名称，即“启事”。

（二）正文

启事的正文部分主要是写向公众所告知的事项，要写得明确、具体、简练。一般应当载明发布启事的原因、目的、具体事项和有关要求以及联系方法等诸项内容，要根据不同的情况恰当地作出表述。以招聘启事为例，其正文部分应写明基于什么需要招聘何种人才，应招人员应具备何种条件，通过何种方式应聘，以及应聘的时间和地点等。在结构布局上，如果内容单一，则可采用篇段合一的形式；如果内容较为复杂，需要告知的事项较多，则可分条列项，逐一阐明。在正文的最后，可写上“此启”“特此启事”之类的惯用语，也可省略。

（三）结尾

启事的结尾应当载明发布启事的单位名称以及日期两项要素，并加盖公章，以示负责。

三十九、行政奖励决定

奖励决定属于决定类文体。它是国家行政机关对工作表现突出，有显著成绩和贡献，或者有其他突出事迹的公务员或者公务员集体给予奖励的一种公文。其目的在于弘扬先进，树立典型，使广大公务员有所效仿，见贤思齐，从而努力做好本职工作。

行政奖励决定一般由标题、被奖励人概况、奖励事实、奖励事项、结尾五部分组成。

（一）标题

标题一般应载明作出奖励决定的行政机关名称、被奖励人姓名、奖励种类或奖励缘由、文种等要素，如《××市××区人民政府关于给予××同志记行政一等功奖励的决定》。在布局排列上，一般分置上下两行，机关名称在上，其余部分在下，而且要使用大于正文的字号，以示醒目、美观。视具体情况，也可省略某一要素，写为《关于对××的奖励决定》或《关于对××（被奖励人）××××（奖励缘由）的奖励决定》。

（二）被奖励人概况

被奖励人概况指被奖励公务员的基本身份情况介绍，是奖励决定的一项重要内容。一般包括姓名、性别、年龄、民族、政治面貌、职务或职称、公务员级别、主要经历等。对于这些要素，撰写时要注意表述的准确性和规范性。

（三）奖励事实

奖励事实部分要占用重头篇幅，对被奖励人在工作中做出的成绩或在社会活动中表现出来的先进行为进行系统而又集中的叙述。这部分的写作至关重要，它是下文对被奖励人作出奖励决定的基础和依据。要注意运用具体、典型的事例或运用对比的方法进行叙述或说明，着力表现其不同凡响之处，深入挖掘被奖励人的典型性，以增强行文的说服力。如果被奖励对象不是个人而是集体，也应这样做。

（四）奖励事项

奖励事项部分应当载明四层内容：一是对被奖励人的工作成绩或者先进行为加以综合概括，并进行扼要的分析和评价，表明意义；二是交代作出奖励决定的目的，用介词“为”或“为了”统领；三是写明作出奖励决定的批准机关或组织名称，即写明此奖励决定系经何机关何组织批准或者研究决定；四是援引《中华人民共和国公务员法》的相关条款（项）规定，对被奖励人作出明确、具体的奖励决定。还要注意其准确性和规范性，所涉及的奖励等级只能是《中华人民共和国公务员法》第五十三条所规定的嘉奖、记三等功、记二等功、记一等功、授予称号五种；这部分可表述为："综上所述，××××（对奖励事实的综括、分析和评价）。为（或'为了'）××××（表明奖励目的），经××××批准（或'研究决定'），并根据《中华人民共和国公务员法》第××条第×款之规定，决定给予××（被奖励人姓名）××××（奖励种类）。"这部分写完后，正文即告终结。

（五）结尾

结尾也是奖励决定不可缺少的组成部分，包括作出决定的机关或组织名称和成文日期两个要素，并加盖公章，以示郑重、严肃。

四十、行政处分决定

行政处分决定是国家行政机关根据《中华人民共和国公务员法》的规定对违反规定而又尚未构成犯罪的，或者虽然构成犯罪但是依法不追究刑事责任的国家公务员给予行政处分的文书。其目的在于规范国家公务员的行政行为，严肃政纪，使之有所鉴戒，从而更好地履行岗位职责。

一份合乎规范的行政处分决定应当由首部、违纪事实、处分事项和尾部四大部分组成。

（一）首部

（1）标题。即文书名称，应写得简明扼要，一般包括机关名称、被处分人姓名和处分内容或处分缘由、文种三个要素，如《××县人民政府关于给予××同志行政撤职处分的决定》。（2）字号。即发文字号，应写明机关代字、年度和顺序号三项内容，如"×政发〔2018〕87号"。（3）被处分人概况。一般应包括其姓名、性别、年龄、民族、籍贯、文化程度、政治面貌、入党和参加工作的时间、历任和现任职务、公务员级别、曾受过何种奖励或处分等项内容。

（二）违纪事实

违纪事实部分是行政处分决定写作的重点和核心。要根据组织上经过调查研究以后所掌握的情况，准确、客观、完整地反映出被处分人的违纪事实，包括其行为发生的时间、地点、主要过程和情节、影响及其危害程度等内容。

（三）处分事项

撰写处分事项部分，文字不宜过多，要紧扣上文"违纪事实"部分来写，措辞要准确、适度，切忌千篇一律地使用“非常严重”“影响很坏”等词语。要使处分事项与被处分人的违纪事实相符，即所谓罚当其实，量纪得当。

具体来讲，撰写这部分，应当包括四层内容：一是对被处分人违纪事实的综括，包括对行为性质的认定、认错态度、所造成的危害和影响等。二是指出其行为违反了《行政机关公务员处分条例》的哪一条哪一款（项）规定，根据《行政机关公务员处分条例》所列的内容去衡量；并且要写出相应的项目，不能笼统含糊。三是表明作出处分的目的，用“为”或“为了”等提领。四是援引《中华人民共和国公务员法》第六十二条的规定，对被处分人作出具体的处分决定。要注意其准确性和规范性，即只能是该条所规定的警告、记过、记大过、降级、撤职、开除等六种处分种类。这与过去国家行政机关使用的八种行政处分种类有所不同。另外，处分事项还要写得具体、恰切，如降级处分要写明降至何种级别，包括行政级别及与其对应的公务员级别；撤职处分则要写明撤销什么职务，是一种职务还是所有职务。另外，根据《中华人民共和国公务员法》第六十四条第三款规定，受撤职处分的，同时降低公务员级别。对此，也应予载明。

这部分可写为：“综上所述，被处分人 ×× 的行为，××××（认定性质，表明危害），已严重违反了 ×× 法规第 ×× 条第 × 项的规定。为（为了）严肃政纪，根据 ×× 法规第 ×× 条的规定，决定给予 ××（行政处分决定）。”

（四）尾部

尾部包括如下三项内容：（1）被处分人的申诉权利。应在处分决定作出后，另起一行写明：“如不服本决定，可在收到决定之日起 30 日内向 ××××（监察机关名称）提出申诉。”其中的申诉期限是指《中华人民共和国公务员法》第 ×× 条第 × 款规定的法定期限。如果是行政监察机关直接作出的处分决定，则写“如不服本决定，可在收到决定之日起 30 日内提出申诉”。（2）署名。在上项内容的右下侧，由作出处分决定的行政机关署名，要写机关全称，并加盖公章，以示庄重、严肃。（3）日期。指作出行政处分决定的具体时间，用汉字数字书写年月日。

四十一、行政复议申请书

行政复议申请书是公民、法人或者其他组织认为行政机关的具体行政行为侵犯其合法权益，根据《中华人民共和国行政复议法》的有关规定向上一级行政机关申请复议的文书。

行政复议申请书一般分为首部、复议请求、事实和理由与尾部四部分。

（一）首部

首部应当写明以下三项内容。

1. 标题。即文书名称，要写全称。若申请人是法人或者其他组织，还应标明单位名称，且与文种分行排列；其中，单位名称在上，文种名称在下。

2. 申请人概况。即申请复议人的基本身份状况。申请人如系公民，则应写明其姓名、性别、年龄、民族、籍贯、职业、住地七项要素；如系法人或者其他组织，则应写明其名称、地址、法定代表人姓名及其职务等项要素。

3. 被申请人概况。即被申请人（作出具体行政行为的行政机关）的身份状况，要写明其名称、地址两项要素。如系两个以上行政机关共同作出的具体行政行为，则系“共同被申请人”，应将各自身份状况分别列出。对于“被申请人”一项的书写，必须做到清楚、明了。申请对象不明确，便是无的放矢，复议机关将裁决不予受理，这就失去了复议申请书的意义。

（二）复议请求

复议请求部分要明确、具体地提出申请复议的事项和要求，切忌含混隐讳，拐弯抹角。这里，申请复议的请求有多种情况，它既可能是因被申请人的具体行政行为有程序上的不足而申请复议机关决定其补正；也可能是因被申请人不履行法律、法规和规章规定的职责，而申请复议机关决定其在一定期限内予以履行；还可能是因被申请人的具体行政行为主要事实不清、适用法律错误、违反法定程序、超越或滥用职权、处分明显不当而申请复议机关决定撤销或变更等。属于哪方面情况就从哪方面提出，要直截了当，一针见血。

（三）事实和理由

事实和理由部分是行政复议申请书撰写的主体和核心。撰写中，必须注意做到如下“三性”。

第一，针对性。即对事实和理由的表述，必须做到有的放矢，目标明确。要紧紧围绕行政机关的具体行政行为所存在的问题来写，注意摆事实讲道理，逐一加以申辩和反驳。对于行政处罚决定而言，即应针对其在认定事实或适用法律以及程序运用等方面的错误，进行有理有据的阐述。

第二，客观性。即对事实的叙述，一定要做到实事求是，绝不能任意夸大或缩小。写进复议申请书中的事实，实质上是对行政处罚决定所认定事实的驳辩。因此，务必以准确、客观为基础，绝不能将似是而非或道听途说未经证实的传闻作为反驳的依据。

第三，具体性。即对事实和理由的表述，应力求详尽、具体，切忌笼统粗疏。如原处罚决定事实不清，则要写出其不清所在，真实情况（包括时间、地点、过程、情节、结果等）怎样；如适用法律、法规、规章或具有普遍约束力的决定、命令错误，则应具体指出其错在何处，怎样适用才正确；如违反法定程序，则应具体写明其违反的情形，应当依据怎样的法定程序；等等。

（四）尾部

尾部包括以下三项内容：

1. 致送机关。即行政复议申请书致送的复议机关名称，应在正文部分结束后，另起一行空两格书写“此致”，再在下行写“×× 行政机关”。复议机关要写全称，以示庄重、严肃。

2. 具名。在上项内容的右下侧，由申请人具名或签章。如申请人是法人或者其他组织，则应加盖单位公章，并由法定代表人署名或签章，以示负责。

3. 日期。即行政复议申请书拟制的具体时间，应写上年、月、日。

四十二、行政复议答复书

行政复议答复书即行政复议答复材料，它是在行政复议过程中，作为被申请人一方的行政机关，针对申请人复议申请书中提出的要求和理由进行答对、回复的一种法律文书。

行政复议答复书一般由首部、答复理由、答复意见和尾部四部分组成。

（一）首部

首部应当写明以下四项内容。

1. 标题。标题应分两行写明行政机关名称和文书种类，即“×××× 行政复议答复书”。不能只写“答复书”，以保持其准确性和规范性；也不能写作“答辩书”或“答辩状”，以免与“行政答辩状”相混淆。

2. 编号。编号位于标题的右下侧，包括机关代字、年度、顺序号三要素，即“× 行字〔××〕第 × 号”。括号内为年份，以备查考。

3. 答复人的基本情况介绍。要写明行政机关的名称、所在地，法定代表人的姓名及行政职务。要特别注意不应列有“被答复人”一项内容，因为法律上没有这种称谓规定。

4. 案由。案由即进行答复的事由，要用简洁精练的语句写明：“申请人因 ×× 一案，不服 ×× 行政机关 ×××× 年 ×× 月 ×× 日第 × 号行政决定，向 ×× 行政机关申请复议。根据申请人所提的事实和理由，现提出答复如下。”接下来即转入答复书的主文部分。从写作结构上讲，这项内容系一过渡段，将首部与主文部分连缀起来，具有承上启下的作用。

（二）答复理由

答复理由要紧扣申请人在申请书中所提的复议请求及其事实和理由，抓住关键性和实质性的问题有理有据地进行答复，重点是对复议双方的争执焦点即事实、适用法律和程序三方面问题提出看法。具体地讲，应从以下三方面着手。

1. 事实方面。事实是复议双方争执的焦点，因此，在写作时要具体指明申请人所提事实何处不真、不清、不准；或者主要证据不足，不能充分说明其所提出的问题；或者是节外生枝，提出了一些与本案关系不大甚至毫不相关的事实等。同时，还要提供相应的有充分说服力的证据材料。

2. 适用法律方面。如果双方争执焦点属于适用法律问题，则应具体指明申请人在适用法律时，所引用的法律条文有失妥当，不能与其所表述的事实情节相符；同时，还要充分说明行政机关在实施行政处罚时所依据的法律条文是准确恰当的，没有违背法律规定。这里，要对申请人适用法律的不当之处作扼要分析，指出其错误所在，以便做到有理有据，不容置疑。

3. 程序方面。如果双方争执的焦点属于程序问题，则须在程序上进行答复。应针对申请人在复议申请书中提出的有关程序方面的问题，如实说明行政机关在实施行政处罚时是严格按照有关的法律、法规规定程序办事的，没有违背法律的规定要求。如果属于一般性的程序问题，还要明确指出其没有或者不可能侵犯申请人的合法权益。

（三）答复意见

答复意见是行政复议答复书写作的精要之笔，表明答复的宗旨。应在充分阐明答复理由的基础上提出，一方面要根据事实和法律说明答复理由的合理合法性，另一方面还要揭示出申请人复议申请书中的矛盾和谬误之处，然后提出自己的意见或主张，请求复议机关审理决定。一般应按这样的规定语表述：“综上所述，×× 行政机关对申请人 ×× 违反 ×× 管理行为所作的 ×× 行罚字第 × 号行政处罚决定是正确的，请予审理，依法决定维持。”这部分内容写完后，正文即告结束。

（四）尾部

尾部包括以下四项内容。

1. 致送机关。即行政复议答复书致送的法定机关（一般系上一级行政机关）名称，应在正文部分结束后，另起一行空两格位置写“此致”，再在下行顶格书写“××行政机关”。复议机关名称要写全称，以示庄重、严肃。

2. 具名。在正文右下侧签署答复机关名称，并加盖公章。法定代表人也应签名或盖手章，以示负责。

3. 日期。指撰写行政复议答复书的具体时间，要写全称即××××年××月××日。

4. 附项。

四十三、行政复议决定书

行政复议是一种行政层级监督机制。它是指公民、法人或者其他组织认为行政机关的具体行政行为违法或者不当，致使其合法权益受到侵害，依据《中华人民共和国行政复议法》的规定向上一级行政机关（即复议机关）或法律、法规规定的行政机关提出申请，要求予以纠正，复议机关据此对原行政行为重新审议，并根据不同情况作出维持、变更或者撤销原行政行为的决定类文书。

行政复议决定书一般由首部、申请复议的主要请求和理由、复议机关的认定情况、复议结论和尾部五部分组成。

（一）首部

首部包括以下四项内容。

1. 标题。标题是复议决定书的“眉目”，应分上下两行列出复议机关名称和文书种类。注意不要遗漏“行政”二字，以保持其规范性。为明确性质，也可以在文种前面添加具体的机关类别，如《治安行政复议决定书》《工商行政管理复议决定书》等。

2. 案号。案号是行政复议决定书不可缺少的格式要素之一，它相当于公文中的发文字号，应在标题的右下侧予以载明。对案号的拟制，既可按复议机关在一定时期内（通常为一年）所制发的行政法律文书次序统一排列，亦可按这一文书本身制发的先后顺序排列。要写得准确、规范，完整地反映出发文机关代字、年度和顺序号三个要素，不容疏漏。

3. 申请人的基本情况。即申请人的基本身份概况，可写为“申请复议人”或“申请人”，并在后面用括号标明其在第一次裁决中的地位，如“申请复议人（被处罚人）”等，后用冒号，然后逐项列出身份要素。

4. 被申请人的基本情况。在上项内容之后，列明被申请人的基本情况，包括其名称、地址、法定代表人姓名及行政职务等要素。如果被申请人系两个或两个以上行政机关（共同作出具体行政行为），则应将其基本情况逐一列出。

（二）申请复议的主要请求和理由

申请复议的主要请求和理由是行政复议决定书的重要内容，它是复议机关赖以作出复议决定的基点。因此，要写得简明扼要，精练概括。

从写作手法上讲，这部分内容的实质就是对行政复议申请书的缩写。要特别注意讲求准确性和概括性，既不能违背申请人的本意，也不能照搬申请书原文。因此，叙写时难度比较大。这就要求撰写者必须对行政复议申请书进行认真研究，反复咀嚼，精心把握其实质，以确保其准确无误。力戒割裂曲解，改“弦”易“辙”。

（三）复议机关的认定情况

复议机关的认定情况是行政复议决定书撰写的重点。它要完整、准确、具体地写明复议机关在复议阶段所查明的基本情况，包括复议查明的事实、理由以及适用的法律、法规、规章和具有普遍约束力的决定、命令。撰写时应当紧扣当事人双方提供的具体事实和理由，反复比照，全面衡量，抓住关键或实质性问题，明辨是非曲直，依法作出恰当的认定。

（四）复议结论

复议结论部分是行政复议决定书的精髓所在，它要根据上述认定的事实和理由，作出明确而又具体的复议结论，表明复议机关的观点或主张。根据《中华人民共和国行政复议法》第二十八条的规定，复议机关经过审理，应分别作出如下四种复议决定。

1. 具体行政行为认定事实清楚，证据确凿，适用依据正确，程序合法，内容适当的，决定维持。

2. 被申请人不履行法定职责的，决定其在一定期限内履行。

3. 具体行政行为有下列情形之一的，决定撤销、变更或者确认该具体行政行为违法；决定撤销或者确认该具体行政行为违法的，可以责令被申请人在一定期限内重新作出具体行政行为：第一，主要事实不清、证据不足的；第二，适用依据错误的；第三，违反法定程序的；第四，超越或者滥用职权的；第五，具体行政行为明显不当的。

4. 被申请人不按照《中华人民共和国行政复议法》第二十三条的规定提出书面答复、提交当初作出具体行政行为的证据、依据和其他有关材料的，视为该具体行政行为没有证据、依据，决定撤销该具体行政行为。

（五）尾部

尾部应当写明以下三项内容。

1. 当事人的补救权利或履行期限。

2. 具名。应在上项内容的右下方，由复议机关的法定代表人署名，并加盖复议机关的印章。

3. 日期。日期是行政复议决定书制作不可缺少的要素，它是复议决定书生效的标志。要写明作出复议决定的年、月、日。

四十四、行政诉讼授权委托书

行政诉讼授权委托书又称行政诉讼委托代理书，它是行政诉讼当事人根据《中华人民共和国行政诉讼法》第二十九条的规定向人民法院递交的证明已委托诉讼代理人代为诉讼的法律文书。

行政诉讼授权委托书一般由首部、案由、代理人概况、代理事项和权限与尾部五部分组成。

（一）首部

首部应当写明以下两项内容。

1. 标题，即文书名称，要写全称“行政诉讼授权委托书”（或“行政诉讼委托代理书”），以明确性质。不要只写“授权委托书”或“委托代理书”，以免与刑事附带民事及民事诉讼等同类文书相混淆。还应写明机关名称，分上下两行排列，且文书名称的字号要比机关名称大些，以示醒目、显豁。

2. 称呼，又称“抬头”，它相当于公文的主送机关。应在标题之下、正文之上顶格书写“×××人民法院”，后用冒号，引出正文。需要说明的是，此项内容也可省略，而在结尾处书写“致送机关”名称。

（二）案由

原告方进行委托时，其规定语一般写为：“原告××与××（被告名称）因××××（事由）一案，现委托××（代理人姓名）为诉讼代理人。”接下来即转入代理人概况的介绍。

（三）代理人概况

代理人如果是律师，则应写明其工作单位及职务，以示庄重、严肃。在写法上，往往与案由部分连为一体，而不再独段交代。其模式一般是："你院受理原告 ×× 诉 ××（被告及案由）一案，依据法律规定，现委托 ×× 律师事务所律师 ××（姓名）为诉讼代理人。"如代理人不是律师，而是《中华人民共和国行政诉讼法》第二十九条第二款规定的其他情形（提起诉讼的公民的近亲属或者所在单位推荐的人，以及经人民法院许可的其他公民），则应写明其姓名、性别、年龄、民族、籍贯、单位、职业、住址等项要素。

（四）代理事项和权限

代理事项和权限部分是行政诉讼授权委托书拟制的重心，它直接涉及诉讼代理人的活动范围与工作成效，因此，一定要准确、明了地交代委托诉讼代理人的代理事项及权限。所谓授权委托，其意义就在于此。

撰写这部分，应当根据法律规定，紧紧围绕当事人授权委托的目的进行表述，要明确写出需诉讼代理人代理的事项有哪些，在什么范围内行使代理权，是普通代理还是全权代理等。用语应简洁凝练，富于概括性，切忌拖泥带水，含混不清。否则，将直接影响文书质量，甚至给诉讼工作造成不应有的麻烦。这里，还要注意委托代理人如系二人，则应将其各自的代理诉讼事项和权限明确写出，以免因代理人之间意见不一致而影响诉讼的顺利进行。

（五）尾部

尾部应当写明以下三项内容。

1. 致送机关。应在正文结束后另起一行空两格位置书写"此致"，再在下行顶格写"××× 人民法院"。此项内容如果已在前文以"称呼"形式表述，则应省略。

2. 具名。在致送机关右下方，由委托人和受委托人分别签名，并加盖手章或公章，以示郑重、负责。

3. 日期。即制作行政诉讼授权委托书的具体时间，要写年、月、日。

四十五、行政起诉状

行政起诉状是行政诉讼主体即公民、法人或者其他组织由于国家行政机关的具体行政行为而使自身权益受到侵害，依据有关的法律或法规规定，向人民法院提出自己的诉讼请求和诉讼理由，从而引起诉讼程序发生的一种诉讼文书。

行政起诉状一般由首部、请求事项、事实与理由和尾部四部分组成。

（一）首部

首部应当写明以下两项内容。

1. 标题，即文书名称，它是行政起诉状的“眉目”。要写全称“行政起诉状”，明确表示文书性质是不服行政机关的行政处罚决定或复议决定而提起诉讼。

2. 当事人的基本情况。应先写原告，后写被告。分段依次写明姓名、性别、年龄、民族、籍贯、单位、职业和住址等项内容。原告是法人的，要写法人的名称、性质和法定代理人的基本情况。

（二）请求事项

请求事项部分一般包括两项内容：一是被告方所作的裁决结果，要具体写明行政裁决机关何时，以何理由，针对什么问题，作出了怎样的处理决定；二是诉讼请求事项，要根据案件的具体情况写明是请求变更或者撤销行政机关所作的决定，还是请求确认原告方的权利资格，抑或请求行政赔偿和行政补救等。

（三）事实与理由

事实与理由部分是行政起诉状撰写的重心。撰写时，必须遵循三条原则：其一，客观性原则。即对事实的叙述，必须做到从实际出发，实事求是。要如实反映事实的本来面目和客观过程，既不夸大其词，也不隐讳遮掩，更不能无中生有，随意杜撰。否则，就会从根本上失去诉讼的意义，胜诉也就无法保证。其二，重点性原则。即对事实的叙述，应着重阐明行政争议的事实，即被处罚行为的基本情况。要突出主要事实，对纠纷双方争执的“热点”问题及关键性情节，用墨宜多，而对那些次要事实则应略写，切忌事无巨细，一概罗列。其三，论证性原则。在行政诉讼过程中，作为原告方的公民、法人或者其他组织担负着双重角色，一是原告身份，二是辩护人身份（为受处罚行为进行辩护）。由此，原告诉讼行为的实质是针对既成的行政处罚决定进行辩护。这样，就要求对事实和理由的撰写必须具有论证性，富于辩论色彩。应当紧紧围绕被告方所作的行政处罚决定，找准其“症结”所在，分别从事实、适用法律和程序运用三个方面寻求突破，进行有理有据的辩驳。事实要清楚，理由要充分，援引法律条款要准确恰当，从而表明自己的行为不应受到处罚，作出令人信服的结论。

（四）尾部

尾部应写明如下四项内容。

1. 致送机关。应在正文部分结束后另起一行空两格书写“此致”，再在下行顶格书写“×××人民法院”。

2. 具状人。在上项内容的右下方，由提起诉讼的原告方签名或盖章，以示郑重、严肃。

3. 日期。即拟制行政起诉状的具体时间。

4. 附项。包括：本状副本的份数；证据（书证、物证）的名称、件数；证人的姓名、住址。

四十六、行政答辩状

行政答辩状是在行政诉讼过程中，作为被告或被上诉人（以下统称“被告”）一方的行政机关，针对原告或上诉人（以下统称“原告”）“行政起诉状”（或“行政上诉状”）中提出的诉讼请求及其事实、理由进行答复、辩解和反驳的一种书状。其目的在于用确凿有力的事实和法律依据驳倒对方，从而证实自己，在整个行政诉讼活动中占据有利地位。

一份合乎规范的行政答辩状应当由首部、答辩理由、答辩意见和尾部四部分组成。

（一）首部

首部应当写明以下三项内容。

1. 标题，即书状名称。标题要明确表示文书的性质，即写为“行政答辩状”，不能遗漏“行政”二字，以免与“刑事答辩状”和“民事答辩状”相混淆。也可在前面冠以具体的机关类别，如“治安行政案件答辩状”等。

2. 答辩人的身份概况。即答辩人（委托代理人）的基本身份情况，要写得准确、具体、完整。应先写出项目名称，后用冒号，接下来依次标明其身份要素，包括姓名、性别、年龄、工作单位、职务等项内容，其模式为：“答辩人：××。”委托代理人如系二人，亦应分别逐项写明。

3. 案由，即进行答辩的缘由，要写得简练明快，精要概括。其模式一般表述为“原告××因不服×××（行政机关名称）××××年××月××日×字〔××〕第×号行政处罚裁决（或‘决定’），向人民法院提起诉讼（或‘上诉’）一案，现根据原告起诉（或‘上诉’）理由，提出答辩如下”，后用冒号，引出答辩事项部分。从结构上讲，这部分系一过渡段，具有承上启下的重要功用。

（二）答辩理由

答辩理由是行政答辩状的主体部分。它的提出，应当根据行政起诉状（或上诉状）的内容来确定。要紧紧围绕原告提出的诉讼请求及其所依据的事实和理由，抓住关键性和实质性的问题进行答对、辩解或反驳，重点是对矛盾双方的争执焦点即事实、适用法律和程序三方面问题进行答辩。就事实而言，应具体指出原告所提出的事实何处不准、不清或失之偏颇，或者主要证据不足，不能充分说明问题等。要紧扣原告文书中的事实内容来写，做到有的放矢，针对性强；同时，还要提供相应的、有充分说服力的证据材料。写作时要注意做到据实而论，言必有据，切忌随意藻饰或掩盖事实。否则，会使答辩理由的成立丧失基础，进而在行政诉讼中陷于被动地位。就适用法律而言，应具体指明原告在适用法律时，所引法律条文不当，不能与其所表述的事实情节相吻合；同时还应充分说明行政机关在实施行政处罚时所依据的法律条文是恰当的，裁量是适中的，没有违背法律规定。要对原告运用法律的不当之处作扼要分析，做到鞭辟入里，理据充分，令人信服。就程序而言，应当针对原告文书中提出的有关程序方面的问题，如实说明行政机关在实施行政处罚时是严格按照法律或法规的有关规定办事的，符合法律的规定要求。如果属于一般性的程序问题，还要明确指出其没有造成或者不可能造成原告利益的损害等。

（三）答辩意见

答辩意见部分是行政答辩状写作的精要之笔，表明进行答辩的目的和宗旨。要写得简明确切，合乎规范，一般应从两个方面进行阐述：一是揭示原告诉讼理由的谬误，要在上文事实叙述和精辟分析的基础上加以认定；二是说明答辩理由的正确性，要注意提供事实和法律依据，最后亮明自己的观点或主张，请求人民法院依法公正、合理地作出裁判。

（四）尾部

尾部包括以下四项内容。

1. 致送机关名称，即行政答辩状致送的法定机关人民法院名称。应在答辩意见写完后，另起一行空两格书写“此致”，再在下行顶格书写“×××人民法院”（上诉答辩状则写“×××中级人民法院”）。

2. 具名。在上项内容的右下方，由法定代表人和委托代理人签名或盖章，要上下顺次排列。委托代理人如系二人，均应具名。

3. 落款。即进行答辩的行政机关名称。要写机关全称，并加盖公章，以示庄重、严肃，其位置在上项内容的下方。

4. 日期。即行政答辩状制作的具体时间。

四十七、行政上诉状

行政上诉状是行政诉讼当事人因不服人民法院对一审行政案件的判决或裁定，根据法律的有关规定向上一级人民法院上诉，请求撤销、变更原审裁判或者重新审理而制作并使用的一种文书。

行政上诉状作为维护行政诉讼当事人特别是败诉方当事人合法权益的一种重要文书，一般由首部、上诉请求、上诉理由和尾部四部分组成。

（一）首部

首部应当写明以下五项内容。

1. 标题。即文书名称，要写全称“行政上诉状”，明确表示文书性质是不服人民法院的第一审判决或裁定，要求二审人民法院依法撤销、变更原审裁判或重新审判。

2. 编号。上诉人如系公民，则此项内容需省略。如系法人或者其他组织，则应予以标明，即“× 行上字（××××）第 × 号”，即单位代字、年号（括号内）和顺序号，三者缺一不可。

3. 上诉人的基本情况。上诉人如系公民，则应写明其必要的个人身份情况，包括姓名、性别、年龄、民族、籍贯、职业、住址、工作单位和邮政编码等项；如系法人或者其他组织，则应写明其单位名称、地址、邮政编码、法定代表人姓名及行政职务。这里，还要对上诉人在原审当中的地位予以标注，如“上诉人（原审原告）”。

4. 被上诉人的基本情况。被上诉人如系公民，则需写明与上诉人相同的八项身份要素；如系法人或者其他组织，其基本情况的书写也是如此。对被上诉人在原审中的诉讼地位也要予以标明，如“被上诉人（原审被告）”。

5. 案由。案由即上诉人不服原审判决或裁定，要求二审人民法院重新审理的事由，它是行政上诉状撰写由首部向正文部分的过渡。因此，要写得简明扼要，精练概括。一般应按这样的规定语表述：“上诉人 ××（姓名或单位名称）因 ×××（事由）一案，不服 ××× 人民法院（××）× 字第 × 号行政判决（或裁定），现提出上诉。上诉的请求和理由如下。”后用冒号，接下来即转入主文部分的写作。

（二）上诉请求

上诉请求部分是表明上诉人提起上诉的宗旨。要明确表示系不服原审行政判决或裁定，请求二审人民法院依法予以撤销、变更或重新审理的诉讼意向。

这里，应特别注意上诉请求的提出具有特定的对象和内容，即要对一审裁判不当提出请求，而不是对方当事人。在文字表达方面，要力求简洁凝练，如“请求撤销原判，重新审理”，坚定有力，既明确又具体。目前，不少行政上诉状在写作这部分内容时，往往失之烦冗，拐弯抹角，不得要领，在很大程度上影响了上诉目的的实现。

（三）上诉理由

要写好上诉理由部分，使之充分有力，坚实可靠。首先，必须对一审判决或裁定文书进行认真、细致的研究和揣摩，吃透其要旨，发掘其存在的错误或不当，以便作有理有据的驳辩；其次，要分清主次，即紧紧围绕那些对行政诉讼具有决定意义和影响的事实情节，决不能纠缠细枝末节或那些关系不大甚至毫不相干的问题。具体地讲，上诉理由的提出应从以下三方面着手。

1. 针对原审判决或裁定认定事实方面存在的错误或不当，提出纠正或否定的事实依据和证据。要具体指出原审判决或裁定对事实的认定何处不清、不准，或有失全面，与实际情节相悖，同时，还必须列摆相应的证据，做到据实而论，实事求是，切忌随意藻饰或掩盖。

2. 针对原审判决或裁定适用法律方面存在的错误或不当，提出纠正或否定的法律依据。要具体指出原审判决或裁定在适用法律上何处不当，是错引了法律，还是漏引了有关条款，均须明确写出。因适用法律错误，其判决或裁定自然就会出现偏差。这里还应注意对适用法律的错误或不当进行扼要分析，指出应该援引何种法律才是正确的，其具体条款是什么。要严谨周密，切中要害。

3. 针对原审判决或裁定中程序方面存在的错误或不当，提出纠正或否定的法律依据。要具体指出原审人民法院在审理行政案件过程中，没有按照法律、法规明确规定的程序去做，要找准症结，并指出其结果足以影响案件审理的公正性，以致对上诉方合法权益造成损害。由于程序方面出现错误，如审理行政案件采用调解方式、依法应当回避的人没有回避、审判组织不合法等，就会使案件的裁判显失公正。

写完上述内容后，接着写：“据此，特向你院提起上诉，请求依法撤销原判决（或裁定），予以改判（或重新审理）。”

总之，上述三个方面问题，均可作为上诉理由提出。但是，究竟应从哪一方面进行反驳，应视案件的具体情况和实际需要而定。

（四）尾部

尾部包括以下四项内容。

1. 致送机关名称。即行政上诉状致送的法定机关人民法院的名称，应在主文部分结束后另起一行空两格的位置书写“此致”，再在下行顶格书写“××× 市人民法院”。

2. 上诉人署名或盖章。在致送机关右下方由上诉人签名盖章。上诉人如系法人或者其他组织，则应签署机关或单位名称，并加盖公章。法定代表人也要签名或盖章。

3. 日期。日期位于上诉人署名下方。

4. 附项。附项内容包括：（1）上诉状副本 × 份；（2）书证 × 份；（3）物证 × 件。

四十八、行政申诉状

行政申诉状是在行政诉讼过程中，作为被告一方的行政机关对人民法院已经发生法律效力的判决或裁定，认为确有错误时而向原审人民法院或上一级人民法院提交的一种诉状。

行政申诉状由首部、申诉事项、申诉理由和尾部四部分组成。

（一）首部

首部应写明以下三方面内容。

1. 标题。要写明 ×××× 行政申诉状，而不能只写“申诉状”，以免与“刑事案件申诉状”或“民事案件申诉状”相混淆；也不能漏写行政机关名称。

2. 申诉人的基本情况概述。这里是写法定代表人，要写明其姓名、性别、年龄、单位和行政职务。

3. 被申诉人的基本情况。

（二）申诉事项

申诉事项主要写明申诉方不服原审判决或裁定的事由（案由），用简明扼要、精练概括的语句一针见血地写明不服原审判决或裁定，要求原审人民法院或上一级人民法院依法撤销、部分撤销或者变更原判决或裁定中的错误部分。一般应写成“申诉人因 ××× 一案，不服 ××× 人民法院 ×××× 年 ×× 月 ×× 日 × 字第 × 号行政判决（或裁定），现提出申诉。申诉的请求和理由如下”。接下来即转入申诉状的主文部分。

（三）申诉理由

申诉理由应着重写明不服原审判决或裁定，提出申诉事项或请求的事实和法律依据。

要紧紧围绕原审判决或裁定文书所提供的事实、理由及所作的结论，抓住关键性或实质性的问题进行阐述，条明理晰，切中要害。重点是对原审判决或裁定文书所认定的事实和依据的法律以及程序等方面的问题提出看法，同时运用确凿的证据、可靠的材料证明判决或裁定是错误的，显失公正，有悖事实和法律规定，从而要求原审人民法院或上一级人民法院对案件进行重新审理。在写法上，主要采取驳论的方式，有理有据，边叙述边辩驳。具体地讲，应从以下三方面入手。

1. 针对原审判决或裁定中所认定案件事实方面的错误，提出纠正或否定的事实依据和证据。要具体指出事实不真、不准、不清或失之偏颇，或者证据不足，不能充分说明问题，缺乏应有的说服力等。要扣紧原审判决书（或裁定书）的事实来写，并提供相应的有充分说服力的证据。写作这一部分，必须注意要据实而论，语气确定充分，不可无理狡辩抑或隐瞒、歪曲事实真相。那样，反倒不利于问题的解决，适得其反。

2. 针对原审判决或裁定中运用法律方面的错误，提出纠正或否定的法律依据。要具体指出原审判决文书中适用法律、引用法律条文是错误的，有失准确，不能与其所表述的事实情节相吻合。这里，应对适用法律不当之处作扼要分析，做到有的放矢，理据充分，令人信服。

3. 针对原审判决和裁定中的程序方面的错误，提出纠正裁定的法律依据。要根据判决和裁定文书中的程序问题，说明原审人民法院在审理案件过程中如何违反了法律、法规规定的程序，已经造成了申诉方什么利益的损害等。

写完上述内容后，接着写：“为此，特向你院提出申诉，请求依法撤销原判决（或裁定），重新审理。”

（四）尾部

尾部包括以下两方面内容。

1. 要写明行政申诉状致送的法定机关即人民法院的名称，即在写完申诉理由之后，另起一行空两个字的位置写“此致”，再在下一行顶格书写“××× 人民法院”。最后在其右下方由申诉人即法定代表人签名，加盖手章、公章，并注明具状年、月、日，要写全称。申诉人如系委托代理人，也需照此办理。

2. 要写明有关的附件，包括申诉状的副本 ×× 份；书证 ×× 件；物证 ×× 件等。

四十九、行政诉讼代理词

行政诉讼代理词是行政诉讼当事人的诉讼代理人（包括法定代理人、委托代理人和指定代理人）根据当事人的明确授权范围依法参加诉讼活动，行使法律规定的诉讼权利，在法庭辩论阶段所作的书面发言。

行政诉讼代理词一般由首部、代理意见和尾部三部分组成。

（一）首部

1. 标题。标题是行政诉讼代理词的“眉目”，要写得明确、具体、简洁。一般应反映出案件名称和文书种类两个要素，构成“××诉××案代理词”的模式。也可根据所代理的诉讼主体的法律地位分别写成“行政原告诉讼代理词”“行政被告诉讼代理词”“行政原告上诉代理词”“行政被告上诉代理词”等，以明确性质和审级。但不能只写“代理词”，以避免失之笼统、含糊。

2. 称呼，即抬头语，它相当于公文中的主送机关。应在标题之下的首行顶格书写“审判长、审判员”，以表示对法庭的尊重。后用冒号，提领下文。

3. 引言。又称“序言”“引子”，是行政诉讼代理词的“开场白”，它对全文内容具有统揽和挈领作用。

（二）代理意见

代理意见部分是行政诉讼代理词的主文，也是写作的重点和核心。它要明确、具体、完整地阐明代理人的代理意见，并提供充分可靠的依据和理由。因此，这部分内容至关重要，它直接影响通篇代理词的质量以及能否顺利地实现代理的目的和宗旨。

撰写代理意见，一要坚持“以事实为根据，以法律为准绳”的原则。从本质上讲，代理人发表代理词必须与其委托人的诉讼意见相一致。但应注意，这种“一致”绝不是无原则的袒护和迁就，甚至强词夺理，无端诡辩，而必须做到实事求是，客观公正，符合法律的规定要求。无论叙述案件事实发生的过程和具体情节，还是分析矛盾纠纷形成的原因，或者论说是非曲直及当事人双方应负的责任大小等，都要这样做。只有如此，才能及时有效地维护被代理人的合法权益，使代理意见客观公正，坚实有力，经得起检验，不容置疑和辩驳。二要做到重点突出，主次分明。代理词虽然是对被代理人的起诉意见或答辩意见的发挥与深化，但也不能面面俱到，应根据案件的具体情况、被代理人所处的诉讼地位、诉讼目的和要求，以及被代理人与对方当事人的关系等来确定写作的重点。依案件的具体情况而论，一般应重点写明当事人双方纠纷形成的原因、争执的主要过程和情节以及争执的焦点。依被代理人所处的诉讼地位而论，原告代理词应着重阐明其诉讼请求的事实和理由，被告代理词则重在对答辩状内容进行重申、解释和说明。一句话，撰写代理意见必须在案件的关键问题和环节上寻找突破口，抓住重点，切中要害。三要做到论证周密、充分，富有说服力。对所提代理的观点、意见或主张，必须列举出足够、确凿的证据加以证实。不仅要对争执纠纷的主要情节、导致纠纷的原因和当事人双方争执的焦点进行强有力的分析，而且要从法律上论证被代理人的诉讼意见和要求合理合法。在论证方式上，因被代理人所处的诉讼地位的不同而有所侧重，如原告诉讼代理词重在正面说理，即所谓“立论”，旨在阐明诉讼请求的事实和理由，指出被代理人的行为不应受到处罚；被告代理词则重在反驳，对原告方的指控进行有理有据的答辩。通常情况下，立论和驳论两种论证方法交互运用，使之达到有机的统一。

（三）尾部

1. 结束语。

2. 具名。在上项内容的右下方，由代理人署名或签章，以示负责。

3. 日期。即撰写代理词的具体时间。

五十、国书

国书，是国家元首为派遣或召回大使（或公使）而向接受国发出的正式文书。它是一种重要的外交公文，在外交活动中起着非常重要的作用。

国书分为两种：一是派遣国书，二是召回国书（又称“辞任国书”）。派遣国书由大使或公使在到达驻在国（即接受国）时即将副本交给驻在国外交部，正本则亲自向国家元首呈递。按照国际惯例，外交使节在递交国书后才被认为开始履行职责。同级使节按递交国书的时间先后确定排列次序（在先权）。召回国书一般在新任大使或公使递交派遣国书时一并递交。我国在 20 世纪 80 年代礼宾改革中将召回国书与派遣国书合并为一，由新任大使递交。此外，代办到任后向驻在国外交部部长递交由本国外交部部长签署的介绍信，也称为“国书”。

国书在结构上通常采用书信体，这与国家内部使用的公文格式显然是不一样的。一般先写明表示问候或致意性的语句，并陈述发出国书的目的及派遣或召回的对象；接下来对所派遣或召回的大使（或公使）的有关情况作出交代并给予评价，最后向接受国提出期望或请求。

五十一、照会

照会，是国与国之间通知某些事项，或就重要问题进行交涉，表明本国立场、态度时使用的文书，在外交场合比较常用。照会分为以下两种。

1. 正式照会。由外交部部长、外交使节出面，用第一人称写成并签名发出。通常用于以下四种情况。

（1）重大事项通知。如国际承认、建交、断交、复交，国家领导人的变更，大使、领事的更换等事项的正式通知。

（2）重要问题交涉或商洽。如有关政治、军事、经济等方面重要问题的交涉，国家领导人访问或互设领事馆等事项的商洽，建议缔结或修改某个条约等。

（3）隆重的礼仪表示。如重大庆贺、吊唁等。

（4）对其他事件给予特别重视的表示。

2. 普通照会。由外交部或外交使馆出面，用第三人称写成，加盖机关印章发出，用以提出问题，一般事项通知，或提醒对方就以前的照会或口头接洽予以答复等。应注意的是，正式照会与普通照会在格式上还有许多不同的地方。

与国书一样，照会在结构上通常也采用书信体。

正式照会的称呼，分两行，均顶格。首行写受照人国名、职衔、姓名的全称，不加标点；次行写“阁下”或“先生”之类尊称，后加冒号。普通照会则只写受照机关全称。

正式照会是人对人，它的正文以第一人称直接书写内容，如通知的事项，交涉的问题，商洽的方法、步骤，向对方提示或要求等；普通照会是机关对机关，故用第三人称写，先表示敬意，尔后写照会内容。正式照会的落款写两行，上一行写发照人国名、职衔的全称，并签名，下一行写发照时间、地点。普通照会只写发照时间、地点，加盖机关公章，一般不签名。

普通照会采用书信体。抬头写受照机关全称，后加冒号。正文按惯例用一个礼节性句子开头，紧接着用一句“并谨通知如下”，礼貌地转入正题。第二段用一个严密的长句，说明我方对在什么时间、什么地点签订的什么协定，已完成了什么手续。紧接着一句推断，根据什么规定，说明对方应做些什么事情。仅用两句话写清了这份照会的主要内容。第三段又按惯例用一句敬语作结。最后是落款：发照机关全称、加盖公章，并标明时间、地点。

五十二、备忘录

备忘录，是不同国家政府及其外交代表机关之间经常使用的一种外交文书，用以把某些事项的概况告知对方，并表明己方的立场或决定。它可以是某一问题的具体事实说明、政策依据的交代，或法律上的解释、论证；也可以是外交会谈后，为避免误解而提供的书面纪要。

备忘录一般是在外交代表会晤后面交，或附于一份简短的照会后递交。

备忘录通常由标题、正文和结尾三个部分组成。

（一）标题

一般采用正式公文标题的构成形式，写为“××（国名）与××（国名）关于××××（内容事项）的备忘录”。应当注意国名要写全称，以示庄重、严肃。

（二）正文

备忘录正文的主要内容通常包括事实的叙述和观点的说明两个部分。一般首先交代达成备忘录的基本背景，以作为行文的引言，并提领具体的内容事项。要根据内容的主次轻重顺序作出恰当的表述，可采用撮要表达的形式，以清眉目。

（三）结尾

由签署备忘录的双方代表签字，写明国名全称，注明日期。

五十三、议定书

议定书为外交文件之一，是缔约国关于个别问题所达成的书面协议。通常是对正式条约作出解释、补充、修正或说明延长有效期，附于正式条约之后，也可以作为单独的文件。国际会议对某一问题达成协议并经签署的记录也被称作协议认定书，其作用相当于多边条约。议定书属于广义条约的一种，只是其内容较正式条约显得单纯、具体，规格也较低。

议定书一般由标题、正文两个部分组成。

（一）标题

议定书标题一般写为“××（国名）与××（国名）关于××××（内容事项）议定书”。应当注意国名要写全称，以示庄重。

（二）正文

议定书正文一般包括双方或多方所达成的协议内容、限制条款、生效条件等。

第四节　具体文种的写作结构与技法

一、命令（令）

命令（令）是公布行政法规和规章、宣布施行重大强制性措施、批准授予和晋升衔级、嘉奖有关单位和人员时使用的文种。

从实质上看，命令与令的特点基本上是一样的，只是在某种情况下使用哪一个文种更习惯、更顺当的问题。公布令、任免令、嘉奖令、赦免令、通缉令等较多用令，发布重大军事行动与强制性措施等较多使用命令。

（一）命令（令）的特点

1. 载体性。它除单体行文（如动员令、行政令）外，在多数情况下又可充当法规性文件公布的载体，实行复体行文。例如，《中华人民共和国主席令》（第三十一号），是在《中华人民共和国药品管理法》复合下复体行文的。

2. 强制性。任何一件来自上级的公文，可以说无不具有强制性，如果对上级的来文可听可不听，可办可不办，那也就没有发文的必要。但是，命令的强制性大大高于其他下行公文，是最具权力象征的公文，表现为执行上的不可动摇性，没有丝毫商洽移易的余地，在任何情况下都不准受令者在行动上有任何差异。俗语讲“军令如山”“令行禁止”，充分反映了命令的强制性。

3. 权威性。发布命令（令）的机关级别高，权力大。根据法律规定，国家主席、全国人大常委会委员长、国务院总理及各部部长、各委主任及县级以上地方各级人民政府可使用命令（令）。但从实际运行看，命令与令较多出自省、部级及其以上高级机关，然后是省、自治区人民政府所在地的市和经国务院批准的较大的市、计划单列市的人民政府。

4. 严肃性。古人讲“慎乃出令，令出惟行”。正由于命令（令）表现了较高的权威性，所以对命令（令）的使用一般都很审慎，不可轻易发布，否则，命令（令）将被“贬值”，降低“令行禁止”的威力。

5. 专用性。当代对命令（令）的使用，主要是国家的权力机关、行政机关和军事机关。

（二）命令（令）的类别

1. 动员令。用来发布全民、全军总动员，以应付紧急状态或完成某一特大使命的命令（令），称作动员令。例如，《向全国进军的命令》（1949 年 4 月 21 日），就是一篇军事总动员令。

2. 行政令。凡国家行政机关用来发布重大措施的命令（令），称作行政令。

3. 任免令。凡用于任免国家工作人员职务的命令（令），称作任免令。国家主席发布的任免令，任免的工作人员是经全国人大及其常委会决定的部长级以上干部；以国务院发布的任免令任免的工作人员是副部长级干部。地方国家机关的人事任免不用命（令），而由任免决定、任免通知等代行。

4. 公布令。用于发布法律、行政法规、规章的命令（令），称作公布令。

5. 嘉奖令。用于表彰、奖励作出突出贡献的有功单位和个人的命令（令），称作嘉奖令，如 1989 年 12 月 29 日发出的《国务院对大型翡翠艺术珍品创作集体的嘉奖令》。

6. 宣布令。凡用于宣布党和国家重大政策、主张、措施的命令（令），称作宣布令。

7. 通令。通令是军事公文的一个正式文种，大都用于表彰立功受奖人员和英雄战斗集体，类似地方的嘉奖令。在国家行政机关公文中也一直使用，如 1983 年 4 月 13 日《国务院关于严格保护珍贵稀有野生动物的通令》。

8. 赦免令。用于赦免在押罪犯的命令（令），称作赦免令。根据宪法规定，全国人大常委会决定特赦，由国家主席以令的形式予以发布，如 2019 年 6 月 29 日发布的《中华人民共和国主席特赦令》。

（三）命令（令）的写作结构

命令（令）的写作结构通常由标题、编号、正文、署名、日期五部分组成。

1. 标题，命令的标题有四种形式。第一种，由发令机关和文种组成，如《中华人民共和国国务院令》。第二种，由发令人的职务和文种组成。第三种，由发令机关、事由和文种组成，如《国务院、中央军委关于授予钱学森同志国家杰出贡献科学家荣誉称号的命令》。第四种，由事由和文种组成，如《戒严令》《向全国进军的命令》。

2. 编号，命令的编号不同于其他公文。它不按年度编排，而是从国家领导人任职开始依次编排的流水号，第一号，第二号……直至任职期满为止。下届新的领导人任职开始，重新编号。国家机关令文的编号同样如此。

3. 正文，命令正文的写法，因种类不同而有所差异。例如，公布令一般由公布对象、公布根据、公布决定和执行要求几部分内容组成；行政令内容大致分为三部分：一是发令原因（目的、根据），二是命令的事项，三是执行要求；任免令可以直接写出任免的根据、任免事项、任免人的姓名及职务；嘉奖令与前三种又不相同。从总体上看，不论哪种命令（令），其正文均由以下三部分组成：

一是命令的原因。命令的原因即发布命令的原因，说明为什么发布命令以及发令的根据，常用“为……特命令”，或“为此，发布命令如下”，或“根据……为……特发布此令”。

二是命令的事项。这是正文的主体部分。不同类型的命令，主体有不同的内容。有的简单到全文只有一句话或一段文字，如公布令；而有的较为复杂的命令，如行政令、动员令、戒严令、嘉奖令的正文，可以采取分段或者分条列项的形式进行表述。

三是执行要求。执行要求是指要求有关单位和人员在执行命令时必须遵守的规定。发布令常写作“从 ×××× 年 ×× 月 ×× 日起施行”；行政令常用“以上各项，希遵照执行”。

4. 署名，位于正文的右下方，写明发令单位名称或单位负责人的职务及姓名。

5. 日期，写在正文之后，签署之下。年、月、日要齐全。

（四）命令（令）的写作技法

1. 语言要特别精确。命令体公文，篇幅一般都非常短小，像任免令、公布令一般只有几十个字，全文只有一段，而这一段往往又只是一句话，篇、段、句合一。动员令、行政令稍长一些，也不过一千字左右，与其他文件相比仍然属于短篇。不管是几十字还是千字左右，都担负着统一行动的使命，以指导党和国家的重大社会活动，使全党、全军、全国步调一致。基于上述因素，命令体公文的用语需要特别注意讲求精确。“精”指的是言简意赅、文约事丰，要使用一些意义凝练的“浓缩”式语言。“确”指所言之事要严丝合缝，令要求十分肯定，比如，时间要求、度的掌握、投入的力量、组织手段、协同关系、达到的目的、个别问题的政策对待等，都要有具体的规定。自古以来，命令都是传递国家重大意图的，事关重大，因此，精确地使用语言有着特别重要的意义。

2. 辩证把握内容结构。“令行禁止”，令与禁、行与止是辩证的统一。在实际生活中，只令不禁，令难其行；只禁不令，禁难其止。这种社会生活的客观规律，应当反映到命令体公文中来。例如，发令“进军”，就要反对“按兵不动”以至“后缩”；发令嘉奖某一先进人物的模范事迹，同时就应禁止与其相排斥的行为；发令禁止某一不良行为，就在于申明提倡与其相对立的另一行为。因此，在命令的内容与结构处理上，要明确可以做什么，不应做什么。申明不能做什么，是为了突出做什么；申明应该做什么，又需要以不能做什么来充当保证。《向全国进军的命令》《中国人民解放军总部命令》在这方面都给我们树立了典范。

当然，不是说任何一份命令体公文都要包括正反两个方面的文字。由于命令篇幅短小，有时以令行为主题，而禁止是作为潜台词存在的；以禁止为主题的令文则把令行作为潜台词。

3. 体现排山倒海的文势。自古以来写文章都很讲究文势，即文章的气势。“气不可以不贯；不贯则虽有英词丽藻，如编珠缀玉，不得为全璞之宝矣。”造成一种排山倒海的气势，是命令（令）体公文气势的本质。文种的气势首先与题材有着极为密切的关系。命令（令）是负载时代重大历史使命内容的文种，其本身所蕴含的气势必然显得很强烈。

形成文势的另一因素就是结构，通过文种的开头、过渡、转折、收合、结尾以及文字的详略安排等来实现。《中国人民解放军总部发布惩处战争罪犯命令》一文，开头先是说明我军面临的有利形势：“所向无敌，全国胜利，屈指可期。”随即指出在这种情况下，国民党反动派“凛于覆没的命运……作垂死的兽性的破坏”。这一段话是用来交代发布此令的背景的。接着，针对敌人的垂死破坏，提出了“保护国家与人民之生命财产”的总的要求。在总的要求提挈下，通过“特……宣布如下命令”作过渡，转入令的具体要求部分。具体要求讲了三条，按照先亮明政策后提出对待办法，先讲令的要求后讲令的执行的逻辑顺序逐一列出，最后用“切切”与“此令”封合。这种层层递进、步步深入的严密逻辑结构，造成一种顺流直下、锐不可当的气势，从而对国民党反动派形成一种强大的分化瓦解的政治攻势。

语言更是显示气势的重要因素。人们常说：“言为心声。”同样的事情，不同的表达必然显示不同的文势。语言的色彩、声调，句子的长短，不同的句式，成语、警句以及辞格的运用等，都体现着命令体公文的气势。《向全国进军的命令》连续使用三个“拒绝这个协定……”作排比，其势如强弩连发，击中国民党反动派假和平、真内战的要害；“奋勇前进”“坚决、彻底、干净、全部地”“均须缉拿归案，依法惩办”等短句与并列词语的连接使用，反映了“将革命进行到底”的坚定态度及铿锵有力的声威，显示了“压倒一切敌人”的雄伟气势。

【典范文例】

中华人民共和国农业农村部令

2022 年第 8 号

《动物防疫条件审查办法》已于 2022 年 8 月 22 日经农业农村部第 9 次常务会议审议通过，现予公布，自 2022 年 12 月 1 日起施行。

部长 唐仁健

2022 年 9 月 7 日

二、决定

决定适用于对重要事项作出决策部署、奖惩有关单位和人员、变更或者撤销下级机关不适当的决定事项。决定中的“决”字，反映了它产生的特点，即产生于决策之中，直接为决策服务，属于决策性文种。它虽然与决议同属决策性文种，但它的产生不像决议出自会议，可以是由会议集体讨论通过的，也可以是由领导机关在自己的职权范围内作出的。

（一）决定的特点

决定是适用于对重要事项或者重大行动作出安排时使用的一种公文。决定有三个特点：一是事关重大。只有对“重大问题”“重要事项”“重大行动”作出安排时才可使用。一般性的问题、行动、事项，不宜用“决定”这一文种。二是事关决策。所决定的事项直接为决策服务。非决策性的问题，不用“决定”行文。三是安排的具体性。对重大问题、重大行动和重要事项作出具体的、切实可行的决策安排，忌抽象、笼统。

（二）决定的类别

决定按其内容和使用情况，可分为四类。

1. 用来统一对某一方面重大问题的认识、确定大政方针的，一般将这类决定称作“方针政策性的决定”，如《中共中央关于全面深化改革若干重大问题的决定》（2013 年 11 月 12 日中国共产党第十八届中央委员会第三次全体会议通过）、《中共中央关于全面推进依法治国若干重大问题的决定》（2014 年 10 月 23 日中国共产党第十八届中央委员会第四次会议通过）。

2. 用来部署某一重要工作或安排某一重要活动的，一般将这类决定称作“部署指挥性决定"，如《中共中央、国务院关于打赢脱贫攻坚战的决定》(2015年11月29日)。

3. 用来解决具有特殊意义的重要事项，一般将这类决定称作"决策知照性决定"，如《全国人民代表大会常务委员会关于我国加入世界贸易组织的决定》(2000年8月25日第九届全国人民代表大会常务委员会第十七次会议通过)。

4. 表彰处分性的决定，是指某一级党政机关，按照有关政策、章程、规定给予有功人员或有过人员所作的表彰或处分的正式书面决定，如《中共中央、国务院关于表彰改革开放杰出贡献人员的决定》(2018年12月18日)。

（三）决定的写作结构

决定一般由标题、正文、发文机关、成文日期四部分组成。

1. 标题。通常由发文机关、事由和文种组成，如《中共中央、国务院关于普及小学教育若干问题的决定》。

2. 正文。决定的正文可采用分条列述式、篇段合一式或分段式的结构方法。无论采用哪种结构形式，都要写明两项内容：其一，决定的根据。例如，《中共中央关于深化党和国家机构改革的决定》，开头交代制定本决定的目的："为贯彻落实党的十九大关于深化机构改革的决策部署，十九届中央委员会第三次全体会议研究了深化党和国家机构改革问题，作出如下决定。"其二，决定的内容。如果是法规性决定，还要提出希望或要求。例如，《中共中央、国务院、中央军委关于授予杨利伟同志"航天英雄"荣誉称号并颁发"航天功勋奖章"的决定》，其决定的内容是："杨利伟同志作为执行我国首次载人航天飞行任务的航天员，不畏艰险，敢为人先，创造了彪炳史册的功绩，为祖国、为人民、为民族赢得了巨大的荣誉。为表彰杨利伟同志为我国航天事业作出的突出贡献，中共中央、国务院、中央军委决定，授予杨利伟同志'航天英雄'荣誉称号，并颁发'航天功勋奖章'。"在表明决定事项内容之后，是一段提出希望与要求的文字："全党、全军和全国人民都要学习他……学习他……学习他……"

3. 发文机关。要写明作出决定的机关(单位)全称或规范化简称。

4. 成文日期。要在发文机关后写明作出决定的年、月、日。

（四）决定的写作技法

决定的写作技法主要有以下两点。

1. 要切实把握决定的多种结构形式。决定由于内容的多样性，故在写作的结构形式上相对复杂。要写好决定，首要的是切实把握决定的多种结构形式。一般来说，知照性的决定是解决具体问题的，内容单一，文字简短，所以多采用"篇段合一"的结构形式，不分段落，一气呵成。部署指挥性决定，主要是传达部署对某一具体重要工作或行动的决策意见，往往要首先交代一下决策的背景与依据，故在篇头处作文字撮要表达，再写决策的具体内容要求。为了表达清楚和便于执行，多采用分条列项的方法，条与条之间一般是并列的逻辑关系。这样的结构形式叫作“撮要分条式”。法规政策性决定的结构形式基本有两种：一是“分部分”的结构形式，把全文划分为几个大的层次，层次与层次并列，各自相对独立，传达政策的决定大都是这种结构；二是“分条列项”的结构形式，把全文分作若干条，一条为一个独立完整的意思，条下列项，这种结构形式与法律、法规的写法很相似，适用于规范人们社会行为一类的决定。

2. 要处理好决定的文字详略安排。决定结构的多样化，带来了文字的详略安排问题。决定的文字要做到搭配合理，详略得当。知照性决定的缘由与事项部分，一般表现为用较多的笔墨写缘由，而事项部分文字所占比重较小。例如，《中共中央关于恢复沈雁冰同志党籍的决定》，全文 240 字，缘由占去 210 多字，事项只用了 20 多字；《中共中央关于接收宋庆龄同志为中国共产党正式党员的决定》，全文 229 个字，缘由部分用了 203 个字，决定的内容只用了 26 个字。反之，法规政策性、部署指挥性的决定，却把较少的文字置于缘由部分，其余大量文字说明决定内容事项。

（1）法规政策性及部署指挥性的决定，由于内容比较复杂，在表达方式上应当以说明为主，适当结合议论，说明文字用来表达决定的具体内容、事项与要求，而议论文字通常写于全文和每一部分、每一层次、每一段落之首，用来明确篇旨和段旨，起到亮明观点的作用。以《中共中央关于加强党同人民群众联系的决定》为例，第一个小标题是：“人民群众是我们党的力量源泉和胜利之本。能否始终保持和发展同人民群众的血肉联系，直接关系到党和国家的盛衰兴亡。”这个问题写了七百多字，完全是议论性的文字，用来阐明决定的重大意义，是全文的中心思想与基本观点，是全篇诸多问题的“纲”。第二个小标题是：“我们党要密切同人民群众的联系，领导人民群众胜利前进，首要的问题是必须保证决策和决策的执行符合人民的利益。”标题之下，先用了一段议论性文字，指出“要保证决策正确，执行有效，必须坚持从群众中来到群众中去，建立和健全民主的、科学的决策和执行程序”的道理，然后提出了三点具体要求，属说明性文字。第五个小标题是：“坚定不移地加强廉政建设，继续发扬艰苦奋斗精神，克服党内存在的消极腐败现象。这是改善党群关系，保证我们事业立于不败之地的战略措施。”这个标题本身就是用于显示这一问题主旨的一段很精彩的议论文字，标题之下，指出“如果听任腐败现象蔓延，党就有走向自我毁灭的危险”的深刻道理，然后在这一具体观点的提领下，写了六段具体要求。

（2）表彰或处分性决定，一般采用“分列自然段”的写法，先用一段文字介绍表彰或处分对象的基本情况，再用一段或数段写表彰或处分的依据，然后写表彰或处分的决定，并就此提出希望、要求或发出号召。

【典范文例】

国务院关于在海南博鳌乐城国际医疗旅游先行区暂停实施《医疗器械监督管理条例》有关规定的决定

国发〔2018〕10号

各省、自治区、直辖市人民政府，国务院各部委、各直属机构：为进一步支持海南省试点发展国际医疗旅游相关产业，国务院决定在海南博鳌乐城国际医疗旅游先行区暂停实施《医疗器械监督管理条例》第十一条第二款的规定，对先行区内医疗机构临床急需且在我国尚无同品种产品获准注册的医疗器械，由海南省人民政府实施进口批准，在指定医疗机构使用。请国家药品监督管理局、海南省人民政府会同有关部门制定具体管理办法，规范批准条件和程序，细化相关进口医疗器械的使用规范、不良事件监测、进口口岸等内容，明确监管责任，确保进口医疗器械使用安全，切实维护人民群众健康和生命安全。

国务院

2018年4月2日

三、决议

决议是经过会议讨论通过决策事项特别是重要的决策事项时使用的文种。首先，从形成的过程看，决议必须经法定的会议讨论，并按法定多数票通过才能形成。就开头部分而言，决议除说明意义、背景、原因之外，还可以简要叙述会议的概况。从内容上看，决议多是全面性、原则性的重大问题或重大事件。从作用上看，决议具有较强的指令性和号召力。

（一）决议的类别

按决议的内容不同，一般划分为以下四类。

第一，审议批准性决议，即为审议批准法律、法规、文件、组织等而发布的决议，如《全国人民代表大会常务委员会关于公布〈中华人民共和国香港特别行政区基本法（草案）〉的决议》。

第二，方针政策性决议。这类决议着眼于从宏观，特别是路线、方针、政策上统一人们的思想认识，以确定大政方针，如《中国共产党中央委员会关于建国以来党的若干历史问题的决议》。

第三，专门问题性决议，即就某一有关专门问题作出决定后发布的决议，如《中共中央关于增强党的团结的决议》。

第四，公布号召性决议。这类决议主要用来宣布某一重要会议的精神及所取得的成果，号召人们认真贯彻会议要求，循此前进，如《中国共产党第十九次全国代表大会关于十八届中央委员会报告的决议》。

（二）决议的写作结构

决议一般都由标题、正文、发文机关、成文日期组成。

1. 标题。一般为全标题，三要素齐全。即由发文机关、事由和文种组成，如《第十三届全国人民代表大会第一次会议关于 2017 年国民经济和社会发展计划执行情况与 2018 年国民经济和社会发展计划的决议》。

2. 正文。决议的正文，一般包括两项内容：一是前言部分，写明决议的依据。决议的依据包括理论依据和事实依据。理论依据是有关的政策、法规、议案；事实依据是有关方面的情况。在写法上要求开门见山，直接陈述。二是主体，即决议的事项。具体写法可分为以下四种形式：第一种，篇段合一式。内容单一的决议，可以采用篇段合一的形式，一气呵成。第二种，分条列述式。内容较复杂的决议，其决议事项可以采用分条列述式。第三种，分段式。即把决议事项分为若干段落。第四种，小标题式。有的决议结构采用小标题形式。用这种写法，要注意条理清楚，前后连接。这种形式主要适用于内容相当复杂的有关重大问题的决议。

3. 发文机关。即落款，写明机关全称或规范化简称。

4. 成文日期。即写明年、月、日。

（三）决议的写作技法

决议的写作技法主要包括以下三点。

1. 要准确把握会议的中心。决议产生于会议，是会议成果之一，它体现着会议的中心思想及结论性的意见，表示了会议参加者群体的肯定与否定态度。因此，要写好决议，首要的是把会议的中心吃准，即了解会议的背景、形势及目的，了解会议所要解决的基本问题以及这个问题的历史，掌握会议的肯定性意见及其他看法、意见与要求，知晓会议决策方案的多种状态及其最佳方案。这样才能拟出一个有质量的可供会议讨论通过的决议初稿。

会议决议必须明确表现会议群体的肯定与否定态度。它的肯定与否定，是由法定生效人数来决定的，不能因为对某一问题有少数人持不同意见就出现“多数人认为”“少数人认为”这样的写法。这种表述问题的方式是决议写作绝对不可用的。

2. 要写好鼓舞号召性的文字。一些属方针政策性、解决工作中某些重要问题的决议，一般在结尾处都有一段专门用以鼓舞人心的号召性文字。写好这段文字可以起到两个方面的作用：一是头尾照应，加深认识，给阅者一个完整的印象；二是鼓舞群众士气，循此前进，有利于决议内容的宣传贯彻与执行。

一般文件不要求都有号召性的结尾，但决议不同。例如，《中国共产党中央委员会关于建国以来党的若干历史问题的决议》的结尾，写有二百多字的号召性文字。

3. 要了解议题、会议进程和意见。有的决议时限性很强，即使一些大型工作会议事先可拟出提交会议进行讨论通过的决议稿，也受会议实际进行情况的制约，在会期内不断修改、补充与调整，以便按时提交会议通过。所以，写决议留给撰拟者的时间并不宽裕。鉴于这种情况，决议撰拟者的写作要敏捷。首先平时对这一问题有了解与认识，不仅了解它的现状，了解它的历史，还要了解决策者对这一问题的倾向性意图。其次，还取决于对会议进程情况的掌握，不仅了解多数人的意见，还要了解少数人的不同意见。

【典范文例】

关于增强党的团结的决议

（一九五四年二月十日中国共产党第七届中央委员会第四次全体会议根据毛泽东同志的建议一致通过的决议）

一、党的团结，工人阶级的团结，劳动人民的团结，全国人民的团结，是革命胜利的基本保证。这是马克思列宁主义的最基本原理之一……鉴于我们现在还采取着和资产阶级联合的政策，而小资产阶级还像汪洋大海似地包围着我们；鉴于我们的党很大，党内的马克思列宁主义的教育还很不够，一部分干部中的思想政治情况还相当复杂；鉴于一部分干部甚至某些高级干部对于党的团结的重要性还认识不足，对于集体领导的重要性还认识不足，对于巩固和提高中央威信的重要性还认识不足；特别是鉴于在中国新民主主义革命胜利后，党内一部分干部滋长着一种极端危险的骄傲情绪，他们因为工作中的若干成绩就冲昏了头脑，忘记了共产党员所必须具有的谦逊态度和自我批评精神，夸大个人的作用，强调个人的威信，自以为天下第一，只能听人奉承赞扬，不能受人批评监督，对批评者实行压制和报复，甚至把自己所领导的地区和部门看作个人的资本和独立王国；鉴于这一切情况，中央认为，当此我国实行社会主义改造的紧要历史关头，有极大的必要来唤起全党同志更加注意提高革命警惕性，更加增强党的团结……列宁和斯大林曾要求苏联共产党“保护我们党的一致，如同保护眼珠一样”，这同样应成为我们的格言。

二、为着增强党的团结，全党同志，特别是中央委员会委员和省（市）委员会以上的负责同志和武装部队的高级负责同志，对于党的团结的必要和自身责任的重大都应有很高的自觉，并应在党内作很大的努力和必要的工作。全党高级干部在自己的工作中都应遵守下列各项规定：

（一）党的团结的利益高于一切，因此应当把维护和巩固党的团结作为指导自己言论和行动的标准，即有利于党的团结的话就说，不利于党的团结的话就不说，有利于党的团结的事就做，不利于党的团结的事就不做。

（二）党是工人阶级先进分子的统一的集中的组织，党的团结的唯一中心是党的中央，因此，必须把任何地区、任何部门的党的组织及其工作看作是在中央统一领导下的整个党及其工作的不可分割的一部分，反对任何派别思想、小团体习气、地方主义、山头主义和本位主义，反对任何妨碍中央统一领导、损害中央的团结和威信的言论和行动。

（三）党的团结的重要保证之一是严格遵守民主集中制，严格遵守集体领导的原则，因此必须坚决反对分散主义和个人主义，反对把自己领导的地区和部门当作独立王国，反对把个人放在组织之上，反对不适当地过分地强调个人的作用，反对骄傲情绪和个人崇拜。

（四）全党高级干部的重要的政治活动和政治意见应经常向所属的党的组织报告和反映，其关系特别重大者则应直接向党中央的政治局、书记处或中央主席报告和反映；如果避开党的组织和避开中央来进行个人的或小集团的政治活动，避开党的组织和避开中央来散布个人的或小集团的政治意见，这在党内就是一种非法活动，就是违反党的纪律、破坏党的团结的活动，就必须加以反对和禁止。

三、党的团结必须是也只能是在马克思主义基础上的团结，在正确的政治原则和正确的组织原则的基础上的团结……

四、……全党干部都应当以身作则，同心同德，“在马克思主义思想一致的基础上，团结全党如同一个和睦家庭一样，如同一块坚固的钢铁一样”（六届七中全会《关于若干历史问题的决议》），以便团结整个工人阶级，团结全体劳动人民和全国人民，为战胜内外敌人的任何破坏阴谋，保证社会主义建设和社会主义改造的伟大事业的胜利而奋斗。

四、议案

议案是行政公文中的一个正式文种。《条例》规定，它是各级人民政府按照法律程序向同级人民代表大会或人民代表大会常务委员会提请审议事项时使用的公文。经审查通过的议案，具有较强的法律效力。

议案是各级人民政府使用频率较高的一个文种，其所涉及的内容范围极广，如国民经济与社会发展计划和财政预算、决算问题，以及政治、经济、科技、卫生、文化教育、体育等方面的重大事项。这些重大事项通过议案这一载体提出，充分体现了政府的决策意图，进一步加强了政府与同级人民代表大会及其常委会之间的联系，进而做到依法行政，提高效率和质量。尤其重要的是，议案需要通过相应的法律程序获得批准，它既是人民代表大会及其常委会履行职责的体现，又是使各级人民政府的决策更加趋于科学合理的重要保证。

（一）议案的特点

议案作为一种重要的行政公文，具有以下四个方面的特点。

1. 制作主体的特定性。《中华人民共和国全国人民代表大会组织法》（以下简称《全国人大组织法》）第十六条规定，“全国人民代表大会主席团，全国人民代表大会常务委员会，全国人民代表大会各专门委员会，国务院，中央军事委员会，最高人民法院，最高人民检察院，可以向全国人民代表大会提出属于全国人民代表大会职权范围内的议案”。第十七条规定，“一个代表团或者三十名以上的代表联名，可以向全国人民代表大会提出属于全国人民代表大会职权范围内的议案”。《中华人民共和国地方各级人民代表大会和地方各级人民政府组织法》（以下简称《地方人大和政府组织法》）第二十二条规定：地方各级人民代表大会举行会议的时候，主席团、常务委员会、各专门委员会、本级人民政府或县级以上的地方各级人民代表大会代表十人以上联名，乡、民族乡、镇的人民代表大会代表五人以上联名，可以向本级人民代表大会提出属于本级人民代表大会职权范围内的议案。据此，可以看出，议案只能由具备议案提出权的机关、代表团和人民代表联名提出。属于机关提出的这部分议案，包括人大机关、检察机关、审判机关以及行政机关，而以行政机关的使用最为多见。从这一点来说，议案在制发主体上具有明显的特定性。

2. 运行程序的法定性。议案的运行程序必须在法律规定的框架内进行，这是议案的又一显著特征。从上述《全国人大组织法》《地方人大和政府组织法》的规定可以看出，议案的提出和批准具有明显的法定性，其制作和提出机关必须是特定的；议案制成以后必须按照法定程序适时向同级人民代表大会或人民代表大会常委会提请审议。从议案制作经中间运行到审议批准，再到最后付诸实施，一环紧扣一环，而每一环节的运作都必须遵循法定程序，否则就会失去议案的应有效力。

3. 行文对象的单一性。议案不是普发性公文，它只能由法定机关依照法定程序向同级人民代表大会或者人民代表大会常务委员会提交，而不能向其他任何部门和单位行文。

4. 生效标识的特殊性。这是议案在形式上的一个重要特征，突出表现为其生效标识必须体现机关第一行政首长的署名。例如，国务院的议案由国务院总理署名，省政府的议案由省长署名，依此类推。

（二）议案的类别

根据议案所涉及内容的不同，一般将其划分为如下几种情形：(1)建议对某一法律、法规或法令进行修改。(2)建议对某一重大事项作出决定。(3)建议任命、罢免某人某项职务。(4)建议设置某一机构。(5)建议编制某项预算。(6)对某一重大事项或重要问题提出质询。

（三）议案的写作结构

议案一般包括以下几部分内容。

1. 标题。即议案名称，要写明提出议案的机关名称、审议事项和文种三个要素，如《国务院关于提请审议〈中华人民共和国著作权法（草案）〉的议案》。

2. 主送机关。又称抬头，是议案提交的法定机关即同级人民代表大会或人民代表大会常务委员会。其位置在标题之下、正文之上，靠左顶格书写。

3. 正文。正文是提请审议议案的主体部分，要写得明确、具体、完整。一般应当写明这样三方面内容：首先，提请审议事项的意义、目的或缘由。要写得简明扼要，精练概括，寥寥几句即说明问题，既不能泼墨过多，也不要有过当之语，否则均会影响议案的应有价值。其次，提请审议的事项。即提请大会解决什么问题，要写得明确显豁，一目了然。切忌拐弯抹角，让人不知所指。最后，提出审议申请。要表明提出议案机关的意见或态度，供大会参考，并提请审议。这三层内容往往融合在一起来写，中间不分段，其模式一般是："为了××××（目的、意义、缘由）××××（议案事项）。××××（表明观点或态度），现提请审议。"

4. 结尾。正文写完后，由提出议案的行政机关及其领导人署名，并在其下方偏右位置注明成文时间。然后加盖公章，以示严肃、庄重。

（四）议案的写作技法

1. 要适时提交。即要在大会主席团宣布或决定的截止时间以内，将议案送交大会审查委员会，逾期再提议案，就会失去其应有的效用。

2. 要一案一事，切实可行。这是由议案自身所具有的上行文性质所决定的，它一方面要由法定机关依照法律程序提出，另一方面要由代表大会或其常委会审查批准，这种提请与审批的关系要求议案所涉及的内容必须而且只能是一案一事，这是一条重要原则。否则，势必导致纷乱芜杂、臃肿膨胀，直接影响提请审议目的的顺利实现。议案所涉及的内容一般是带有全局性的重要事项，政策性很强。因此，在撰写过程中，必须严肃认真、一丝不苟。要深入实际进行调查研究，广泛听取人民群众的意见和要求，切实做好政策、法规和有关情况等方方面面的材料准备工作，以确保所提议案的正确性、合理性和可行性。

3. 要注意议案与提案的区别，不要混淆。“议案”与“提案”不同，议案用于各级人民代表大会或人民代表大会常务委员会，提案则用于各级政协会议和企业职工代表大会；议案在提请大会审议通过后，具有较强的约束力和法律效力，提案则相对弱些。

4. 要注意用语的准确得体。由于议案是向同级人民代表大会或人民代表大会常务委员会提交，其提交对象是国家权力机关，属上行文，审议与否、通过与否，均须由大会作出决定。因此，在语言表达上必须做到字斟句酌，准确恰当，切合上行文的语体特点和风格。要着重体现出一种“提请”的姿态，语气要中肯，否则就会有损议案的质量和效用，使提请审议的愿望落空。

【典范文例】

关于提请任免 ××× 等同志工作职务的议案

徽政人〔2018〕× 号

区人大常委会：

因工作需要，提请任命：××× 同志为区交通运输局局长。免去：××× 同志的区交通运输局局长职务。请予审议决定。

×× 区人民政府

2018 年 1 月 20 日

五、意见

意见主要限于向上级表达工作上的认识、看法、困难及处理解决的办法，以取得上级支持，并予以批转。也有的部门上报的意见，虽不是要求批转，但希望上级作出批示回复，以使本部门的某一认识、看法和解决措施得到上级肯定。

（一）意见的特点

按照《条例》的规定，意见适用于对重要问题提出见解和处理办法。具体而言，主要有以下三个特点。

1. 意见所涉及的内容必须是重要问题。所谓重要问题，应是当前工作中所遇到的涉及全局性、方针政策性的重大事项和主要问题，特别是新问题。重大是就一般而言，主要是就次要而言，新是就常规而言。

2. 意见的写作形式，对重要问题不仅要有见解，而且要有处理的办法。见解就是对问题作出全面中肯的分析，提出自己的看法和观点。然后，在此基础上，拿出切实可行的解决办法和措施。只提出问题，而对问题的分析轻描淡写，对问题的解决含糊不清，一切全凭上级拿主意、想办法，是意见写作所忌讳的。

3. 意见在一般情况下只有建议性质，这样的意见是指来自下级的，一经上级批转或批准，即从建议性转化为指导性和约束性。另一种来自上级机关的意见，虽然文种名称叫意见，但其本质含义已不再是参谋建议的性质，而有了指示性。目前，在实际工作中这种来自上级的意见有增多的趋势，它有利于促进机关工作作风的民主化。

（二）意见的类别

由于意见行文方向的多样性，一般分为上行文的意见和下行文的意见两种。

（三）意见的写作结构

意见用于对重要问题提出见解和处理办法，由标题和正文两部分组成。

1. 标题。标题由发文机关名称、事由和文种三要素构成，如《中共中央关于加强党的政治建设的意见》。

2. 正文。（1）开头。意见的开头，或用一个独立的段落，或用一个独立的段落再加上主体内容的一个专门的问题，简要说明行文的缘由、背景、依据与目的。（2）主体。这是意见的核心部分，用来对重要问题提出见解和处理办法。它可以是并列的几条，每条之首有一个显示这一段落内容的“主旨句”，这种情形与开头构成了“撮要分条”的结构形态。也可以由几个大的部分组成，每个部分有一个显示这部分中心内容的“小标题”，这种结构通常称为“分部分”的形态。（3）结尾。上行的意见，通常要写明“以上意见，如无不妥，请批转各地、有关部门贯彻执行”；下行的意见，其结尾主要是提出贯彻、反馈的具体意见，内容复杂、采用“分部分”写法的，多是用一个专门问题讲有关“加强组织领导”方面的内容。

（四）意见的写作技法

1. 明确内涵，区别界限。为了准确使用意见，要把握意见的含义，把它和与其近似的请示、指示性通知及函严格区别开来。

（1）向上行文，凡属申请钱、申请物、申请机构、申请编制、申请干部、申请出国（境）等问题的，要用“请示”而不能使用意见。意见与请示的本质区别在于它向上级要的不是“人、财、物”等“硬件”，而是“政策”“办法”等“软件”。

（2）向下行文，凡属阐明工作指导原则，但不需作较多理论分析，且对下级规定性较强、要求很具体的，应用“指示性通知”而不用“意见”。

（3）不相隶属机关之间相互行文，对涉及某一重要问题所提的见解和处理办法，如属供对方参考而不需要回复的，应用“意见”，反之，则要用“函”。

2. 把握内在，珠联璧合。写意见不同于写请示、情况报告、周知性通知与函，这几个文种在内在结构上并不要求必须“提出问题”，随即“分析问题”，然后要“解决问题”。因为有的请示和通知，基本上是“提出问题—解决问题”的单一内在结构形式；一些情况报告，往往是“提出与分析问题”，而不存在什么“解决问题”的内容。但意见不同，特别是下行的意见，不仅要“提出问题”，而且要对问题作出深刻的分析，并在分析的基础上有针对性地提出解决问题的完整想法。也就是说，意见的内在结构必须是“提出问题—分析问题—解决问题”的“珠联璧合”，缺少其中任何一个“问题”，都不符合“意见”写作的内在规律。

3. 上下有别，用语不同。由于意见的行文方向不同，其用语也截然不同。上行的意见，要使用下级对上级汇报见解、陈述办法的语气，如“我们考虑”“我们认为”“我们建议”“我们要求”及“请”“敬”“望”等。下行的意见，则较多使用一些带有祈使语气表示肯定或带有禁止语气以示否定的指令性语气。平行的意见，要使用平行协商的语气，多用商量、谦恭的语句，以征得对方的理解与支持。

【典范文例】

国务院关于改革国有企业工资决定机制的意见

国发〔2018〕16号

各省、自治区、直辖市人民政府，国务院各部委、各直属机构：

国有企业工资决定机制改革是完善国有企业现代企业制度的重要内容，是深化收入分配制度改革的重要任务，事关国有企业健康发展，事关国有企业职工切身利益，事关收入分配合理有序。改革开放以来，国家对国有大中型企业实行工资总额同经济效益挂钩办法，对促进国有企业提高经济效益、调动广大职工积极性发挥了重要作用。随着社会主义市场经济体制逐步健全和国有企业改革不断深化，现行国有企业工资决定机制还存在市场化分配程度不高、分配秩序不够规范、监管体制尚不健全等问题，已难以适应改革发展需要。为改革国有企业工资决定机制，现提出以下意见。

一、总体要求

（一）指导思想。全面贯彻党的十九大精神，以习近平新时代中国特色社会主义思想为指导，认真落实党中央、国务院决策部署，统筹推进“五位一体”总体布局和协调推进“四个全面”战略布局，坚持以人民为中心的发展思想，牢固树立和贯彻落实新发展理念，按照深化国有企业改革、完善国有资产管理体制和坚持按劳分配原则、完善按要素分配体制机制的要求，以增强国有企业活力、提升国有企业效率为中心，建立健全与劳动力市场基本适应、与国有企业经济效益和劳动生产率挂钩的工资决定和正常增长机制，完善国有企业工资分配监管体制，充分调动国有企业职工的积极性、主动性、创造性，进一步激发国有企业创造力和提高市场竞争力，推动国有资本做强做优做大，促进收入分配更合理、更有序。

（二）基本原则。

——坚持建立中国特色现代国有企业制度改革方向……

——坚持效益导向与维护公平相统一……

——坚持市场决定与政府监管相结合……

——坚持分类分级管理……

二、改革工资总额决定机制

（三）改革工资总额确定办法。按照国家工资收入分配宏观政策要求，根据企业发展战略和薪酬策略、年度生产经营目标和经济效益，综合考虑劳动生产率提高和人工成本投入产出率、职工工资水平市场对标等情况，结合政府职能部门发布的工资指导线，合理确定年度工资总额。

（四）完善工资与效益联动机制。企业经济效益增长的，当年工资总额增长幅度可在不超过经济效益增长幅度范围内确定。其中，当年劳动生产率未提高、上年人工成本投入产出率低于行业平均水平或者上年职工平均工资明显高于全国城镇单位就业人员平均工资的，当年工资总额增长幅度应低于同期经济效益增长幅度；对主业不处于充分竞争行业和领域的企业，上年职工平均工资达到政府职能部门规定的调控水平及以上的，当年工资总额增长幅度应低于同期经济效益增长幅度，且职工平均工资增长幅度不得超过政府职能部门规定的工资增长调控目标。

企业经济效益下降的，除受政策调整等非经营性因素影响外，当年工资总额原则上相应下降。其中，当年劳动生产率未下降、上年人工成本投入产出率明显优于行业平均水平或者上年职工平均工资明显低于全国城镇单位就业人员平均工资的，当年工资总额可适当少降。

企业未实现国有资产保值增值的，工资总额不得增长，或者适度下降。

企业按照工资与效益联动机制确定工资总额，原则上增人不增工资总额、减人不减工资总额，但发生兼并重组、新设企业或机构等情况的，可以合理增加或者减少工资总额。

（五）分类确定工资效益联动指标。根据企业功能性质定位、行业特点，科学设置联动指标，合理确定考核目标，突出不同考核重点。

对主业处于充分竞争行业和领域的商业类国有企业，应主要选取利润总额（或净利润）、经济增加值、净资产收益率等反映经济效益、国有资本保值增值和市场竞争能力的指标。对主业处于关系国家安全、国民经济命脉的重要行业和关键领域、主要承担重大专项任务的商业类国有企业，在主要选取反映经济效益和国有资本保值增值指标的同时，可根据实际情况增加营业收入、任务完成率等体现服务国家战略、保障国家安全和国民经济运行、发展前瞻性战略性产业以及完成特殊任务等情况的指标。对主业以保障民生、服务社会、提供公共产品和服务为主的公益类国有企业，应主要选取反映成本控制、产品服务质量、营运效率和保障能力等情况的指标，兼顾体现经济效益和国有资本保值增值的指标。对金融类国有企业，属于开发性、政策性的，应主要选取体现服务国家战略和风险控制的指标，兼顾反映经济效益的指标；属于商业性的，应主要选取反映经济效益、资产质量和偿付能力的指标。对文化类国有企业，应同时选取反映社会效益和经济效益、国有资本保值增值的指标。劳动生产率指标一般以人均增加值、人均利润为主，根据企业实际情况，可选取人均营业收入、人均工作量等指标。

三、改革工资总额管理方式

（六）全面实行工资总额预算管理……

（七）合理确定工资总额预算周期……

（八）强化工资总额预算执行……

四、完善企业内部工资分配管理

（九）完善企业内部工资总额管理制度。国有企业在经备案或核准的工资总额预算内，依法依规自主决定内部工资分配。企业应建立健全内部工资总额管理办法，根据所属企业功能性质定位、行业特点和生产经营等情况，指导所属企业科学编制工资总额预算方案，逐级落实预算执行责任，建立预算执行情况动态监控机制，确保实现工资总额预算目标。企业集团应合理确定总部工资总额预算，其职工平均工资增长幅度原则上应低于本企业全部职工平均工资增长幅度。

（十）深化企业内部分配制度改革。国有企业应建立健全以岗位工资为主的基本工资制度，以岗位价值为依据，以业绩为导向，参照劳动力市场工资价位并结合企业经济效益，通过集体协商等形式合理确定不同岗位的工资水平，向关键岗位、生产一线岗位和紧缺急需的高层次、高技能人才倾斜，合理拉开工资分配差距，调整不合理过高收入。加强全员绩效考核，使职工工资收入与其工作业绩和实际贡献紧密挂钩，切实做到能增能减。

（十一）规范企业工资列支渠道。国有企业应调整优化工资收入结构，逐步实现职工收入工资化、工资货币化、发放透明化。严格清理规范工资外收入，将所有工资性收入一律纳入工资总额管理，不得在工资总额之外以其他形式列支任何工资性支出。

五、健全工资分配监管体制机制

……

六、做好组织实施工作

（十七）国有企业工资决定机制改革是一项涉及面广、政策性强的工作，各地区、各有关部门要统一思想认识，以高度的政治责任感和历史使命感，切实加强对改革工作的领导，做好统筹协调，细化目标任务，明确责任分工，强化督促检查，及时研究解决改革中出现的问题，推动改革顺利进行。各省（自治区、直辖市）要根据本意见，结合当地实际抓紧制定改革国有企业工资决定机制的实施意见，认真抓好贯彻落实。各级履行出资人职责机构要抓紧制定所监管企业的具体改革实施办法，由同级人力资源社会保障部门会同财政部门审核后实施。各级人力资源社会保障、财政、国资监管等部门和工会要各司其职，密切配合，共同做好改革工作，形成推进改革的合力。广大国有企业要自觉树立大局观念，认真执行国家有关改革规定，确保改革政策得到落实。要加强舆论宣传和政策解读，引导全社会正确理解和支持改革，营造良好社会环境。

（十八）本意见适用于国家出资的国有独资及国有控股企业。中央和地方有关部门或机构作为实际控制人的企业，参照本意见执行。

本意见所称工资总额，是指由企业在一个会计年度内直接支付给与本企业建立劳动关系的全部职工的劳动报酬总额，包括工资、奖金、津贴、补贴、加班加点工资、特殊情况下支付的工资等。

国务院

2018 年 5 月 13 日

六、公报

公报是公开发布重大事件或重要决定事项时使用的一种公文。它是党和国家的高级机关用来公布重大事件、重要会议、重要消息和重要决策的，或是国家统计部门用以公布社会发展和国民经济的重要情况的，除此之外，一般不能使用公报。

（一）公报的特点

1. 内容上的庄严性。从公报的适用范围来看，它所涉及的内容有两项：一是重要决定、重大决策；二是重大事项。由于它的使用者是党和国家机关，而且内容重大，因此，具有很强的庄重性和严肃性。

2. 形式上的多样性。从实践来看，公报的发布既不同于一般的例行公文，也不同于张贴的布告，多是通过新闻渠道刊登和播发。在这一过程中，如果以新闻形式发布，则称新闻公报；以党和国家机关的名义直接发布重要决定或重大决策的，称为发布公报；两个或两个以上的政党、国家、社会团体的代表将会谈达成的协议通过正式文件公布，则称为联合公报。正因为如此，公报在发布形式上呈现多样化的特征。

3. 使用上的习惯性。从适用范围来看，公报与行政公文中的公告极其相近，其所涉及的内容均为党和国家的重要事项，而且影响范围也相同，均是面向国内外发布。但从实际情况看，二者仍然存在差别，其中在很大程度上取决于使用的习惯性。例如，公布重要会议情况，多用公报，而公布党和国家领导人的重要出访活动及人事变动，多用公告；公布重大事件，多用公报，而公布重要消息，则多用公告；公布有关人口普查、经济发展和国家计划执行情况，多用公报；公布重要事项，则多用公告。

（二）公报的类别

按公报的使用对象，可以分为以下四种。

1. 新闻公报。党和国家就某一重大事件、活动或问题发布的带有新闻性的公报。

2. 会议公报。党和国家召开重要会议时或发布会议某些重要活动情况时使用的公报。

3. 联合公报。又称会谈公报，多用于外交方面。它是国家、政党就某些重大的原则问题进行会议协商，取得一致意见以后而发布的文件。联合公报，须双方签字，共同发表，并具有法律效力，参加会议各方必须严格遵守。

4. 专题公报。是就某一问题、事件发布的公报，如为经济运行情况、人口普查、气象、汛情等发布的公报都属此类。

（三）公报的写作结构

公报一般由标题、题注、正文组成。

1. 标题。公文的标题有三种形式。第一种是发文机关加事由与文种，如《中华人民共和国国家统计局关于一九九〇年人口普查主要数据的公报》；第二种是事由（或公报内容）加文种，如《2022 年国民经济和社会发展统计公报》；第三种是发文机关加文种，如《中国共产党第十九届中央委员会第四次全体会议公报》。在公报使用中，切忌只写文种，单用“公报”作标题。

2. 题注。在标题正下方，用“(　)”括入，写明发布公报的日期或通过事项的日期及会议名称。

3. 正文。由于公报类型不同，正文包含的内容各异，其写法也有所差别。下面分别介绍会议公报、统计公报以及新闻公报的正文及写法。

（1）会议公报的正文一般包括三项内容，一般要分项说明。以《中国共产党第十九届中央委员会第三次全体会议公报》为例，第一项，写明在什么时间、什么地点、召开了什么会议。如公报一开始就写道：“中国共产党第十九届中央委员会第三次全体会议，于 2018 年 2 月 26 日至 28 日在北京举行。”第二项，交代出席会议的人数、人员状况、会议由谁主持以及讲话、发言情况。第三项，写明会议的主要活动内容及决定事项。有些会议公报还要写出会议的号召及希望。

（2）统计公报的正文写法与会议公报的写法大不相同。例如，《2018 年国民经济和社会发展统计公报》的前言，首先说明 2018 年面临的形势，并阐述做了哪些工作，国民经济各方面取得的成绩。有的统计公报在前言结束时可用“现公布如下”的标志用语，作为从前言到主体的过渡。主体部分是公报的主要内容，要着力写好。一般采用分项列述的方法，要求条理清楚，内容全面、具体。如以上所举例文的主体部分，就是按国民经济及社会发展所包括的项目分项说明的，包括：工业，工业和建筑业，服务业，国内贸易，固定资产投资，对外经济，财政金融，居民收入消费和社会保障，科学技术和教育，文化、旅游、卫生健康和体育，资源、环境和应急管理。

（3）新闻公报具有新闻报道的性质，必须遵循新闻的写作原则，做到内容新、报道速度快、让事实说话。其写法类似于动态消息。一般都非常简明扼要、精练概括，包括导语、主体与结尾三个方面。

（四）公报的写作技法

1. 要注意严把“内容关”，做到当“公”则“公”，当“报”则“报”。公报要公之于世，这是就空间来讲的；它又是一种历史性文件，这是就时间来讲的。正是因为这种时空特性，要求我们对写入公报中的内容必须认真筛选，严格把关。

2. 要做到重点明确，主旨突出。有些公报，特别是会议公报和涉及统计情况的公报，内容往往比较繁杂。因此，在撰写时必须抓住重点，突出行文的主旨。既要把写作重点放在对事件的陈述和观点的阐述上，又要紧扣全文的核心内容来写，切忌芜杂并陈，令人难得要领。

3. 要注意用语的准确性和概括性。公报作为党和国家管理机关使用的公文，用以公布重大事件或重要决策。因此，十分讲究用语的准确性和概括性。是什么，不是什么；应当怎样做，不应怎样做，必须确切无误地传输给读者，而且要最大限度地使用低密度的语言，用较少的文字涵盖丰富的内容，做到言约意丰。仔细体会《中国共产党十九届中央委员会第三次全体会议公报》和中美上海《联合公报》中的语言，我们就不难理解公报文体的语言特性和要求了。

4. 要严格区别"公报"与"公告"，切忌混用或错用。如前所述，公报与公告两个文种所涉及的内容事项及辐射范围基本相同，并且存在使用上的习惯性问题。因此，极易错用或混用。要注意它们之间的细微差别，不可随意而为。否则，就会有损公报文体的严肃性。

【典范文例】

中国共产党第十九届中央委员会第三次全体会议公报

（2018年2月28日中国共产党第十九届中央委员会第三次全体会议通过）

中国共产党第十九届中央委员会第三次全体会议，于2018年2月26日至28日在北京举行。

出席这次全会的有，中央委员202人，候补中央委员171人。中央纪律检查委员会副书记和有关方面负责同志列席会议。

全会由中央政治局主持。中央委员会总书记习近平作了重要讲话。全会听取和讨论了习近平受中央政治局委托作的工作报告。全会审议通过了中央政治局在广泛征求党内外意见、反复酝酿协商的基础上提出的拟向十三届全国人大一次会议推荐的国家机构领导人员人选建议名单和拟向全国政协十三届一次会议推荐的全国政协领导人员人选建议名单，决定将这两个建议名单分别向十三届全国人大一次会议主席团和全国政协十三届一次会议主席团推荐。全会审议通过了《中共中央关于深化党和国家机构改革的决定》和《深化党和国家机构改革方案》，同意把《深化党和国家机构改革方案》的部分内容按照法定程序提交十三届全国人大一次会议审议。

全会充分肯定党的十九届一中全会以来中央政治局的工作。一致认为，面对复杂多变的国际形势、艰巨繁重的国内改革发展稳定任务，中央政治局全面贯彻党的十九大和十九届一中、二中全会精神，高举中国特色社会主义伟大旗帜，坚持以马克思列宁主义、毛泽东思想、邓小平理论、“三个代表”重要思想、科学发展观、习近平新时代中国特色社会主义思想为指导，不忘初心、牢记使命，全面加强党对一切工作的领导，坚持稳中求进工作总基调，勇于创新，扎实工作，统筹推进“五位一体”总体布局，协调推进“四个全面”战略布局，团结带领全党全国各族人民，坚定信心，凝心聚力，只争朝夕，真抓实干，着力全面深化改革、保持经济平稳健康发展，着力全面依法治国、推进中国特色社会主义法治体系建设，全力以赴打好防范化解重大风险、精准脱贫、污染防治的攻坚战，着力全面从严治党、切实转变工作作风，全面推进社会主义经济建设、政治建设、文化建设、社会建设、生态文明建设和党的建设，在决胜全面建成小康社会、开启全面建设社会主义现代化国家新征程上迈出新的步伐，推动党和国家各项事业取得新的成绩。

全会认为，开好十三届全国人大一次会议和全国政协十三届一次会议，对动员全党全国各族人民为决胜全面建成小康社会、夺取新时代中国特色社会主义伟大胜利而奋斗具有重大意义。

全会提出，深化党和国家机构改革是推进国家治理体系和治理能力现代化的一场深刻变革。党和国家机构职能体系是中国特色社会主义制度的重要组成部分，是我们党治国理政的重要保障。新中国成立后，在我们党领导下，我国确立了社会主义基本制度，逐步建立起具有我国特点的党和国家机构职能体系。在社会主义建设和改革开放过程中，我们党积极推进党和国家机构改革，各方面机构职能不断优化、逐步规范。党的十八大以来，以习近平同志为核心的党中央紧紧围绕完善和发展中国特色社会主义制度、推进国家治理体系和治理能力现代化这个总目标全面深化改革，加强党的领导，坚持问题导向，突出重点领域，深化党和国家机构改革，在一些重要领域和关键环节取得重大进展，为党和国家事业取得历史性成就、发生历史性变革提供了有力保障。

全会强调，面对新时代新任务提出的新要求，党和国家机构设置和职能配置同统筹推进“五位一体”总体布局、协调推进“四个全面”战略布局的要求还不完全适应，同实现国家治理体系和治理能力现代化的要求还不完全适应。全党必须统一思想、坚定信心、抓住机遇，在全面深化改革进程中，下决心解决党和国家机构职能体系中存在的障碍和弊端，加快推进国家治理体系和治理能力现代化，更好发挥我国社会主义制度优越性。

全会强调，深化党和国家机构改革的指导思想是，全面贯彻党的十九大精神，坚持以马克思列宁主义、毛泽东思想、邓小平理论、“三个代表”重要思想、科学发展观、习近平新时代中国特色社会主义思想为指导，适应新时代中国特色社会主义发展要求，坚持稳中求进工作总基调，坚持正确改革方向，坚持以人民为中心，坚持全面依法治国，以加强党的全面领导为统领，以国家治理体系和治理能力现代化为导向，以推进党和国家机构职能优化协同高效为着力点，改革机构设置，优化职能配置，深化转职能、转方式、转作风，提高效率效能，为决胜全面建成小康社会、开启全面建设社会主义现代化国家新征程、实现中华民族伟大复兴的中国梦提供有力制度保障。深化党和国家机构改革，必须贯彻坚持党的全面领导、坚持以人民为中心、坚持优化协同高效、坚持全面依法治国的原则。

全会提出，深化党和国家机构改革的目标是，构建系统完备、科学规范、运行高效的党和国家机构职能体系，形成总揽全局、协调各方的党的领导体系，职责明确、依法行政的政府治理体系，中国特色、世界一流的武装力量体系，联系广泛、服务群众的群团工作体系，推动人大、政府、政协、监察机关、审判机关、检察机关、人民团体、企事业单位、社会组织等在党的统一领导下协调行动、增强合力，全面提高国家治理能力和治理水平。既要立足实现第一个百年奋斗目标，针对突出矛盾，抓重点、补短板、强弱项、防风险，从党和国家机构职能上为决胜全面建成小康社会提供保障；又要着眼于实现第二个百年奋斗目标，注重解决事关长远的体制机制问题，打基础、立支柱、定架构，为形成更加完善的中国特色社会主义制度创造有利条件。

全会提出，深化党和国家机构改革的首要任务是，完善坚持党的全面领导的制度，加强党对各领域各方面工作领导，确保党的领导全覆盖，确保党的领导更加坚强有力。要建立健全党对重大工作的领导体制机制，强化党的组织在同级组织中的领导地位，更好发挥党的职能部门作用，统筹设置党政机构，推进党的纪律检查体制和国家监察体制改革。

全会提出，转变政府职能，优化政府机构设置和职能配置，是深化党和国家机构改革的重要任务。要坚决破除制约使市场在资源配置中起决定性作用、更好发挥政府作用的体制机制弊端，围绕推动高质量发展，建设现代化经济体系，调整优化政府机构职能，合理配置宏观管理部门职能，深入推进简政放权，完善市场监管和执法体制，改革自然资源和生态环境管理体制，完善公共服务管理体制，强化事中事后监管，提高行政效率，全面提高政府效能，建设人民满意的服务型政府。

全会提出，统筹党政军群机构改革，是加强党的集中统一领导、实现机构职能优化协同高效的必然要求。要统筹设置相关机构和配置相近职能，理顺和优化党的部门、国家机关、群团组织、事业单位的职责，完善党政机构布局，深化人大、政协和司法机构改革，深化群团组织改革，推进社会组织改革，加快推进事业单位改革，深化跨军地改革，增强党的领导力，提高政府执行力，激发群团组织和社会组织活力，增强人民军队战斗力，使各类机构有机衔接、相互协调。

全会提出，治理好我们这样的大国，要理顺中央和地方职责关系，更好发挥中央和地方两个积极性。要统筹优化地方机构设置和职能配置，构建从中央到地方运行顺畅、充满活力、令行禁止的工作体系，中央加强宏观事务管理，地方在保证党中央令行禁止前提下管理好本地区事务，赋予省级及以下机构更多自主权，合理设置和配置各层级机构及其职能，增强地方治理能力，加强基层政权建设，构建简约高效的基层管理体制。

全会提出，机构编制法定化是深化党和国家机构改革的重要保障。要完善党和国家机构法规制度，依法管理各类组织机构，加快推进机构、职能、权限、程序、责任法定化，全面推行政府部门权责清单制度，规范和约束履职行为，让权力在阳光下运行，强化机构编制管理刚性约束，加大机构编制违纪违法行为查处力度。

全会强调，深化党和国家机构改革是一个系统工程，各级党委和政府要把思想和行动统一到党中央关于深化党和国家机构改革的决策部署上来，增强“四个意识”，坚定“四个自信”，坚决维护以习近平同志为核心的党中央权威和集中统一领导，把握好改革发展稳定关系，不折不扣抓好党中央决策部署贯彻落实，依法依规保障改革，增强改革的系统性、整体性、协同性，加强党政军群各方面机构改革配合，使各项改革相互促进、相得益彰，形成总体效应。

全会号召，全党全国各族人民要紧密团结在以习近平同志为核心的党中央周围，统一思想，统一行动，锐意改革，确保完成深化党和国家机构改革的各项任务，不断构建系统完备、科学规范、运行高效的党和国家机构职能体系，为决胜全面建成小康社会、加快推进社会主义现代化、实现中华民族伟大复兴的中国梦而奋斗！

七、公告和通告

公告是党政机关向国内外宣布重要事项或者法定事项时使用的告知性公文。通告是在一定范围内公布应当遵守或周知的事项时使用的告知性公文。

（一）公告和通告的特点

1. 公告和通告的共同点

（1）公开。公告与通告，主要是采用公开张贴或报纸刊登、电台广播、电视转播的形式予以公开发布，只有个别通告是使用内部行文的方式。这与其他公文基本使用内部行文的形式（公报、公布令及个别通知、通报有时也公开发布）显然大不相同。

（2）广泛。公告和通告的内容告知的人越多越好，最好是家喻户晓。其他公文并非如此，多数是在特定的范围内运行，有的甚至划定一个限制阅读的界限，机密、绝密文件的限定更是极其严格的。

（3）庄重。公告是党和国家机关使用的，通告的使用者虽较广泛，但也仅限于有一定权威的机关及管理部门。两者在内容上除一部分是为了周知用的之外，较多的是用以规范人们的社会行为，要求人们不但要知晓，而且要严格遵守与服从，在某种程度上与法规相似。公告和通告在使用上的特定性与内容的法规性，体现了它的庄重性。

2. 公告和通告的不同点

（1）从所宣布告知事项的性质来看，公告重于通告，它是用来宣布党和国家重要事项或法定事项的。这里的一个“重要”、一个“法定”，显然是通告所不能相提并论的，因为通告主要用于发布应当遵守或周知的事项。

（2）从所公布的范围看，公告是面向国内外的，范围最广；通告则是针对社会的某一方面，用于局部范围。

（3）从所发布的机关看，公告的发布机关级别高，党和国家的高级机关才可以使用；至于通告，上自中央机关、下至基层部门均可使用。

（二）公告和通告的写作结构

公告和通告一般由标题、正文和结尾三部分组成。

1. 标题。标题基本有两种形式：一是由制文机关与文种组成，如《中华人民共和国中央人民政府公告》（1949 年 10 月 1 日）；二是由制文机关、事由与文种组成。

2. 正文。正文基本有三种写法：第一种，问题专一，内容不太复杂的公告和通告，通常采用篇段合一的写法，即全文只有一段文字，一气呵成。有的虽然问题专一，但内容比较复杂的公告和通告，为了充分显示它的庄重性，也采用这种结构形式。第二种，撮要分条的写法。这是公告和通告较为普遍采用的结构形式，它的特点是层次明朗，令人一目了然。第三种，分条列段的写法。这也是公告和通告常用的一种写作技法，即将全文划分为几个并列的段落，每个段落的前面也不标序号。

3. 落款。落款一般包括发文机关名称和发文时间。

（三）公告和通告的写作技法

1. 篇幅要短，文字要简。公告、通告都是短篇公文，尤其是公告，更应短之又短。像宣告中华人民共和国诞生的《中华人民共和国中央人民政府公告》，只有七百多字，堪称当代公文中短小精悍的典范。如长篇大论，不仅违背“告”的本意，而且群众难以把握，当然也难以遵守。要想篇幅短小，关键是文字应简要。要做到文字简要，一是要开门切入主题，结尾干脆利落，不穿靴、不戴帽；二是讲事情，提要求，直陈其事，观点鲜明，不绕弯子，不兜圈子；三是语句要凝练，不疲软、不含糊，一语中的、言简意赅。

2. 结构形态灵活多样。公告大都是用来宣布某一重要事项或者法定事项的，事情性质虽属重大，但内容比较单一，情况不太复杂，故在结构上应当采用“篇段合一”的形式，一气呵成，至多把全文划分为两个段落。

通告大都是向人们宣布应当遵守的事项的，在内容上既要提出、分析问题，更要注重解决问题，情况较为复杂一些。写这类文件应当尽量用“撮要分条”的写法，开头先讲制发文件的缘由与背景，即提出与分析问题，然后分条列项地表述告知应遵守的事项，一条是一个独立的含义与要求，各条之间既要保持内在的密切联系，又要相对独立，切忌你中有我、我中有你。

3. 严肃对待，不可乱用。当前在公告、通告使用上存在的问题，“写”并不是主要的，主要的问题是概念不清，使用公告“太随意”，已经达到混乱不堪的地步。

【典范文例】

北京市公安局公安交通管理局
关于2018年“劳动节”期间对本市部分道路采取临时
交通管理措施的通告

为确保2018年“劳动节”期间本市道路交通安全与畅通，根据《中华人民共和国道路交通安全法》的有关规定，决定自2018年4月29日起至5月1日止，对本市部分道路采取临时交通管理措施。现通告如下：

一、天安门广场地区

4月29日0时至5月1日24时，广场东侧路、广场西侧路禁止车辆通行（持专项活动通行证的机动车除外），过往车辆（含公共电、汽车）绕行正义路和人大会堂西路。

二、京藏高速公路

4月29日至5月1日，每天3时至15时，京藏高速公路百葛桥六环路出口至营城子收费站出京方向，禁止4吨（不含）以上载货汽车通行。禁止通行的机动车可绕行六环路、京新高速公路、110国道。

三、对以上采取交通管理措施的区域及道路，公安机关交通管理部门将根据道路交通的实际情况，适时调整具体的管理措施或采取分流措施。

特此通告。

北京市公安局公安交通管理局

2018年4月25日

八、通知

通知是党政机关常用的一种公文。在我们党和国家历次发布的公文处理法规中，一直将其列为主要公文文种之一。从实际情况来看，通知是党政机关使用频率最高、适用范围最广的一个文种。

（一）通知的特点

通知的适用范围很广，呈现出多功能的特性，具体表现为以下三点。

1. 发布性。指用通知发布有关法规和规章，一般用于党政机关内部行文，此种通知称为“发布性通知”。例如，《条例》，使用的是发布性通知。

2. 指示性。指用通知发布要求下级机关办理或需要有关单位周知、执行的事项。此种通知称为“指示性通知”，它具有明显的指示性。同时，这种指示性通知，一般以机关办公部门的名义行文。

3. 中转性。指用于批转下级机关的公文，转发上级机关和不相隶属机关的公文。具体分为三种情形：一是上转下，即将某一下级机关的公文批转给所属下级机关；二是下转上，即将上级机关的来文转发给所属下级机关；三是平转平，即将平级机关或不相隶属机关的来文转发给所属下级机关。其中上转下称为“批转性通知”，下转上和平转平统称为“转发性通知”。

（二）通知的类别

根据通知文种的实际使用情况，可将其分为指示性通知，发布性通知，批转、转发性通知和知照性通知等类。

（三）通知的写作结构

1. 指示性通知。指示性通知是上级机关对下级机关就某一事项作出具体规定或者就某一问题作出具体指示时使用的文种。它通常由标题、通知缘由、通知事项组成。

（1）标题。即公文名称，应写得准确、简要，采用发文机关、事由和文种三要素齐备的标准式标题，如《中共中央纪律检查委员会关于坚决纠正新形势下出现的不正之风的通知》等。

（2）通知缘由。通知缘由是指示性通知正文的开头部分，应写得简明扼要、精练概括。一般应交代发布通知的背景、目的、理由等，以便为下文进一步提出通知事项做好铺垫。用语要简洁、明确，文字不宜过多，然后用过渡语“现通知如下”“现将有关事项通知如下”“为此，特作如下通知”等，后用冒号，开启下文。

（3）通知事项。这部分是指示性通知撰写的主干。它是受文单位执行的依据，要明确、具体地交代应知和应办的事项，即工作的任务和要求，切忌含混笼统，令人不得要领。在结构安排上，一般采用分条列项式写法，用序号标明层次；也可采用分列小标题式写法，将通知内容分作几个方面，分别进行阐述。无论采取哪种方式，都必须做到条理清晰、眉目清楚，便于领会、理解和执行。这是写作通知事项部分的关键一环。

2. 发布性通知。发布性通知是指用以发布法规和规章的通知。它一般由标题、正文组成。

（1）标题。通常由发文机关、被发布的法规或规章名称、文种三要素构成，如《国务院关于发布〈国务院工作人员守则〉的通知》等。

（2）正文。发布性通知的正文部分较为简短，一般包括两层内容：一是用介词结构前置的句式（“现将……”）引出被发布的法规或规章名称；二是提出贯彻执行的希望或要求，此项内容通常使用的习惯性语句有“请认真贯彻执行”“请照此执行”等，旨在强调通知的内容关系重大，必须令行禁止，照章办事，以充分体现其指挥效力。在结构安排上一般采用篇段合一式，极其简练明快，不容置疑。

3. 批转、转发性通知。批转、转发性通知包括三种情形：一是用于批转下级机关公文，通称“批转性通知”；二是用于转发上级机关、同级机关和不相隶属机关的公文，通称“转发性通知”；三是印发有关的文件材料，如领导人讲话、本机关的工作计划和工作总结等，通称“印发性通知”。此类通知与发布性通知相同，其后均有被批转、转发和印发的原文作为附件。

批转、转发性通知一般由标题、正文组成。

（1）标题。一般由发文机关，被批转、转发或印发的文件的标题和文种三要素构成。

（2）正文。一般应载明三层内容：一是写明被批转、转发或印发的文件；二是指明通知事项的意义，即阐述批转、转发或印发该文件的必要性和重要性；三是提出具体的贯彻执行的意见或要求，要特别注意所提出的执行要求必须具有针对性，即要结合本地区、本单位、本系统的实际情况，对被批转、转发、印发的文件内容要求加以具体化，做到“有的放矢”。

4. 知照性通知。知照性通知是指要求受文机关知晓某一事项的通知，如会议通知、人事任免通知、迁址办公通知、启用印章通知，以及成立、调整、撤销某机构的通知等，均属知照性通知。

（1）标题。知照性通知的标题一般由发文机关、事由和文种名称三要素构成，如《国务院关于成立中国船舶工业总公司的通知》等。

（2）正文。其内容一般较为简短。撰写时应当根据实际情况，准确、具体地予以载明。会议通知，应主要写明召开会议的缘由、目的、会议名称、主持召集单位、会议内容、起止时间、参加人员、会议地点、报到的时间及地点、需要准备的材料、食宿安排和其他有关事项。总之，无论撰写哪种通知，都必须做到开门见山，直截了当，用语简洁干脆，意尽言止。

（四）通知的写作技法

1. 要着眼于解决问题，切忌“来去空空”。制发各类通知都是为了解决实际问题，因此必须着眼于实际。有的通知不仅要提出问题，而且要分析问题，拿出解决问题的办法，如指示性通知；有的通知内容比较简单，表现为提出问题与解决问题，如规定性、事务性通知；更为简单的，如批转、转发、发布性通知（不包括附件）及任免性、会议性通知等，基本只有解决问题的内容，而无提出问题，更无分析问题的内容。

2. 要讲求实效，切忌滥发通知。由于发布通知是要求所属机关单位贯彻执行或周知的，其目的在于指导和推动工作的深入开展。因此，要特别注意发布的必要性，讲求实效，严禁随意滥发，严格控制发文的数量，做到量度适中。实践中，有些机关不分巨细，逢事必发“通知”，以致过多过滥，有损通知的严肃性，必须加以纠正。

3. 要把握内涵，切忌越俎代庖。由于通知具有多功能的特性，因而在实践中往往备受“偏爱”。有些公文，按其内容性质及发文的目的要求本来应当用函、意见或通告，却往往被通知代替。甚至有些本来应用启事、声明之类的日常应用文也随意用通知行文，既不严肃又有悖于法规规定，应当引起高度注意。

4. 要明确无疑，切忌阻滞含混。发布通知是为了解决实际问题并且需要贯彻执行，因此，在写作时必须做到主旨明确，结构严谨，用语通畅，令人一目了然。同时，在内容上必须符合党和国家的方针政策以及上级机关的文件指示精神，合乎本地区、本部门的实际情况。否则，就会从根本上损害通知的质量和效用。

【典范文例】

国务院批转国家发展改革委
关于2017年深化经济体制改革重点工作意见的通知

国发〔2017〕27号

各省、自治区、直辖市人民政府，国务院各部委、各直属机构：

国务院同意国家发展改革委《关于2017年深化经济体制改革重点工作的意见》，现转发给你们，请认真贯彻执行。

国务院

2017年4月13日

九、通报

通报属于知照性公文，是党政机关公文的主要文种之一，适用于“表彰先进、批评错误、传达重要精神和告知重要情况”。从实践来看，通报也是党政机关使用频率较高的一个文种。

（一）通报的特点

通报重在叙述事实，让事实说话，寓理于事，以事明理。它主要是通过对社会实践中发生的正反两个方面事实的陈述，起到示范、指导、教育和警诫作用。从这个意义上讲，通报具有其他文种所不能代替的作用。

（二）通报的类别

根据发布形式的不同，可以分为：一是由发文机关直接进行表述的直述式通报。二是由发文机关将下级机关的报告、通报、典型材料、简报、经验介绍等以通报名义加以批转的转述式通报。根据通报文种的实际使用情况不同，可从内容性质和功用的角度将其划分为三大类：一是用以表扬好人好事、推广典型经验、树立先进典型的表彰性通报。二是用来批评错误行为和典型事故的批评性通报。三是用以传达上级机关的重要精神或重要情况的情况性通报。

（三）通报的写作结构

通报一般由六部分组成。

1. 标题。通报的标题构成方式主要有两种：一是标准式，即包括发文机关名称、事由和文种三个要素。此种形式的标题最为多见，如《中央纪律检查委员会关于不准干扰大学毕业生分配工作的通报》。二是省略式，由于红色版头中已有发文机关名称，故在标题中有意省略发文机关名称，只有“事由和文种”两要素，如《关于连续发生重大火灾情况的通报》。

2. 通报缘由。通报缘由部分是通报正文写作的“引言”，是全篇内容的总括。它要用简明扼要的语言“描述”通报的核心内容，勾勒出一个总体轮廓，以使受文单位和人员准确地了解和把握发文机关的行文意图以及通报内容的精神实质。具体而言，表彰性和批评性通报一般应写明时间、有关单位和人员、主要事项、结果等要素，同时还要亮明发文机关的基本观点或态度。有些表彰性通报，往往省略这部分内容，行文开篇就进入通报事项的叙述，给人单刀直入、简练明快的感觉。情况性通报，如是传达重要精神的，则应着重写明其来源和基本内容。什么时间，由哪个上级机关下达了什么重要精神？对此，要准确、概括地予以载明；如系传达重要情况的，则应写明该情况发生的时间、地点、涉及的范围、问题的性质及影响等方面内容。这部分的结尾处，通常用过渡语“特通报如下”“为此，特予通报表扬，望认真组织学习”“因此，特通报全国（省、市、县、机关单位），望从中吸取教训，引以为戒”等开启下文，转入通报事项部分的写作。

3. 通报事项。这部分是通报写作的主体和核心，也是发文机关赖以提出有关希望或要求的基础和凭据。因此，要写得准确、具体、完整，将通报的基本内容如实交代清楚。具体来讲，表彰和批评性通报应主要载明事件（事故）发生的时间、地点、涉及的单位和人员、大致过程、主要情节、结果和影响等诸项要素。要在通报缘由的基础上进一步展开，使之更加具体和深化。要特别注意反映事物的本质，对于那些与表达通报意图有直接关系的过程和情节，应当详写；对于一般情况甚至无关紧要的内容事项即可略写甚至不写，以使行文简洁明快，详略得当，重点突出。切忌平铺直叙，不痛不痒，或者事无巨细，一概写入，那样就会严重影响通报的质量和效果。

在结构安排上，可采用纵式和横式两种方式。所谓纵式结构，就是指按时间先后顺序或者事物发生、发展的进程顺序来安排层次。优点在于脉络清晰，前后贯通，层次分明，从而给读者完整、连贯的印象。所谓横式结构，就是按照事物的逻辑顺序来安排层次。在实际写作中，究竟采用哪种结构形式，应视具体的内容表达需要确定。

4. 处理意见。这部分是通报写作的精要之笔。它是指对有关单位或人员的具体表彰或处分意见，或对有关精神或情况的处理意见。这部分应紧随通报事项之后写出，使两者之间形成因果关系，也就是前述通报事项为“因”，由此而提出的处理意见是“果”，前后顺承，具有内在的必然联系。撰写时要特别注意与通报缘由部分的表态语相呼应，严禁“各行其是”，以维护通报的严肃性。用语要简明精练，文字不宜过多，寥寥几笔即表明问题。表彰性通报，一般应写明经哪级组织批准，决定授予什么荣誉称号，给予怎样的物质奖励等；批评性通报，应写明给予何种惩处，是属党纪处分、政纪处分、经济处罚，还是其他别的什么，都要具体写明。应当注意的是，情况性通报往往不单独写这部分，而与下文“希望或要求”合并，以使之趋于简洁、明确、集中。

5. 原因分析。情况性通报一般没有这层内容。就表彰性和批评性通报而言，“原因分析”是不可缺少的重要组成部分。它要在上文通报事项及处理决定的基础上，作出进一步的分析和评价，挖掘事件或事故发生的根本原因或责任归属，通过分析评论，揭示问题的实质，概括出可资借鉴的经验或应当吸取的教训。要触及实质，从问题深处找原因。

6. 希望或要求。这部分是前述内容的自然延伸，也是制发通报的目的和归宿所在。因此，要紧密结合被表彰或被批评的事件行为，以及传达的某一重要精神或情况，透过表面现象，挖掘其深层含义，进而提出具有普遍指导和教育意义的希望或要求。用语要讲究分寸，要切合实际，分清是非，褒贬分明，做到合情合理，使之具有极强的针对性和可行性。

（四）通报的写作技法

1. 要区分直述式与转述式两种不同类型的通报。所谓直述式，即由发文机关直接予以表达的通报，它是单体行文；所谓转述式，是由发文机关将下级的来文（如报告、简报、通报等）作为附件，加写批语后以通报形式发下去的，它是复体行文。直述式通报，是以叙事为主，兼以说明；转述式通报，基本上是议说，而很少叙事，否则会与附件内容相重复。

2. 要让典型事实说话。通报是用典型事实教育干部、群众的，不是正面典型，就是反面典型。因此，通报的事情不可一般化，应当是代表时代跳动的脉搏，具有先进的代表性，或者是反映了当前社会上某种错误倾向，具有反面代表性的人和事以及能给人启迪、警醒作用的典型事件。只有选取这样的材料进行通报，才能较好地起到教育、鼓舞、警诫的作用。

3. 要强调分寸。通报中的议说必须是通报典型事实的引申，包括褒贬的尺度、结论的分寸、今后工作的意见等，不能牵强附会。这种引申出来的议论与说明，或者说延伸出来的观点、意见、主张、结论，既不能过泛，也不能过狭。议说过泛，大而无当，缺乏针对性，会偏离通报的本意；反之，就削弱了以此类推的目的，也偏离通报的本意。

4. 要区别指示性通知与指导性通报。既然指导性通报与指示性通知很近似，那么在具体使用上又如何进行区别呢？关键要弄清它是对某一方面情况的综合，还是针对刚刚发生的某一事件。虽然都是提出解决问题的意见，均要求下级去办，但如属前者应用指示性通知，如系后者则用指导性通报。在公文的行文原则上，当把下级或分管范围所属单位上报的通报予以转发时，应用通报，特别是所针对的是近期发生的某一典型事件，更应使用指导性通报这一文种来指挥下级的工作。

【典范文例】

关于对 ×× 区 ×× 街道党工委副书记
××× 予以批评的通报

自 9 月 1 日京津冀及周边地区 2018—2019 年秋冬季大气污染综合治理攻坚行动启动以来，生态环境部督查组已对我市进行了五轮次的督查，发现我市仍存在“散乱污”企业整治取缔不到位、重污染天气管控措施未落实到位等问题。其中，×× 区 ×× 办事处有三家“散乱污”企业没有按照“两断三清”标准取缔或整改到位，问题突出。

为督促问题整改，强力推进工作，经市领导同意，决定对责任领导 ×× 街道党工委副书记（主持办事处工作）××× 予以全市通报批评，并责令写出深刻检查。

希望 ×× 办事处认真查漏补缺，坚决杜绝类似问题发生。全市其他单位要引起重视，切实履行好环保主体和监管责任，高标准完成各项环保工作任务。

市委市政府督查局市环境污染防治攻坚办

2019 年 11 月 8 日

十、请示

请示是向上级机关请求指示、批准时使用的频率极高的一个上行文种。它虽与意见（上行的）、报告同属上行文，但三者之间同轨不同迹。

（一）请示的范围

请示文种的适用范围较广，凡涉及有关方针政策界限、工作中的重大问题、需要上级机关予以审核批准的事项（如财政支出、资产购置、人员定编、机构设置）等方面的内容时，均应以请示行文。各机关都有自己的职权范围，对超出职权范围的事项，应向上级机关行文请示，获准后方可执行和办理。

（二）请示的写作结构

请示一般由标题、正文、结尾三部分组成。

1. 标题。通常由发文机关、事由、文种三要素组成，如《××市交通局关于扩建长途客运站所需费用的请示》。拟写请示标题，必须着力写好“事由”，要明确、简括地表述出请示的中心意向，以便上级机关准确了解和把握。

2. 正文。正文部分是请示的核心内容，它要载明以下两方面事项：一是请示缘由。这是请示写作的关键环节，它直接关系到请示目的能否顺利实现。要用简明扼要的语言将请示的原因和背景情况或者请示问题的依据、出发点及思想基础交代清楚。在写法上，一般采取叙事和说理相结合的表达方式，叙事要精练，说理要透辟，力戒烦冗累赘。这部分写得好，就为下文进一步提出请示事项作了充分铺垫，请示的目的就容易实现。二是请示事项。即请示的具体内容，要将请求上级机关给予指示、批准或批转的具体问题和事情和盘托出，请求上级机关作出答复。要写好请示事项，关键在于两点：其一，明确，即直截了当，明白显露。是请求上级机关对某项工作作出指示，还是对处理某一问题作出批准，还是请求批拨资金或物资等，必须明确无误地予以表述，令人一目了然。切忌含混晦涩，隐约其词，让人不知所指。更不可拐弯抹角，言此意彼，让人难以捉摸。因为这样既不符合请示的行文要求，也难以实现请示的目的。其二，具体，即对于请示事项的表述一定要细致入微，清晰可见。请求批拨资金，则应写明总计需用资金数额多少，已筹集几何，尚需领导解决多少。切忌笼统空泛，运用如“大概”“左右”“或许”等模糊词语表述。请求批拨物资，则应将物资的品名、规格、数量等项目要素交代清楚。视具体情况，也可提出本单位对解决问题的观点、看法和方案，供领导参考，但应表明本单位的倾向性意见。最后以“可否，请批示”作结。

3. 结尾。请示的结尾一般有较为固定的结语，以示对上级机关的尊重。通常写法是“妥否（可否，是否可行），请批示”，要求上级加以批转的“请示”，一般写作“以上如无不妥，请批转……执行（办理）”。一些涉及工作重大问题解决措施的“请示”，也有的把“请批示”一语写作“请指示”；申请资金、物资设备的“请示”，多将“请批示”写作“请核实”。要特别注意请示的结语中绝不能出现“报告”字样，以免造成文种混乱，给工作带来麻烦。

（三）请示写作的注意事项

第一，要选准角度。即请示理由的切入点，它的写作至关重要。从根本上讲，请示目的能否得以实现，关键取决于“请示理由”是否充分、有力，令人信服。而要写好请示理由，其关键又在于角度的选择。同样的理由，如果角度选择失准，就是没有抓住问题的症结，没有抓住主要矛盾，因而缺乏足够的说服力。

第二，要注意行文的逻辑性。即对于请示理由的陈述，必须注意其内在的必然联系。哪些内容先说，哪些内容后说，都要缜密考虑，精心措置，不可信笔挥洒。

（四）请示的写作技法

1. 请示与上行的意见同轨不同迹。“请示”是“向上级机关请求指示、批准”时使用的频率极高的一个文种，它虽与意见（上行的）同属上行文，但二者之间“同轨不同迹”。

请示与上行的意见非常近似，具有一定的交叉性，它们都是要求上级机关对自己所提的事项或问题，或给予批准，或加以认可，即这两个文种的行文方向与目的在某种程度上具有同一性。但是它们之间又存在着散性，主要表现在所提的事项与内容不尽相同上。请示的内容较多涉及的是“人、财、物、机构、编制、出国（境）”以及工作中遇到的需要上级作出决定的重大问题或应由上级加以审批的事项等具体问题，也即人们通常所说的“硬件”；而上行意见的内容则多是对工作中一些重大问题提出见解和处理办法以及所遇到的困难，要求上级给予指示或支持，这就是人们通常所说的“软件”。

2. 请示的行文对象必须是自己的上级机关。这里所讲的“上级机关”是指与自己有着领导或指导关系的直属上级。例如，一个县的教育局，县政府对它存在领导关系，市教育局与它是指导与被指导的关系，县委与县教育局党组又是领导与被领导关系。但是在实际工作中我们常常看到以下两种情形：一是县里某一个局需要一笔经费，它在给县财政局行文时用了请示；二是某县的县委，就县委学习中心组领导成员调整一事行文给市委宣传部，也使用了请示。这些用法都是错误的。这就告诉我们，在实际工作中，必须明确请示的行文对象，不可把请示与申请函、告知函混为一谈，更不要把上级机关里的一些职能部门与“上级机关”等同。

3. 要把握请示的内在逻辑。一篇请示不论文字长短，其内在逻辑均是由“为什么要请示”和“请示什么问题”两大层次组成。所谓“为什么要请示”，通常包括请示的背景和缘由；所谓“请示什么问题”，即要求上级机关解决什么以及怎样来解决。

4. 一文一事，主送一处。写请示要坚持一文一事，即一篇请示只能向上级请示批准一个问题，以便上级及时、专一地进行处理。请示的主送机关只能是一个，不能多头请示。多头请示容易使主办与协办单位之间相互推诿、扯皮，延误批复时间，或者由于批复意见不一致，使下级难以适从。受双重领导的单位，在请示问题时，应当本着谁有权力批准这一问题就请示谁的原则，可将另一上级单位列为抄送，以便对方了解情况。如果是行政关系在中央、省市，而党的关系在省市、地县的，不能把党、政上级机关一并列为主送，应当按照党政各自的分工范围，或以党委、党组的名义请示上级党委，或以行政名义请示上级行政机关。

【典范文例】

关于申请2018年历史文化名城名镇名村街区保护专项资金项目的请示

黄山市城乡规划局：

根据省住房和城乡建设厅、财政厅《关于申报2018年安徽省历史文化名城名镇名村街区保护专项资金项目的通知》（建规函〔2017〕2143号）（以下简称《通知》）的要求，结合我县实际，2017年黟县历史文化名城名镇名村街区保护以奖代补专项资金项目申报以下7个项目：

（1）黟县历史文化名城2018年安徽省历史文化名城名镇名村街区保护专项资金项目：计划投资600万元，其中地方配套500万元，申请保护专项资金100万元。主要建设内容：对古城直街沿街建筑进行立面改造及综合环境风貌整治；步行街面麻石板改造，并配套建设雨污水管道及强弱电管线地埋、街巷绿化、亮化、环卫设施配套等。

（2）世界遗产地西递2018年安徽省历史文化名村保护专项资金项目：计划投资618万元，其中地方配套356万元，申请保护专项资金262万元。主要建设内容：①遗产地保护利用及周边环境整治，主要包括对遗产地环境提升，环境整治、水系修复、古民居修缮，白蚁防治，村落外围环境整治等；②水源保护整治，前边溪、后边溪、社屋溪三条溪8000米河道清淤整治，护岸整修以及按历史原貌恢复建设各类拦水坝若干道，消防灌溉输水管道建设2500米，新建污水处理设施及写生颜料水处理等；③徽韵西递：缓解遗产地人居压力，改善村民生活条件，新建农民新村，重点完成单体工程、水体工程、公共基础市政工程建设，构建写生基地建设和村民自建房。

（3）世界遗产地宏村2018年安徽省历史文化名村保护专项资金项目：计划投资500万元，其中地方配套300万元，申请保护专项资金200万元。主要建设内容：对村落环境进行综合整治，包括遗产地保护配套设施建设、白蚁防治、古民居维修、历史风貌整治提升、隔油池安装等。

（4）黄山市黟县南屏历史文化名村2018年安徽省历史文化名村保护专项资金项目：计划投资150万元，其中地方配套100万元，申请保护专项资金50万元。主要建设内容：南屏村环境综合整治提升，白蚁防治，公共基础设施配套（地下电缆铺设总长6000米，变压器两台，徽派机房两座，根据村庄布置电力机井22个）。

（5）黄山市黟县屏山历史文化名村2018年安徽省历史文化名村保护专项资金项目：计划投资350万元，其中地方配套300万元，申请保护专项资金50万元。主要建设内容：对村落环境进行综合整治提升，主要包括道路石板路面恢复，隔油池安装，古水系修缮整治，三线下地等。

（6）黄山市黟县关麓历史文化名村2018年安徽省历史文化名村保护专项资金项目：计划投资150万元，其中地方配套100万元，申请保护专项资金50万元。主要建设内容：村落内古月湖周边石板路修复，麻石板铺设，湖内清淤整治，村落环境综合整治提升，房屋修缮等。

（7）黄山市黟县卢村历史文化名村2018年安徽省历史文化名村保护专项资金项目：计划投资220万元，其中地方配套180万元，申请保护专项资金40万元。主要建设内容：村落环境综合整治提升，包括道路石板路面恢复、白蚁防治、古民居维修等。

综上，黟县2018年安徽省历史文化名城名镇名村街区保护专项资金项目预计投资总额2588万元，其中地方配套资金1836万元，申请保护专项补助资金752万元。由于我县拥有省级历史文化名城1处，省级历史文化街区3处，国家历史文化名村6处，古城及名村保护压力较大，亟须实施的保护项目较多，但我县财力有限，项目建设投入资金缺口大，恳请上级部门予以批复同意并安排资金支持我县历史文化名城名镇名村街区保护专项资金项目的实施。

专此请示，盼示复。

黟县财政局

黟县城乡规划局

2017年10月10日

十一、报告

报告是党和国家机关使用频率极高的一个文种，适用于向上级机关汇报工作、反映情况、提出建议，答复上级机关的询问事宜。

（一）报告的特点

综合报告和专题报告的写作特点。

1. 综合报告。综合报告是综合性工作报告和综合性情况报告的统称。它是下级机关将本机关（或本地区）在一定时期内（年度、季度、月份）各方面工作或事件的情况进行综合以后向上级机关所作的报告。其特点是内容丰富，信息量大，便于上级领导全面、系统地了解和掌握下情，从而统观全局，作出正确决策。

2. 专题报告。专题报告是下级机关将本机关或本地区的某项工作、某个问题、某一事件或某一方面的情况向上级机关所作的报告。它的特点是内容集中、单一，篇幅较短，便于上级领导及时阅知和处理。

（二）报告的类别

按内容不同，报告可以分为综合报告和专题报告。

（三）报告的写作结构

无论是综合报告还是专题报告，其写作结构基本相同，大体包括四个部分。

1. 标题。报告标题的要素构成及拟制要求与请示文种相同，如《××县××人民政府关于××乡旱灾情况的报告》。

2. 报告引据。这部分是报告正文的开头。它要用简明扼要的语句交代全文的主要内容或基本情况，也可陈述有关的背景或缘由。这部分都必须做到开门见山，落笔入题，切忌无端“戴帽”，让人不着边际。然后用过渡语“现将有关情况报告如下”“为此，特作如下报告”等开启下文，其后用冒号、句号均可。

3. 报告事项。这部分是报告正文的主体和核心，它要准确简要、条明理晰地将有关工作或事件的情况表述清楚，并加以扼要分析，以便给人全面、深刻的了解。撰写时要紧紧围绕行文的目的和主旨进行陈述。

4. 结尾。报告的结尾一般有较为固定的结语，常用的有“以上报告如有不妥，请指示”“特此报告”等。它另起一段，独占一行。

（四）报告的写作技法

1. 要切实把握报告写作的通用规则。报告的内涵决定了它在写作上的通用规则，这就是人们通常所讲的“三段式”。“三段式”不是一成不变的模式，它必然由于不同的内容表现为多变状态，主要有：情况—做法—问题（意见）；情况（做法）—问题—今后意见；情况—问题—今后意见；情况—原因（责任）—下步做法；情况—原因—责任及处理意见；情况—问题—建议等。撰写报告掌握“三段式”的基本写法，对提高撰文效率且达到眉目清楚的效果，是十分必要的。但要注意的是，“三段式”只是一个基本写法，并非所有报告都必须用“三段式”。

2. 注重实效，情况真实。注重实效是指用报告向上级汇报工作、反映情况、提出建议必须及时、迅速，不能拖沓。报告承担着向上级机关反映信息及决策反馈的作用，上级机关要通过报告及时掌握各方面动态及变化，掌握决策的运行情况。因此，从某种程度上说，报告是决策的基础条件之一。汇报工作、反映情况、提出建议如果不注重时效性，就很可能影响决策的及时性和科学性。真实是报告之本。要使报告充分起到决策与执行之间的桥梁作用，除了注重时效之外，还必须原原本本地反映实际情况。

3. 语言要简洁，篇幅要短小。报告的篇幅一定要短。要做到短，就要充分运用概述和突出重点的表达方法。毛泽东同志提出：“报告文字每次一千字左右为限，除特殊情况外，至多不要超过两千字。一次不能写完全部问题时，分两次写。或一次着重写几个问题，对其余问题则不着重写，只略带几笔；另一次，则着重写其余问题，而对上次着重写过的只略带几笔。综合报告内容要扼要，文字要简练，要指出问题或争论之所在。”

【典范文例】

2018 年度安徽省煤田地质局行政工作报告（摘要）

一、凝心聚力，积极进取，2017 年各项工作取得明显成效一是以质量效益为中心，经济运行质量平稳……二是以能源保障为使命，地质转型成效初显……三是以科技创新为引领，内生动力显著提升……四是以规范管理为抓手，分类改革稳妥推进……五是以帮扶环保为己任，民生工程持续改善……六是以管党治党为主责，从严治党纵深推进……

二、把握大势，增强信心，充分认识新时代地勘单位面临的机遇和挑战当前，中国特色社会主义进入了新时代，我国经济发展已由高速增长阶段转向高质量发展阶段的新时代，地质工作也发生着一些新趋势、新变化，我们必须准确研判经济形势和外部环境，充分认识当前面临的新机遇和新挑战……

三、砥砺奋进，尽责尽力，全力推进我局各项事业转型发展 2018 年是贯彻落实党的十九大精神的开局之年，是改革开放 40 周年，是实施“十三五”规划承上启下的重要之年，也是我局深化改革、转型发展的关键之年，做好今年的各项工作意义重大。总体要求是：以习近平新时代中国特色社会主义思想为指导，全面贯彻党的十九大精神和中央、省委经济工作会议精神，深入贯彻落实习近平总书记视察安徽重要讲话精神，按照省委、省政府的重大决策部署，坚持稳中求进工作总基调，以提供能源资源保障和地质技术服务为己任，以实现高质量发展为中心，以“精益管理年”为载体，全面落实新发展理念，推动质量变革、效率变革、动力变革，不断深化改革、加快转型、创新机制、增强活力、规范管理、加强党建、改善民生，努力开创全省煤田地质事业新局面，为现代化五大发展、美好安徽作出更大贡献。

贯彻落实好今年的各项工作任务，要把握好稳中求进的工作总基调，突出高质量发展的根本要求。重点在质大幅提升的同时实现量的合理增长。

2018 年的主要工作任务概括起来讲，就是“围绕一条主线、坚持两个转变、紧盯四大需求、推进六项任务”。围绕一条主线：以供给侧结构性改革为主线，坚定不移地深化改革、转型发展。坚持两个转变：坚持由单一的煤田地质勘探向包括煤、煤层气、页岩气等在内的能源地质勘探转变；由传统地质向环境地质、农业地质、旅游地质、城市地质、灾害地质等大地质方向转变。

紧盯四大需求：国家能源安全需求、生态文明建设需求、国家重大战略需求、“新四化”需求。

推进六项任务：着力推进地质找矿服务、产业转型发展、体制机制创新、管理质量提升、保障发展民生、全面从严治党，找准自身定位，在推动新时代地质工作中展现新作为。

（一）聚焦地质找矿服务，在能源资源保障上展现新作为……

（二）聚焦产业转型发展，在全面协调发展上展现新作为……

（三）聚焦体制机制创新，在增强产业活力上展现新作为……

（四）聚焦管理质量提升，在加强规范管理上展现新作为……

（五）聚焦保障改善民生，在促进共享发展上展现新作为……

（六）聚焦全面从严治党，在加强党的建设上展现新作为……

十二、批复

批复是审批性的文种，是上级机关答复下级请示事项时使用的一种公文。它的内容涉及面比较窄，除了直接回答所请示的事项以外，无须涉及其他问题。

（一）批复的类别

按其内容的不同，批复可分为三类。

1. 核准性的批复。核准性的批复主要用于审批应由上级批准的具体问题，完成某一事项法定的组织手续，其内容一般都很简单，大都是表态性的。

2. 指示性的批复。指示性的批复是在审批某一问题的同时，就此进一步提出一系列相关的指示，要求下级照此执行。此类批复一般篇幅较长。

3. 答复性的批复。答复性的批复是就法规政策方面的事宜作出批复性的回答。

（二）批复的写作结构

批复一般由标题和正文两部分组成。

1. 标题。批复的标题与一般公文的标题有所区别，具体写法有以下三种。

（1）由批复机关、请示事项（问题）和文种组成，如《最高人民法院关于购销合同履行地的特殊约定问题的批复》。

（2）由批复机关、原请示题目和文种组成，如《最高人民法院〈关于银行贷款账户能否冻结的请示报告〉的批复》。

（3）由批复机关、请示事项、请示单位名称和文种组成。例如，《国务院关于同意蚌埠市城镇住房制度改革试行方案给安徽省人民政府的批复》，题目中的“同意”是批复机关对请示事项的态度。拟写批复的标题，一是三要素要齐全，二是发文机关必须用全称或规范化简称，三是事由必须精练地提出具体事项及批复意见，句式可用“关于……问题的批复”“同意……的批复”。

2. 正文。正文一般由引语、主体和结尾三部分组成。

（1）引语，即批复开始的第一段或第一句话，这是批复的根据。通常要写清楚两方面的问题：一是下级机关请示的问题或文号；二是简要引述来文所请示的事项。引语的作用，在于表示已经知道下级请示的问题，从而引出应有的答复性的文字。一般情况下，引语只要说明下级有关请示已经“收到”“收悉”即可，但也可以在引述来文的事项之后，表明批复者的态度。诸如“经研究，同意……”“经研究，答复如下”成为由引语到主体的过渡语，一般紧接引语写出，也可单独列行。

（2）主体。这是批复的中心内容。要根据党和国家的方针政策、法律、法令、规章、制度和实际情况，对请示中提出的问题，作出恰当的明确的答复。内容简单的只表明同意或不同意，应该或不应该；内容复杂的，除表明不同意的态度之外，有时还可考虑说明不同意的理由，以便下级机关接受；对于同意的事项，可同时指出如何才能保证批复事项的完成，或如何防止某些问题的出现。

（3）结尾。批复的结尾比较简单。一般只需在正文之下另起一行写出“特此批复”“此复”“特此函复”即可。

（三）批复的写作要求

批复的习作要求主要有以下三点：一是一份请示，一件批复。因批复是针对下级机关请示事项的，请示本身要求一文一事，所以批复也要一件请示一件批复，突出针对性。不要在一份批复中同时答复几项请示，以免发生混淆造成误解。二是观点鲜明，态度肯定。“同意”“不同意”“不予准许”“缓办”，要当行则行，当止则止，明确表态。三是文字要简练。语义要清楚明白，防止产生歧义。

（四）批复的写作技法

1. 针对性要强。批复是针对下级上报的请示而制发的，因此，它的内容必须与请示所提的要求与陈述的情况紧紧相扣。在写批复时，首先要援引请示的来文时间、标题和发文字号，这样就使来往的两个文件自然地联结在一起；然后根据所提请审批的事项亮明态度，作出同意或不同意的表示，凡属同意一般都不必再写理由。

2. 严格掌握行文对象。批复的行文对象是来文请示的单位，若是中间转报的请示，批复时应行文给转报的机关，不可越过转报机关将批复主送给被转报的单位，即批复不可越级行文。当批复的内容具有普遍指导意义拟抄送给其他下属单位时，也只是抄送给直属的下一级机关，一般不再扩大。

3. 灵活运用结构形式。要根据批复内容的不同及文字的多少，采用不同的结构形式。文字简短的批示多采用“篇段合一”的形式。例如，核准性和答复性的批复多采用这种形式，即通常只有一段文字，这一段就是一篇。文字稍长一些的，采用“分条列项”“撮要分条”的结构形式。例如，指示性的批复多采用“撮要分条”的形式，即先写一个独立的开头，用非常简明的文字说明批复的缘由和依据，表明态度，然后再分条列项地进一步提出要求。

以上所述的均是文件的外形结构形式。不论采用哪种外形结构，它的内在结构必须不仅提出了问题，而且解决了问题，甚至还有对问题的分析。

4. 坚持一文一事。批复应坚持一文一事的原则，一份批复针对一份请示。假若一个单位的数份请示或数个单位同一内容的请示是在同一个办公会议上审批的，也应坚持一文一事，分别进行批复，而不应在一份批复中包括数份请示的内容。

【典范文例】

国务院关于同意深化服务贸易创新发展试点的批复

国函〔2018〕79号

北京市、天津市、河北省、黑龙江省、上海市、江苏省、浙江省、山东省、湖北省、广东省、海南省、重庆市、四川省、贵州省、陕西省人民政府，商务部：

商务部关于深化服务贸易创新发展试点的请示收悉。现批复如下：

一、原则同意商务部提出的《深化服务贸易创新发展试点总体方案》，同意在北京、天津、上海、海南、深圳、哈尔滨、南京、杭州、武汉、广州、成都、苏州、威海和河北雄安新区、重庆两江新区、贵州贵安新区、陕西西咸新区等省市（区域）深化服务贸易创新发展试点。深化试点期限为2年，自2018年7月1日起至2020年6月30日止。

二、深化试点工作要以习近平新时代中国特色社会主义思想为指导，全面贯彻党的十九大和十九届二中、三中全会精神，统筹推进“五位一体”总体布局和协调推进“四个全面”战略布局，坚持创新、协调、绿色、开放、共享发展理念，以供给侧结构性改革为主线，深入探索适应服务贸易创新发展的体制机制、政策措施和开放路径，加快优化营商环境，最大限度激发市场活力，打造服务贸易制度创新高地。

三、试点地区人民政府（管委会）要加强对试点工作的组织领导，负责试点工作的实施推动、综合协调及措施保障，重点在管理体制、开放路径、促进机制、政策体系、监管制度、发展模式等方面先行先试，为全国服务贸易创新发展探索路径。有关省、直辖市人民政府要加强对试点工作的指导和支持，鼓励试点地区大胆探索、开拓创新。

四、国务院有关部门要按照职能分工，加强对试点工作的协调指导和政策支持，主动引领开放，创新政策手段，形成促进服务贸易创新发展合力。商务部要加强统筹协调、督导评估，会同有关部门及时总结推广试点经验。

五、深化试点期间，暂时调整实施相关行政法规、国务院文件和经国务院批准的部门规章的部分规定，具体由国务院另行印发。国务院有关部门根据《深化服务贸易创新发展试点总体方案》相应调整本部门制定的规章和规范性文件。试点中的重大问题，商务部要及时向国务院请示报告。

附件：

1. 深化服务贸易创新发展试点总体方案
2. 深化服务贸易创新发展试点开放便利举措
3. 深化服务贸易创新发展试点任务及政策保障措施

国务院

2018年6月1日

十三、函

在公文主要文种中，函是唯一的一种平行文。按照《条例》的规定，函适用于不相隶属机关之间商洽工作、询问和答复问题、请求批准和答复审批事项。

（一）函的特点

行文时函要采用正式文件的标印格式，它的红色版头是由发文机关全称或规范化简称加“文件”二字组成的。因此，不能把机关日常使用的普通信函（也叫“便信”“便函”）与函混为一谈，信函不是正式公文。在当代社会，函已成为联系工作、传播信息、沟通情况、赢得理解和支持的重要手段。

（二）函的类别

从内容作用上看，函包括五类：（1）申请函，即向无隶属关系的有关主管部门请求批准事项的函。（2）商洽函，即用于请求协助、商洽解决办理某一问题的函。（3）询问函，用于询问工作情况或某一具体事情，询问有关方针、政策和工作中遇到的界限不明确的问题等，上下级或同级之间均可使用。（4）答复函，上级答复下级的询问、平级相互答复事项及审批答复函时使用的函。（5）告知函，平级或不相隶属单位之间相互通知事情时使用的函，其内容均属周知事宜，不带有指挥的性质。

（三）函的写作结构

函一般由以下三个部分组成。

1. 标题。标题基本上由制文机关、事由与文种三个要素组成，如《中国科学院 ×× 研究所关于商洽建立全面协作关系的函》《×× 市人民政府办公室关于清理各类机密文件的函》《×× 市第一变压器厂关于请归还贵厂劳动服务公司开办费借款的函》《国务院办公厅关于宁夏回族自治区农村税费改革试点方案的复函》等。

2. 正文。正文一般由以下三个层次组成。

第一，制文的依据、缘由与背景，即为什么要发函，如“申请函”开端部分为什么要申请的内容，商洽函开端部分提出商洽问题的原因，答复函开端部分所引来文的标题及发文字号等。

第二，申请、商洽、回复的具体事项。

第三，结尾。属申请及商洽事项的函，通常结尾要写“可否，请审批”“同意否，望请复函”等；答复函一般可写作“特此复函”。

3. 落款。包括发文机关和发文时间。

（四）函的写作技法

1. 叙事清楚，说理有节。函是代表机关向外联系工作、告知商洽事情、请求支持帮助的一个文种。欲要对方理解、接受、支持，取得圆满的效果，首先，叙事要清楚、明白；其次，要做到说理有节、令人信服。如果这两点做不到，对方不能充分理解提出要求的背景，不能激起感情上的共鸣，就会影响问题的解决。而要做到上述两点：一要善于思索，整理好思路，占有一定的材料；二要用恳切、谦和的语言表述，避免使用“你们要……”“你们不要……”“否则，由此引起的一切后果，由你方承担全部责任”及“承蒙关照”“铭刻在心”“终生难忘”等命令、声讨和客套、寒暄、过分感激语体；三要提出符合对方的实际情况的意见、办法、请求等。

2. 入木三分，用语平和。当遇到属于纠纷、交涉性的事情，相互致函时，也要注意掌握分寸，尽量不用过激的词语，做到叙事入木三分，但用语显得平和，即“外柔内刚”，切不可使用怒斥、讨伐等语调。俗话说“有理不在声高”，这是由“函”这个文种的性质所决定的。

3. 短小精悍，注意技法。短小精悍是指写函不必详叙过程，不必大发议论，要求言约意丰；注意技法是指公函撰写应根据具体内容，推断对方见函后的心理特征，采用不同的写法。例如，答复函的写法，假若属于肯定性的，开头就可以将答复的内容提出，后面再叙述其他有关事宜。这样既能使对方充分掌握函的内容，也能促进单位间的密切合作关系。假若属于否定性的，开头不宜将否定内容提出，而应先简明、恳切地说明理由，最后表明否定态度，这样能使对方感到否定是正常的、合理的，不致产生误解和反感。

4. 该用函时一定用函。函是公文中广泛使用的文种。因为平级或不相隶属单位之间行文要用函，向有关主管部门请求批准事项也要用函，上级与下级相互询问事宜或上级答复下级也可以使用函，这三点足以说明函的使用频率是多么高。但是，实际情况恰恰相反，在上述两方面的情况中，一些单位往往不用函，而用通知、请示与批复，从而使函处于被遗忘的角落。为了保证《条例》的贯彻落实，切实促进机关工作的科学化，我们应当把函从被通知、请示和批复的“淹没”下解救出来，恢复它在公文处理工作中的地位和作用。

5. 要准确理解函代批复。对于下级机关的请示，由上级机关进行批复时要使用批复，但当这种批复是由上级机关的办公厅（室）代行时，由于它们之间是一种平行关系，故用函代替批复来行文，这就是人们通常所说的函代批复。因为从公文外形上看它是一份艺术函，而实质上是一份批复。

【典范文例】

国务院办公厅关于同意山西、江苏、山东、广东省开展国家标准化综合改革试点工作的复函

国办函〔2018〕25号

山西、江苏、山东、广东省人民政府，质检总局：

你们关于山西、江苏、山东、广东省开展国家标准化综合改革试点工作的请示收悉。经国务院批准，现函复如下：

一、同意山西、江苏、山东、广东省开展国家标准化综合改革试点工作。各省国家标准化综合改革试点工作方案由省人民政府制定发布。

二、试点工作要全面贯彻党的十九大精神，以习近平新时代中国特色社会主义思想为指导，认真落实国务院决策部署，积极实施标准化战略，加快提升标准化总体水平，为全面深化标准化工作改革提供可复制、可推广的经验。

三、山西、江苏、山东、广东省人民政府要加强对试点工作的组织领导，完善配套措施，健全协作机制，落实工作责任，积极稳妥推进试点工作，确保试点各项目标任务和政策措施落到实处。

四、质检总局要会同国务院有关部门加强对试点工作的指导和协调，适时开展试点评估，总结推广经验，重大问题及时向国务院报告。

国务院办公厅

2018年3月12日

十四、纪要

纪要是《条例》规定的15个主要文种之一，适用于记载会议主要情况和议定事项。也就是说，纪要是对会议的目的、要求、主要精神及议定的事项加以归纳整理的文字材料，以上传下达，统一认识，推动工作。

纪要在行文关系上，可采取转发（印发）或直接发出的形式，类似通知，发给下级贯彻执行；也可以报送给上级，类似会议情况报告，向上反映情况。

（一）纪要的类别

纪要按其内容和表达形式的不同，可分为指示型纪要与通知型纪要。指示型纪要，即就某一较大范围或重要的工作会议整理的会议纪要。这类纪要，既有综合性的，也有专业性、专题性的；既包含对党的方针、政策的具体贯彻意见，又有对这一重要工作或重大事项思想认识的统一，还有对今后工作的具体打算与安排。通知型纪要，即用来宣布会议决定事项的纪要。这类纪要大都是由各类机关领导层集体开会决定问题后传达会议决定事项所使用的，也叫办公会议纪要。

（二）纪要的内容

纪要应主要包括三方面的内容：一是会议的中心、依据和背景。即写明会议研究和解决的中心议题；召开会议所依据的文件精神或上级指示以及批准机关；会议召开的政治、经济背景；会议的宗旨、目的。二是会议的概况。即写明会议的名称，召开的时间、地点、主持人、参加人员及所在单位，会议的经过、主要收获。三是会议研究讨论的问题及决定事项。包括会议的基本情况，对工作的分析，提出的问题、决定的事项以及大会提出的要求和希望。

（三）纪要的写作结构

纪要一般由标题和正文两部分组成。

1. 标题。纪要的标题有三种形式：第一种是由机关名称 + 会议名称 + 文种三个要素构成，如《××市人民政府第×次现场办公会议纪要》。第二种是会议名称加文种，如《全国农村工作会议纪要》。第三种是正、副标题式，如《以二十大精神为指导，开创冬季工作新局面——××地区县、市长会议纪要》。

2. 正文。纪要的正文，一般采用总分式的结构方法，就是将正文分成总述和分述两部分。如另有总结性的结尾，则是“总—分—总”的方式。

（1）总述部分。这是全文的前言、导语，即会议概况。一般要简要地交代会议的时间、地点、主持单位、参加人员、会议议题、会议情况、结果以及对会议的总体评价。

（2）分述部分。这是纪要的重点、主体，主要应写出会议讨论的情况和结果。一些简单的、小型的会议纪要，可不写讨论情况，直接写出决议事项。大型的会议纪要，一般不应省去会议讨论情况。具体写法有以下几种：第一种，分类式。即按其内容加以归纳分类，每一类有一个小中心，以数字或小标题标明。较大型的会议多采用这种形式。第二种，发言记录式。就是按在会议上的发言顺序，将每个发言人的主要意见归纳整理出来。这种写法能如实反映会议的讨论情况和各人的不同看法。一些讨论会、座谈会的纪要，常采用这种形式。但要注意，记录时不可不加选择地将发言人的发言全部写出，要精选能代表发言人观点的话语。此外，每次发言人的姓名都必须写出。第一次发言，要注明其职务；第二次发言，职务可以省略。第三种，综合式。就是将前两种形式综合在一起使用。这种形式不仅能用综合的方法反映出会议的重点，而且能如实反映在具体问题上各人看法的异同。一般的座谈会、讨论会常用这种方法。常用“会议认为”“会议强调指出”等词语。

3. 结尾。结尾一般要写明两方面的内容：其一，提出希望、号召，号召或希望有关单位和人员为实现会议的目标和任务而努力奋斗；其二，交代会议的有关事项，如要求对某些问题进行讨论、对什么文件进行修改或汇报某种情况等。有的会议纪要可不写结尾，内容完结，纪要自然结束。

（四）纪要写作的注意事项

撰写纪要应注意以下四点:（1）纪要是对所有会议材料的概括、综合和提炼，所以，要写好会议纪要，必须做好材料工作。搜集、掌握会议情况，按会议精神和领导的意图对材料进行筛选，对选用的材料进行分析并围绕中心精心安排。（2）纪要篇幅不要过长，语言要简明。叙述中可兼记与会者的发言，增强纪要的真实性和生动性。可用第三人称，常用“会议认为”“会议指出”“会议强调”“会议号召”之类的标志用语。（3）内容必须真实、准确地反映会议的真实情况和基本精神。纪要仅限于会议议及的内容，不可将执笔者个人的见解掺杂进去。（4）要注意突出其理论性和条理性。

（五）纪要的写作技法

1. 巧设布局、多姿多彩。除通知型的日常办公会议纪要外，纪要大都有较为固定的写作格式（通常由时间、地点、主持人、参加人和决定事项组成）。指示性会议纪要，不论是综合性的，还是专题性的，都要针对不同内容采用不同的结构形式。综合性的会议纪要，由于内容涉及前前后后、方方面面，情况比较复杂，故在结构上，除自然情况外，内容多采用“三大块”的写作形式，包括对过去工作的回顾、对当前工作形势的分析、对今后工作的打算等。这是就整个篇章布局而言，至于具体到每个部分，特别是第三部分，可以采用“梳辫子”的方法，归纳成几个问题并列说明，这是“横式”结构，也可以一环套一环地层层递进，这是“纵式”布局。专题性或专业性的会议纪要，由于内容单一，故多采用“撮要分条”或“分条列项”的结构形式。“撮要分条”，即在开头讲完自然情况后，或相接、或独用一段文字，交代会议的中心议题、主要活动情况及总的评价；然后在内容上并列写几个条段，每条之前标序号、提段旨，做到一目了然。“分条列项”的结构，体现“横向”布局，是把全篇纪要归纳成几条，既无独立的开头亦无独立的结尾，若干条之间是并列关系。总之，不管采用什么结构，都必须体现出一种严密的逻辑关系，中间不可出现“空白”，也不能产生“跳跃”，更不能按照会议的顺序来写“纪要”，这样写出来的不是“纪要”，而是“流水账”“会议日志”。

2. 明确宗旨，突出中心。一次工作会议，涉及的问题很多。在写会议纪要时，必须抓住会议所集中解决的几个主要问题，形成纪要的中心，切不可面面俱到。一次工作会议在具体讨论过程中必然会产生几种不同的意见，不能把这些意见都纳入会议纪要，而应根据会议的宗旨，分析综合各种意见，集中反映符合会议中心要求的多数人的一致意见，同时要注意吸收少数人正确的意见。对反映会议中心议题的正确意见，可采用“会议听取了”“会议讨论了”“会议研究了”“会议认为”“会议决定”等提法，集中概括后简明扼要地反映出来；对有分歧的意见，除学术性的研讨会议纪要外，是不可写入的。

3. 讲究用语，注意条理。要按照纪要的不同用途，恰当地使用不同的用语。上报的会议纪要，就应使用对上的语气，如“会议讨论了以下几个问题”“会议考虑”等；下发的会议纪要，则可用“会议决定”“会议要求”“会议强调”“会议号召”等。注意条理化、理论化，这是纪要与会议记录的一个主要区别。会议记录一般要把每个人的发言尽量客观、详细地记录下来，而会议纪要则需要有一个对会议讨论意见的综合、分析、整理和加工的过程，这个过程也就是条理化、理论化的过程。所谓条理化，就是要对会议讨论的意见分类归纳，层次清晰；所谓理论化，就是要对会议讨论的意见，尽力给予理论上的概括，提纲挈领，画龙点睛。当然，条理化、理论化并不是脱离会议实际，搞虚假的“粉饰”和“拔高”。

4. 忠实于会议精神，做好记录。纪要必须依据会议的实际内容进行写作，不能随心所欲地增删或更改内容，不能添枝加叶。在写作中，有的地方必须有所增删时，要经主要领导同志同意，必要时还应在一定范围内征求有关人员的意见。会议记录是产生会议纪要的基础，也是整理会议纪要的原始性主要素材之一。只有认真做好会议记录，才有利于会议纪要的撰写，并保证纪要的质量，做到准确无误。

5. 行文方式单复结合。通知型的纪要，由于有固定的“中共 ×× 市委第 ×× 次常委会议纪要”“×× 省人民政府第 ×× 次常务会议纪要”等红色版式，所以，它们大都是单体直接行文，且不加盖印章。指示型的纪要，一般多是复体行文，即在上报或下发时，分别使用“报告”或“通知”做“文件头”，纪要随之运行。

【典范文例】

2018 年一季度省监管煤矿企业安全生产办公会议纪要

煤矿监管办公会〔2018〕1 号

2018 年 4 月 27 日上午，省煤炭管理局局长 ×× 主持召开省监管煤矿企业安全生产办公会议。会议听取了各单位2018年一季度安全生产和重大隐患整改情况汇报以及二季度安全生产工作计划；省局通报了一季度监管执法检查情况，并对二季度监管执法工作进行了安排部署。副局长×××、×××及煤管一处、二处全体人员和省××集团、湖南××煤业、湖南××煤业、大唐××能源有限公司有关负责同志参加会议。

会议认为，2018年一季度，省煤炭管理局以习近平新时代中国特色社会主义思想为指导，全面贯彻落实十九大精神，大力弘扬生命至上、安全第一的理念，早研究、早部署春节后复工复产和“两会”期间的安全工作，扎实开展“打非治违百日行动”。省监管煤矿企业结合实际，组织开展对标自查自检，加强员工安全培训教育，全面排查治理安全隐患，严格复工复产验收，本季度实现了安全生产。会议指出，省监管煤矿安全生产形势仍然严峻复杂，安全基础仍然薄弱，仍存在安全主体责任不落实、采掘布置不合理、“三量”不平衡、现场管理不到位、“一通三防”“防治水”和机电提升运输问题突出等，要高度重视，认真整改落实。

会议研究议定了以下事项。

一、提高政治站位，持续推进煤矿安全形势稳定向好抓好2018年安全生产工作，关键在于提高政治站位，要以习近平新时代中国特色社会主义思想为指导，坚持以人民为中心的发展思想，牢固树立生命至上、安全发展理念，坚持从源头抓起，从基础抓起，有效防范事故发生，把增强群众的幸福感、安全感落到实处。省监管煤矿企业，必须时刻把广大矿工的生命安全放在首位，牢固树立“红线意识”，安全生产工作要向“零伤亡”看齐，向“零事故”奋进。采取新举措好办法，尽心尽责努力打造我省煤矿安全生产新格局。

二、强化责任落实，强力推进煤矿隐患治理取得成效

各煤矿企业要认真学习和贯彻执行《湖南省生产经营单位安全生产主体责任规定》，全面落实安全生产责任制度，制定和完善生产安全事故隐患排查治理制度，对省局一季度执法检查所发现违法违规行为和事故隐患，特别是重大生产安全事故隐患，要按照“一单四制”要求，逐条挂账，制定整改措施，及时整改销号，坚决做到不安全不生产、不安全不复工。省局将按照湖南省安委会《2018年湖南省安全监管“强执法防事故”行动方案》（湘安发〔2018〕1号）要求，以落实企业主体责任为重点，深入开展安全监管“强执法防事故”行动。通过严格执法、严厉处罚有效推动安全生产步入法治化、规范化、常态化轨道，坚决防范和遏制较大及以上事故的发生，实现全省安全生产形势根本好转。

三、切实加强防治水工作

各单位各部门要密切关注雨情、水情和雷电情况，提前做好预警预防，切实加强防治水工作。加强煤矿隐蔽致灾地质因素普查，要在规定时限内重新组织矿井水文地质类型划

分确定工作。汛期来临，要进一步检查矿井供电、排水系统和设施设备，进行一次水泵联合排水试验，发现问题，及时处理。加强应急管理，建立和完善安全事故和灾害应急处置预案，组织开展有针对性的演练，提高事故防范应对处置能力。汛期要加强值班值守，严格执行领导干部带班和关键岗位24小时值班制度，发现事故险情及时、准确上报和科学有效处置。

四、强力推进安全标准化工作，进一步夯实煤矿安全基础质量标准化工作是煤矿企业生产发展和安全管理的一项重要基础性工作，是企业的生命线。要高度重视煤矿安全质量标准化工作，将达标工作作为基础工程、生命工程和效益工程来抓。一是要推进正规开采和支护方式改革。二是要采掘机械化有新突破，加大科技强安投入，创造条件持续实现机械化生产，包括建成并使用无人架空乘人装置，实现减头减面、减人换人，有力提升煤矿科技强安、科技保安水平。三是要加强班组建设。发挥班组长在现场管理中的作用，实行现场交接班、作业面安全确认制，切实加强现场安全管理，做到从源头到过程、从流程到环节的风险管控和隐患排查治理，有效防范和避免安全事故的发生。

出席：××、×××、×××、×××、×××、×××、×××、×××、×××、××、×××、×××、×××、×××、×××、×××、×××

记录：××

十五、总结

总结是对以往工作进行回顾、检查、分析、研究，并从中提炼出规律性的东西，用以指导今后工作的一个文种。

（一）总结的写作结构

总结一般包括标题、基本情况概述、主文和落款四个部分。

1. 标题。总结标题主要有以下两种形式：（1）公文式标题，由单位名称、适用时限、内容概要和文种四要素组成。在写作实践中，也可省略适用时限，还可将单位名称和适用时限同时省略。（2）新闻式标题，此种标题有单行和双行两种。单行标题可用能够概括或揭示总结主旨的一个判断性语句也可用一个概括总结内容的设问句。双行标题由正副标题组成，其中正标题点明总结的主旨或中心，副标题则具体标示出总结的单位、适用时限、内容及文种。

2. 基本情况概述。这是总结的开头部分。它一般要概述工作的基本情况、背景、环境、指导思想以及工作的基本成效和总体评价。一般用一个自然段，简明扼要地使阅读者对总结的内容有一个整体认识，为主体部分的行文做好铺垫。

3. 正文。（1）主文的内容。主文是总结的核心部分，包括基本做法、成绩与经验、问题与教训、今后打算与努力方向等几个方面的内容。

第一，基本做法。主要通过对工作情况的回顾，具体写明做了哪些工作，是怎样做的。

第二，成绩与经验。这方面内容重在对工作成绩进行分析研究，并将其上升到理性高度，从中总结出带有规律性的认识。

第三，问题与教训。这方面内容是在基本做法、成绩与经验的基础上，实事求是地找出工作中存在的不足之处和尚未解决的问题，以利于对今后工作进行改进。

第四，今后打算与努力方向。在上述诸方面内容的基础上，明确今后工作的奋斗目标，提出今后工作的努力方向。上述四方面内容，不同类型的总结，侧重点应有所不同。

（2）主文部分常用的结构形式。

其一，横式结构。是指按各方面工作之间的内在逻辑顺序来安排层次，可采用撮要标目或者分列小标题的形式，由主到次、由因到果地进行总结。综合性工作总结通常采用这种结构形式，其优点是脉络清晰，层次分明，给人完整、具体的印象。

其二，纵式结构。即以工作前后发展的自然进程为序来安排层次，将工作分成几个阶段，对每一阶段工作的做法、成绩与经验、问题与教训分别进行总结。

4. 落款。包括署名和成文时间，置于正文的右下方。署名要写单位全称或规范化简称，以示郑重；成文时间要写公元全称。

（二）总结的写作技法

1. 要熟悉实践过程，积累选择材料。总结是对实践活动的分析与评判。要对工作成绩与经验、问题与教训作出正确的评判，就必须了解在实践活动的整个过程中，指导思想是什么，做了哪些工作，取得了怎样的成效以及存在哪些问题。在熟悉实践活动全过程的同时，还要注意积累较为充分的材料，包括典型材料、背景材料和数字材料等，并对其进行整理和选择。在对积累的材料进行整理和选择时，要注意围绕主旨表达的需要选择真实、具体的材料。

2. 要实事求是，总结规律。在总结写作过程中，对实践工作的评判要准确恰切，对经验教训的分析要实事求是，不能夸大成绩，隐瞒缺点。对所选用的事实材料，不是简单的堆砌，更不是流水账式的罗列，而是要从客观存在的事实出发，进行深入的分析、研究，从中提炼概括出规律性的东西。这是衡量一篇总结质量高低的重要标准。

3. 观点与材料要一致，叙述议论要得当。总结写作中提炼概括出来的带有规律性的观点，必须有对事实材料的叙述作支撑，否则，就会使总结显得空洞无物，失去应有的说服力。叙述和议论是总结写作的两种基本表达方式，只有对事实材料的叙述，而没有进行充分有力的分析议论，总结就会成为对事实材料的罗列；反过来，只有分析议论，而没有对相应的客观材料的叙述作基础，那么，所提出的观点就变成了空谈。只有叙述与议论得当，才能写出高质量的总结。

【典范文例】

××公司关于2017年安全生产年终总结

一年来，公司安全生产工作，始终贯彻“安全第一，预防为主，综合治理”的方针，牢固树立安全责任重于泰山的意识，认真贯彻上级有关安全生产工作的会议及文件精神，遵循“横向到边、纵向到底、责任到人、不留死角”的安全生产工作原则，在公司范围内开展安全生产大检查及整改活动，积极开展了“全国安全生产月”活动，进一步完善安全生产体系，建立健全安全岗位责任制，探索制定安全生产的长效机制，加强领导，落实责任，强化监督检查。为进一步促进我公司工作的开展，将2017年度安全生产工作总结如下：

一、完善体制、明确责任，切实强化安全监管

领导班子高度重视安全工作，及时召开安全工作会议，对班子成员职责进行明确分工，明确职责，落实责任，要求各成员切实担负起对安全生产工作的领导、管理、督查、检查责任，为公司安全生产工作的顺利开展提供组织保障；严格落实“一岗双责”，层层签订安全目标责任书。在去年的基础上对安全生产责任书的考核内容和考核实施细则进行了充实和完善，把安全生产工作目标任务层层分解，形成了“横向到边、纵向到底、责任到人、不留死角”的安全工作网络格局，为强化安全保障责任，营造和谐工作环境，防止责任性事故的发生，提供了措施保障。

二、积极响应、群策群力，扎实开展安全生产活动

1. 安全隐患治理年活动的开展情况，一是认真制订方案。结合现场工作实际，针对易出现问题的隐患重点环节、重点部位，制订了具体实施方案。二是严格落实责任……

2. 安全生产月活动的开展情况。在全国“安全生产月”活动中，公司按照上级精神的安排部署和要求，围绕“加强安全法治，保障安全生产”的活动主题，开展了形式多样、内容丰富的安全活动。组织开展了安全生产法律法规和安全知识学习培训，进一步完善生产事故及险情应急救援预案，补充应急救援设备、设施，做到安全生产防患于未然。

三、加强领导，健全制度，明确职能，落实责任，确保安全生产工作有序开展公司领

导高度重视安全生产工作，长年都将其摆上重要议事日程进行研究部署，制定目标、明确重点、细化实施……

四、加强宣传，广泛动员，切实增强安全生产意识

1. 积极部署，广泛动员……

2. 强化培训，增强意识……

3. 加大宣传，强化防范……

五、强化措施，突出重点，扎实做好安全生产工作

1. 认真做好节假日值班工作……

2. 认真做好夏季“四防”工作……

3. 认真做好车辆驾驶员的安全教育工作……

2017 年度的安全生产工作已经结束，同时也为今后的安全生产工作打下了良好的基础，在今后的工作中，我们将高度认真履行职责，加大措施，强化管理，把安全生产真正落实到实际工作中去，继续狠抓 2017 年度安全监管工作，持续深入开展安全隐患排查治理工作，继续保持我公司安全生产形势的平安稳定发展，为圆满完成全年的各项工作而不懈努力。

十六、专用书信

专用书信是党政机关、社会团体和企事业单位专门用于联系某种事务的信函。

（一）专业书信的特点

专用书信与其他公文相比，有着以下几个突出特点:（1）短，一般篇幅都比较短小。（2）专，用途专一，范围特定。（3）快，成文简便，传递迅速。（4）多，专用书信数量也较多。（5）活，用途灵活，对上、对下，对组织、对个人均可使用。

（二）专用书信的类别

专用书信种类很多，常用的有介绍信、证明信、感谢信、表扬信、祝贺信、慰问信、公开信、咨询信、邀请信、倡议书、申请书、建议书、聘书等，它们在实践中的使用频率都很高。

（三）专用书信的写作结构

专用书信一般由标题、称谓、正文、结语、署名和日期等六部分组成。

1. 标题。专用书信的标题通常由事由和文种两个要素组成，如“关于要求住房的申请

书”；有时也省略事由，只标示文种，如“倡议书”等。

2. 称谓。称谓是对收信人或单位的称呼。收信方是单位或集体的，应用全称或规范化简称；收信方是上级领导的，可用领导的职务来称呼，并在称呼前冠以“尊敬的”等敬辞；收信方是下级的，可用“××同志”来称呼。称谓的位置在标题下一行，顶格书写，后加冒号。

3. 正文。正文是专用书信的主体部分，一般载明以下两个方面内容：一是说明慰问、表扬、感谢、贺喜的背景和原因。二是以热情饱满、亲切诚恳的语言进行慰问、表扬、感谢与贺喜，表明写作者的态度和心情。

4. 结语。由于种类不同，专用书信的结语也有所不同。慰问、表扬和贺信、喜报的结尾，主要是提出希望和号召；感谢信的结尾要表示出向对方学习之意。除此之外，有的还写明祝愿之类的语句，如“此致，敬礼”“祝同志们节日愉快”“谨表谢意”等。

5. 署名。署名是发信人名称，要用单位全称或者规范化简称，并加盖公章。署名的位置在正文的右下方。

6. 日期。日期是指专用书信的成文时间，位于署名的下方。

（四）专用书信的写作技法

1. 要讲究精巧。书信在我国的历史源远流长。以办理公务为内容的各种专用书信，古往今来名篇佳作比比皆是。诸多的名篇佳作给我们一个启示，就是撰写专用书信不能不注意修辞，它是使书信达到精美的基本途径之一。专用书信的写作对修辞的需求是多方面的。例如，在用语上要讲究遣词炼句；在句式上要富于变化；在章法上要开门见山，层次分明，格式正确；在表达方式上要注意区别对象，做到情真意切，朴实诚恳，以礼待人；在技巧上注重对辞格的使用等。

2. 要富于感情。专用书信虽然不像私人书信那样，可以让个人感情任意驰骋，但它同样需要情感交流。例如，贺信要写得热情炽烈；慰问信要写得情真意切；批评信、建议信要做到晓之以理；公开信则要写得庄严郑重，富有气势。“文章不是无情物”，这在专用书信的写作中表现得颇为突出。

3. 要夹叙夹议。夹叙夹议是慰问信、公开信、贺信和表扬信等一些内容较为复杂的专用书信的常用写法。在这些专用书信中，只叙事而不谈看法，往往使阅者只知其一，不明其二；反过来，只发议论，不叙事实，也会使读者感到莫名其妙。在夹叙夹议方法的运用上，有的开头叙事，结尾发表议论；有的在开头说明看法、认识、观点，然后叙事，最后再总括议说；还有的是边叙边议。正是由于叙述和议论的有机结合，才使各种专用书信的内容表达臻于完美。

【典范文例】

中共中央国务院中央军委致新疆生产建设兵团成立60周年的贺信

新疆生产建设兵团：

值此新疆生产建设兵团成立60周年之际，党中央、国务院、中央军委向新疆生产建设兵团270多万各族干部职工群众表示热烈的祝贺！向战斗在维稳一线的兵团军事指挥部和武警部队官兵、政法干警、民兵表示诚挚的慰问！向兵团事业创业者和老一代兵团人表示崇高的敬意！

1954年10月，党中央决定中国人民解放军驻疆部队大部就地集体转业，组建新疆生产建设兵团。这是党中央治国安邦的战略布局，是强化国家边疆治理的重要方略。60年来，新疆生产建设兵团作为新疆维吾尔自治区的重要组成部分，在新疆发展和稳定中发挥了特殊重要的作用。几代兵团人发扬“热爱祖国、无私奉献、艰苦创业、开拓进取”的兵团精神，扎根新疆沙漠周边和边境沿线，认真履行党和国家赋予的职责，切实当好生产队、工作队、宣传队、战斗队，充分发挥建设大军、中流砥柱、铜墙铁壁作用，在开发建设新疆、增进民族团结、推进社会进步、巩固西北边防等方面作出了重要贡献。特别是2010年中央新疆工作座谈会以来，兵团在新疆维吾尔自治区党委统一领导下，认真贯彻落实中央决策部署，坚持中央精神与新疆区情、兵团使命相结合，加快经济社会发展，重视保障和改善民生，促进民族团结，取得了新的成绩，兵团综合维稳戍边能力显著提升，经济社会持续健康发展，职工群众生产生活条件显著改善。中央充分肯定新疆生产建设兵团为祖国和人民建立的历史性功绩，兵团的战略作用不可替代。

2014年5月，中央召开第二次新疆工作座谈会，对新形势下新疆工作作出了新的全面部署。在推进新疆社会稳定和长治久安的进程中，兵团地位更加重要、责任更加重大、使命更加光荣。希望新疆生产建设兵团始终牢记党和人民重托，在以习近平同志为总书记的党中央坚强领导下，把思想和行动统一到中央决策部署上来，坚持国家利益就是兵团利益、新疆大局就是兵团大局，紧紧围绕维护新疆社会稳定和实现长治久安这个总目标，扭住发挥维稳戍边特殊作用这个关键，处理好屯垦和维稳戍边、特殊管理体制和市场机制、兵团和地方的关系，立足兵团自身特殊优势，加强维稳戍边能力建设，推动兵地融合发展，充分发挥兵团调节社会结构、推动文化交流、促进区域协调、优化人口资源的重要作用，使兵团真正成为安边固疆的稳定器、凝聚各族群众的大熔炉、先进生产力和先进文化的示范区。

新疆生产建设兵团是维护新疆社会稳定和实现长治久安的一支重要力量，党中央、国务院、中央军委将一如既往重视和支持兵团工作。中央相信，具有光荣传统的新疆生产建设兵团，一定能够继承发扬优良传统，牢记使命、敢于担当，坚决维护祖国统一、维护民族团结、维护新疆稳定，不断开创兵团改革发展事业新局面，为建设团结和谐、繁荣富裕、文明进步、安居乐业的社会主义新疆作出新的更大的贡献！

中共中央　国务院　中央军委

2014 年 10 月 7 日

十七、大会工作报告

大会工作报告，是指有关领导同志在大型会议上，向与会者所作的全局性、系统性的工作汇报或某一重要工作问题的讲话文稿。它往往是总结、部署一项或一个时期的工作，如党代会、人代会、职代会等会议上的工作报告。大会工作报告虽然多以领导成员个人名义出现，但并非个人意见，而是领导班子集体的意见，是经领导班子集体讨论、专人执笔、反复修改定稿的。一经会议通过，并按文件下发或公布，就具有指示性和约束力。

（一）大会工作报告的特点

大会工作报告是会议的中心部分，涉及面广，篇幅比开幕词、闭幕词长，内容比领导同志在会议上的专题性讲话全面，要求纲目清楚，逻辑性强，便于记忆领会。在结构上可用并列式，把报告的内容分成并列的几大部分；也可用层递式，围绕中心，逐层加以叙事、议论。

（二）大会工作报告的撰写原则

撰写大会工作报告有四个原则：一是目的性，要明确会议的目的、要求、指导思想、中心议题，使报告有所依据；二是针对性，要结合本地区、本部门、本单位的工作实际，把上级精神同本地区实际情况结合起来，避免虚话连篇、言之无物；三是指导性，要有较高的政策思想水平，能够准确地提出问题，精辟地分析问题，中肯地解决问题；四是全局性，要通观全局、把握重点，避免片面化。

（三）大会工作报告的写作结构

大会工作报告一般由以下两个部分组成。

1. 标题。大会工作报告的标题通常由正副两个标题构成，正标题写“××（内容）工作报告”，副标题写报告的时间、会议名称，另附报告人的职务及姓名。

2. 正文。正文由开头语、主体及结束语三部分组成。开头语主要是交代依据，写明“提请大会审议”等语；主体是报告的核心部分，这一部分要分析问题、解决问题，回顾总结过去的工作，分析当前面临的形势，进而提出今后工作的意见或建议；结束语一般是与开头相呼应，总括兜底，发出号召，提出希望。例如，李克强总理于 2018 年 3 月 5 日在第十三届全国人民代表大会第一次会议上所作的《政府工作报告》，内容翔实，观点鲜明，结构清晰，布局精巧，语言简明。全文由“过去五年来工作回顾”“2018 年经济社会发展总体要求和政策取向”“对 2018 年政府工作的建议”三大部分组成，层层递进，顺理成章。比如，在“过去五年来工作回顾”部分，集中讲了九个方面的工作，其精妙之处在于报告过去五年来的工作时，不是孤立地先讲做法，然后集中讲经验体会，而是把做法、经验、体会融合在一起，以理说事，以事证理，夹叙夹议，事理贯通。值得一提的是，在讲到“安不忘危，兴不忘忧”时，言简意赅，干脆利落。这一切都是值得我们好好学习的。

（四）大会工作报告的写作技法

1. 言之有物。大会工作报告要有明确的中心论题、丰富的内容。既要全面、周到，又要重点突出；既要详略得当，又不能顾此失彼；既要点滴不漏，又要防止过于冗长。应注意研究本地区的实际情况，用丰富的事例作论据。只有摆事实、讲道理，才能打动听众，使人信服。但事例一定要精确，分析一定要科学，评价一定要恰当。

2. 言之有序。大会工作报告偏重于对情况归纳叙述与议论说理，结构应该纲举目张、周密顺畅。也就是说，要根据主旨的需要，把广泛的内容概括集中成几个部分，并将其精巧地编织和联结在一起，组成一个整体，使文章条分缕析。大会工作报告属讲话文件，以内容清楚、一目了然为贵，以五花八门的大拼盘为忌。在主干饱满健全的基础上，首尾圆合是相当重要的，开头显旨、总括，结束时“卒彰显其志”作点睛之笔。

3. 言之有文。文是文采。大会工作报告的文采主要表现在语言运用上的雅俗共赏与修辞的运用。一般而言，大会与会者的文化程度、职务、阅历等不尽相同，让参会者接受报告，就需要在语言的推敲上下功夫。报告是向听者传递信息的，语言要准确精练、干脆利落、庄重生动，切忌拉杂含糊、干瘪无力、空洞无物。孔子曾说，“情欲信，辞欲巧”（《礼记·表记》）。意思是说思想感情要真实，语言文字要精巧。大会工作报告是讲给人听、指导工作的，因此，要讲得干脆且生动，听起来明白且悦耳。这就需要多用短句或成语、四字格词组，适当穿插一点口语，运用浓缩、借代、排比、比喻、对比等修辞手法，从而增强语言的形象化与节奏感。

【典范文例】

加强党的建设　发挥领导作用
为公司改革发展提供坚强保证
——公司党委2018年工作报告（摘要）

（2018年2月6日）

×××

各位代表、同志们：

我代表公司党委，向大会报告2017年党建工作，安排部署2018年党委重点工作。

第一部分　2017年工作总结

2017年以来，受宏观经济调控影响，煤炭价格逐步回升，公司订单大幅度提升，生产任务饱满，企业经营形势持续好转。公司党委按照集团公司、装备公司党委工作部署，认真学习贯彻党的十九大精神，持续构建"5+n"党建工作模式，以推进集团党委巡视整改工作为抓手，坚决落实全面从严治党的主体责任，积极构建班子团结、干部队伍风清气正的政治生态，为企业各项工作的平稳开展提供了坚强的政治保证。

一、深入贯彻党的十九大精神，坚持把"两学一做"学习教育融入日常

1. 深入宣传贯彻党的十九大精神。按照上级党委部署，制定下发了《学习宣传贯彻党的十九大精神工作方案》，扎实开展了系列教育活动，迅速在公司内掀起学习党的十九大精神的热潮。

2. 积极推进"两学一做"学习教育常态化制度化。公司党委坚持把"两学一做"学习教育融入日常、抓在经常，严格推进"两学一做"学习教育常态化制度化落实。

二、推进集团党委巡视整改，规范各项工作开展

1. 抓好集团党委巡视整改工作。公司党委将抓好集团党委巡视整改，作为重要的政治任务。制订下发具体的整改工作方案。进一步明确了公司党委对巡视整改工作负主体责任。在整改工作基本结束后，继续开展巡视整改"回头看"工作。确保整改工作不留死角、不漏一项，积极构建整改落实长效机制。

2. 严肃问题的追责问责。针对集团巡视反馈的7方面问题、5项线索和2项转办事项，组织进行逐项核实，按照干部管理权限，严肃追责问责。全面强化了广大党员干部的政治意识、责任意识和规矩意识。

3. 夯实巩固巡视整改成果。以巡视整改为契机，不断完善企业规章制度。一是重新修订了公司章程。二是通过制度建设，确保各项业务开展规范符合要求。三是严格执行《基层单位负责人定期向党委汇报工作制度》，充分发挥党委把方向、管大局、保落实作用。

三、全面加强党组织建设，落实管党治党主体责任

1. 狠抓党组织基础建设。严格督导基层党组织换届选举，各基层党组织以换届选举工作为契机，对支部党员在岗情况进行了核实，优化了党小组结构，配齐配强党小组长，加强了党建工作人员配备，强化了基层组织建设。

2. 积极推进“支部品牌自塑”。各基层党组织以“一支部一品牌，一支部一特色”为目标，对本单位党建特色活动进行总体谋划，有效促进了党建工作上台阶。

3. 强化基层党建工作调研。2017 年，公司党委在全公司范围内开展了基层党组织专项督导检查，并对发现的问题逐项组织了整改，有效提升了党内生活规范化水平，进一步夯实了基层党建基础。

4. 全面启动党建工作标准化建设。组织开展了标准化基层党组织创建工作，组织各基层党组织完成了 5 个方面、34 项基层党建制度的修订和完善，提升了基层党建标准化水平。

四、加强干部和人才队伍建设，为企业发展提供保障

1. 坚持党管干部原则。建立健全工作机制，进一步严肃和规范了干部任免、专业职务序列人员选聘程序、流程。

2. 坚持党管人才。从完善制度着手，加强了人才队伍建设，畅通企业管理人员、专业技术人员晋升通道，对后备人才进行重点培养和锻炼。

3. 党员管理从严从优。公司党委严格遵守党员发展规程，严把党员发展质量关。全年进行党员各类培训教育 30 余次，全面提升党员的政治素质。党费按照中组部相关文件要求足额收缴，使用范围明确，收支账目清晰，管理操作规范。

五、强化宣传思想政治工作，突出舆论导向

1. 强化宣传引导。持续发挥公司“一台、一报、一网”主渠道作用，刊发各类宣传稿件千余篇；充分依托手机微信传媒优势，构筑企业宣传新平台。

2. 加强企业形象策划。以国家主流媒体、行业报刊为重点，加大企业形象宣传，年内在各类外部媒体刊发稿件 70 余篇，在行业内引起广泛关注。

3. 把握职工思想动态。严格思想信息分析报告制度，及时收集职工思想情况，并开展有针对性的思想政治工作，切实维护了企业和谐稳定。

六、狠抓党风廉政建设，营造风清气正发展氛围

1. 严格落实“两个责任”。公司党委扎实履行党风廉政建设主体责任，始终把党风廉政建设扛在肩上、落到实处，以各级领导人员这个“关键少数”为重点，常要求、严管理、真问责。

2. 强化廉洁自律意识。一是明确要求。二是强化检查督导。三是积极开展自查自纠。四是坚持党风建设与业务工作同部署、同落实、同考核。

3. 扎实推进作风建设。坚持月度劳动纪律专项整顿、领导人员作风专项检查、行政专项督查等工作，积极构建企业作风建设长效机制，推进作风建设常态化。

4. 加强党风廉政教育。坚持日常教育与警示专题教育相结合，一年来，共组织各类专题教育 6 次，累计受教育 2100 人次，强化党员干部的日常廉洁教育，筑牢防腐拒变思想基础。

七、坚持党建带工建、党建带团建，发挥工团组织作用

公司工会持续开展“职工代表巡查”“掌上工会”职工微文化平台、普惠化服务、技师技术创新项目立项工作，开展了多种形式的企业文化创建活动和职工文体活动……

第二部分 2018 年工作要点

2018 年 ××× 公司党建工作的总体思路是：深入学习贯彻党的十九大精神，以集团公司“两商”战略和“六稳六新”工作要求为指导，保证党的方针政策、上级党委重大部署在企业贯彻执行；贯彻“13567”党建工作思路，持续构建“5+n”党建工作模式，落实全面从严治党主体责任，切实发挥党组织作用，为推进企业改革创新、持续发展提供强有力的思想、组织和政治保证。

重点抓好七项工作：

一、学习贯彻党的十九大精神，强化思想引领

1. 强化理论武装。把深入学习宣传贯彻习近平新时代中国特色社会主义思想和党的十九大精神作为首要政治任务，通过中心组学习、专题培训等形式强化学习研讨，要在学懂、弄通、做实上下功夫，原原本本学、全面系统学、联系实际学，防止学习的片面化、表面化、形式化，把思想和行动统一到中央的决策部署上来，凝聚到企业改革发展实践上来，切实提高广大党员、职工的政治素质和理论水平。

2. 开展主题教育。按照上级党委统一部署，认真开展“不忘初心、牢记使命”主题教育，要与“两学一做”学习教育常态化制度化相结合，与企业实际相结合，发挥党员的主体作用，确保活动效果。

3. 加强党的政治建设。以党的政治建设为统领，进一步加强公司领导班子自身建设，抓好党委中心组学习，开好年度民主生活会，牢固树立“四个意识”，增强“四个自信”，做到“两个维护”，自觉在思想上政治上行动上同以习近平同志为核心的党中央保持高度一致。加强各级领导干部的党性教育，不断提高政治觉悟和政治能力，着力打造风清气正的良好政治生态。

二、加强党的建设，切实履行主体责任

1. 持续贯彻落实国企党建工作会议精神。按照上级要求，持续贯彻落实公司《贯彻落实全国国有企业党的建设工作会议精神重点任务工作清单》规定的各项任务，结合实际，不断完善强化企业党组织领导作用的体制机制，严格落实党委会前置程序要求，确保各项重点任务落实落地。

2. 狠抓党建工作责任制落实。严格执行党委领导班子成员基层党建联系点制度，强化党委领导班子对分管单位业务和党建工作直接领导责任的落实；严格基层党建工作督导检查，逐步建立完善党支部工作经常性督查指导机制，进一步规范基层组织生活；持续开展基层党建工作考核，强化考核结果的运用，促进党建工作整体水平不断提高。

3. 开展形势任务教育。围绕公司当前的经营发展实际，突出安全生产、提质增效、转型升级等重点工作和职工群众最关心的现实问题，有针对性地组织形势任务教育。党员领导干部尤其是各单位党政主要负责人要带头讲党课、作形势任务报告，探索创新教育模式，提高广大职工参与的积极性和主动性，凝聚共识，形成合力。

4. 深化“三项工程”建设。深化以落实党管安全责任为主要内容的安全保障工程、以企业文化建设为核心的凝心聚力工程、以党风廉政建设为重点的反腐倡廉工程，坚持服务生产经营不偏离，着力打造具有公司特色的党建工作品牌。

三、深化基层组织建设，夯实战斗堡垒作用

1. 强化基层党组织制度建设。根据国资委党委以及集团公司党委工作要求，修订完善各基层党组织相关制度规定；持续基层党建标准化工作推进，在系统完善基层党组织制度体系的基础上，建立标准化党支部评价和考核体系，开展试点工作，积累经验，逐步推广实施。

2. 深化“党支部品牌自塑”活动。加强对基层党组织的指导和督促，推广和打造一批基层党建品牌，充分发挥各基层党组织党建品牌的号召力和影响力，激发广大党员的党性观念和服务意识，实现党建工作带动生产经营有新突破、新提升。

3. 严格规范党内组织生活。根据集团公司党委《关于严格执行党的组织生活制度的通知》要求及工作部署，进一步推动公司各级党组织党内政治生活规范开展；各基层党组织要严肃公司党委“六个一”模式，严格“六个健全”要求，加强基层组织生活督导检查，切实提高党内组织生活质量。配合集团公司“智慧党建”建设，进一步丰富党建工作手段。

四、加强干部和人才队伍建设，为企业发展积蓄力量

1. 狠抓领导班子建设。严格各层次理论学习制度的执行，切实强化各级领导人员对政治理论和业务知识的系统把握；强化对基层领导班子管控，进一步优化领导人员队伍结构和整体素质。

2. 加强领导人员队伍建设。坚持党管干部原则，强化正确的用人导向，突出政治标准，保证党对干部人事工作的领导权和对重要干部的管理权。加大领导人员公开选拔的力度，拓宽选人用人视野。严格履行动议提名、组织考察、讨论决定等程序，不断提高选人用人的公信度和规范性。充分发挥纪检监察部门的作用，严防“带病提拔”、“带病上岗”。加强教育培训，提升领导干部科学决策、统揽全局、市场应变、防范风险等综合能力。

3. 坚持党管人才。强化后备人才队伍建设，扎实开展人才队伍素质提升工程；拓宽优秀年轻人才培养渠道，有针对性选派年轻骨干到基层单位、艰苦岗位锻炼，丰富工作经历，加强实践考验；着力完善公司后备人才库，加大青年专业技术人才教育、培养和考核力度，加快青年人才成长步伐，为企业改革发展蓄力。

五、扎实开展宣传思想工作，全面维护企业发展稳定

1. 强化正面宣传导向。加强企业宣传媒体建设，利用好公司“一台、一报、一网”阵地及新媒体，持续增强基层单位外宣力度，突出报道公司党建工作、改革发展、生产经营中的重大举措和可喜成果；突出先进人物事迹宣传，强化正面导向作用；加强通讯员队伍建设，推进企业宣传工作迈上新台阶。

2. 迅速推进意识形态工作。全面落实公司《意识形态工作责任制实施办法》，把意识形态工作作为企业党建的重要内容，纳入党委重要议事日程、党建工作责任制，与公司生产经营管理工作紧密结合，同部署、同落实、同检查、同考核。各基层党组织要把建立意识形态工作机制纳入到基层党建标准化当中。党委工作部、党委组织部要根据公司党委统一部署，对各基层党组织意识形态工作进行专项督查。

3. 积极维护企业发展稳定。推行“公司领导接访日”制度，公司班子成员将定期接待职工来信、来访，坚持当下事当下办、不推诿；过往事，按政策制度积极妥善处理，并向当事人及时反馈，力争把误解和矛盾消除在萌芽状态。坚持思想信息分析报告制度，重点关注困难群体，把握职工思想动态，切实维护企业和谐稳定的发展环境。

4. 加强企业文化建设。强化企业文化与公司管理机制的有机融合，形成具有公司特色的管理文化。加强基层推进力度，以试点方式实施文化创建活动，完善文化建设奖惩措施，着力推动企业文化在基层扎根。继续开展职工文体活动，丰富职工业余文化生活，拓展企业文化建设载体，扎实推进集团“和”文化的延伸。

六、深化党风廉政建设，营造良好发展环境

1. 严格落实“两个责任”。公司党委将切实履行管党治党的主体责任，党委书记全面履行管党治党第一责任人职责，凡重大事项必亲自研究部署，凡重大案件必亲自协调督办。公司领导班子成员切实履行“一岗双责”要求，严格落实分管区域的党风廉政建设和反腐败工作。公司纪委落实好监督责任，强化监督执纪问责，加强对遵守党规党纪情况的监督检查，把问责这一手硬起来，让失责必问、问责必严常态化。

2. 着力构建“不敢腐、不能腐、不想腐”的体制机制。进一步强化各级领导人员的责任和担当，督促养成按规矩办事、按制度执行的良好习惯，避免因“图省事、怕麻烦、走捷径”产生违规违纪问题。健全制度体系，加强对制度执行的监督检查，严肃查处有章不循、有规不依等行为，让制度成为一道坚强的防线。继续探索建立廉洁风险点考评体系，规范业务规程，关口前移，防范廉洁风险。严格落实述职述廉、经济责任审计、谈话和诫勉、组织函询等制度，强化监督执纪问责。

3. 持续深化作风建设。坚持把纪律和规矩挺在前面，让纪律成为不敢触碰的高压线。继续开展好领导干部作风专项检查、“四风”问题专项整顿工作，不断提升领导人员工作状态、规矩意识，积极构建反“四风”的长效机制，推动中央八项规定精神落地生根。

4. 积极配合集团党委巡视“回头看”和专项审计工作。按照集团党委巡视“回头看”及专项审计的工作安排，主动做好相关准备和配合工作。各基层党组织、各单位要针对巡视整改问题进行再梳理、再排查，确保整改完全彻底，现行业务执行规范。

七、加强群团工作，增强组织活力

充分发挥群团工作联系群众、服务群众的职能，积极构建群团特色品牌。公司工会要以弘扬“工匠”精神为主题，激励广大职工立足岗位建功立业。公司团委要持续发挥青年文明号、青年志愿者等品牌的示范作用，增强团组织凝聚力、感召力和团员青年的归属感。

同志们，2018 年是贯彻落实党的十九大精神的开局之年，是实施“十三五”规划承上启下的关键一年，更是公司推进结构调整、加快发展的攻坚之年。企业各方面工作的要求越来越高，改革发展的任务也越来越繁重。各级党组织和广大党员干部要充分认识新形势、新任务对党建工作提出的新要求，进一步增强政治意识、责任意识，以更加奋发的精神、更加务实的作风、更加有力的举措，推动公司党的建设不断加强，为企业改革发展提供强有力的思想、组织和政治保证。

第五章

公文病误处理

第一节　公文中常见病误

一、公文发文机关标志常见病误

发文机关标志是公文版头部分的重要格式要素，即人们通常所说的“红头”，它能够体现出发文机关的权威性以及行文的庄重性和严肃性。因此，在拟制公文时必须审慎为之，确保规范。但从目前的行文实践来看，不少机关单位所制发的公文在发文机关标志的拟制上还存在一些病误。所谓发文机关标志病误，是指公文的“红头”违背了公文法规的有关规定或不符合人们公认的约定俗成的原则。关于公文的发文机关标志，在《条例》中有专门的规定；有些在公文法规中尚未作出具体规定的，人们一般都有公认的约定俗成的原则。如果违背了上述规定和人们公认的约定俗成的原则，应视为发文机关标志方面的错误。归纳起来，当前在发文机关标志方面常见的错误主要有：

（一）发文机关名称所使用的简称不规范

按照《条例》的规定，公文的发文机关标志由发文机关全称或者规范化简称加“文件”二字组成，也可以使用发文机关全称或者规范化简称。这就是说，对于公文的发文机关标志，既可以使用全称，也可以使用简称，但简称必须是规范化的简称，不能随意简称。一般而言，发文机关全称应以批准该机关成立的文件核定的名称为准。规范化简称应由该机关的上级机关规定，也有由本机关自定的，如属此种情形，一定要明文告知其他相关机关，而不能只是自己使用别人并不知晓。但在实际操作中，应当注意上行文必须使用发文机关全称；下行文和平行文既可以使用全称，也可以使用规范化简称。据调查发现，不少单位在使用简称时不够规范。例如“中国共产党河北省委员会”简称为“中共河北省委”，“中国共产党武汉市委员会”简称为“中共武汉市委”等都是规范的，但到具体的委、办、局等的简称则往往是不规范的，例如“中国共产党郑州市卫生局委员会”，按规定要求应当简称为“中共郑州市卫生局委”，但实践中人们往往将其简称为“中共郑州市卫生局委员会”，前半部分使用的是简称，而后半部分又使用了全称，繁简夹杂，显欠规范。这种现象是比较普遍存在的，应当加以纠正。

（二）将具有不同功用的版式相互混淆使用

党政机关的公文版式有所不同，其功用各异。但在实践中，经常出现将具有不同功用的版式混淆使用的情形。

例如：

中共 ×× 县委文件

× 党发〔2016〕4 号

关于 ×××× 的请示

……

按照公文法规的规定，公文的发文机关标志应当由发文机关全称或者规范化简称加“文件”二字组成，也可以使用发文机关全称或者规范化简称。但按惯例，发文机关标志后加“文件”二字的版式主要用于下行文，只标识发文机关全称或者规范化简称的版式主要用于上行文。这就是说，只有下行文才使用带有“文件”二字的版式，上行文则只标识发文机关全称。对于采用信函格式的公文，其版头部分也只能标识发文机关全称或者规范化简称。因此，例中的发文机关标志属于相互错用，应当予以更正。

（三）发文机关名称后面仍带有括号

例如：

中共 ×× 市委员会（通知）

× 党发〔2016〕2 号

×× 批转市委组织部关于加强

×× 报告的通知

《条例》正式颁布实施之前，在党的机关公文版式中确实存在发文机关全称或规范化简称后面加文种“( )”的形式，但要注意从党政机关公文发文机关标志的规范和统一的角度考虑，已经明令取消。因此，此例已不合规范。但在公文处理实践中，仍然时常见到此种版式，显系因循守旧，未能及时了解和把握新的规定，应当加以纠正。

（四）发文机关标志与正文之间的红色分隔线当中仍加有红五星

按照规定和人们的使用习惯，原来党的机关公文版式在发文机关标志与主体之间均点缀一颗五角星，以示鲜明醒目和美观大方，但《格式》从党政机关公文发文机关标志的规范和统一的角度考虑，已经明令取消。因此，在红色分隔线中间出现红五星的做法是不妥当的。这种情况，目前在实践中未能一致，突出表现为很多党的机关公文仍然保存这颗红五星，而且不但基层党的机关这样做，省部级机关发文有时也存在这一现象，这不利于公文拟制的规范化。因此，各级党政机关均应重视起来，以与时俱进坚决有力的态度摒弃不规范的做法，确保《格式》的贯彻执行，真正发挥其应有的效用。

（五）发文机关标志字体字号的使用不一致

按照《格式》的规定，公文的发文机关标志推荐使用小标宋体字，主要是因为小标宋体字显得庄重，而其他字体诸如楷体、隶书、魏碑体等都带有某些书法艺术的成分，不适合标注党政机关名称。但对于发文机关标志具体应当使用几号字却没有明确规定，只要求以醒目、美观、庄重为原则，具体由发文机关酌定。但从实际操作来看，由于“国务院文件”五个字是 22mm × 15mm（高 × 宽），所以应当以此为上限。这样，对于发文机关标志字号，应当坚持“一级小于一级”的原则，如果将 22mm × 15mm（高 × 宽）称为“大版头”的话，则党中央、国务院所属各机构部委以及各省、自治区、直辖市党委政府所使用的版头应当为“中版头”，其尺寸规格为 15mm × 10mm（高 × 宽），具体到地市级及以下各级党委政府就应当以使用“小版头”为宜，其尺寸规格为 10mm × 8mm（高 × 宽）。从实践来看，不少机关单位对于发文机关标志所使用的字体字号较为随意，突出表现为字体往往不是采用小标宋体，而是宋体字，当然，使用其他字体的也有，而且字号极不统一，有些县团级甚至乡镇级党委政府在发文时，其发文机关标志所使用的字号超出了规定的范围，甚至与中央文件和国务院文件的字号相差无几，显得很不规范，必须予以纠正。另外，有的发文机关标志排列出来以后显得松散或者拥挤，应当根据具体情况灵活处理，即在文字较少的情况下要尽量拉宽字间距，文字多的情况下则尽量压缩字间距，总体上要小于版心的宽度，以使从整体上看更加醒目、庄重和美观。

（六）发文机关标志的位置不规范

发文机关标志应当在版头部分的什么位置？其与版心的上边缘的距离是多少？对此，原来的《国家行政机关公文处理办法》（GB/T 9704—1999）曾经规定：“发文机关标识上边缘至版心上边缘为 25mm。对于上报的公文，发文机关标识上边缘至版心上边缘为 80mm。”

这样规定，就使得各级党政机关在设计和印制空白的红头文件用纸时，需要两种不同留白格式的红头纸，从而给实际工作造成了很大不便，而且从实际来看，这样规定也无很大的必要。有鉴于此，《格式》从统一和规范的角度考虑，明确规定发文机关标志的上边缘至版心的上边缘距离为35mm，取消了上行文要留出80mm空白区域的规定，其发文机关标志上边缘至版心的上边缘距离也是35mm。这就是说，上行文、下行文和平行文的发文机关标志位置已经完全统一。但在实践中，有些机关单位仍旧采用两种不同距离的公文版式，究其原因，一方面可能是对于新的规定未能及时了解和掌握，另一方面则可能是由于原来印制的红头文件用纸数量过多，尚未用完，所以依旧沿用。但无论属于哪种情况都是不规范的，应当严格按照新的规定要求坚决予以落实，确保规范行文。

（七）联合行文时发文机关名称排列过多

根据《格式》的规定，联合行文时对于发文机关标志的处理既可以同时标注联署发文机关名称，也可以单独使用主办机关名称。如果需要同时标注联署发文机关名称，应当分行连续标注，而且要将主办机关排列在前，并将“文件”二字置于联署发文机关名称右侧，上下居中排布，上行文则只需标注联署发文机关名称，省略“文件”二字。但在具体行文实践中，却发现联署发文机关名称存在两方面问题：一是未遵循将主办机关名称排列在前的规定。例如，××县林业局和××县公安局联合发文，就制止乱砍滥伐森林问题发出通知，本来县林业局应为主办机关，但在排布时却将县公安局排列在前，显欠规范。二是联署行文时将所有发文机关名称均予排列，以至于出现将公文正文挤出首页的情况。公文写作的一条重要原则，就是要确保首页显示正文，否则就可能出现伪造等不法现象。如果联合行文机关名称过多，可采取只标注主办机关名称的做法，如要全部列出，也要尽量采取缩小字号、调整行间距等办法加以解决，总之，要确保首页显示正文。因此，实践中所见的将七八个甚至更多的机关名称全部予以排列的情形并不可取，应当视具体情况恰当处理，确保能够给人以形式上的美感，从而充分发挥公文的应有效用。

二、公文发文字号常见病误

发文字号又称公文编号，属于公文版头部分非常重要的一个格式要素，是公文的“身份标识”，在文件登记、文件查询利用以及文件归档管理等诸多环节均发挥着重要作用。从当前的公文处理实践来看，不少机关单位对于发文字号的拟制存在这样那样的问题，随意性较强，很不规范，直接影响了公文的质量和效用。主要表现为以下几个方面。

（一）在发文字号的编排上不符合规定

例如：

1.（18）× 财字第 010 号

2.× 电（18）第 6 号

3. 冀 × 发（2018）9 号

按照《条例》的规定，公文的发文字号由发文机关代字、年份、发文顺序号组成，三者缺一不可，而且其排列顺序也不得随意颠倒。同时，《格式》规定，发文字号编排在发文机关标志下空二行位置，居中排布；上行文的发文字号则位于发文机关标志的左下方，居左空一字编排，右侧用于标注签发人姓名。年份、发文顺序号用阿拉伯数字标注；年份应标全称，用六角括号括入；发文顺序号不加“第”字，不编虚位（即 1 不编为 01），在阿拉伯数字后加“号”字。

据此，上述所列几种发文字号都是不符合这一规定要求的。第一个发文字号，排列的次序前后颠倒，而且多一个“字”及一个“第”字，年份被简缩，且用圆括号，此外，在顺序号前冠以“0”也是错误的。正确的写法应当是：× 财〔2018〕10 号。第二个发文字号，年份被简缩，且采用圆括号，顺序号前加了一个“第”字，也不符合规范要求。正确的写法应当是：× 电〔2018〕6 号。第三个发文字号，近似合乎规范，但年份使用圆括号却是错误的，应当写作“冀 × 发〔2018〕9 号”。

（二）发文字号缀有多余的“字”字和“第”字

在 1987 年 2 月国务院办公厅发布《国家行政机关公文处理办法》之前，公文的发文字号均标有“字”字和“第”字，基于简化起见，此后被明令禁用。2012 年 4 月，中办、国办联合印发的《条例》以及《格式》沿用了这一规定。但在实践中我们发现有些省、自治区、直辖市党委政府相继出台了《条例》的实施细则，各地结合自身实际制定这些实施细则是非常必要的，但有一点，就是必须坚持在《条例》和《格式》的总的规定原则下进行，而不能与之相抵触，自行其是。有的省市就明确规定发文字号中的机关代字要加“字”字和“第”字，构成所谓的“× × 财字（× ×）第 × × 号”的模式，显然属于因循守旧，而且罔顾现行公文法规的最新规定，因而是错误的。特别是在公检法司等司法机关所拟制的司法文书中，这一问题表现得更为突出。尽管它们与党政机关的正式公文不能相提并论，但从规范化的角度考虑，也应以靠拢《条例》和《格式》的规定为宜。

（三）党政机关发文字号中的机关代字混杂错乱

这是指在一个机关或单位中，党政对外行文代字不分，相互混杂。发文机关代字是发文字号中最重要也是拟制难度最大的一个要素，它是由发文机关文秘部门为本机关所有部门统一编制的规范化缩写加“发”“函”等组成。规范化缩写应该能够代表机关的特征，例如，中共中央的代字为“中”，国务院的代字为“国”；中共江苏省委的代字为“苏”，江苏省人民政府的代字为“苏政”；中共成都市委的代字为“成委”，成都市人民政府的代字为“成府”。发文机关代字具有特定性和单一性，一定要准确体现本机关或本单位的特征，而且要注意党政有别，绝不能混为一谈。例如，某地水利局，不论是以局行政名义或是以局党组织名义发出的文件，在党组织中也不管是以机关党组织名义还是以机关党委名义发出的文件，统统以“× 水发”为机关代字，让人难明所指。这种做法实际上起不到编制发文字号的真正作用，因为党政文件混编在一起，既不符合规范要求，查找起来也十分不便。

（四）机关代字重复不明

机关代字重复不明，指发文字号中的“机关代字”在一个地区内出现重复的问题。按要求，在编制发文机关代字时，应力求做到明确、简洁、规范，且不能产生歧义和冲突，特别是不能与上级机关、同级机关的机关代字相互冲突或重复，否则就会出现不同文件同一发文字号的重复现象。比如，某市市委政法委员会、市政协、市委政治思想工作领导小组的机关代字，选择了与市政府相同的机关代字“× 政”，这就造成了一个地方多家代字重复的现象，令人难明所指，从而使“× 政”这个代字失去了实际存在的意义。正确的做法应该是避开出现重复的现象，体现出各自的代表性，即如上所述的特定性和单一性，比如，市委政法委应选用“× 党法”，市政府政法办公室应选用“× 政法”，市政协应选用“× 政协”，市委政治思想工作领导小组应选用“× 党思”等，这样就会给人以明晰之感。实践中，这种现象并不是个别的，应当加以注意。此外，有的发文机关代字多达七八个甚至十几个字，虽然可能各有其所代表的层次，但代字过长，不仅使人读不懂，还会造成很多不必要的麻烦，例如，登记费事、排版困难等。这也是前述不能加“字”字和“第”字的重要原因之一。

（五）一份公文出现多个发文字号

这是指在一份文件的版头处出现了两个或两个以上的发文字号，这是不合规定的。例如，某市科委、财委、经委等八个单位联合行文，在版头发文机关标志之下，并列有八个发文字号，占去了首页一半多的位置，使这份文件的首页变得很不匀称。《条例》以及《格式》

中都明确规定：联合行文时，只标明主办机关发文字号。这与联合行文时发文机关标志拟制的规定有所不同，对于联合行文的发文机关标志，既可以使用联署发文机关名称，也可以使用主办机关名称，但对发文字号则只能标注主办机关的发文字号。因此，这份文件按规定只标明市科委的发文字号即可，其余七个单位的发文字号均应省略。

（六）发文字号不明确发文含意

如上所述，发文字号是由发文机关文秘部门为本机关所有部门统一编制的规范化缩写加“发”“函”等组成，这里我们不妨称之为发文形式，也可称为发文类型代字。其中，“发”代表机关向外以及向下发文，“函”代表不相隶属机关或信函格式的发文。但上行文使用什么样的发文类型代字，实践中很不统一，可以说是各种各样，不一而足。目前除了采用信函式公文在机关代字后标注“函”以外，其余发文一般都用“发”作为总的发文类型代字（个别地区除外）。有的地区还自己增设了“报”“请”“呈”等发文类型代字嵌入上行文的发文字号，如贵州省人民政府的发文代字为“黔府发”，但其请示的发文代字为“黔府呈”；广西壮族自治区人民政府的发文代字为“桂政发”，而上报请示用的是“桂政报”。至于上行文是否必须使用单独的发文类型代字，目前尚无统一规定，但不少机关在文号中是以“发”“呈”“函”三字分别作为下行文、上行文、平行文的发文类型代字的。而目前很多机关所发公文的发文字号不明确发文机关含意，具体说，就是指在发文字号中看不到发文的含意，即在机关代字中未标明“发”“呈”“函”等字。例如，“鲁公治”，代表山东省公安厅治安总队，但由于未标明“发”字，仅仅看这个机关代字判别不了它是一份发文还是一份收文的文号。因此，我们认为凡属发文编号的均应在机关代字中加注“发”字，以示与收文字号相区别。至于上行文是否必须单独编列发文类型代字，可由发文机关根据实际情况酌定。

（七）年份要素随意简化且不用六角括号括入

按规定要求，发文字号中的年份必须用阿拉伯数字标识公元纪年，公元年份的四位数不可简化成两位数，例如，不可把〔2015〕标为〔15〕，以利于有价值文件的保管与调阅。同时，要使用六角括号括入。六角括号不是数学公式中的中括号，不可标成方括号或圆括号。不然，在引用公文时，按照一般应当先引标题，后引发文字号的规则，发文字号是要用圆括号括起的，如果发文字号中的年份用中括号括起，就违反了低级符号中不得包含高级符号的原则；如果发文字号中的年份用圆括号括起，又会造成圆括号套圆括号的使用混乱，所以《格式》明确规定以“六角括号”括入年份要素。在这方面，实践中不少机关单位仍然使用方括号或圆括号，显欠规范，应予纠正。

（八）发文顺序号编列不当

公文的发文顺序号是一个机关在一年内制发文件的统一流水号，一般应以不同的发文形式分别进行统一编号，例如，以本机关的名义制发的公文可以统一编号，以本机关办公厅（室）的名义制发的公文另行统一编号，这就足够了。但在实践中，有些机关采用既按拟稿部门，又按文种的方式分别编列流水号，例如，某市公安局所制定的《公文处理办法》明文规定公文的发文字号应当嵌入文种“××公通××号”或“××公复××号”等，这样做将大大增加复杂程度，不利于公文的管理。试想，一个县级单位一年内总发文数量会有多少？有必要按文种来分别编列流水号吗？这的确需要认真考虑。还有，发文顺序号必须用阿拉伯数字标识，并且不编虚位（即1不编为001），在序号前通常也不加“第”字。因为从公文的内容到形式，始终应该体现简明实用的原则，在明白的基础上越简单越好。但在实践中有些单位却无视这些，其发文顺序号仍带有“第”字并编虚位，与《格式》的规定相悖，必须加以纠正。

值得注意的是，对于命令、公告、通告等文种，可只标注发文顺序号，用“第×号”的形式。以命令为例，凡以领导者名义发布的命令皆不用代字，且应以任期为限统一编排流水号而不用标注年份；以机关名义发布、由其首长签署的公布令也多用这种发文字号。这属于发文字号的特殊形式，应当是允许的。

三、公文页码标注常见病误

在党和国家历次发布的公文处理法规中，页码一直没有被纳入公文的格式组成要素。《条例》以及《格式》首次将其纳入，并规定其用以表明公文页数顺序号，这就充分说明页码是公文的一个重要组成部分，是保证公文完整性和有效性的标志。同时，在公文中标注页码，也有利于对公文进行查阅、统计、检索、印制和装订，甚至有助于公文的防伪。在实践中，对于页码的标注时常出现一些问题，归纳起来，主要表现在：

1. 字体字号不规范。有人会问：公文的页码也要注意字体字号吗？答案是肯定的。按照《格式》的规定，公文的页码应当使用4号半角宋体阿拉伯数字。但有些机关单位的公文却比较随意，有的使用3号字，同时也非宋体字，而是采用仿宋体字或者其他字体等，这都是不规范的。必须明确的是，公文格式讲究统一和规范，任何单位都不可别出心裁，每一个格式要素均有其对应的标准要求，因此需要严加注意，不容疏忽。

2. 位置摆放不当。公文与一般文章和文艺作品有所不同，它不是用来供人欣赏的，也不是用来传递一般性信息的，更不是用来处理个人私务的，因此其对格式的要求非常严格，讲究“规范体式”，每一个格式要素在文面上均有其特定的位置坐标。以页码为例，一般文章和文艺作品，为了追求其多样化和艺术性，可以将其置于版心的正下方居中，也可以置于版心的右下侧、左下侧以及左上侧、右上侧，甚至置于翻口的中间位置，以求美观，彰显个性，吸引读者。但公文中却不允许这样做，因为公文是办理公务的工具，公文中的页码必须遵循特定的规定进行标注。按照《格式》规定，公文页码的位置应当编排在公文版心下边缘之下，数字左右各放一条一字线；一字线与左右两端页码之间要空一个半角空格的距离；一字线上距版心下边缘 7mm，单页码右边的一字线居右空一字，双页码左边的一字线居左空一字。这样即可保证从两个方向定位页码的位置。在页码数字两端各放置一条一字线，是公文页码标注的特定规则，其目的主要是美观和方便阅读。这些都属硬性规定，实践中有些公文未能依照这样的尺寸规格和格式架构来设置页码，随意性很强，既不统一，也显得很不规范，均应予以规范。

3. 空白页标注页码。按照规定，公文版记必须置于公文的最后一页，版记的最后一个要素要位于版心的最后一行，版记各要素（包括抄送机关以及印发机关和印发日期）之间要用分隔线分开，最后一条分隔线要与版心的下边缘重合。由此可见，版记置于公文的最后一页，其前面有时可能会出现空白页。由于公文是双面印刷，所以空白页最多不会超过三页。在此种情况下，根据《格式》的规定，空白页和版记页均不需标注页码，也就是说，页码只标注到正文结束的那一页。但在实践中，有些机关单位所印制的公文却无视这些规定，在空白页和版记页一律标注页码，而且即便标注了页码，也未按上述规定编制，因此是不规范的。

4. 附件页码与主件分离。附件是指公文正文的说明、补充或者参考材料，是公文正文的有机组成部分，与正文具有同等效力。附件一定要另面编排，而无论其前面留有多少空白页，均应如此。公文附件应当置于版记页之前，根据规定，如无极特殊情况，应当与主件一起装订，并且页码应当连续编排。实践中，有些公文却没有这样做，而是将附件单独标注页码，形成与主件相互隔离的状态，这是不规范的。还有的虽然将正文和附件的页码连续标注，但却未能标至版记页且版记页排有文字，这也是不规范的。

5. 信函格式公文首页标注页码。信函格式属于公文的一种重要特定格式，与公文的标准格式相比其效力是完全相同的，只是表现形式有所不同。相对于标准格式而言，信函格式相对简单，易于操作，但值得注意的是，作为公文特定格式之一的信函格式，其首页是不能显示页码的，需要由第 2 页开始标注页码，这是信函格式公文与标准格式公文相比的一个显著差异，必须加以区分。但实践中有些采用信函格式的公文却在首页标注有页码，标注形式与标准格式的公文无异，这也是不规范的。

6. 遗漏标注页码。机关单位所印制的公文需要标注页码，这是长期以来一致的和普遍的规定和做法，便于公文的查询引用和统计检索，具有不可替代的重要作用。特别是《条例》和《格式》有史以来第一次将页码列为公文的格式组成要素之一，就更加凸显了页码的重要性。因此，凡属机关单位印制的正式公文，一概不得缺漏页码，要按有关规定规范标注，确保行文的规范化和严肃性。但从实践来看，有的机关单位所印制的公文，根本就未标注页码，显得随意性很大，与公文法规和公文格式国家标准的规定相去甚远，必须加以纠正。

四、公文附件拟制中常见病误

依据《条例》的规定，附件“是指公文正文的说明、补充或者参考资料”。附件并不是每份公文都有，但如果带有附件，由于它对正文内容起着重要说明、补充或者引证参考的作用，因此又往往显得十分必要，是加强对公文内容的理解以及贯彻执行环节不可缺少的构成部分，因此在实际拟制过程中必须注意讲究规范，确保不出现差错。

从实践来看，目前对于公文附件的拟制和使用存在以下几方面的问题：

（一）将附件与附件说明和附注混为一谈

这三个要素均是公文主体部分的格式项目，但各自的含义和用途有所不同。按照《格式》的规定，附件说明指的是公文如有附件，要在正文下一行左空两个字处标注附件，后标全角冒号和名称，附件后不加标点符号。附件如有多份，要有序号，使用阿拉伯数字标注。总之，附件说明指的是附件这一公文格式项目要素的标注问题。附件则是指公文主件所应附的公文附件，即实质上的附件。公文的附件是正文内容的组成部分，与公文正文具有同等效力。附注则一般是指对公文的阅读传达范围、使用时需要注意的事项加以说明的文字，例如，“此件发至县团级”“此件可见报”“此件可登党刊”等，它通常标注于成文日期的左下方。附注不是对公文的内容作出解释和注释，对公文的注释或解释一般在公文正文中采取句内括号或句外括号的方法加以解决，因此，使用附注时要加以注意。

（二）附件位置及装订方式不正确

附件主要包括与公文正文内容相关的文字材料、数据、名单、图表、图形等，这些内容如果穿插在公文正文中，往往容易隔断公文前后意思的联系而造成阅读上的不便，在这种情况下需要将其从公文正文中抽出来而作为公文的附件单独表述，既可以补充完善正文，又可使正文的内容简洁连贯。那么，附件应当处在公文的什么位置呢？根据《格式》的规定，附件应当置于正文之后，版记之前，并与主件一起装订。而且公文的附件需要另面编排，也就是说，无论前一面留有多少空白，都需要另起一面。实践中不少机关把公文的版记置于公文主件之后、附件之前，形成主附分离，这是不正确的。也就是说，无论附件的页数有多少，都一定要置于版记的前面，并且若无极特殊情况则要与主件一起装订。这是在实际操作中容易被忽视的一点。如果在版记之后编排装订附件，由于版记是公文结束的标志，附件就不能视为公文的组成部分了。

（三）附件的标注方法不规范

按照规定，附件都要另起一面单独编排，具体的编排方法是首先要在版心左上角第一行顶格编排“附件”二字，使用3号黑体字，如果有多个附件，后面必须紧跟附件顺序号，顺序号后无须加冒号。附件标题编排在首页第三行居中位置，附件序号和附件标题必须与附件说明中的内容完全一致。附件标题以及附件中行、字、段落等的编排与主体部分相应格式要素的要求完全一致。但在具体行文过程中，我们发现有的机关或单位的公文附件没有另面编排，而是直接印制在生效标志之后；有的在附件的左上角遗漏“附件”二字，即使未遗漏也不是使用3号黑体字，而是仿宋体字；还有当存在多个附件时，附件顺序号使用汉字数字并加注冒号，这些显然都是不规范的做法。

（四）采用复体行文方式时对附件的理解失之偏颇

如前所述，附件是附属于公文正文的其他文字、图表、图形等材料，对公文正文起到解释、补充、说明或者印证、参考作用，但在公文处理实践中，有一种复体行文的方式，其表现形式是“以文载文”“文后有文”。具体是指法定公文的15个文种，由于它们是党和国家公文法规中所明确规定使用的，因此具有相应的法律地位，可以单独行文；而在机关单位的行文实践中，除了这15个法定文种以外，还有一个相当庞大的公文组群，包括计划体公文如纲要、规划、方案、安排、设想、打算、预案等；总结体公文，包括总结、调查报告、典型材料、述职报告、述廉报告等；法规体公文，包括章程、条例、规定、办法、细则、制度、规程、规范、守则等；礼仪体公文，包括欢迎词、答谢词、欢送词、悼词、唁电、贺信（词）等；书信体公文，包括表扬信、感谢信、慰问信、倡议书、公开信、告人民书等；会议体公文，包括开幕词、主持词、大会工作报告、闭幕词、会议简报等；凭证体公文，包括典型材料、组织鉴定、干部人事考察材料、大事记、协议书、合同等。这些文种在公文中一般被称为“事务文书”，因为它们不属于公文法规中所规定的文种范畴，即没有相应的法律地位，虽然其中很多文种的使用频率往往比法定公文文种还要高，但不具有独立行文的资格，而要行文，必须从15个法定文种中找出一个文种为它行文，此种行文方式即属于“复体行文”。被找出来的文种称为“文件头”，其主要由“报告”（上行时）和“命令（令）”“通知”（下行时）来担任。过去，我们多数将“文件头”之后所附的“总结”“方案”“领导讲话”“条例”“方案”等称为公文的附件，这是不尽妥当的，因此批转、转发、印发、发布类公文，被批转、转发、印发和发布的内容（诸如工作要点、工作总结、实施方案、领导人的讲话等）不属于公文的附件，这样在公文正文中就不能加附件说明，而应直接另面编排，所附内容首页也不标注“附件”二字，其他格式方面的要求与正文一致。

（五）与正文不一起装订时对附件的标注不规范

如果附件不能与公文正文一起装订，按照《格式》规定，则应在附件首页版心左上角第一行顶格标注公文的发文字号加“附件”二字以及附件的顺序号。例如，正文中的附件标注为“附件：1.2018 年第三批国家标准计划项目汇总表”，在与正文不一起装订的附件左上角应顶格标注“国标委发〔2018〕60 号附件 1”。在实践中，有些公文没有这样做，而是在附件首页版心左上角直接写上附件的名称，有多个附件行文的也没有标注顺序号，让人很难弄清究竟是哪一份文件的附件，给公文的阅读和使用造成极大不便，应当严加注意和规范。

（六）有多个附件时的序号标点符号以及页码的标注不规范

按照规定，公文如有附件，一定要在“附件说明”处标注公文附件的顺序号和名称。其位置在正文下空一行左空两个字编排“附件”二字，后标全角冒号和附件名称。如有多个附件，应使用阿拉伯数字标注附件顺序号，如“附件：1.××××”，附件名称后不加标点符号。附件名称较长需要回行时，应当与上一行附件名称的首字对齐。实践中，有些公文却没有按照规定去做，比如，将附件名称加上书名号；在附件名称后加冒号或句号；附件的顺序号使用汉字数字；所标示附件名称和实际附件的名称不完全一致；“附件”二字后边的冒号和序号位置颠倒。如“附件：1.××××”，被标注为“附件 1.××××”或“附件一：××××”或“附件 1：××××”或“附件：《××××》”等，这些标注都是不规范的。

（七）附件与正文一起装订时页码的标注不规范

页码是《条例》和《格式》中新增加的格式项目，用以表明公文页数的顺序号。公文的版记页前有空白页的，空白页和版记页均不编排页码，也就是说，页码只需标注到正文结束的那一页。同时，当公文的附件与正文一起装订时，页码应当连续编排。实践中有些公文却未能如此，而是将附件单独编排页码，这就造成了主件和附件分离的情况，使附件没有成为公文的有机组成部分，显然是不规范的。

五、公文成文日期拟制中常见病误

成文日期也称为成文时间，是公文的一个重要格式项目，是公文发出和生效的标志。关于它的确定与标注，《条例》中有明确规定，但在公文处理实践中，却发现不少机关单位所拟制的公文对成文日期的标注不合规范要求，存在较大的随意性，而这又直接影响了公文的质量和效用的发挥。因此，必须引起足够的重视。

从总体情况来看，当前在公文成文日期的确定和标注上的不规范做法主要表现在以下几个方面。

1. 确定标准不一致。公文中的成文日期可能涉及各种情况，比如，机关或单位比较重要的公文、联合行文等，其成文日期的确定是有严格规定的，因为它直接关系到一篇公文的时效，因此必须慎重对待，切不可随心所欲，草率确定。按照《条例》的规定，对于公文的成文日期，如果是会议通过的文件，就应当以会议通过的日期为准；如果属于机关单位所制发的重要文件以及例行性文件，则需署上发文机关负责人签发的日期；联合行文，署最后签发机关负责人的签发日期；法规和规章，以批准日期为准。在实践中，对这些规定的掌握并不一致，有的是用文件的印发日期，有的联合行文署第一个领导人（或称主办机关领导人）的签发日期。尤其是法规规章文件，其成文日期就更为混乱，有的署的是签发日期，有的署的是印发日期，就是不用批准日期，显得极不规范。

2. 行政公文仍用汉字数字标注。关于公文的成文日期，原来的规定和通用做法是，党的机关文件使用阿拉伯数字，而行政公文则明确规定使用汉字数字，这种状况维持了数十年。值得注意的是，《条例》以及《格式》从党政机关公文拟制的统一化和规范化的角度考虑，已经统一规定成文日期使用阿拉伯数字，这样既醒目又美观。对于这一新变化，文秘人员在拟制文件时必须予以注意，确保规范。但从实践中看，有的机关单位仍然墨守成规，使用汉字数字标注，写作“二〇一七年十一月十五日”，或者采用小写汉字，却省略了“年月日”，写作“二〇一七，十一，十五，”这些都是错误的。成文日期必须写公元全称，使用阿拉伯数字，并注明年月日，不编虚位，例如，“2017 年 12 月 9 日”，不能只写“17 年 12 月 9 日”或“12 月 9 日”，也不能写成“2017 年 12 月 09 日”。这些简略的写法，都是不规范的。

3. 排布位置不规范。公文的成文日期应当在公文的什么位置？根据《格式》的规定，加盖印章的公文，成文日期的位置极为固定，即必须置于正文或者附件说明之下空若干行

（究竟空几行，是由发文机关或单位的公章大小决定的）右空四字编排（即与版心的右边缘为四个字的距离），无论单一机关行文还是多个机关联合行文，成文日期的位置都不能出现任何改变，而不管印章的多少及其位置如何移动，最后一个印章一定要压在成文日期上。印章的上弧要与正文或附件说明之间空出至少一行的距离，做到上不压正文；印章下弧则要与成文日期的下边缘相切。对于这一问题，实践中存在的问题相对突出，主要表现为成文日期未能与版心右边缘空出四字的位置；成文日期与正文或附件说明之间的空白过大或过小；联合行文时随意变更成文日期的位置。

对于不加盖印章的公文，单一机关行文时，应当先在正文或附件说明之下空一行居右空两个字编排发文机关署名，在发文机关署名下一行编排成文日期，其首字注意要与发文机关署名首字右移两个字；如果成文日期长于发文机关署名，则应当使成文日期右空两个字编排，并相应地增加发文机关署名左空字数。但实践中，有些机关或单位的公文所涉及的成文日期位置显欠妥当，其与发文机关署名的排布位置以及与版心右侧所空的距离都不规范，应当加以注意。

六、发文机关署名（落款）方面的常见病误

主要是指在文件发文机关署名（亦称落款）的写法上不准确、不规范。例如，×× 港务监督局，在文件落款处写作“港监局”；×× 油田管理局，将落款写作“×× 油田”，这些都是不规范的。按照公文法规的规定，发文机关名称要求写全称或规范化简称。例如，“中华人民共和国农业农村部”“中国共产党山东省委员会”“中共广州市委”“天津棉纺一厂”等。同时，发文机关的标注位置，要位于正文的下侧偏右处，成文日期之上一行居中标注，力求与下面并排的成文日期相匀称。如果发文机关署名字数过多，则可以使用规范化简称。如果使用规范化简称以后仍然较长，则可以考虑将发文机关署名排成两行。

七、附件说明方面的常见病误

主要是指文件格式中的附件说明部位标注不规范，例如，×× 海水淡化研究所写给上级的《关于报送 2021 年工作总结的报告》或《关于上报 2022 年工作计划的报告》的附件说明，标注有“附件:《2021 年工作总结》一份”或“附件:《2022 年工作计划》一份”，这种标注是不必要的。按照一般处理此类问题的做法，凡是正文中写明上报、下发、批转、转发、报转、报送、发布某某文件字样的，因为其不属于公文的附件，所以在附件说明处不必再注明“附件”字样，以免重复。又如，×× 县委转发地委一份通知，在附件说明处

写作“附件随后”，此外，还看到有的文件在附件说明处写作“附件三份”“附件列后”等，这些都是不规范的写法。正确的写法应当是注明附件的顺序、标题及件数。

八、公文版记方面的常见病误

版记亦称文尾，通常由抄送机关和印制记录（或称印发机关和印发日期）组成，它同版头一样都是正式文件不可缺少的部分，位于文件末页下端。每个要素之间使用一条分隔线，其中首条分隔线和末条分隔线使用粗线，中间的分隔线使用细线。最后一条分隔线一定要与版心的下边缘重合。如果不符合上述情形，都属文尾错位。文尾错位的具体表现是：

1. 文尾被错放在公文附件或被批转（转发、印发）件的前面，致使“文件头”和被批转件组成的统一整体被分割开来。

2. 在被批转文件中，有的文尾不仅被错放在被批转件的前面，还继续保留被批转件的文尾，却不见转发机关文件的版记。这就是说，对于转发的文件，如果被转文件带有版记，转发机关仍需标注自己的版记，不可省略。

3. 文尾位置被随意提高或降低，遇到文件末页上端空白地方大一些时，就将文尾部分提高，甚至提到文件版面的1/2处。版记应置于公文的最后一页，版记的最后一个要素置于最后一行。

4. 无文尾版记。

九、主送机关标注方面的常见病误

主送机关是行文的对象，是负有办文责任的机关。当前，在主送机关标注方面存在的问题较多，主要包括以下几个方面。

1. 主送机关过于烦琐。主要表现为该用简称的不用，给人一种烦冗杂乱之感。例如，××总公司发给中国社科院社会学所的一封函的主送机关是“中国社会科学研究院社会学研究所”，显得过于烦琐；应使用规范简称“中国社科院社会学研究所”。

2. 主送机关过简。过简的主要表现是主送机关不能反映出该单位的实际名称或业务范围，如有些地市州机关给××省人民政府的上报文件称“省府”，给××省人民检察院的上报文件称“省院”。这是不尽妥当的。即使在一个省内，将××省人民政府称为“省府”，将××省人民检察院称为“省院”，都是不准确的。“省府”的称呼一般在口语上都不大使用，何况庄重的公文。正确的简称应为“××省政府”。“省院”一词容易引起歧义，也可理解为“省法院”“省教育学院”等，这个称呼即使在省检察院本系统也不能使用，因其容易与在业务上有密切联系的“省法院”相混淆。正确规范的简称应是“××省检察院”。又如“省司”，究竟指什么业务范围的公司，这一主送称谓也让人不得而知。因此，主送机关应尽量使用全称，如用简称，必须是规范化简称。

3. 主送机关不明确。即不知道所主送的机关是谁。造成主送机关不明确的主要原因是乱用简称，例如，“五讲四美三热爱工作办公室”，已经是一个约定俗成的简称，有的单位图省事，给该办公室的公函称“五四三办公室”。又如，有的单位给原“计划生育委员会”的函称“计委”，收文单位误认为是给计划委员会的文件，准备转送给计划委员会，结果看内容是汇报计划生育工作的，这才把该文件留下来。原计划生育委员会简称可用“计生委”。

4. 主送机关称谓前后不统一。即在一份公文中，主送机关的称谓和正文的称谓用法前后不一致，给人以混乱之感。例如，某公司制发的《关于印发〈职工劳动考勤管理制度〉的通知》，主送机关为“全公司员工”（且不论主送机关不能标注为个人），而正文中有时称“全体职工”，有时又称“干部、工人”，有时还称“职工群众”等。又如，在一份公文中，主送机关称“集团公司”，而正文中却用“总公司”“股份有限公司”。上述主送机关前后称谓不统一，以至概念矛盾的现象，应该在文件称谓中加以改正，使公文阅读者能够准确地理解主送机关称谓的含义，避免给工作带来混乱。

5. 主送机关顺序不当。普发性公文一般主送机关较多，标注时用“各”表示全部，称谓顺序从大到小排列，如××省委给全省各地、市、州、县委的普发文件，主送机关为“各地、市、州、县委”。有的上级机关颁发普发性文件时，一是省略了“各”字，一是顺序从小到大，这是不规范的。例如，××省商业总公司给全省各地、市、州、县商业公司的普发性文件，其主送机关为“县、地、市、州商业公司”，就是主送机关连用顺序不当。

6. 主送机关标注为个人。按规定，主送机关不得标注为个人。有的机关误认为将主送机关标注为主要领导人，就能使有些问题获得尽快解决，结果往往适得其反。因为按照民主集中制的组织管理原则，许多问题的解决，需要领导集体开会讨论才能决定，并不是由某一领导个人说了算。同时，将主送机关标注为个人，办文部门就不得按照公文处理程序办理，必将延误时机。更重要的是，领导可能经常外出不在单位，其他领导也不便办理，致使时间紧迫的问题也无法及时解决。另外，有些涉及财务问题的请示和报告的主送机关常写有“×经理”“×市长”字样，这种写法也是不规范的。

7. 上行文主送机关标注过多。如上所述的行文规则中规定，上行文主送机关一般只写一个。如需同时送其他机关，应当用抄送形式。有的机关请示性公文标注主送机关过多，如某公司所拟制的需修建办公楼的请示，标注四个主送机关，结果造成了各主送机关之间相互推诿，都不批复，致使该解决的问题得不到解决。上行文主送机关多，显然是需要解决的问题多。多头主送易造成多头办复口径不一，或出现拖延、漏办现象。各主送机关收到后都无法解决，发文机关只得重新制作文件，从而造成人力、物力、财力和时间上的浪费。

8. 主送机关与抄送机关混淆。主送机关是公文内容的办理机关，抄送机关是只对公文内容有所了解的机关。一旦混淆，本机关的意图就难以实现。主送机关与抄送机关混淆，多见于受双重领导的下级机关。按规定，受双重领导的机关向上级机关请示，应当写明主送机关和抄送机关，由主送机关负责答复。如某中专学校，人、财、物归省主管局领导，教学计划、新设专业、教学质量考评由省教委负责。在请示新设专业时，把主送机关标注为省主管局，把省教委标注为抄送机关，结果主管局无权审批，影响招生计划，给学校造成了损失。

9. 主送机关与抄送机关标注在同一位置。主送机关应标注在标题之下、正文之上的位置，抄送机关应标注在印发说明之上的位置。有的单位把主送机关与抄送机关标注在同一位置，致使收文单位分不清该谁办理，也影响了机关行文意图的实现。

10. 主送机关位置标注不当。如前所述，主送机关标注的位置在标题之下、正文之上，顶格标注。然而现行公文中却存在两个方面的不规范：一是未顶格标注；二是标注在公文末尾与抄送机关并列。主送机关与抄送机关虽然同是受文机关，但主送机关是负有办文责任的单位，而抄送机关是只需要了解文件内容的单位。就文件本身来说，主送机关与之关系最为密切，所以也就最为重要，抄送机关不应与主送机关“平起平坐”。

11. 主送机关间的标点符号使用不当。常见的有三种情况：（1）漏用标点符号。主送机关之间以空格隔开，不使用任何标点符号，如“公安局检察院法院”，这种写法是不规范的，应在单位之间使用逗号。（2）多用标点符号。因机构名称前有“各”字，按惯例可省去中间的标点符号连写，如“市各部、委、办、局、院、行、社、校、公司”，可去掉顿号连写成“市各部委办局院行社校公司”。（3）错用标点符号。主送机关间一逗到底、一顿到底的现象极为普遍。如某县政府为了保持街道的安全畅通而发文要求一些单位共同进行综合治理，其行文中的主送机关为“县交通局，县交警大队，县巡警大队，县城监中队”，因交警和巡警是同系统的单位，中间的逗号应改为顿号。主送机关标点符号的标注一般参照以下规则：同系统单位之间用顿号，不同系统单位之间用逗号，最后不要忘了加冒号。

12. 将有包含与被包含关系的主送机关并列。如“厂属各单位及厂工会”，因“厂工会”是“厂属各单位”的组成部分，并列使用就造成了概念内涵重叠，省掉“厂工会”并不影响意思的表达。

十、“数目字”标注方面的常见病误

在公文写作中，运用数目字表述数量时的不规范问题，具体表现有四点。

1. 该用阿拉伯数字时却用了小写汉字。公文中的发文编号，版头左上角的份数序号，印发记录处的印发日期与印发份数等，按规定均应使用阿拉伯数字，如用了小写汉字即属表述不当。

2. 该用小写汉字的却使用阿拉伯数字。如数字作为词素构成定型的词、词组、惯用语、缩略词或具有修辞色彩的语句，邻近的两个数字并列连用、表示概数时，应用小写汉字。假如把“二万五千里长征”“一把手”“五六天”，写作“2 万 5 千里长征”“1 把手”“56 天”即属表述有误。

3. 成文日期使用汉字或被随意简化等。例如，把成文日期写作“一八年三月八日”“18・8・9”等都是错误的。正确的做法是使用阿拉伯数字，年、月、日表述要用全称。

4. 数量语表述上有错误。例如，“鹰厦铁路北段两列货车相撞，四辆车辆报废，六辆车辆破损……”“车”是表示物件的名称，“辆”是车的计量单位，合成为“车辆”是一个表示不定量的名词，因此它就不能再受定量的修饰。“今年我厂上缴利税比去年增长了 75%，而生产成本却下降了一倍……”“倍”只有在增长上才能使用，在减少、下降方面是不能使用“倍”的，因为降低一倍即减少 100%，而这显然是不可能的。“去年我厂产值为 4000 万元，今年是 8000 万元，前年是 2000 万元，去年比前年翻了一番，今年比去年又翻了一番，比前年翻了三番……”翻三番，是指 2000 万元的 8 倍，即 1.6 亿元，而 8000 万元只是前年的三倍，把“倍”和“番”的概念混淆了。又如，“参加县处级领导干部学习班的 185 名学员，期末考试成绩在 85 分以上者有 100 名，85 分以下者有 85 名……”这一表述也是不恰当的，属于界限表述不清。因为照约定俗成的惯例，当用“以上”或“以下”表示界限时，一般均包括前面的本数在内；当“以上”与“以下”连用时，对是否包括本数应作出明确交代，否则，就会导致本数被丢掉或重复出现的情况。故这段话应写作“成绩在 85 分及其以上者有 100 名，85 分以下者有 85 名”。

十一、公文标题拟制病误

所谓公文标题拟制上的病误，是指在公文标题拟制中出现的不规范、不科学的问题，它违反了公文法规的规定以及人们公认的约定俗成的原则。这些不规范的问题主要有七种。

（一）标题不合格

即拟制的公文标题违背公文法规的有关规定。公文标题的拟制格式有明确规定：文件标题应当由发文机关、事由和文种三部分组成。例如，《中纪委关于开除 ×× 党籍的决定》，其发文机关是中国共产党中央纪律检查委员会，为了简短醒目，使用了“中纪委”这个简称；公文主题（事由）是“开除 ×× 党籍”；文种是“决定”；在发文机关与公文主题之间使用介词“关于”二字，在公文主题与文种之间使用助词“的”字。从语法结构上看，文件标题通常是一个偏正词组形式，以文种名称为中心词，前面加发文机关和公文主题（事由）。

如果一份文件的标题违背了上述格式要求，即应视为不合格。例如，一份通知的标题是:《通知》或《通知如文》。这个标题，既无发文机关，也无内容（事由），是不合格的，特别是“如文”的写法，早在 1954 年 10 月中共中央办公厅就已明令禁用。在一份文件的标题中，只标文种的做法，无论什么文件都是不允许的。

（二）标题不准确

是指在公文标题的拟制上，出现的事由概括不准、文种名称确定不准等问题。例如，某市食品工业公司对司机 ×× 私自开车去北戴河游玩的情况发一通报，但标题却写作《×× 公司关于司机 ×× 开车去北戴河的通报》。这个标题，对事由概括得不准确，因为开车去北戴河与私自开车去北戴河游玩是性质不同的两码事，该标题没有准确地反映出通报真正的内容，故应改为《×× 公司关于司机 ×× 私自开车去北戴河游玩的通报》。又如，某市公安局拟购置五辆警用依维柯面包车，向市财政局行文，标题是《×× 市公安局关于拟购置五辆警用依维柯面包车的请示》，市财政局给市公安局回文，标题是《×× 市财政局关于同意购置五辆警用依维柯面包车的批复》。这两份文件的标题，均属文种错用，因为市公安局与财政局均属平级兄弟单位，按照公文法规的规定，相互之间商洽有关事宜应用“函”，而不应使用请示与批复。

（三）标题不简要

是指公文标题过长和烦琐，主要表现为：

1. 公文标题的事由概括得不简要。例如，《×× 大学关于认真贯彻中央纪律检查委员会关于不准干扰大学生毕业分配工作的通报精神，做好我校应届毕业生分配工作的几点意见》，这个标题长达 50 多个字，并且重叠使用两个“关于”，显得很不简要。应改作《×× 大学关于认真贯彻中央纪委 ×× 号通报精神，搞好应届毕业生分配工作的意见》或《××

大学关于认真做好应届毕业生分配工作的意见》。

2. 转发文件的标题十分烦琐冗杂。例如，有这样一份文件标题：《××区财委转发市财委转发市人民政府关于在全市商业系统中开展文明服务争先创优活动的通知的通知的通知》。这个标题显然过于烦琐。正确的做法应当是，按照惯例，可改为《××区财委转发市政府关于在全市商业系统中开展文明服务争先创优活动的通知》，这就删去了中间（即市财委）的转发层次，将被删掉的这个中间层次的内容写进公文的开头，并把连续重复的三个"通知"减去了两个，只保留文件发源处的一个文种。

3. 批转会议文件的标题非常臃肿。例如，《中共××区委、××区人民政府批转〈××同志在全区第二次外贸工作会议上的总结发言〉及区委财贸部、区外贸委〈关于全区第二次外贸工作会议的情况报告〉和〈××同志关于加强我区外贸工作的几点意见的报告〉的通知》，这个标题包括三个被批转文件的标题，先后使用四个文种名称，长达 90 多个字，显得过于冗长，给人一种臃肿的感觉。正确的做法应当是将其改为：《中共××区委、××区人民政府批转全区第二次外贸工作会议三个文件的通知》，省去 50 多个字，且内容简要，标题醒目。

（四）标题不清楚

是指在文件标题的拟制上模糊不清，容易引起歧义和误解。例如，《××建筑公司关于水泥的请示》和《××商场关于小汽车问题的请示》，均属表意不清。因为看了这样的标题，并不知道发文机关行文请示的真正意图是什么，究竟是想增拨水泥还是减拨水泥，是想购置还是报废、调换小汽车，而小汽车究竟是货车还是小客车，这一切均不清楚。规范的做法是，写作《××建筑公司关于增拨（或减拨）水泥的请示》和《××商场关于购置（或报废、调换）小货车（或小客车等）的请示》。再有，如果把上述《中共××区委、××区人民政府批转全区第二次外贸工作会议三个文件的通知》简化为《中共××区委、××区人民政府批转三个文件的通知》，虽然更为简化了，但却导致简而不明，令人费解，也不符合要求。

（五）标题中标点符号使用不妥

主要是指在文件标题中，不应使用书名号的地方使用了书名号，或该使用书名号的地方却错用了引号。例如：①《××省人民政府关于转发"××省安全防毒工作管理规定"的通知》；②《××市人民政府批转（市公安局关于加强社会治安综合治理几点意见的报告）的通知》。这两个标题均属标点符号使用欠妥。标题①中本应使用书名号的地方却错用了引号；标题②中批转的是下一级部门的一份报告，而报告不属法规性文件（如条例、规定、办法等），应按照要求去做，即标题中除法规、规章名称加书名号外，一般不用标点符号。

（六）标题与落款矛盾

指公文标题中的发文机关与落款标注的公文作者不一致。例如，有一份文件的标题是《中共 ×× 县委关于开展共产党员先进性教育活动的通知》，而这份文件的落款却是“中共 ×× 县委组织部”，这就违背了标题中的发文机关必须与落款完全一致的原则。

（七）标题排列不规范

公文标题排列基本要求是要做到鲜明醒目，错落有致，匀称得体，能够给人以美感。主要有如下几个方面。

1. 应当转行而不转行。就是说，如果公文标题的排列超过一行的 3/5，即应转行，分为双行或多行排列。

2. 事由和文种之间的结构助词“的”字处理不当。拟制公文标题时在事由和文种两要素之间，要用结构助词“的”字连接。在转行（双行或多行）排列时，如果文种独占一行（最后一行），必须将其前面的“的”字置于上一行。

3. 随意割断词或词组。拟制公文标题时，保持词或词组的完整，是公文标题排列的一条基本要求。而单纯地为了追求行与行之间字数的匀称相等而忽视词或词组的完整性，是公文标题排列的大忌。

4. 标题位置不当。公文标题在排列时应当位于公文红色分隔线之下空二行位置，而且标题与主送机关之间的距离亦应空出一行。但实践中有些机关在排列时却很随意，不是离红色分隔线太近，就是过于疏远，显欠规范。

十二、公文中运用称谓病误

当前，在公文称谓表述中的病误现象，主要有以下几种情况。

（一）文件中称谓过简

比如，有的文件把我国的民主党派中的中国农工民主党简称为“农工”，中国致公党简称为“致公”，九三学社简称为“九三”。像这样含糊隐约、令人难解其意的简称，不用为好。正确的简称是：中国农工民主党简称农工党，中国致公党简称致公党。

（二）文件中称谓过繁

称谓过繁的表现主要是该简化的不简化，给人一种臃肿累赘之感。例如，××油田公司党委写给直接上级组织——××石油管理总局党委的一份报告，按照习惯，主送单位本可写作“总局党委”即可，但却写成全称“中国共产党××石油管理局委员会”，实际上没有必要。

（三）文件称谓不明确

不明确的称谓，大都是由于随意生造而形成的，使人不好理解。比如，把“清理‘三乱’办公室”叫作“清三办”；把“海洋水产集团总公司办公厅”叫作“海水厅”。

（四）文件中称谓不统一

指在一份文件中，同一个称谓前后不一致，以致造成称谓上的混乱。例如，有一份《中共××市委政法委关于政法部门加强联合，共同搞好社会治安秩序整顿工作的通知》，文中对“政法部门”就使用了多种称呼：“政法单位”“政法机关”“政法各部门”“公检法司”“公安、检察、审判、司法单位”“政法治安管理部门”“政法、公安机关”等。正确的做法是，同一名称在同一公文中不止一次出现时，应力求名称统一，防止前后不统一。

（五）文件中称谓因循守旧

文件中称谓因循守旧，是指没有根据客观实际情况的变化而改变，仍在沿用一些旧有称谓。比如，把“星期×”写作“礼拜×”，把“乡镇企业”写作“社队企业”，称“水泥”“铁锹”“火柴”为“洋灰”“洋锹”“洋火”，将“韩国”写作“南朝鲜”等。公文中的称谓，要注意根据形势的发展变化而不断更新，不可因循旧有名称不变。

十三、公文文种使用不当

公文是一个独立的文体，它是由各种各样具体的公文组成的，由于具体的公文性质有别、用途不同，故为每个具体的公文规定了专门的名称，一般将这种具体的公文名称称为文种。

对文种的使用，要注意坚持四条原则：必须按照党和国家公文法规的统一规定准确使用文种；要符合制文机关的法律地位和权限；要以正确的行文关系作依据；要考虑发文的具体目的与要求。

之所以如此，是因为公文一经发出，即产生一种权力关系，体现着严格的权限与政治从属，因此，我们决不可掉以轻心，更不能马虎从事，随心所欲。但从实际情况看，一些单位对文种的使用，掉以轻心的有之，随心所欲的情况也不乏其例。突出表现在以下几个方面。

（一）拿着请示当函用

即该用函申请批准的却错误地使用了请示。例如：（1）某市科委给市财政局写了一份请示，申请追加3%的农业科研基金，以适应“菜篮子工程”的需要；（2）某市滨湖垦区政府向市文教局写了一份请示，申请在滨湖垦区增建一所小学。这些都是拿着请示当函用。按照党和国家公文法规的规定精神，向有关主管部门请求批准事项应当使用函。财政局、土地规划局、文教局都是地方行政主管部门，市科委与市财政局是平级单位；区政府是一级行政机关，市文教局是市政府下属的一个专业主管部门，都是市政府领导下的平级单位。它们之间不是上下级领导关系，也不存在上下级的业务指导关系。因此，根本不存在使用请示的问题（请示是“向上级机关请求指示、批准”时使用的文种）。

（二）拿着公告、通告当广告、启事用

翻看中央及省市一级的报纸（省市级以下的报纸尤甚），广告栏中数不尽的“公告”“通告”令人眼花缭乱。从使用者看，大都是一些企事业单位；从告知的内容看，除征婚的尚未发现外，其他的应有尽有。我们不能把公告简单地理解为“公开告知”，也不能把通告说成是“普遍告知”。公告和通告两个名称，无论是在国外还是在国内，也无论是在我国的上古时代还是今天，“告”（“诰”）始终是权力机关用以向社会民众宣告自己的主张、要求时使用的公文专用名称。在“告”的基础上划分出的公告、布告与通告更是如此，具有它的专任性。这种专任性在当前表现为：它的使用者应当是行使党和国家管理权力的机关，在这当中又要求公告的使用者必须是党和国家的高级机关，布告的使用者必须是国家行政机关，通告的使用者基本上是国家行政机关下属的行政主管部门。这种专任性还表现为：它所负载的信息和发布的内容，限于传达贯彻党和国家的方针、政策，发布重要或应当普遍遵守和需要周知的事项。我们从这些内容中可以体会到它的权威性。而那些诸如“招聘通告”“招生公告”“更名通告”“迁址通告”“分红公告”“开业公告”“销售通告”“租赁通告”等，从使用者上看均不是党和国家管理机关，从内容上看充其量不过是一份商业广告和启事。广告、启事对阅者不具有任何约束力，阅者可以接受采纳，也可以置若罔闻，不予理睬；而公告、通告是有国法、党纪作后盾的，要求人们必须按其执行和办理。由此可见，它们之间的本质差别多么不同，距离又多么遥远，现在却被一些人胡乱扯到一起，这对党和国家的管理工作不能不说是一种干扰。例如：

注销公告

天津××××软件开发有限公司经上级领导批准申请注销，请有关债务人于90日内办理债权债务事宜。

上例“公告”的使用者不是国家机关，没有使用公告的权力，就连使用通告的资格都没有。

（三）拿着报告当请示用

报告是由若干子报告组成的一个群体性的文种。对于子报告，通常的做法是在“报告”二字的前面加注性质限制词，例如，《2022年上半年工作情况综合报告》《关于渤海二号钻井船翻沉事故的检讨报告》《大兴安岭恢复生产重建家园工作总结报告》《关于“农转非”政策管理工作分工意见的报告》等。

目前，我们在实际工作中却经常看到这样一个合并使用的文种，即《关于××××的请示报告》。按前面讲的道理，它给人们这样一种认识，即报告中还有一个名叫“请示”报告的子报告。实际上它根本不是什么报告，而是请示。由于作者在“请示”二字的后面又加了“报告”二字，结果把一个独立的请示文种变成了报告的从属，拿着报告当请示用，这就给公文正式文种的使用带来了混乱。由此可见，在“请示”二字后面加“报告”二字，纯属画蛇添足，弄巧成拙。

这种拿着报告当请示使用的现象，可以说屡禁不止，中下级机关有，中央一些部委也有，可见问题的严重性。这不单单是文种如何使用的问题，还会给上级机关受文后的处理带来一定困难。按照行文规则，上级机关对报告一般可以不作批示，更不存在什么批复，但这类行文实际上是请示，是要求上级机关作出批复的，岂不是人为地给领导机关的工作造成不必要的误会和矛盾吗?

（四）拿非正式文种当正式文种使用

正式文种与非正式文种，由于地位的不同，决定了非正式文种在行文时，不能使用党和国家公文法规中正式规定的行文格式，也不具有独立行文的资格。按照普遍的做法，非正式文种要上报或下发时，应从正式文种中寻求一个文种做它的载体，载运着它行文，我们通常称这一载体为“文件头”。“文件头”大都由“命令（令）”“通知”（下行时）或“报告”（上行时）来担任。

假若非正式文种在行文时不按上述做法，而是使用正式文种的行文格式，并“天马行空，独来独往”，那就犯了拿非正式文种当正式文种使用的错误，如下面的例文：

××石油开采公司
2021年工作总结

××石油管理局：

……

××石油开采公司（盖章）

2022年1月7日

这是不妥的。正确的方法应当是：

××石油开采公司
关于报送2021年工作总结的报告

××石油管理局：

现将我公司2021年工作总结送上，请审示。

××石油开采公司（盖章）

2022年1月7日

这就是报送总结的“文件头”。其后附有该单位《2021年工作总结》。这里以复体行文的方式上报的总结，其格式只有标题、正文、落款与日期。

十四、公文行文不规范现象

行文是指一个法定作者（即依法成立并能以自己的名义行使权力和担负义务的党和国家的各级组织）向另一个法定作者或法定作者自身内部各级机构之间的发文。这一发一收之间必然构成一对行文关系，这种关系不是随意产生的，它是按照机关的性质、地位、隶属关系及职权范围形成的，是有其客观规律的，这也就形成了公文行文的基本原则。在公文处理工作中，只有按行文原则办事，才能使文件在党和国家事业发展方面真正发挥其应有的作用。否则，必将干扰工作的正常秩序，打乱隶属关系，造成指挥、协调、沟通等方面的混乱。

为了确保公文行文的准确性，以下问题值得注意。

（一）多头主送请示

下级机关就有关要钱、要物、要编制、要机构、要人员、要政策、要办法等内容，写给上级机关的请示，原则上主送机关只能有一个；如果此事也需另一个上级机关知晓，应当用抄送的形式，而不得同时用主送行文。例如，某市粮食局拟建立一个大型粮食开放交易市场，按道理此请示应当主送给市人民政府，抄送给省粮食厅即可，而该粮食局却把市政府、省粮食厅一并列入主送机关上报请示。市政府收文后，考虑到已请示省粮食厅，很想听一听省里的意见再作决定，结果未及时批复；省粮食厅接到请示后，也有类似想法，觉得先看看当地政府的意见再作批复；结果使本来可以在短时间内解决的问题被拖延下来。这就是该请示多头主送的结局。幸亏这份请示呈送之后，两个主送机关谁也没批，如果市政府批复"抓紧办理"，省厅回复"暂缓进行"，相互顶牛、撞车，将会使请示机关无所适从。从这一事例中我们看到，向上级机关行文请示，切不可"多头主送"；如受双重领导，也要分清有主有从（指在所请示的这件事情上），切不可"平分秋色"。

假若报请之事需要几个上级单位共同认可怎么办？可按先后次序，先报请一家，然后把这家的批复意见附上再报另一上级，同样不可一并主送。

（二）行文请示给领导个人

向上级机关报送请示，应当送给上级机关的办公厅（室）按规定程序处理，不应直接送给领导个人。关于这方面情况，目前在实践中已经到了司空见惯的地步。例如，某市科委为了申请追加农业科研经费，在将请示呈送市人民政府的同时，抄送一栏中出现了一连串领导个人"姓加头衔"的称呼："张市长、孙市长（分管科技的副市长）、王市长（分管财政的副市长）、吕市长（分管农业的副市长）……"另外，还见到一个县交通局写给县政府的一份请示，竟然主送给"××县长"，连"县政府"几个字都没有。这是当前公文处理中一种扭曲现象。

为什么请示不能行文给领导者个人？原因有二：第一，它违背了依法行文的要求，不符合党和国家公文法规的规定精神；第二，它干扰了上级机关对文件的正常处理程序，对这样的来文，上级办公部门如直接分送给领导个人，就打乱了自身的处理程序，如不分送给相关领导个人，又怕"事出有因"，这岂不是人为地给上级机关制造麻烦吗？

（三）自己给自己行文

公文的行文，要么表现为一个机关对另一个机关法定作者相互之间的运行，要么表现为在一个机关内部上层领导对所属非独立法人的处、科、室的运行。如果某一机关制发了一份通知，在向外单位及所属内部机构主送的同时，还抄送给这个机关的首长，这就是“自己给自己行文”。这位首长是这个机关的法人代表，代表着机关的法定作者，他代表机关签署发出的文件，然后自己又变成接受者，这不是自己给自己行文是什么？

这种现象，不用说在基层，就是在一些中高级机关也时有出现，理由就是因为这样的文件需要发给领导同志个人一份。制发的文件，不少是需要同时发给机关领导的，这是毋庸置疑的，但是问题的关键是如何发送。通过抄送的形式来发是对行文这一基本概念的扭曲，正确的做法是通过划分文件“正本”“副本”与“存本”的方法来处理，即发文时留出副本若干份，单独造单把这些副本文件分送给本机关的有关领导，到一定的时候再予以收回并在分送单上加以注销。

以上所言，当然也有例外，那就是“简报”。

（四）报告中夹带请示事项

请示对上级机关具有肯定性的要求，按照习惯，所请示的事项不管上级机关同意与否，都应给下级机关一个批示性的答复，即批复。但报告就不具备这一点。对下级机关报送来的报告，按照习惯，上级机关可以作出批示告知下级机关（用批示告知而不能用批复），也可以不作任何批示性的回复。再说明一点，对于报告，上级机关可批也可不批，究竟何从，完全取决于上级机关的自身考虑。

鉴于此，当我们以报告行文给上级，在陈述汇报某一工作、某一问题、某一事项的同时，又相继提出一些今后意见，而这些意见中夹杂着一些有关“扩大人员”“追加经费”“增加设备”“修改方案”“变通办法”等需要上级机关加以决策、批准、认可的事项，这就引出了一个问题，对这份报告中的意见事项，需要上级机关批示，可是我们使用的文种是上级可批而又完全可以不作任何批示的报告，假若这份报告发出后如石沉大海，杳无回音，那今后的工作又该如何进行呢？所以，我们要强调在向上级机关报告工作的同时，不可夹带请示事项。正确的做法是，把这类报告一分为二，即涉及有关工作汇报的内容用报告行文，而对有关的请示事项则另行使用请示。

（五）函被人们遗忘

按照党和国家公文法规的规定，向有关主管部门请求批准要使用函来行文，这种批准包括两种情形：一是平级机关之间相互请求批准，一是无任何隶属关系的机关之间请求批准。除此之外，机关之间相互商洽工作、询问和答复问题，也要用函。

但是，我们在实际工作中常常看到，有的地方该用函请求批准的事项却使用了请示。例如，某石油勘探管理局拟招收部分高中毕业的职工子弟进入油田工作，在行文给当地省劳动厅时却用了请示。有的事情该用函询问和用复函答复却分别使用了请示与批复。例如，某县政府就所属各局牌匾的字体、规格等问题向市政府进行询问及市政府答复询问时，就曾如此。有些事情该用函询问的却用了通知。例如，某市政府对所辖某县政府有关开办群众集资筹建信用合作社一事的询问等。这样行文的结果，就使函处于被请示、通知及批复淹没的境地。有一个市级党委、政府机关，在一年的发文之中，“函”寥若晨星，显然这是一种极不正常的现象。平级机关之间商洽问题要用函，向主管部门请求批准要用函，无隶属关系的机关之间有事行文要用函，上下级机关之间有事进行询问要用函，上级答复下级的询问也要用函。面对如此情况，函岂能寥若晨星呢？函显然是被我们遗忘了！

把函从被遗忘的角落里解救出来，该是我们应做之事。

十五、公文中滥用社会流行语现象

随着改革开放事业的不断发展，新的社会用语层出不穷，令人耳目一新。这些社会流行语的出现，有的是为适应社会活动的发展需要而出现的。如，“炒股”“追星族”“大款”“股份制”“股票”“老板”“破产”“失业”“兼并”“不正当竞争”等。有的是从境外引进的。如，“的士”“T 恤”“打工仔（妹）”“打的”等。有的还用数码组成流行语。如“531（我想你）”“521（我爱你）”“1314（一生一世）”“88（拜拜）”等。

公文是党和国家在领导党的事业和治理国家施政方面表达意志、传达政令的文字工具与手段；同时也承担着日常的公务联系、沟通与办理的任务。公文这一特殊的地位，决定了公文在吸收、使用社会上新出现的流行用语方面的基本原则是：既要积极又要慎重，要针对不同情况区别对待。具体应从以下三个方面加以把握。

（一）吸收健康的部分

作为反映人民意志的党和国家公文，应对在社会发展中人民群众创造、使用的新的健康的用语持积极的态度，并把那些具有新意、富有生命力的用语吸收进公文。如，“反对不正当竞争”“炒买炒卖”“破产”“兼并”“第二职业”“第三产业”“打假”“扫黄”“菜篮子工程”“再就业工程”“与时俱进”“非劳动收入”“规范分配秩序”等用语，都是适应我国政治、经济的发展需要而创造出来的，或过去不用、少用而现在多用起来的，公文中应予以积极吸纳。

（二）属于下列情形的一般应采取保留态度

这里讲的“保留”是指不绝对排斥，但也不积极吸收，如“先生”“小姐”“太太”“夫人”“老板”等一类称呼。早已有大家公认的普遍性名称，而后又从境外引入一些用语的，虽然它在群众口头上流传甚广，但公文一般不宜采用，如“打的”“的士”“T 恤”等。对上述社会用语持保留态度，是由公文用语的庄重、严谨、简明、确切性质所决定的，使用这类用语不利于准确表达事物，妨碍党政信息的明确交流。

（三）对那些被扭曲含意，或在内涵与外延的表述上模糊不清的东西，应持排斥态度

此类用语脱离人民，脱离实际，是胡编乱造或以讹传讹出现的。比如，“大腕”与“大蔓”，这两个词很流行，被一些人用来指称那些有钱有势、有影响、有实力的名人，特别是文艺界的各种明星。一些所谓明星被人送一个“大腕”“大蔓”的美名，常常感到十分荣耀。溯其根源，“大腕”“大蔓”都是过去土匪常用的黑话，这种词语绝对不能引进公文。还有“打工仔”一词，“仔”字含有对民工的污贬之意，所以理应被公文用语所拒绝。为了维护公文的庄重与政策的明确性，对外延、内涵不能准确表达其意的什么“族”、什么“星”、什么“款”、什么“蔓”以及所谓的“时尚数码语言”（网络语言），原则上也应采取排斥态度。

十六、公文中汉字、标点符号使用不当

（一）滥用汉字

1. 该简化的不简化。即有时滥用繁体字，这些字有些人看不懂，给信息传递带来障碍。

2. 随意简化。如，“副食”写作“付食”，“副局长”写成“付局长”等。汉字形体演变的总体趋势是简化，但简化要遵循“约定俗成，稳步前进”的原则，不能盲目乱简。

3. 繁简相糅。既有该简化而不简化的，也有随意乱简的，造成了汉字使用的混乱。

4. 随意滥造。例如，把“零售”写成“另售”，把“问题”写作“问 T”。这种情况大都是由于写作者对待汉字的态度不够严肃引起的。

（二）错用标点符号

这个问题十分突出，不妨举几个实例。

例 1：严禁中外记者利用采访，进行挑唆，煽动性宣传报道。

例 2：“一、二十字”“二、三十年代”“五、六千字”“七、八十岁”等。

上述例 1 中，应当把“采访”后面的逗号删去，“挑唆”后面的逗号改为顿号；例 2 中用作间隔的顿号应去掉，因为表示约数概念的两个数字中间不存在语音上的停顿，故不应

用顿号。

还有，一篇数百字的公文，从头至尾只在末尾处有一个句号，其余全是逗号，俗称“一逗到底”，这也是一个值得注意的问题。

十七、公文中逻辑运用方面的病误

当前，在公文写作实践中，逻辑运用方面存在的问题主要有七种。

（一）概念不准确

概念不准确，是指在公文写作中，使用概念有错误。例如，一份简报的标题是《皇家酒店在整顿中，解决“漏水”问题立见成效》，“漏水”这个概念令人费解，后经询问，才知道是指浪费、私拿公物。

（二）并列概念重复交叉

并列概念重复交叉，是指在公文写作中，并列的概念相互进行交叉，这是违背逻辑的。例如，县委直接管理行政、事业和局级企业单位的正副科级干部，人武部正、副科级干部，各区（镇）正、副职干部和党委委员，各乡（镇）正、副职干部。这段话中的“人武部正、副科级干部”，包含在前面的“正、副科级干部”之内，故属重复；“各区（镇）正、副职”就是正、副科级，区（镇）政府是行政部门，故与前面的规定出现交叉，这两点应当删掉。又如，在春节期间，要努力搞好水运、海运、空运、陆运、铁路运输。这段话中，出现交叉现象，“水运”中含“海运”，“陆运”中又包括“铁路运输”。

（三）判断违背逻辑

所谓判断违背逻辑，是指在公文写作中，运用判断这一思维形式时出现误差。其具体表现为：一是判断不明。“这是小蝴蝶的玻璃缸”，这个判断既可以理解为“这是属于小蝴蝶的玻璃缸”，也可理解为“这是画着小蝴蝶的玻璃缸”。二是判断混乱。“事实充分说明，依照宪法规定，把国家权力机关建设好，使之充分行使宪法规定的职能，是能否搞好社会主义民主建设和法制建设的一个关键。”“说明”之后所带的，是一个结构不正确的直接判断。其主项“依照宪法……职能”，只含有一个方面，而其谓项“能否搞好……的一个关键”却含有两个方面，这样，主项只能和谓项中“能搞好……”相应，不能和“否……”相应，由此导致判断内容不科学。正确的写法应将“能否”二字去掉。三是判断不当。有一份文件讲：“××市销毁了价值40万元的假烟”，假烟有何价值可言？应当将“价值”改作“卖价为”或以假烟的箱数来表达。

（四）违反同一律

同一律是逻辑思维的基本规律之一，是关于思维准确性的规律。在公文写作中，表达主张、思想、解释、要求等要保持一种说法。否则，就是违反同一律。公文写作中违反同一律的情形主要有：

1. 公文格式中的同一项目或相关项目之间缺乏同一性。公文格式中的一些项目是密切相关的。例如，版头中的作者与“落款名称”，紧急、密级程度与文中的内容，发文字号中的“年度”与成文日期的“年份”，阅读范围与贯彻要求等必须保持绝对一致。否则，就是违反同一律。

2. 标题与正文内容缺乏同一性。有一份请示，其内容是申请拨款购买一辆大客车，而标题却写作《关于大客车资金的请示》。“大客车资金”一语外延太大，与内容不符，违反了同一律。

3. 公文的中心思想与具体思想缺乏同一性。例如，某市北塘百货商场《关于有些鞋供应存在脱销断档情况的报告》，其中心思想是一些鞋供应脱销断档，在具体表述时，除讲了童鞋、女平底布鞋、男鹿皮鞋脱销的状况外，还讲了有的鞋（如单价 800 元以上的旅游鞋）出现滞销的现象，从而违反了同一律。

4. 使用概念、运用判断缺乏同一性。

使用概念要保持同一性。公文中使用的概念要确定，在一篇公文或密切相连的一组公文（如在某一问题上的上级指示、通知与下级贯彻执行情况的报告，下级的请示与上级的批复，下级的计划、总结、报告与上级的批示等）中所使用的概念必须始终如一，中间不得任意变更。

运用判断要保持同一性。在公文写作中，当对某一事物的属性作出明确判断后，不能再作出另外一种判断，否则就是违反同一律，即偷换判断。比如，一份通知中有这样一段文字：“……电传通知，是上级机关对下级机关传达领导的指示与决策、部署和指导工作的一种快速办公方法。当然，它也易于造成失泄密，不利于保密工作。”上述文字对“电传通知”作用的判断开始是肯定的，但随即又加以否定，出现了两种相反的判断。“电传通知”上出现的失泄密，不是其本身造成的，而是办公人员违反保密原则、利用普通电传传递机要事件所致，把失泄密归咎于“电传通知”本身是不正确的。如此偷换判断显然违反同一律。

（五）违反矛盾律

矛盾律也是逻辑思维的基本规律之一，是关于思维一贯性的规律。在公文写作中，同一思维过程从同一方面对同一事物不能有逻辑矛盾，即不能作出自相矛盾的判断。否则，就违反了矛盾律。公文写作中违反矛盾律的情形主要有：

其一，时间表述上的矛盾。例如，这家工厂用了将近两年多时间，才建成这条生产线。“将近两年”是不到两年，“两年多”是超过两年，两者矛盾。其二，数量表述上的矛盾。例如，到本月末，这一重点工程项目已经全部完工，只有少数扫尾活仍在进行。“全部完工”与“少数……进行”相互矛盾。其三，程度表述上的矛盾。例如，对于……大家基本取得了一致的意见。“基本”与“一致”是矛盾的。其四，行为表述上的矛盾。例如，李厂长在会上说，该讲的王书记都讲了，我没有讲的了，只说六点想法。先说“没有讲的了”，又说“只说六点”，前后矛盾。其五，要求上表述的矛盾。例如，对于……基本同意文中所提六条办法，请有关部门严格贯彻。先说基本同意，后又说“严格贯彻”，显然违反了矛盾律。

（六）违反排中律

排中律也是逻辑思维的基本规律之一，是关于思维明确性的规律。在公文写作中，对两个互相矛盾的判断，要作出不是这个就是那个的明确选择，不能两个都否定；在是与非、真与假之间，不能含糊不清。否则，就违反了排中律。公文写作违反排中律的情况主要表现为：

一是折中调和，模棱两可。例如，关于 ×× 同志未经领导批准在外兼职的行为，我们不能说是正当的，但说是错误的又有些过分，也不尽妥当。二是含糊暧昧，不置可否。例如，对于……上级要求，党政机关工作人员不准从事职权范围内的第二职业。对这一问题，你们可视具体情况，灵活掌握。

（七）违反充足理由律

充足理由律也是逻辑思维的基本规律之一，是关于思维根据性的规律。在公文写作中，任何一个正确的思想，都应该有真实的事实材料或已经在人们的社会实践中被证实了的其他思想作为依据。不管是判断、推理还是论证，都要有充足的理由、正确的依据，做到“持之有据，言之成理”。如果不符合上述要求，即属违反充足理由律。具体表现为：

一是理由不真实。例如，现在各单位人员都多，不少人没事干，所以有些单位出现了知识分子用非所学的问题。把“用非所学”的问题说成是“人员多”造成的，理由是不真实的。二是理由偏颇。例如，由于会议多、文件多，所以领导干部下基层比较少了……这是理由的一个方面，更重要的理由即主观上的原因并未提到，故道理很不充足。例如，实行高薪，才能有效地遏制工作人员的贪污受贿行为发生，这就是“高薪养廉”。这种提法显然极不真实，20 世纪五六十年代，党政机关工作人员工资非常低，而且提职不提级、不涨钱，贪污受贿并没有成风。三是理由与结论之间没有必然的联系。例如，鉴于入冬以来天气寒冷，港口装卸货物量较前三个月下降了11个百分点。这段话中的“天气寒冷”与装卸货物量没有直接的关系，以此说明下降的必然性理由很不充足。只有讲明了“鉴于入冬以来天气寒冷，风大多雪、地冻路滑，给机动车带来一定困难”，把话讲完整，理由才会充足。

十八、公文引用中常见病误

引用是公文写作中常见的表达方式之一。恰当地引用，能够使行文的目的更加明确，观点更为突出，理据更为充分，从而增强行文的说服力和论证性。如果引用失当，就会有损于公文的表述效果。公文中最常见的引用病误，主要有以下四种。

（一）引用不规范

例如，有一份通知的开头是：“根据市委〔2018〕6号文件的要求，从今年10月起，将在全市范围内广泛开展‘以人为本创大业’的活动。”根据规定，引用公文“应当先引标题，后引发文字号”。此文的引用没有载明标题，因而是不规范的。公文中如涉及对有关法律名称的引用，必须注意写其全称或规范性简称，不能随意缩简。例如，××冷气机厂制作的一份《行政起诉状》中写道：“综上所述，我们对××区工商局××行罚字〔2017〕第46号裁决表示不服，根据行诉法第39条规定，特提起诉讼，请依法公正裁判。”此例中的“行诉法”即属引用不当，应改为“《中华人民共和国行政诉讼法》”或“我国行政诉讼法”。

（二）引用不正确

例如，××市人民政府办公厅《关于解决机关文件中几个问题的通知》，其中有这样一段话：“中央关于不要一切由秘书代劳的指示中指出，起草文件应对周围的社会环境和工作状况作系统的调查研究，用心体察下级和社会各阶层的情绪、呼声和要求，及时了解实际生活中出现的新情况、新问题。”此例中引用的中央文件名称不够准确，正确的表述应是“《中共中央关于各级领导干部要亲自动手起草重要文件，不要一切由秘书代劳的指示》”。此文件标题较长，但在引用时绝不能因其长而自行省略，以免影响其准确性。

（三）引用不得体

这主要有两方面的表现：

其一，所引内容与上下文之间的衔接不够紧凑，甚或属于赘疣，给人以生硬、不协调之感。例如，有一篇题为《在改革中探索发展县办工业的新路子》的调查报告，其中有这样一段文字：“我市十个县办工业是在原来手工业社的基础上，在‘大跃进’和大办农业时期，围绕为农业服务这个中心，用土法上马、因陋就简的方法发展起来的。毛泽东同志指出：‘没有什么困难可以阻碍人的前进的，只要奋斗，加以坚持，困难就赶跑了。’党的十一届三中全会以来的路线、方针和政策，为县办工业的发展提供了良好的环境……”此例中所引毛泽东同志的指示，目的在于说明该市十个县办工业克服困难、艰苦创业的斗争精神，但与上下文意不连贯，因此引用是多余的，将它删掉，上下文意反而显得更加顺畅。

其二，引用有损公文的庄严风格。例如，《中共 ×× 市纪律检查委员会关于严肃处理 ×× 贪污问题的通报》一文中有这样一段文字：“作为党员领导干部，本应以身作则，克己奉公，用人民给的权力，忠实地为人民创业造福。而 ×× 却相反，他无视党纪国法，采用多种手段，与人合伙贪污人民币 ×× 万元，真可谓‘电线杆上绑鸡毛——掸（胆）子不小’。他的所作所为，已经完全丧失了一个共产党员的起码条件。”此例中所引歇后语与通报文体的性质要求不相协调，有损于通报的庄重性和严肃性。因此，应以删略为宜。

（四）引用无序

公文中涉及对有关公文或经典著作的版次、卷次、页数，法律、法规条款项目等的引用，一定要注意讲究顺序。引用有关公文或文件，按规定应“先引标题，后引发文字号”，不能前后倒置。但有些公文却不是如此，例如，《 ×× 省税务局关于 ×× 县灯泡厂申请免税的批复》，其中开头部分为：“你局 × 税发〔2018〕5 号《关于 ×× 灯泡厂申请免税问题的请示》收悉……”文中引用应将发文字号移到标题之后且用括号括起来，方为妥当。

十九、公文联合行文常见病误

联合行文是机关的一种重要行文方式。它是指两个或两个以上的平级机关和单位为处理同一事项而共同发文，其目的在于使各联办单位步调一致，协同动作，从而增强公文的权威性，并可有效地精简文件。由于联合行文需要各个联办单位的协调配合，其所涉及的内容事项较为复杂，因而必须按照特定的规范要求行事，方能顺利实现行文的目的。然而，从实践来看，当前不少机关或单位在联合行文方面尚存在许多问题，直接影响了工作的正常开展和公文处理的规范化建设。这些问题中较常见者，大体有以下四个方面。

1. 联合行文各单位的级别不具有对等性。联合行文的各个单位之间必须是同一级别，亦即对等关系，级别高的单位不能与级别低的单位联合行文，这是联合行文应当遵循的一条重要原则。但在实践中，有些联合行文却违反这一原则。例如，×× 市 ×× 区人民武装部为了做好 2021 年秋季的征兵工作而与市政府联合行文，其中人民武装部虽然是独立的法人单位，但其级别要比政府低，故而二者不可联合行文，应以人民武装部的名义单独行文为妥。如能以政府的名义行文，则更为理想。

2. 联合行文的单位过多过滥。既然是联合行文，当然其主体至少要有两个，但最多是多少却没有明确的量化限制。尽管如此，也要注意把握其必要性与适度性。根据规定："行文应当确有必要，注重效用。"联合行文时尤应遵循这一原则，而决不能不视具体情况，不看有无必要，只是为了广造声势，扩大影响，动辄以联合行文形式发布，其结果只能事与愿违，贻害工作。例如，有一份《关于加强科技市场管理的通知》，其联合行文的单位竟然多达八个，包括科委、科协、工商局、税务局、财委、计委、专利局和物价局，该份文件的首页并排印有八家红色版头，版头之下则是并列的八个发文字号，而且在文尾还盖有八个单位的公章，以至于出现"版头排列，文号成串，图章扎堆"，显得既多且滥。正确的做法是，因此例所涉及的联办单位太多，故而可只标注主办单位一家的版头，而将其他协办单位名称纳入标题或者公文的开头部分，就显得较为科学、合理了。

3. 联合行文所用文种不够恰当。尽管联合行文的方向是多向性的，但其所涉及的公文种类却相对较为稳定。属于联合行文的公文名称，通常是通知、决定、报告、函等。行文时必须根据行文的目的、联合行文各单位的职权范围和与受文单位之间的行文关系准确确定使用相应的文种，不可粗疏。实践中，有些联合行文却没有这样做。例如，某市三大百货商场拟联合举办"迎新春商品交易洽谈会"，向市有关单位行文，其标题为《关于联合举办"迎新春商品交易洽谈会"的通告》，这里用通告文种是不恰当的，因为它是下行文，用于向社会各有关方面公布应当遵守或者周知的事项，具有强制性质，而告知有关单位举办商品交易洽谈会，联合行文的各单位与受文单位之间属于不相隶属的关系，所以不能使用通告，而应用函。

4. 联合行文各相关格式要素的标注不规范。主要表现在：其一，各联办单位的排列次序不当。按照规定，联合行文时应将主办机关的名称排列在前。但在实践中，有些联合行文却违反了这一规定。例如，××县林业局拟就制止乱砍滥伐森林一事与县公安局联合行文，按规定其版头部分应将××县林业局的名称排在前面，但在正式行文时却按职能大小把县公安局排列在前，显欠规范。不过这里也有例外，当行政机关与同级或相应的党的机关、军队机关和人民团体联合行文时，则要注意按规定依照党、政、军、群的顺序排列，而不可拘泥于主办机关排列在前的做法。其二，发文字号的标注不当。按照《条例》规定，联合行文时，使用主办机关的发文字号，但有些行文却不是如此。仍如上述《关于加强科技市场管理的通知》，其在版头部分竟将八个联办单位的发文字号并列标出，显得极其烦琐，也有悖于规定。其三，用印不规范。对于联合行文的用印，应当视其行文方向的不同而有所变化。实践中不少上行文唯恐不加盖印章就显得不够郑重或者不负责任，于是就无一遗漏地全部加盖。例如，××省公安厅所属的五所人民警察学校因进行教育体制改革和布局结构调整一事联合向省公安厅政治部行文，其在文尾落款处并列署有五所警校的名称，而且分别加盖公章。这种做法是不规范的，应当按规定只由主办单位加盖公章即可。其四，对成文时间的确定和标注不规范。联合行文时，因其文稿需经各方的领导同志签署意见并签字，“中转”时间可能较长，那么成文时间如何确定？按规定，“联合行文，以最后签发机关领导人的签发日期为准”。但在实践中，有些联合行文却以主办单位领导人的签发日期为准，是有悖于规定的；还要注意，对于成文日期的标注必须依照《格式》的规定写公元纪年全称。但从实际情况来看，有些联合行文却没有循此执行，特别是在有关的尺寸规格以及对数字的使用上，存在的问题更多。

二十、领导者签批公文不规范现象

签发公文是领导者的一项重要职责，未经领导者签发的公文，不能生效。应当怎样签发公文呢？关于这一问题，目前在公文处理实践中，由于种种原因，基本上是各执己见，存在较大的随意性，很不规范，这在一定程度上影响了公文的质量及办文的效率。对此，各级领导者必须予以高度重视，以维护公文处理工作的规范化和严肃性。就常理而论，领导者签发公文要做到正确规范，必须认真遵守党和国家有关公文法规的规定，并紧密结合公文工作实际。但从当前的实际来看，不少领导者在签发公文时还存在一些不规范的问题，随意性突出，最主要的表现有以下四个方面。

1. 内容不够齐全、完整。根据规定，“审批公文时，对有具体请示事项的，主批人应当明确签署意见、姓名和审批日期，其他审批人圈阅视为同意；没有审批事项的，圈阅表示已阅知”。这就是说，签发的内容包括三要素，即签发意见、签发人姓名和签发时间，三者缺一不可。同时，还要注意每一具体要素都必须做到完整，如签发人姓名一项，不能只写“姓”不写“名”，也不能只写“名”不写“姓”；时间要写全，即 ×××× 年 ×× 月 ×× 日，不能只写月、日，不写年份。实践中，有些领导者往往漏写时间，或不写姓名，这些均有失规范。

2. 表态不够明确、具体。表态即签署意见，它是机关领导者对公文应如何处理所作的决定。因此，必须写得明确、具体，便于下属理解和执行，不能含糊笼统，模棱两可，令人捉摸不定，无所适从。实践中，有些领导者在签署意见时，只写“请 ×× 同志签发”，而未作出明确、具体的表态，这也是有失规范的。

3. 书写位置不够正确。对于备有“处理专用纸”的公文，其签发内容必须写在“签发栏”这一特定栏目内，不可随心所欲。但在实践中，在这方面存在的问题较为突出，有些领导者往往将签发意见写入“会签栏”或“审核栏”，甚至干脆写在公文用纸上白边（天头）

处，极不规范。对此，应特别予以纠正。

4. 职责不够明确。签发公文还要明确职责和权限。就行政机关公文而言，哪些公文由正职领导签发，哪些应由主持日常工作的副职领导签发，哪些可由秘书长或办公厅（室）主任根据授权签发等，都要认真加以分清。党的各级领导机关的文件也是如此，哪些文件由党委主要负责人签发，哪些可由主持日常工作或分管该项工作的领导签发，联合行文应如何签发等，都要明确职责和权限，以免造成混乱。常有这样的情况：本应由正职领导签发的公文，副职领导却因与自己分管的工作关系较大，而不予请示或协商即行签发；也有应由正职领导自己签发的公文却推给了副职领导。这两种情形，均有悖于公文法规的规定要求，也造成了领导职权上的混乱。前者属于超越职权，后者则是对工作严重的不负责任，均应予以纠正。

第二节　具体文种病误评释

一、对一篇会议通知的评释

【原文】

关于召开销售工作会议的通知

直属各分公司：

目前我公司的销售工作开展不利，今年滞销产品价值400万元，为解决这一问题，总公司决定召开全公司销售工作会，现将有关事项通知如下：

1. 开会时间定于下星期三，时间为一天。

2. 开会地点定于总公司。

3. 开会前，请准备你分公司销售情况统计资料。

总公司

××××年×月×日

【写作技法简析】

此文存在的错误:（1）标题中缺少发文机关名称。（2）通知事项不明确，召开会议的时间、地点不详细；参加会议的人员不具体。（3）有些句子有语病，“目前我公司的销售工作开展不利”中的“开展”与“不利”搭配不当；“请准备你分公司销售情况统计资料”表述不准确。（4）缺少发文机关署名。

【改稿】

××总公司关于召开销售工作会议的通知

直属各分公司：

目前我公司的销售工作开展不顺利，今年上半年滞销产品价值400万元。为解决这一问题，总公司决定召开全公司销售工作会议，现将有关事项通知如下：

1. 会议参加人员：各分公司经理及负责销售工作的副经理2—3人。

2. 时间、地点：会议定于×月×日（下星期三）上午8∶30在总公司三楼大会议室召开，时间为一天。

3. 开会时，请各分公司将今年上半年销售情况的统计资料带来，以便在会议上进行交流、讨论。

总公司办公室

××××年×月×日

二、对一篇批复的评释

【原文】

批　复

人文学院党委：

二〇一八年×月×日你院的请示中所提出的增补人文学院党委委员的事项我们已经收到。经校党委七名常委在×月×日的常委会上反复讨论决定，并举手表决，最终一致通过。现将决定告知你们，我们原则上同意你们上报的两名同志为你院党委委员。

此决定。

中共××大学委员会

二〇一八年×月×日

【写作技法简析】

此文存在的错误:（1）标题不规范。（2）表述不严密，请示中所提出的请示事项、两名同志、院党委委员等均没有具体名称。（3）批复的意见不明确。“原则上同意”态度含糊，没有明确表明同意、不同意或部分同意的态度。（4）语言不简洁。“经校党委七名常委在 × 月 × 日的常委会上反复讨论决定，并举手表决，最终一致通过”一句中，多有累赘之词。（5）结束语使用错误。“此决定”不符合批复的格式要求。（6）成文日期应当使用阿拉伯数字。

【改稿】

关于增补人文学院党委委员的批复

人文学院党委:

你院《关于增补 ×××、××× 两位同志为党委委员的请示》（××〔2018〕×× 号）收悉。经校党委常委会研究，同意增补 ×××、××× 两位同志为人文学院党委委员。

此复。

中共 ×× 大学委员会

2018 年 × 月 × 日

三、对一件批转性公文的评释

【原文】

中共 ×× 大学委员会批转校德育教研室
“关于在我校学生中开设德育课的请示报告”
（18）党字第 20 号

文理科各系党总支、校教务处、德育教研室、马列主义教研室:

18 年 3 月 10 日收到了校德育教研室报送来的“关于在我校学生中开设德育课的请示报告”。18 年 3 月 15 日校党委作了研究，兹批示如下:

（一）德育课从 18 年 9 月 1 日在我校各年级开设。教师由校德育教研室教师和各系党总支委员中有教学能力的同志组成。

（二）德育课的教材由校德育教研室负责编写或购买。

（三）德育课正式例入教学计划，与其它课程同样看待，考试成绩记入学生记分册。

（四）各单位见此批示后，于18年3月底以前参照附件进行一次通盘研究，4月5日将研究结果写成计划报送党委审批。

中共 ×× 大学委员会

2018年3月15日

【写作技法简析】

这是某大学教学用书中选用的范文，病误甚多，颇为不妥。

1. 标题。

（1）行文关系上党政不分。标题应改为“×× 大学校委会批转德育教研室……”或“中共 ×× 大学委员会批转德育教研室党支部……”（主送单位也应随之作相应修改）。

（2）缺少文种。“批转……报告”仅仅是标题事由。

（3）被批转的公文标题请示和报告不分，两种文种并用。

2. 文号。有四个毛病：一是机关代字不明；二是添加赘字；三是年份简写、使用圆括号并前置；四是位置不当。

3. 正文。

（1）开头导语段写法不规范，应适当修改。

（2）个别句子不通顺、有语病。如，“教师由校德育教研室教师和各系党总支委员中有教学能力的同志组成”。将句子主要成分缩写为“教师由……教师和……同志组成”，可以明显看出毛病。再如“从18年3月10日”的说法也不妥。

（3）文字不精练，很多可有可无的字、词或词组可以删掉。如“在学生中”“见此批示后”“参照附件”等均可不说；批示内容前三项开头不应都重复说“德育课”；第四项中的两个句子重复用了“研究”二字，后面的可不用。

此外，“例入”的“例”属错别字。“其它”改为“其他”，“看待”改为“对待”，“记入”改为“一并载入”。

【改稿】

中共 ×× 大学委员会文件

× 发〔2018〕20 号

中共 ×× 大学委员会批转校德育教研室党支部《关于在我校开设德育课的报告》的通知

各系党总支，校教务处、德育教研室、马列主义教研室党支部：

校党委于 2018 年 3 月 15 日研究，同意德育教研室党支部《关于在我校开设德育课的报告》，现转发给你们，并就有关问题通知如下：

（一）德育课从 2018 年 9 月 1 日起在我校各年级开设。教师由校德育教研室和各系党总支委员中有教学能力的同志担任。

（二）教材由校德育教研室负责编写或购买。

（三）该课正式列入教学计划，与其他课程同样对待，考试成绩一并载入学生记分册。

（四）各单位要在 2018 年 3 月底前进行一次通盘研究，并写成计划于 4 月 5 日前报校党委审批。

中共 ×× 大学委员会（印章）

2018 年 3 月 15 日

四、对一篇通报的评释

【原文】

关于连续发生火灾事故的通报

今春以来，在市委和各级党委的领导下，全市人民积极贯彻省人民政府〔2018〕2 号文件精神，开展安全防火工作收到了一定的效果。但是，由于一些单位领导对防火工作仍不重视，思想麻痹，安全无制度，防火无措施。对广大职工和群众不进行安全防火教育，致使今春以来火灾事故连续发生，给国家和集体财产造成重大损失。截至四月份，全市共发生火灾事故十余起，损失约十万余元。与去年同期相比，事故起数上升百分之五十，损失上升百分之一百一十五，教训十分深刻。

元月二十一日凌晨，基建公司五处汽车修理工王 ×× 睡觉前未封好炉火，使火苗蹿出，燃着房门上的胶质风筒门帘，引燃屋顶，蔓延到毗邻汽车修理间，造成大火。

二月十三日，市林业和草原局焦坪林场西村林魏××违反护林规定，擅自吸烟，致使遗弃的烟头引燃幼林，造成火灾。

三月十日，市棉纺厂又发生一次重大火灾。

四月五日晚，市第四中学教师马××，无视安全规定，长期用电炉取暖、烧水。电炉接上电后，长时间无人看管，造成火灾。

四月七日，市粮食局××粮店职工吴××在宿舍用汽油洗工作服，本店工人陆××进屋后用火柴点烟，引燃汽油盆，造成火灾。

今春以来，火灾连续发生，必须引起各级领导和有关部门的足够重视……

一、要建立健全防火制度，狠抓措施落实。

二、要继续认真贯彻国务院关于抓好防火工作的紧急通知和省政府〔2018〕2号文件精神，大力抓好安全防火工作。

【写作技法简析】

通报是各级党政机关、人民团体和企事业单位用以表彰先进、批评错误、传达重要精神和告知重要情况的一种公文，其内容结构一般由标题、通报摘要、通报事项、原因分析、希望或要求等几部分组成。综观这篇通报，在内容表达方面能够自始至终围绕行文目的和主旨进行阐述，而且篇幅简短，用语朴实，有一定的可取之处。但细究起来，其所存在的问题也颇多。主要表现在如下几个方面。

1. 通报事项不够具体、完整。通报事项是通报撰写的核心内容，是发文单位赖以提出有关希望或要求的基础和凭据。因此，一定要写得明确、具体、完整。用扼要语句将事件（事故）发生的时间、地点，涉及的单位或个人，起因、经过、结果（或后果）等诸要素具体、完整地写清楚，切忌空泛肤浅或随意缺漏。这篇通报按照火灾事故发生的时间先后顺序进行叙述，脉络清楚，层次分明，有可取之处。但对每起火灾事故情况只交代其发生的时间、地点，涉及单位或个人，原因、经过等要素，却未能反映"事故后果"这一对通报主旨具有决定意义的要素，显然有失完整。应当具体写明每起火灾事故的后果情况，包括损失范围如何，损失数额的大小等，这样，就可使受文单位准确具体地了解事故发生的基本情况及其严重程度，进而提高认识，端正思想，更好地做好本单位的安全防火工作，严防类似事故的再次发生。

2. 逻辑层次混乱，轻重倒置。这主要表现在通报希望或要求部分，文中总共提出两条：第一，要建立健全防火制度，狠抓措施落实。第二，要继续认真贯彻国务院关于抓好防火工作的紧急通知和省政府〔2018〕2号文件精神，大力抓好安全防火工作。这两条内容，孰先孰后，其重要程度如何，相形之下，即可看出，后者要重于前者，党和国家的有关方针政策以及上级机关的文件、指示精神，是制发通报的基点，也是行文的重要依据，更是受文单位开展工作的准绳。因此，必须将其置于首位，不能任意颠倒。故应将上述两项内容对调，以突出重点。

3. 数字使用混乱，也不够准确。通报写作中，为了充分而有力地说明问题，往往需要运用一些数字。它可以代替许多烦冗的文字表述，说服力极强。但要注意其真实性和准确性，即必须是经过严格核实以后与实际情况相当贴近的数字，既不能任意夸大缩小，也不能揣度猜测，更不准凭空编造，无中生有。否则，将直接影响通报文体的质量，给实际工作造成难以预料的损失。这篇通报在数字的使用上有失确切，例如“截至四月份”一语，四月份总计30天，浮动度大，应写明是四月上旬、中旬还是下旬，必要时甚至还应写明具体日期。还有，“十余起”“约十万余元”的表述，发生火灾次数，损失数额几何，均应准确、具体地交代清楚。并且，“十万余元”本身即是一模糊概念，其前又冠以“约”字，究竟是将近10万元还是超过10万元？自相矛盾，令人费解。因此，“约”或“余”应视实际情况，择取其一。此外，根据《条例》第十一条的规定，“公文使用的汉字、数字、外文字符、计量单位和标点符号等，按照有关国家标准执行”。而按照《出版物上数字用法》的要求，公文中所涉及的数字，在没有特殊要求的情况下，一律使用阿拉伯数字。但这篇通报对于数字的表示，在将“今春以来”的火灾起数及损失数额与去年同期相比时，却写为“事故起数上升百分之五十，损失上升百分之一百一十五”，这种采用汉字书写百分比的方式，有失规范，应当改用阿拉伯数字。

4. 语言表达不够简洁、准确、得体。在语言表达方面，这篇通报也存在诸多问题。例如“今春以来”和“连续发生”两个词组在文中分别出现三次，显得重复、啰唆。此外，这篇通报在语言表达上也不够得体，前后内容衔接不够自然。例如通报摘要（第一自然段）与通报事项（第二至第七自然段）之间，希望或要求部分由总述到分述的转换，均缺乏必要的过渡语，显得生硬、突然，应加以补正。

5. 通报要求不够完善。这篇通报的希望或要求部分只从正面加以阐述，总共包括两点（如前所述）。从整体上讲，还不够完善、充实，也缺乏力度，还应另列一条，从反面提出要求，即写明对违反有关防火规定造成严重后果的应作何处理。要有较为具体的内容规定，如对警惕性不高、责任心不强而造成火灾事故的要严肃教育；对玩忽职守、违反安全规定而造成重大火灾的要严肃处理；对蓄意纵火破坏的犯罪分子要依法惩办、坚决打击等。这样就能促使有关单位和人员在思想上引起足够重视，从而增强防火灾、防事故的主动性和自觉性。

【改稿】

关于连续发生火灾事故的通报

今春以来，在市委和各级党委的领导下，全市人民积极贯彻省人民政府〔2018〕2号文件精神，开展安全防火工作收到了一定的效果。但是，由于一些单位领导对防火工作仍不重视，思想麻痹，安全无制度，防火无措施；对广大职工和群众不进行安全防火教育，火灾事故不断发生，给国家和集体财产造成重大损失。截至四月上旬，全市共发生火灾事故五起，损失16万元，教训十分深刻。

五次火灾事故分别是：

元月二十一日凌晨，基建公司五处汽车修理工王××睡觉前未封好炉火，使火苗蹿出，燃着房门上的胶质风筒门帘，引燃屋顶，蔓延到毗邻汽车修理间，造成大火。烧毁汽车1辆，经济损失达6万元。

二月十三日，市林业和草原局焦坪林场西村林魏××违反护林规定，擅自吸烟，致使遗弃的烟头引燃幼林，造成火灾。大火延续10小时，受害森林面积达28公顷，扑火费用2万元，直接经济损失3万元。

三月十日，市棉纺厂又发生一次重大火灾。有1人烧成重伤，烧毁机器4台，经济损失达5万元。

四月五日晚，市第四中学教师马××，无视安全规定，长期用电炉取暖、烧水。电炉接上电后，长时间无人看管，造成火灾。幸亏发现及时，损失不大。

四月七日，市粮食局××粮店职工吴××在宿舍用汽油洗工作服，本店工人陆××进屋后用火柴点烟，引燃汽油盆，造成火灾。幸亏灭火及时，未造成大的损失。

防火必须引起各级领导和有关部门的足够重视……

一、要继续认真贯彻国务院关于抓好防火工作的紧急通知和省政府〔2018〕2号文件精神，大力抓好安全防火工作。

二、要建立健全防火制度，狠抓措施落实。

三、对这五次火灾事故负有直接责任和主要责任的王××、魏××、棉纺厂相关单位及负责人、马××、陆××根据情节分别进行处分和处罚。

五、对一篇公告的评释

【原文】

公司机关工会讲座内容发布公告

根据机关工会安排，如果没有特殊情况，公司机关每周一下午三点在三楼会议室陆续举办各类专题讲座，近期主要推出的是计算机网络相关应用技巧讲座。本周一（8 月 14 日）下午如期举办了第一期讲座，现已经将讲座提要整理出来，发布在员工论坛的科技博览板块里，以方便广大员工浏览。今后每一期计算机相关讲座都将以同样方式发布讲座内容，欢迎大家浏览，并留下宝贵意见。

××××公司

××××年8月17日

【写作技法简析】

以公文写作与处理规范来衡量，此文是彻头彻尾的病文。

在这里，首要的是弄清什么是公告。按国家公文法规规定，公告是国家机关向国内外宣布重要事项或者法定事项时使用的告知性文种。一个“重要”，一个“法定”，再加上一个“国内外”，这三个“一”足以告诉我们，公告是一个多么严肃郑重的文种，它的使用者不可能是企事业单位，也不可能是中下级机关和一般的行政管理部门，必须是党和国家的高级机关。我们不能把公告中的“公”字当作“公开”来理解，也不能把经济法规中“予以公告之”中不带引号的“公告”二字和公文中的专有名词“公告”混为一谈，以此作为滥用“公告”的借口。公告文种中的“公”字与公文中的“公”字，具有相同特殊的政治含义，是党和国家权力的象征。

再来看这篇例文。例文的内容是讲座内容的发布，完全属于一般性事务，怎么可以使用具有重要、法定事项意义的公告来发布呢？充其量使用事务性的通知，或者在媒体上登一“启事”即可，或者用黑板写几个粉笔字放在单位大门口就行了。

现在对公告的使用已经到了混乱不堪的地步。不管大报小报，不论电视广播，只要花点钱买块版面、买点时间，不论是企业还是私人都可以发布“公告”。目前媒体上的所谓“公告”，如迁址、变更电话号码、商品打折促销、清仓大甩卖、出租房屋、注销账号、丢失证件发票、增减工资、饭店开张、酒楼开业、歌厅关闭、招收学员、出售书籍光盘……真是令人眼花缭乱。把公告这一极为郑重的公文文种使用到如此难堪的地步，不能不说是媒体少数编辑人员缺乏相关知识的表现。

【改稿】

公司机关工会讲座内容发布通知

根据机关工会安排，如果没有特殊情况，公司机关每周一下午三点在三楼会议室陆续举办各类专题讲座，近期主要推出的是计算机网络相关应用技巧讲座。本周一（8月14日）下午如期举办了第一期讲座，现已经将讲座提要整理出来，发布在员工论坛的科技博览板块里，以方便广大员工浏览。今后每一期计算机相关讲座都将以同样方式发布讲座内容，欢迎大家浏览，并留下宝贵意见。

××××公司

××××年8月17日

六、对一份嘉奖令的评释

【原文】

学校通令嘉奖

为表彰先进、激励创新与自主创业，学校通令嘉奖在刚刚落幕的第四届“挑战杯”中国大学生创业计划竞赛中取得优异成绩的团队成员和指导老师。同时，学校还通报表扬在“挑战杯”中表现出色的工作人员。现将名单公布如下：

通令嘉奖的名单：

力行创业团队：叶蓉（国贸系硕士生）

卫士创业团队：严懿（计统系本科生）

A—tech 创业团队：黄胜蓝、陈平凡（国贸系硕士生）

通报表扬的名单：

教师：孙梓光、王宏伟、李波、何丽苹、乐无恙、王琬琼

学生：

经济系：刘金扬、刘盈曦、沈倩宜、陈唯、张志峰、王静、薛壮岳、何加伟

计统系：林华祯、陈文坚、蔡静

财政系：林晶、李康宁、宋文博、陈怡

金融系：雷连鸣、董斌、王黎黎、王雯、赵鹏、陈博、亮熊凌、刘晓蕾、高莉莎、张

人杰、马瑞

国贸系：邱晓丹、付强朱、竹颖、彭观求、郭茜、孙雷、张丹丹

【写作技法简析】

嘉奖令是命令体公文的重要种类之一。按照公文法规的规定，命令与通报两个文种都具有嘉奖有关单位及人员的功能，正因如此，在实践中经常被人们错用或混用，以致影响了公文效用的发挥，也不利于公文文种使用的规范化。

根据国务院办公厅的有关规定，对于命令、通报用于奖惩时的区分问题，各级行政机关应当依据法律的规定和职权，根据奖惩的性质、种类、级别以及公示范围等具体情况，选择使用相应的文种。这就是说，对于这两个文种的使用，要考虑发文机关的级别，所涉及的内容、范围等诸多方面因素，切不可随意而为。例如，命令文种，我国宪法对发布命令有严格的权限规定，通常只有中华人民共和国主席、中华人民共和国国务院总理、各部部长、委员会主任以及县以上地方各级人民政府才有权发布命令，具有很强的指挥性和权威性。即使是县级人民政府，一般也只有在遇到特大突发事件时，才使用命令。而对于通报，一般来说，其所涉及的内容事项往往不是很突出，影响也不是很大，只是在特定范围内一般性的号召大家学习或告诫大家引为借鉴。

由上述可见，嘉奖有关单位和人员究竟应当使用嘉奖令还是使用表彰性通报，具有特定的范围和条件，不能随意而为。这篇某校拟制的“嘉奖令”就有欠妥当。

这份嘉奖令选自公文写作书籍所推荐的写作范例。与其说是范文，不如说是病文。首先，它的标题就违背了有关公文标题的写作要求，一无作者，二无事由，三无文种，是一个不伦不类的标题。说“学校”是作者但没有具体的名称；说“通令嘉奖”是事由却没有被嘉奖的对象；说通令是文种，而文种却跑到了事由所处的位置。其次，从内容上看，主要是对“中国大学生创业计划竞赛”中取得优异成绩的团队及指导老师进行表扬，本可以使用表扬性通报，这样可与内容相匹配，而这个学校却使用了所谓的“嘉奖令”，显然错用了文种。何况学校作为事业单位也无权使用“令”来发布相关事宜。

【改稿】

××大学对于在第四届“挑战杯”中国大学生创业计划竞赛中取得优异成绩的师生予以表扬的通报

为表彰先进、激励创新与自主创业，对在第四届“挑战杯”中国大学生创业计划竞赛中取得优异成绩的团队成员和指导老师，给予通报嘉奖和表扬，名单如下：

通报嘉奖的名单：

力行创业团队：叶蓉（国贸系硕士生）

卫士创业团队：严懿（计统系本科生）

A—tech 创业团队：黄胜蓝、陈平凡（国贸系硕士生）

通报表扬的名单：

教师：孙梓光、王宏伟、李波、何丽苹、乐无恙、王琬琼

学生：

经济系：刘金扬、刘盈曦、沈倩宜、陈唯、张志峰、王静、薛壮岳、何加伟

计统系：林华祯、陈文坚、蔡静

财政系：林晶、李康宁、宋文博、陈怡

金融系：雷连鸣、董斌、王黎黎、王雯、赵鹏、陈博、亮熊凌、刘晓蕾、高莉莎、张人杰、马瑞

国贸系：邱晓丹、付强朱、竹颖、彭观求、郭茜、孙雷、张丹丹

七、对一份工作计划的评释

【原文】

××县地税局20××年工作计划

我局20××年工作，总的指导思想是围绕县委、县政府工作总体目标，按照××市税务局“十三五”规划要求，坚持以组织收入为中心，以绩效管理为手段，深化税收征管改革，优化纳税服务，强化队伍建设，圆满完成市局和地方政府下达的各项任务。

一、全力以赴抓好税费收入

（一）要正确分析当前的经济形势，把握时机，挖掘潜力，积极寻找新的税源增长点。着手组织有关职能部门深入基层，全面铺开税源调查工作，对实有税源作认真的分析测算，制定适合我县经济特点的税收收入战略。

20××年的有利因素，一是房地产业，尽管受到国家政策调控的影响，××县部分房地产企业仍相继开盘，可带来一定的税收。二是城区道路改造建设工程，可带来千万元以上税收。三是经济进一步好转，我县招商引资、基础建设等固定投资继续加大，为税收提供相应的支撑。

不利因素……

二、深化改革，提高税收征管质效

……

三、开展绩效管理，促进队伍建设

要把夯实征管基础、提高队伍素质作为重点环节来抓，进一步加强基层和基础管理工作。经费重点面向基层，完善各分局办公大楼、办税大厅的基础设施建设，改善办公环境；完成基层分局生活设备配置，为干部职工提供方便舒适的生活环境，进一步改善基层工作生活条件。进一步完备文体活动场所的建设，开展群众性文体活动，组织各种兴趣小组开展专项活动，活跃气氛。

（一）全面实施素质提升工程，全员教育培训工程……

（二）做好绩效管理工作……

（三）深入推进党风廉政建设……

四、改进和优化纳税服务，构建和谐的征纳关系

……

【写作技法简析】

计划是党政机关、社会团体和企事业单位常用的一种事务性应用文，用于对未来一定时期内的工作作出打算和安排。科学地制订计划，有利于增强工作的主动性和预见性，克服随意性和盲目性，最大限度地提高工作的质量和效率。计划的制订是一项难度较大的工作，要求既能体现出很强的预见性，又具有实施的可行性。然而从实践来看，有些计划的制订就显得不够规范，从内容到形式都存在这样或那样的问题，以至于削弱了计划的质量并给实际工作造成了不应有的困扰。

这篇工作计划，总体上看，行文目的具体明确，用词造句比较准确，工作的目的和要求、工作的项目和指标、实施的步骤和措施等阐述得都非常清晰。但细究起来，也存在一些问题。

1.“地税局”应改为“税务局”。2018 年 3 月中共中央印发的《深化党和国家机构改革方案》规定，省级和省级以下国税地税机构合并，具体承担所辖区域内各项税收、非税收入征管等职责。根据这一规定，县原先的国税局和地税局合并，统一称税务局。

2.“地方”应改为“县”。既然是 ×× 县，说明这个县的名称是具体的。地方政府的范围比较宽泛，既可以指省级政府，也可以指地级政府，还可以指县级政府。

3.“制定”应改为“制订”。“制定”是制作、定出的意思，在公文中习惯用于较大场合，如制定党的路线方针政策、国家法律法规等；“制订”是制作、订立的意思，公文中习惯用于具体规章制度的订立。例如“最近一个时期，我们单位相继制订了防火、防盗、防毒等安全管理制度”。

4.“××县”改为“我县”。既然县的名称是具体的，就不再用全称了。

5.“干部职工”的提法不够科学。它是“干部”和“职工”的并称，“职工”是一个外延较大的概念，包括“职员”和“工人”，而“职员”又包括“干部”的含义。因此，公文中可以说“干部群众”，也可以说“干部工人”，却不能说“干部职工”。

【改稿】

××县税务局20××年工作计划

我局20××年工作，总的指导思想是围绕县委、县政府工作总体目标，按照××市税务局“十三五”规划要求，坚持以组织收入为中心，以绩效管理为手段，深化税收征管改革，优化纳税服务，强化队伍建设，圆满完成市局和县政府下达的各项任务。

一、全力以赴抓好税费收入

（一）要正确分析当前的经济形势，把握时机，挖掘潜力，积极寻找新的税源增长点。着手组织有关职能部门深入基层，全面铺开税源调查工作，对实有税源作认真的分析测算，制订适合我县经济特点的税收收入战略。

20××年的有利因素，一是房地产业，尽管受到国家政策调控的影响，我县部分房地产企业仍相继开盘，可带来一定的税收。二是城区道路改造建设工程，可带来千万元以上税收。三是经济进一步好转，我县招商引资、基础建设等固定投资继续加大，为税收提供相应的支撑。

不利因素……

二、深化改革，提高税收征管质效

……

三、开展绩效管理，促进队伍建设

要把夯实征管基础、提高队伍素质作为重点环节来抓，进一步加强基层和基础管理工作。经费重点面向基层，完善各分局办公大楼、办税大厅的基础设施建设，改善办公环境；完成基层分局生活设备配置，为干部群众提供方便舒适的生活环境，进一步改善基层工作生活条件。进一步完备文体活动场所的建设，开展群众性文体活动，组织各种兴趣小组开展专项活动，活跃气氛。

（一）全面实施素质提升工程，全员教育培训工程……

（二）做好绩效管理工作……

（三）深入推进党风廉政建设……

四、改进和优化纳税服务，构建和谐的征纳关系

……

八、对一件议案的评释

【原文】

××市人民政府关于
废止《××市城市流浪乞讨人员收容遣送规定》的议案

市人大常委会：

根据国务院《城市流浪乞讨人员收容遣送办法》，我市出台了《××市城市流浪乞讨人员收容遣送规定》。但2003年6月20日，国务院公布了《城市生活无着的流浪乞讨人员救助管理办法》，并宣告废止《城市流浪乞讨人员收容遣送办法》。为了使地方性法规与行政法规相统一，最近我市又拟订了《废止〈××市城市流浪乞讨人员收容遣送规定〉的决定（草案）》，现提请审议。

市长：××（印章）

2003年11月21日

【写作技法简析】

这篇议案在内容方面没有什么问题，只是在写作方法上不够规范。主要表现为对有关议案的背景、依据及目的等的阐述不够严谨，层次不够清楚，缺少逻辑性。文中首先交代出台《××市城市流浪乞讨人员收容遣送规定》的依据，随后又追述缘由，显得不够顺畅。还有，标题的拟制也不够确切，显得生硬，应按议案标题拟制的规范在介词“关于”之后加上“提请审议”的字样。

【改稿】

××市人民政府关于提请审议
废止《××市城市流浪乞讨人员收容遣送规定》的议案

市人大常委会：

2003年6月20日，国务院公布了《城市生活无着的流浪乞讨人员救助管理办法》，并宣告废止《城市流浪乞讨人员收容遣送办法》。鉴于《×× 市城市流浪乞讨人员收容遣送规定》是依据国务院《城市流浪乞讨人员收容遣送办法》而制定的，为了使地方性法规与行政法规相统一，拟订了《废止〈×× 市城市流浪乞讨人员收容遣送规定〉的决定（草案）》，现提请审议。

市长：××（印章）

2003 年 11 月 21 日

九、对一份决议的评释

【原文】

紫金矿业集团股份有限公司董事会
关于加强环境安全工作的特别决议

（20×× 年 7 月 20 日）

20×× 年 7 月 3 号紫金山铜矿湿法冶炼厂污水池发生渗漏，引发重大突发环境事件，不仅给社会和企业带来巨大的经济损失，企业的诚信和社会责任形象也受到重创。

董事会认识到，本次事故是公司成立以来最为严重的环境事故，究其原因，是企业在高速发展的过程中，危机和忧患意识不足，未能正确处理好经济效益与生态效益、群众利益之间的关系，集团公司及各级管理层没有把“生命第一，环境优先”的经营方针落到实处，基础管理工作薄弱，应急响应机制和危机处理能力严重不足。本次事故损失惨痛、代价巨大、教训深刻。董事会为此作出以下特别决议。

一、全面提高认识，高度重视环境安全工作

……

六、健全环保安全协调机制

……

董事会要求管理层认真落实董事会决议，通过环境安全工作的整改、提高，使集团公司的环境安全工作走上一个新台阶，以重新塑造企业的环保形象、社会责任和诚信形象。

对本决议的贯彻执行情况，管理层要每月向董事会作出报告。

【写作技法简析】

这是紫金矿业集团股份有限公司董事会关于加强环境安全工作的专门性决议。全文首先概括交代了紫金山铜矿湿法冶炼厂污水池发生渗漏的情况，紧接着笔锋一转，用一个自然段深刻挖掘了事故发生的根源，以此作为发布决议的缘由，并用过渡语句“董事会为此作出以下特别决议”提领下文。接下来分别从“全面提高认识，高度重视环境安全工作”“明确目标，实行环境安全各级企业主要领导负责制”“突出重点，认真核查和解决环境安全问题”“全面提升环保设施装备规范化建设水平”“完善突发事件应急处置工作体系”“健全环保安全协调机制”六大方面阐述了议决事项，其中既有对议题重要性和必要性的概括，又有方法和措施的提炼，特别是文中多次使用“要”“应”等模态词作提领句，交代出如何加强环境安全的解决之策，给人以简洁明快之感。值得注意的是，文中所列示的六个要旨句，从外在表现形式上看还不够匀称和谐，应当加以必要的整合。不妨改为“提高认识，高度重视环境安全工作”“明确目标，实行环境安全各级企业主要领导负责制”“突出重点，认真核查和解决环境安全问题”“加大投入，全面提升环保设施装备规范化建设水平”“因势制宜，完善突发事件应急处置工作体系”“统筹安排，健全环保安全协调机制”，即每一论题均先由四字格词组引出，后接实质性内容，似觉妥当些。此外，首句“20×× 年 7 月 3 号紫金山铜矿湿法冶炼厂污水池发生渗漏”，“7 月 3 号”的表述不合常理，应为“7 月 3 日”，而且其后应加逗号。

【改稿】

紫金矿业集团股份有限公司董事会
关于加强环境安全工作的特别决议

（20×× 年 7 月 20 日）

20×× 年 7 月 3 日，紫金山铜矿湿法冶炼厂污水池发生渗漏，引发重大突发环境事件，不仅给社会和企业带来巨大的经济损失，企业的诚信和社会责任形象也受到重创。

董事会认识到，本次事故是公司成立以来最为严重的环境事故，究其原因，是企业在高速发展的过程中，危机和忧患意识不足，未能正确处理好经济效益与生态效益、群众利益之间的关系，集团公司及各级管理层没有把“生命第一，环境优先”的经营方针落到实处，基础管理工作薄弱，应急响应机制和危机处理能力严重不足。本次事故损失惨痛、代价巨大、教训深刻。董事会为此作出以下特别决议。

一、提高认识，高度重视环境安全工作

……

六、统筹安排，健全环保安全协调机制

……

董事会要求管理层认真落实董事会决议，通过环境安全工作的整改、提高，使集团公司的环境安全工作走上一个新台阶，以重新塑造企业的环保形象、社会责任和诚信形象。

对本决议的贯彻执行情况，管理层要每月向董事会作出报告。

十、对一篇开幕式上的讲话的评释

【原文】

在××县商业系统第十七次职工代表大会开幕式上的讲话

同志们：

时光荏苒，岁月流逝，一年一度的职工代表大会召开了。这次大会是在党的十九大精神鼓舞下，在改革开放的新形势下，在县委、县政府的正确领导下，经过大家的共同努力，××县商业系统第十七次职工代表大会现在热烈开幕。

出席这次代表大会的代表，是来自全县各商业系统作出贡献、成绩优异的先进模范。我在这里代表××县商业局向参加这次会议的全体同志们表示深切的慰问和极大的感谢！

这次代表大会是在全县人民认真贯彻执行党的十九大制订的方针政策指引下，齐心协力，艰苦奋斗，夺取我县2018年农业生产新胜利的大好形势下召开的，特别是今年夏季，我县遭受特大洪涝灾害，在县委、县政府的领导下，我们又取得了重大胜利，在这种情况下召开××县商业系统第十七次职工代表大会，更有其特殊的意义。出席这次职代会的代表，有离退休干部先进代表，有正在自己的工作岗位上奋斗拼搏、作出突出贡献的“商业明星”，还有各乡、县直各单位的列席代表。大家喜气洋洋，欢聚一堂，共同研究探讨如何在新形势下搞好全县商业系统的管理与服务。这次代表大会要以党的十九大精神为指针，认真总结我县一年来商业系统的工作成绩，找出差距，明确今后工作任务和方向，协力攻关，在我县商业发展史上写下光辉的一页。

预祝这次职工代表大会圆满成功。

【写作技法简析】

这篇讲话稿存在很多问题，是一篇失败之作。归结起来，主要表现在以下五个方面。

1. 标题不够简洁。“在……大会开幕式上的讲话”，其实就是大会的开幕词。因此，无须再采用介词结构作定语的偏正结构形式，可直接将标题改为“××县商业系统第十七次职工代表大会开幕词”。

2. 格式设置有失规范。首先，缺少讲话人姓名。这篇讲话稿的讲话主体是谁，文中未作交代，应在标题之下、称呼语之上居中注明；其次，缺乏会议时间。“时间”（或日期）是公文中不可缺少的要素之一，讲话稿也不例外。“××县商业系统第十七次职工代表大会”究竟于何年何月召开，文中未予载明，令人惑然。故应在标题之下、讲话人姓名之上用括号加以标注，以示规范、庄重。

3. 结构层次混乱，不合逻辑。讲话稿的撰写，应力求条理清楚，层次分明，最忌杂乱无序。因此，在拟写时，哪些内容先说，哪些内容后说，均应有较为明确的逻辑层次，其表述顺序不能随意置换。一般而言，会议开幕词的逻辑层次安排应是：交代会议名称；介绍出席会议的代表；表示致词者的问候；陈述会议召开的背景；提出会议的主要任务或者有关的希望要求。其中，前三部分一般为一段，后一部分为一段或两段。这种排列顺序，前后文意贯通，逻辑层次分明，便于听众理解。但这篇讲话稿的层次安排却不是这样，先于第一自然段交代会议名称，继而另起一段表示致词者的问候，然后依次说明会议召开的背景、介绍出席会议的代表、提出会议的任务和要求。很显然，这种层次布局不合逻辑，较为混乱，应按上述正确顺序予以调整。

4. 内容交叉重叠，互相冲突。这主要表现在：首先，开头部分写道：“这次大会是在党的十九大精神鼓舞下……”，实质是简略介绍会议的背景情况，但在第三自然段又有相同内容出现，显然重复了。同时，在开头部分介绍背景情况，也不合乎讲话稿撰写的规范要求。因而，应将开头的背景内容删掉。其次，第二自然段开始写道：“出席这次代表大会的代表……”，显然是介绍会议的出席人员，但在第三自然段又重复出现，内容交叉重叠，显得前后杂乱，令人不得要领。应将第三自然段的相同内容与第二自然段合并，以求规范。

5. 语言表达烦冗拖沓，错讹重重。在语言表达上，这篇讲话稿的毛病也很多，主要有：（1）开头部分用了四行，但实际上用“××县商业系统第十七次职工代表大会现在热烈开幕”就可表达清楚，其他语句均应删掉，并且“热烈开幕”的表述，用“热烈”修饰“开幕”，显然失当，应改为“隆重”或干脆不用。（2）第二自然段的“出席这次代表大会的代表，是来自全县各商业系统……”，这种表述令人费解，仿佛全县有两个或者更多的商业系统，而实际上“商业系统”只有一个，故应将“各”字删掉。还有，这一自然段最后一句“……向参加这次会议的全体同志们表示深切的慰问和极大的感谢！”其中“全体同志们”的表述中，“全体”与“们”重叠，应择取其一；“深切的慰问和极大的感谢”中，“深切”“极大”两个词语使用不当，应分别改为“亲切”和“衷心”。（3）第三自然段开头“在全县人民认真贯彻执行党的十九大制订的方针政策指引下”一句中，“制订”应改为“制定”。制订与制定虽然都有规定的意思，但前者强调规定的过程，即拟制订立，后者则强调规定的结果，即定出。因此，这里使用“制订”一语显然失当。还有，“……共同研究探讨如何在新形势下搞好全县商业系统的管理与服务”一句中，“搞好……管理与服务”属动宾搭配不当，应在后面加上“工作”二字。（4）会议名称“××县商业系统第十七次职工代表大会”在文中重复出现，显得啰唆。应在第一次使用全称后，写为“这次大会”或“大会”，以求简洁。

【改稿】

××县商业系统第十七次职工代表大会开幕词

（2018年11月22日）

李××

同志们：

××县商业系统第十七次职工代表大会现在开幕。出席这次大会的代表，有全县商业系统中成绩优异的先进模范；有离退休干部；还有正在自己的工作岗位上奋斗拼搏的“商业明星”。我代表××县商业局向参加会议的同志们表示亲切的慰问和衷心的感谢！

这次大会是在全县人民认真贯彻执行党的十九大制定的方针政策指引下，齐心协力，艰苦奋斗，夺取我县2018年农业生产新胜利的大好形势下召开的，特别是今年夏季，我县遭受特大洪涝灾害，在县委、县政府的领导下，我们又取得了重大胜利。大会以习近平新时代中国特色社会主义思想和党的十九大精神为指导，认真总结我县一年来商业系统的工作成绩，找出差距，明确今后工作任务和方向，研究探讨如何做好新时代全县商业系统的管理与服务工作，使我县商业系统再创辉煌。

预祝大会圆满成功。

十一、对一份会议记录的评释

【原文】

×× 学院 2019 年第二次会议记录

时间：2019 年 10 月 7 日

地点：×× 学院三楼

出席人：魏 ××、周 ××、向 ××、谢 ×× 及各系各部门主要负责人

缺席人：何 ××、朱 ××

主持人：魏 ××

记录人：谢 ××

（1）报告

①周 ×× 报告学院基本建设进展情况……

②主持人魏 ×× 传达 ×× 省人民政府《关于压缩行政经费的通知》……

（2）讨论

魏 ××：今天会议主要讨论我院如何按照省人民政府的《通知》精神，抓好行政费用的合理开支，切实做到既勤俭节约，又不致影响正常教学、科研等活动的开展。下面请大家发表一下意见。

向 ××：……

周 ××：……

【写作技法简析】

这篇会议记录不合规范，存在的问题较多，主要有以下几点。

首先，标题“×× 学院 2019 年第二次会议记录”，只标示出会议的组织者、次数及会议记录名称，但未突出会议的性质和内容，显然失当。并且，在标题中也没有必要标明年份，不然，就与下文重复。根据正文所述内容，标题可写为“×× 学院第二次办公会议记录”，既明确又具体，合乎规范。

其次，会议的基本组织情况部分，至少存在三方面问题：一是时间、地点有失详细、具体。2019 年 10 月 7 日，究竟是上午、中午，还是晚上？几时召开的？“×× 学院三楼”究竟是哪一房间（会议室），而且，“×× 学院”与标题显然重复，应予以删掉。因此，对于时间和地点，应特别注意要明确，具体，不能含糊。二是出席人、主持人、记录人的身份不

够清楚。例如“主持人魏 ××”，魏 ×× 是何种职务？他有什么资格主持会议？令人生疑。对此，均应在各自姓名之后用括号标明身份，以求规范。三是缺席人一项。除未标明身份外，亦未交代其缺席的缘由，也有失妥当。因此，应在姓名之后用括号加以注明。

最后，记录内容不够完整，格式项目不够齐全。这篇会议记录的正文总共包括两大部分：一是报告，二是讨论。这两部分内容是会议记录的重点，除一些小型会议外，一般不能缺漏。但是，仅有这些内容是不够的，还应写明“议决结果”，它是会议记录重点中的重点，决不能漏。这份会议记录最后决议结果如何，只字未提，令人惑然。因此，应将会议决议列为第三部分，准确、具体地作出记录。此外，这份会议记录的格式也不够规范，主要表现为“有头无尾”，在正文部分结束后，没有主持人、记录人的签名，显失规范，应予补正。

这份会议记录，各类要素交代不清，内容项目缺漏，是不符合写作格式的。

【改稿】

×× 学院第二次办公会议记录

时间：2019 年 10 月 7 日 10：00—12：00

地点：三楼 311 会议室

出席人：魏 ××（院长）、周 ××（副院长）、向 ××（副院长）、谢 ××（院办秘书）及各系各部门主要负责人

缺席人：何 ××（副院长，出差请假）、朱 ××（副院长，生病请假）

主持人：魏 ××

记录人：谢 ××

（1）报告

①周 ×× 报告学院基本建设进展情况……

②主持人魏 ×× 传达 ×× 省人民政府《关于压缩行政经费的通知》……

（2）讨论

魏 ××：今天会议主要讨论我院如何按照省人民政府的《通知》精神，抓好行政费用的合理开支，切实做到既勤俭节约，又不致影响正常教学、科研等活动的开展。下面请大家发表一下意见。

向 ××：……

周 ××：……

魏 ××：今天的会开得很好，大家的发言十分踊跃，提了不少很好的建议和意见。

（3）决议

与会人员经过充分讨论、协商，一致决定：

①利用两个半天时间（具体时间由各系各部门自己安排，但必须在本周内）组织有关人员学习《通知》精神，统一思想。

②各系各部门根据《通知》精神，重新修改本年度行政经费开支预算，并于两周内报院办。

③各系各部门严格控制参加校外会议及外出学习的人数。

主持人：魏 ××

记录人：谢 ××

十二、对一份函的评释

【原文】

×× 市第一变压器厂
关于抓紧归还劳动服务公司借款的函

市第七变压器厂：

你厂于二〇一八年一月，从我厂借去资金三十万元，作为你厂劳动服务公司开办费，当时双方讲好年内一定偿还。目前已经是二〇一九年一月了，我厂正在编制二〇一九年的财务决算，为使我们能及时搞好各类款项的清理结账，要求你厂务必将所借之款于一月二十日前归还我厂，切不要一拖再拖，给我厂财务工作的顺利进行带来不应有的困难。

此致

敬礼

二〇一九年一月十日

【写作技法简析】

上面这份公函，在层次安排上基本还是清楚的，但存在以下毛病。

1. 最主要的毛病是语言不够谦和，这是写作公函的大忌。兄弟单位或不相隶属的单位之间联系公务、商洽事宜，应注意语言上的客气与谦和，否则，不但不利于事情的办理，还会伤害感情。比如，此文中的“当时双方讲好年内一定偿还”“要求你厂务必……”“切不要一拖再拖，给我厂……困难”等语，显得有些生硬，有咄咄逼人之感。

2. 此文标题用语也显得有些强硬。可考虑改为“关于请归还贵厂劳动服务公司开办费借款的函”。

3. 公函不是便函，结尾处不能写“为感”“为盼”“为荷”等语，更不能写“此致敬礼”“顺致敬意”“祝君安康”等敬贺用语。

4. 文中所涉及的日期均应使用阿拉伯数字。

【改稿】

××市第一变压器厂
关于请归还贵厂劳动服务公司开办费借款的函

市第七变压器厂：

你厂于2018年1月从我厂借去资金30万元，作为贵厂劳动服务公司开办费，当时议定年内偿还。目前，我厂正在编制2019年的财务决算，为及时搞好各类款项的清理结账，望贵厂能将所借款项于1月20日前归还我厂。

××市第一变压器厂（印章）

2019年1月10日

十三、对一篇请示的评释

【原文】

关于请求核减棠棣村耕地计税面积的请示

县人民政府：

我镇棠棣村群众因税改计税面积不实一事多次上访到省、市。为此，县政府、县税改办领导多次下村调查研究，并制订了整改方案。镇委、镇政府也成立整改领导小组对棠棣村的计税面积进行了深入调查。经核实，棠棣村耕地面积情况如下：

按年报法定面积棠棣村共有水田1524亩，旱地684亩，共计2208亩。

全村水田占用情况：

1. 全村修赵家冲水库及各组塘堰占用水田68.87亩。

2. 农户建房占用水田72.21亩。

……

7. 合计水田占用为211.02亩。

三、横路线占用水田面积 103 亩（已核减）。

……

鉴于以上情况，为了妥善做好整改工作，特向县政府请示……请批示。

××镇人民政府

××××年×月×日

【写作技法简析】

这篇请示的主要问题有三点。

1. 结构不严谨。请示是一文一事，一般不需要分多段。而这个短篇请示，却分了多个自然段，每个段落之间既没有自然的逻辑联系，也没有承上启下的语言衔接，使人看起来费时，读起来吃力。

2. 语言不简练。语言简练是请示的重要特征和基本要求。只有语言简练，才能达到意思简明。而这篇请示在介绍全村水田占用情况时，错误地将前六项占用数相加，作为第七项。之后，又将本应相加在一起的横路公路占用水田数 103 亩单列出来，使人无法得知水田减少的总数，导致了数量上的概念模糊。

3. 表述不准确。存在两个方面：一是称谓不准。作为镇人民政府这个单位，县政府是理所当然的上级领导机关，而县税改办作为一个临时单位，与镇政府同属县政府领导，因此不是镇政府的领导机关。而这篇“请示”却把县政府与县税改办本属上下级关系的两个单位写在一起，相提并论，实属一大错误。二是概念不清。镇政府按照县政府的整改方案进行整改是十分正确的，为把整改方案实施好，成立一个专门工作班子也是很有必要的。而这篇“请示”却提示“镇委、镇政府也成立整改领导小组”。这里的“整改领导小组”是一个多余的提法，前面的“也”更是多此一举。

【改稿】

关于要求核减棠棣村耕地计税面积的请示

县人民政府：

农村税费改革后，我镇棠棣村群众因耕地计税面积不实一事，多次上访到省、市有关部门。遵照县政府领导关于如实核减耕地计税面积的意见，我们组成专门工作班子，对该村耕地面积进行了认真的核实。

该村税改前年报法定耕地面积 2208 亩，其中水田 1524 亩，旱地 684 亩。实行农业联产承包责任制以来，因各种原因减少水田面积 314.02 亩，其中村里修建赵家冲水库、组里修建塘堰占用水田 68.87 亩；农户建房占用 72.21 亩……

可否，请批示。

××镇人民政府

××××年×月×日

十四、对一篇报告的评释

【原文】

××镇旱情报告

县民政局：

自 10 月份以来，气温相对偏高且久旱无雨，使我镇 9 个村，79 个组，3284 户，1.3 万余人口饮水发生困难，4200 余亩耕地无法下种。其中，完全没有水需到其他组挑水或送水的有 48 个组，2030 户，7900 余人口，特别是雨山高耀村和长青村，从 10 月 25 日开始请县消防中队送水，金沙柳林村租车从金沙水库取水送水，沙墩村租车从田心取水送水。有 8000 余头大牲畜饮水发生问题，其中金沙、雨山部分地区开始寄养。

面对日趋严重的旱情，我镇采取了一些积极措施。一是政府投入部分资金，解决送水费用。二是抗灾自救，组织群众到远点的地方取水，有条件的地方挑水播种。三是争取援助，如向县政府反映并取得县消防中队的大力援助。四是加快人畜饮水工程及水利工程建设，增强防汛防旱能力。

经过上上下下的共同努力，尽管群众生活极为困难，但是社会稳定，干群积极开展抗灾自救，而今年连续的水灾、虫灾、旱灾严重影响了人民的生活和生产，特别是今冬明春，人民生活将面临严重的缺钱缺粮。

××镇民政办公室（印章）

2008 年 10 月 30 日

【写作技法简析】

上述例文存在着以下三个方面的问题。

1. 公文标题要素缺损。该文标题缺少起连接作用的介词“关于”，初看起来好似简练，其实反倒使人感到残缺不全，阅读起来，也觉得有点拗口。

2. 文字不精练。

（1）在介绍灾情时缺少归纳。例如，“在9个村，79个组，3284户，1.3万余人口饮水发生困难”和“完全没有水需到其他组挑水或送水的48个组，2030户，7900余人口”两句话中间加上“4200余亩耕地无法下种”一句，使前后两句话失去逻辑联系，既搅乱了文意，又使前后文字显得冗长啰唆。

（2）在报告抗灾措施时缺少阐述。指出的四条抗灾措施，只有观点，没有内容，即没有具体事实加以阐述，显得空洞无物，苍白无力。有的内容与前面重复，如“向县政府反映并取得县消防中队的大力援助”与前面的“从10月25日开始请县消防中队送水”两处说法不一，造成了同语反复的错误，使读者有重复多余之感。

（3）在反映灾民今冬明春生活困难时缺少分析。如对这次旱灾造成的经济损失、对灾民的生产生活困难等，都缺乏全面的分析和测算。

3. 目的不明确。目前，行政公文中的报告，从时间上来划分，可分为两种：一种是反映进展的事中报告，另一种是汇报结果的事后报告。这篇报告既是一篇反映旱灾情况的事后报告，又是一篇要求安排救灾款和春节救济款的建议报告。然而，这篇报告只介绍了灾情，没有提出安排救灾款和春节救济款的要求，使发文主旨模糊，行文目的不够明确。

【改稿】

关于我镇旱灾情况的报告

县民政局：

从本月初开始，持续高温且久旱无雨，使我镇继8月份特大旱灾之后再次遭受严重旱灾。据不完全统计，全镇共9个村，79个组，3284户，13000多人饮水发生困难，8000余头大牲畜饮水发生困难，4200余亩耕地无法下种，造成的直接经济损失达到100万元。

面临日趋严重的旱情，镇党委、政府采取了一系列过硬的措施。一是投资送水。从本月25日开始，请县消防中队给雨山片的高耀、长青两村送水，送水费用大部分由镇政府承担。二是抗灾自救。组织群众到附近有水的地方取水，如金沙片的柳林村租车到金沙水库取水送水。同时在有条件的地方组织群众挑水播种，在无条件的地方组织群众整地备种。三是兴建工程。发动群众，自筹资金50多万元，兴建人畜饮水工程和水利工程，以增强防汛防旱能力。

这次旱灾严重地影响了人民的生产和生活，预计今冬明春将有一大批灾民面临缺钱缺粮的困难，请县民政局在安排救灾款和春节救济款时，给予充分的考虑和照顾。

特此报告。

××镇民政办公室（印章）

2008年10月30日

十五、对一篇意见的评释

【原文】

××大学关于加强重点学科建设的意见

（2008 年 1 月 10 日）

最近，学校领导办公室根据 ×× 市领导同志的意见，讨论了关于我校学科建设的问题。现对有关问题作出以下指示：

一、重点学科建设是增强教师队伍素质，提高教师质量，申办学科硕士点的需要，是实现下一步目标——建设师范大学的需要。各系、部领导，行政、教职工人员应认清学科建设的意义，加强学科建设的力度。

二、重点学科建设首先应该凝练学科的方向，汇聚学科队伍，构筑学科基地。

三、重点学科建设首先应做强特色学科（化学、客家文化研究），做优传统学科（中文、数学、物理等），培育新兴学科（心理学、管理学），加强弱势学科。

各系（部）要立足本单位实际情况，采取灵活多变的途径和手段，全面加强重点学科建设，切实做好今年增加硕士点的申报工作。

二〇〇八年一月十日

【写作技法简析】

这篇意见有四个方面的不当之处。

1. 标题不规范。这是一份下发的而非公布性的文件，宜将发文日期放在正文后而不应放在标题下，一般是媒体公布的文件才会有“题注”。

2. 缺少主送单位。既然是下发的而非媒体公布的文件，就应有主送单位。

3. 正文首段是写发文依据，其中多处用语不当。一是“学校领导办公室根据 ×× 市领导同志的意见”的主语不妥。“学校领导办公室”怎么可能做“根据”的主语呢？二是“根据 ×× 市领导同志的意见”说法欠妥。×× 大学是省属单位，虽然地处 ×× 市，但在学科建设上与 ×× 市领导无关。三是“现对有关问题作出以下指示”的说法不当。既然文种是意见，怎么冒出个指示来呢？这是混淆了意见和指示两种不同公文的特征所致。

4. 三点意见太笼统。意见适用于对重要的问题提出见解和处理办法，这就告诉我们在该文件的具体行文上应把为什么要加强重点学科建设、该加强哪些重点学科建设，尤其要把如何加强学科建设的见解和办法明确地表示出来，以便指导各系（部）及相关处（室）

的工作。

【改稿】

××大学关于加强重点学科建设的意见

各系（部）、机关各处（室）：

2008 年是我校争取增加硕士学位授权点的一年。加强重点学科建设是今年的龙头工程。它对于申报新的硕士点，实现“质量立校，科研兴校，人才强校”的发展战略具有特别重要的意义。现就如何加强重点学科建设提出以下意见。

一、凝练学科方向，确定好重点学科建设的目标与任务。各系（部）要按照“做强特色学科，做优传统学科，培育新兴学科”的要求，尽早确定新增申报硕士点的重点学科及研究方向。

……

二、汇集学科队伍，为重点学科建设提供人才支持。

……

三、提升学科水平，为重点学科建设提供成果保障。

……

四、构筑学科基地，为重点学科建设提供资金保障。

……

五、做好现有硕士点的教学工作，为新的重点学科建设提供经验借鉴。

……

××大学（印章）

2008 年 1 月 10 日

十六、对一篇处理决定的评释

【原文】

关于湖北省××县×××缝纫机厂侵犯天津缝纫机厂牡丹牌注册商标的处理决定

湖北省××县×××缝纫机厂擅自使用天津缝纫机厂牡丹牌注册商标，经协商湖北省××县市场监督管理局查处此案。为了保护商标专有权，维护名牌产品信誉，××县

×××缝纫机厂擅自使用天津缝纫机厂牡丹牌注册商标，畅销自己的产品，进行欺骗群众，以其牟利，侵犯了商标专有权，违反了商标法，根据《中华人民共和国商标法》第三十八条第一款和第三十九条的规定：对××县×××缝纫机厂使用"牡丹"牌商标，责其停止生产，所查封牡丹牌贴花予以全部销毁，并公开在《人民日报》上检讨其错误，以挽回影响。

天津市××区市场监督管理局（印章）

20××年1月9日

【写作技法简析】

这篇决定，连标题和落款总共不到300字，却让人感觉语无伦次，甚至句句有毛病。它不仅反映了某国家机关的公文水平，而且已经见诸报端，不能不使人深感遗憾。下面，逐句作一分析。

1. 标题。主要是句子成分搭配不当。说"侵犯……商标专有权"或者说"擅自使用……商标"均可，而说"侵犯……商标"则不通。

2. 正文。

（1）"经协商……查处此案"。此句的问题是：①用词不准确。一是"协商"，主办和协办单位颠倒，天津市××区市场监督管理局无权作出处理决定；二是"查处"包括检查和处理，而实际只能由双方共同检查（或由一方协助另一方），而不可能由双方共同处理。②语意不完整。"经……查处此案"仅是一个介词词组，其后不应使用句号；尤其是和下句没有语法联系，则不只是标点符号的错用。此句可改为："我们在……协助下对……一案进行了检查。"

（2）"为了保护……维护……"也是一个介词词组，却接着说×××缝纫机厂如何如何，而后才说根据什么规定如何处理。这样，就把表示目的和根据的句子拆散开来，造成了层次混乱，表意不明。

（3）"进行欺骗群众"属于述宾词组搭配不当。"欺骗群众"也是一个述宾词组，可将"进行"去掉。"违反了商标法"，"违反"应改为"违犯"，"商标法"应加书名号。

（4）"根据……规定：对……使用'牡丹'牌商标，责其停止生产，所查封……全部销毁，并公开……检讨其错误……"这句话的毛病更大：一是前后两个分句均不通，二是"规定"之后不应该使用冒号，因为冒号后面不是《商标法》条款内容。"牡丹"二字用的引号也可删去。

【改稿】

天津市 ×× 区市场监督管理局
关于湖北省 ×× 县 ××× 缝纫机厂侵犯
天津缝纫机厂商标专用权一案的处理决定

近日，我们在湖北省 ×× 县市场监督管理局的协助下对湖北省 ×× 县 ××× 缝纫机厂侵犯商标专有权一案进行了检查。该厂擅自使用天津缝纫机厂牡丹牌注册商标，销售自己产品，欺骗群众，牟取利润，严重违犯了《中华人民共和国商标法》第三十八条第一款和第三十九条的规定，特决定：责令该厂停止生产，并公开在《人民日报》上检讨错误；对所查封的牡丹牌贴花，予以全部销毁。

天津市 ×× 区市场监督管理局（印章）

20×× 年 1 月 9 日

十七、对一篇通告的评释

【原文】

×× 县航运管理所航行通告

各航运有船单位：

（一）施工日期：自二〇 ×× 年一月二十五日至三月三十一日止，时间六时至十九时。

（二）施工地点：××× 市建工局 ×× 处江湾供应站 ×× 路堆栈码头。

（三）锚泊位置：挖泥船艏、艉锚抛向上、下游各一百米，八字开锚抛向对岸六十米，开锚设有红、白浮标。

（四）注意事项：1. 挖泥船按规定显示信号，加强值班瞭望，随时采取安全措施，锚泊区域内禁止其他船舶停靠；2. 航经挖泥地段的船舶应离挖泥船三百米处鸣笛一长声，以便挖泥船松缆让航，然后慢速通过，在挖泥区域内严禁追越，以策安全。3. 如因气候影响则顺延，工程结束后不再另行通告。

二〇 ×× 年一月二十一日

【写作技法简析】

此文内容专业性较强，语句比较通顺、简洁，但也存在很多不合规范之处，主要表现为以下两个方面。

1. 从标题上看，文种使用正确，但却不符合公文标题拟制的语法结构要求。行文单位"××县航运管理所"与"航行"连在一起，"航行"又与文种通告连在一起，语意不通，按照公文标题拟制的规范要求，应当加上必要的虚词。同时，此标题表意也不够明确。整个标题除行文单位和文种外，仅有"航行"二字，未能确切表达出通告的主要内容，令人惑然。因此，可将标题改为："××县航运管理所关于确保施工和航运安全的通告。"

2. 从正文部分来看，主要是在结构安排上不符合通告文种的规范要求。撰写通告，应当在开头部分用一个自然段交代行文的依据、缘由或背景等要素，作为行文的导语，以便给人以顺畅之感，但此文开篇即是"（一）施工日期"，十分突兀，让人莫名其妙。同时，对段落和层次的划分也比较混乱，应作必要的调整。此外，文中对数字的使用也不够规范，涉及的时间、长度等应当使用阿拉伯数字。

【改稿】

××县航运管理所
关于确保施工和航运安全的通告

各航运有船单位：

××市建工局××处江湾供应站××路堆栈码头自20××年1月25日开始，于每日6时至19时进行施工。为确保施工和航行安全，特通告如下：

（一）挖泥船艏、艉锚抛向上、下游各100米，八字开锚抛向对岸60米。开锚设有红、白浮标。

（二）挖泥船按规定显示信号，加强值班瞭望，随时采取安全措施。

（三）锚泊区域内禁止其他船舶停靠。航经挖泥地段的船舶应离挖泥船300米处鸣笛一长声，以便挖泥船松缆让航。通过时要慢速行驶，严禁追越。

（四）工程计划于20××年3月31日结束，如因气候影响则顺延，工程结束后不再另行通告。

20××年1月21日

十八、对一篇纪要的评释

【原文】

××市税务局市场征收工作经验交流大会纪要

××××年5月29日，××市税务局召开了“市场征收工作经验交流大会”，×××副局长对去年6月1日农贸市场实行征税以来的工作进行了回顾总结，部署了今后工作。

×××副局长在总结中指出，在各级党政领导重视支持和有关部门的密切配合下，经过广大税务专管员的努力，一年来征收税款×××万余元，市场物价基本稳定，摊位、品种并未减少，“管而不死”的方针得到了贯彻，在税收工作上取得了不小成绩：

一、运用税收经济杠杆，加强税收管理……

二、初步摸索、积累了一些行之有效的征收管理办法……

三、在培养、锻炼新生力量方面走出了可喜的一步……

最后，×××副局长要求各单位进一步加强市场专管员的队伍建设，在政治思想、业务水平、工作经验上都有一个新的提高，认真贯彻市委18号文件，密切与其他部门配合，把整顿市场秩序的工作做好。

【写作技法简析】

这篇会议纪要存在的主要问题有以下几个方面。

第一，导言部分未能概括出会议的基本情况。谁参加会议、谁主持会议、开会的地点在哪里、会议的议题和会议的结果是什么等均未作出交代。

第二，没有全面真实地反映会议情况。全文只写了×××副局长的讲话，评价工作、总结经验、提出要求、发出号召，均出自他一人之口；既然是交流大会，当然应有许多人参加、许多人发言，但文章对其他人的活动、发言连概括性的反映都没有，这样的纪要说得上全面真实地写出了会议的情况吗？

第三，所写的×××副局长总结的三点经验，前两点所举的事实，同属于“加强税收管理”，只是具体做法不同而已。

第四，“×××副局长在总结中指出……在税收工作上取得了不少成绩”，可是“纪要”接下来说的不是“工作成绩”，而是“工作经验”。因此，可将这部分文字适当改写。

【改稿】

××市税务局市场征收工作经验交流大会纪要

〔××××〕××号

××××年5月29日，××市税务局召开了“市场征收工作经验交流大会”。会议由局长李××主持，副局长王××、肖××以及市场征收工作人员参加会议，对去年6月1日农贸市场实行征税以来的工作进行了回顾总结，部署了今后工作。

李××指出，在各级党政领导重视支持和有关部门的密切配合下，经过广大税务专管员的努力，一年来征收税款×××万余元，市场物价基本稳定，摊位、品种并未减少，“管而不死”的方针得到了贯彻。

王××指出，过去一年在税收工作上取得了一些行之有效的征收管理办法。如××区税务分局与工商局密切配合，思想上统一认识，管理上统一步调，处理上统一行动，通过一年实践，证明这样的做法有利于加强市场征收工作。

……

经过充分讨论，会议决定，明年要做好以下工作：

一、运用税收经济杠杆，加强税收管理……

二、加强培养、锻炼新生力量……

……

会议要求，各单位进一步加强市场专管员的队伍建设，在政治思想、业务水平、工作经验上都有一个新的提高，认真贯彻市委18号文件，密切与其他部门配合，把整顿市场秩序的工作做好。

××市税务局

××××年5月29日

第六章

常用公文范例

第一节　常用公文范例赏析

一、议决类公文

（一）决议

根据《条例》规定，决议适用于会议讨论通过的重大决策事项。

【例文】

中国共产党第二十次全国代表大会关于十九届中央委员会报告的决议

（二〇二二年十月二十二日中国共产党第二十次全国代表大会通过）

中国共产党第二十次全国代表大会批准习近平同志代表十九届中央委员会所作的报告。大会高举中国特色社会主义伟大旗帜，坚持马克思列宁主义、毛泽东思想、邓小平理论、“三个代表”重要思想、科学发展观，全面贯彻习近平新时代中国特色社会主义思想，分析了国际国内形势，提出了党的二十大主题，回顾总结了过去五年的工作和新时代十年的伟大变革，阐述了开辟马克思主义中国化时代化新境界、中国式现代化的中国特色和本质要求等重大问题，对全面建设社会主义现代化国家、全面推进中华民族伟大复兴进行了战略谋划，对统筹推进“五位一体”总体布局、协调推进“四个全面”战略布局作出了全面部署，为新时代新征程党和国家事业发展、实现第二个百年奋斗目标指明了前进方向、确立了行动指南。大会通过的十九届中央委员会的报告，是党和人民智慧的结晶，是党团结带领全国各族人民夺取中国特色社会主义新胜利的政治宣言和行动纲领，是马克思主义的纲领性文献。

大会认为，报告阐明的大会主题是大会的灵魂，是党和国家事业发展的总纲。全党要高举中国特色社会主义伟大旗帜，深刻领悟“两个确立”的决定性意义，坚决维护习近平同志党中央的核心、全党的核心地位，全面贯彻习近平新时代中国特色社会主义思想，弘扬伟大建党精神，自信自强、守正创新，踔厉奋发、勇毅前行，为全面建设社会主义现代化国家、全面推进中华民族伟大复兴而团结奋斗。

大会指出……

大会高度评价十九届中央委员会的工作……

大会强调……

大会强调，新时代十年的伟大变革，是在以习近平同志为核心的党中央坚强领导下、在习近平新时代中国特色社会主义思想指引下全党全国各族人民团结奋斗取得的。党确立习近平同志党中央的核心、全党的核心地位，确立习近平新时代中国特色社会主义思想的指导地位，反映了全党全军全国各族人民共同心愿，对新时代党和国家事业发展、对推进中华民族伟大复兴历史进程具有决定性意义。新时代新征程上把中国特色社会主义事业推向前进，最紧要的是深刻领悟"两个确立"的决定性意义，增强"四个意识"、坚定"四个自信"、做到"两个维护"，自觉在思想上政治上行动上同以习近平同志为核心的党中央保持高度一致。

大会强调……

大会提出，从现在起，中国共产党的中心任务就是团结带领全国各族人民全面建成社会主义现代化强国、实现第二个百年奋斗目标，以中国式现代化全面推进中华民族伟大复兴。

大会指出……

大会指出，全面建成社会主义现代化强国，总的战略安排是分两步走：从二〇二〇年到二〇三五年基本实现社会主义现代化；从二〇三五年到本世纪中叶把我国建成富强民主文明和谐美丽的社会主义现代化强国……

大会强调……

大会同意报告对未来一个时期党和国家事业发展作出的战略部署，强调必须完整、准确、全面贯彻新发展理念，加快构建新发展格局、着力推动高质量发展……

大会强调，国家安全是民族复兴的根基，社会稳定是国家强盛的前提。必须坚定不移贯彻总体国家安全观，把维护国家安全贯穿党和国家工作各方面全过程，健全国家安全体系，增强维护国家安全能力，提高公共安全治理水平，完善社会治理体系，确保国家安全和社会稳定。

大会强调……

大会强调……

大会同意报告对国际形势的分析和外交工作的部署，强调中国始终坚持维护世界和平、促进共同发展的外交政策宗旨，致力于推动构建人类命运共同体，坚定奉行独立自主的和平外交政策，始终根据事情本身的是非曲直决定自己的立场和政策，坚持在和平共处五项原则基础上同各国发展友好合作，坚持对外开放的基本国策，坚定奉行互利共赢的开放战略，积极参与全球治理体系改革和建设，推动全球治理朝着更加公正合理的方向发展，愿同世界各国一道弘扬和平、发展、公平、正义、民主、自由的全人类共同价值，共同应对各种全球性挑战。

大会强调，全面建设社会主义现代化国家、全面推进中华民族伟大复兴，关键在党。我们党作为世界上最大的马克思主义执政党，要始终赢得人民拥护、巩固长期执政地位，必须时刻保持解决大党独有难题的清醒和坚定。必须持之以恒推进全面从严治党，深入推进新时代党的建设新的伟大工程，以党的自我革命引领社会革命，落实新时代党的建设总要求，健全全面从严治党体系，全面推进党的自我净化、自我完善、自我革新、自我提高，坚持和加强党中央集中统一领导，坚持不懈用习近平新时代中国特色社会主义思想凝心铸魂，完善党的自我革命制度规范体系，建设堪当民族复兴重任的高素质干部队伍，增强党组织政治功能和组织功能，坚持以严的基调强化正风肃纪，坚决打赢反腐败斗争攻坚战持久战。

大会号召，全党全军全国各族人民紧密团结在以习近平同志为核心的党中央周围，牢记空谈误国、实干兴邦，坚定信心、同心同德，埋头苦干、奋勇前进，为全面建设社会主义现代化国家、全面推进中华民族伟大复兴而团结奋斗！

【写作技法简析】

中国共产党第二十次全国代表大会，是在全党全国各族人民迈上全面建设社会主义现代化国家新征程、向第二个百年奋斗目标进军的关键时刻召开的一次十分重要的大会。中共中央总书记习近平在会上作了题为《高举中国特色社会主义伟大旗帜 为全面建设社会主义现代化国家而团结奋斗》的报告。大会结束之日——2022 年 10 月 22 日，大会通过了《中国共产党第二十次全国代表大会关于十九届中央委员会报告的决议》，这篇决议不长，内容却十分丰富，架构清晰，事项具体，论断坚定有力，对二十大报告进行全面深入的分析和评价，高瞻远瞩，气势非凡，彰显了决议文种的应有特色。尤其是在决议文种的写作技巧和要领方面给我们提供了有益的借鉴，很值得认真品读。

决议在《条例》所规定的 15 个主要文种中居于第一位，这本身就说明了这一文种的重要性。《条例》明确规定，决议适用于会议讨论通过的重大决策事项。对二十大报告的评断，用语简明扼要，准确精练；开门见山，起句立意直截了当地表明行文的观点，即“批准习近平同志代表十九届中央委员会所作的报告”，给人单刀直入、简洁明快之感。特别需要注意的是，决议的写作不能用第一人称的语气，而应采用第三人称的语气。具体地说，写作中应使用“会议听取了”“会议研究了”“会议认为”“会议强调”“会议号召”等惯用语。在这方面，此决议堪称典范。

从实践来看，几乎所有决议都会数量不等地运用“传达、介绍、听取、回顾、交流、分析、研究、审议、通过、提出、讨论、认为、指出、决定、同意、明确、要求、强调、希望、号召”等常用动词，将“会议”或“大会”二字冠于其前，写成“会议传达了”“会议审议了”“大会回顾了”“会议指出”“会议决定”“会议同意”“会议强调”“会议认为”“会议提出”等标志性惯用语。

这与纪要文种有异曲同工之效。现代汉语中的动词不计其数，决议偏偏常用这些动词，是因为它们在处理“会议讨论通过的重大决策事项”中具有不可代替的作用。

决议常用的动词很多，但不是随心所欲、杂乱无章地使用。通过认真研究，可以总结出决议常用动词使用的规律，即决议中的常用动词是分层次的，这几个常用动词在决议中的出现是排列有序的。主要表现为：

1.“听取”“分析”“介绍”“总结”“传达”“作出”等通常为第一层次，在决议中起着提出问题、叙述内容的作用，属于综合性很强的论断性动词。“分析”用于对当前重大国际国内形势的研判；“传达”用于传达上级机关的工作会议精神或者上级首长的讲话内容；“作出”用于对会议讨论的问题、研究的事项提出意见；“听取”用于叙述会议发言人的发言内容；“介绍”用于对会议中一些重要的发言内容作简要阐述；“总结”用于对一定阶段内的有关情况分析研究，作出有指导性的结论。例如，该决议开篇部分：“大会高举中国特色社会主义伟大旗帜，坚持马克思列宁主义、毛泽东思想、邓小平理论、‘三个代表’重要思想、科学发展观，全面贯彻习近平新时代中国特色社会主义思想，分析了国际国内形势，提出了党的二十大主题，回顾总结了过去五年的工作和新时代十年的伟大变革，阐述了开辟马克思主义中国化时代化新境界、中国式现代化的中国特色和本质要求等重大问题，对全面建设社会主义现代化国家、全面推进中华民族伟大复兴进行了战略谋划，对统筹推进‘五位一体’总体布局、协调推进‘四个全面’战略布局作出了全面部署，为新时代新征程党和国家事业发展、实现第二个百年奋斗目标指明了前进方向、确立了行动指南。大会通过的十九届中央委员会的报告，是党和人民智慧的结晶，是党团结带领全国各族人民夺取中国特色社会主义新胜利的政治宣言和行动纲领，是马克思主义的纲领性文献。”其中，使用了“分析了”“提出了”“回顾总结了”“阐述了”“作出了”“指明了”“确立了”等提领性语句，从不同侧面、不同角度对二十大报告提出的有关党的建设和国家发展、人民生活取得的辉煌成就以及今后工作的目标进行了阐述，既实事求是，又精确恰当，充分体现出了决议文种的谋篇技巧与逻辑架构。

2.“强调”“提出”“讨论”“认为”“指出”等通常为第二层次，在决议中起着分析问题、深化内容的作用。“强调”用于重申需要突出的某个事项的重要性与紧迫性；“提出”用于表达会议中与会者的看法、主张和建议；“讨论”用于叙述经过会议广泛讨论的某种意见或某个事项；“认为”与“指出”用于阐述会议形成的一致看法和观点。

例如，这个决议以“大会认为”为提领句，先用一个自然段阐述大会所形成的一致性结论，紧接着连续使用“大会指出”“大会强调”“大会同意”等，尤其是集中使用了八个“大会强调”，使观点和主张更加突出，意旨明确，而且由于采用的是组层构段上的排比修辞，对于从根本上加深人们的认识、更好地贯彻落实会议精神无疑具有强大的感召力和鼓舞性。

3.“同意”“明确”“决定”“要求”“号召”等通常为第三层次，在决议中起解决问题、落实内容、发出号召的作用。“同意”用于叙述会议采纳与会者提出的某种设想、意见，如人事任免或机构设置的方案等；“明确”用于表达澄清疑惑、消除分歧、达成共识、分清责任、明确任务等情况；“决定”用于宣布会议形成的一致性意见；“要求”用于叙述会议主持机构提出的具有一定约束力的意见；“号召”一般用于会议的结尾，向所有与会人员发出动员，让更多的人响应。例如，文中最后一个自然段：“大会号召，全党全军全国各族人民紧密团结在以习近平同志为核心的党中央周围，牢记空谈误国、实干兴邦，坚定信心、同心同德，埋头苦干、奋勇前进，为全面建设社会主义现代化国家、全面推进中华民族伟大复兴而团结奋斗！”可见，这些标志性动词的使用能够给人清晰的结论，或提出明确的希望和要求，或发出号召等，从而增强行文的表达效果。

（二）纪要

根据《条例》规定，纪要适用于记载会议主要情况和议定事项。

纪要原称会议纪要，鉴于此文种的实际应用功能，《条例》将其名称加以简化，称为纪要，是很有必要的。

【例文】

2017年中央经济工作会议纪要

中央经济工作会议12月18日至20日在北京举行。中共中央总书记、国家主席、中央军委主席习近平，中共中央政治局常委、国务院总理李克强，国务院副总理张高丽，中共中央政治局常委栗战书、汪洋、王沪宁、赵乐际、韩正出席会议。

习近平在会上发表重要讲话，总结党的十八大以来我国经济发展历程，分析当前经济形势，部署2018年经济工作。李克强在讲话中对明年经济工作作出具体部署，并作了总结讲话。

会议认为，党的十八大以来，我国经济发展取得历史性成就、发生历史性变革，为其他领域改革发展提供了重要物质条件。经济实力再上新台阶，经济年均增长7.1%，成为世界经济增长的主要动力源和稳定器。经济结构出现重大变革，推进供给侧结构性改革，促进供求平衡。经济体制改革持续推进，经济更具活力和韧性。对外开放深入发展，倡导和推动共建“一带一路”，积极引导经济全球化朝着正确方向发展。人民获得感、幸福感明显增强，脱贫攻坚战取得决定性进展，基本公共服务均等化程度不断提高，形成了世界上人口最多的中等收入群体。生态环境状况明显好转，推进生态文明建设决心之大、力度之大、成效之大前所未有，大气、水、土壤污染防治行动成效明显。

会议指出，五年来，我们坚持观大势、谋全局、干实事，成功驾驭了我国经济发展大局，在实践中形成了以新发展理念为主要内容的习近平新时代中国特色社会主义经济思想。我们坚持加强党对经济工作的集中统一领导，保证我国经济沿着正确方向发展；坚持以人民为中心的发展思想，贯穿到统筹推进“五位一体”总体布局和协调推进“四个全面”战略布局之中；坚持适应把握引领经济发展新常态，立足大局，把握规律；坚持使市场在资源配置中起决定性作用，更好发挥政府作用，坚决扫除经济发展的体制机制障碍；坚持适应我国经济发展主要矛盾变化完善宏观调控，相机抉择，开准药方，把推进供给侧结构性改革作为经济工作的主线；坚持问题导向部署经济发展新战略，对我国经济社会发展变革产生深远影响；坚持正确工作策略和方法，稳中求进，保持战略定力、坚持底线思维，一步一个脚印向前迈进。习近平新时代中国特色社会主义经济思想，是五年来推动我国经济发展实践的理论结晶，是中国特色社会主义政治经济学的最新成果，是党和国家十分宝贵的精神财富，必须长期坚持、不断丰富发展。

会议认为，中国特色社会主义进入了新时代，我国经济发展也进入了新时代，基本特征就是我国经济已由高速增长阶段转向高质量发展阶段。推动高质量发展，是保持经济持续健康发展的必然要求，是适应我国社会主要矛盾变化和全面建成小康社会、全面建设社会主义现代化国家的必然要求，是遵循经济规律发展的必然要求。推动高质量发展是当前和今后一个时期确定发展思路、制定经济政策、实施宏观调控的根本要求，必须加快形成推动高质量发展的指标体系、政策体系、标准体系、统计体系、绩效评价、政绩考核，创建和完善制度环境，推动我国经济在实现高质量发展上不断取得新进展。

会议指出，2018年是贯彻党的十九大精神的开局之年，是改革开放40周年，是决胜全面建成小康社会、实施“十三五”规划承上启下的关键一年。做好明年经济工作，要全面贯彻党的十九大精神，以习近平新时代中国特色社会主义思想为指导，加强党对经济工作的领导，坚持稳中求进工作总基调，坚持新发展理念，紧扣我国社会主要矛盾变化，按照高质量发展的要求，统筹推进“五位一体”总体布局和协调推进“四个全面”战略布局，坚持以供给侧结构性改革为主线，统筹推进稳增长、促改革、调结构、惠民生、防风险各项工作，大力推进改革开放，创新和完善宏观调控，推动质量变革、效率变革、动力变革，在打好防范化解重大风险、精准脱贫、污染防治的攻坚战方面取得扎实进展，引导和稳定预期，加强和改善民生，促进经济社会持续健康发展。

会议强调……

会议确定……

会议指出，要围绕推动高质量发展，做好八项重点工作。

一是深化供给侧结构性改革。要推进中国制造向中国创造转变，中国速度向中国质量转变，制造大国向制造强国转变。深化要素市场化配置改革，重点在“破”、“立”、“降”上下功夫。大力破除无效供给，把处置“僵尸企业”作为重要抓手，推动化解过剩产能；大力培育新动能，强化科技创新，推动传统产业优化升级，培育一批具有创新能力的排头兵企业，积极推进军民融合深度发展；大力降低实体经济成本，降低制度性交易成本，继续清理涉企收费，加大对乱收费的查处和整治力度，深化电力、石油天然气、铁路等行业改革，降低用能、物流成本。

二是……

三是……

四是实施区域协调发展战略……

五是推动形成全面开放新格局……

六是提高保障和改善民生水平……

七是加快建立多主体供应、多渠道保障、租购并举的住房制度……

八是加快推进生态文明建设……

会议强调……

会议要求，各级党委和政府要增强“四个意识”，自觉维护党中央权威和集中统一领导，把思想和行动统一到党的十九大精神上来，统一到党中央对明年经济工作的部署上来。要完善对党中央决策部署的执行、监督、考评、奖惩等工作机制，落实主体责任，确保令行禁止。要加强学习和实践，培养专业能力，弘扬专业精神。要大兴调查研究之风，找准短板弱项，解决实际问题。要完善干部考核评价机制，为干部大胆创新探索撑腰鼓劲。要确保换届工作稳妥有序、风清气正，引导广大干部树立正确政绩观。

会议号召，全党全国要紧密团结在以习近平同志为核心的党中央周围，锐意进取，埋头苦干，扎扎实实做好各项工作，确保经济工作明年开好局、起好步。

……

【写作技法简析】

例文《2017 年中央经济工作会议纪要》是一篇可作为典范的纪要佳作。全文的前两个自然段属于会议的基本概况，包括会议召开的时间、地点，出席会议的领导人以及会议的总体情况概括，既对 2017 年的经济工作进行了回顾和总结，又对 2018 年的经济工作进行安排和部署。与决议等文种一样，也分别使用“会议认为”“会议指出”“会议强调”等提示语引领不同的议定事项，对 2017 年的经济工作予以充分肯定。在此基础上，对 2018 年的经济工作提出了明确的任务要求，形成了一致性意见，即坚持好稳中求进总基调是治国理政的重要内容，按照党的十九大的要求，今后三年要重点抓好决胜全面建成小康社会的防范化解重大风险、精准脱贫、污染防治三大攻坚战，进而采用分列小标题的形式分别进行具体阐释，尤其是使用一个“会议指出”引领出 2018 年经济工作的八项主要任务，使人们加深认识，统一思想，同时也使行文显得主次分明，详略得当，最后用“会议号召”步入纪要的尾声，向人们吹响进军的号角。

阅读整篇纪要，给人的感觉是主旨明确，结构清晰，主次分明，用语得当，令人感到酣畅淋漓，如饮甘醇。尤其是在语言表达上，既彰显了纪要体公文的特色，又在某些方面有所创新。例如，“我们坚持加强党对经济工作的集中统一领导，保证我国经济沿着正确方向发展；坚持以人民为中心的发展思想，贯穿到统筹推进‘五位一体’总体布局和协调推进‘四个全面’战略布局之中；坚持适应把握引领经济发展新常态，立足大局，把握规律；坚持使市场在资源配置中起决定性作用，更好发挥政府作用，坚决扫除经济发展的体制机制障碍；坚持适应我国经济发展主要矛盾变化完善宏观调控，相机抉择，开准药方，把推进供给侧结构性改革作为经济工作的主线；坚持问题导向部署经济发展新战略，对我国经济社会发展变革产生深远影响；坚持正确工作策略和方法，稳中求进，保持战略定力、坚持底线思维，一步一个脚印向前迈进”。这是对过去五年经济工作的总体概括，前后语句十分顺畅，而且是以排比修辞的形式出现的，精准缜密，整齐匀称，令人叫绝。又如，“重点在‘破’‘立’‘降’上下功夫。大力破除无效供给，把处置‘僵尸企业’作为重要抓手，推动化解过剩产能；大力培育新动能，强化科技创新，推动传统产业优化升级”。

“破”“立”“降”“僵尸企业”等词语的使用，显得十分生动形象，极大地增强了行文的表达效果，是纪要写作的一个“亮点”，值得我们好好效仿。

二、指令类公文

（一）命令（令）

根据《条例》规定，命令（令）适用于公布行政法规和规章；宣布施行重大强制性措施；批准授予和晋升衔级，嘉奖有关单位和人员。

【例文 1】

中华人民共和国主席令

第八十六号

《全国人民代表大会常务委员会关于修改〈中华人民共和国招标投标法〉〈中华人民共和国计量法〉的决定》已由中华人民共和国第十二届全国人民代表大会常务委员会第三十一次会议于 2017 年 12 月 27 日通过，现予公布，自 2017 年 12 月 28 日起施行。

中华人民共和国主席　习近平

2017 年 12 月 27 日

【写作技法简析】

这是一篇非常规范的发布令。发文机关标志采用发文主体加文种的结构形式，题下标明令号；正文部分采用篇段合一的结构形式，将发布命令的依据及施行日期明确具体地交代出来，便于受文单位贯彻执行。在所有命令（令）体公文中，此种公布令最为常见，数量也最多。

【例文 2】

陕西省人民政府
关于实行封山禁牧的命令

各市、县、区人民政府，省人民政府各工作部门、各直属机构：

为了巩固退耕还林（草）成果，加快生态环境建设步伐，实现生态、经济、社会可持续发展，省政府决定在全省实行封山禁牧。特发布命令如下：

一、封山禁牧的区域是，榆林市、延安市、铜川市、咸阳市各县、区的全部行政区域；

西安市、宝鸡市、渭南市各县、区的渭河以北地区；汉中市、安康市、商洛市各县、区的林业用地（包括退耕还林还草地）；西安市、宝鸡市、渭南市各县、区渭河以南地区的林业用地。从20××年4月1日起实行封山禁牧。

二、在封山禁牧区域内，严禁放牧（主要指羊），严禁毁林开荒，严禁非法砍伐林木、侵占林地，严禁毁林采种、非法采脂、剥皮、挖根和乱挖野生苗木，严禁非法狩猎和野外用火，严禁非法采石、采矿和取土，严禁损坏、移动生态建设标志和设施。

三、封山禁牧后，各地要抓住国家实施西部大开发的机遇，采取人工造林、封山育林相结合的方式，加快退耕还林（草）步伐，提高退耕还林（草）质量。要大力调整农业和农村经济结构，依托资源，面向市场，发展区域特色经济，努力增加农民收入。要加快建设高标准基本农田，为解决好群众长远生计创造基础条件。要加快农村基础设施建设，着力开发再生能源，改善群众生产生活条件。要推行人工种草、秸秆利用、舍饲养畜，改进畜牧业生产方式，大力发展畜牧业。对生产条件差、生存环境恶劣，居住分散、边远的人口，要与扶贫开发相结合，坚持有土安置的原则，有计划地实行移民搬迁，确保退耕还林退得下、还得上，稳得住、能致富、不反弹。

四、各级政府要把封山禁牧工作列入重要议事日程，认真研究，周密部署，精心组织实施。要运用群众喜闻乐见的宣传形式和手段广泛宣传，教育群众，提高认识，自觉实行封山禁牧。要界定区域，设立标志，健全管护制度，落实管护责任。各级林业部门要坚持造林与管护相结合的原则，履行职责，依法加大管护工作力度。对因监管不力使封山禁牧工作流于形式的，要追究林业行政部门的责任。各级农畜行政部门要加强技术指导和服务工作，全力推行舍饲养畜。各级水利行政等有关部门都要立足本职，搞好服务，促进封山禁牧工作顺利实施。

省长×××

20××年3月10日

【写作技法简析】

这是以陕西省人民政府的名义发布、由省长签署的关于实行封山禁牧的行政令，全文主旨明确，层次清晰，结构严谨，行文规范。

（1）本文标题使用的是下行文常用的“三项式标题”。

（2）主送机关排列体现了“先外后内”的原则。

（3）开头的“发令缘由”以“目的句”领起，用承启语承上启下，干净利落。

（4）由承启语引出的四条“命令事项”层次清楚、结构严谨：第一条明确了封山禁牧的区域与开始时间；第二条用七个“严禁”对封山禁牧的“封”与“禁”进行了准确阐释；第三条用六个“要”阐述了封山禁牧区的发展方向，第二条与第三条，一禁一行，一反一正，对比强烈，行止清楚；第四条用七个“要”对“各级政府”“各级林业部门”“各级农畜行政部门”和“各级水利行政等有关部门”分别提出了工作要求，也可把此条视为全文的要求式结尾。

（5）机关发令、首长签署，体现了机关发令的统一做法。

（二）决定

根据《条例》规定，决定适用于对重要事项作出决策和部署、奖惩有关单位和人员、变更或者撤销下级机关不适当的决定事项。

【例文】

中共中央关于全面推进依法治国若干重大问题的决定

为贯彻落实党的十八大作出的战略部署，加快建设社会主义法治国家，十八届中央委员会第四次全体会议研究了全面推进依法治国若干重大问题，作出如下决定。

一、坚持走中国特色社会主义法治道路，建设中国特色社会主义法治体系

依法治国，是坚持和发展中国特色社会主义的本质要求和重要保障，是实现国家治理体系和治理能力现代化的必然要求，事关我们党执政兴国，事关人民幸福安康，事关党和国家长治久安。

全面建成小康社会、实现中华民族伟大复兴的中国梦，全面深化改革、完善和发展中国特色社会主义制度，提高党的执政能力和执政水平，必须全面推进依法治国。

我国正处于社会主义初级阶段，全面建成小康社会进入决定性阶段，改革进入攻坚期和深水区，国际形势复杂多变，我们党面对的改革发展稳定任务之重前所未有、矛盾风险挑战之多前所未有，依法治国在党和国家工作全局中的地位更加突出、作用更加重大。面对新形势新任务，我们党要更好统筹国内国际两个大局，更好维护和运用我国发展的重要战略机遇期，更好统筹社会力量、平衡社会利益、调节社会关系、规范社会行为，使我国社会在深刻变革中既生机勃勃又井然有序，实现经济发展、政治清明、文化昌盛、社会公正、生态良好，实现我国和平发展的战略目标，必须更好发挥法治的引领和规范作用。

我们党高度重视法治建设……

同时，必须清醒看到，同党和国家事业发展要求相比，同人民群众期待相比，同推进国家治理体系和治理能力现代化目标相比，法治建设还存在许多不适应、不符合的问题，主要表现为：有的法律法规未能全面反映客观规律和人民意愿，针对性、可操作性不强，立法工作中部门化倾向、争权诿责现象较为突出；有法不依、执法不严、违法不究现象比较严重，执法体制权责脱节、多头执法、选择性执法现象仍然存在，执法司法不规范、不严格、不透明、不文明现象较为突出，群众对执法司法不公和腐败问题反映强烈；部分社会成员尊法信法守法用法、依法维权意识不强，一些国家工作人员特别是领导干部依法办事观念不强、能力不足，知法犯法、以言代法、以权压法、徇私枉法现象依然存在。这些问题，违背社会主义法治原则，损害人民群众利益，妨碍党和国家事业发展，必须下大气力加以解决。

全面推进依法治国……

全面推进依法治国，总目标是……

实现这个总目标，必须坚持以下原则。

——坚持中国共产党的领导……

——坚持人民主体地位……

——坚持法律面前人人平等……

——坚持依法治国和以德治国相结合……

——坚持从中国实际出发……

全面推进依法治国是一个系统工程，是国家治理领域一场广泛而深刻的革命，需要付出长期艰苦努力。全党同志必须更加自觉地坚持依法治国、更加扎实地推进依法治国，努力实现国家各项工作法治化，向着建设法治中国不断前进。

二、完善以宪法为核心的中国特色社会主义法律体系，加强宪法实施

法律是治国之重器，良法是善治之前提。建设中国特色社会主义法治体系，必须坚持立法先行，发挥立法的引领和推动作用，抓住提高立法质量这个关键。要恪守以民为本、立法为民理念，贯彻社会主义核心价值观，使每一项立法都符合宪法精神、反映人民意志、得到人民拥护。要把公正、公平、公开原则贯穿立法全过程，完善立法体制机制，坚持立改废释并举，增强法律法规的及时性、系统性、针对性、有效性。

（一）健全宪法实施和监督制度……

（二）完善立法体制……

（三）深入推进科学立法、民主立法……

（四）加强重点领域立法……

三、深入推进依法行政，加快建设法治政府

法律的生命力在于实施，法律的权威也在于实施。各级政府必须坚持在党的领导下、在法治轨道上开展工作，创新执法体制，完善执法程序，推进综合执法，严格执法责任，建立权责统一、权威高效的依法行政体制，加快建设职能科学、权责法定、执法严明、公开公正、廉洁高效、守法诚信的法治政府。

（一）依法全面履行政府职能。完善行政组织和行政程序法律制度，推进机构、职能、权限、程序、责任法定化……

（二）健全依法决策机制……

（三）深化行政执法体制改革……

（四）坚持严格规范公正文明执法……

（五）强化对行政权力的制约和监督……

（六）全面推进政务公开……

四、保证公正司法，提高司法公信力

公正是法治的生命线。司法公正对社会公正具有重要引领作用，司法不公对社会公正具有致命破坏作用。必须完善司法管理体制和司法权力运行机制，规范司法行为，加强对司法活动的监督，努力让人民群众在每一个司法案件中感受到公平正义。

（一）完善确保依法独立公正行使审判权和检察权的制度……

（二）优化司法职权配置……

（三）推进严格司法……

（四）保障人民群众参与司法……

（五）加强人权司法保障……

（六）加强对司法活动的监督。完善检察机关行使监督权的法律制度，加强对刑事诉讼、民事诉讼、行政诉讼的法律监督。完善人民监督员制度，重点监督检察机关查办职务犯罪的立案、羁押、扣押冻结财物、起诉等环节的执法活动。司法机关要及时回应社会关切。规范媒体对案件的报道，防止舆论影响司法公正。

……

坚决破除各种潜规则，绝不允许法外开恩，绝不允许办关系案、人情案、金钱案。坚决反对和克服特权思想、衙门作风、霸道作风，坚决反对和惩治粗暴执法、野蛮执法行为。对司法领域的腐败零容忍，坚决清除害群之马。

五、增强全民法治观念，推进法治社会建设

法律的权威源自人民的内心拥护和真诚信仰。人民权益要靠法律保障，法律权威要靠人民维护。必须弘扬社会主义法治精神，建设社会主义法治文化，增强全社会厉行法治的积极性和主动性，形成守法光荣、违法可耻的社会氛围，使全体人民都成为社会主义法治的忠实崇尚者、自觉遵守者、坚定捍卫者。

（一）推动全社会树立法治意识……

（二）推进多层次多领域依法治理……

（三）建设完备的法律服务体系……

（四）健全依法维权和化解纠纷机制……

六、加强法治工作队伍建设

全面推进依法治国，必须大力提高法治工作队伍思想政治素质、业务工作能力、职业道德水准，着力建设一支忠于党、忠于国家、忠于人民、忠于法律的社会主义法治工作队伍，为加快建设社会主义法治国家提供强有力的组织和人才保障。

（一）建设高素质法治专门队伍……

（二）加强法律服务队伍建设……

（三）创新法治人才培养机制……

七、加强和改进党对全面推进依法治国的领导

党的领导是全面推进依法治国、加快建设社会主义法治国家最根本的保证。必须加强和改进党对法治工作的领导，把党的领导贯彻到全面推进依法治国全过程。

（一）坚持依法执政。依法执政是依法治国的关键。各级党组织和领导干部要深刻认识到，维护宪法法律权威就是维护党和人民共同意志的权威，捍卫宪法法律尊严就是捍卫党和人民共同意志的尊严，保证宪法法律实施就是保证党和人民共同意志的实现。各级领导干部要对法律怀有敬畏之心，牢记法律红线不可逾越、法律底线不可触碰，带头遵守法律，带头依法办事，不得违法行使权力，更不能以言代法、以权压法、徇私枉法。

……

（二）加强党内法规制度建设……

（三）提高党员干部法治思维和依法办事能力。党员干部是全面推进依法治国的重要组织者、推动者、实践者，要自觉提高运用法治思维和法治方式深化改革、推动发展、化解矛盾、维护稳定能力，高级干部尤其要以身作则、以上率下。把法治建设成效作为衡量各级领导班子和领导干部工作实绩重要内容，纳入政绩考核指标体系。把能不能遵守法律、依法办事作为考察干部重要内容，在相同条件下，优先提拔使用法治素养好、依法办事能力强的干部。对特权思想严重、法治观念淡薄的干部要批评教育，不改正的要调离领导岗位。

（四）推进基层治理法治化……

（五）深入推进依法治军从严治军……

（六）依法保障“一国两制”实践和推进祖国统一……

（七）加强涉外法律工作……

……

全党同志和全国各族人民要紧密团结在以习近平同志为总书记的党中央周围，高举中国特色社会主义伟大旗帜，积极投身全面推进依法治国伟大实践，开拓进取，扎实工作，为建设法治中国而奋斗！

【写作技法简析】

党的十八大根据新形势和新要求，作出了“全面推进依法治国”的重大决策和战略部署。依法治国是社会文明进步的显著标志，是国家长治久安的重要保障，是建设中国特色社会主义经济、政治、文化的必然要求。为贯彻落实党的十八大作出的战略部署，加快建设社会主义法治国家，十八届中央委员会第四次全体会议研究了全面推进依法治国若干重大问题并形成了决定。例文《中共中央关于全面推进依法治国若干重大问题的决定》从结构上讲属于分部分式，全文共分七大部分，紧紧围绕“全面推进依法治国若干重大问题”这一主题，分别从七个方面进行阐述，包括“坚持走中国特色社会主义法治道路，建设中国特色法治体系”“完善以宪法为核心的中国特色社会主义法律体系，加强宪法实施”“深入推进依法行政，加快建设法治政府”“保证司法公正，提高司法公信力”“增强全民法治观念，推进法治社会建设”“加强法治工作队伍建设”“加强和改进党对全面推进依法治国的领导”。七个标题反映出每一部分的核心，提领一个具体论题，与“全面推进依法治国若干重大问题”这一全文主旨相映生辉，从不同的侧面共同为阐述主旨服务，给人轮辐向心、众星捧月之感。这种结构布局方式，是内容复杂的决定常用的写作技法。这篇决定在写作技巧方面有一个成功之处就是善于采用抑扬结合的手法。既有正面的要求，又有违反规定的处理措施，正反对举，相辅相成，体现出行文的逻辑性和严谨性。例如，在第四个专题“保证公正司法，提高司法公信力”之中，明确指出：“加强对司法活动的监督。完善检察机关行使监督权的法律制度，加强对刑事诉讼、民事诉讼、行政诉讼的法律监督。完善人民监督员制度，重点监督检察机关查办职务犯罪的立案、羁押、扣押冻结财物、起诉等环节的执法活动。司法机关要及时回应社会关切。规范媒体对案件的报道，防止舆论影响司法公正。”显然，这是从正面加以规定。接着又进一步指出：“坚决破除各种潜规则，绝不允许法外开恩，绝不允许办关系案、人情案、金钱案。坚决反对和克服特权思想、衙门作风、霸道作风，坚决反对和惩治粗暴执法、野蛮执法行为。对司法领域的腐败零容忍，坚决清除害群之马。”这显然是从反面加以阐述，体现出了很强的规定性。在语言表达上，这篇决定也富有特色，大量地运用排比句和四字格词组，使行文简洁凝练，明快晓畅，富有气势。这方面的例子举不胜举。例如，“依法治国，是坚持和发展中国特色社会主义的本质要求和重要保障，是实现国家治理体系和治理能力现代化的必然要求，事关我们党执政兴国，事关人民幸福安康，事关党和国家长治久安”。以“事关”作提示语，连续使用了三次构成排比修辞，深刻阐明了依法治国的重大意义。又如，“面对新形势新任务，我们党要更好统筹国内国际两个大局，更好维护和运用我国发展的重要战略机遇期，更好统筹社会力量、平衡社会利益、调节社会关系、规范社会行为，使我国社会在深刻变革中既生机勃勃又井然有序，实现经济发展、政治清明、文化昌盛、社会公正、生态良好，实现我国和平发展的战略目标，必须更好发挥法治的引领和规范作用”。此例中排比修辞和四字格词组交替使用，浑然一体，给人十分明确的印象；同时读起来让人感到朗朗上口，具有极强的感染力和震撼力。再如，“各级领导干部要对法律怀有敬畏之心，牢记法律红线不可逾越、法律底线不可触碰，带头遵守法律，带头依法办事，不得违法行使权力，更不能以言代法、以权压法、徇私枉法”。行文富有节奏感和可读性，表现力极强。

此外，撮要分条式的广泛运用，也是这篇决定的显著特色之一。通读全文，就会发现，在每个大问题之下，都分别列有若干个子问题，而这些子问题又全部是以撮要标目的形式出现的。例如，“提高党员干部法治思维和依法办事能力。党员干部是全面推进依法治国的重要组织者、推动者、实践者，要自觉提高运用法治思维和法治方式深化改革、推动发展、化解矛盾、维护稳定能力，高级干部尤其要以身作则、以上率下。把法治建设成效作为衡量各级领导班子和领导干部工作实绩重要内容，纳入政绩考核指标体系。把能不能遵守法律、依法办事作为考察干部重要内容，在相同条件下，优先提拔使用法治素养好、依法办事能力强的干部。对特权思想严重、法治观念淡薄的干部要批评教育，不改正的要调离领导岗位”。先是一个段旨句“提高党员干部法治思维和依法办事能力”，紧接着围绕这一论题加以展开，对如何提高党员干部的法治思维以及依法办事能力进行阐述，用语高度概括，表意明确严谨。

（三）意见（下行）

根据《条例》规定，意见适用于对重要问题提出见解和处理办法。

这种下行的意见，虽然文种名称叫意见，但已不再是参谋建议的性质，而有了指示性。特别是近些年来，在党政机关的实际工作中，这种下行的意见大有增多之势，而且业已取代了指示等指令性强的文种。它有利于促进机关工作作风的民主化，增强机关公文的公关意识。有鉴于此，《条例》将“指示”文种删掉，指示从此正式退出了法定公文的历史舞台。

【例文】

中共中央关于深化人才发展体制机制改革的意见

人才是经济社会发展的第一资源。人才发展体制机制改革是全面深化改革的重要组成部分，是党的建设制度改革的重要内容。协调推进“四个全面”战略布局，贯彻落实创新、协调、绿色、开放、共享的发展理念，实现“两个一百年”奋斗目标，必须深化人才发展体制机制改革，加快建设人才强国，最大限度激发人才创新创造创业活力，把各方面优秀人才集聚到党和国家事业中来。现就深化人才发展体制机制改革提出如下意见。

一、指导思想、基本原则和主要目标

（一）指导思想

高举中国特色社会主义伟大旗帜，全面贯彻党的十八大和十八届三中、四中、五中全会精神，以邓小平理论、“三个代表”重要思想、科学发展观为指导，深入贯彻习近平总书记系列重要讲话精神，坚持聚天下英才而用之，牢固树立科学人才观，深入实施人才优先发展战略，遵循社会主义市场经济规律和人才成长规律，破除束缚人才发展的思想观念和体制机制障碍，解放和增强人才活力，构建科学规范、开放包容、运行高效的人才发展治理体系，形成具有国际竞争力的人才制度优势。

（二）基本原则

——坚持党管人才。充分发挥党的思想政治优势、组织优势和密切联系群众优势，进一步加强和改进党对人才工作的领导，健全党管人才领导体制和工作格局，创新党管人才方式方法，为深化人才发展体制机制改革提供坚强的政治和组织保证。

——服务发展大局。围绕经济社会发展需求，聚焦国家重大战略，科学谋划改革思路和政策措施，促进人才规模、质量和结构与经济社会发展相适应、相协调，实现人才发展与经济建设、政治建设、文化建设、社会建设、生态文明建设深度融合。

——突出市场导向。充分发挥市场在人才资源配置中的决定性作用和更好发挥政府作用，加快转变政府人才管理职能，保障和落实用人主体自主权，提高人才横向和纵向流动性，健全人才评价、流动、激励机制，最大限度激发和释放人才创新创造创业活力，使人才各尽其能、各展其长、各得其所，让人才价值得到充分尊重和实现。

——体现分类施策。根据不同领域、行业特点，坚持从实际出发，具体问题具体分析，增强改革针对性、精准性。纠正人才管理中存在的行政化、“官本位”倾向，防止简单套用党政领导干部管理办法管理科研教学机构学术领导人员和专业人才。

——扩大人才开放。树立全球视野和战略眼光，充分开发利用国内国际人才资源，主动参与国际人才竞争，完善更加开放、更加灵活的人才培养、吸引和使用机制，不唯地域引进人才，不求所有开发人才，不拘一格用好人才，确保人才引得进、留得住、流得动、用得好。

（三）主要目标

通过深化改革，到2020年，在人才发展体制机制的重要领域和关键环节上取得突破性进展，人才管理体制更加科学高效，人才评价、流动、激励机制更加完善，全社会识才爱才敬才用才氛围更加浓厚，形成与社会主义市场经济体制相适应、人人皆可成才、人人尽展其才的政策法律体系和社会环境。

二、推进人才管理体制改革

（四）转变政府人才管理职能。根据政社分开、政事分开和管办分离要求，强化政府人才宏观管理、政策法规制定、公共服务、监督保障等职能。推动人才管理部门简政放权，消除对用人主体的过度干预，建立政府人才管理服务权力清单和责任清单，清理和规范人才招聘、评价、流动等环节中的行政审批和收费事项。

（五）保障和落实用人主体自主权。充分发挥用人主体在人才培养、吸引和使用中的主导作用，全面落实国有企业、高校、科研院所等企事业单位和社会组织的用人自主权。创新事业单位编制管理方式，对符合条件的公益二类事业单位逐步实行备案制管理。改进事业单位岗位管理模式，建立动态调整机制。探索高层次人才协议工资制等分配办法。

（六）健全市场化、社会化的人才管理服务体系。构建统一、开放的人才市场体系，完善人才供求、价格和竞争机制。深化人才公共服务机构改革。大力发展专业性、行业性人才市场，鼓励发展高端人才猎头等专业化服务机构，放宽人才服务业准入限制。积极培育各类专业社会组织和人才中介服务机构，有序承接政府转移的人才培养、评价、流动、激励等职能。充分运用云计算和大数据等技术，为用人主体和人才提供高效便捷服务。扩大社会组织人才公共服务覆盖面。完善人才诚信体系，建立失信惩戒机制。

（七）加强人才管理法制建设。研究制定促进人才开发及人力资源市场、人才评价、人才安全等方面的法律法规。完善外国人才来华工作、签证、居留和永久居留管理的法律法规。制定人才工作条例。清理不合时宜的人才管理法律法规和政策性文件。

三、改进人才培养支持机制

（八）创新人才教育培养模式。突出经济社会发展需求导向，建立高校学科专业、类型、层次和区域布局动态调整机制。统筹产业发展和人才培养开发规划，加强产业人才需求预测，加快培育重点行业、重要领域、战略性新兴产业人才。注重人才创新意识和创新能力培养，探索建立以创新创业为导向的人才培养机制，完善产学研用结合的协同育人模式。

（九）改进战略科学家和创新型科技人才培养支持方式……

（十）完善符合人才创新规律的科研经费管理办法……

（十一）优化企业家成长环境……

（十二）建立产教融合、校企合作的技术技能人才培养模式……

（十三）促进青年优秀人才脱颖而出……

四、创新人才评价机制

（十四）突出品德、能力和业绩评价……

（十五）改进人才评价考核方式……

（十六）改革职称制度和职业资格制度……

五、健全人才顺畅流动机制

（十七）破除人才流动障碍……

（十八）畅通党政机关、企事业单位、社会各方面人才流动渠道……

（十九）促进人才向艰苦边远地区和基层一线流动……

六、强化人才创新创业激励机制

（二十）加强创新成果知识产权保护……

（二十一）加大对创新人才激励力度……

（二十二）鼓励和支持人才创新创业……

七、构建具有国际竞争力的引才用才机制

（二十三）完善海外人才引进方式……

（二十四）健全工作和服务平台……

（二十五）扩大人才对外交流……

八、建立人才优先发展保障机制

（二十六）促进人才发展与经济社会发展深度融合……

（二十七）建立多元投入机制……

九、加强对人才工作的领导

（二十八）完善党管人才工作格局……

（二十九）实行人才工作目标责任考核……

（三十）坚持对人才的团结教育引导服务……

各级党委和政府要切实增强责任感、使命感，统一思想、加强领导，部门协同、上下联动，推动各项改革任务落实。鼓励支持各地区各部门因地制宜，开展差别化改革探索。加强指导监督，研究解决人才发展体制机制改革中遇到的新情况新问题。有关方面要抓紧制定任务分工方案，明确各项改革的进度安排。各地应当结合实际研究制定实施意见。加强政策解读和舆论引导，形成全社会关心支持人才发展体制机制改革的良好氛围。

【写作技法简析】

例文《中共中央关于深化人才发展体制机制改革的意见》开宗明义，扼要强调人才的重要性以及深化人才发展体制机制改革的重大意义，然后使用“现就深化人才发展体制机制改革提出如下意见”，这是此类意见的惯用过渡语句。主体部分包括“指导思想、基本原则和主要目标”“推进人才管理体制改革”“改进人才培养支持机制”“创新人才评价机制”“健全人才顺畅流动机制”“强化人才创新创业激励机制”“构建具有国际竞争力的引才用才机制”“建立人才优先发展保障机制”“加强对人才工作的领导”九方面内容，分别从不同侧面、不同角度对如何深化人才发展体制机制改革问题加以阐述，主旨明确，取精用宏，给人洗练明快、缜密圆润之感。在结构安排上，例文全文采取条段贯通的形式，率先使用一个简短的开头，揭示行文的缘由和重要性，接下来分为九条三十项，紧紧围绕全文的核心内容进行阐释，前后贯通，衔接顺畅，形成一个有机联系的整体，最后用一个自然段从总体上向各级党委和政府提出总要求，明确解决问题的方法和推进措施。从写作技巧上讲，这篇意见很好地体现了“提出问题—分析问题—解决问题”的内在逻辑结构模式，而且遵循了“缘由及重要性—基本内容及步骤—加强组织领导”的布局惯例，使人感到严谨缜密，前后通畅，协调自然，堪称典范。

三、周知类公文

（一）公报

根据《条例》规定，公报适用于公布重要决定或者重大事项。视实际情况，公报有发布会议情况的公报、统计公报以及新闻公报等。

【例文】

中国共产党第十九届中央委员会第二次全体会议公报

（2018年1月19日中国共产党第十九届中央委员会第二次全体会议通过）

中国共产党第十九届中央委员会第二次全体会议，于2018年1月18日至19日在北京举行。

出席这次全会的有，中央委员203人，候补中央委员172人。中央纪律检查委员会常务委员会委员和有关方面负责同志列席会议。党的十九大代表中部分基层同志和专家学者也列席会议。

全会由中央政治局主持。中央委员会总书记习近平作了重要讲话。

全会审议通过了《中共中央关于修改宪法部分内容的建议》，张德江就《建议（草案）》向全会作了说明。

全会一致认为，党的十九大和十九届一中全会以来，在以习近平同志为核心的党中央坚强领导下，全党全国把学习宣传贯彻党的十九大精神作为首要政治任务，深入开展多种形式的学习宣传活动，兴起了学习贯彻党的十九大精神、习近平新时代中国特色社会主义思想热潮，为贯彻落实党的十九大提出的各项战略决策和工作部署提供了强大精神动力，全党全国各族人民思想更加统一、信心更加坚定、行动更加有力，党和国家各项事业呈现欣欣向荣的发展局面。

全会认为，宪法是国家的根本法，是治国安邦的总章程，是党和人民意志的集中体现……

全会高度评价全面依法治国取得的成就……

全会认为……

全会认为，我国宪法必须随着党领导人民建设中国特色社会主义实践的发展而不断完善发展。这是我国宪法发展的一个显著特点，也是一条基本规律。从 1954 年我国第一部宪法诞生至今，我国宪法一直处在探索实践和不断完善过程中。1982 年宪法公布施行后，根据我国改革开放和社会主义现代化建设的实践和发展，分别于 1988 年、1993 年、1999 年、2004 年进行了 4 次修改。实践表明，我国宪法是同党团结带领人民进行的实践探索紧密联系在一起的，随着时代进步、党和人民事业发展而不断完善。

全会强调……

全会认为……

全会提出……

全会认为，宪法修改关系全局，影响广泛而深远。要贯彻科学立法、民主立法、依法立法的要求，注重从政治上、大局上、战略上分析问题，注重从宪法发展的客观规律和内在要求上思考问题，维护宪法权威性。

全会强调，习近平新时代中国特色社会主义思想是马克思主义中国化最新成果……

全会强调，宪法的生命在于实施，宪法的权威也在于实施。维护宪法权威，就是维护党和人民共同意志的权威……

全会号召，全党同志要更加紧密地团结在以习近平同志为核心的党中央周围，以习近平新时代中国特色社会主义思想为指导，全面深入贯彻党的十九大精神和本次全会精神，牢固树立政治意识、大局意识、核心意识、看齐意识，坚定不移走中国特色社会主义法治道路，自觉维护宪法权威、保证宪法实施，为新时代推进全面依法治国、建设社会主义法治国家而努力奋斗。

【写作技法简析】

这是一篇会议公报。此类公报主要是由引言（即会议召开的时间、地点等）、基本情况（即出席会议的人员、议题及主要活动内容）、决定事项和会议的号召与要求四方面内容组成。

会议公报是对会议全部内容的反映，代表全体与会人员的意志，因此文中通常使用“全会听取”“全会指出”“全会强调”“全会审议”“全会决定”“全会号召”等标志性语句，并以之提领一项议题内容。这是会议公报常用的一种表达方式。

例文第一自然段为引言，交代了召开会议的时间、地点，紧接着陈述会议的基本情况，交代了出席会议的人员以及会议的主要议题，然后集中反映会议的决定事项，并用“全会认为”“全会提出”“全会强调”“全会号召”等语句提领，全面反映出会议的议定事项和主要精神，最后在结尾段发出号召，撼人心魄，催人奋进。全文内容完整，语言简练，层次清晰。

（二）公告

根据《条例》规定，公告适用于向国内外宣布重要事项或者法定事项。

【例文】

中华人民共和国财政部公告

〔2018〕13 号

根据《彩票管理条例实施细则》（财政部　民政部　国家体育总局令第 67 号）和《国务院办公厅关于 2018 年部分节假日安排的通知》（国办发明电〔2017〕12 号）的有关规定，现将 2018 年彩票市场春节休市有关事项公告如下：

一、休市时间为 2018 年 2 月 15 日 0：00 至 2 月 21 日 24：00。

二、休市期间，除即开型彩票外，停止全国其他各类彩票游戏的销售、开奖和兑奖。具体彩票游戏的开奖、兑奖等时间调整安排，由彩票发行机构、彩票销售机构提前向社会公告。

三、休市期间，即开型彩票的销售活动由彩票销售机构根据彩票发行机构的要求和本地实际情况决定，要制订全面细致的销售工作方案，切实加强安全管理。同时，彩票销售机构要充分尊重彩票代销者的意愿，不得强行要求销售。

四、彩票发行机构、彩票销售机构要妥善保管休市前形成的销售数据，确保数据安全；充分利用休市间隙对彩票销售系统及设备进行调整和维护，为休市结束后的彩票销售活动做好准备。

特此公告。

财政部

2018 年 1 月 23 日

【写作技法简析】

这是内容较为简短的一类公告。标题由发文机关名称和文种两个要素组成，其下注明发文字号；正文部分往往直接采用分条的形式，交代发布的公告事项，并以专用尾语“特此公告”作结。这篇关于 2018 年春节期间彩票市场休市的公告，全文共有四项内容，将休市时间以及休市期间应当注意的问题交代得十分明确清晰。从行文的语势上看，显得严谨庄重，干净利落。

（三）通告

根据《条例》规定，通告适用于在一定范围内公布应当遵守或者周知的事项。

【例文】

贵州省人民政府关于加强安全生产的通告

为保障国家财产和人民生命财产安全，促进全省社会稳定和经济建设健康发展，根据国家“安全第一、预防为主”的安全生产方针和有关法律、法规和规章，通告如下：

一、各级人民政府要从讲政治、保稳定、促发展的高度，把安全生产工作纳入重要议事日程，实行安全生产工作领导负责制和安全生产工作考核一票否决制。

二、各级安全生产综合管理部门和安全生产执法监督部门，必须严格执行国家安全生产规范和标准。对违反国家安全生产规范、标准和下列有关规定的单位要采取强制措施，限期整改并令其停业整顿，对有关企业经营者和行政机关工作人员要追究其责任，造成安全事故、导致人员伤亡的要追究刑事责任。

（一）小煤矿必须依法取得《采矿许可证》《煤炭生产许可证》及《矿山安全生产条件合格证》《矿长安全资格证》后方可从事生产经营。

（二）营运车辆（包括农用车）和船舶，严禁违章超速、超员、超载和酒后驾驶。

（三）易燃易爆品的生产、运输、储存、使用，必须严格执行国家的有关规定。运送易燃易爆物品，必须向安全生产管理部门和公安部门申报，并按规定路线、规定时间进行，未经批准，不准在节假日和白天通过城镇人口稠密地区。

（四）宾馆、酒店、饭店、医院、学校、商场、旅游景点、集贸市场、办公大楼、人员密集的生产场所和公共娱乐场所，必须完备消防设施，设立安全通道，并设置醒目的警示标志和安全须知。

（五）建筑施工企业要严格执行安全、文明施工规范，采取安全防护措施，确保行人、车辆和施工人员安全。

（六）城市燃气要加强安全监控，凡在燃气管、井上搭建的各种影响安全运行的建筑要限期拆除。

（七）锅炉、压力容器、压力管道、电梯、客运索道、游艺机等特种设备和设施必须经过质监部门的安全技术性能检查和检验，并获得质监部门的安全认证。

三、企业在生产经营活动中必须严格遵守国家发布的各项安全生产法律、法规和规章，建立安全生产工作机构，配备专门人员，完善各项管理措施，确保安全工作有人抓，安全隐患有人管，安全事故能得到及时处理。

四、企业要教育广大职工知法、懂法、守法、严格遵守劳动纪律和安全规程。要对安全管理人员进行经常性的安全法律、法规、规章和管理知识培训，提高安全管理水平；车辆、船舶驾驶人员和电工、焊工、起重工、锅炉工、压力容器操作人员、爆破工、瓦斯检验员等特种作业人员应经专门培训并取得特种作业资格后，方能上岗作业。

五、各级政府、企事业单位在节假日、重大活动、旅游旺季应建立健全安全检查、安全值班制度，制定安全事故应急措施。

六、实行安全事故责任追究制。按照“事故原因没有查清不放过，事故责任者没有严肃处理不放过，广大职工没有受到教育不放过，措施没有落实不放过”的原则，严肃查处安全事故，依纪依法处理事故责任者，并按国家规定及时报告，不得隐瞒不报、虚报或故意拖延报告。对改变事故性质、隐瞒事故真相、包庇纵容事故责任者的，要从重从严处理。

七、各新闻媒体要积极宣传安全生产法律、法规和安全常识，报道安全生产和妥善化解事故的先进典型，对违反安全生产法律、法规的行为和存在严重事故隐患而未能如期整改的要进行揭露和曝光，以强化全社会的安全意识，增强全民的自我防范能力。

八、本通告在报刊、电视、广播电台公布，可张贴至企业单位、村民组、居委会。县级以上人民政府要根据本通告的要求和国家有关规定，结合本地区的实际情况和安全生产实际，适时发布保障当地安全生产的具体措施。

九、本通告适用于我省行政区域内所有行政和企、事业单位。

【写作技法简析】

这篇通告的正文由两层内容组成。第一自然段为第一层，交代了发布通告的目的和依据；第二层为通告事项，是全文的主体和核心，也是行文的重点所在，采用分条列项的形式，具体阐述通告的事项。既有对各级人民政府的总体要求，又有对各级安全生产综合管理部门和安全生产执法监督部门以及企事业单位、新闻媒体的要求，内容规定十分完整、全面；特别是对各级安全生产综合管理部门和安全生产执法监督部门所提的要求，又进一步分为七个小项，非常明确具体细致。从行文技巧上看，全文条理清楚，前后衔接顺畅，结构安排得当，堪称通告写作的范例。

（四）通知

根据《条例》规定，通知适用于发布、传达要求下级机关执行和有关单位周知或者执行的事项，批转、转发公文。可见，通知具有承接上下、联系内外等多方面的作用。它既可以用于发布、传达要求下级机关执行的事项，也可以向有关机关（主要是不相隶属机关）告知相关事项，如启用新的印章、成立或撤销某一机构等，具有发布、传达和告知的作用；既可以用于批转下级机关的公文，也可以用于转发上级机关和不相隶属机关的公文，起到“桥梁”和“纽带”的作用。

【例文】

中共中央组织部关于全国组织系统认真学习贯彻党的十九大精神的通知

（2017 年 11 月 7 日）

按照《中共中央关于认真学习宣传贯彻党的十九大精神的决定》要求，结合组织工作实际，现就全国组织系统学习贯彻党的十九大精神通知如下。

一、充分认识党的十九大的重大意义，切实把思想和行动统一到党的十九大精神上来

党的十九大是在全面建成小康社会决胜阶段、中国特色社会主义进入新时代的关键时期召开的一次十分重要的大会。大会高举中国特色社会主义伟大旗帜，以马克思列宁主义、毛泽东思想、邓小平理论、“三个代表”重要思想、科学发展观、习近平新时代中国特色社会主义思想为指导，分析了国际国内形势发展变化，回顾和总结了过去五年的工作和历史性变革，作出了中国特色社会主义进入了新时代、我国社会主要矛盾已经转化为人民日益增长的美好生活需要和不平衡不充分的发展之间的矛盾等重大政治论断，深刻阐述了新时代中国共产党的历史使命，确立了习近平新时代中国特色社会主义思想的历史地位，提出了新时代坚持和发展中国特色社会主义的基本方略，确定了决胜全面建成小康社会、开启全面建设社会主义现代化国家新征程的目标，对新时代推进中国特色社会主义伟大事业和党的建设新的伟大工程作出了全面部署……

……

二、全面准确学习领会党的十九大精神，力求学深悟透、融会贯通

贯彻落实好党的十九大精神，前提是领会精神实质、把握核心要义。要深刻领会党的十九大的主题，增强不忘初心、牢记使命、高举旗帜、团结奋进的自觉性和坚定性；深刻领会习近平新时代中国特色社会主义思想的历史地位和丰富内涵，准确把握“八个明确”的主要内容和“十四个坚持”的基本方略，自觉用马克思主义中国化最新成果武装头脑、指导实践、推动工作；深刻领会党的十八大以来党和国家事业发生的历史性变革，切实增强中国特色社会主义道路自信、理论自信、制度自信、文化自信；深刻领会中国特色社会主义进入新时代的新论断，准确把握我国发展新的历史方位；深刻领会我国社会主要矛盾发生变化的新特点，充分认识这一关系全局的历史性变化对党的建设和组织工作提出的新要求；深刻领会新时代中国共产党的历史使命，充分认识伟大工程的决定性作用，紧密结合伟大斗争、伟大事业、伟大梦想的实践推进伟大工程；深刻领会分两步走全面建设社会主义现代化国家的新目标，准确把握决胜全面建成小康社会、开启全面建设社会主义现代化国家新征程的战略安排；深刻领会社会主义经济建设、政治建设、文化建设、社会建设和生态文明建设等方面的重大部署，进一步增强组织工作围绕中心、服务大局的主动性和有效性；深刻领会坚定不移全面从严治党的重大部署，全面落实新时代党的建设总要求和八个方面重点任务；深刻领会党章的新规定新要求，切实把党章要求贯彻到党的建设和组织工作全过程、各方面。

学习领会党的十九大精神，必须坚持全面准确，读原著、学原文、悟原理，原原本本研读党的十九大报告和党章，学习习近平总书记在党的十九届一中全会上的重要讲话精神，做到联系地而不是孤立地、系统地而不是零散地、全部地而不是局部地理解党的十九大精神；必须坚持突出重点，把着力点放在中央《决定》提出的“六个聚焦”上；必须坚持联系实际，注重理论和实践、历史和现实、当前和未来相结合，把组织部门的职能职责摆进去，学思结合、学用贯通。组织部门领导干部特别是组织部长要带头学习、带头思考，同时采取多种方式抓好全员学习培训，推动组织系统在学习贯彻党的十九大精神上走在前、作表率。中央组织部将举办全国组织部长学习贯彻党的十九大精神专题研讨班。

三、全面落实新时代党的建设各项部署要求，不断提高组织工作质量

党的十九大对坚定不移全面从严治党、不断提高党的执政能力和领导水平作出全面部署，赋予了党的建设和组织工作新任务新要求。各级组织部门要坚持以习近平新时代中国特色社会主义思想为指导，牢牢把握新时代党的建设总要求，围绕八个方面重点任务，立足组织工作职能职责，研究提出贯彻落实的具体措施，力戒形式主义、表面文章，以新气象新作为和钉钉子精神抓好落实。

一要坚持以党的政治建设为统领……

二要坚持用习近平新时代中国特色社会主义思想武装党员干部头脑……

三要建设高素质专业化干部队伍。坚持党管干部原则，坚持德才兼备、以德为先，坚持五湖四海、任人唯贤，坚持事业为上、公道正派，把好干部标准落到实处。突出政治标准，把政治过硬作为“高素质”的第一位要求，深入考察了解干部在政治忠诚、政治定力、政治担当、政治能力、政治自律等方面的表现，提拔重用牢固树立“四个意识”和“四个自信”、坚决维护党中央权威、全面贯彻执行党的理论和路线方针政策、忠诚干净担当的干部。坚持知事识人、依事择人，围绕统筹推进“五位一体”总体布局、协调推进“四个全面”战略布局，注重培养选拔具有专业能力、专业精神的干部，增强干部队伍适应新时代中国特色社会主义发展要求的能力……

四要坚持从严管理监督干部……

五要加强基层党组织和党员队伍建设……

六要进一步深化人才发展体制机制改革……

四、以党的十九大精神为指导，切实做好当前各项工作

学习贯彻党的十九大精神，必须落实到做好当前工作上。当前，要认真做好以下几项工作。

一是切实抓好党的十九大精神的学习培训……

二是集中力量做好全国和省级人大政府政协换届有关工作……

三是全面完成今年各项任务、抓紧研究谋划明年工作……

四是切实把党的十九大精神贯彻体现到加强组织部门自身建设上……

学习贯彻党的十九大精神的情况，请及时报告中央组织部。

【写作技法简析】

这篇通知写得非常成功。全文开门见山，直接表明行文的依据，并用“现就全国组织系统学习贯彻党的十九大精神通知如下”作为过渡句引出下文，语言极其简练明快，直白

显露，令人一目了然。这种直接导入正文的写法是不多见的，很值得我们借鉴。从结构布局上讲，此为“总”。然后从四个大的方面分别“就充分认识党的十九大的重大意义，切实把思想和行动统一到党的十九大精神上来”“全面准确学习领会党的十九大精神，力求学深悟透、融会贯通”“全面落实新时代党的建设各项部署要求，不断提高组织工作质量”“以党的十九大精神为指导，切实做好当前各项工作”进行具体安排部署，此为“分”。最后用一个自然段提出相关要求，此为“总”。这种“总”—“分”—“总”的结构模式，更明确地讲就是“学什么”—“怎样学”—“怎样做”的内在逻辑结构布局。从整体上看，全文内容严整、结构顺畅，既有总体部署，又有具体要求；既有原则性布置，又有操作性安排。行文紧紧围绕全国组织系统“如何认真学习贯彻党的十九大精神”这一主题展开论述，十分鲜明突出，在具体写法上重在交代相关的方式方法，便于领会，易于理解和执行。例如，第二部分“全面准确学习领会党的十九大精神，力求学深悟透，融会贯通”，交代出需要着重把握的八个方面的内容，这是党的十九大的精神实质和核心，表述得十分明确具体，操作性极强。其他三个方面也是这样，均采取撮要分条的表述形式列出多个分论题，均是一些学习贯彻落实的方法和措施，是此类指示性通知写作的典范。从写作技法上看，指示性通知的写作通常都要在开头部分交代发布通知的目的、缘由和背景情况，继而使用简短过渡句转入通知的具体事项。对通知事项的陈述，通常首先阐明意义、重要性，接下来从不同侧面加以表述，最后往往涉及组织领导方面的内容。可见，这篇通知极为规范。此外，这篇通知特别注重运用撮要表达技法，对于每一部分内容的阐述，都首先列示一个段旨句，概括某一方面的内容，然后进行具体阐述。仅以第三部分“全面落实新时代党的建设各项部署要求，不断提高组织工作质量”为例，下设六个段旨句：一要坚持以党的政治建设为统领；二要坚持用习近平新时代中国特色社会主义思想武装党员干部头脑；三要建设高素质专业化干部队伍；四要坚持从严管理监督干部；五要加强基层党组织和党员队伍建设；六要进一步深化人才发展体制机制改革。每一段旨句分别提领一项内容，而且都是围绕怎样“全面贯彻落实新时代党的建设各项部署要求，不断提高组织工作质量”的分旨来展开，展现出轮辐向心、众星捧月的态势。由于使用段旨句，行文观点十分突出，层次分明，易于理解和把握。这对于通知内容的贯彻执行，显然是非常必要和有益的。此外，这篇通知还十分注重使用排比修辞以及运用四字格词组，例如：“贯彻落实好党的十九大精神，前提是领会精神实质、把握核心要义。要深刻领会党的十九大的主题，增强不忘初心、牢记使命、高举旗帜、团结奋进的自觉性和坚定性；深刻领会习近平新时代中国特色社会主义思想的历史地位和丰富内涵，准确把握‘八个明确’的主要内容和‘十四个坚持’的基本方略，自觉用马克思主义中国化最新成果武装头脑、指导实践、推动工作……深刻领会党章的新规定新要求，切实把党章要求贯彻到党的建设和组织工作全过程、各方面。”连续使用了十个“深刻领会”，分别作为提示语构成排比修辞，从十个方面就如何全面准确学习领会党的十九大精神，力求学深学透、融会贯通进行安排部署，显得非常全面、具体和深入。例如：“坚持党管干部原则，坚持德才兼备、以德为先，坚持五湖四海、任人唯贤，坚持事业为上、公道正派，把好干部标准落到实处……增强干部队伍适应新时代中国特色社会主义发展要求的能力。”这段文字，在以“坚持”为提领句构成排比修辞的同时，还运用了一系列四字格词组，体现出了公文用语庄重凝练的特点。显而易见，由于这些修辞表达手法以及四字格词组等的运用，极大地增强了行文的表达效果，使之简洁凝练，严整有力，读起来朗朗上口、铿锵悦耳、和谐顺畅、整齐匀称，富有声律美和节奏感。这也从另一个方面证明公文的语言表达完全可以写得具有可读性，给人美感。

（五）通报

根据《条例》规定，通报适用于表彰先进、批评错误、传达重要精神和告知重要情况。

【例文】

国务院办公厅
关于对国务院第四次大督查发现的典型经验做法给予表扬的通报

国办发〔2017〕83号

各省、自治区、直辖市人民政府，国务院各部委、各直属机构：

为进一步推动党中央、国务院重大决策部署贯彻落实，近期，国务院部署开展了第四次大督查。从督查情况看，各地区、各部门在以习近平同志为核心的党中央坚强领导下，认真落实中央经济工作会议部署和《政府工作报告》确定的各项任务，迎难而上、锐意进取，推动经济运行保持在合理区间，为实现全年经济社会发展主要目标任务奠定了坚实基础。在对18个省（区、市）开展实地督查中，发现有关地方在着力推进“三去一降一补”，深入实施创新驱动发展战略，深化“放管服”改革，促进创业创新，更好激发市场活力、增强企业竞争力、调动社会创造力，培育新动能、改造提升传统动能，防范化解风险和努力改善民生等方面，出新招、出实招、出硬招，创造和形成了一些好的经验做法，具有较强的学习借鉴意义。

为表扬先进，宣传典型，进一步调动和激发各方面真抓实干、改革创新的积极性、主动性和创造性，推动形成谋事创业、竞相发展的良好局面，经国务院同意，对天津市实施百万技能人才培训福利计划为产业转型升级提供人才支撑等22项地方典型经验做法予以通报表扬。希望受到表扬的地区珍惜荣誉，发扬成绩，再接再厉，作出新的更大贡献。

各地区、各部门要坚决贯彻落实党中央、国务院决策部署，坚持稳中求进工作总基调，坚持以新发展理念引领经济发展新常态，坚持以提高发展质量和效益为中心，坚持以推进供给侧结构性改革为主线，认真学习借鉴典型经验做法，结合实际创造性开展工作，发扬钉钉子精神，狠抓落实，开拓奋进，扎实推动稳增长、促改革、调结构、惠民生、防风险政策措施落地生效，保持经济平稳健康发展和社会和谐稳定，以优异成绩迎接党的十九大胜利召开。

附件：国务院第四次大督查发现的典型经验做法（共 22 项）

国务院办公厅

2017 年 9 月 29 日

【写作技法简析】

这是国务院办公厅印发的一篇表彰性通报。标题采用完整的结构形式，让人一看标题，即知其里。正文开头部分采用总括的手法，概括表述国务院部署第四次大督查的总体情况特别是各地区、各部门所取得的成效，给予充分的肯定。以此作为行文的缘由，用语高度凝练，言简意赅；接下来用介词“为”提领制发通报的核心意图和内容，然后提出了明确具体的希望和要求。从总体上看，全文结构层次清晰，逻辑缜密，首先概述事实，继而作出表彰，然后提出希望要求，这样环环相扣，给人一种水到渠成、不容置疑之感。值得提出的是，此文表彰的对象是国务院第四次大督查发现的典型经验做法（共 22 项），故而在叙述事实时偏重于概括。如果是具体的人物，对其先进事迹的叙写就要相对详尽一些，而且要分析评价，强调事件的意义，挖掘原因。这是写作表彰性通报应予以特别注意之处。

四、报请类公文

（一）报告

根据《条例》规定，报告适用于向上级机关汇报工作、反映情况，回复上级机关的询问，属于一种典型的上行文。

【例文】

××局党组
关于“三严三实”专题教育开展情况的报告

××组织部：

按照中央和省委关于“三严三实”专题教育的安排部署，根据省委《关于在全省开展“三严三实”专题教育的实施方案》、××书记讲话精神和×××同志在“三严三实”专题教育工作会上的讲话精神，××局党组结合工作实际，认真组织实施，为扎实开展好“三严三实”专题教育奠定了良好的开端。现将开展情况汇报如下。

一、认真传达学习有关文件和会议精神

××局及时召开党组会议，认真传达学习了全省“三严三实”专题教育工作会议精神。围绕质监工作，研究审定了《陕西省质量技术监督局关于开展“三严三实”专题教育的实施方案》，对省质监系统各单位开展“三严三实”专题教育作出了详细安排部署。要求省局领导班子要在态度上真接受，思想上真重视，行动上真积极。坚持高标准、严要求，带头践行“三严三实”，带头解决“不严不实”问题，为省局系统党员干部作出示范，同时加强对分管单位、处室的指导，引导各单位严字当头、实处用力，把践行“三严三实”扎实推进、引向深入。

省局党组中心组在个人自学的基础上计划安排二次集中学习。目前已集中学习了党章、宪法，×××书记在学习贯彻习近平总书记来陕视察重要讲话、全面推进法治陕西建设研讨班开班式和全省“三严三实”专题教育党课会议上的讲话精神和国家质检总局《搞好“三严三实”专题教育树好“党旗下质检人”形象》专题党课。围绕“严以修身”专题，组织省局全体党员干部观看了清华大学演出的话剧《马兰花开》。该剧反映了“两弹元勋”邓稼先呕心沥血、忘我奋斗的一生，生动刻画了以邓稼先为代表的科学技术人员崇高伟大的爱国精神、默默无闻的奉献精神以及高尚纯粹的人格魅力。

二、结合实际，制订省局党组专题教育方案

结合质监工作实际，对照“三严三实”专题教育要求，省质监局党组研究形成了《陕西省质量技术监督局党组“三严三实”专题教育实施方案》，对省局领导班子“三严三实”的学习内容、省局党组成员讲党课、专题研讨、专题民主生活会和教育整改作了翔实的安排，并提出明确要求。为保证专题教育取得实效，真正学深悟透，省质监局党组提出创新“三严三实”专题教育主题活动的初步意见。一是在省局系统抽选10名普通党员和群众代表，分别成立了“三严三实”专题教育党员监督小组和群众监督小组，全程参与省局领导班子“三严三实”专题教育。二是组织领导班子成员赴马栏、照金等革命旧址参观，亲身感受革命先烈的英勇事迹，实地进行革命传统教育，回顾历史，缅怀英烈，激发内在动力。三是结合专题研讨，组织观看《马兰花开》《钱学森》《焦裕禄》《第一书记》《小官大贪》《蜕变与悔悟》等影视片，对照先进典型见贤思齐，对照领导干部违纪违法典型案例增强纪律观念和规矩意识。四是结合质监工作实际，开展“三严三实”主题活动，把“三严三实”专题教育的有关内容与省局干部培训的“质监大讲堂”相结合，由 ××× 局长带头讲座，邀请知名专家授课，进行作风建设讲座、传统文化系列讲座和法治教育讲座。五是在专题研讨环节，要求每位党组成员把自己摆进去，把问题找出来，从全方位检查“不严不实”的种种表现，从世界观、人生观、价值观这个“总开关”深挖思想根源，从权力观、政绩观、地位观这些具体层面剖析原因，弄清问题的本质，查找问题的症结，明确践行“三严三实”的意义和努力的方向。

三、快速启动，以“三严三实”专题教育助推各项工作

省质监局主要领导调整之后，立即安排部署“三严三实”专题教育工作。省质监局于 5 月 6 日召开视频会议，组织省局处级以上干部，各市局、省局直属各单位科级以上干部，以举办专题党课的形式，快速启动全省质监系统“三严三实”专题教育，听取专题党课人数达 300 余人。省局党组书记、局长 ××× 同志以《践行“三严三实”要求，加强作风建设，全面开创质监事业发展新局面》为题，从“三严三实”的重大意义、科学内涵，以及践行“三严三实”的基本要求等方面，深入浅出分析讲解，联系质监工作实际，为全系统干部上了一堂生动深刻的专题党课。要求领导班子成员以专题教育为契机在突出问题导向、贯彻从严要求、坚持以上率下、注重实效、加强组织领导等五个方面狠下功夫。要求各单位要充分认识“三严三实”专题教育的重要性和必要性，严格按照省委规定的内容和步骤，突出质监工作特色，从严从实搞好“三严三实”专题教育。要求全系统党员领导干部要把开展“三严三实”专题教育与贯彻落实总局“十二字”方针结合起来，与建设法治质监、科技质监、和谐质监，树立人民质监形象结合起来，与完成重点工作结合起来，与改进领导干部思想作风、工作作风和生活作风结合起来，做到两手抓、两促进。

四、领导带头，做好示范，以严和实的要求全力抓好领导班子和干部队伍建设

省质监局党组对专题教育高度重视，省局党组书记、局长 ××× 同志要求领导班子成员务必要做好九个带头，即：“在学习教育，提高认识上带头；在加强修养，锤炼洗礼上带头；在正身正己，规范言行上带头；在遵规守纪，执行制度上带头；在尽职尽责，勇于担当上带头；在改革创新，务实进取上带头；在团结包容，合作共事上带头；在深入基层，为民服务上带头；在作风优良，积极肯干上带头。”通过专题教育，真正做到以身作则、率先垂范，充分发挥“关键少数”作用，深入把握总体要求，持续深化学习教育，着力解决“不严不实”突出问题，确保专题教育取得实际成效。

省质监局党组提出，以开展“三严三实”专题教育为契机，坚持改革创新，采取有力措施，以严和实的要求，进一步加强领导班子和干部队伍的思想建设、作风建设、组织建设和纪律建设。用“三严三实”的要求谋划工作，落实任务，把践行“三严三实”激发的热情，化为做好各项工作的动力，不断提高做好新形势下质监工作的能力和水平，为推动“三个陕西”建设作出更大贡献。

【写作技法简析】

这是一篇关于开展“三严三实”专题教育的专题性报告。行文开宗明义，表明开展这项专题教育的依据和缘由，给人总体把握，并作出肯定性的总体评价，然后用“现将开展情况汇报如下”的过渡句开启下文。主体部分分别列有“认真学习传达有关文件和会议精神”“结合实际，制订省局党组专题教育方案”“快速启动，以‘三严三实’专题教育助推各项工作”“领导带头，做好示范，以严和实的要求全力抓好领导班子和干部队伍建设”四个专题，属于具体的做法，是报告全文的主干。在具体写法上，该报告既有对有关情况的陈述，又有问题的提出，更有解决问题的意见，呈现一种严谨的内在逻辑结构模式。而且运用小标题的形式，给人明快简练之感，并且在具体阐述过程中，注重陈述对如何开展专题教育所采取的方法、措施以及所取得的成效。从外在结构表现形式来看，此文的布局严谨有序，用语顺畅和谐，堪称典范之作。

（二）请示

根据《条例》规定，请示适用于向上级机关请求指示、批准。报告与请示两个文种虽然性质相近，但职能各异，无论从行文方向、性质要求，还是行文时限、内容含量等方面都有明显的区别。在行文时应将两个文种严加区别，分开使用，不能在报告中夹带请示事项，以免延时误事，影响工作。实践中常见的如用报告代替请示以及“请示报告”之类的做法应当严加避免。

【例文】

阜康市安全生产监督管理局
关于划转煤矿事故伤亡指标的请示

昌吉州安全生产监督管理局：

近年来，随着国家对煤炭产业政策的进一步调整，我市根据国家的有关政策法规将部分规模小、资源回收率低、安全生产条件差的小煤矿进行了关闭和整合，调整了煤炭产业结构，先后引进了新疆八钢、新疆有色集团、天池能源特变电工、徐矿集团、天龙矿业等企业集团来我市进行开发、整合煤炭资源。目前，八钢佳域公司投资2468万元建设的年产9万吨煤矿技改项目已全面动工建设，已完成投资1010万元，预计20××年可建成投产；新疆有色集团公司投资3000万元建设的年产9万吨天池大平滩煤矿已于2004年建成投产；天池能源煤矿投资4258万元建设的年产15万吨的天池一矿技改工程项目已全部完工，已通过新疆煤矿安全监察局的验收。天龙矿业投资3189万元建设的年产15万吨金龙煤矿，主副井已建成并形成了通风系统，完成投资1500万元，预计20××年底可建成投产。以上煤矿在建设过程中和建成投产后，如安全管理工作不到位，安全责任不明确，随时都有可能发生伤亡事故。为了进一步抓好此类煤矿的安全生产，明确此类煤矿安全管理责任主体和事故伤亡指标分解主体单位，经我局研究，建议将以上煤矿的安全管理责任主体和事故伤亡指标均划转给其总公司管理。我局只履行综合安全管理的职责，指导协调、督促企业抓好安全生产工作。

妥否，请批示。

阜康市安全生产监督管理局

20××年8月2日

【写作技法简析】

这是阜康市安全生产监督管理局写给昌吉州安全生产监督管理局的一份请示，全文主旨明确，重点突出，层次清晰，用语精练，有许多可资借鉴之处。

标题由事由和文种两个要素构成，直接揭示请示的核心内容，令人一目了然。

正文部分首先占用重头篇幅陈述“请示理由”，交代了阜康市安全生产监督管理局对所属小煤矿进行关闭和整合以及对煤炭产业结构进行调整的情况，列举具体的事例和数字，以此为请示的依据和缘由，给人充分翔实之感。在此基础上，提出中心观点，并用“为了……”这一特定目的句引出请示的具体事项。值得注意的是，与其他文种相比，请示的目的句位于第二层次之首，而不在行文的开篇，这是请示写作的一个重要特性。

请示事项部分，以建议的口吻，提出具体明确的意见，即“将以上煤矿的安全管理责任主体和事故伤亡指标均划转给其总公司管理。我局只履行综合安全管理的职责，指导协调、督促企业抓好安全生产工作”，表意明确集中，既精练又扼要。这种写法很值得借鉴。

（三）意见（上行）

根据《条例》规定，意见适用于对重要问题提出见解和处理办法。可以看出，意见行文具有多向性，既可以下行，也可以上行，还可以平行。上行意见与下行意见的适用要求是相同的，不同之处在于行文的架构以及行文的语气等方面。

【例文】

××市公安局××分局
关于进一步强化社区警务工作的意见

市局：

在刚刚过去的一年，我分局在市局的正确领导下，立足于建立打防控一体、警企民联动的治安防范体系，大力推进社区警务战略，全面强化基础工作和队伍建设，突出解决让人民满意的问题。特别是通过警力的整合、阵地的前移、打防布局的调整和民力资源的开发，切实提高了对社会治安的控制能力，初步实现了市委提出的“社会治安要打翻身仗”的目标。

……

一、当前人口管理方式的不足之处

（一）实效性不强……

从我们实际工作情况看，存在两个问题。一是由于社区民警在人口熟悉上的工作量大，很难达到规定的标准。社区民警在熟悉并管理人口的同时，还要负责辖区安全防范、治安管理及刑事犯罪的打击工作，特别是治安案件的查处工作牵扯了民警很大一部分精力，使其难以真正沉到社区开展人口熟悉工作，更谈不上达到上级规定的人口熟悉标准。由于工作负担大，责任区民警的思想压力沉重，工作态度消极。多数民警都是临阵磨枪，在考核时下“功夫”，想“办法”，应付现象突出。另外，由于工作量大，导致工作的重点不突出，以至于削弱了需要管好的几类特殊人口的管理力度，失去了人口管理的效力，难以实现管理人口的目的。二是现行的人口管理方法在实际工作中发挥作用不明显。现行的人口管理办法是计划经济条件下人口管理方式的延伸，至今也没有做大幅度的调整和改进。由于当时人员的流动极小，流窜犯罪少，因此此种管理方式有效。但随着形势的发展变化，随着人口流动大潮的出现，流窜犯罪的问题突出。20×× 年，本区人员违法的共有 427 名，仅占全区实有人口的万分之四。从破案情况看，本区人员在本区作案的有 312 起，仅占全区破案的 13%。因此，将工作的重点放在本区的人口管理上，只能是事倍功半，效果不明显。

（二）警力耗损问题突出……

二、调整人口管理方式的设想及可行性

（一）改变现有的人口管理方式。借鉴外地市人口管理的成功经验，我们将对现行的人口管理方式进行调整。具体的管理方法为“三管三到位”：重点人口重点管，即管好两头，一头是党政领导、人大代表、政协委员、著名企业家、知名人士等，主要是保证上述易受侵害目标的安全；另一头是有前科劣迹和刑嫌人员、治安危险分子及其他重点人员，对于上述人员必须全部熟悉，预防并控制其实施犯罪。一般人口微机管，也就是通常所说的中间段的人员，主要是通过输入微机和警务通，便于查询即可，另外，输入的过程，也就是对人口的一种熟悉。流动人口和暂住人口必须管。对这部分人员，由社区民警加上辅警人员对其进行动态式管理，及时发现、登记、照相、办证，跟踪管控。此种管理方式可以将社区民警从繁重而又不必要的工作中解脱出来，充分体现了“优化筛选、突出重点、提高效率，为打击和管理服务”的原则。

（二）扩大责任区民警的管理户数。由于人口管理方式的改变，工作效率的提高，使扩大责任区民警的管理户数的设想变为现实。以每名民警管理 1200 户计算，仅需 243 名警力。以荣 × 派出所和王 × 派出所为例：荣 × 派出所辖区人口有 9300 户，按新的人口管理办法，需要重点管理的人口仅有 120 名，其中需要重点保护的对象 40 名，重点人口 80 名；王 × 派出所辖区人口有 12190 户，按照新的人口管理办法，需要重点管理的人口有 172 名，其中需要重点保护的对象 12 名，重点人口 160 名。虽然责任区民警的管理户数增加了一倍，但实际需要管理的人员总量大幅减少。在警力减半的前提下，由于重点突出，工作效率有所提高。至于责任区民警管理的具体户数，可以 1200 户为标准，结合实际情况上下浮动。

（三）增设派出所领导下的巡防警和治安警。从我区情况看，路面案件虽然有所下降，但是仍然没有得到很好的控制，要想拉动发案总量的大幅下降，必须在控制路面案件上下大功夫。同时，由于形势的要求，治安案件的查处工作也应当作为派出所的一项重要工作予以加强。因此，在条件允许的前提下，通过设立派出所领导下的巡防警和治安警，来加大社会面巡控和治安案件的查处力度，实属必要。如果按新的人口管理办法，在不影响管理效果的前提下，我们可以从社区民警中抽出 270 名警力，平均每个派出所 10 名。根据派出所的工作实际，科学安排巡防警和治安警的人数，分别负责社会面的巡控和治安及刑事案件的查处。

（四）对派出所领导下的各警种实行捆绑式考核，强化彼此间的协作与配合。将巡防警和治安警沉入社区，与社区民警一同工作，实行警长负责制。一方面在警种职能各有侧重的前提下，实现了警力资源的集中共享；另一方面便于加强警种之间的协作与配合，真正做到社区防范一起搞，刑事案件一起破，治安案件一起查，通过打击发现防范中的薄弱环节，通过巡防为打击服务，通过查处案件提高民警化解矛盾的能力。也就是说，通过挖自身潜能，发挥警务区内各警种的整体合力，实现“一专多能”，真正将派出所和社区建设成为机动灵活的战斗实体。

×××市公安局××分局（公章）

20××年1月14日

【写作技法简析】

这是一篇建议性意见，写得很规范。全文就如何进一步强化社区警务工作问题表明见解，进行精当而切实的阐述，并提出了具体的处理办法。首先对过去一年的工作进行扼要回顾，明确新一年工作的主要任务和设想，以此为行文的依据和缘由，转入主体部分。主体部分分为两大层次：一是“当前人口管理方式的不足之处”，从实效性不强和警力耗损问题突出两个方面加以阐述；二是“调整人口管理方式的设想及可行性”，针对所存在的问题，提出了“改变现有的人口管理方式”“扩大责任区民警的管理户数”“增设派出所领导下的巡防警和治安警”“对派出所领导下的各警种实行捆绑式考核，强化彼此间的协作与配合”四条解决办法，有理有据，富有说服力。从写作手法上看，全文以介绍背景和缘由开篇，采用撮要句提领各个层次内容，然后自然引出解决措施，而且善于运用数字来说明问题，从而使得全文的内容安排及结构布局十分严谨有序，用语精练流畅。

五、商复类公文

（一）函

根据《条例》规定，函适用于不相隶属机关之间商洽工作、询问和答复问题、请求批准和答复审批事项。

【例文】

应急管理部
关于信息研究院申报工程咨询单位资质的函

国家发展和改革委员会：

根据《国家发展改革委办公厅关于20×× 年工程咨询单位资格申报有关事项的通知》（发改办投资〔20××〕486号）和《工程咨询单位资格认定办法》（国家发展改革委令第29号）规定，我局对所属信息研究院上报的工程咨询单位等级申请材料进行了初审。同意信息研究院申报煤炭专业丙级工程咨询资质，服务范围为规划咨询、编制项目建议书、编制可行性研究报告、项目申请报告、资金申请报告和评估咨询。

现随函报送有关材料，请予审核。

应急管理部

20×× 年5月22日

【写作技法简析】

从性质上讲，此文是一份申请函。申请函系向主管部门请求批准事项使用的。例文是应急管理部就所属信息研究院申报工程咨询单位资质一事给国家发展和改革委员会的函。标题是由发文机关、事由和文种组成的完整性标题。该函正文共分两大层次：第一个层次写的是要求申报的依据、缘由、背景，即为什么要提出申报工程咨询单位资质的申请；第二个层次写的是申报的具体事项，即“申报煤炭专业丙级工程咨询资质，服务范围为规划咨询、编制项目建议书、编制可行性研究报告、项目申请报告、资金申请报告和评估咨询”。最后用“现随函报送有关材料，请予审核”作结。

（二）批复

批复适用于答复下级机关请示事项。

【例文】

国务院关于同意湛江高新技术产业开发区升级为国家高新技术产业开发区的批复

国函〔2018〕43号

广东省人民政府：

你省关于请求批准湛江高新技术产业开发区升级为国家级高新技术产业开发区的请示收悉。现批复如下：

一、同意湛江高新技术产业开发区升级为国家高新技术产业开发区，定名为湛江高新技术产业开发区，实行现行的国家高新技术产业开发区的政策。

二、湛江高新技术产业开发区升级后规划面积为15.02平方公里，由三个区块组成……

三、湛江高新技术产业开发区要全面贯彻党的十九大精神，以习近平新时代中国特色社会主义思想为指导……

四、湛江高新技术产业开发区必须严格实施土地利用总体规划和城市总体规划，按规定程序履行具体用地报批手续；必须依法供地，以产业用地为主，严禁房地产开发，合理、集约、高效利用土地资源。

五、要加强领导和管理，积极探索和完善促进高新技术产业发展的生态体系，努力提升湛江高新技术产业开发区发展水平，为贯彻新发展理念、建设现代化经济体系提供有力支撑。

国务院

2018年2月28日

【写作技法简析】

这是一篇指示性批复。此类批复的正文一般在开头部分交代批复引据，应当载明来文机关名称、标题，通常的写法是“你单位关于……的请示收悉”，以此作为批复的引据，引据之后，常用过渡句“现批复如下”“现就……问题答复如下”等提领下文，即批复的具体事项。事项部分不论篇幅长短，都应首先表明态度，即表明同意还是不同意。如系同意，一般情况下不再叙写理由，只是在为了强调某一问题或进而有所需求时，才写出指示性的意见；如不同意，则需写明理由，以使下级机关理解和接受。这篇批复除明确表示“同意湛江高新技术产业开发区升级为国家高新技术产业开发区，定名为湛江高新技术产业开发区，实行现行的国家高新技术产业开发区的政策”外，还就各区块的界址点坐标、面积、范围及相关问题提出明确具体的意见和要求。例文篇幅相对较长，共分为五条，第一条是对请示事项的明确答复，第二条至第四条是对落实措施的具体指示，第五条是进一步提出要求，环环相扣，层次十分清楚。

六、计划类公文

（一）计划

计划是为完成某项工作任务而预先作出打算和安排的文书文体。在未来一定时间或一个阶段内打算做什么，怎么做，预期达到什么样的目标，将这些写成书面材料就是计划。

【例文】

××县安全生产监督管理局
2018年安全生产工作计划

为了认真贯彻落实《中华人民共和国安全生产法》，强化安全生产意识，落实安全生产责任，保障人民群众生产生活安全，为全县创造一个安全稳定的经济发展环境，特拟定2018年安全生产工作计划。

一、指导思想

以习近平新时代中国特色社会主义思想为指针，以党的十九大精神统揽全局，认真贯彻“安全第一，预防为主”的工作方针，以减少安全事故为目标，加强机构队伍和法治建设，突出执法监督，完善责任体系，夯实工作基础，强化专项整治，为全县经济和社会发展提供良好环境。

二、工作目标

降低事故发生率，安全生产事故四项指标同比下降，杜绝责任事故，防止安全生产重特大事故发生。

三、工作重点

1. 进一步搞好道路交通安全……

2. 进一步加强水上交通安全管理，确保汛期安全……

3. 突出抓好煤矿安全管理和非煤矿山安全的整治……

4. 切实抓好消防安全……

5. 切实加强建筑安全管理……

6. 切实抓好危险化学物品及爆炸物品的管理……

7. 切实加强公共卫生安全管理。认真落实突发公共卫生应急条例，建立公共卫生防疫长效机制。切实抓好人畜禽高传染性疾病的防疫，特别是禽流感的防疫。加强食品卫生安全检测，加强食品市场检查，搞好学校食品卫生安全。

四、工作措施

1. 进一步健全和完善安全生产责任制。加强安全生产的督查和管理，继续推行安全生产一把手负责制，实行安全生产目标管理和安全生产一票否决制，各安全生产责任部门要建立健全安全生产各项制度，制定好《重特大安全生产事故应急处理预案》，做到安全生产责任制度和措施落实到位。政府督查室、安监局要会同有关部门对安全生产责任单位进行定期和不定期督查，对安全生产责任单位的工作情况进行通报批评和表彰。

2. 进一步完善安全生产监管体系。切实加强安全生产机构队伍建设。一是开展法律、法规学习和教育，组织执法人员认真学习安全生产政策法规，规范执法行为，提高执法水平。二是切实加强乡镇安监站建设，完善监管体系，健全规章制度，提高队伍素质。三是建立健全事故应急救援和预警体系。对隐患严重、容易发生事故的地区和企业实行安全生产预警，督促有关部门和企业采取紧急措施，防止事故发生。

3. 强化执法监督，创新执法方式。大力推行分类监察、计划监察，正确处理好点和面、质量和数量的关系，努力降低执法成本，提高执法效率，做到年度有计划，季度有重点，月底有检查。对“五一”“十一”“元旦”“春节”以及高温、雨季、冬季等重点特殊时段要做到早部署、早安排，有针对性地开展专项执法检查。

4. 加强隐患排查整治，强化事故责任追究。一是加大安全检查力度，实行重大事故隐患、危险源备案制和台账制，对在各类检查和日常执法监督中发现的重大隐患和危险源，要登记台账备案，隐患不消除，台账不销号。二是把检查与执法结合起来，督促隐患整改。对安全检查中发现的事故隐患要依法下达整改通知书，该停产整顿的要坚决停产整顿，凡是消极对待或顶着不改的，要依法依规严肃处理。三是进一步加大事故查处的力度。严格按照“四不放过”原则，严肃查处每一起事故。

5. 夯实工作基础，建立长效机制。一是加强教育培训，安全教育培训必须坚持经常化、制度化，加强对生产经营单位企业负责人和从业人员的安全培训教育，认真落实从业资格和持证上岗制度，不断提高干部职工的安全意识和自我防护的能力。二是加强信息报送工作。各安全生产责任部门要按照统一要求，及时准确报送事故信息和工作动态，不能瞒报、拖延不报，加强安全生产形势的分析预测，为领导决策提供依据。三是加强执法档案建设。建立健全安全生产执法监督档案，做到一文一档、一案一档，以促进安全生产执法的规范化和程序化。

【写作技法简析】

例文是××县安全生产监督管理局制订的2018年安全生产工作计划。从结构布局上看，全文包含了前言和主体两大部分，没有单独的结尾。在具体写法上，例文先是写了一段简短的序言，交代行文的目的，并用过渡句“特拟定2018年安全生产工作计划”提领下文。主体部分采用并列的结构模式，从指导思想、工作目标、工作重点和工作措施四个方面进行阐述，既有“做什么”，又有“怎样做”，以及“做到什么程度”，内在逻辑关系十分紧密，给人严谨顺畅、圆润缜密之感。特别是对工作重点和工作措施的表述，注重运用撮要表达的技法，率先提炼出段旨句，而后加以具体阐述，表意十分明晰，而这对于确保计划内容的贯彻实施显然是非常重要的。

（二）工作要点

工作要点，顾名思义，就是一个单位在一定时间内工作的主要方面和重要之点，是一种重要的计划类公文。虽然《条例》没有把工作要点列入公文主要种类，但在实践中工作要点应用非常广泛，往往直接关系到一个单位年度工作的开展，所以非常重要。

工作要点的最突出特性在于一个“要”字。这种“要”突出体现为它的内容必须是工作的主要方面，原则性很强；同时在表达手法上更强调简明扼要，篇幅短小精悍。人们通常称它为准计划。

【例文】

2019年全国打击侵犯知识产权和制售假冒伪劣商品工作要点

全面做好2019年全国打击侵犯知识产权和制售假冒伪劣商品工作，要以习近平新时代中国特色社会主义思想为指导，全面贯彻党的十九大和十九届二中、三中全会精神和中央经济工作会议要求，认真落实党中央、国务院决策部署，坚持依法治理、打建结合、统筹协作、社会共治的原则，开展跨部门、跨领域、跨区域联合打假，依法严厉打击侵权假冒违法犯罪。

一、突出问题导向，深化重点领域治理

（一）推进互联网领域侵权假冒治理。加强网络市场监管，严厉打击在线销售侵权假冒商品、虚假广告等违法行为，查办产品质量违法案件。（工业和信息化部、公安部、商务部、海关总署、市场监管总局、林草局、网信办、邮政局按职责分工分别负责）打击网络侵权盗版，组织开展“剑网2019”专项行动，加大网络影视、音乐等领域版权监管。强化对大型网站的版权重点监管。深入开展电子商务领域专利执法维权。（中央宣传部、工业和信息化部、公安部、文化和旅游部、市场监管总局、知识产权局、网信办按职责分工分别负责）强化互联网企业监管，加强基础管理，完善违法违规网站处置流程，严格网络零售第三方平台交易规则备案管理。落实互联网企业主体责任，加快网络信息内容执法体系建设。（中央宣传部、工业和信息化部、公安部、商务部、文化和旅游部、市场监管总局、网信办按职责分工分别负责）

（二）加强农村和城乡接合部市场治理……

（三）统筹进出口环节侵权假冒治理。实施“清风”行动，严厉打击跨境违法犯罪行为。加强陆路运输进出口商品和跨境电子商务商品监管，强化高风险货物和重点航线监控。加强对生产企业以及重要商品集散地和大型专业市场监管，强化国际展会、交易会的知识产权服务和保护。加强知识产权海关保护，开展专项执法行动。（工业和信息化部、公安部、农业农村部、商务部、海关总署、市场监管总局、药监局、知识产权局、网信办、邮政局、贸促会按职责分工分别负责）

（四）完善外商投资企业知识产权保护。着力解决侵犯商业秘密、商标恶意抢注和商业标识混淆不正当竞争、专利侵权假冒、网络盗版侵权等问题，加大惩治力度。（全国打击侵权假冒工作领导小组办公室牵头负责，中央宣传部、知识产权局、公安部、农业农村部、商务部、海关总署、市场监管总局、林草局、高法院、高检院按职责分工负责）

二、坚持依法行政，加大执法监管力度

（五）严格重点产品管理。突出食品、汽车配件、特种设备、半导体等品类，严肃查处质量违法行为，对强制性产品认证目录内产品未经认证违法出厂、销售、进口或其他在经营活动中使用等行为加大查处力度。加强重点领域广告监管，严肃查处虚假违法广告。（市场监管总局牵头负责，有关部门按职责分工负责）严厉打击药品违法行为，开展违法违规经营使用医疗器械专项整治，保障人民群众用械安全。（药监局负责）组织消毒产品国家监督抽检，及时通报违法企业和不合格产品。（国家卫生健康委负责）严厉打击生产销售假冒伪劣铅蓄电池违法行为，严格车用燃油监管，严肃查处生产、销售假劣车用油品、不达标车用尿素以及柴油车污染控制装置弄虚作假、以次充好行为，严厉打击无证无照炼油厂和加油站点。（全国打击侵权假冒工作领导小组办公室牵头，公安部、生态环境部、商务部、市场监管总局等按职责分工分别负责）

（六）加强重点市场监管……

（七）严格寄递环节监管……

（八）打击专利侵权假冒行为……

（九）加强商标专用权及其他商业标识权益的保护……

（十）严格版权保护……

（十一）加强地理标志保护……

（十二）加强植物新品种保护和林草种苗市场监管……

（十三）持续推进软件正版化……

（十四）健全无害化销毁机制……

（十五）查处侵权假冒涉税案件……

（十六）推动区域协作深入开展……

三、强化司法保护，严惩侵权假冒犯罪

（十七）加大刑事打击力度。完善情报导侦，强化线索研判和集约打击。聚焦民生、涉外、公共安全领域，围绕重大、恶性案件，组织专案打击行动。（公安部负责）

（十八）全面履行检察职能。重点办理一批情节严重、影响恶劣的侵权假冒犯罪案件，加强对重点案件、新型案件的研究指导和督办，加强法律监督。（高检院负责）

（十九）深入推进司法改革。完善知识产权审判体制机制，推动知识产权法院及知识产权法庭建设，完善知识产权诉讼制度。加强知识产权审判工作，强化监督和业务指导，公正高效审理侵权假冒案件，对于重复侵权、恶意侵权等行为，依法严厉制裁并加大损害赔偿力度。（高法院负责）

四、实行打建结合，推动长效机制建设

（二十）完善相关法律法规。推动制订修订著作权法、专利法、农产品质量安全法、植物新品种保护条例、消费者权益保护法实施条例。加快相关司法解释政策起草制定工作。（司法部、中央宣传部、发展改革委、工业和信息化部、农业农村部、商务部、海关总署、市场监管总局、广电总局、网信办、林草局、邮政局、药监局、知识产权局、高法院、高检院按职责分工分别负责）开展打击侵权假冒法律体系评估。（全国打击侵权假冒工作领导小组办公室牵头负责）

（二十一）加快信用体系建设。完善全国信用信息共享平台和“信用中国”网站功能，对知识产权（专利）领域严重失信主体开展联合惩戒。（发展改革委、人民银行、知识产权局牵头负责）推动优势征信机构整合归集侵权假冒和产品质量信息，参与相关信用体系建设。（人民银行负责）将因侵权假冒受到行政处罚等涉企信息纳入国家企业信用信息公示系统予以公示。（市场监管总局牵头负责）加强对政府采购违法失信行为记录的曝光和惩戒。（财政部负责）建立健全农资和农产品生产经营主体信用档案，适时发布农资领域失信黑名单。（农业农村部负责）推进商务诚信建设，探索引入信用监管。（商务部负责）加强快递行业诚信体系建设。（邮政局负责）加强对商标抢注、非正常专利申请行为的信用监管。

（知识产权局负责）

（二十二）健全考核评价机制。继续将打击侵权假冒违法犯罪纳入综治工作（平安建设）考评内容，严格执行《健全落实社会治安综合治理领导责任制规定》，加强责任督导和追究。（中央政法委、全国打击侵权假冒工作领导小组办公室按职责分工牵头负责）

（二十三）推进行政执法与刑事司法紧密衔接。健全信息共享、案情通报、案件移送制度，发挥全国打击侵权假冒行政执法与刑事司法衔接信息共享系统作用，规范案件信息管理，建立监管大数据，推动执法协作。（全国打击侵权假冒工作领导小组办公室、高检院牵头负责，中央宣传部、公安部、农业农村部、文化和旅游部、海关总署、市场监管总局、药监局、林草局、知识产权局、高法院按职责分工负责）

（二十四）强化人才队伍建设。开展业务培训，加强业务指导，规范执法行为，打造专业队伍。（全国打击侵权假冒工作领导小组办公室、中央宣传部、公安部、农业农村部、文化和旅游部、海关总署、市场监管总局、药监局、林草局、知识产权局等按职责分工分别负责）加强审判队伍建设，培养专家型检察人才。（高法院、高检院按职责分工分别负责）

（二十五）提升执法监管信息化水平……

五、动员各方力量，构建社会共治格局

（二十六）加大信息公开力度……

（二十七）深化政企合作……

（二十八）发挥行业组织积极作用……

（二十九）优化企业知识产权服务……

（三十）不断强化维权援助机制……

（三十一）积极开展宣传教育……

六、服务开放大局，深化对外交流合作

（三十二）深入开展多双边交流合作……

（三十三）大力加强跨境执法协作……

（三十四）支持企业开展海外维权……

全国打击侵犯知识产权和制售假冒伪劣商品工作领导小组办公室

2019 年 6 月 11 日

【写作技法简析】

这是全国打击侵犯知识产权和制售假冒伪劣商品工作领导小组办公室印发的 2019 年全国打击侵犯知识产权和制售假冒伪劣商品工作要点。全文首先用一个自然段概括交代了该项工作的总体要求，给人留下深刻印象。例文采用撮要分条式，分别从“突出问题导向，深化重点领域治理”“坚持依法行政，加大执法监管力度”“强化司法保护，严惩侵权假冒犯罪”“实行打建结合，推动长效机制建设”“动员各方力量，构建社会共治格局”“服务开放大局，深化对外交流合作”共六个方面加以表述，用以表明要重点“打击”哪些内容以及如何“打击”。六个小标题即六项具体措施，用以引领不同的内容，每项内容之下又分别运用撮要分条式加以展开和延伸，而且细化到具体责任单位，令人得其“要”。这是一篇难得的工作要点写作范例，值得细细品味，从中汲取可资借鉴的方法和技巧。

（三）安排

安排是对未来一个短时期内要做的某一具体工作提出任务要求，作出妥善周密布置的一种计划类公文。它适用于时间较短、范围较小、内容单一、要求具体的短期行为。

【例文】

2019年食品安全重点工作安排

做好2019年食品安全工作，要以习近平新时代中国特色社会主义思想为指导，全面贯彻党的十九大和十九届二中、三中全会精神，认真落实《中共中央　国务院关于深化改革加强食品安全工作的意见》（中发〔2019〕17号），围绕人民群众普遍关心的突出问题，开展食品安全放心工程建设攻坚行动，推动提升食品全链条质量安全保障水平，不断提高人民群众获得感、幸福感、安全感。现就2019年食品安全重点工作作出如下安排：

1. 实施风险评估和标准制定专项行动。完善食品安全标准管理制度，组建新一届食品安全国家标准评审委员会。制修订一批产业发展和监管急需的食品安全基础标准、产品标准、配套检验方法标准。加强食品安全国家标准宣贯培训、跟踪评价。（卫生健康委负责）制定农药残留限量标准1000项、兽药残留标准100项，修订猪肉水分限量国家标准。（农业农村部负责）加强小麦、小麦粉、大豆等粮油标准制修订。（粮食和储备局负责）加强食品安全风险监测评估，推进部门间、地区间风险监测信息共享，提升地方风险评估能力。（卫生健康委、农业农村部、海关总署、市场监管总局、粮食和储备局按职责分工负责）强化农产品生产基地、产地运输车、暂养池、屠宰场等环节监测抽检力度，开展畜禽产品水产品中环境污染物、粮油作物产品生物毒素等安全风险评估。（农业农村部负责）开展食用林产品及产地环境风险监测。（林草局负责）

2. 实施农药兽药使用减量和产地环境净化行动。推进农业绿色生产和节肥节药，抓好畜禽粪污资源化利用。严格农药兽药准入管理，督促落实安全间隔期和休药期制度。实施化肥农药减量增效行动、水产养殖用药减量行动、兽药抗菌药治理行动，遏制农药兽药残留超标问题。重点整治蛋禽违规用药、牛羊肉“瘦肉精”、生猪屠宰注药注水、水产养殖非法添加、农药隐形添加等违法违规行为。按照5年内分期分批淘汰现存的10种高毒农药的目标要求，开展高毒高风险农药淘汰工作。（农业农村部负责）加强农业面源污染治理，强化耕地土壤风险管控与修复。开展涉重金属重点行业企业排查整治，防止重金属等污染物进入农田。（农业农村部、生态环境部按职责分工负责）

3. 实施国产婴幼儿配方乳粉提升行动。鼓励乳制品生产企业建设自控奶源基地，提升婴幼儿配方乳粉的品质、竞争力和美誉度。（发展改革委、工业和信息化部、农业农村部、市场监管总局按职责分工负责）扩大婴幼儿配方乳粉质量安全追溯体系建设试点范围。（工业和信息化部、市场监管总局按职责分工负责）启动新一轮婴幼儿配方乳粉生产企业质量控制体系“三年全覆盖”检查，年内完成检查总数的三分之一。督促企业监测上市产品质量安全状况，主动报告风险，婴幼儿配方乳粉和辅助食品生产企业自查率达到100%。（市场监管总局负责）

4. 实施校园食品安全守护行动。严格落实学校食品安全校长（园长）责任制，保障校园食品安全，防范和减少食源性疾病事件。推行“明厨亮灶”，校园“明厨亮灶”覆盖比例较去年明显提升。逐步实行大宗食品公开招标、集中定点采购，建立学校相关负责人和家长陪餐制度。对学校食堂、学生集体用餐配送单位、校园周边餐饮门店及食品销售单位实行全覆盖监督检查。（教育部、市场监管总局按职责分工负责）

5. 实施农村假冒伪劣食品治理行动。以农村地区、城乡接合部为重点，全面清理食品生产经营主体资格，严厉打击制售“三无”食品、假冒食品、劣质食品、过期食品等违法违规行为，坚决取缔“黑工厂”“黑窝点”和“黑作坊”。规范农村食品流通供应体系，净化农村消费市场，提高农村食品安全保障水平。建立农村食品安全风险隐患排查整治常态化机制。（农业农村部、商务部、公安部、市场监管总局、中华全国供销合作总社按职责分工负责）

6. 实施餐饮质量安全提升行动。推广“明厨亮灶”、餐饮安全风险分级管理，支持餐饮服务企业发展连锁经营和中央厨房，提升快餐、团餐等大众餐饮标准化水平。加强网络销售食品线上监测、线下检查。落实食品销售者、市场开办者、网络销售平台食品安全管理主体责任，网络餐饮服务第三方平台分支机构备案率达到100%。（市场监管总局负责）持续推动餐厨废弃物资源化利用。（发展改革委、工业和信息化部按职责分工负责）

7. 实施保健食品行业专项清理整治行动。严厉打击保健食品欺诈和虚假宣传、虚假广告、传销等违法犯罪行为。开展以老年人识骗、防骗为主要内容的宣传教育活动。大力整

治保健食品市场秩序，严厉查处各种非法销售保健食品行为。（市场监管总局、国务院食品安全委员会相关成员单位按职责分工负责）

8. 实施“优质粮食工程”行动。建立专业化社会化的粮食产后服务体系，完善粮食质量安全检验监测体系，开展“中国好粮油”行动。（财政部、粮食和储备局、各省级人民政府按职责分工负责）严控收购、储存环节粮食质量安全。督促企业加强政策性粮食收购和库存质量安全管理。支持粮食收购企业提升入库粮食质量安全管理能力。（粮食和储备局负责）加强粮食质量安全监测，做好超标粮食处置。（粮食和储备局、各省级人民政府按职责分工负责）

9. 实施进口食品“国门守护”行动。持续推进“进出口食品安全放心工程”，大力打击食品走私，防范进口食品安全风险。推进诚信体系建设，将进出口食品企业纳入海关企业进出口信用管理，联合惩戒严重失信主体。（海关总署、发展改革委、工业和信息化部、公安部、市场监管总局按职责分工负责）

10. 实施“双安双创”示范引领行动。发挥地方党委和政府积极性，总结食品安全示范城市和农产品质量安全县创建活动试点经验，完善工作机制和评估方式，落实属地管理责任和生产经营者主体责任。（国务院食品安全办、农业农村部按职责分工负责）

11. 加强法律法规“立改释”。加快完善办理危害食品安全刑事案件司法解释，健全食品安全犯罪刑事责任追究体系；加快制定关于审理食品安全民事纠纷案件适用法律问题的司法解释，通过落实民事赔偿责任，严肃追究故意和恶意违法者的民事法律责任。（中央政法委、高法院、高检院、公安部、司法部按职责分工负责）加快《农产品质量安全法》《粮食安全保障法》《粮食流通管理条例》等制修订。（司法部、农业农村部、市场监管总局、发展改革委、粮食和储备局按职责分工负责）

12. 对违法行为“处罚到人”。依法严厉处罚违法企业及其法定代表人、实际控制人、主要负责人等直接负责的主管人员和其他直接责任人员，严格落实从业禁止、终身禁业等惩戒措施。发挥打假“利剑”震慑作用，始终保持对食品安全犯罪的高压态势。（中央政法委、高法院、高检院、公安部、司法部、农业农村部、市场监管总局按职责分工负责）

13. 落实食品生产企业主体责任。强化企业生产过程记录核查，落实从原料入厂、生产过程控制、出厂检验、运输销售全过程管理，建立追溯体系。督促食品生产企业开展产品安全自查，大型肉制品生产企业产品自检自控率达到100%。（市场监管总局、工业和信息化部、商务部按职责分工负责）

14. 提高食用农产品质量安全水平。指导龙头企业、农民专业合作社等规模生产经营主体标准化生产。完善农产品标识制度，推动绿色有机地理标志农产品发展。推广应用国家农产品质量安全追溯信息平台，完善原产地追溯制度。（农业农村部负责）推动建立食用农产品合格证制度，强化产地准出与市场准入衔接。（农业农村部、市场监管总局按职责分工负责）

15. 加强食品抽检和核查处置。加大农药兽药残留、微生物污染、重金属残留、生物毒素、有机污染物等项目抽检力度，扩大抽检覆盖面，抽检量接近 4 批次 / 千人。强化不合格食品跟踪抽检核查处置，国家级抽检不合格食品核查处置完成率达到 100%。加强评价性抽检分析和结果应用。（市场监管总局负责）

16. 防范重点区域食品安全风险。加强旅游景区、养老机构、民航、铁路等食品安全管理，加大节假日等重点时段食品安全检查力度。（文化和旅游部、民政部、市场监管总局、民航局、铁路总公司按职责分工负责）摸清地方小作坊、小摊贩、小餐饮“三小”底数，健全档案，完善通用卫生规范和生产加工操作规范。（市场监管总局、各省级人民政府按职责分工负责）

17. 简化准入审批流程。推动实现“一网通办”“掌上办”，推进许可证照电子化应用。对低风险食品及相关产品生产许可，探索推行“先证后查”“自主声明”“公开承诺”，食品经营许可审批时限压缩三分之一。推进保健食品注册备案改革，完善婴幼儿配方乳粉产品配方和特殊医学用途配方食品注册管理。（市场监管总局负责）

18. 创新市场监管方式。落实“双随机、一公开”要求，完善食品安全风险分级管理制度，探索“双随机”抽查、重点检查和飞行检查有机结合的监管模式，对新业态、新产业实行“包容审慎”监管。（市场监管总局负责）发挥社会监督作用，完善投诉举报和奖励机制，鼓励内部知情人举报违法违规行为。（农业农村部、市场监管总局按职责分工负责）推进肉蛋奶和白酒生产企业、集体用餐单位、农村集体聚餐、大宗食品配送单位、中央厨房和配餐单位主动购买食品安全责任保险，发挥保险他律和风险分担作用。（市场监管总局、银保监会按职责分工负责）

19. 加强科技支撑和信息化建设。实施“食品安全关键技术研发”重点专项。加快“食品安全云服务平台”建设，为食品安全社会共治共享提供信息支撑。推进“互联网 + 食品”监管，重点运用大数据、云计算、物联网、人工智能、区块链技术，建立重点食品追溯协作平台，发挥“智慧监管”作用，提高食品安全风险管理能力。（科技部、工业和信息化部、农业农村部、卫生健康委、海关总署、市场监管总局按职责分工负责）

20. 加强科普宣传和教育引导。加强食品安全舆情监测和舆论引导，加大科普宣传力度，引导公众提高食品安全认知水平，增强公众消费信心。组织开展全国食品安全宣传周活动。（中央宣传部、中央网信办、市场监管总局、中国科协按职责分工负责）加强对食品企业和从业人员法治宣传，以案释法、以案普法，不断增强尊法守法意识、诚信意识。（司法部、农业农村部、市场监管总局按职责分工负责）开展学校食品安全与营养健康教育，培养学生健康观念和健康生活方式。（教育部负责）

21. 落实食品安全责任制。贯彻地方党政领导干部食品安全责任制规定，压实地方党政领导干部食品安全责任。落实党中央关于解决形式主义突出问题为基层减负的要求，完善评议考核方式方法，将考核结果作为地方领导班子和领导干部奖惩和使用、调整的重要参考。强化各级食品安全委员会及其办公室的统筹协调作用，健全部门协调联动工作机制。（国务院食品安全办及国务院食品安全委员会成员单位、各省级人民政府按职责分工负责）依法依规制定地方食品安全监管事权清单。建立健全容错纠错机制，对做出突出贡献的单位和个人，按照有关规定给予表彰奖励。对没有履行职责的，按照有关规定严肃问责。各地区年底前向党中央、国务院报告食品安全工作情况。（各省级人民政府负责）

国务院食品安全委员会

2019 年 5 月 30 日

【写作技法简析】

这份工作安排写得很有特色。开篇用一个自然段交代了制定安排的缘由和背景情况，并以过渡句“现就 2019 年食品重点安全工作作出如下安排”递进到 2019 年食品安全工作主要任务和有关要求的叙写。例文对主要任务的表述，采用条段贯通式，紧紧围绕“加强食品安全”这一主题概括列出 21 个方面的内容事项，每个项目内容集中，责任到位，阐述得十分具体明确，对有关措施要求的表述也是如此，给人清晰深刻的印象，便于贯彻落实。在写作技巧上，全文采用条段贯通式，连贯顺畅，易于理解和执行。

（四）规划

规划是各级领导机关为实现总体目标，根据战略方针，对某个地区或某项事业等作出长远战略部署的一种计划类公文，如社会发展远景规划、国民经济建设规划、科研发展规划等。制定规划，是战略研究、战略发展的继续，要定方向、定规模，描绘蓝图，展望远景。

【例文】

安全生产“十三五”规划

为贯彻落实党中央、国务院关于加强安全生产工作的决策部署，根据《中华人民共和国安全生产法》等法律法规和《中华人民共和国国民经济和社会发展第十三个五年规划纲要》，制定本规划。

一、面临的形势

（一）新进展。

“十二五”期间，党中央、国务院高度重视、大力加强和改进安全生产工作，推动经济社会科学发展、安全发展。党的十八大以来，习近平总书记作出一系列重要指示，深刻阐述了安全生产的重要意义、思想理念、方针政策和工作要求，强调必须坚守发展决不能以牺牲安全为代价这条不可逾越的红线，明确要求“党政同责、一岗双责、齐抓共管、失职追责”。李克强总理多次作出重要批示，强调要以对人民群众生命高度负责的态度，坚持预防为主、标本兼治，以更有效的举措和更完善的制度，切实落实和强化安全生产责任，筑牢安全防线。习近平总书记和李克强总理的重要指示批示，为我国安全生产工作提供了新的理论指导和行动指南。各地区、各有关部门和单位坚决贯彻落实党中央、国务院决策部署，进一步健全安全生产法律法规和政策措施，严格落实安全生产责任，全面加强安全生产监督管理，不断强化安全生产隐患排查治理和重点行业领域专项整治，深入开展安全生产大检查，严肃查处各类生产安全事故，大力推进依法治安和科技强安，加快安全生产基础保障能力建设，推动了安全生产形势持续稳定好转，全面完成了安全生产“十二五”规划目标任务。全国生产安全事故总量连续5年下降，2015年各类事故起数和死亡人数较2010年分别下降22.5%和16.8%，其中重特大事故起数和死亡人数分别下降55.3%和46.6%。

（二）新挑战。

“十三五”时期，我国仍处于新型工业化、城镇化持续推进的过程中，安全生产工作面临许多挑战。一是经济社会发展、城乡和区域发展不平衡，安全监管体制机制不完善，全社会安全意识、法治意识不强等深层次问题没有得到根本解决。二是生产经营规模不断扩大，矿山、化工等高危行业比重大，落后工艺、技术、装备和产能大量存在，各类事故隐患和安全风险交织叠加，安全生产基础依然薄弱。三是城市规模日益扩大，结构日趋复杂，城市建设、轨道交通、油气输送管道、危旧房屋、玻璃幕墙、电梯设备以及人员密集场所等安全风险突出，城市安全管理难度增大。四是传统和新型生产经营方式并存，新工艺、新装备、新材料、新技术广泛应用，新业态大量涌现，增加了事故成因的数量，复合型事故有所增多，重特大事故由传统高危行业领域向其他行业领域蔓延。五是安全监管监察能力与经济社会发展不相适应，企业主体责任不落实、监管环节有漏洞、法律法规不健全、执法监督不到位等问题依然突出，安全监管执法的规范化、权威性亟待增强。

（三）新机遇。

“十三五”时期，安全生产工作面临许多有利条件和发展机遇。一是党中央、国务院高度重视安全生产工作，作出了一系列重大决策部署，深入推进安全生产领域改革发展，为安全生产提供了强大政策支持；地方各级党委政府加强领导、强化监管，狠抓安全生产责任落实，为安全生产工作提供了有力的组织保障。二是随着“四个全面”战略布局持续推进，五大发展理念深入人心，社会治理能力不断提高，全社会文明素质、安全意识和法治观念加快提升，安全发展的社会环境进一步优化。三是经济社会发展提质增效、产业结构优化升级、科技创新快速发展，将加快淘汰落后工艺、技术、装备和产能，有利于降低安全风险，提高本质安全水平。四是人民群众日益增长的安全需求，以及全社会对安全生产工作的高度关注，为推动安全生产工作提供了巨大动力和能量。

二、指导思想、基本原则和规划目标

（一）指导思想。

全面贯彻党的十八大和十八届三中、四中、五中、六中全会精神，深入学习贯彻习近平总书记系列重要讲话精神，认真落实党中央、国务院决策部署，紧紧围绕统筹推进“五位一体”总体布局和协调推进“四个全面”战略布局，弘扬安全发展理念，遵循安全生产客观规律，主动适应经济发展新常态，科学统筹经济社会发展与安全生产，坚持改革创新、依法监管、源头防范、系统治理，着力完善体制机制，着力健全责任体系，着力加强法治建设，着力强化基础保障，大力提升整体安全生产水平，有效防范遏制各类生产安全事故，为全面建成小康社会创造良好稳定的安全生产环境。

（二）基本原则。

改革引领，创新驱动。坚持目标导向和问题导向，全面推进安全生产领域改革发展，加快安全生产理论创新、制度创新、体制创新、机制创新、科技创新和文化创新，推动安全生产与经济社会协调发展。

依法治理，系统建设。弘扬社会主义法治精神，坚持运用法治思维和法治方式，完善安全生产法律法规标准体系，强化执法的严肃性、权威性，发挥科学技术的保障作用，推进科技支撑、应急救援和宣教培训等体系建设。

预防为主，源头管控。实施安全发展战略，把安全生产贯穿于规划、设计、建设、管理、生产、经营等各环节，严格安全生产市场准入，不断完善风险分级管控和隐患排查治理双重预防机制，有效控制事故风险。

社会协同，齐抓共管。完善“党政统一领导、部门依法监管、企业全面负责、群众参与监督、全社会广泛支持”的安全生产工作格局，综合运用法律、行政、经济、市场等手段，不断提升安全生产社会共治的能力与水平。

（三）规划目标。

到 2020 年，安全生产理论体系更加完善，安全生产责任体系更加严密，安全监管体制机制基本成熟，安全生产法律法规标准体系更加健全，全社会安全文明程度明显提升，事故总量显著减少，重特大事故得到有效遏制，职业病危害防治取得积极进展，安全生产总体水平与全面建成小康社会目标相适应。

专栏1 “十三五”安全生产指标

序号	指标名称	降幅
1	生产安全事故起数	10%
2	生产安全事故死亡人数	10%
3	重特大事故起数	20%
4	重特大事故死亡人数	22%
5	亿元国内生产总值生产安全事故死亡率	30%
6	工矿商贸就业人员十万人生产安全事故死亡率	19%
7	煤矿百万吨死亡率	15%
8	营运车辆万车死亡率	6%
9	万台特种设备死亡人数	20%

注：降幅为2020年末较2015年末下降的幅度

三、主要任务

（一）构建更加严密的责任体系。

1. 强化企业主体责任……

2. 落实安全监督管理责任……

3. 严格目标考核与责任追究……

（二）强化安全生产依法治理。

1. 完善法律法规标准体系。

加强安全生产立法顶层设计，制定安全生产中长期立法规划，增强安全生产法制建设的系统性。建立健全安全生产法律法规立改废释并举的工作协调机制，实行安全生产法律法规执行效果评估制度。加强安全生产与职业健康法律法规衔接融合。加快制修订社会高度关注、实践急需、条件相对成熟的重点行业领域专项和配套法规。加强安全生产地方性法规建设，推动将生产经营过程中极易导致重特大生产安全事故的违法行为纳入刑事追究范围，提高违法成本。完善安全生产法律法规解读、公众互动交流信息平台，健全普法宣传教育机制。

专栏2　安全生产法律法规制修订重点
推动危险化学品安全法、安全生产法实施条例、生产安全事故应急条例、高危粉尘作业与高毒作业职业卫生监督管理条例、电梯安全条例等制定工作，以及矿山安全法、道路交通安全法、海上交通安全法、消防法、铁路法、安全生产许可证条例、煤矿安全监察条例、烟花爆竹安全管理条例、生产安全事故报告和调查处理条例、道路交通安全法实施条例、内河交通安全管理条例、水库大坝安全管理条例等修订工作。

建立以强制性标准为主体、推荐性标准为补充的安全生产标准体系。根据安全生产执法结果、事故原因分析和新工艺技术装备应用等情况，及时制修订相关技术标准。鼓励有条件的地区、协会、企业率先制定新产品、新工艺、新业态的安全生产技术标准。支持企业制定高于国家、行业、地方标准的安全生产标准。建立与“一带一路”沿线国家安全生产标准的对标衔接机制。

专栏3　安全生产标准制修订重点
煤矿、非煤矿山、危险化学品、金属冶炼、新型煤化工、高铁运输、城市轨道交通、海洋石油、太阳能发电、地热发电、海洋能发电、城市地下综合管廊、安全防护距离、交通安全设施、个体防护装备、页岩气和煤层气开发、重大事故隐患判定、安全风险分级管控、职业病危害控制、安全生产应急管理、粉尘防爆、化工新工艺准入、油气输送管网建设与运行、风电建设与运行、人工影响天气作业等方面的安全生产标准。

2. 加大监管执法力度……

3. 健全审批许可制度……

4. 提高监管监察执法效能……

（三）坚决遏制重特大事故。

加快构建风险等级管控、隐患排查治理两条防线，对重点领域、重点区域、重点部位、重点环节和重大危险源，采取有效的技术、工程和管理控制措施，健全监测预警应急机制，切实降低重特大事故发生频次和危害后果，最大限度减少人员伤亡和财产损失。

煤矿：依法推动高瓦斯、煤与瓦斯突出、水文地质条件复杂且不清、冲击地压等灾害严重的不安全矿井有序退出。完善基于区域特征、煤种煤质、安全生产条件、产能等因素的小煤矿淘汰退出机制。新建、改扩建、整合技改矿井全面实现采掘机械化。优化井下生产布局，减少井下作业人员。推进煤矿致灾因素排查治理。强化煤矿安全监测监控和瓦斯超限风险管控，优先推行瓦斯抽采、区域治理，促进煤矿瓦斯规模化抽采利用。构建水害防治工作体系，落实“防、堵、疏、排、截”五项综合治理措施，提升基础、技术、现场和应急管理水平。强化煤矿粉尘防控，推进煤矿粉尘“抑、减、捕”等源头治理。加强对爆炸性粉尘的管理和监测监控，严格对明火、自燃及机电设备等高温热源的排查管控，杜绝重大灾害隐患的牵引叠加。推动企业健全矿井风险防控技术体系，建立矿井重大灾害预警、设备故障诊断系统。

专栏4　煤矿重大灾害治理重点
瓦斯：通风系统不完善、不可靠，抽采系统能力不足，瓦斯治理不到位，防突措施不落实，瓦斯超限作业，监控系统功能不全等。
水害：水文地质条件不清，探放水未落实“三专”（专业人员、专用设备、专门队伍）要求，承压水超前治理不到位，未按规定留设或开采防隔水煤柱等。
冲击地压：冲击地压矿井采掘布局不合理，未进行冲击地压预测预报，未有效实施解危措施等。
粉尘：粉尘防控体系落实不到位，粉尘检测检验和防治标准不健全，粉尘监测监控系统不完善，粉尘防治技术措施实施不到位等。

非煤矿山……

危险化学品……

专栏5　危险化学口事故防范重点
重点部位：化学口仓储区、城镇区内化学品输送管线、油气站等易燃剧毒设施；大型石化、煤化等生产装置；国家重要油气储运设施等重大危险源。 重点环节：动火、受限空间作业、检维修、设备置换、开停车、试生产、变更管理。

烟花爆竹……

工贸行业……

专栏6　工贸行业事故防范重点
粉尘涉爆：除尘系统、作业场所积尘。 金属冶炼：高温液态金属吊运、冶金煤气。 涉氨制冷：快速冻结装置、氨输接蒸发制冷空调系统。

道路交通……

专栏7　道路义勇事故防范重点
重点管控的车辆类型：危险货物运输车辆、长途客车、旅游包车、校车、重型载货汽车、低速载货汽车和面包车。 事故防范的重点路段：急弯陡坡、临水临崖、连续下坡、团雾多发路段，隧道桥梁，“公跨铁”立交、平交道口。

城市运行安全……

消防……

建筑施工……

专栏8　建筑施工事故防范重点
重点部位：大跨度桥梁及复杂隧道、高边坡及高挡墙、高架管线、围堰等。 关键环节：基坑支护及降水工程、结构拆除、土石方开挖、脚手架及模板支撑、起重吊装及安装拆卸工程、爆破拆除等。

水上交通……

渔业船舶……

特种设备……

民用爆炸物品……

电力……

铁路交通……

民航运输……

农业机械……

（四）推进职业病危害源头治理。

1. 夯实职业病危害防护基础……

2. 加强作业场所职业病危害管控……

3. 提高防治技术支撑水平……

（五）强化安全科技引领保障。

1. 加强安全科技研发。

制定安全生产科技创新规划，建立政府、企业、社会多方参与的安全技术研发体系……

2. 推动科技成果转化……

3. 推进安全生产信息化建设……

（六）提高应急救援处置效能。

1. 健全先期响应机制。

建立企业安全风险评估及全员告知制度。完善企业、政府的总体应急预案和重点岗位、重点部位现场应急处置方案。加强高危企业制度化、全员化、多形式的应急演练，提升事故先期处置和自救互救能力。推动高危行业领域规模以上企业专兼职应急救援队伍建设及应急物资装备配备。建设应急演练情景库，开展重特大生产安全事故情景构建。建立企业内部监测预警、态势研判及与政府、周边企业的信息通报、资源互助机制。落实预案管理及响应责任，加强政企预案衔接与联动。建立应急准备能力评估和专家技术咨询制度。

2. 增强现场应对能力。

完善事故现场救援统一指挥机制，建立事故现场应急救援指挥官制度。建立应急现场危害识别、监测与评估机制，规范事故现场救援管理程序，明确安全防范措施。推进安全生产应急救援联动指挥平台建设，强化各级应急救援机构与事故现场的远程通信指挥保障。加强应急救援基础数据库建设，建立应急救援信息动态采集、决策分析机制。健全应急救援队伍与装备调用制度。建立京津冀、长江经济带、泛珠三角、丝绸之路沿线等地区应急救援资源共享及联合处置机制。

3. 统筹应急资源保障。

加快应急救援队伍和基地建设，规范地方骨干、基层应急救援队伍建设及装备配备，加强配套管理与维护保养。健全安全生产应急救援社会化运行模式，培育市场化、专业化应急救援组织。强化安全生产应急救援实训演练，提高安全生产应急管理和救援指挥专业人员素养。完善安全生产应急物资储备与调运制度，加强应急物资装备实物储备、市场储备和生产能力储备。

……

（七）提高全社会安全文明程度。

1. 强化舆论宣传引导……

2. 提升全民安全素质……

3. 大力倡导安全文化……

四、重点工程

（一）监管监察能力建设工程……

（二）信息预警监控能力建设工程……

（三）风险防控能力建设工程……

（四）职业病危害治理能力建设工程……

（五）城市安全能力建设工程……

（六）科技支撑能力建设工程……

（七）应急救援能力建设工程……

（八）文化服务能力建设工程……

五、规划实施保障

（一）落实目标责任……

（二）完善投入机制……

（三）强化政策保障……

（四）加强评估考核……

【写作技法简析】

这篇《安全生产“十三五”规划》的突出特点表现为内容全面、完整，富有科学性和可行性；结构安排严谨有序；用语准确精练。安全生产涉及的领域很多，如煤矿、道路交通、非煤矿山、危险化学品、烟花爆竹、建筑施工、特种设备、工贸行业等，将如此众多行业的安全生产问题集于一篇规划之中，如果作者没有全面细致的调查研究、没有高超的布局谋篇技巧和驾驭语言的能力，是很难担此重任的。从总体上看，这篇规划由面临的形势，指导思想、基本原则和规划目标，主要任务三大部分组成。其中，第一部分交代了安全生产“十三五”规划面临的形势，提出了新进展、新机遇、新挑战；第二部分占用重头篇幅，并列阐述了指导思想、基本原则和规划目标三项内容；第三大部分为“主要任务”，是全文的重心所在。各项内容虚实相映，互为补充，既明确了“做什么”，又交代了“怎么做”“做到什么程度”，内在逻辑结构十分严谨，体现出了规划文种的基本写作原则和要领。此外，对于“主要任务”的表述，注重以撮要句提领，使任务事项十分明晰，便于掌握和贯彻执行。特别是将相关内容事项以专栏的形式反映出来，既明确集中，又醒目直观。

（五）规则

规则是各级党政机关、群团组织和企事业单位为确保工作和生产的顺利进行而制定的要求有关人员遵守执行的一种计划类公文，具有较强的约束力，而且具有较强的业务特色，便于贯彻执行。

【例文】

厦门市多规合一业务协同平台运行规则

（厦门市人民政府 2017 年 9 月 14 日通过）

第一章 总 则

第一条 为进一步规范多规合一业务协同平台运行，完善空间规划体系“一张蓝图”运用，提高建设项目前期策划生成工作效率，根据《厦门经济特区多规合一管理若干规定》《厦门市建设项目生成管理办法》等规定，制定本规则。

第二条 多规合一业务协同平台（以下简称协同平台）是以空间战略规划为引领，实现国民经济和社会发展规划、城乡规划、土地利用总体规划、环境保护规划等涉及空间的各类规划相互衔接、相互协调及规划信息共享共用，支持各部门业务协同办理的工作平台。

第三条 协同平台的运行遵循“便捷、高效、规范、透明、共享”原则。

第四条 本规则适用于全市空间规划体系“一张蓝图”的协同管理，全市新建、改扩建项目业务协同和策划生成，以及市多规办各成员单位根据多规合一相关业务需要开展的部门意见征集。

需上报国家、省审批，特殊重大项目或涉及军事、保密的建设项目，不适用本规则，按有关规定执行。

第五条 需提交市一级议事会议（市土管办、土管会、规委办、规委会等）研究、纳入财政投融资的项目，原则上均应纳入协同平台进行项目策划。

各部门在协同平台上传的意见应为本部门的正式意见，作为后续项目审批的依据，各部门后续审批意见原则上不得与先前策划时在协同平台上提出的意见相抵触。

各部门应在规定的时限内反馈明确意见，逾期未反馈的视为无意见，办理流程到期自动收回。

第六条 市多规合一工作领导小组办公室（以下简称市多规办）负责协同平台的建设维护、运行管理、协调监督，负责空间战略规划编制的有关协调工作，负责组织开展涉及空间的规划审查、协调，负责项目相关业务协同制度的制定、协调、管理及督办，负责对区多规合一工作的指导、协调和监督检查。

各区应相应成立多规合一工作领导小组办公室，负责本区多规合一工作和项目相关的协调、管理、监督工作，制定本区多规办工作流程。

第七条 市规划委负责协同平台日常运行的监管、维护及统计分析。

市发改委、市经信局、市国土房产局分别牵头负责划拨用地、工业用地、经营性用地、涉及农转用和土地征收的储备用地项目在协同平台上的统筹运行。

除以上四类项目以外，未明确牵头部门的计划外新增项目按照首办负责制原则，谁发起、谁牵头、谁落实。

第八条　……

第九条　……

第十条　……

第二章　“一张图”信息保障及更新操作规程

……

第三章　项目空间实施规划和储备管理

第十六条　项目空间实施规划和储备是项目生成的空间指引和项目启动的工作基础。

项目空间实施规划和储备管理工作包括制定近期建设规划（规划期与国民经济和社会发展规划一致）、年度项目空间实施规划和建立近期建设规划储备库、年度项目空间实施规划储备库。

储备库按照供地方式，实行划拨用地项目、经营性用地项目、工业用地项目和储备用地项目分类管理。纳入年度项目空间实施规划储备库的项目优先予以启动策划生成。

第十七条　项目空间实施规划和储备管理由市多规办牵头负责。各行业主管部门、片区指挥部、区政府、管委会均可发起项目纳入近期建设规划储备库。

各部门发起项目时，应提出项目意向建设内容、建设规模及规划、意向选址、初估投资、项目性质（划拨用地、经营性用地、工业用地、储备用地）等初步指标。

第十八条　近期建设规划应对接城市总体规划、国民经济和社会发展五年规划等规划目标要求，统筹五年期间厦门市城市空间发展和土地资源利用，确定重点项目建设布局及安排。年度项目空间实施规划需明晰年度城市发展方向、目标指标、用地储备指引，明确年度发展的重点片区、全市统筹的重大建设项目，以年度目标指标为导向，以补城市功能短板、优化城市用地布局、推动城市集聚配套为重点，策划提出符合空间实施规划的具体项目，并初步落实用地情况。

项目用地情况初步落实包括是否符合城市总体规划，是否需要控规调整，是否符合土地利用总体规划，是否涉及农转用，是否符合征拆工作进展，是否符合其他专项规划。

第十九条　由市多规办牵头，各行业主管部门、片区指挥部、区政府、管委会协同，在当年度组织开展下一年度项目空间实施规划的编制工作。

……

第二十条　……

第二十一条 ……

第二十二条 ……

第四章 划拨用地项目策划生成规程

第二十三条 划拨用地项目包括市级财政投融资项目、区级财政投融资项目、片区指挥部项目以及其他企业投资但符合划拨用地目录的项目。

第二十四条 行业主管部门、片区指挥部、管委会牵头，对拟启动项目开展初步研究，提出初步方案，形成启动项目策划的书面文件并附上项目启动计划，经市发改委提交协同平台。

项目启动计划，应明确：项目选址意向（含所有界址点坐标）、初步建设内容、建设规模、主要技术方案、初估投资等指标（相当于预可行性研究深度）、业主（代建）单位、联系人、联系电话。

第二十五条 市规划委接收到市发改委推送的项目启动信息后，应于5个工作日内（未纳入年度项目空间实施规划储备库的项目可延长至10个工作日）核对项目建设条件并完成规划预选址（含边界图），并根据项目具体情况和需要，推送至国土、环保、海洋、市政园林、水利、经信等部门和各区政府，核实用地空间等建设条件。

各区、各部门应在收到推送信息后5个工作日内（未纳入年度项目空间实施规划储备库的项目可延长至10个工作日），通过协同平台反馈核实意见，逾期未反馈的视为对项目建设无异议，在审批过程中不得再提出本部门的行业规划及建设条件方面的审批意见。

各部门反馈意见应明确：项目建设条件与年度项目空间实施规划的区别，是否会影响项目推进；提出项目应满足的行业指标或行业要求；涉及办理规划调整、农转征、林转用的，应写明规划调整进展并明确手续办理的途径、时间、联系人。各区政府应就土地房屋征收、历史风貌建筑、民风民俗等方面反馈意见。

第二十六条 市规划委综合各部门意见后，应在2个工作日内反馈综合意见，明确选址和建设条件核实意见，推送至市发改委。

若各区、各部门的核实意见存在分歧或否定性意见，由市规划委牵头进行协调。经协调达成一致意见并调整符合项目建设条件的，由市规划委按程序推送市发改委。未能通过协调的项目返回项目储备库。

第二十七条 市发改委接收到市规划委推送的建设条件核实信息后，应在5个工作日内下达项目前期工作计划，并提交协同平台。至此，项目策划生成工作的前期工作计划阶段办结，项目进入策划生成工作的可行性研究阶段。

市发改委正式下达前期工作计划前，应与市规划委配合按国家投资在线审批监管平台要求对项目进行赋码，项目进入审批阶段后以此项目编码进行各项审批申报工作。原则上赋码后的项目名称不再更改。

暂不下达计划的项目，市发改委应在协同平台上备注原因并将项目返回项目储备库。

前期工作计划应明确项目名称、项目编码、建设内容及规模、项目责任部门、业主单位等内容。

第二十八条　前期工作计划下达后，相关部门及业主单位应立即启动项目报建、勘察设计招投标、可行性研究（或方案设计）及各专项报告编制等工作。可行性研究（或方案设计）编制时限不超过 35 个工作日（不含咨询单位采购或设计单位招标时间），涉及重大、特大项目的可适当延长。可行性研究（或方案设计）编制过程中，项目行业主管部门应加强指导和督促，根据需要提请市发改委牵头召开可行性研究方案编制协调会，沟通协调设计方案。

……

第五章　经营性用地项目策划生成规程

……

第四十二条　市土总应在 5 个工作日内向市规划委申请编制规划条件，市规划委应在 10 个工作日内出具规划条件。市土总在收到规划条件后，5 个工作日内完成土地出让方案的编制工作，并按程序报市土管会审议。

经市政府批准的项目，由市土总负责完成出让方案请示件的报批并组织实施出让工作。

第四十三条　经市政府批准拟实施出让的项目，在项目出让后由市土总负责按国家投资在线审批监管平台要求对项目进行赋码，项目进入审批阶段后以此项目编码进行各项审批申报工作。

第六章　工业用地项目策划生成规程

第四十四条　工业项目由各区政府、各片区指挥部、管委会从年度空间实施规划储备库中提取项目发起。

第四十五条　以年度空间实施规划储备库为主要依据，由发起单位对列入储备库的项目进行协调，由相关职能部门开展农转用、征地拆迁、收储、土壤环境调查评估，与意向客户商谈招商条件等前期工作，落实项目条件。

第四十六条　条件成熟的项目，由发起单位将项目信息同步推送给市经信局、市规划委、市国土房产局、市环保局、项目属地区政府进行审查。项目信息应包括招商情况、初步选址、意向规划指标、竞买资格条件、转让条件、产值及税收要求、投资计划等情况。

……

第四十七条 发起单位向市规划委申请编制规划条件，市规划委应在10个工作日内出具规划条件。发起单位在收到规划条件后编制出让方案提交市土总，由市土总按程序将出让方案报市土管会审议。

经市政府批准的项目，由市国土房产局负责完成出让方案请示件的报批并组织实施出让工作。

第四十八条 经市政府批准拟实施出让的项目，在项目出让后由市国土房产局负责按国家投资在线审批监管平台要求对项目进行赋码，项目进入审批阶段后以此项目编码进行各项审批申报工作。

第七章 涉及农转用和土地征收的储备用地策划生成规程

第四十九条 收储用地业主根据年度空间实施规划储备库中的项目，提出收储用地农转用项目计划，推送协同平台。

第五十条 收储用地农转用审核报批策划生成流程：

……

第八章 监督管理

第五十一条 各责任单位负责对本部门在协同平台的工作进行监督检查，督促承办人员按期办理；对无法协调解决或涉及两个以上审批责任部门的问题，及时向牵头部门或市多规办提出协调申请。

市多规办负责建立协同平台管理和监督考核机制，负责对“一张图”及建设项目策划生成进行日常协调监督，对协同平台上各项工作实行亮灯预警、催办，建立日常督查、协调台账。

第五十二条 业务协同平台向效能督查部门的行政审批电子监察系统开放接口。市效能督查办根据在线实时监控及市多规办日常督查中发现的问题开展调查，对存在责任问题的相关单位和人员进行绩效扣分和效能问责。

第五十三条 有关行政部门及其工作人员有下列行为之一的，由监察部门或者有关单位按照管理权限予以效能问责：

……

第九章 附 则

第五十四条 本规则由厦门市多规合一工作领导小组办公室负责解释。

第五十五条 本规定自公布之日起实施。

【写作技法简析】

这篇规则全文分 9 章 55 条，其中第一章为总则，就规则的制定依据、指导思想和准则等作出说明；第二章至第八章为分则，分别就“一张图”信息保障及更新操作规程、项目空间实施规划和储备管理、划拨用地项目策划生成规程、经营性用地项目策划生成规程、工业用地项目策划生成规程、涉及农转用和土地征收的储备用地策划生成规程、监督管理等方面的事项作出明确规定，内容全面、完整，具有很强的逻辑性和规范性，便于贯彻落实。从结构布局上看，全文采用章条款分列式，章下分条，各条之间一气贯通，内在逻辑关系严谨顺畅，是规则写作的典范之作。最后一章为附则，交代规则的解释权限单位及实施日期。

七、总结类公文

（一）总结

总结是对以往的工作进行回顾，找出经验和教训，上升为规律性的东西，以利于今后发扬成绩，克服不足，进一步推动工作向前开展的一种公文。

【例文】

2017 年春季交易会 ×× 市纺织品交易团调研工作总结

在今年春季交易会上，我纺织品交易团重视调研工作，组成工贸结合的调研组，调研人员通过业务洽谈和召开专题座谈会进行调研，取得了一些成绩。现将工作情况总结如下。

一、本届交易会调研工作取得的成绩

（一）通过调研，基本上弄清了当前纺织品市场情况、供求关系、价格水平，对搞好本届交易会的业务成交起了良好的作用。

（二）通过调研，对于当前和今年下半年纺织品市场供求关系和价格趋势较前有更为明确的认识，有利于完成全年的经营计划，为领导确定经营决策、制定措施提供了参考。

（三）对一些重点市场和重点商品的产、销、存等情况进行了调研，积累了资料，有利于今后进行系统研究。

（四）调查了解国外纺织品和服装的品种、花色、款式、后处理等方面的流行趋势及用户对我厂产品的反映，提供给我生产部门，以便改进生产，使我产品适合国外市场需要，扩大纺织品出口。

二、本届交易会调研工作的经验和体会

（一）领导重视，调动调研员的积极性，是搞好调研工作的保证，还须不断地强调和宣传搞好调研工作的重要性。

（二）本届交易会采用工贸结合的调研组织方式，是可行的较好的方式，只要加强统一领导，互相配合通气，工贸双方既可分头活动，也可合作活动。

（三）调研中要注意不断提高调研工作的质量，不仅要及时反映情况，还要在一定时间内进行分析研究，提出意见看法。调研期间，可分阶段进行，前半段应着重调研当前市场和价格，为本届交易会工作服务；后半段应着重调研趋势，为今后工作服务。

（四）调研会是进行调研的好方法，今后可多搞一些专题性的商家座谈会和业务员座谈会。

三、存在的问题和建议

（一）工作中调查多，分析研究少。在编印的简报中，介绍商家的反映多，而经过分析拿出我们的看法、建议少。调查偏重于商品，对地区市场情况缺乏系统归纳分析，拿不出有价值的意见。

（二）建议今后在交易会前，各有关公司都应提出本公司的调研提纲，以便调研组及时制定反映实际要求的调研方案。

【写作技法简析】

这是一则简单的专题总结，是针对某次纺织品交易会而形成的体会。整个总结的结构完整，共包括两部分内容。开头部分陈述对交易会调研的经过，便于读者了解事项的大概情况，起到了综括的作用。主体部分又分为三方面内容，包括取得的成绩、体会和经验以及存在的问题和建议。这篇专题总结在写法上非常符合思考问题的程序，思路清晰，使阅者理解顺畅、自然。先说成绩，是参加交易会后得出的条理性的实际收获，是现实的，可感的；然后是经验和体会，是对成绩的进一步分析和挖掘，是把取得成绩的结果从更深的层次加以提炼，是精神收获；最后是存在的问题和建议，是事后对整个调研工作的进一步思考，体现了解决问题的系统性和阶段性，是对上述内容的深化和完善。

（二）述职报告

述职报告是介于讲话稿和工作总结之间的一种公文，是各级机关、团体、企事业单位的法定代表人或者主要负责人向上级机关和群众汇报本单位履行岗位职责的总结性的文字材料。个人所写的述职报告，不在本书列述范围之内。

【例文】

2015年度领导班子集体述职报告

按照市局考核组的要求，现将我单位2015年度的主要工作情况作一简要述职。

2015年，警察协会能够认真贯彻落实市局党委和有关主管部门的指示精神，本着求真务实、开拓创新的原则，扎实推进协会的各项工作，在公安理论研究、会刊创办以及协会自身建设等方面取得了跨越式进展，得到了上级主管部门和市局主管领导的充分肯定，受到了各理事单位和广大会员的好评。归结起来，我们主要做了以下几项工作。

一、认真开展公安理论调研工作，不断推出新的成果

组织开展公安理论研究是警察协会的一项重要任务。公安理论研究是公安工作、队伍建设和科技强警战略的重要组成部分，是公安工作的基础和公安事业长远发展的先导。搞好公安理论研究和警学交流是警察协会的重要职责所在，是服务于公安工作大局的具体体现。一年来，按照市局党委赋予的组织协调公安理论研究工作的职责和《××市警察协会章程》的规定，协会严格遵循"通过对公安重大理论与实践课题的研究，为全市公安工作服务，为维护社会稳定和发展服务"的宗旨，积极推进公安理论研究活动，进一步开创公安理论研究的新局面。7月10日，在曹妃甸区公安局的大力支持与协助下，协会在曹妃甸组织召开了全市公安机关第三届警学理论研讨会。为了推广我市警学理论研究工作的先进经验，省警察协会三届六次理事会与我市警学理论研讨会同时召开，这在警察协会的历史上还是第一次，它说明了我市警学理论研究工作已经走在了全省各市警察协会的前面，具有引领效应。会议总结交流了一年来全市公安理论研究成果，回顾总结市警察协会的主要工作，并就下一步如何围绕中心工作发挥职能作用作出部署。会上，曹妃甸区公安局、西山道分局、滦县县局、丰南区局、交警支队、迁安市局、玉田县局等理事单位的优秀代表紧密围绕公安信息化建设、公安辅警队伍的管理与使用、涉众型经济犯罪的防范与打击、公路交通安全防控体系建设、如何打击食品药品违法犯罪、制约综合情报部门实战化突出问题等课题发表真知灼见，共商公安工作大计。与会领导及同志发言踊跃，对优秀调研成果及时给予了点评和充分肯定，特别是省警察协会副会长袁××代表省警察协会对这次研讨会的成功举办给予了高度评价。

二、全力办好会刊《××公安》，为广大会员提供发表学术研究成果的阵地

市警察协会会刊《××公安》，是展示我市公安理论研究成果的重要阵地，是推介研究成果转化的有效平台。为办好会刊，真正把《××公安》办成为各理事单位搭建的一个工作指导、信息共享和经验交流的理论、学术、业务平台，市警察协会认真研究了《××

市警察协会章程》，总结借鉴了各省、市警察协会好的经验和做法，把办好《×× 公安》杂志作为协会的一项重要工作来抓，不断调整和改进栏目设置，严把质量关，力求融指导性、知识性和可读性于一体。在市局领导的支持下，在有关部门密切配合和办刊人员辛勤努力下，会刊质量和编发时效不断提高，刊载了大量的公安理论研究成果，并在全国范围内产生了一定程度的影响。全年共编发会刊 4 期，刊发了 46 篇公安理论调研文章，为广大公安理论研究人员提供了发表交流学术研究成果的阵地。同时进一步扩大发行范围，除原来发至全市各县（区）公安（分）局、局直各单位、企业理事单位以及省委政法委、省厅、市委政法委、市民政局等部门外，还报送中国警察协会、省警察协会和部分地级市警察协会进行交换和交流，目前已与国内 700 余家协会建立了会刊交换关系。通过办好《×× 公安》，充分展示我市公安理论研究成果，围绕全市公安中心工作，多方式、多渠道、多角度进行约稿、专访，积极组织开展论文征集评选，择优刊登理论性强、观点新颖、富有前瞻性和指导性的文章，有效提高了公安理论研究水平，受到了各级领导和广大民警的欢迎，也为警察协会的生存与发展奠定了基础。由于《×× 公安》编辑和印刷质量较高，得到了省警察协会、市局领导和广大公安民警的高度评价。《×× 公安》中许多栏目深受各级领导和广大民警的喜爱。

三、注重加强协会自身建设，不断提高工作质量和水平

根据警察协会的特点，协会积极探索发展的规律和运行机制，注重理顺各种关系，完善各项规章制度，不断总结工作经验，加强协会自身建设，自觉接受市局党委的领导和社团登记管理机关的管理和监督，严格按照《章程》办事。始终坚持协会的重大问题必须向市局党委请示报告的制度，主动争取主管局领导的支持。在实际工作中，摆正协会作为社团组织的位置，拾遗补阙，找准角度开展工作。

一是注重政治理论学习，不断提高政治敏感性和政治鉴别力；二是积极参加市局组织的相关活动；三是建立了协会工作制度包括财务管理、车辆管理使用制度等。特别是在财会工作中，认真遵守各项规章制度和《警察协会章程》的规定，坚持按规章制度办事，确保不发生问题。

2016 年，世界园艺博览会即将在我市隆重召开，对于我们公安机关而言，面临的各项风险和挑战前所未有。作为警察协会也面临着新机遇、新挑战、新考验，我们不仅要继承和发扬加强警学理论研究的优良传统、努力探讨如何加强世园会安保的理论问题，更要躬身实践、积极投身于世园会安保的具体工作中，带着市局党委和领导的重托，深入基层理事单位，热情关爱广大民警，真心搞好慰问鼓劲工作，真正发挥协会的警察之家作用。我们决心在市局党委的正确领导下，乘世园会在我市举行的东风，坚持科学发展的理念，充分发挥协会的职能作用，进一步解放思想，加大工作力度，努力把市警察协会的工作提升到一个新水平。

【写作技法简析】

这是 ×× 市警察协会所撰写的一份述职报告。全文不长，但内容丰富、具体。该述职报告共包括三个部分："认真开展公安理论调研工作，不断推出新的成果""全力办好会刊《××公安》，为广大会员提供发表学术研究成果的阵地""注重加强协会自身建设，不断提高工作质量和水平"。其中蕴含了"德""能""勤""绩""廉"等方面的内容，着重叙写协会在工作中的基本思路、主要做法及所取得的实际效果。为了能够充分有力地说明问题，行文中还特别注重运用数字和事例，给人翔实之感。这也是写作述职报告应特别予以注意的问题。实践表明，只要抓住"德""能""勤""绩""廉"这几个方面的内容来写，突出主要做法，反映所取得的成绩，就能写出一篇符合要求的规范的述职报告。值得注意的是，撰写这种集体述职报告，在写作主体的站位、内容的遴选以及行文的语气等方面都应当与个人所写的述职报告有明显区别，这也是执笔者在实践中应当着力把握的要点。

八、法规类公文

（一）条例

条例是党政机关对某一方面的工作作出比较全面、系统的规定时使用的文种。以前，条例是党的机关使用的法定公文种类，后来《条例》将其去除，但实践中的使用频率仍然很高。条例实际上是对某一法律、法令和政策的补充性说明和辅助性规定，是调整国家生活某一方面准则的重要立法手段。条例作为法规类公文，其最主要的特性表现为制发机关的特定性。条例的制定和发布具有特殊的规定，《中华人民共和国宪法》第八十九条、第九十条、第一百条、第一百一十六条分别规定了法规的制定权限、批准权限和发布方式。

【例文】

中国共产党党务公开条例（试行）

第一章　总　则

第一条　为了贯彻落实党的十九大精神，推动全面从严治党向纵深发展，加强和规范党务公开工作，发展党内民主，强化党内监督，使广大党员更好了解和参与党内事务，动员组织人民群众贯彻落实好党的理论和路线方针政策，提高党的执政能力和领导水平，根据《中国共产党章程》，制定本条例。

第二条 本条例所称党务公开，是指党的组织将其实施党的领导活动、加强党的建设工作的有关事务，按规定在党内或者向党外公开。

第三条 本条例适用于党的中央组织、地方组织、基层组织，党的纪律检查机关、工作机关以及其他党的组织。

第四条 党务公开应当遵循以下原则：

（一）坚持正确方向……

（二）坚持发扬民主……

（三）坚持积极稳妥……

（四）坚持依规依法……

第五条 ……

第六条 ……

第二章 公开的内容和范围

第七条 党的组织贯彻落实党的基本理论、基本路线、基本方略情况，领导经济社会发展情况，落实全面从严治党责任、加强党的建设情况，以及党的组织职能、机构等情况，除涉及党和国家秘密不得公开或者依照有关规定不宜公开的事项外，一般应当公开。

加强对权力运行的制约和监督，让人民监督权力，让权力在阳光下运行。

党务公开不得危及政治安全特别是政权安全、制度安全，以及经济安全、军事安全、文化安全、社会安全、国土安全和国民安全等。

第八条 党的组织应当根据党务与党员和群众的关联程度合理确定公开范围：

（一）领导经济社会发展、涉及人民群众生产生活的党务，向社会公开；

（二）涉及党的建设重大问题或者党员义务权利，需要全体党员普遍知悉和遵守执行的党务，在全党公开；

（三）各地区、各部门、各单位的党务，在本地区、本部门、本单位公开；

（四）涉及特定党的组织、党员和群众切身利益的党务，对特定党的组织、党员和群众公开。

第九条 党的中央组织公开党的理论和路线方针政策，管党治党、治国理政重大决策部署，习近平总书记有关重要讲话、重要指示，党中央重要会议、活动和重要人事任免，党的中央委员会、中央政治局、中央政治局常务委员会加强自身建设等情况。

第十条 党的地方组织应当公开以下内容：

……

第十一条　党的基层组织应当公开以下内容：

……

第十二条　党的纪律检查机关应当公开以下内容：

……

第十三条　党的工作机关、党委派出机关、党委直属事业单位和党组应当根据本条例第七条第一款规定，结合实际确定公开内容。

党的工作机关和党委直属事业单位应当重点公开落实党委决策部署、开展党的工作情况。

党委派出机关应当重点公开代表党委领导本地区、本领域、本行业、本系统党的工作情况。

党组应当重点公开在本单位发挥领导作用和落实党建工作责任制情况。

第十四条　党的组织应当根据本条例规定的党务公开内容和范围编制党务公开目录，并根据职责任务要求动态调整。党务公开目录应当报党的上一级组织备案，并按照规定在党内或者向社会公开。

中央纪律检查委员会、中央各部门应当加强对本系统本领域党务公开目录编制的指导。

第三章　公开的程序和方式

第十五条　凡列入党务公开目录的事项，有关党的组织应当按照以下程序及时主动公开：

（一）提出。党的组织有关部门研究提出党务公开方案，拟订公开的内容、范围、时间、方式等。

（二）审核。党的组织有关部门进行保密审查，并从必要性、准确性等方面进行审核。

（三）审批。党的组织依照职权对党务公开方案进行审批，超出职权范围的必须按程序报批。

（四）实施。党的组织有关部门按照经批准的方案实施党务公开。

第十六条　党的组织应当根据党务公开的内容和范围，选择适当的公开方式。

……

第十七条　党务公开可以与政务公开、厂务公开、村（居）务公开、公共事业单位办事公开等方面的载体和平台实现资源共享的，应当统筹使用。

有条件的党的组织可以建立统一的党务信息公开平台。

第十八条　注重党务公开相关信息监测反馈，对引起重大舆情反应的，应当及时报告。发现有不真实、不完整、不准确的信息，应当及时加以澄清和引导。

第十九条 建立健全党员旁听党委会议、党的代表大会代表列席党委会议、党内情况通报反映、党内事务咨询、重大决策征求意见、重大事项社会公示和社会听证等制度，发展和用好党务公开新形式，不断拓展党员和群众参与党务公开的广度和深度。

第四章 监督与追责

第二十条 党的组织应当将党务公开工作情况纳入向上一级组织报告工作或者抓党建工作专题报告的重要内容。

第二十一条 党的组织应当将党务公开工作情况作为履行全面从严治党政治责任的重要内容，对下级组织及其主要负责人进行考核。

党的组织应当每年向有关党员和群众通报党务公开情况，并纳入党员民主评议范围，主动听取群众意见。

第二十二条 党的组织应当建立健全党务公开工作督查机制，开展经常性检查和专项督查，专项督查可以与党风廉政建设责任制检查考核、党建工作考核等相结合。督查情况应当在适当范围通报。

第二十三条 对违反本条例规定并造成不良后果的，应当依规依纪追究有关党的组织、党员领导干部和工作人员的责任。

第五章 附 则

第二十四条 中央军事委员会可以根据本条例，制定有关党务公开规定。

第二十五条 中央纪律检查委员会、中央各部门，各省、自治区、直辖市党委应当根据本条例制定实施细则。

第二十六条 本条例由中央办公厅会同中央组织部解释。

第二十七条 本条例自 2017 年 12 月 20 日起施行。

【写作技法简析】

例文《中国共产党党务公开条例（试行）》共由 5 章 27 条组成，内容非常全面、完整，其中，第一章（第一—六条）为总则部分，就有关党务公开的内涵、适用对象、公开原则、主管部门以及工作机制方面的事项作出规定；第二章至第四章为分则部分（第七—二十三条），分别就有关党务公开的内容与范围、公开的程序和方式、监督与追责等方面事项作出明确具体的规定，每一章又分别包括若干条目；第五章为附则（第二十四—二十七条），就中央军委、中央纪律检查委员会等机构的党务公开作出规定，并明确解释本条例的权限归属和施行日期。在结构安排上，全文采用的是“章条款分列式”结构，内在逻辑关系十分紧密，无懈可击。此外，有的条例不采用章条款式分列结构，而是采用条项贯通式，逐条陈述，一气呵成，简洁凝练，给人圆润缜密之感。

（二）规定

规定是党政机关对某一方面的工作作出部分决定，或者是为了贯彻执行条例而提出具体执行意见和管理措施时使用的一种法规性公文。

【例文】

十八届中央政治局
关于改进工作作风、密切联系群众的八项规定

（中共中央政治局，2012 年 12 月）

2012 年 12 月 4 日中共中央政治局召开会议，审议通过中央政治局关于改进工作作风、密切联系群众的八项规定。规定要求：

一、要改进调查研究，到基层调研要深入了解真实情况，总结经验、研究问题、解决困难、指导工作，向群众学习、向实践学习，多同群众座谈，多同干部谈心，多商量讨论，多解剖典型，多到困难和矛盾集中、群众意见多的地方去，切忌走过场、搞形式主义；要轻车简从、减少陪同、简化接待，不张贴悬挂标语横幅，不安排群众迎送，不铺设迎宾地毯，不摆放花草，不安排宴请。

二、要精简会议活动，切实改进会风，严格控制以中央名义召开的各类全国性会议和举行的重大活动，不开泛泛部署工作和提要求的会，未经中央批准一律不出席各类剪彩、奠基活动和庆祝会、纪念会、表彰会、博览会、研讨会及各类论坛；提高会议实效，开短会、讲短话，力戒空话、套话。

三、要精简文件简报，切实改进文风，没有实质内容、可发可不发的文件、简报一律不发。

四、要规范出访活动，从外交工作大局需要出发合理安排出访活动，严格控制出访随行人员，严格按照规定乘坐交通工具，一般不安排中资机构、华侨华人、留学生代表等到机场迎送。

五、要改进警卫工作，坚持有利于联系群众的原则，减少交通管制，一般情况下不得封路、不清场闭馆。

六、要改进新闻报道，中央政治局同志出席会议和活动应根据工作需要、新闻价值、社会效果决定是否报道，进一步压缩报道的数量、字数、时长。

七、要严格文稿发表，除中央统一安排外，个人不公开出版著作、讲话单行本，不发

贺信、贺电，不题词、题字。

八、要厉行勤俭节约，严格遵守廉洁从政有关规定，严格执行住房、车辆配备等有关工作和生活待遇的规定。

【写作技法简析】

全文采用分条式，八项规定内容从前至后一贯到底，从改进工作作风到改进会风文风以及改进领导人出访、改进新闻报道、改进文稿发表以及生活待遇等逐一作出规定，内容明确具体，充分展示了十八届中央领导集体新的执政理念和工作作风，给人如沐春风之感。就是通过这短短的“八条”，使全国人民看到了新的希望。

（三）办法

办法是对某一方面的工作确定具体处理原则和实施方法，使有关单位和部门在工作中有所遵循的一种公文。与条例、规定相比，办法的内容更为具体，它往往是实施条例的具体性要求，与条例和规定一样均属法规性公文。

【例文】

省级政府耕地保护责任目标考核办法

第一章　总　则

第一条　为贯彻落实《中共中央国务院关于加强耕地保护和改进占补平衡的意见》，坚持最严格的耕地保护制度和最严格的节约用地制度，守住耕地保护红线，严格保护永久基本农田，建立健全省级人民政府耕地保护责任目标考核制度，依据《中华人民共和国土地管理法》和《基本农田保护条例》等法律法规的规定，制定本办法。

第二条　各省、自治区、直辖市人民政府对《全国土地利用总体规划纲要》（以下简称《纲要》）确定的本行政区域内的耕地保有量、永久基本农田保护面积以及高标准农田建设任务负责，省长、自治区主席、直辖市市长为第一责任人。

第三条　国务院对各省、自治区、直辖市人民政府耕地保护责任目标履行情况进行考核，由国土资源部会同农业部、国家统计局（以下称考核部门）负责组织开展考核检查工作。

第四条　省级政府耕地保护责任目标考核在耕地占补平衡、高标准农田建设等相关考核评价的基础上综合开展，实行年度自查、期中检查、期末考核相结合的方法。

年度自查每年开展1次，由各省、自治区、直辖市自行组织开展；从2016年起，每五年为一个规划期，期中检查在每个规划期的第三年开展 1 次，由考核部门组织开展；期末考核在每个规划期结束后的次年开展 1 次，由国务院组织考核部门开展。

第五条　考核部门会同有关部门，根据《纲要》确定的相关指标和高标准农田建设任务、补充耕地国家统筹、生态退耕、灾毁耕地等实际情况，对各省、自治区、直辖市耕地保有量和永久基本农田保护面积等提出考核检查指标建议，经国务院批准后，由考核部门下达，作为省级政府耕地保护责任目标。

第六条　全国土地利用变更调查提供的各省、自治区、直辖市耕地面积、生态退耕面积、永久基本农田面积数据以及耕地质量调查评价与分等定级成果，作为考核依据。

各省、自治区、直辖市人民政府要按照国家统一规范，加强对耕地、永久基本农田保护和高标准农田建设等的动态监测，在考核年向考核部门提交监测调查资料，并对数据的真实性负责。

考核部门依据国土资源遥感监测“一张图”和综合监管平台以及耕地质量监测网络，采用抽样调查和卫星遥感监测等方法和手段，对耕地、永久基本农田保护和高标准农田建设等情况进行核查。

第七条　省级政府耕地保护责任目标考核遵循客观、公开、公正，突出重点、奖惩并重的原则，年度自查、期中检查和期末考核采用定性与定量相结合的综合评价方法，结果采用评分制，满分为 100 分。考核检查基本评价指标由考核部门依据《中华人民共和国土地管理法》、《基本农田保护条例》等共同制定，并根据实际情况需要适时进行调整完善。

第二章　年度自查

第八条　各省、自治区、直辖市人民政府按照本办法的规定，结合考核部门年度自查工作要求和考核检查基本评价指标，每年组织自查。主要检查所辖市（县）上一年度的耕地数量变化、耕地占补平衡、永久基本农田占用和补划、高标准农田建设、耕地质量保护与提升、耕地动态监测等方面情况，涉及补充耕地国家统筹的省份还应检查该任务落实情况。

第九条　各省、自治区、直辖市人民政府应于每年 6 月底前向考核部门报送自查情况。考核部门根据自查情况和有关督察检查情况，将有关情况向各省、自治区、直辖市通报，并纳入省级政府耕地保护责任目标期末考核。

第三章　期中检查

第十条　省级政府耕地保护责任目标期中检查按照耕地保护工作任务安排实施，主要检查规划期前两年各地区耕地数量变化、耕地占补平衡、永久基本农田占用和补划、高标准农田建设、耕地质量保护与提升、耕地保护制度建设以及补充耕地国家统筹等方面情况。

第十一条 各省、自治区、直辖市人民政府按照本办法和考核部门期中检查工作要求开展自查，在期中检查年的6月底前向考核部门报送自查报告。考核部门根据情况选取部分省份进行实地抽查，结合各省份省级自查、实地抽查和相关督察检查等对各省耕地保护责任目标落实情况进行综合评价、打分排序，形成期中检查结果报告。

第十二条 期中检查结果由考核部门向各省、自治区、直辖市通报，纳入省级政府耕地保护责任目标期末考核，并向国务院报告。

第四章 期末考核

第十三条 省级政府耕地保护责任目标期末考核内容主要包括耕地保有量、永久基本农田保护面积、耕地数量变化、耕地占补平衡、永久基本农田占用和补划、高标准农田建设、耕地质量保护与提升、耕地保护制度建设等方面情况。涉及补充耕地国家统筹的有关省份，考核部门可以根据国民经济和社会发展规划纲要以及耕地保护工作进展情况，对其耕地保护目标、永久基本农田保护目标等考核指标作相应调整。

第十四条 各省、自治区、直辖市人民政府按照本办法和考核部门期末考核工作要求开展自查，在规划期结束后次年的6月底前向国务院报送耕地保护责任目标任务完成情况自查报告，并抄送考核部门。省级人民政府对自查情况及相关数据的真实性、准确性和合法性负责。

第十五条 考核部门对各省、自治区、直辖市人民政府耕地保护责任目标履行情况进行全面抽查，根据省级自查、实地抽查和年度自查、期中检查等对各省份耕地保护责任目标落实情况进行综合评价、打分排序，形成期末考核结果报告。

第十六条 考核部门在规划期结束后次年的10月底前将期末考核结果报送国务院，经国务院审定后，向社会公告。

第五章 奖 惩

第十七条 国务院根据考核结果，对认真履行省级政府耕地保护责任、成效突出的省份给予表扬；有关部门在安排年度土地利用计划、土地整治工作专项资金、耕地提质改造项目和耕地质量提升资金时予以倾斜。考核发现问题突出的省份要明确提出整改措施，限期进行整改；整改期间暂停该省、自治区、直辖市相关市、县农用地转用和土地征收审批。

第十八条 省级政府耕地保护责任目标考核结果，列为省级人民政府主要负责人综合考核评价的重要内容，年度自查、期中检查和期末考核结果抄送中央组织部、国家发展改革委、财政部、审计署、国家粮食局等部门，作为领导干部综合考核评价、生态文明建设目标评价考核、粮食安全省长责任制考核、领导干部问责和领导干部自然资源资产离任审计的重要依据。

第六章　附　则

第十九条　县级以上地方人民政府应当根据本办法，结合本行政区域实际情况，制定下一级人民政府耕地保护责任目标考核办法。

第二十条　本办法自印发之日起施行。2005 年 10 月 28 日经国务院同意、由国务院办公厅印发的《省级政府耕地保护责任目标考核办法》同时废止。

国务院办公厅

2018 年 1 月 3 日

【写作技法简析】

这篇由国务院办公厅 2018 年 1 月 3 日印发的办法的突出之处在于它的结构安排，全文采用通用的章条款分列的结构模式，从头至尾由 6 章 20 条内容组成，第一章为总则（第一—七条），分别交代了制定办法的目的、依据、责任归属、考核部门确定以及考核的方式方法等内容事项；中间各章为分则（第八—十八条），分别介绍了年度自查、期中检查、期末考核以及奖惩方面的内容，对考核的具体办法、措施以及应当达到的指标等方面的内容规定得十分详尽，极具可操作性；第六章为附则，明确了主体部分的未尽事宜，包括下一级人民政府耕地保护责任目标考核办法的制定以及文件生效日期和同时废止的相关文件。从总体上看，全文内容完整，篇幅简短，结构严谨，层次清楚，语言简练，堪称办法写作的典范。

（四）细则

细则是为了更好贯彻实施某一法规而对其中某些条款进行解释和说明的法规性文件，如《河北省党政机关公文处理工作实施细则》，是为具体贯彻实施《条例》而制定的。

【例文】

贯彻落实八项规定实施细则

为贯彻落实中央政治局关于改进工作作风、密切联系群众的八项规定及其实施细则，深入推进求真务实作风建设，根据中共 ×× 县委、县政府和市工商局党组关于贯彻落实中央八项规定的要求，经县局党组研究，制定本实施细则。各单位和各级领导干部要严格执行本实施细则，县局领导和县局机关同志要率先垂范，带头执行。纪检监察机关要把监督执行本实施细则作为改进党风政风的一项经常性工作来抓，对违反规定的行为要按照党纪政纪有关规定，追究当事人和单位主要负责同志的责任。中央、省、市、县有明确规定的要坚决执行，作出原则性规定的要从严执行，未作具体规定的要按照中央、省、市、县有关精神严格执行，务求取得实效。

一、切实改进作风，指导服务基层

1. 深入调查研究，解决实际问题。各股室要有针对性地深入基层开展调研，切实帮助基层出主意、想办法、解难题。尽量避免多个领导同时或重复到一个地方、一条线路去考察调研。县局领导到基层调研，陪同的县局机关股室负责人不超过二人，基层分局陪同人员仅限分局负责同志和相关业务专管员。考察调研汇报要讲真话、报实情，反映真实情况，不干扰基层正常工作。

2. 统筹安排工作，切实服务基层。凡重大决策、重要部署，要按照“项目化、时间表、责任人”的要求认真落实，确保政令畅通。各股室安排部署基层工作要切合实际，多指导，少形式，重服务，早安排，抓落实。

3. 改进工作作风，密切联系群众。建立县局领导干部“一挂五联”结对帮扶制度，县局领导每人蹲挂一个以上基层分局，联系一个基层分局监管网格，联系一户包村点困难户，联系一名困难干部职工，联系一户企业，联系一户个体工商户，进行结对帮扶，了解民意，增进感情。县局领导每月要不少于一次下基层，和基层干部群众谈心交流，尽力帮助群众解决实际问题，排查化解矛盾纠纷。

4. 加强基层值班，杜绝“走读”现象。要坚持农村基层分局24小时值班制度，城区分局双休日、节假日值班制度，农村分局干部每周在分局住宿不得少于两天。基层分局值班固定电话、全局中层以上干部手机要保持24小时联系畅通。

二、切实改进文风，杜绝形式主义

5. 精简红头文件，提高文件质量。严格执行公文管理办法，能不发文尽量不发文，能发短文不发长文。文件要突出思想性、针对性和可操作性，突出主题，做到意尽文止、条理清楚、文字精练。各股室一般、临时性通知，不下发红头文件，以电话、短信、网络等方式通知。

6. 减少纸质文件，共享电子文档。系统内一般性的文件材料、资料，尽量利用网络传送、共享电子文档，减少纸质文件材料（需要存档备查的文件材料除外）。

三、切实改进会风，力求简约高效

7. 严格审批制度，减少会议活动。确需召开会议，要报经县局主要领导批准。除全局性会议外，业务工作会议、各类座谈会、汇报会等一般不设主席台，确需设立的，只安排讲话领导和主持人就座。

……

四、厉行勤俭节约，坚持开源节流

……

五、严格用车标准，规范公车管理

13. 严格用车标准，严禁提高配置。严格执行省市场监管局下发的《××省市场监管系统车辆、配置及管理办法（试行）》文件的规定，严禁在没有办理车辆定编手续或以地方政府采购的名义购置公务用车，购置车辆原则上只能配国产汽车，不得为公务用车增加高档配置或豪华内饰。

公务用车配置标准：县（区）局限配置标准为排气量 1.8 升（含）以下、价格 16 万元（含）以内的国产轿车。

执法用车配置标准：排气量 1.8 升（含）以下、价格 7.5 万元（含）以内的国产轿车。确有特殊原因，需要适当提高配置标准的，必须报省局审批。

14. 严格规范管理，禁止公车私用。公务用车使用范围：行政公务、市场监管、行政执行以及后勤服务。未经批准，任何公务车辆不得随意出借（租）给其他单位或其他人员使用。公务用车在休息时间、休息日和节假日一律停放到指定地点，并做好车辆入库登记，未经批准不得擅自使用。公务用车不得当作个人用车，严禁公车私用。单位干部确有特殊情况要使用公车的必须报单位主要领导批准，且车辆运行费用由本人负担。

六、坚持政府采购，控制基建成本

15. 严格执行政策，实行阳光采购。要购置列入政府采购目录的办公设备，必须经“三重一大”议事程序通过后，由局物品采购领导小组会同负责政府采购和财务部门一同办理有关手续，信息化设备应以实用为主，不得超标准购买高价格、高配置、高性能笔记本电脑、平板电脑、通信设备等。

16. 坚持因地制宜，节约基建成本。局基建维修领导小组要严格按照《××省工商行政管理系统基本建设管理办法（试行）》的有关规定进行办公用房建设的申报，严格控制征地面积和建筑面积，综合业务用房建设必须体现庄重、朴素、实用和节约的原则。综合业务用房的装修应遵循简朴适用、安全美观的原则。装修材料选择要因地制宜、就地取材，不得使用高档装修材料。

【写作技法简析】

这是一个基层政府部门为贯彻落实中央八项规定所制定的实施细则。细则的写作要领就是要在原有规定基础上再加以细化，使之更具可操作性，具体指标等更加明确，便于管理和执行。这篇细则写得符合规范，所规定的每条内容事项均系中央八项规定的具体化，而且明确了刚性指标。如对于车辆的管理与使用，从公务用车配备标准到执法用车配备标准，都表述得特别详尽具体：“县（区）局限配置标准为排气量1.8升（含）以下、价格16万元（含）以内的国产轿车。”“执法用车配置标准：排气量1.8升（含）以下、价格7.5万元（含）以内的国产汽车。确有特殊原因，需要适当提高配置标准的，必须报省局审批。”这是细则行文必须加以注意的，也是必须做到的。

（五）制度

制度是一个系统或单位为完成特定的工作任务和目标而制定的要求全体成员共同遵守的办事规程或行动准则，如医疗保险制度、保密制度、作息制度、会议制度、安全卫生制度等。它所涉及的内容十分广泛，不同的系统和单位都有各自的制度，范围明确，针对性强。

【例文】

××××公司安全生产管理制度

一　总　则

第一条　为加强公司生产工作的劳动保护、改善劳动条件，保护劳动者在生产过程中的安全和健康，促进公司事业的发展，根据有关劳动保护的法令、法规等有关规定，结合公司的实际情况制订本规定。

第二条　公司的安全生产工作必须贯彻“安全第一，预防为主”的方针，贯彻执行总经理（法定代表人）负责制，各级领导要坚持“管生产必须管安全”的原则，生产要服从安全的需要，实现安全生产和文明生产。

第三条　对在安全生产方面有突出贡献的团体和个人要给予奖励，对违反安全生产制度和操作规程造成事故的责任者，要给予严肃处理，触及刑法的，交由司法机关论处。

二　机构与职责

第四条　公司安全生产委员会（以下简称安委会）是公司安全生产的组织领导机构，由公司领导和有关部门的主要负责人组成。其主要职责是：全面负责公司安全生产管理工作，研究制订安全生产技术措施和劳动保护计划，实施安全生产检查和监督，调查处理事故等工作。安委会的日常事务由安全生产委员会办公室（以下简称安委办）负责处理。

第五条　公司下属生产单位必须成立安全生产领导小组，负责对本单位的职工进行安全生产教育，制订安全生产实施细则和操作规程。实施安全生产监督检查，贯彻执行安委会的各项安全指令，确保生产安全。安全生产小组组长由各单位的领导提任，并按规定配备专（兼）职安全生产管理人员。各机楼（房）、生产班组要选配一名不脱产的安全员。

第六条　安全生产主要责任人的划分：单位行政第一把手是本单位安全生产的第一责任人，分管生产的领导和专（兼）职安全生产管理员是本单位安全生产的主要责任人。

第七条　各级工程师和技术人员在审核、批准技术计划、方案、图纸及其他各种技术文件时，必须保证安全技术和劳动卫生技术运用的准确性。

第八条　各职能部门必须在本职业务范围内做好安全生产的各项工作。

第九条　公司安全生产专职管理干部职责：

……

第十条　各生产单位专（兼）职安全生产管理员要协助本单位领导贯彻执行劳动保护法规和安全生产管理制度，处理本单位安全生产日常事务和安全生产检查监督工作。

第十一条　各机楼（房），生产班组安全员要经常检查、督促本机楼（房）、班组人员遵守安全生产制度和操作规程。做好设备、工具等安全检查、保养工作。及时向上级报告本机楼（房）、班组的安全生产情况。做好原始资料的登记和保管工作。

第十二条　职工在生产、工作中要认真学习和执行安全技术操作规程，遵守各项规章制度。爱护生产设备和安全防护装置、设施及劳动保护用品。发现不安全情况，及时报告领导，迅速予以排除。

三　教育与培训

第十三条　对新职工、临时工、民工、实习人员，必须先进行安全生产的三级教育［即生产单位、机楼（房）或班组、生产岗位］才能准其进入操作岗位。对改变工种的工人，必须重新进行安全教育才能上岗。

第十四条　对从事锅炉、压力容器、电梯、电气、起重、焊接、车辆驾驶、杆线作业、易燃易爆等特殊工种人员，必须进行专业安全技术培训，经有关部门严格考核并取得合格操作证（执照）后，才能准其独立操作。对特殊工种的在岗人员，必须进行经常性的安全教育。

四　设备、工程建设、劳动场所

第十五条　各种设备和仪器不得超负荷和带病运行，还要做到正确使用，经常维护，定期检修，不符合安全要求的陈旧设备，应有计划地更新和改造。

第十六条　电气设备和线路应符合国家有关安全规定。电气设备应有可熔保险和漏电保护，绝缘必须良好，并有可靠的接地或接零保护措施；产生大量蒸汽、腐蚀性气体或粉尘的工作场所，应使用密闭型电气设备；有易燃易爆危险品的工作场所，应配备防爆型电气设备；潮湿场所和移动式的电气设备，应采用安全电压。电气设备必须符合相应防护等级的安全技术要求。

第十七条 引进国外设备时，对国内不能配套的安全附件，必须同时引进，引进的安全附件应符合我国的安全要求。

第十八条 凡新建、改建、扩建、迁建生产场地以及技术改造工程，都必须安排劳动保护设施的建设，还要与主体工程同时设计、同时施工、同时投产（简称“三同时”）。

第十九条 工程建设主管部门在组织工程设计和竣工验收时，应提出劳动保护设施的设计方案，完成情况和质量评价报告，经同级劳资、卫生、保卫等部门和工会组织审查验收，并签名盖章后，方可施工、投产。未经以上部门同意而强行施工、投产的，要追究有关人员的责任。

第二十条 劳动场所布局要合理，保持清洁、整齐。有毒有害的作业，必须有防护设施。

第二十一条 生产用房、建筑物必须坚固、安全；通道平坦、畅顺，要有足够的光线；为生产所设的坑、壕、池、走台、升降口等有危险的处所，必须有安全设施和明显的安全标志。

第二十二条 有高温、低温、潮湿、雷电、静电等危险的劳动场所，必须采取相应的有效防护措施。

第二十三条 雇请外单位人员在公司的场地进行施工作业时，主管单位应加强管理，必要时实行工作票制度。对违反作业规定并造成公司财产损失者，须索赔并严加处理。

第二十四条 被雇请的施工人员需进入机楼、机房施工作业时，须到保卫部办理《出入许可证》；需明火作业者还须填写《公司临时动火作业申请表》，办理相关手续。

五 电信线路

第二十五条 电信线路的设计、施工和维护，应符合邮电部安全技术规定。

凡从事电信线路施工和维护等的工作人员，均要严格执行《电信线路安全技术操作规程》。

第二十六条 电信线路施工单位必须按照安全施工程序组织施工。对架空线路、天线、地下及平底电缆、地下管道等电信施工工程及施工环境都必须相应采取安全防护措施。施工工具和仪表要合格、灵敏、安全、可靠。高空作业工具和防护用品，必须由专业生产厂家和管理部门提供，并经常检查，定期鉴定。

第二十七条 电信线路维护要严防触电、高空坠落和倒杆事故，线路维护前一定要先检查线杆根基牢固状况，对电路验电确认安全后，方准操作。操作中要严密注意电力线对通信线和操作安全的影响，严格按照操作规程作业。不准聘用或留用退休职工担任线路架设工作。

六　易燃、易爆物品

第二十八条　……

第二十九条　……

七　电　梯

第三十条　签订电梯订货、安装、维修保养合同时，须遵守市劳动部门规定的有关安全要求。

第三十一条　新购的电梯必须是取得国家有关许可证并在劳动部门备案的单位设计、生产的产品。电梯销售商须设立有（经劳动局备案认可的）维修保养点或正式委托保养点。

第三十二条　电梯的使用必须取得劳动部门颁发的《电梯使用合格证》。

第三十三条　工程部门办理新安装电梯移交时，除应移交有关文件、说明书等资料以外，还须告诉接受单位有关电梯的维修、检测和年审等事宜。

第三十四条　负责管理电梯的单位，要切实加强电梯的管理、使用和维修、保养、年审等工作。发现隐患要立即消除，严禁电梯带隐患运行。

第三十五条　确需聘请外单位人员安装、维修、检测电梯时，被雇请的单位必须是劳动部门安全认可的单位。

第三十六条　电梯管理单位须将电梯的维修、检测、年审和运行情况等资料影印副本报公司安委办备案。

八　个人防护用品和职业危害的预防与治疗

第三十七条　根据工作性质和劳动条例，为职工配备或发放个人防护用品，各单位必须教育职工正确使用防护用品，不懂得防护用品用途和性能的，不准上岗操作。

第三十八条　努力做好防尘、防毒、防辐射、防暑降温工作和防噪声工程，进行经常性的卫生监测，对超过国家卫生标准的有毒有害作业点，应进行技术改造或采取卫生防护措施，不断改善劳动条件，按规定发放保健食品补贴，提高从事有毒有害作业人员的健康水平。

第三十九条　对从事有毒有害作业人员，要实行每年一次定期职业体检制度。对确诊为职业病的患者，应立即上报公司人事部，由人事部或公司安委会视情况调整工作岗位，并及时作出治疗或疗养的决定。

第四十条　禁止中小学生和年龄不满 18 岁的青少年从事有毒有害生产劳动。禁止安排女职工在怀孕期、哺乳期从事影响胎儿、婴儿健康的有毒有害作业。

九　检查和整改

第四十一条　坚持定期或不定期的安全生产检查制度。公司安委会组织全公司的检查，每年不少于两次；各生产单位每季检查不少于一次；各机楼（房）和生产班组应实行班前班后检查制度；特殊工种和设备的操作者应进行每天检查。

第四十二条 发现安全隐患，必须及时整改，如本单位不能进行整改的要立即报告安委办统一安排整改。

第四十三条 凡安全生产整改所需费用，应经安委办审批后，在劳保技措经费项目列支。

十 奖励与处罚

第四十四条 公司的安全生产工作应每年总结一次，在总结的基础上，由公司安全生产委员会办公室组织评选安全生产先进集体和先进个人。

第四十五条 安全生产先进集体的基本条件：

……

第四十六条 安全生产先进个人条件：

……

第四十七条 对安全生产有特殊贡献的，给予特别奖励。

第四十八条 发生重大事故或死亡事故（含交通事故），对事故单位（室）给予扣发工资总额的处罚，并追究单位领导人的责任。

第四十九条 凡发生事故，要按有关规定报告。如有瞒报、虚报、漏报或故意延迟不报的，除责成补报外，对事故单位（室）给予扣发工资总额的处罚，并追究责任者的责任，对触及刑律的，追究其法律责任。

第五十条 对事故责任者视情况给予批评教育、经济处罚、行政处分，触及刑律者依法论处。

第五十一条 对单位扣发工资总额的处罚，最高不超过3%；对职工个人的处罚，最高不超过一年的生产性奖金总额（不含应赔偿款项），可并处行政处分。

第五十二条 由于各种意外（含人为的）因素造成人员伤亡或厂房设备损毁或正常生产、生活遭到破坏的情况均为本企业事故，可划分为工伤事故、设备（建筑）损毁事故、交通事故三种（车辆、驾驶员、交通事故等制度由行政部参照本规定另行制订，并组织实施）。

第五十三条 工伤事故，是指职工在生产劳动过程中，发生的人身伤害、急性中毒的事故。包括以下几种情况：

……

第五十四条 职工因发生事故所受的伤害分为……

第五十五条 发生无人员伤亡的生产事故（不含交通事故），按经济损失程度分级：

……

第五十六条 发生事故的单位必须按照事故处理程序进行事故处理：

……

第五十七条 无人员伤亡的交通事故……

第五十八条 事故原因查清后，如果各有关方面对于事故的分析和事故责任者的处理不能取得一致意见，劳资部门有权提出结论性意见，交由单位及主管部门处理。

第五十九条 在调查处理事故过程中，对玩忽职守、滥用职权、徇私舞弊者，应追究其行政责任，触及刑法的，追究刑事责任。

第六十条 各级单位领导或有关干部、职工在其职责范围内，不履行或不正确履行自己应尽的职责，有如下行为之一造成事故的，按玩忽职守论处：

1. 不执行有关规章制度、条例、规程的或自行其是的。

2. 对可能造成重大伤亡的险情和隐患，不采取措施或措施不力的。

3. 不接受主管部门的管理和监督，不听合理意见，主观武断，不顾他人安危，强令他人违章作业的。

4. 对安全生产工作漫不经心，马虎草率，麻痹大意的。

5. 对安全生产不检查、不督促、不指导，放任自流的。

6. 延误装修安全防护设备或不装修安全防护设备的。

7. 违反操作规程冒险作业或擅离岗位或对作业漫不经心的。

8. 擅动有“危险禁动”标志的设备、机器、开关、电闸、信号等。

9. 不服从指挥和劝告，进行违章作业的。

10. 施工组织或单项作业组织有严重错误的。

第六十一条 各单位可根据本规定制订具体实施措施。

第六十二条 本规定由公司安委办负责解释。

第六十三条 本规定自发文之日起执行。公司以前制定的有关制度、规定等如与本规定有抵触的，按本规定执行。

【写作技法简析】

这篇制度全文分为10大项63条，与其他法规类文书的结构模式一样。例文第一大项为总则，交代了有关的目的、依据、方针等。其余各项为分则，依次交代了机构与职责，教育与培训，设备、工程建设、劳动场所，电信线路，易燃、易爆物品，电梯，个人防护用品和职业危害的预防与治疗，检查和整改，奖励与处罚九方面的内容。运用撮要方式进行表述，给人清晰之感，有利于制度的贯彻落实。

（六）守则

守则是国家机关、社会团体根据上级有关指示精神和本行业本部门本单位本社区等实际工作的需要，在一定范围内为工作人员或社会成员所制定的简明道德规范和行为准则。例如，《国务院工作人员守则》《全国职工守则》。

守则的特点:（1）针对各种人员的一般行为，针对不同的人员;（2）制作灵活自由。

守则并不是机关、团体或企事业单位的行政管理文件，而是为了实现某个目标、完成某项任务、维护某种利益，由某个组织把群众的共识、愿望和需要做到的事项，集中起来写成条文，作为大家共同遵守的行为准则。

【例文】

××××厂安全生产守则

一、全厂职工必须认真贯彻执行党和国家安全生产的方针、政策、法令。严格遵守安全生产规章制度和本工种操作规程。

二、凡不符合安全生产要求，有严重危险的厂房、设备，职工有权向上级报告。遇有危及生命安全的情况，职工有权停止作业，并立即向有关方面反映。

三、新进厂工人、干部、学徒工、实习生（包括临时工、合同工、农民工等）必须先进行安全教育，方可从事本工种实习或操作。改变工种人员要进行新工种安全教育。对工伤痊愈、脱产（出差、回乡抢收等）人员，返回工作岗位上时，各单位必须严格执行复工前安全教育制度。

四、一切外来参观人员、临时工作人员必须指定专人领队，方可进入生产现场参观。

五、电气、锅炉、压力容器、起重、挂钩、吊车、焊接（切割）、易燃易爆、汽车驾驶等特殊工种人员都要经过安全技术专业培训，考试合格后凭证操作。

六、进行危险作业前，要采取有力的安全措施，主管厂长批准，并严格按照要求做好准备后，方可进行此项危险作业。

七、从事任何生产作业，都必须按规定穿戴好个人防护用品。女工戴好安全帽，禁止蓄长辫。旋转机床严禁戴手套操作。生产现场不准穿拖鞋、高跟鞋、裙子、大衣，不准赤脚、赤臂，不准戴头巾、围巾、领带或敞露衣襟工作。上班前不准饮酒，不准带小孩进入厂内。

八、工作前要做好一切安全准备，仔细检查设备和工作场地，排除故障和隐患，保证安全防护装置、信号、保险装置齐全、灵敏、可靠，保持设备润滑及通风良好。

九、操作者必须熟悉和掌握设备性能、工艺要求，明确加工方法，端正操作姿势，正确使用工模夹具和机器设备；讲究科学生产，不准违章冒险，盲目蛮干。

十、工作中应坚守岗位。不准串岗闲聊、打闹、睡觉和做与本职无关的事。定机定人，不准随便操作别人的机床设备。

十一、凡运转设备，不准跨越、传递物件和触动危险部分，工夹量具不得随便放在机床设备上，不得用手拉、嘴吹铁屑等。

十二、变挡调速，紧固工件、刀具，拆卸防护罩和调整机床设备时，都要先停电关车，不准无防护罩开车，不准超限、超负荷使用，中途停电，应关闭电源。

十三、深夜班、加班以及在封闭场所作业时，必须安排两人以上一起工作。交接班时要认真填写交接班簿，交接必须清楚。下班前必须切断电源，搞好设备、场地环境卫生，整理好工位器具。

十四、搞好文明生产，要保持厂区、车间、库房、走道等地整齐清洁和畅通无阻。材料、工件、工模夹具、工位设备等按规定位置堆码平稳，摆放整齐，其高度不得超过低面窄边宽度的二倍。

十五、严禁用脚踩踏不平稳物件和跨越危险区域，不准从行驶的车辆中爬上跳下和抛卸物品。行走时注意来往车辆，不准在吊物下停留或通过。

十六、一切电气、机械设备的金属外壳和吊车轨道等必须有可靠的接地或重复接地装置。使用手持电动工具必须绝缘可靠，接地良好。行灯、机器及钳工台的照明，必须采用安全电压（36V 以下）。电器、机械设备只能由维修人员修理，其他人员不准擅自处理。

十七、不准随便架设临时电线。确因特殊情况需要，必须按有关规定执行。如有违章架设，上级有权停止使用。

十八、任何新安装或大修后的机电设备，未经验收合格不准擅自动用。加强机电设备的维修保养，保证正常运行，不得带病操作。可移式设备要放置稳固，以防倾倒。

十九、高空作业人员必须体检合格，严格遵守《高空作业安全规程》。（距地面三米以上，工作斜面坡度 45℃，无平稳立足之地，应视为高空作业）

二十、各种消防器材应按消防规范设置齐全，不准随便动用，安放地点周围不得堆放其他物品。

二十一、一切机动车辆必须严格遵守交通规则和厂区内行车规定。驾驶人员，未经有关部门训练和考试合格，不准开车。其他人员不准动用车辆。机动车辆必须具有良好的止动装置，否则严禁开动。

二十二、凡易燃易爆物品库房必须通风良好，标志明显。严禁存放食品和饮用品。库房附近严禁烟火，并设专人负责。

二十三、各种高压气瓶必须有防震圈，搬运中不准撞击，不准擅自乱接管道。阀门必须安全可靠，不得乱动。

二十四、厂内所有锅炉必须建立卡片，蒸汽锅炉四大附件必须齐全（安全阀、压力表、水位表、排污阀），要灵敏可靠。经厂有关部门批准后方可使用。

二十五、生产过程中的废液、废渣、污水，应在工艺上采取可靠措施，作好防尘、防毒、防止环境污染工作。

二十六、全厂职工在生产现场，必须服从安技监督人员的检查和指导，树立安全生产、人人有责的思想。

二十七、发生人身事故或重大未遂事故，要保护现场，及时抢救伤员，并立即向上级报告，待有关部门调查处理。对事故的处理要坚持“三不放过”原则。

二十八、凡违反工厂安全生产管理制度，不遵守劳动纪律，工作不负责任，以致造成重大事故的，必须追究责任，情节严重的以国家法律法规论处。

【写作技法简析】

这篇守则写得非常规范。全文采用条项贯通式，共分为28条，将安全生产工作的重要性以及如何确保安全生产这一主题阐述得明晰具体，切实可行。每一条的字数都不多，但很能说明问题，涉及安全生产的各个环节，既有正面规定，也有负面的惩戒措施，正负结合，令人无懈可击。在句型上，大多以禁止性的判断句为主，强调在安全生产这个特定领域所受到约束的行为，应当怎样做，违反规定要受到怎样的惩处，表述十分明确清晰，具有很强的执行力；“必须”“要”“不准”“不得”“严禁”“不准”等模态词语的使用，使守则对全厂职工的约束性十分突出。在内容安排上，将安全生产所涉及的每个领域都规定得完整和到位，而且遵循了一定的逻辑顺序。可见，一篇简短的守则从写作的角度看，绝不是随便把禁止的行为进行罗列，而是需要费一番脑力仔细斟酌才能写好。

九、调研类公文

调查报告

调查报告，就是用书面语言表达调查研究结果的一种公文文体。它是在作者对客观事物进行深入、周密的调查研究和分析综合的基础上写出来的。调查报告可以帮助我们比较全面系统地认识事物、解决问题，以推动工作的深入开展。

调查研究的结果，要用调查报告的形式表现出来。因此，写好调查报告，不仅可以为各级领导机关制定和执行正确的方针、政策提供可靠的依据，而且对宣传辩证唯物主义的思想路线，坚持实事求是、一切从实际出发、理论联系实际的认识路线，反对唯心主义和形而上学，力戒形式主义和官僚主义，培养和造就中国特色社会主义事业的管理者和领导人才，都会发挥重要作用。

【例文】

××县教育局关于农村教育事业发展的调查报告

为进一步摸清我县农村教育情况，促进全县农村教育的健康持续发展，按照县委、县政府有关通知要求，我们多次深入基层，对农村教育的实际情况进行了深入的调查研究，并制定了未来几年我县农村教育事业发展的远景规划，现将我们的调研情况汇报如下：

一、我县农村教育的基本情况

目前，我县共有各级各类农村学校190所，其中普通高中5所，乡镇初中37所，中心小学113所，完小14所，分校21所。全县农村有高中在校生6796人，初中在校生26372人，小学在校生31339人。此外，还有各类农村幼儿园109所（含×××镇两所民办园），在园幼儿13800人。

二、近几年的主要做法

多年来，我们坚持把发展教育作为推动经济发展和社会进步的基础工程，大力实施“科教兴县”战略，努力使基础教育适度超前发展。我们的主要做法是：

1. 以省“普九”复查为契机，不断改善办学条件……

2. 大力发展学前教育和高中教育，努力实现“普九”向两头延伸……

3. 合理调整农村中小学布局，不断优化教育资源，扩大办学规模……

4. 加大现代化教育装备力度，努力实现教育的现代化……

三、农村教育事业发展存在的问题

在农村教育发展的过程中，也存在一些问题，主要表现在以下方面：

1. 教育需求的增加与教育投入的不足这一矛盾更加突出……

2. 农村教师队伍建设面临新问题……

3. 初中生流失严重，控辍保学的任务艰巨……

4. 农村学校布局调整工作有实际困难……

5. 素质教育还有待于进一步加强……

四、农村教育事业发展远景规划

总体目标：

到20××年，初步建成适应××经济发展建设需要的现代教育体系，高标准实施素质教育，在全市率先基本实现教育现代化，把××县建成××市教育较为发达、教育质量较高的地区之一。

具体目标：

（一）形成系统优质的学前教育

……

（二）义务教育阶段教育有长足进步

……

（三）大力普及高中教育

……

（四）发展职业教育，培养县域经济发展需要的技术人才

继续做好初三毕业生的春季分流工作，保证县职中心生源。合理利用撤并后的三所高中校址尝试举办高中职业教育，扩大职业教育在高中教育阶段的比例，培养更多的适合我县农村经济发展的职业技术人才，为县域经济发展作出贡献。

五、保障措施

1. 转变观念，加强领导，统筹协调，合力建设高水平教育强县……

2. 建立健全教育经费投入和保障机制，保证农村义务教育投入……

3. 加强教育行政执法，坚持依法治教……

4. 加强学校内部管理，不断深化素质教育，努力提高教育教学质量……

××县教育局

20××年4月26日

【写作技法简析】

这是××县教育局撰写的一篇调查报告。就实质而言，调查报告的写作应主要抓好三个环节，即调查、研究、报告。调查是事实基础，研究是提炼和升华，报告则是调查研究的具体体现，三者相辅相成，相互贯通。在写作过程中一定要正确处理好三者之间的关系，以确保行文的质量和效果。这篇调查报告写得很有特色，标题采用陈述的语句形式对全文所要反映的核心内容加以概括，给人鲜明深刻的印象。开头部分首先用一个自然段概要交代了调查的目的、依据及有关情况，给读者一个总体认识，并用“现将我们的调研情

况汇报如下”提领下文。主体部分，采用分条列项的形式，分别从“我县农村教育的基本情况”“近几年的主要做法”“农村教育事业发展存在的问题”“农村教育事业发展远景规划”以及“保障措施”五个方面进行阐述，既有对基本情况的介绍，又有对成绩和经验的归纳；既有对存在问题的列摆，又有对远景目标的规划以及实现规划的保障措施等，内容完整，主旨明确，结构顺畅，用语精当。特别值得提出的是，在具体阐述过程中，注意运用一系列数字，进一步增强了行文的说服力。这是写好调查报告的关键。而要做到这一点，又必须以深入细致、扎实有效的调查研究活动为前提。这篇调查报告在表述手法上充分采用了撮要技法，特别是对主要做法的提炼总结以及对存在问题的归纳梳理，均先以撮要句提领，然后加以阐述。这种写法事实清楚，条理分明，表达效果颇佳，给人深刻印象。此外，这篇调查报告在主体部分写完后，行文即告结束，没有专门的结尾，干净利落，意尽言止，也很值得借鉴。

十、会议类公文

（一）讲话稿

讲话稿是在各种会议或集会上，为表达讲话者的见解、主张，交流思想、进行宣传或者开展工作而经常使用的一种公文。它既包括各级领导的发言稿，也包括一般人的各种发言稿，范围较广。常用的讲话稿主要有两类。

一类是公文式的讲话稿，即各种会议上的工作报告，在会议上总结、部署一项或一个时期的工作。在格式上与公文中的“总结”和“计划”的写法没有多大区别，用语也比较庄严、郑重。在写法上可按公文的要求去写。

另一类是专题灵活式的讲话稿，如各种会议的开幕词、祝词、大会发言、领导同志在会议上的专题性讲话等。通常在机关应用文上所说的讲话稿，主要是指这种讲话材料，它虽然是以个人名义讲的，但实际上代表了组织和集体。

【例文】

在第十二届全国人民代表大会第一次会议上的讲话

习近平

各位代表：

这次大会选举我担任中华人民共和国主席，我对各位代表和全国各族人民的信任，表示衷心的感谢！

我深知，担任国家主席这一崇高职务，使命光荣，责任重大。我将忠实履行宪法赋予的职责，忠于祖国，忠于人民，恪尽职守，夙夜在公，为民服务，为国尽力，自觉接受人民监督，决不辜负各位代表和全国各族人民的信任和重托。

……

各位代表！中华民族具有5000多年连绵不断的文明历史，创造了博大精深的中华文化，为人类文明进步作出了不可磨灭的贡献。经过几千年的沧桑岁月，把我国56个民族、13亿多人紧紧凝聚在一起的，是我们共同经历的非凡奋斗，是我们共同创造的美好家园，是我们共同培育的民族精神，而贯穿其中的、最重要的是我们共同坚守的理想信念。

实现全面建成小康社会、建成富强民主文明和谐的社会主义现代化国家的奋斗目标，实现中华民族伟大复兴的中国梦，就是要实现国家富强、民族振兴、人民幸福，既深深体现了今天中国人的理想，也深深反映了我们先人们不懈奋斗追求进步的光荣传统。

面对浩浩荡荡的时代潮流，面对人民群众过上更好生活的殷切期待，我们不能有丝毫自满，不能有丝毫懈怠，必须再接再厉、一往无前，继续把中国特色社会主义事业推向前进，继续为实现中华民族伟大复兴的中国梦而努力奋斗。

实现中国梦必须走中国道路……

实现中国梦必须弘扬中国精神……

实现中国梦必须凝聚中国力量……

中国梦归根到底是人民的梦，必须紧紧依靠人民来实现，必须不断为人民造福。

我们要坚持党的领导、人民当家作主、依法治国有机统一，坚持人民主体地位，扩大人民民主，推进依法治国，坚持和完善人民代表大会制度的根本政治制度，中国共产党领导的多党合作和政治协商制度、民族区域自治制度以及基层群众自治制度等基本政治制度，建设服务政府、责任政府、法治政府、廉洁政府，充分调动人民积极性。

我们要坚持发展是硬道理的战略思想，坚持以经济建设为中心，全面推进社会主义经济建设、政治建设、文化建设、社会建设、生态文明建设，深化改革开放，推动科学发展，不断夯实实现中国梦的物质文化基础。

我们要随时随刻倾听人民呼声、回应人民期待，保证人民平等参与、平等发展权利，维护社会公平正义，在学有所教、劳有所得、病有所医、老有所养、住有所居上持续取得新进展，不断实现好、维护好、发展好最广大人民根本利益，使发展成果更多更公平惠及全体人民，在经济社会不断发展的基础上，朝着共同富裕方向稳步前进。

我们要巩固和发展最广泛的爱国统一战线，加强中国共产党同民主党派和无党派人士团结合作，巩固和发展平等团结互助和谐的社会主义民族关系，发挥宗教界人士和信教群众在促进经济社会发展中的积极作用，最大限度团结一切可以团结的力量。

各位代表！

“功崇惟志，业广惟勤。”我国仍处于并将长期处于社会主义初级阶段，实现中国梦，创造全体人民更加美好的生活，任重而道远，需要我们每一个人继续付出辛勤劳动和艰苦努力。

全国广大工人、农民、知识分子，要发挥聪明才智，勤奋工作，积极在经济社会发展中发挥主力军和生力军作用。一切国家机关工作人员，要克己奉公，勤政廉政，关心人民疾苦，为人民办实事。中国人民解放军全体指战员，中国人民武装警察部队全体官兵，要按照听党指挥、能打胜仗、作风优良的强军目标，提高履行使命能力，坚决捍卫国家主权、安全、发展利益，坚决保卫人民生命财产安全。一切非公有制经济人士和其他新的社会阶层人士，要发扬劳动创造精神和创业精神，回馈社会，造福人民，做合格的中国特色社会主义事业的建设者。全国广大青少年，要志存高远，增长知识，锤炼意志，让青春在时代进步中焕发出绚丽的光彩。

香港特别行政区同胞、澳门特别行政区同胞，要以国家和香港、澳门整体利益为重，共同维护和促进香港、澳门长期繁荣稳定。广大台湾同胞和大陆同胞要携起手来，支持、维护、推动两岸关系和平发展，增进两岸同胞福祉，共同开创中华民族新的前程。广大海外侨胞，要弘扬中华民族勤劳善良的优良传统，努力为促进祖国发展、促进中国人民同当地人民的友谊作出贡献。

中国人民爱好和平。我们将高举和平、发展、合作、共赢的旗帜，始终不渝走和平发展道路，始终不渝奉行互利共赢的开放战略，致力于同世界各国发展友好合作，履行应尽的国际责任和义务，继续同各国人民一道推进人类和平与发展的崇高事业。

各位代表！

中国共产党是领导和团结全国各族人民建设中国特色社会主义伟大事业的核心力量，肩负着历史重任，经受着时代考验，必须坚持立党为公、执政为民，坚持党要管党、从严治党，全面加强党的建设，不断提高党的领导水平和执政水平、提高拒腐防变和抵御风险能力。全体共产党员特别是党的领导干部，要坚定理想信念，始终把人民放在心中最高的位置，弘扬党的光荣传统和优良作风，坚决反对形式主义、官僚主义，坚决反对享乐主义、奢靡之风，坚决同一切消极腐败现象作斗争，永葆共产党人政治本色，矢志不移为党和人民事业而奋斗。

各位代表！

实现伟大目标需要坚忍不拔的努力。全国各党派、各团体、各民族、各阶层、各界人士要更加紧密地团结在中共中央周围，全面贯彻落实中共十八大精神，以邓小平理论、“三个代表”重要思想、科学发展观为指导，始终谦虚谨慎、艰苦奋斗，始终埋头苦干、锐意进取，不断夺取全面建成小康社会、加快推进社会主义现代化新的更大的胜利，不断为人类作出新的更大的贡献！

【写作技法简析】

在第十二届全国人民代表大会第一次会议上，习近平同志当选为国家主席。在会议闭幕式上，习近平同志发表了这篇讲话。阅读这篇字字珠玑的讲话稿，品味其中的每句话、每个字，我们会被文中饱含的对民族、对祖国、对人民无限真挚的深情厚谊所深深打动，掩卷深思，久久不能忘怀。这篇讲话为我们提供了很好的写作典范，突出体现在如下几点。

一是脉络清晰，主旨明确。全文紧紧围绕“实现中华民族伟大复兴的中国梦”这一中心意旨，从三个大的方面进行阐述，即“实现中国梦必须走中国道路”“实现中国梦必须弘扬中国精神”“实现中国梦必须凝聚中国力量”，并且用高度概括的语言揭示出问题的实质：“中国梦归根到底是人民的梦，必须紧紧依靠人民来实现，必须不断为人民造福。”在此基础上进一步从几个方面表明态度，对社会各阶层分别提出要求，内在层次十分清晰，逻辑结构非常紧密，给人严谨顺畅、前后贯通之感。

二是撮要标目，重点突出。全文开篇即明确了对“担任国家主席这一神圣而光荣的历史使命”的态度，并扼要回顾了中华人民共和国走过的光辉历程以及中华民族具有5000多年连绵不断的文明历史进程，以此为行文的引据，可谓开门见山，落笔点题，紧接着用高度概括的过渡性语段“面对浩浩荡荡的时代潮流，面对人民群众过上更好生活的殷切期待，我们不能有丝毫自满，不能有丝毫懈怠，必须再接再厉、一往无前，继续把中国特色社会主义事业推向前进，继续为实现中华民族伟大复兴的中国梦而努力奋斗”提领下文，进入主体部分，精练明快，便于人们从深广的层面加以理解和把握。从写作技巧的角度讲，这种追溯性的概括实际上是一种“篇前撮要”，是对全文内容的引领。同时，这篇讲话在具体行文时也很注重对撮要技法的运用，尤其是对“实现中华民族伟大复兴的中国梦”的阐述，提炼概括出三条，每一条都通过一个撮要句来表述，十分精练，便于理解和把握。

三是用语精当，妥帖得体。在语言运用上，这篇讲话也堪称典范。本篇讲话十分注重对各种三字格、四字格甚至六字格词组的运用，使行文简洁凝练，富有表达效果，概括性和表现力十分突出，而且读起来铿锵有力，富有节奏感。例如，“我将忠实履行宪法赋予的职责，忠于祖国，忠于人民，恪尽职守，夙夜在公，为民服务，为国尽力，自觉接受人民监督，决不辜负各位代表和全国各族人民的信任和重托”“我们要随时随刻倾听人民呼声、回应人民期待，保证人民平等参与、平等发展权利，维护社会公平正义，在学有所教、劳有所得、病有所医、老有所养、住有所居上持续取得新进展，不断实现好、维护好、发展好最广大人民根本利益”“功崇惟志，业广惟勤”。此外，排比修辞技法的运用也很好。例如，“经过几千年的沧桑岁月，把我国56个民族、13亿多人紧紧凝聚在一起的，是我们共同经历的非凡奋斗，是我们共同创造的美好家园，是我们共同培育的民族精神，而贯穿其中的、最重要的是我们共同坚守的理想信念”。以“是”作提示语，分别表达三个不同方面的意思。又如，“全体共产党员特别是党的领导干部，要坚定理想信念，始终把人民放在心中最高的位置，弘扬党的光荣传统和优良作风，坚决反对形式主义、官僚主义，坚决反对享乐主义、奢靡之风，坚决同一切消极腐败现象作斗争，永葆共产党人政治本色，矢志不移为党和人民事业而奋斗”。以“坚决”作提示语，对全体共产党员特别是党的领导干部提出了明确要求，表明了党中央全面从严治党的政治态度。此外，在设层构段上，“实现中国梦必须走中国道路”“实现中国梦必须弘扬中国精神”“实现中国梦必须凝聚中国力量”，也属于排比。这些排比修辞的恰当运用，使行文明晰可鉴，严谨缜密，极大地增强了行文的表达效果。

（二）开幕词

开幕词（也作开幕辞）是会议的序曲、前奏、动员令，是在比较重要或隆重的会议开始时，由会议主要领导人所作的讲话。主要是简明扼要地介绍会议召开的背景、组织工作等情况，宣布会议的目的、议程，对会议的进行起着定调的作用。

开幕词属专题灵活式的讲话稿，它虽然多以个人名义出现，但实际上代表了某一组织和领导集体，当其作为公文发出，具有了相应的权威性时，就成为讲话性公文。从文体上看，开幕词属于议论文，但比一般议论文更具有鲜明的个性、生动的临场性、实际的针对性、高度的概括性和激昂的鼓动性。开幕词对会议的有关问题只是提示一下即可，不必讲得过细，主要是通过简明扼要、庄重热情、带有指导性的提示，使与会者明确会议的有关内容，调动其参加会议的积极性。

【例文】

为建设一个伟大的社会主义国家而奋斗

（一九五四年九月十五日在第一届全国人民代表大会第一次会议上的开幕词）

毛泽东

各位代表！

中华人民共和国第一届全国人民代表大会第一次会议，今天在我国首都北京举行。

代表总数一千二百二十六人，报到的代表一千二百十一人，因病因事请假没有报到的代表十五人，报到了因病因事今天临时缺席的代表七十人。今天会议实到的代表一千一百四十一人，合于法定人数。

中华人民共和国第一届全国人民代表大会第一次会议负有重大的任务。

这次会议的任务是：

制定宪法；

制定几个重要的法律；

通过政府工作报告；

选举新的国家领导工作人员。

我们这次会议具有伟大的历史意义……

我们的总任务是：团结全国人民，争取一切国际朋友的支援，为了建设一个伟大的社会主义国家而奋斗，为了保卫国际和平和发展人类进步事业而奋斗。

我国人民应当努力工作，努力学习苏联和各兄弟国家的先进经验，老老实实，勤勤恳恳，互勉互助，力戒任何的虚夸和骄傲，准备在几个五年计划之内，将我们现在这样一个经济上文化上落后的国家，建设成为一个工业化的具有高度现代文化程度的伟大的国家。

我们的事业是正义的，正义的事业是任何敌人也攻不破的。

领导我们事业的核心力量是中国共产党。

指导我们思想的理论基础是马克思列宁主义。

我们有充分的信心，克服一切艰难困苦，将我国建设成为一个伟大的社会主义共和国。

我们正在前进。

我们正在做我们的前人从来没有做过的极其光荣伟大的事业。

我们的目的一定要达到。

我们的目的一定能够达到。

全中国六万万人团结起来，为我们的共同事业而努力奋斗！

我们的伟大的祖国万岁！

【写作技法简析】

这是毛泽东同志在第一届全国人民代表大会第一次会议上的开幕词，篇幅简短，但内容很齐全。标题采用了一个高度概括的主题句，反映了当时的历史背景和全国人民的使命。称谓部分只使用了“各位代表”，如果是代表大会，称谓一般就是这样来写。

正文部分，开头用陈述性语句宣布会议开始；主体包括会议的法定程序、会议的任务、会议的意义、当时历史时期的总任务和要求。召开代表大会首先应说明会议的程序是否合法，具体通过到会代表是否达到法定人数来加以反映。接着说明了会议的主要任务，具有明显的会议目的性。然后说明完成会议任务所产生的重大意义，最后由会议的任务延伸到目前的总任务和执行任务的要求，进一步扩展了会议的意义。结尾通过一系列短句来结束，高度总结了所取得的历史经验和达成目标的决心，这些句子已经成为名言名句。

与一般的开幕词相比，这篇开幕词仅有几百字，但对于当时的会议起到了重要的作用，而且用极凝练的语言表达了丰富的内容，是一篇值得细细欣赏的优秀开幕词。

（三）主持词

主持词是主持人在各种重要的集会、仪式和盛大典礼上进行主持活动时所使用的一种公文。

在当今越来越多、越来越复杂的社会活动中，为了确保活动的质量，主持人需要准备合乎规范的主持词，以使活动朝着预定的计划运行。有了主持词，主持人就可以从容不迫地进行他的主持工作，使各项议程有条不紊；同时，对于一些重要或者大型活动而言，事先准备好主持词，还能够体现出一种庄重严肃的气氛。正因如此，主持词在当今的社会实践中被广泛运用。

【例文】

全市公安机关第二届警学理论研讨会主持词

（2014 年 10 月 16 日）

×× 市警察协会会长　许 ××

尊敬的各位领导、各位专家学者：

大家上午好！全市公安机关第二届警学理论研讨会现在开始。首先我介绍一下出席今天会议的各位领导。

……

市局党委对这次会议非常重视，× 市长亲笔作出批示，嘱咐我们一定要开好会议，确保质量。×× 局长和 ×× 主任在百忙之中前来出席会议，稍后 ×× 局长还要作重要讲话。参加今天这次会议的都是来自全市各级公安机关的专家学者。他们当中，既有省警察协会批准的警学研究员，也有热衷于警学理论研究并有一定成果的实际工作者。大家日常工作都十分繁忙，能够抽出时间来参加会议，是对警察协会工作的最大支持，也体现出了各理事单位对警学理论研究工作的重视。在此，我代表警察协会对大家表示热烈的欢迎和衷心的感谢！

……

特别需要提出的是，我们这次会议得到了 ×× 市公安局的鼎力支持，在各个方面都做了大量的工作，前期准备工作做得非常充分细致，为我们提供了很好的学术交流环境，在此，让我们以热烈的掌声表示感谢！下面，有请 ×× 市副市长、市公安局党委书记、局长李 × 同志致辞，大家欢迎！

……

本次会议的主题是：牢固树立警学理论研究为警务实战服务、为领导决策服务、为教学科研服务的指导思想，积极探索理论研究成果转化为警力、转化为战斗力的途径和有效方法。应当说，本次会议是2014年度警察协会组织举办的一次主要活动。下面，按照会议程序安排，进入专题发言阶段。首先请 ×× 县公安局指挥中心党支部副书记 ××× 同志发言。他发言的题目是《浅谈治安科技防范工程建设》。

（发言完毕，请 ××× 局长及其他领导点评）

……

下面请 ×× 县公安局指挥中心副主任 ×× 同志发言。他发言的题目是《轻伤害案件办理中的共性问题与破解》。

（发言完毕，请 ××× 局长及其他领导点评）

……

下面请西山道治安分局副书记 ××× 同志发言。他发言的题目是《重视发挥“微课程”在实际工作中的推动作用》。

（发言完毕，请 ××× 局长及其他领导点评）

……

下面请 ×× 市公安局刑侦大队二中队中队长 ×× 同志发言。他发言的题目是《涉企刑事案件的侦破体会及防范对策》。

（发言完毕，请 ××× 局长及其他领导点评）

……

下面请 ×× 县公安局指挥中心民警 ××× 同志发言。他发言的题目是《浅析大型活动安保工作的现状及对策》。

（发言完毕，请 ××× 局长及其他领导点评）

……

下面请 ×× 市公安局监所管理支队副支队长 ××× 同志发言。他发言的题目是《浅谈当前公安监管场所安全隐患的成因及对策》。

（发言完毕，请 ××× 局长及其他领导点评）

……

下面请 ×× 市公安局指挥中心文秘科长 ××× 同志发言。他发言的题目是《构建打击食品药品犯罪长效机制的实践与思考》。

（发言完毕，请 ××× 局长及其他领导点评）

……

下面请 ×× 市公安局经侦大队副大队长 ××× 同志发言。他发言的题目是《浅谈非法吸收公众存款等涉众型经济犯罪》。

（发言完毕，请 ××× 局长及其他领导点评）

……

下面请 ×× 市公安局网络安全保卫支队监控大队民警 ××× 同志发言。他发言的题目是《浅谈如何运用公安微博提升网络舆情引导力》。

（发言完毕，请 ××× 局长及其他领导点评）

……

下面请各位代表自由发言。可以是对某一个论题的意见见解，也可以是对警察协会工作特别是会刊的建设与发展的意见建议。

……

下面，让我们以热烈的掌声欢迎 ××× 局长讲话！

……

××× 局长的讲话语重心长，内容非常实在，为我们下一步更好地开展警学理论研究指明了前进的方向，也为警察协会的工作提出了明确的希望和具体要求。我们一定要认真学习，深刻领会，全力以赴把我市的警学理论研究工作搞好。

各位专家学者，我们今天这次会议是警察协会有史以来组织召开的又一次专题警学理论研讨会，大家彼此交流，共同切磋，取长补短，相互借鉴，取得了预期的效果。今后这样的活动我们要坚持下去，形成一种常态化的机制，通过我们的学术研究活动，有力推动全市公安工作实践的进一步发展，为全市公安工作和队伍建设作出我们的应有贡献。今后，请大家继续关心支持警察协会的工作，我代表警察协会表示真诚的感谢！

全市公安机关第二届警学理论研讨会圆满结束。

【写作技法简析】

主持词是引领会议进程的文字材料，要用简洁的语句将会议的各项议程圆润平滑地连缀起来，成为一个有机的整体，具有重要的起承转合的作用。这篇主持词写得合乎规范，首先交代了召开会议的重要意义，介绍了出席会议的领导，阐明了会议的议程；然后按照会议进程顺序分别进行引领，最后对会议情况进行总结概括，并提出有针对性的希望和要求。从结构上看，主持词明显地分为三大层次，即会议的总体情况（包括目的、背景、依据、出席领导、主要议程等）、会议进程以及简要总结、提出贯彻执行会议内容的要求。本文脉络清楚，结构谨严，值得借鉴。

（四）欢迎词

欢迎词是党政机关、团体和企事业单位常用的一种重要公关礼仪公文。通常在迎接宾客的仪式、集会和宴会上对宾客的光临表示热诚欢迎时使用。

【例文】

在G20杭州峰会晚宴上的欢迎词

（2016年9月4日）

中华人民共和国主席　习近平

尊敬的各位同事，各位来宾，女士们、先生们、朋友们：

大家晚上好！这是一个让人期待的夜晚。在二十国集团领导人第11次峰会召开之际，我们相聚西子湖畔。我谨代表中国政府和人民，代表我夫人，并以我个人名义，对各位贵宾的到来表示热烈的欢迎。

杭州，素有“人间天堂”的美誉，湖光山色，人文美景，俯拾皆是。西湖十景，或近观，或远眺，引人无限遐思，流连忘返。连通这些美景的，是一座座历史悠久、造型优美的桥，本届峰会会标的设计灵感就来源于此。二十国集团就宛若一座桥，让大家从四面八方走到了一起。

这是一座友谊之桥，通过这里我们把友谊的种子播向全球，增进互信、互爱，让彼此的距离不再遥远。

这是一座合作之桥，通过这里我们共商大计、加强协调、深化合作、谋求共赢。

这是一座未来之桥，通过这里我们同命运共患难，携手前行，共同迎接更加美好的明天。

杭州与在座各位的国家有着密切的联系，我在这里举几个例子。四百多年前，1583年，意大利人利玛窦来到中国，他于1599年记述了“上有天堂、下有苏杭”的说法，据说这是首个记录、传播这句话的西方人。

也是四百年前，德国的克雷费尔德市就同杭州开始了丝绸贸易。

一百四十年前，1876年的6月，曾经当过美国驻华大使的司徒雷登先生出生于杭州，在中国生活了五十多年，他的骨灰就安放在杭州半山安贤园。

九十多年前，1924年4月，印度诗人泰戈尔先生游览了西湖，特别喜欢并写下了不少诗，其中一首写得很好：“山站在那儿，高入云中，水在他的脚下，随风飘荡，好像请求他似的，但他高傲地不动。”他还表示想在西湖边买个小屋，住上几天。

二十多年前，1992年10月，南非前总统曼德拉先生来到杭州，游览了西湖后，表示愿意在这里住上一辈子。

此时此刻，我们汇聚杭州，承载着各国人民的厚望和期待。我们为了共同的使命而来，当前世界经济和国际经济合作的重要转折点，二十国集团要勇于担当，敢为人先，构建创新、活力、联动、包容的世界经济，引领新一轮强劲增长。我们为了更紧密的伙伴关系而来，同舟共济的伙伴关系、伙伴精神，是二十国集团最宝贵的财富。我们要秉持共赢理念，着眼促进增长和发展的长远目标，不断增进理解，扩大共识，凝聚合力。我们为了人类命运共同体的愿景而来，当今世界正在发生前所未有的深刻变革，二十国集团有责任引领世界前进步伐，有责任带动全球发展潮流，有责任为实现人类共同繁荣和进步作出更大贡献。

各位同事、女士们、先生们、朋友们！

我们知道，二十国集团成员具体国情、发展阶段不同，就像杭州的山山水水，各具其态。世界经济的起落波动，就像西湖的晴晴雨雨，乍起还歇。共同应对复杂局面，绝非易事，但只要我们不畏浮云，极目远望，就能看到山明水秀，无处不美的景色，只要我们彼此包容，守望相助，就能无论晴时好，雨时奇，都坚定前行，共抵彼岸。

秋日的杭州，仍可感受到夏季的热情，看到盛开的荷花。中国宋代诗人曾描写西湖荷花是：“接天莲叶无穷碧，映日荷花别样红。”今天下午，我们已经开始了富有成效的讨论，明天的交流同样令人期待。钱塘江我们路过了，最具魅力的是七八月的潮水，我们二十国集团领导人齐聚钱塘江畔，要做世界经济的“弄潮儿”，以我们的智慧引领世界发展潮流，为全球经济治理书写新的篇章。

现在，我提议，大家共同举杯，为世界经济的美好未来，为二十国集团携手合作，为杭州峰会圆满成功，也为各位嘉宾和家人的健康，干杯！

【写作技法简析】

这篇文章系国家主席习近平于2016年9月4日在G20杭州峰会欢迎晚宴上所致的一篇欢迎词。通读全文，给人的总体感受是寓情于理，情理交融，既温馨又和美，犹如一篇优美的散文诗，撼人心魄，令人产生无限的遐想，是一篇难得一见的欢迎词。

行文在对参加会议的各国领导人及嘉宾表示热烈欢迎之后，用“桥”作引领，使抽象的概念具象化，成为一条贯穿全篇的“红线”，对与会各国之间的关系进行巧妙解读，指出是一座“友谊之桥”“合作之桥”“未来之桥”；同时回顾了与会各国与杭州之间的历史渊源，纵跨古今，绵延几百年，可谓源远流长，通过追忆加深了人们的认识，增进了相互了解和友谊。接下来又进一步阐述了二十国集团领导人之间应当遵循的原则和所肩负的历史责任，字字珠玑，掷地有声，令人豪情满怀，信心倍增。

语言美是这篇欢迎词的突出特色。原本平淡的欢迎词，却写得非常精美，魅力四射。尤其是各种三字句、四字句的使用，使行文节奏感和韵律美非常强烈；诸如“湖光山色，人文美景，俯拾皆是。西湖十景，或近观，或远眺，引人无限遐思，流连忘返”的表述，给人身临其境之感。还有就是多次使用排比修辞。“这是一座友谊之桥”“这是一座合作之桥”“这是一座未来之桥”，“我们为了共同的使命而来”“我们为了更紧密的伙伴关系而来”“我们为了人类命运共同体的愿景而来”，这些排比修辞的使用，极大地增强了表达效果，使行文严谨细密，富有气势；还有就是比喻修辞，“二十国集团成员具体国情、发展阶段不同，就像杭州的山山水水，各具其态。世界经济的起落波动，就像西湖的晴晴雨雨，乍起还歇”，用语既和谐匀称，又兼及恰切的比喻，荡气回肠，韵味无穷。这篇千余字的欢迎词，综合运用了多种修辞格，让人感到美不胜收，不忍释卷，确实是难得一见的佳作。此外，像“钱塘江我们路过了，最具魅力的是七八月的潮水，我们二十国集团领导人齐聚钱塘江畔，要做世界经济的‘弄潮儿’，以我们的智慧引领世界发展潮流，为全球经济治理书写新的篇章”，用形象化的语言表明了二十国集团领导人齐心协力共创辉煌的决心，令人深受震撼和鼓舞。

这篇欢迎词与领导身份是相符的，与发表讲话的语境是一致的，值得人们从中细细体会这种礼仪类公文写作的结构和内容。

十一、凭据类公文

协议书

协议书是国与国、政党团体与政党团体之间，国内机关、团体、企事业单位之间为了解决某一事项，通过协商将取得一致意见的内容事项整理成共同遵守的公文。

协议书的特性，主要体现在两个方面：一是内容事项的原则性。从性质上说，协议书类似于合同，但合同较为全面、细致、具体，而协议书则相对单纯一些、有原则一些。二是适用范围的广泛性。在适用范围上，协议书要比合同广泛得多。它不仅适用于经济活动，同时适用于有关上层建筑方面的活动。

【例文】

安全生产协议书

甲方：

乙方：

为了全面履行甲乙双方签订的《建设工程总承包施工合同》，特签订本协议。

一、工程概况

工程名称：×× 工程

工程地点：××

工程内容：××

承包范围：同上

承包方式：采用“固定综合单价制”的方式，进一步明确在施工过程中甲乙双方各自的安全责任，保护施工人员的安全和身体健康，防止因工伤亡事故的发生。依据有关法律、法规、规定签订本协议书。经双方签字盖章后生效，与分包合同具有同等法律效力，双方应认真履行。

二、甲乙双方共同责任

1. 甲乙双方共同遵守国家和地方有关安全生产的法律、法规和规定，认真执行国家、行业、企业安全技术标准。

2. 在甲方的统一领导下，组成施工现场安全生产领导机构，定期召开安全工作会议，建立健全安全生产责任制和群防群治制度，制定各项安全生产规章和安全生产目标责任，形成一体化的安全生产监督管理体系和保证体系，并按照职责分工抓好落实工作。

3. 坚持"安全第一，预防为主"的方针，不得违章指挥和违章作业。在组织施工生产时先落实安全保护措施，防止事故发生。

4. 抓好安全教育，严肃安全纪律，规范安全行为，净化作业环境，禁止野蛮施工，防止施工扰民。

5. 发生事故时，应立即采取措施保护现场，抢救伤员，防止事故扩大，并及时报告上级主管部门，组成事故调查小组，查明事故原因，确定事故责任，按照"三不放过"的原则拟订改进措施，提出对事故责任者的处理意见。

三、甲方的具体责任

1. 甲方对施工现场安全管理负责。组织指挥现场安全生产，向乙方公布本企业、本施工现场的安全生产规章制度。检查乙方安全生产保证体系和规章制度，对乙方安全生产实施监督管理。

2. 编制工程项目安全施工组织设计，并分解到乙方分包项目。组织指导乙方编制分包工程内容的安全施工方案，制定安全技术措施并监督实施。

3. 在安排乙方工作时针对其施工内容、工艺要求，提出施工方法和安全操作规程，提供必要的安全保护设施。以书面形式向乙方施工负责人进行安全技术交底，交底由甲、乙双方负责人和安技人员签字备案。施工中监督乙方按交底内容实施。

4. 对乙方现场员工进行登记造册，复验身份证件，发放胸卡，按名单进行"三级"安全教育，建立安全教育档案。对分包单位的特种作业人员资格进行验证。协助乙方做好特种作业人员的培训、考核、持证上岗等管理工作，制止非特种作业人员从事特种作业。

5. 向乙方提供良好的、确保安全生产的劳动作业环境，所提供的电气设备、机械、工器具、架设机具、安全防护用品等必须符合安全技术标准，经乙方检验合格后，办理书面交接验收手续，一式两份，甲乙双方分别存查，并监督乙方安全使用。

6. 对乙方自带机具、设备、安全防护用品等进行技术指标、安全性能检验，合格者方可进入施工现场。监督乙方正确安装使用和拆除。

7. 对乙方施工工序、操作岗位的安全行为进行日常监督检查，纠正违章指挥和违章作业。发现严重的违章违纪和事故隐患，应立即责令停工，监督整改并按双方商定的管理办法进行处理。严重者终止合同，清退出场，所造成的一切经济损失由乙方承担。

8. 合同终止工程结算时，甲方安全技术部门应出具《安全评价书》。无安全评价书者不能结算。

9. 对施工现场的各种安全设施和劳动保护用品定期进行检查和维护，及时消除隐患，保证其安全有效。

10. 提供符合卫生、通风、照明等要求的员工生活环境，在容易发生火灾的地区，设置灵敏有效的消防器材。

11. 一旦发生伤亡事故按规定立即报告有关部门。

12. 其他。

四、乙方的具体责任

乙方在甲方的统一指挥监督下对本单位施工安全工作直接负责。按其职责分工，具体履行以下责任。

1. 接受甲方的指挥和监督，遵守甲方的安全管理制度，参加工地安全生产领导机构，出席安全工作会议，执行会议决定。

2. 按照甲方的统一管理规定制定本单位的安全目标责任和管理规章制度，并向甲方备案。

3. 根据甲方安全施工组织设计，编制本单位分包工程范围的安全施工方案和安全技术措施，按规定提取和使用安全技术措施费，报甲方审批执行。

4. 对本单位的施工人员应登记造册，如实向甲方报告，接受甲方的安全教育，发生人员调整时，要迅速报告甲方，并进行安全教育，未经安全教育的不得进入施工现场，不得录用无身份证件的人员和童工。

5. 按规定要求设置安全技术管理人员（50 名以上施工人员的应设专职安全技术管理人员；不足 50 人的应指定兼职安全技术管理人员，各施工班组应设一名兼职安全员），负责操作中的安全检查。

6. 负责班前安全教育和工种交换的安全教育。下达施工任务时，应进行有针对性的安全技术交底，检查操作人员安全着装；发生交叉作业时，应先报告甲方，并进行监护。不得安排非特殊工种人员从事特殊工种作业，不得安排患有高血压、心脏病及其他不适于高处作业的人员从事高处作业。

7. 向甲方申报自带的劳动保护用品及机具、设备，经检验合格后使用。禁止任何人私自拆除安全防护设备或设施。

8. 设置必要的员工生活设施，并符合卫生、通风、照明等要求，员工的膳食、饮水供应等符合卫生要求。

9. 在容易发生火灾的地区施工动火时，应事前向甲方申请，得到书面批准并采取有效的防护措施后，才可施工。存储、使用易燃易爆器材时，应当采用特殊的消防安全措施。

10. 监督甲方履行安全职责，对甲方违反责任造成的损失有权索赔。有权制止甲方违章指挥，并按双方商定的管理办法进行处理。

11. 教育本单位员工遵章守纪，不得违章指挥和违章操作。施工中如因乙方施工人员违章指挥、违反纪律、违反安全操作规定而发生伤亡事故，其损失由乙方负责，给甲方造成损失的应负责赔偿。

12. 乙方须严格按照甲方安全技术交底要求进行施工，否则出现人身伤亡事故由乙方自负。

五、此协议作为分包合同附件，具有同等法律效力，一式两份。

甲方:（章）	乙方:（章）
法定代表人（委托代理人）:	法定代表人（委托代理人）:
年　月　日	年　月　日

【写作技法简析】

这篇协议书写得非常规范。开头部分首先表明拟定协议的目的，并用“特签订本协议”提领下文。主体部分由四项内容组成：工程概况、甲乙双方共同责任、甲方的具体责任、乙方的具体责任。对具体责任内容的表述，采用列项的方式，依次列明，十分具体细致，涉及各个方面，便于遵照执行，而这也正是确保协议效力发挥的必要条件。

十二、宣示类公文

宣言

宣言是指国家、政府、政党或其领导人以及相关组织公开宣告其政治纲领，对重大问题、事件公开表明其基本立场、观点而发表的公文。在世界范围内发表的宣言，目的是通过新闻媒体的传播取得广泛的国际承认或舆论的同情与支持。宣言由于不同的内容和目的而具有相应的不同作用与性质。有一国单独宣告本国重大变革的，如著名的美国《独立宣言》；有一国针对另一国表明本国立场、态度的，如《苏俄对华宣言》。这些宣言具有公告性质，目的是取得国际社会的理解和支持。由两国、多国或以国际会议的名义发表的“共同宣言”“联合宣言”，则具有条约的性质，其目的是取得国际社会承认，起到共同遵守的监督作用。

【例文】

二十国集团领导人金融市场和世界经济华盛顿峰会宣言

1. 在世界经济和国际金融市场面临严重挑战之际，我们二十国集团领导人于2008年11月15日在华盛顿举行首次会议。我们决心加强合作，共同努力恢复全球增长，实现世界金融体系的必要改革。

2. 数月以来，与会各国为支持全球经济和稳定金融市场采取了非同寻常的紧急举措。必须继续这些努力。同时，必须为改革奠定基础，以确保危机不会重演。我们一致认为，市场原则、开放的贸易和投资体系、得到有效监管的金融市场将催生活力、变革和创业精神，这些是确保经济发展、就业和减贫的基本因素。

当前危机的根源

3. 近年来，全球经济增势强劲，并长期保持稳定，资本流动加快，市场参与者追逐更高收益，却未恰当评估风险和应履行的责任。与此同时，宽松的承销标准，风险管理措施不到位，日益复杂和不透明的金融产品，以及随之产生的过度杠杆操作，共同造成金融体系的脆弱性。在一些发达国家，决策者、监管者和监督者未能充分评估并解决金融市场不断累积的风险，未能跟上金融创新步伐，未能考虑国内监管行动带来的系统性后果。

4. 造成当前危机的主要因素还包括：宏观经济政策缺乏连贯性，协调不足，经济结构改革不充分。这些导致了全球宏观经济不可持续。上述因素共同作用，导致风险过度，最终引发严重的市场混乱。

已经和将要采取的行动

5. 我们迄今已采取了强有力的重大行动，以刺激经济增长，增加流动性，改善金融机构资本状况，保护储蓄与存款，弥补监管缺失，解冻信贷市场。我们正努力确保国际金融机构能够为全球经济提供重要支持。

6. 但是，稳定金融市场、支持经济增长需要采取更多行动。主要经济体的经济发展势头正大幅放缓，全球经济前景黯淡。许多新兴市场经济体近年来支撑了全球经济增长，虽然目前仍保持良好增长势头，但同时也越来越多地受到全球经济放缓的冲击。

7. 在世界经济形势日渐恶化的背景下，我们一致认为，需要在更紧密的宏观经济合作基础上，采取更广泛的应对政策，以恢复经济增长，避免负面的溢出效应，支持新兴市场经济体和发展中国家。为实现上述目标，并应对长期的挑战，我们将立即采取如下举措：

——继续积极努力，进一步采取一切必要的措施，以稳定金融体系。

——认识到根据各国国情实施支持性货币政策的重要性。

——在保持有助于实现财政可持续性的政策框架的同时，采取适当的财政措施刺激内需以速见成效。

——通过流动性安排和项目支持等方式，帮助新兴和发展中经济体在当前困难的形势下获得融资。我们强调国际货币基金组织在应对危机方面有重要作用，欢迎其实施新出台的短期流动性便利安排，并敦促对国际货币基金组织的现有工具和贷款便利进行持续审议，以确保其灵活性。

——鼓励世界银行和其他多边开发银行全力支持各自发展议程，欢迎世界银行近期在基础设施和贸易融资领域引入新的贷款机制。

——确保国际货币基金组织、世界银行和其他多边开发银行拥有充足的资源，继续在克服危机过程中发挥作用。

金融市场改革的普遍原则

8.除采取上述措施外，我们还将推进改革，加强金融市场和监管体系，以避免危机重演。各国监管机构是保护市场稳定的第一道防线，应承担最主要的监管职责。但金融市场已全球化，因此有必要加强各国监管当局的国际合作，强化国际标准并敦促其得以落实。这是防止负面效应在周边、区域及全球层面危及国际金融稳定的必要条件。监管者必须确保其行为有助于市场约束，避免金融套利等行为对其他国家产生潜在的负面影响，同时支持市场竞争、活力和创新。金融机构必须为金融动荡承担责任，通过确认损失、改进信息披露、加强内部治理和风险管理等措施，为克服金融动荡发挥自己的作用。

9.我们承诺根据以下改革的共同原则执行有关政策：

——加强透明度和问责制：我们将加强金融市场透明度，包括改善对复杂金融产品的信息披露，确保金融公司完整、准确地披露其财务状况，调整激励机制以避免过度风险行为。

——加强稳健监管：我们承诺加强监管机制，审慎监督和风险管理，确保所有金融市场、产品和参与者都受到相应监管或监督。我们将根据公认和强化的国际行为准则，加强对信贷评级机构的监督。我们还将使监管体系在经济周期内更加有效，同时保证有效的监管既不妨碍创新，也有利于扩大金融产品和服务的交易。我们承诺对本国监管体系进行透明的评估。

——促进金融市场的诚信：我们承诺通过以下方式保护世界金融市场的诚信，加强对投资者和消费者的保护，避免利益冲突，防止非法的市场操纵、欺诈和滥用行为，防范来自不合作的监管辖区的非法金融风险。我们还将促进信息共享，包括与那些尚未接受关于银行保密与透明度国际标准的监管辖区共享信息。

——加强国际合作：我们呼吁国家和区域监管机构在制定有关监管法规和其他措施时，注重相互之间的协调一致。监管机构应加强包括跨境资本流动在内的金融市场所有领域的协调与合作。监管机构及其他相关当局应优先加强在危机预防、管理和解决方面的合作。

——改革国际金融机构：我们承诺推进布雷顿森林机构改革，以使其更充分地反映世界经济格局的变化，增强其合法性和有效性。在此方面，新兴经济体和发展中经济体，包括最贫穷国家，应享有更大的发言权和代表性。金融稳定论坛必须立即扩大其成员组成，吸收新兴经济体加入。其他主要的标准制定机构也应迅速评估其成员组成。国际货币基金组织应同扩大后的金融稳定论坛及其他机构合作，更好地确定市场脆弱性，预测潜在的风险并迅速采取行动，以便在应对危机方面发挥关键作用。

部长和专家的任务

10. 我们承诺迅速采取措施落实上述原则。我们要求财长们在二十国集团 2009 年领导机制（巴西、英国、韩国）的协调下，启动进程并限时完成。本宣言后附一份包含具体措施清单的行动计划，其中包括在 2009 年 3 月 31 日前须完成的最优先的行动。

我们要求财长们与其他经济体和组织进行协商，听取其可能任命的独立贤人小组提出的建议，并在以下具体领域提出更多的建议：

——在监管政策方面减少顺周期性。

——评估并协调全球会计准则，特别是在市场低迷时期对结构复杂的证券产品的估值。

——加强信贷衍生品市场的韧性和透明度，并降低其系统性风险，包括改进场外交易市场的基础设施等。

——评估薪酬机制，因为它与金融风险和创新相关。

——评估国际金融机构的职能、治理和资源需求。

——确定具有系统重要性的金融机构的范畴，并决定对其进行恰当的监督和监管。

11. 考虑到二十国集团在金融体系改革中的作用，我们将于 2009 年 4 月 30 日之前再次举行会议，审议今天确定的有关原则和决定的落实情况。

致力于开放的全球经济

12. 我们认识到，上述改革要取得成功，就必须坚持自由市场原则，包括法治、尊重私有财产、开放的贸易与投资、市场竞争以及高效和受到有效监管的金融体系等。这些原则对经济增长和繁荣至关重要，它们使千百万人脱贫，并显著提高全球生活水平。我们有必要加强金融监管，同时也必须避免监管过度，否则将影响经济增长，导致资本流动收缩，包括对发展中国家的资本流动收缩。

13. 我们强调在金融不稳定时期反对保护主义、避免政策内顾的重要性。因此，未来

12个月，我们将避免为投资或商品和服务贸易设置新壁垒，避免采取新的出口限制措施，或采取不符合世界贸易组织规定的刺激出口措施。此外，我们将争取年内就世界贸易组织多哈回合谈判有关减让模式达成一致，以成功结束多哈发展议程，取得有雄心水平和平衡的结果。我们指示各国贸易部长实现这一目标，并将视情给予直接指导。我们还同意，我们这些国家在全球贸易体系中份额最大，每个国家都必须为实现上述成果做出必要的积极贡献。

14. 我们深知这场危机对发展中国家、尤其是最脆弱国家的影响。我们重申实现千年发展目标和各自做出的发展援助承诺的重要性。我们敦促发达国家和新兴经济体根据其在世界经济中各自的能力及作用，履行相关承诺。在此方面，我们重申2002年在墨西哥蒙特雷举行的联合国发展筹资高级别会议所确定的发展原则，其中强调了国家自主权、动员各种资源用于发展筹资。

15. 我们继续致力于应对其他重要挑战，包括能源安全和气候变化、粮食安全、法治、反恐、贫困和疾病。

16. 我们相信通过持续的伙伴关系、合作和多边主义，我们将克服面临的挑战，恢复世界经济稳定与繁荣。

【写作技法简析】

这是在世界经济和金融市场遭遇严重挑战时，二十国集团领导人在华盛顿公开发表的一篇宣言。从全文内容来看，涉及若干方面的事项，诸如面对危机所采取和将要采取的措施、金融市场改革的普遍原则、部长和专家的任务以及承诺全球经济开放等，以高度负责的态度提出化解危机的办法并作出庄严的承诺，令人确信无疑。在语言上也很简洁洗练，毫无冗词赘句之感。

第二节　常用公文例文和范文对比讲解赏析

一、命令（令）

根据《条例》的规定，命令（令）是公布行政法规和规章、宣布施行重大强制性措施、批准授予和晋升衔级、嘉奖有关单位和人员时使用的文种。

（一）例文讲析

【例文】

中国人民解放军总部发布惩处战争罪犯命令

我人民解放军自转入进攻以来，所向无敌，全国胜利，屈指可期。国民党反动派凛于覆没的命运，近更灭绝人性，施放毒气，屠杀人民，破坏建筑，毁灭物资，作垂死的兽性的破坏。我全军上下，除应更加努力，采取一切有效办法，保护国家与人民之生命财产，使之免遭国民党军队溃败被歼时之破坏与损失外，应对此种战争罪犯彻底追究，严予惩处。为此，特根据我军一九四七年双十节宣言之精神，宣布如下命令：

一、凡国民党军官及其党部政府各级官吏，命令其部属，实行下列各项罪恶行为之一，而证据确凿者，均应加以逮捕，并以战犯论罪：

1. 屠杀人民，抢掠人民财物或拆毁焚烧人民房屋者；

2. 施放毒气者；

3. 杀害俘虏者；

4. 破坏武器弹药者；

……

12. 空袭轰炸已解放之人民城市者。

二、凡带头执行以上各项罪恶行为之一者，亦应依法惩办。

三、凡采取有效办法，因而使人民的生命财产，及一切属于本军的战利品及城市建设获得安全或免于破坏者，均给予应得之奖励。

我各地人民解放军应切实执行此项命令。

我军对待国民党反动派党政军人员的政策是："首恶者必办，协从者不问，立功者受奖。"上述战争犯罪应属于首恶者一类，必须追寻他们至天涯海角，务使归案法办，不容漏网，切切此令。

中国人民解放军总司令　朱德

副总司令　彭德怀

一九四八年十一月一日

【讲析】

这份宣布令包括“令的缘由与根据”“令的内容与要求”和“令的执行办法”三部分内容。例文第一部分中的“我人民解放军自……严予惩处”为发令缘由；“特根据我军一九四七年双十节宣言之精神，宣布如下命令”为发令的根据。例文的一、二、三条，属于“令的内容与要求”，是向国民党反动派党政军人员宣布的。第一、二条是讲逮捕惩办的对象。第三条是指奖励的对象，惩办与奖励相结合，体现了我党我军对待敌军的全面政策。例文最后两段文字是“令的执行办法”，是向我军宣布和提出的，用语十分坚定有力，让敌军胆战心惊，如“必须追寻他们至天涯海角，务使归案法办，不容漏网，切切此令”，连续使用三个指令动词，最后又用“切切”加“此令”收束，大有震慑之势。

（二）范文赏析

【范文】

向全国进军的命令

（一九四九年四月二十一日）

各野战军全体指挥员战斗员同志们，南方各游击区人民解放军同志们：

由中国共产党的代表团和南京国民党政府的代表团经过长时间的谈判所拟定的国内和平协定，已被南京国民党政府所拒绝。南京国民党政府的负责人员之所以拒绝这个国内和平协定，是因为他们仍然服从美国帝国主义和国民党匪首蒋介石的命令，企图阻止中国人民解放事业的推进，阻止用和平方法解决国内问题。经过双方代表团的谈判所拟定的国内和平协定八条二十四款，表示了对于战犯问题的宽大处理，对于国民党军队的官兵和国民党政府的工作人员的宽大处理，对于其他各项问题亦无不是从民族利益和人民利益出发作了适宜的解决。拒绝这个协定，就是表示国民党反动派决心将他们发动的反革命战争打到底。拒绝这个协定，就是表示国民党反动派在今年一月一日所提议的和平谈判，不过是企图阻止人民解放军向前推进，以便反动派获得喘息时间，然后卷土重来，扑灭革命势力。拒绝这个协定，就是表示南京李宗仁政府所谓承认中共八个和平条件以为谈判基础是完全虚伪的……在此种情况下，我们命令你们：

（一）奋勇前进，坚决、彻底、干净、全部地歼灭中国境内一切敢于抵抗的国民党反动派，解放全国人民，保卫中国领土主权的独立和完整。

（二）奋勇前进，逮捕一切怙恶不悛的战争罪犯。不管他们逃至何处，均须缉拿归案，依法惩办。特别注意缉拿匪首蒋介石。

（三）向任何国民党地方政府和地方军事集团宣布国内和平协定的最后修正案。对于凡愿停止战争、用和平方法解决问题者，你们即可照此最后修正案的大意和他们签订地方性的协定。

（四）在人民解放军包围南京之后，如果南京李宗仁政府尚未逃散，并愿意于国内和平协定上签字，我们愿意再一次给该政府以签字的机会。

中国人民革命军事委员会主席　毛泽东

中国人民解放军总司令　朱德

【赏析】

气势磅礴　指挥若定

——《向全国进军的命令》赏析

1949 年 4 月 21 日，即国民党反动政府拒绝在《国内和平协定（最后修正案）》上签字的第二天，中国人民革命军事委员会主席毛泽东、中国人民解放军总司令朱德联名向人民解放军发布了《向全国进军的命令》。这是一篇捣毁蒋家王朝，推翻国民党反动统治的军事总动员令。随后，人民解放军百万雄师横渡长江，以排山倒海之势，向国民党统治区发动了规模空前的进军。

命令是最具权力象征的一种公文，它集中表现为执行上的不可动摇性，没有丝毫商洽易移的余地，不论在何种情况下，受令者不准在行动上有任何差异，强制性十分突出。反映到行文上，它要求通过令人折服的事理和确切精当的语言，来营构出一种汹涌磅礴的气势。在这方面，《向全国进军的命令》为我们树立了光辉的典范，堪称中国现代命令体公文的巨篇。从鉴赏的角度看，这篇命令在写作上的成功之处主要有如下几点。

1. 强弩连发，势不可当

俗语说："军令如山。"古人也讲："慎乃出令，令出准行。"正是由于命令体公文这种至高无上的权威性和强制性，决定了其在写法上必然要体现出一种如江河涌流、一泻千里、锐不可当的气势。革命领袖的雄韬伟略以及"压倒一切敌人"的强大气势在文中得到了鲜明而又有力的体现。命令开篇率先点明当时的国内形势："由中国共产党的代表团和南京国民党政府的代表团经过长时间的谈判所拟定的国内和平协定，已被南京国民党政府所拒绝。"用语高度概括，直截了当。紧接着用一个因果倒装句，追溯了国民党政府拒绝和平协定的根本原因，可谓一针见血，切中要害。然后连续使用三个"拒绝这个协定，就是表示……"为提领句构成的排比，将国民党政府"假和平，真内战"的反动本质淋漓尽致地揭露出来。通过上述三层内容的表述，逐层深入，环环相扣，其势如强弩连发，势不可当，从而将发布命令的缘由和必要性充分有力地表述出来，令人不容置疑。同时，在下文所列示的四条命令事项中，又使用"奋勇前进……"作提领语句，构成隔离反复辞格，将四条要求依据逻辑顺序，由总到分逐一展开。这种写法也使行文体现出一种顺流直下、排山倒海般的强大气势，其对人民解放军指战员所产生的无比巨大的鼓舞力和号召力不言而喻。

2. 夹叙夹议，事理融合

命令体公文的写作，在结构布局上通常由发命令的缘由和命令事项两大部分组成。其中缘由是写作的重点，它要将发布命令的原因和必要性完整、充分、合理、有力地作出阐述。在表述上，通常采用夹叙夹议、叙议结合的手法。"叙"就是摆事实，"议"就是讲道理，要把两者有机地结合起来，达到高度的统一。在这一方面，此篇命令写得极其成功。文中开篇首句"由中国共产党的代表团和南京国民党政府的代表团经过长时间的谈判所拟定的国内和平协定，已被南京国民党政府所拒绝"，这一高度概括的语句显然是在摆事实，同时又暗示出国民党政府妄图用和谈拖延时间，以便卷土重来，扑灭革命势力的顽固立场，这样向人民解放军发出进军命令就是理所当然的了。接下来在阐述国民党政府拒绝和平协定的原因之后，又进一步指出："经过双方代表团的谈判所拟定的国内和平协定八条二十四款，表示了对于战犯问题的宽大处理，对于国民党军队的官兵和国民党政府的工作人员的宽大处理，对于其他各项问题亦无不是从民族利益和人民利益出发作了适宜的解决。"这一排比句，既是在摆事实，具体指出我党都在哪些方面作出了必要的让步，又是在讲道理，让人从中深刻体会到国民党反动政府是如何地冥顽不灵，顽固坚持其反动立场。最后连用三个"拒绝这个协定，就是表示……"构成的排比句，也是在进一步讲道理。这样，通过叙议交织，事理融合，使行文的缘由显得十分充分，说服力极强，从而使中国人民解放军指战员按照命令，以摧枯拉朽之势，直捣蒋家王朝。总之，既摆事实，又讲道理，寓理于事，事理融合，是这篇命令在写法上最为突出的特色之一。

3. 用语精当，质直不傲

在语言表达方面，这篇命令也极富特色，充分体现出命令体公文准确精当、斩钉截铁、质直不傲的风格特征。以文章首句为例，“由中国共产党的代表团和南京国民党政府的代表团经过长时间的谈判所拟定的国内和平协定，已被南京国民党政府所拒绝”将发布命令的根本缘由用高度概括的语言一语道破，“拒绝”一词使用极为确切，既充分暴露出国民党政府“决心将他们发动的反革命战争打到底”的顽固立场，又有力地说明了向全国进军、“歼灭中国境内一切敢于抵抗的国民党反动派”的必要性。又如，“拒绝这个协定，就是表示国民党反动派决心将他们发动的反革命战争打到底。拒绝这个协定，就是表示国民党反动派在今年一月一日所提议的和平谈判，不过是企图阻止人民解放军向前推进，以便反动派获得喘息时间，然后卷土重来，扑灭革命势力。拒绝这个协定，就是表示南京李宗仁政府所谓承认中共八个和平条件以为谈判基础是完全虚伪的”。这里，排比辞格的运用使行文的语言表达严整、有力，富有气势；而“企图阻止”“喘息”“卷土重来”“扑灭”“虚伪”等词语的使用，又把国民党反动派的顽固态度和狂妄野心揭露得淋漓尽致。“在此种情况下，我们命令你们”这一发令性语句更显得坚决果断，斩钉截铁，令人感到神圣不可侵犯。再如“奋勇前进，坚决、彻底、干净、全部地歼灭中国境内一切敢于抵抗的国民党反动派……”一句，连续使用“坚决”“彻底”“干净”“全部”四个近义词语作为状语，分别从程度、范围、态度、效果等方面说明了歼敌所要达到的任务目标和基本要求，用得极其准确精当，严谨缜密。“奋勇前进，逮捕一切怙恶不悛的战争罪犯。不管他们逃至何处，均须缉拿归案，依法惩办。特别注意缉拿匪首蒋介石。”这里“逮捕”“怙恶不悛”“缉拿归案”“依法惩办”“匪首”等词语，极具感情色彩，充分体现出对战争罪犯的贬恶之情以及一定要将其绳之以法的坚决态度，充分体现出命令体公文所具有的威严凛然的气势。此外，文中还多处使用“凡……者”“即可”“尚未”“均须”等文言词语和文言句式，既使语言表达简洁凝练，又切合命令体公文庄重严肃的语体特征。

4. 逻辑严谨，环环相扣

这篇命令的结构层次也非常严谨缜密，环环相扣，逻辑性十分突出。开篇在交代发布命令的根本原因之后，随即追溯南京国民党政府拒绝协定的原因，继而进一步指出其拒绝协定是毫无道理的。通过这种逻辑严密的层次表达，使行文的缘由和必要性得以充分地展现，令人深信不疑。接下来运用一过渡句，很自然地引出四条命令事项，而且依照逻辑顺序，采用由总到分、由轻至重的写法，前两条重在明确任务与要求，后两条重在阐述解决问题的方式，既有总的原则性，又有处理具体问题的灵活性；既体现出我军“奋勇前进”“解放全中国”的不可动摇性，又体现出对南京国民党政府及其地方政府和地方军事集团的极度宽容性，使行文显得十分严谨、周密，无懈可击。

总而言之，无论从哪个角度说，这篇命令都是中国公文史上不可多得的命令体公文的经典之作。

二、决议

《条例》明确规定，决议用于经会议讨论通过的重大决策事项。

决议和决定同属决策性文件，就其反映的内容来说基本上是相同的。但它与决定也有一定的区别。最主要的区别表现在产生的形式上，决议必须产生于会议，它所要贯彻的决策事项，是会议集体讨论通过的；而决定则不然，有的也产生于会议，是会议集体讨论并按照法定程序表决的结果，有的是由领导机关直接作出的。

（一）例文讲析

【例文】

中国共产党中央委员会关于建国以来党的若干历史问题的决议

（一九八一年六月二十七日中国共产党第十一届中央委员会第六次全体会议一致通过）

建国以前二十八年历史的回顾

（1）……

……

（5）……

建国三十二年历史的基本估计

（6）……

……

（8）……

基本完成社会主义改造的七年

（9）……

……

（15）……

开始全面建设社会主义的十年

（16）……

……

（18）……

“文化大革命”的十年

（19）……

……

（24）……

历史的伟大转折

（25）……

……

（26）……

毛泽东同志的历史地位和毛泽东思想

（27）……

……

（31）……

团结起来，为建设社会主义现代化强国而奋斗

（32）……

……

（38）……

……全会号召，在马克思列宁主义、毛泽东思想的伟大旗帜下，全党、全军、全国各族人民紧密团结在党中央周围，继续发扬愚公移山的精神，同心同德，排除万难，为把我们的国家逐步建设成为现代化的、高度民主的、高度文明的社会主义强国而努力奋斗！我们的目的一定要达到！我们的目的一定能够达到！

【讲析】

上面这份决议长达30000多字，由八个部分及一个结尾段组成，每一部分都有一个揭示中心内容的小标题置于上面正中位置，这种外形外貌的结构形式，一般称作“分列小标题”的写法。

从这篇例文中可以看出，要写好这种历史跨度较长、内容浩瀚的具有重大思想理论建

设意义的方针政策性决议，必须注意以下几点。

一是内在结构处理要灵活。该文一至六部分，表现为按时间顺序层层递进的纵式结构，七、八两个部分又表现为并列的横式结构，从而全篇文章体现为“先纵后横”式的纵横结合。在每一个部分里，有时是横向的表达，如（1）—（5）、（6）—（8）、（16）—（18）、（19）—（24）、（27）—（31）、（32）—（38），有时又是纵向的说明，如（9）—（15）、（25）—（26）。全文在层次结构的运用上，需纵则纵，需横则横，运用自如，浑然一体。

二是从全篇到每一部分至每一段落，都有鲜明的篇旨、段旨，做到了头尾呼应。这样有利于帮助阅者掌握要领，并使全文眉目清晰、条理分明、紧密连贯。这是写作此类决议必须注意的。第一部分的第（1）点，是（2）—（5）点的要旨，说明为什么要对新中国成立前28年的历史进行回顾。第二部分的第（6）点，是这个部分的基本观点所在，而第（8）点又与（6）点形成头尾呼应，从而与第（7）点所叙述的新中国成立32年来我们取得的主要成就紧密组合成一体，显得观点鲜明、事实有力。又如，例文的结尾与全文开头的（1）、（2）两点相呼应。纵观我们党成立以来的57年光辉战斗历程，告诉我们一条颠扑不破的真理，只要坚持中国共产党的英明领导，坚持马克思列宁主义、毛泽东思想，就一定能够把我们国家逐步建设成为社会主义强国。

三是充分运用夹叙夹议的表达方式。例文以议论为主，结合叙述，摆事实、讲道理，以观点统率材料，又以事实为本证明所论之理，主旨突出，事实有力，对人们所关心的一些重大的路线、方针、政策问题逐一作了令人信服的回答，把人们的思想认识统一到马克思列宁主义、毛泽东思想的正确轨道上来。

（二）范文赏析

【范文】

中共河北省委关于开除刘青山、张子善党籍的决议

（一九五一年十二月四日河北省委员会通过，并经中共中央华北局批准）

刘青山，前任天津地方委员会书记，河北省安国县人，雇工出身，现年三十五岁，一九三一年入党。张子善，现任天津地方委员会书记，前天津专区专员，河北省深县人，学生出身，现年三十七岁，一九三三年入党。

刘青山、张子善参加革命斗争均已二十年左右，他们……都曾奋不顾身地为党的事业和人民群众的解放，进行过英勇的斗争，树立过功绩。他们本是可以继续给党、给国家、给人民做更多的事情的。可是，他们却在全国胜利后两年多的和平环境中，经不起资产阶

级自私自利思想作风的侵蚀和引诱，堕落蜕化了。他们完完全全变成党、国家和人民的无可饶恕的叛徒了。

刘青山、张子善为贪图可鄙的不正当的个人享受，为满足其极端腐化的生活需要，竟凭借职权，不顾国法党纪，不管人民疾苦，盗窃机场建筑款、救灾粮、治河款，干部家属救济粮、地方粮及剥削克扣民工工资、骗取银行贷款共达一百五十五亿四千九百五十四万元的巨额，借机关生产名义，进行违法经营，并交送四十九亿巨款给奸商张文义倒卖钢铁木材，瓦解国营厂矿，任其投机倒把，扰乱金融，使人民资财损失达十四亿元之多。

刘青山、张子善等在获得非法暴利、大量贪污后，则任意浪费挥霍，过着可耻的腐化生活。刘青山吸食毒品竟至成瘾，据他们现在自供，刘、张二人开支及送礼即达三亿多元。为消灭贪污罪证，张子善并亲手一次焚毁单据三百七十八张。

刘青山、张子善这种违法乱纪的非法罪恶行为，自然会遭到一切忠诚的共产党员和正直的政府工作人员的指责和反对的……刘青山说:“老子们拼命打了天下，享受些又怎么样！”“老子们打天下，小子们来享受！”张子善则说是天津地委内只能有“一个头”、“一个领袖”。有一个无耻之徒竟在“七一”纪念大会上高呼“向我们英明的领袖张专员致敬”，“在英明领袖张专员领导下前进”，而张则对人说:“应向这个同志学习。”其次……

由此可见，刘青山、张子善已不仅仅是两个普通的贪污罪犯，两个普通的窃盗，而是像党的二中全会所预见的，他们是经不起敌人糖衣炮弹的攻击，向敌人投降了的，并很快地实际上成为反动分子在党内的代理人，肆无忌惮地从内部来腐蚀党和瓦解党。刘青山、张子善公然责令干部，要动员党的组织——无产阶级的先锋队，“保证完成”他们剥削民工三十亿元的“任务”。他们要把天津地区的党变成贪污罪犯们的驯服的工具，这就是刘青山、张子善贪污事件的特别严重的地方。这一点，也正是曾经是一个革命者的刘青山、张子善身败名裂，背叛党和背叛人民的根本原因，正是河北省的党组织必须把刘、张贪污事件作为重大教训的意义所在，正是我党必须坚决把刘青山、张子善开除出党并交政府依法制裁的理由。

【赏析】

警世之名篇 决议之佳作

——《中共河北省委关于开除刘青山、张子善党籍的决议》赏析

今天，重新阅读《中共河北省委关于开除刘青山、张子善党籍的决议》(以下简称《决议》)，受益很深。这篇决议不仅在内容上仍有十分重要的现实教育意义，而且从写作的角

度来说，也是一篇值得学习借鉴的好文件。

决议是就某些特殊重大问题或重大事件，经会议集体讨论研究形成决策，要求贯彻执行时使用的文种。刘青山、张子善的贪污腐化堕落事件，发生在中华人民共和国成立后不久，当时他们的问题之严重、影响之恶劣、案件之典型都是比较突出的。为了使更多的同志深刻理解党的七届二中全会的决议精神，警惕“和平时期”阶级敌人施放的“糖衣炮弹”，所以，对刘、张二人党籍的处理，没有采取一般处分决定的办法，而是列为特殊重大问题，由党的省委员会会议讨论通过，以决议的形式予以发布，从而使文种的选择与文件的内容达到了和谐统一。这是这份《决议》在写作上的成功之点。假如当时不是采用决议，而是使用“处分决定”一般化的“就事论事”，不把这一事件放在典型的环境下来处理，就不会收到当时那种使全党为之一震的强大效果。因此，要写好决议，首先必须注意选准文种，如果把一般性的问题解决或贯彻都作为决议来写，那将有失决议的气势。决议的使用范围只能用于对“某些重要决策事项”的解决与贯彻上。由此，也告诉我们一个道理，写好公文首要的是文种确定要准，否则，即使内容写得再好也无济于事。

这篇《决议》的另一写作成功之处是“章法倒悬”。倒悬法也就是通常所说的“篇前撮要”，与明清时期的“贴黄”有类似之处。“贴黄”就是摘取奏疏中的要点，黏附于奏疏之上，以引起皇帝阅批公文的注意。后来公文的摘要、摘由都是从“贴黄”演变而来的。写公文采用倒悬法，早在 1951 年 2 月中共中央颁发的《关于纠正电报、报告、指示、决定等文字缺点的指示》中就曾经有过明确要求：“一切较长的文电，均应开门见山，首先提出要点，即于开端处，先用极简要文句说明全文的目的或结论。”这篇《决议》的开头，在简单说明刘、张二人的基本情况后，随即用一段非常简明的文字，对全文的中心内容及结论作了导语式的概括：“刘青山、张子善参加革命斗争均已二十年左右，他们……都曾奋不顾身地为党的事业和人民群众的解放，进行过英勇的斗争，树立过功绩。他们本是可以继续给党、给国家、给人民做更多的事情的。可是，他们却在全国胜利后两年多的和平环境中，经不起资产阶级自私自利思想作风的侵蚀和引诱，堕落蜕化了。他们完完全全变成党、国家和人民的无可饶恕的叛徒了。”在这段导语文字的提领下，然后才具体加以展开叙述刘、张二人所犯的罪行事实。我们之所以把这种写法叫作“倒悬法”，是因为按照正常的层次安排，一般是先叙事、再说理，最后得出目的式结论，这样人们只能是在阅完全文之后，才可了解公文总的精神实质。而采用“倒悬法”，起句立意，开宗明义，一看开头就使人得到一个总的概念，一下子就抓住了要领，把握了全文的中心内容，从而起到提纲挈领的作用。这篇《决议》的写作在这方面是值得借鉴的。

这篇《决议》的写作还有一成功之点是叙事有方、说服有力。在公文写作中运用叙述，必须得法，因为它不同于记叙文的叙述。记叙文的记叙要求具体、详尽、细腻地和描写配合起来，精雕细刻，使文章传神，栩栩如生。公文只求实用，不供欣赏，所以它的叙述是用高度概括的手法，着重于事物整体的勾画，证明事情的原委，通过叙事来表明目的。因此《决议》在刘、张违法乱纪大量罪恶行为的叙述上只使用了260多个字（第三、第四两个自然段），可见是一个相当简明概括的叙述。另外，《决议》在分析刘、张堕落的原因时，仅用了“刘青山、张子善为贪图可鄙的不正当的个人享受，为满足其极端腐化的生活需要”这么一段非常简短的话。叙述他们的犯罪手段时，使用了概括而又形象的文字，话语虽不多但含义极深，如“凭借职权……盗窃机场建筑款、救灾粮、治河款，干部家属救济粮、地方粮及剥削克扣民工工资、骗取银行贷款”这么简短的一段话，把刘、张的卑鄙手段淋漓尽致地揭示在人们面前。《决议》第五段有这样一段叙述：“刘青山说：‘老子们拼命打了天下，享受些又怎么样！’‘老子们打天下，小子们来享受！’张子善则说是天津地委内只能有‘一个头’、‘一个领袖’。有一个无耻之徒竟在‘七一’纪念大会上高呼‘向我们英明的领袖张专员致敬’，‘在英明领袖张专员领导下前进’，而张则对人说：‘应向这个同志学习。’”寥寥数笔，把刘、张的狂妄野心勾画得一清二楚。

最后，需要提到的是，《决议》在叙述说明刘、张的罪恶事实之后，于第六段采用“一针见血”的议论手法，揭示了“刘青山、张子善事件”的严重性——“他们要把天津地区的党变成贪污罪犯们的驯服工具”。随即又运用了三个“正是……”做排比句，一下子把人们阅读《决议》的思绪引向高潮，从而与开头相呼应，进一步加深了人们的思想认识，得出对刘青山、张子善这样的腐败分子必须清除出党并交政府依法制裁的结论。这段明白晓畅的说明性文字，就是对前述大量事实的进一步提炼与升华，因而显得非常有力。

三、决定

决定适用于对重要事项或重大行动作出决策安排，奖惩有关单位及人员，变更或撤销下级机关不适当的决定事项。

“决定”中的“决”字，反映了它产生的特点，即产生于决策之中，直接为决策服务，属于决策性文种。它虽然与“决议”同属决策性文种，但它不像决议那样只能出自会议。它可以是会议集体讨论通过的，也可以是领导机关在自己的职权范围内直接作出的。

（一）例文讲析

【例文】

中共中央关于追授黄大年同志“全国优秀共产党员”称号的决定

（2017 年 7 月 23 日）

2017 年 5 月 24 日，习近平总书记对吉林大学地球探测科学与技术学院原教授黄大年同志先进事迹作出重要指示强调，黄大年同志秉持科技报国理想，把为祖国富强、民族振兴、人民幸福贡献力量作为毕生追求，为我国教育科研事业作出了突出贡献，他的先进事迹感人肺腑。我们要以黄大年同志为榜样，学习他心有大我、至诚报国的爱国情怀，学习他教书育人、敢为人先的敬业精神，学习他淡泊名利、甘于奉献的高尚情操，把爱国之情、报国之志融入祖国改革发展的伟大事业之中、融入人民创造历史的伟大奋斗之中，从自己做起，从本职岗位做起，为实现“两个一百年”奋斗目标、实现中华民族伟大复兴的中国梦贡献智慧和力量。

黄大年，男，广西南宁人，1958 年 8 月出生，1975 年 10 月参加工作，中共党员，著名地球物理学家、国家“千人计划”专家。生前担任吉林大学新兴交叉学科学部部长，地球探测科学与技术学院教授、博士生导师。2017 年 1 月 8 日因病去世，年仅 58 岁。

黄大年同志…………

为深入学习贯彻习近平总书记重要指示精神，表彰先进、弘扬正气，引导广大党员、干部胸怀理想、坚定信念，开拓进取、敬业奉献，在改革开放和社会主义现代化建设各项事业中发挥先锋模范作用，党中央决定，追授黄大年同志“全国优秀共产党员”称号。

党中央号召，广大党员、干部向黄大年同志学习。要像黄大年同志那样坚定信仰信念，对党忠诚、心系祖国，把为党和人民事业不懈奋斗作为毕生追求。要像黄大年同志那样刻苦学习钻研，牢记使命、勇担重任，用知识和本领回报祖国、服务人民。要像黄大年同志那样发扬拼搏精神，勇于创新、攻坚克难，努力创造一流业绩。要像黄大年同志那样涵养高尚情操，不忘初心、淡泊名利，自觉践行共产党人价值观，用模范行动展示共产党员的人格力量。

各级党组织要把学习黄大年同志先进事迹纳入推进“两学一做”学习教育常态化制度化重要内容，与学党章党规、学系列讲话结合起来，与做好改革发展稳定各项工作结合起来，采取多种形式广泛开展学习宣传。要引导党员、干部以先进典型为榜样，牢固树立“四个意识”，自觉践行“三严三实”要求，努力做到“四个合格”，更加紧密地团结在以习近平同志为核心的党中央周围，立足岗位履职尽责，奋发有为再创佳绩，把爱国之情、报国之志融入祖国改革发展的伟大事业之中、融入人民创造历史的伟大奋斗之中，为统筹推进“五位一体”总体布局和协调推进“四个全面”战略布局，实现“两个一百年”奋斗目标、实现中华民族伟大复兴的中国梦作出新的更大贡献。

【讲析】

这是一篇表彰奖励性决定。全文首先在开篇部分用精要语句对黄大年同志进行总体评价，给人总体印象，接下来对黄大年同志的感人事迹和高尚品格、突出贡献进行叙述，然后发出号召、提出要求。这是此类决定的通用模式。例文行文用语简洁充实、准确恰切，多处使用四字句和排比修辞，增强了行文的表现力。“我们要以黄大年同志为榜样，学习他心有大我、至诚报国的爱国情怀，学习他教书育人、敢为人先的敬业精神，学习他淡泊名利、甘于奉献的高尚情操，把爱国之情、报国之志融入祖国改革发展的伟大事业之中、融入人民创造历史的伟大奋斗之中”，三个“学习他”使我们明确了学习的方向和目标。“为深入学习贯彻习近平总书记重要指示精神，表彰先进、弘扬正气，引导广大党员、干部胸怀理想、坚定信念，开拓进取、敬业奉献，在改革开放和社会主义现代化建设各项事业中发挥先锋模范作用”，几个四字句的连用，明确了进行表彰的目的，也给人们提供了学习的动力。

（二）范文赏析

【范文】

中共中央关于加强和改进党的作风建设的决定

（二〇〇一年九月二十六日中国共产党第十五届中央委员会
第六次全体会议通过）

中国共产党第十五届中央委员会第六次全体会议，分析了进入新世纪党面临的新形势新任务，着重研究了加强和改进党的作风建设的若干重大问题，作出如下决定。

一、加强和改进党的作风建设的极端重要性和紧迫性

我国已进入全面建设小康社会、加快推进社会主义现代化的新的发展阶段，党面临着许多新情况新考验。随着冷战结束、经济发展和科技进步，国际环境发生重大变化，世界多极化和经济全球化曲折发展，综合国力竞争日趋激烈，各种矛盾错综复杂，各种思潮相互激荡……

……

作风建设是党的建设的重要组成部分……

现在，党的作风总体是好的……广大党员积极投身建设有中国特色社会主义的伟大事业，在发扬党的优良传统的基础上，立足国情、面向世界，锐意改革、致力发展，发扬民主、依法办事，给作风建设注入新的活力……

党的作风方面也存在一些亟待解决的问题。主要是：在一些地方、部门和领导干部中，教条主义、本本主义滋长，形式主义、官僚主义盛行，弄虚作假、虚报浮夸严重，独断专行、软弱涣散问题突出，以权谋私、贪图享乐现象蔓延。这些问题，归根到底都是脱离实际、脱离群众的，其消极影响和后果不可低估。历史和现实一再告诉我们，执政党不注重作风建设，听任不正之风侵犯党的肌体，就会损害党群关系和干群关系，甚至失去民心，丧失政权。

……

执政党的党风，关系党的形象，关系人心向背，关系党和国家的生死存亡。全党同志要居安思危，增强忧患意识，充分认识加强和改进党的作风建设，是全面贯彻党的基本理论、基本路线、基本纲领和实践“三个代表”重要思想的迫切需要，是开创改革开放和现代化建设新局面的必然要求，是党永远立于不败之地的重要保证……

二、加强和改进党的作风建设的指导思想和主要任务

……

加强和改进党的作风建设，核心问题是保持党同人民群众的血肉联系。马克思主义执政党的最大危险，就是脱离群众。人民群众是我们党的力量源泉和胜利之本。失去了人民群众的拥护和支持，党的事业和一切工作就无从谈起……

党的作风建设既是一项长期而艰巨的任务，又是一项现实而紧迫的工作。必须把总体要求同阶段性目标结合起来。当前和今后一个时期，要抓住重点，集中解决党的思想作风、学风、工作作风、领导作风和干部生活作风方面的突出问题。主要任务是：坚持解放思想、实事求是，反对因循守旧、不思进取；坚持理论联系实际，反对照抄照搬、本本主义。坚持密切联系群众，反对形式主义、官僚主义；坚持民主集中制原则，反对独断专行、软弱涣散；坚持党的纪律，反对自由主义；坚持清正廉洁，反对以权谋私；坚持艰苦奋斗，反对享乐主义；坚持任人唯贤，反对用人上的不正之风。全党要进行卓有成效的工作，全面贯彻“八个坚持，八个反对”，进一步开拓创新、知难而上，关心群众、真抓实干，艰苦奋斗、拒腐防变，使党的作风有新的明显进步，使党群关系和干群关系有新的明显改善，使广大群众看到实效，增强信心。

……

十一、加强对作风建设的领导

适应新形势新任务的要求，大力加强和改进党的作风建设，是中央的一项重大决策。各级党委要把加强和改进党的作风建设摆上重要议程，坚决贯彻落实中央部署。

加强和改进党的作风建设，要服务大局，整体推进，从严要求，标本兼治。要紧紧围绕经济建设这个中心，把党的作风建设同思想建设、组织建设结合起来，带动和促进政风、行业风气和社会风气建设……

各级党组织要抓紧落实本决定精神。明令禁止的，要立即停止；能够做到的，要马上去办；需要统筹兼顾逐步解决的，要创造条件积极推进……

领导机关、领导班子、领导干部要在作风建设中起表率作用……

中央号召……

【赏析】

高屋建瓴　美不胜收

——党的十五届六中全会《决定》赏析

《中共中央关于加强和改进党的作风建设的决定》(以下简称《决定》)，是加强和改进党的作风建设的重要纲领性文件。《决定》不仅为新时期党的作风建设问题明确了方向、任务和目标，具有重大的现实意义和深远的历史意义，而且在写作上也给我们树立了光辉的典范，极富学习和指导意义。全文总计1.5万余字，明确指出了加强和改进党的作风建设的极端重要性和紧迫性、指导思想、总体要求、核心问题、重点内容和落实措施，从总体上看，全文写得理周辞切，严谨缜密，策见分明，堪称决定体公文写作的巨篇。

1. 撮要显旨，凸显醒目

从内容上讲，《决定》属于方针政策性决定，此类决定是用来统一某一方面或某类带有普遍性的重大问题的认识，并进而确定大政方针的，因此写作时首先要确立明晰的主旨，使之凸显醒目，以便受文者易于理解和执行。《决定》很好地做到了这一点。它针对实践中党的作风建设存在的一些亟待解决的问题，首先在标题中“一锤定音”，即“加强和改进党的作风建设”，可以说是题出旨见，让人一目了然。它犹如贯穿通篇的一条红线，无论是对问题表现的列摆，或是对根源的挖掘，还是对任务的提出、措施的制定，都紧紧围绕这一主旨而展开。在行文中，《决定》为做到主旨显露，总共分列了11个问题。这11个问题，除第一个问题通过阐述加强和改进党的作风建设的重大意义来进一步显示全文的篇旨外，其余均是以小标题的形式来显示段旨，即通常所说的“篇前撮要”“段前明旨”。它们从不同的方面、不同的角度，共同为表现全文的主旨服务。这种写法，使人一目了然，印象深刻。

2. 结构严谨，逻辑缜密

在结构布局方面，《决定》也颇有特色。全文所分列的 11 个小标题，第一个小标题是一个独立部分，从当前我们党面临的国内外复杂的客观环境、党的作风建设存在的一些亟待解决的问题以及作风建设在党的整体建设中所处的重要地位等方面，全面深刻地阐述了加强和改进党的作风建设的极端重要性和紧迫性。从表达手法上看，这部分属于“提出问题”，是全文的引叙。第二至第十个小标题可视为《决定》的第二部分，是全文的主体。从外形上看，这部分呈现出由总到分的结构模式，其中第二个小标题“加强和改进党的作风建设的指导思想和主要任务”为“总”，第三至第十个小标题为“分”，即分别就“八个坚持，八个反对”加以深入具体的阐述，提出各自的具体要求，是当前和今后一个时期内党的作风建设必须解决的重点问题。这样，由“总”至“分”，以“总”统“分”，使行文结构集中、紧凑；又以“分”来呼应“总”，使行文结构趋于严谨、缜密，从而产生一种“轮辐向心”之效。第十一个小标题“加强对作风建设的领导”亦可视为一个独立部分，在写法上依然采用了由总到分的方式，先提出“加强和改进党的作风建设，要服务大局，整体推进，从严要求，标本兼治……坚持一靠教育，二靠制度，严格要求，严格教育，严格管理，严格监督，从源头上预防和治理各种不良作风”，可以说是总体的方法和措施，接下来又分别对各级党的组织、各级领导机关、领导班子和领导干部提出了明确具体的要求。总之，《决定》在外在结构上明显地分成“三大块”，从思想问题入手，进而明确任务要求，最后以组织领导作结，以虚带实，虚实结合，相映生辉，相得益彰。体现在内在结构上，第一部分（第一个小标题）属于“提出问题”，第二部分（第二至第十个小标题）实质上属于“分析问题”，第三部分（第十一个标题）则属“解决问题”，从而使行文布局严谨，结构缜密，具有很强的逻辑性，令人无懈可击。实践中，一些内容涉及解决重大问题的方针政策性决定，往往采用这种结构模式，无论写几个问题，“三大块”的基本布局不变。由此看来，《决定》的写作是十分规范的。

3. 注重修辞，表达精切

《决定》在用语上也很有独到之处。它既不失庄严持重的风格特征，又灵活自然地运用了多种修辞手法，从而使行文活泼而不拘束。其中最主要的表现就是“四字格”词组的多用，如：“广大党员积极投身建设有中国特色社会主义的伟大事业，在发扬党的优良传统的基础上，立足国情、面向世界，锐意改革、致力发展，发扬民主、依法办事，给作风建设注入新的活力。”这里，接连使用六个“四字格”词组，用以说明党风建设方面的成就。又如，“在一些地方、部门和领导干部中，教条主义、本本主义滋长，形式主义、官僚主义盛行，弄虚作假、虚报浮夸严重，独断专行、软弱涣散问题突出，以权谋私、贪图享乐现象蔓延”。连续运用10个“四字格”词组，用以列举当前党的作风方面存在的主要问题及表现，并分别用“滋长”“盛行”“严重”“突出”“蔓延”等几个程度不同的词语，使人充分认识到问题的严重性以及解决问题的必要性。据粗略统计，在《决定》中，这种“四字格”词组多达90余处。这些“四字格”词组的使用，使行文简洁凝练，富有概括性和表现力。

《决定》运用了大量的修辞手法，其中以排比最为多见。例如，“执政党的党风，关系党的形象，关系人心向背，关系党和国家的生死存亡。全党同志要居安思危，增强忧患意识，充分认识加强和改进党的作风建设，是全面贯彻党的基本理论、基本路线、基本纲领和实践‘三个代表’重要思想的迫切需要，是开创改革开放和现代化建设新局面的必然要求，是党永远立于不败之地的重要保证”。这一段中的两个排比句，分别以“关系”和“是”作提示语，统筹全局，用以说明加强和改进党风建设的极端重要性。对比手法的运用也非常突出。《决定》以高屋建瓴之势，把当前及今后一个时期内党的作风建设所面临的主要任务高度概括为“八个坚持，八个反对”，既便于记牢，又易于贯彻执行。此外，紧缩、借代、进解、层递等修辞手法的运用，都在很大程度上增强了行文的表达效果。

四、意见

意见适用于对重要问题提出见解和处理办法。其主要特点是：

1. 意见涉及的内容必须是重要问题。所谓重要问题，应当是当前工作中遇到的涉及全局性、方针政策性的重大事项和主要问题，特别是新问题。“重大”相对“一般”而言；“主要”相对“次要”而言；“新”相对“常规”而言。

2. 意见的写作形式，对重要问题不仅要有见解，而且要有处理的办法。“见解”就是对问题要作出全面中肯的分析，提出自己的看法和观点。然后，在分析认识的基础上，拿出切实可行的解决办法和措施。只提出问题，而对问题的分析轻描淡写，对问题的解决含糊不清，一切全让上级去拿主意、想办法，是意见的写作所忌讳的。

3. 意见在一般情况下只有建议性质，这种意见来自下级，一经上级批转或批准，即从建议性转化为指导性和约束性。另一种来自上级机关的意见，虽然文种名称叫“意见”，本质已不再是参谋建议，而是有了“指示性”。目前，在实际工作中这种来自上级的意见大有增多之势，它有利于促进机关工作作风的民主化。

（一）例文讲析

【例文】

国务院办公厅关于改革完善全科医生培养与使用激励机制的意见

国办发〔2018〕3号

各省、自治区、直辖市人民政府，国务院各部委、各直属机构：

全科医生是居民健康和控制医疗费用支出的“守门人”，在基本医疗卫生服务中发挥着重要作用。加快培养大批合格的全科医生，对于加强基层医疗卫生服务体系建设、推进家庭医生签约服务、建立分级诊疗制度、维护和增进人民群众健康，具有重要意义。为贯彻党的十九大和全国卫生与健康大会精神，落实《“健康中国2030”规划纲要》要求，经国务院同意，现就改革完善全科医生培养与使用激励机制提出如下意见：

一、总体要求

（一）指导思想。以习近平新时代中国特色社会主义思想为指导，按照党的十九大提出的有关战略部署和工作要求，认真落实卫生与健康工作方针，以问题和需求为导向，遵循医疗卫生服务和临床医学人才成长规律，坚持政府主导，发挥市场机制作用，立足基本国情，借鉴国际经验，完善适应行业特点的全科医生培养制度，创新全科医生使用激励机制，为卫生与健康事业发展提供可靠的全科医学人才支撑。

（二）工作目标。到2020年，适应行业特点的全科医生培养制度基本建立，适应全科医学人才发展的激励机制基本健全，全科医生职业吸引力显著提高，城乡分布趋于合理，服务能力显著增强，全科医生与城乡居民基本建立比较稳定的服务关系，城乡每万名居民拥有2—3名合格的全科医生。到2030年，适应行业特点的全科医生培养制度更加健全，使用激励机制更加完善，城乡每万名居民拥有5名合格的全科医生，全科医生队伍基本满足健康中国建设需求。

二、建立健全适应行业特点的全科医生培养制度

（三）医教协同深化院校全科医学教育改革……

（四）建立健全毕业后全科医学教育制度……

（五）巩固完善全科继续医学教育……

三、全面提高全科医生职业吸引力

（六）改革完善全科医生薪酬制度……

（七）完善全科医生聘用管理办法……

（八）拓展全科医生职业发展前景……

（九）鼓励社会力量举办全科诊所……

（十）增强全科医生职业荣誉感……

四、加强贫困地区全科医生队伍建设

（十一）加快壮大贫困地区全科医生队伍……

（十二）扩大全科医生特岗计划实施范围……

（十三）职称晋升政策向贫困地区进一步倾斜……

五、完善保障措施

（十四）加强组织领导……

（十五）深化医保支付方式改革……

（十六）加强经费保障……

（十七）强化督导评估……

（十八）加强宣传引导……

国务院办公厅

2018 年 1 月 14 日

【讲析】

近些年来，全国各地基层单位普遍缺少全科医生。全科医生是居民健康和控制医疗费用支出的“守门人”，在基本医疗卫生服务中发挥着重要作用。加快培养大批合格的全科医生，对于加强基层医疗卫生服务体系建设、推进家庭医生签约服务、建立分级诊疗制度、维护和增进人民群众健康，具有重要意义。为此，国务院办公厅在下发文件时，根据它的重大意义选用了“意见”这一文种。“意见”适用于全局性、方针政策性特别是重大的新问题，这是公文写作中在选用文种时值得注意的。

由于这类“意见”内容重要、空间大、涉及方方面面，因而在写作结构上基本都是采用“分列小标题”的形式。所谓“分列小标题”式，即把全篇公文分成若干个部分，把每一部分的中心内容，分别归纳成若干标题，置于每一部分之上。部分与部分、问题与问题之间是完全并列的关系，体现的是“水平式”而不是“立体交叉式”。如上述例文就归纳为五个小标题 18 个小问题，它的特点是各部分相对独立，内容突出，中心明确，使人一目了然。撰写这类内容重要、空间大、涉及方方面面的“意见”，与撰写方针政策性的“决定”往往在结构上有异曲同工之妙。

由于上述这类“意见”内容复杂、跨度很大，为了便于读者把握全文的主旨即中心思想，首先标题中的“事由”必须准确显示全文的主旨。如例文的“事由”是“改革完善全科医生培养与使用激励机制”，使人一看就基本把握了这一重要文件的中心思想，或者说通俗一点即“要开展一项什么活动”。然后在文件的开端处，例文用了非常简明的语句，讲明了开展这一重要活动的目的和依据，有利于读者进一步明确了解该文的主旨所在。在标题显旨、起句立意的统率下，加上每一个独立的部分都有一个显示段旨的小标题，从而使例文达到了层次分明、主旨明白显露之要求。

（二）范文赏析

【范文】

中共中央关于坚持和完善中国共产党领导的多党合作和政治协商制度的意见

（一九八九年十二月三十日）

中国共产党领导的多党合作和政治协商制度是我国一项基本政治制度。中国共产党和各民主党派团结合作，互相监督，共同致力于建设有中国特色的社会主义和统一祖国、振兴中华的伟大事业。我国实行的共产党领导、多党合作的政党体制是我国政治制度的特点和优点。它根本不同于西方资本主义国家的多党制或两党制，也有别于一些社会主义国家实行的一党制。它是马克思列宁主义同中国革命与建设相结合的一个创造，是符合中国国情的社会主义政党制度。坚持和完善这项制度，是我国政治体制改革的一项重要内容，对巩固扩大爱国统一战线，发扬社会主义民主，促进全国各族人民大团结，实现党和国家的总任务具有重要意义。

中国共产党领导的多党合作和政治协商制度是在长期革命与建设中形成和发展起来的……各民主党派是同中国共产党长期风雨同舟、患难与共的亲密战友，是我国爱国统一战线的一支重要力量，也是维护我国安定团结、促进社会主义现代化建设和祖国统一的一支重要力量。中国共产党和各民主党派的共同任务，就是坚持社会主义初级阶段的基本路线，为把我国建设成为富强、民主、文明的社会主义现代化国家，为统一祖国、振兴中华而奋斗。

我国是人民民主专政的社会主义国家。中国共产党是社会主义事业的领导核心，是执政党。各民主党派是各自所联系的一部分社会主义劳动者和一部分拥护社会主义的爱国者的政治联盟，是接受中国共产党领导的，同中共通力合作，共同致力于社会主义事业的亲密战友，是参政党。我国的多党合作必须坚持中国共产党的领导，必须坚持四项基本原则。

这是中国共产党同各民主党派长期合作的政治基础。中共对各民主党派的领导是政治领导，即政治原则、政治方向和重大方针政策的领导……

“长期共存，互相监督，肝胆相照，荣辱与共”，这是中国共产党同各民主党派合作的基本方针……

民主党派参政的基本点是……

发挥民主党派监督作用的总原则是……

中国共产党和民主党派都必须以宪法为根本活动准则，负有维护宪法尊严，保证宪法实施的职责。

……

一、加强中国共产党和各民主党派之间的合作与协商

……

二、进一步发挥民主党派成员、无党派人士在人民代表大会中的作用

……

三、举荐民主党派成员、无党派人士担任各级政府及司法机关的领导职务

……

四、进一步发挥民主党派在人民政协中的作用

……

五、支持民主党派加强自身建设

……

【赏析】

理深意切　策见分明

——《中共中央关于坚持和完善中国共产党领导的多党合作和政治协商制度的意见》赏析

1989 年 12 月 30 日，中共中央发布了《关于坚持和完善中国共产党领导的多党合作和政治协商制度的意见》(以下简称《意见》)，这是我党在新的历史形势下加强和改善同各民主党派之间的关系，共同推进祖国建设事业发展的重要纲领性文件。30 年过去了，这篇《意见》在加强中国共产党和各民主党派之间的合作与协商方面发挥了强大的促进作用。不仅如此，《意见》在写作方面所体现出来的高超的说理艺术和运用修辞艺术，也很值得我们认真地加以研究和借鉴。

近年来在党政机关中，“意见”也呈逐渐增多的趋势。因此，理论和实践的发展要求我们必须加强对这一文种写作规律和技巧的研究与探讨。在这方面，《意见》一文为我们提供了很好的范例，堪称当代意见体公文写作的巨篇。

从总体上看，这篇《意见》写作的成功之处主要有以下几个方面：

1. 高瞻远瞩，指示性强

“意见”是用于对重要问题提出见解和处理办法的一种公文。它一般来自下级机关，具有建议性质，一经上级机关批转或批准，即从建议性转化为指导性和约束性；但有时则来自上级机关，此种“意见”已不再是建议性质，而是具有指示性。这篇《意见》显属后一种情形，它紧紧围绕坚持和完善中国共产党领导的多党合作和政治协商制度这一重大的政治原则问题，以此作为全文的主旨，进行了全面、深入而又有力的阐述。从中，人们既可以深刻地理解和领会在当时的历史条件下坚持和发展中国共产党领导的多党合作和政治协商制度的重要性、必要性和紧迫性，又可以获知一系列明确、具体的途径和方法。《意见》采用篇前撮要的写法，首先指出“中国共产党领导的多党合作和政治协商制度是我国一项基本政治制度”，在与西方资本主义国家和一些社会主义国家政治制度进行对比的基础上，强调“它是马克思列宁主义同中国革命与建设相结合的一个创造，是符合中国国情的社会主义政党制度。坚持和完善这项制度，是我国政治体制改革的一项重要内容，对巩固扩大爱国统一战线，发扬社会主义民主，促进全国各族人民大团结，实现党和国家的总任务具有重要意义”。这就把中国共产党领导的多党合作和政治协商制度的特点、优点及其重要意义，以高瞻远瞩之势，作出了科学的论述，指示性、指导性十分突出，令人信服。而这对于更好地贯彻执行这一制度，显然是十分重要的。

2. 纵横捭阖，多方论证

这是《意见》的又一突出特色。写作理论告诉我们，论证是用论据来证明论点的过程。《意见》在写作手法上，通过标题显旨和篇前撮要等形式，率先确立了全文的论点即“坚持和完善中国共产党领导的多党合作和政治协商制度”，然后紧紧围绕这一论点，以纵横捭阖之势，从不同角度加以论证。其中既有这一制度形成和发展的历史事实的回顾，又有中国共产党和各民主党派在国家所处政治地位的阐述，还有中国共产党和各民主党派合作的基本方针和根本活动准则的论断。这样，从不同的侧面和不同的角度，鲜明而有力地烘托了全文的主旨，使行文蕴含着一种强大的说服力和论证性。以第二自然段为例，首先点明段旨：“中国共产党领导的多党合作和政治协商制度是在长期革命与建设中形成和发展起来的。”接下去即分别从民主革命时期、新中国成立以后直至改革开放以来等不同的历史阶段加以阐述，进一步说明各民主党派所起的重要作用。在此基础上进行了归纳：“实践证明，各民主党派是同中国共产党长期风雨同舟、患难与共的亲密战友，是我国爱国统一战线的一支重要力量，也是维护我国安定团结，促进社会主义现代化建设和祖国统一的一支重要力量。”显然，这种段前撮要以及由点到面、由具体到概括的归纳论证方法，使行文体现出一种无可辩驳的力量，从而使人从历史发展的纵向角度对各民主党派所起的重要作用以及坚持和完善中国共产党领导的多党合作和政治协商制度的必要性和重要性有了深刻的理解。

3. 结构完整，章法严谨

在结构章法上，《意见》也堪称范例。全文共分为两大部分，其中第一部分包括八个自然段，全面、系统地阐述了中国共产党领导的多党合作和政治协商制度的性质、建设发展过程、共产党的领导、基本方针、民主党派参政的基本点、发挥民主党派监督作用的总原则、以宪法为根本活动准则以及坚持四项基本原则等问题，采用“分条”的写法，即按照各条之间的内在联系组织好其表达的先后顺序，使行文条明理晰，眉清目楚。从行文的内在逻辑结构上讲，这一部分属于“提出问题与分析问题”，“提出问题”简练而又明快，可以说是开门见山，落笔入题，即“中国共产党领导的多党合作和政治协商制度是我国一项基本政治制度”；“分析问题”则写得系统、深入而又有力，从上述八个不同的方面进行了有理有据的分析和论说，使行文圆合缜密，令人信服。第二部分，采用条项贯通的形式，包括五大条 24 项内容，详尽地论述了如何坚持与完善中国共产党领导的多党合作和政治协商制度的问题，属于具体要求；从内在逻辑结构上看，这一部分则是“解决问题”。由于在外在形式上采取了分条标项的方法，在条项之间均冠以序码，因而使行文更显得条理分明。因此，从谋篇角度讲，全文第一部分为“总述”，第二部分则是“分说”。以总统分，又以分应总，使行文结构十分严谨周密。总之，通观《意见》全篇，在结构布局上严格体现“提出问题—分析问题—解决问题”的逻辑规律，同时又总分结合、由总到分、相互映衬，珠联壁合，从而使行文具有一种强大的内在逻辑力量，令人感到无懈可击。

4. 切合题旨，讲究修辞

这篇《意见》因涉及对“中国共产党领导的多党合作和政治协商制度”这一项重大政治原则问题的阐述，而具有明显的指示性，故而十分注重用语的确切精当，讲究修辞的适度具体。其中最为突出的就是对各种判断句的使用，即用判断的语言形式来表达发文者的观点、见解和主张。据粗略统计，全文使用的判断句多达 90 余处，从而使行文更加严谨细密，更加坚定有力。同时，文中多处运用排比、进解、层递等修辞手法。例如，“各民主党派是同中国共产党长期风雨同舟、患难与共的亲密战友，是我国爱国统一战线的一支重要力量，也是维护我国安定团结、促进社会主义现代化建设和祖国统一的一支重要力量”。用“是”作提示语构成排比句，对各民主党派的重要地位和作用给予了充分评价。又如，“中共对各民主党派的领导是政治领导，即政治原则、政治方向和重大方针政策的领导”。采用进解的修辞手法对“政治领导”的内涵作出清晰的阐述，进一步明确了界线，加深了人们的理解。文中还多处运用四字格词组，如“风雨同舟”“患难与共”“长期共存，互相监督，肝胆相照，荣辱与共”等，行文简洁精练，富有概括性和表现力。

五、通知

通知适用于发布、传达要求下级机关执行和有关单位周知或者执行的事项，批转、转发公文。可见，通知文种的适用范围极广，呈现出一种明显的多功能的特性。

（一）例文讲析

【例文】

中共中央办公厅国务院办公厅
关于印发《党政机关公文处理工作条例》的通知

中办发〔2012〕14号

各省、自治区、直辖市党委和人民政府，中央和国家机关各部委，解放军各总部、各大单位，各人民团体：

《党政机关公文处理工作条例》已经党中央、国务院同意，现印发给你们，请遵照执行。

中共中央办公厅

国务院办公厅

2012年4月16日

【讲析】

这是一份用来发布法规的通知。由于条例属于法规性公文，因而需要借助通知的名义进行发布，于是就形成了复体行文的外在结构模式。其中“通知”起到“文件头”的作用，只担负将法规运载出来的任务，而《条例》则是实质性内容，是行文的目的所在。发布性通知的写法比较简单，其标题通常由发文机关名称、被发布的法规或规章名称和文种三要素组成。重点是正文部分，一般应当载明两层内容：一是明确指出所发布的是什么法规、该法规的施行或生效日期及相关事项说明；二是提出贯彻执行的希望或要求。为简练起见，有时亦可省略第二层内容。

这篇例文即是如此，行文开门见山:“《党政机关公文处理工作条例》已经党中央、国务院同意，现印发给你们，请遵照执行。”随之提出希望或要求，极其干净利落。实质上，这种写法也很切合实际，因为发布法规或规章的目的就是要贯彻执行，其道理不言而喻。从这个意义上讲，省略“希望或要求”这层内容应当成为发布性通知写作的一种趋势。

（二）范文赏析

【范文】

中共中央关于暂时放弃延安和保卫陕甘宁边区的两个文件

（一九四六年十一月、一九四七年四月）

一　一九四六年十一月十八日的指示

蒋介石日暮途穷，欲以开“国大”、打延安两项办法，打击我党，加强自己。其实，将适得其反。中国人民坚决反对蒋介石一手包办的分裂的“国民大会”，此会开幕之日，即蒋介石集团开始自取灭亡之时。蒋介石军队在被我歼灭了三十五个旅之后，在其进攻能力快要枯竭之时，即使用突击方法，占领延安，亦无损于人民解放战争胜利的大局，挽救不了蒋介石灭亡的前途。总之，蒋介石自走绝路，开“国大”，打延安两着一做，他的一切欺骗全被揭破，这是有利于人民解放战争的发展的。各地对于蒋介石开“国大”、打延安两点，应向党内外作充分说明，团结全党全军和全体人民，为粉碎蒋介石进攻，建立民主的中国而奋斗。

二　一九四七年四月九日的通知

国民党为着挽救其垂死统治，除了采取召开伪国大，制定伪宪法，驱逐我党驻南京、上海、重庆等地代表机关，宣布国共破裂等步骤之外，又采取进攻我党中央和人民解放军总部所在地之延安和陕甘宁边区一项步骤。

国民党之所以采取这些步骤，丝毫不是表示国民党统治的强有力，而是表示国民党统治的危机业已异常深刻化。其进攻延安和陕甘宁边区，还为着妄图首先解决西北问题，割断我党右臂，并且驱逐我党中央和人民解放军总部出西北，然后调动兵力进攻华北，达到其各个击破之目的。

在上述情况下，中央决定：

一、必须用坚决战斗精神保卫和发展陕甘宁边区和西北解放区，而此项目的是完全能够实现的。

二、我党中央和人民解放军总部必须继续留在陕甘宁边区。此区地形险要，群众条件好，回旋地区大，安全方面完全有保障。

三、同时，为着工作上的便利，以刘少奇同志为书记，组织中央工作委员会，前往晋西北或其他适当地点进行中央委托之工作。

以上三项，为上月所决定，业已分别实行。特此通知。

【赏析】

短小精悍　言简意赅

——《中共中央关于暂时放弃延安和保卫陕甘宁边区的两个文件》赏析

两个文件不仅篇幅短小，而且其精粹的写作技法更是我们应当借鉴的。

1. 精心推敲，字斟句酌

如两个文件的标题，作者在“放弃延安”之前特别使用了“暂时”两个字，这是非同小可的重要一笔，显然是毛泽东同志精心推敲雕刻而成。有了这两个字，就把我党我军的伟大战略思想充分体现了出来，使全党全军坚持胜利的信心不动摇，反之，就会在一些人中引起思想混乱。我们设想，为什么作者在这里不用“主动”二字，如不是敌军重兵压境，我们何苦要撤出延安呢？“主动”二字即表“撤出”，但并无“返回”之意，显然不准确。可见，字斟句酌，准确表意，是写好公文的关键所在。

2. 言简意赅，清楚明了

如通知的第一段，是揭露蒋介石挽救其垂死统治所采取的五项步骤。对这些步骤的叙述揭露，作者采用了语段并列和递进的手法，只用了一句话，总共 87 个字，可谓言简意赅。

3. 直截了当，开门见山

阅读毛泽东同志所写诸多公文的开头，总是给人一种迅速凌厉、单刀直入、开门见山的感觉。如指示的开头：“蒋介石日暮途穷，欲以开‘国大’、打延安两项办法，打击我党，加强自己。其实，将适得其反。”这段话中的“日暮途穷”是何等深刻准确，“‘开国大’、打延安”“打击我党，加强自己”又是多么直截了当，切中要害。

4. 边叙边议，讲求实际

毛泽东同志谆谆告诫我们写文件和文章要讲求实际：“一篇文章充满了这些符号，不提出问题，不分析问题，不解决问题……实在是一种最低级、最幼稚、最庸俗的方法。”（《反对党八股》）毛泽东同志起草的这两个文件，不管是 200 多字的指示，还是 400 多字的通知，都是通过边叙边议的方法，做到内容完整无缺。如通知的第一段话是“叙”，目的是“提出问题”；随即用第二段进行“议”，属于“分析问题”；通过“在上述情况下，中央决定”作过渡进入说明，是“解决问题”。总之，使“叙、议、说”融于一体，做到内容完整、讲求实际。

六、请示

请示适用于向上级机关请求指示、批准，是使用频率极高的一种上行文。它虽与意见（上行的）、报告同属上行文，但三者之间“同轨不同迹”。

请示与上行的意见非常近似，具有一定的交叉性，它们都是要求上级机关对自己所提的事项或问题，或给予批准，或给予指示，或予以认可，即这两个文种的行文方向与目的在某种程度上有着同一性。但是，它们之间又存在离散性，主要表现在所提的事项与内容不尽相同。请示的内容较多涉及的是“人、财、物、机构、编制、出境出国”以及需要上级作出决定的重大问题或应由上级加以审批的事项等具体问题，即人们通常所说的“硬件”；上行的意见的内容则多是对工作中一些重大问题提出见解和处理办法，以及对于遇到的困难等要求上级给予指示或支持，即人们通常所说的“软件”。

（一）例文讲析

【例文】

山东省人民政府
关于开通威海—×××××海上货运航线的请示

国务院：

我省威海市自开通至—×××××海上客货运输航线以来，客货运输量日益增加。20××年通过合资经营的“金桥”轮运输进出口货物总量达2500多个标准集装箱。去年我省对×××××出口已达3.13亿美元，跃居我省出口国别和地区的第三位。从发展趋势看，今后对×××××出口仍有大幅度增长。但因为“金桥”轮是客货两用船，且以客运为主，吨位小，远远不能满足双方进出口货物运输的需要。我省许多出口货物到仁川港后，需转运釜山，既延误了时间，又增加了费用，急需开通威海至釜山航线。威海港为国家一类开放港口，拥有万吨级泊位一个，5000吨级泊位两个，千吨级泊位三个，其他设施也日趋完善，已具备了开通釜山航线的条件。为此，特申请批准开通威海—×××××海上货运航线。该航线由山东省所属的海运公司负责经营。

当否，请批复。

山东省人民政府（印章）

20×× 年 3 月 19 日

【讲析】

这份请示的特点是：文字精练，所述理由充分，请求审批事项明确，结尾用语规范。先用近七行文字讲明开通“威海—×××××”海上货运航线的必要性与急迫性，即请示的缘由与背景。从“威海港为国家一类开放港口”到全文结束，为该请示的第二层次，即“请示什么问题”，也就是请示上级“做什么”。

请示的目的句与其他文种明显不同，即它不是在文件的开头，而是在第二层次，这是不可违背的规则。否则，就必然造成文字重复。

（二）范文赏析

【范文】

中国证券监督管理委员会　国务院证券委员会
关于进一步加强期货市场监管工作的请示

国务院：

按照国务院的部署，国务院证券委员会和中国证券监督管理委员会（以下简称证监会）加强了对期货市场的规范整顿工作。经过两年多的努力，我国期货市场盲目发展的势头得到了一定的遏制，市场行为逐步规范，监管能力进一步加强，试点工作步入正轨。但是目前期货市场仍存在一些不容忽视的问题，最为突出的是少数大户凭借资金实力，联手操纵市场，牟取暴利，少数人挪用公款进行期货投机，损公肥私，或利用银行贷款、拆入资金以及变相集资进行炒作；个别客户在交易中蓄意违规，甚至进行金融犯罪活动。这些行为不仅干扰了企业从事套期保值等合法的经营活动，而且严重破坏了期货市场的正常秩序，妨碍了期货市场的健康发展。为进一步遏制过度投机活动，加强对期货市场的监管工作，现提出以下意见：

一、国有或者国有资产占控股地位的企业、事业单位（以下简称国有企事业单位）只能从事与其生产、经营有关商品期货品种的套期保值交易，不得进行投机交易，更不允许进行恶性炒作。国有企事业单位从事套期保值交易应当向期货交易所或期货经纪机构出具主管部门或者董事会的批准文件。对未能出示批准文件的，期货交易所不得接受其为会员，期货经纪机构不得接受其为客户。对违反上述规定的期货交易所和期货经纪机构，证监会将根据情节轻重对其作出责令改正、罚款、停业整顿、取消试点交易所资格或取消期货经纪业务资格的处罚，并追究主要负责人的责任。国有企事业单位未经主管部门或董事会批准，擅自进行期货交易或者因从事期货投机交易发生亏损的，要追究主要负责人的责任。

二、……

三、……

四、……

五、……

六、……

××××年6月30日

【赏析】

请示是下级机关向上级机关请求指示和批准时使用的一种上行公文，其在公文处理实践中的使用频率很高。公文学告诉我们，请示行文具有许多独特的性质和要求，主要包括“主送一个机关”“不越级行文”“事前行文”“一文一事”“与报告分开”“不送领导者个人”等。以此来衡量这篇请示，可以看出它写得极其规范，无论内容还是形式，都堪称“样板”。其中最主要的有如下几个方面的特点：

1. 主旨明确、突出。这篇请示的核心内容是加强对期货市场的监管工作，也是行文的目的和主旨所在。为了充分体现这一主旨，文中首先在标题中一语道破，使人准确地予以理解和把握；在正文部分，先是就请示的缘由进行了深入具体、充分有力的述说，在此基础上，又进一步点明了主旨，从而深化了人们的认识和理解；主旨的明确、突出，是请示写作成功的关键所在。这篇请示即很好地体现了这一点。

2. 逻辑严密，层次清楚。这篇请示在行文上体现出了鲜明的逻辑性。开头部分首先用抑扬结合的手法对期货市场的规范整顿工作所取得的成绩给予肯定，显然这是“虚写”，紧接着用“但是”一转引出存在的一些不容忽视的问题，在此基础上提出了六点请示事项。从行文的层次上看，全文属于先“提出问题”，然后阐明解决问题的办法，既严谨又缜密，给人水到渠成之感。这也是请示的写作中当内容事项不止一项时（指围绕同一问题的不同侧面）应当特别予以注意的地方。

3. 格式规范，用语确切。这篇请示的写作，在格式和用语方面也很符合规范要求。标题部分采用三要素齐备的形式，令人一目了然；正文部分先是扼要陈述了请示的缘由，紧接着用“为了”表明行文的目的，并在此基础上进一步提出请示的事项，最后以“以上意见如无不妥，请批转各地区、各部门贯彻执行”的结束语收束。在用语上，无论是对词语的选择使用还是行文的语气等，都很符合请示文体的写作特点和要求。而这正是我们在请示的写作中应加以学习和借鉴之处。可以肯定，这样的请示发出后，能够顺利地实现行文的目的。

七、通报

通报属于知照性公文。《条例》规定其适用于“表彰先进，批评错误，传达重要精神或者告知重要情况”。

通报的特征突出表现为它不像通知、通告、决定等文种那样在表达手法上基本是以说理为主来直陈要求，而是重在叙述事实，让事实说话，寓理于事，以事明理。它要通过对社会实践中发生的正反两个方面事实的陈述，来对人们起到示范、指导、教育和警诫作用。从这个意义上讲，“通报”文种肩负着特殊的使命，具有其他文种所不能代替的功用。

（一）例文讲析

【例文】

××省人民政府关于表彰全省矿业秩序
治理整顿工作先进单位的通报

近年来，各级政府认真贯彻实施《中华人民共和国矿产资源法》等国土资源法律法规，按照国务院和省政府的部署和要求，依法整顿矿业秩序，取得了显著成效。到××××年底，全省17个市矿业秩序均达到了国家和省规定的根本好转的8条标准，顺利通过了省政府和自然资源部的检查验收。通过治理整顿矿业秩序，广大干部群众的国土资源法制观念和矿产资源国家所有观念大大增强，促进了社会稳定和矿业经济的持续健康发展。为表彰先进，进一步推动工作，省政府决定，对在实现矿业秩序根本好转工作中作出突出贡献的××等10个市人民政府和××等17个县（市、区）人民政府予以通报表彰。

希望受到表彰的市、县（市、区）人民政府珍惜荣誉，再接再厉，进一步维护和巩固好矿业秩序治理整顿成果。各级人民政府要深入贯彻实施《中华人民共和国矿产资源法》等国土资源法律法规，坚持“在保护中开发，在开发中保护”的总原则，依法严格管理矿产等国土资源，促进其合理开发与有效保护，提高国土资源综合利用水平，为我省经济、社会的持续健康发展作出更大的贡献。

附：全省矿业秩序整顿工作先进单位名单（略）

××××年2月8日

【讲析】

这篇表彰性通报写得较有特色。正文开头部分采用总括的手法，概括各级政府在依法整顿矿业秩序方面取得的成效，以此作为行文的引据。接下来具体陈述了全省17个市治理整顿矿业秩序的情况及其效果；在此基础上，作出表彰决定，并提出了明确具体的希望和要求。从总体上看，全文结构层次清晰，逻辑缜密，首先概述事实，继而作出表彰，然后提出希望要求，这样环环相扣，给人一种水到渠成之感。值得注意的是，此文表彰的对象为单位，而且是群体，故而在叙述事实时偏重于概括。如果是具体的人物，则对其先进事迹行为的叙写就要相对详尽一些，而且要予以分析评价，强调事件的意义，挖掘原因。这是写作表彰性通报时应予以特别注意之处。

（二）范文赏析

【范文】

中共中央纪律检查委员会　中共中央政法委员会
关于依法严厉打击严重投机诈骗犯罪活动的通报

近年来，重大经济投机诈骗案件在各地屡有发生。这类案件情节严重，手段恶劣，金额巨大，令人触目惊心！上海市公安局破获的黄奎元投机诈骗案就是一个典型。现将公安部整理的《黄奎元持假护照入境招摇撞骗，半年内投机诈骗金额达一百多万元》的情况反映予以转发。希望引起各级党委的足够重视，深刻认识经济领域中犯罪活动对社会主义物质文明建设与精神文明建设的严重危害，采取有力措施，坚决改变打击不力的状况。

当前，经济领域中严重犯罪活动的一个突出表现，就是重大经济投机诈骗案件明显增多，一些投机诈骗分子有恃无恐，犯罪活动十分猖獗……

从已查获的投机诈骗案件来看，投机诈骗分子往往是打着开放、搞活的旗号，千方百计钻改革的空子，利用经济活动的合法形式，预签购销合同，买空卖空，招摇撞骗，进行违法犯罪活动。本来，他们的投机诈骗手段并不高明，欺骗伎俩破绽百出，稍有警觉或稍有常识的人是不难识破的。然而，我们的某些企业、事业单位，甚至有的党政机关，却一再上当受骗。有的干部和干部子女还充当了投机诈骗活动的“筹码”和投机诈骗分子的“护身符”。这是极为深刻的教训。

发生这种情况的主要原因：一是某些干部存在着严重不负责任的官僚主义作风。在当前开放、搞活和改革的新形势下，我们确有一些干部包括某些领导干部，对中央强调的一手坚持对外开放和对内搞活经济政策、一手坚决打击经济犯罪活动这个方针缺乏正确的认识，忽视了社会主义精神文明建设，放松了对资本主义坑蒙拐骗恶习的警惕；经营指导思想不够端正，为了捞钱，不择手段，甚至搞买空卖空，严重偏离社会主义方向；用人不问政治，平时又不加强教育，对其业务活动撒手不管，给了唯利是图的人以可乘之机；遇事不调查、不研究，对国家和人民的财产极不负责任，轻信谣言，结果上当受骗。二是知识贫乏。在新形势下，不注意加强业务学习，缺乏对内、对外贸易经营的业务知识和法律常识，遇事辨不出真伪，办事不依法，不按规章。三是迷信“财神爷”。一听说谁“拥有巨额资金”，是“某国某公司的财东、经理”，与“某富商巨贾相识”，是“干部之子，港台之亲”，一看谁“有钱路”“给投资”“无偿援助”“提供洋货或紧俏商品”，等等，就奉为上宾，称兄道弟，不惜重金拉关系，以求得“投资”或“馈赠”。四是见利忘义，不顾党纪国法。有些干部甚至领导干部，在资本主义思想和“糖弹”的腐蚀下，利令智昏，见钱眼开，不讲原则，不择手段，以权谋私，索贿受贿，以致丧失国格人格，堕落成投机诈骗犯的同伙。

为了迅速扭转这一严重情况，我们提出以下几点要求：

一、各级党委、政府和政法部门，对经济投机诈骗犯罪活动必须引起严重注意。要通过解剖案例，分析投机诈骗分子的犯罪事实，认真总结经验教训，研究新形势下经济犯罪的特点和规律，特别是投机诈骗案件不断发生的原因，制定打击和防范的措施，坚决制止投机诈骗案件的发生。

二、各级党组织一定要加强对党员、干部、职工的思想、纪律和法制教育。在各项经济活动中，要严格遵守国家的法律、法令，坚决按中央的方针、政策办事。注意加强有关经济业务工作的调查研究，克服盲目性，提高政治警惕性，严防上当受骗。要选择那些核实无误、作出处理的典型案件，通过公开报道和内部通报，大造声势震慑犯罪，教育党员、干部和职工群众，提高政治觉悟，增强抵制资本主义腐朽思想侵蚀的能力。

三、各级党委、纪委和政法部门对投机诈骗活动，一经发现就要抓住不放，坚决追究到底。不论涉及什么人，都要查个水落石出。对重大投机诈骗分子，一定要依法从严从重惩处。

四、对因上当受骗而给国家造成重大经济损失的单位，必须追究其领导者的责任；对有牵连的人，也要根据具体情节，分别作出处理，经济上也不能让其占便宜。其中，索贿受贿、支持参与投机诈骗活动或者严重渎职触犯刑律的，必须依法追究刑事责任。

各地区、各部门对本通报执行情况，请随时报告中央纪委和中央政法委员会。

中共中央纪律检查委员会

中共中央政法委员会

1985 年 12 月 18 日

【赏析】

主旨显露　逻辑严密　语言生动

——《中共中央纪律检查委员会、中共中央政法委员会关于依法严厉打击严重投机诈骗犯罪活动的通报》赏析

1985 年 12 月 18 日，中共中央纪律检查委员会、中共中央政法委员会联合下发了一份指导性通报，标题是《关于依法严厉打击严重投机诈骗犯罪活动的通报》(以下简称《通报》)。这份《通报》文种准确、结构严谨、逻辑严密、主旨显露，特别是文字上流畅，用语简洁生动，给人们留下了极其深刻的印象。

1. 文种确定准确

我们为什么要把这篇通报叫作“指导性通报”呢？通报在通常情况下主要用于表彰先进、批评错误、传达重要精神或重要情况；在写作形式上，较多的是对情况的综合分析与归纳表述，也就是说一般情况下不提出具体的下一步工作意见。而中央纪委和政法委的这份通报，不仅有情况的综合分析与归纳表述，并且有针对性地提出了四条要求，所以在实际工作中人们将这种通报叫作“指导性通报”。

按照上述说法，人们很容易联想到，这不是“通知”的写作形式吗？中纪委、政法委怎么不用“通知”而用“通报”，是不是文种选得不对呢？这的确是一个十分微妙而且需要我们弄清楚的问题。看看《通报》的开头，它先是转发了公安部有关黄奎元招摇撞骗进行重大投机诈骗的情况反映，所谓“情况反映”，就是我们在实际工作中通常使用的带有信息性质的“情况通报”。在公文行文原则上，当把下级或分管范围所属单位上报的“通报”予以转发时，应当使用“通报”文种进行转发，一般管这种通报叫“转述式通报”。由于转发时往往要加注批语或提出具体的工作意见，要求下级加以贯彻，所以，从内容上看它往往又是一份“指导性通报”。假若这份文件不是转发公安部的一份情况反映，而是直接针对当时不断发生的一些重大投机诈骗案件，那么，使用“通知”来行文就是完全正确的了。

综观上述，从行文角度上来欣赏这份文件，给人的印象是文种选得再准确不过了。写

公文不同于写别的文章，文种的选择是第一位的，其次才谈到如何写的问题，因为主题、结构、选材特别是用语都和文种密切相关，文种确定得不准确，那就是一错百错。

2. 主旨明白显露

公文不同于文学作品，它的主旨需要作者直陈文中，做到明白显露，而且显露得越彻底越好。这份通报在这方面是十分成功的。为让主旨显露得如“水清见底，游鱼可数”，它在写作上充分采用了“起句立意，开门见山”的手法，使人一看开头，便完全把握了这份通报的重要意义和中心思想，了解到制发此文的依据和行文的目的，也就是说立刻使阅者认识到该文的主旨所在。

《通报》的开头总共写了五句话170多字，字数虽然不多，但字字句句意义凝重，给人一种言简意赅、铿锵有力之感。如全文的第一句话是：“近年来，重大经济投机诈骗案件在各地屡有发生。”这短短的20个字，就把严厉打击重大投机诈骗案件的紧迫性、严重性以排山倒海之势展现在人们面前，似警钟骤响，使人为之一震。接着用了一个综说排比句：“这类案件情节严重，手段恶劣，金额巨大，令人触目惊心！”短短的两句话便把制文的原因、背景和依据全盘托出。

在第三、四两句介绍了公安部有关黄奎元投机诈骗典型案件的情况反映之后，又用了一个稍长一点的句子，把此文的中心思想告诉给阅者，即“希望引起各级党委足够的重视，深刻认识经济领域中犯罪活动对社会主义物质文明建设与精神文明建设的严重危害，采取有力措施，坚决改变打击不力的状况”。

总之，当我们看了这个简短的开头后，怎能不被文件的主旨所吸引呢？正如《中共中央关于纠正电报、报告、指示、决定等文字缺点的指示》（1951年2月）一文中所明确提到的：“一切较长的文电，均应开门见山，首先提出要点，即于开端处，先用极简要文句说明全文的目的或结论（现在新闻学上称‘导语’，亦即中国古人所谓‘立片言以居要，乃一篇之警策’），唤起阅者注意，使阅者脑子里先得一个总概念，不得不继续看下去。”《通报》在运用公文写作的这一重要技巧上堪称范例。

3. 逻辑周详严密

《通报》全篇既有对问题的提出，又有对问题一针见血的深刻分析，并进而针对原因提出了具体的解决措施，层层深入，步步逼近，给人的认识是完整的，给人的印象是深刻的。总之，有理、有事、有问题、有原因、有办法，而且又多方面融于一体，所以，读这样的文件人们必将获得许多智慧和力量。

《通报》由10个自然段组成。除第一及最末一段为开头和结尾外，中间这八个段落划分为三个部分，第二、第三两段是第一部分，属于摆问题、讲情况，指明经济领域中的重大投机诈骗案件增多、犯罪活动猖獗，我们的某些单位及干部一再上当受骗，教训沉痛；第二部分是第四段，在这里从四个方面分析了上述情况发生的原因，与第一部分呈现因果关系；第五至九段是第三部分，针对前述严重情况及四个方面的原因提出了四条解决措施，它是前两部分的延伸与发展。三个部分，层层递进，逻辑严密。

不仅在篇章上如此，而且有些段落也是以理引事、以事证理、事理融汇、相辅相成的。以《通报》第二段为例，开始第一句话是讲道理："当前，经济领域中严重犯罪活动的一个突出表现，就是重大经济投机诈骗案件明显增多，一些投机诈骗分子有恃无恐，犯罪活动十分猖獗。"接着列举了广东省、福建省查获的投机诈骗犯刘浩然、杜国祯的严重犯罪事实。随后又运用议说的表述方式，讲述了这些投机诈骗活动给国家造成的严重危害。事理结合，周详严密。

4. 语言生动活泼

《通报》的语言运用相当成功，既保持了指挥性公文的庄严郑重气势，又生动活泼。它使用了一些含义深刻且群众十分熟悉的语言，如"筹码""护身符""馈赠""财神爷"等，还使用大量语义凝重、脍炙人口的成语和四字格的熟语，像"触目惊心""招摇撞骗""买空卖空""轻信谣言""富商巨贾""奉为上宾""称兄道弟""见利忘义""利令智昏""见钱眼开"等。这些词语大大增强了《通报》的鲜明性和生动性。

《通报》用语生动的另一特点是句式多样，富于变化，多处采用对偶、排比、层递等句式，增强了《通报》的表现力。例如，"一听说谁'拥有巨额资金'，是'某国某公司的财东、经理'，与'某富商巨贾相识'，是'干部之子，港台之亲'，一看谁'有钱路''给投资''无偿援助''提供洋货或紧俏商品'……"这段话中的"一听"与"一看"就运用了对偶的修辞。"遇事不调查、不研究，对国家和人民的财产极不负责任"，这里的三个"不"运用了排比的修辞。还有把排比和层递合用在一起的，如"有些干部甚至领导干部，在资本主义思想和'糖弹'的腐蚀下，利令智昏，见钱眼开，不讲原则，不择手段，以权谋私，索贿受贿，以致丧失国格人格，堕落成投机诈骗犯的同伙"。

八、批复

《条例》明确规定，批复适用于"答复下级机关的请示事项"。它与请示属于一一对应的文种。批复按其内容不同，可分为三类：核准性批复、指示性批复和答复性批复。

（一）例文讲析

【例文】

国务院关于关中平原城市群发展规划的批复

国函〔2018〕6号

陕西、山西、甘肃省人民政府，国家发展改革委、住房和城乡建设部：

国家发展改革委《关于报送关中平原城市群发展规划（送审稿）的请示》（发改规划〔2017〕2033号）收悉。现批复如下：

一、原则同意《关中平原城市群发展规划》（以下简称《规划》），请认真组织实施。

二、《规划》实施要全面贯彻党的十九大精神，以习近平新时代中国特色社会主义思想为指导，统筹推进“五位一体”总体布局和协调推进“四个全面”战略布局，坚持以人民为中心的发展思想，牢固树立和贯彻落实新发展理念，以供给侧结构性改革为主线，加快培育发展新动能，拓展发展新空间，以建设具有国际影响力的国家级城市群为目标，以深度融入“一带一路”建设为统领，以创新驱动发展、军民融合发展为动力，以延续中华文脉、体现中国元素的风貌塑造为特色，加快高端要素和现代产业集聚发展，提升人口和经济集聚水平，打造内陆改革开放新高地，充分发挥关中平原城市群对西北地区发展的核心引领作用和我国向西开放的战略支撑作用。

三、陕西、山西、甘肃省人民政府要切实加强组织领导，健全协作机制，明确责任分工，制订实施方案，做好与相关专项规划的衔接，确保各项目标任务落到实处。《规划》实施中涉及的重大事项、重大政策和重大项目按规定程序报批。

四、国务院有关部门要按照职能分工，研究制定支持关中平原城市群发展的具体政策措施，在有关规划编制、体制创新、重大项目建设、优化行政区划设置等方面给予积极支持。国家发展改革委、住房和城乡建设部要做好协调指导，加强对《规划》实施情况的跟踪分析，适时组织开展《规划》实施情况督查评估，研究新情况，总结新经验，解决新问题。重大问题及时向国务院报告。

国务院

2018年1月9日

【讲析】

这份批复全文不足1000字。在原则同意《关中平原城市群发展规划》这个具体事项的同时，国务院还就规划实施的指导思想、基本原则、组织领导、职能分工等问题提出了明确具体的指示性意见，要求陕西、山西、甘肃省人民政府等有关方面认真执行。由于有多项批示要求，所以作者采取了“撮要分条”的结构形式。

例文的开头是批复的引语，包括请示的来文单位、标题及发文字号。然后通过一个过渡句转入批复的内容部分，在这个部分的四项内容中，除明确表示原则同意《关中平原城市群发展规划》之外，还就相关问题分条列项地提出了要求。

例文标题采用的是公文标题的通常写法，即由制文机关、事由与文种组成，在事由之前加入介词“关于”，在文种之前使用助词“的”，形成以文种为中心的偏正词组结构。

（二）范文赏析

【范文】

中共中央　国务院
关于对《河北雄安新区规划纲要》的批复

中共河北省委、河北省人民政府，国家发展改革委：

你们《关于报请审批〈河北雄安新区规划纲要〉的请示》收悉。现批复如下：

一、同意《河北雄安新区规划纲要》（以下简称《雄安规划纲要》）。《雄安规划纲要》深入贯彻习近平新时代中国特色社会主义思想，深入贯彻党的十九大和十九届二中、三中全会精神，坚决落实党中央、国务院决策部署，牢固树立和贯彻落实新发展理念，紧扣新时代我国社会主要矛盾变化，按照高质量发展要求，紧紧围绕统筹推进“五位一体”总体布局和协调推进“四个全面”战略布局，着眼建设北京非首都功能疏解集中承载地，创造“雄安质量”和成为推动高质量发展的全国样板，建设现代化经济体系的新引擎，坚持世界眼光、国际标准、中国特色、高点定位，坚持生态优先、绿色发展，坚持以人民为中心、注重保障和改善民生，坚持保护弘扬中华优秀传统文化、延续历史文脉，符合党中央、国务院对雄安新区的战略定位和发展要求，对于高起点规划、高标准建设雄安新区具有重要意义。

二、设立河北雄安新区，是以习近平同志为核心的党中央深入推进京津冀协同发展作出的一项重大决策部署，是继深圳经济特区和上海浦东新区之后又一具有全国意义的新区，是千年大计、国家大事。雄安新区作为北京非首都功能疏解集中承载地，与北京城市副中心形成北京新的两翼，有利于有效缓解北京“大城市病”，探索人口经济密集地区优化开发新模式；与以 2022 年北京冬奥会和冬残奥会为契机推进张北地区建设形成河北两翼，有利于加快补齐区域发展短板，提升区域经济社会发展质量和水平。要以《雄安规划纲要》为指导，推动雄安新区实现更高水平、更有效率、更加公平、更可持续发展，建设成为绿色生态宜居新城区、创新驱动发展引领区、协调发展示范区、开放发展先行区，努力打造贯彻落实新发展理念的创新发展示范区。

三、科学构建城市空间布局……

四、合理确定城市规模……

五、有序承接北京非首都功能疏解……

六、实现城市智慧化管理……

七、营造优质绿色生态环境……

八、实施创新驱动发展……

九、建设宜居宜业城市……

十、打造改革开放新高地……

十一、塑造新时代城市特色风貌……

十二、保障城市安全运行……

十三、统筹区域协调发展……

十四、加强规划组织实施。雄安新区是留给子孙后代的历史遗产，要有功成不必在我的精神境界，保持历史耐心，合理把握开发节奏，稳扎稳打，一茬接着一茬干，一张蓝图干到底，以钉钉子精神抓好各项工作落实。《雄安规划纲要》是雄安新区规划建设的基本依据，必须坚决维护规划的严肃性和权威性，严格执行，任何部门和个人不得随意修改、违规变更。各有关方面要切实增强政治意识、大局意识、核心意识、看齐意识，坚持大历史观，全力推进雄安新区规划建设。在京津冀协同发展领导小组统筹指导下，河北省委和省政府要切实履行主体责任，加强组织领导，全力推进雄安新区规划建设各项工作，建立长期稳定的资金筹措机制，完善规划体系，抓紧深化和制定控制性详细规划及交通、能源、水利等有关专项规划，按程序报批实施。国家发展改革委、京津冀协同发展领导小组办公室要做好综合协调，中央和国家机关有关部委、单位，北京市、天津市等各地区，要积极主动对接和支持雄安新区规划建设。

《雄安规划纲要》执行中遇有重大事项，要及时向党中央、国务院请示报告。

中共中央
国务院
2018 年 4 月 14 日

【赏析】

本文是中共中央、国务院关于对《河北雄安新区规划纲要》的批复，全文篇幅较长，需要批复的事项较多，因此，在写法上，就体现出了此类文种的写作特色。行文从 14 个大的方面进行批复，明确态度，提出要求。每个方面都采用撮要的表达方式，表意非常鲜明。例如，第一条“同意《河北雄安新区规划纲要》(以下简称《雄安规划纲要》)”，态度极为明朗；第二条讲的是建立雄安新区的重大意义，“设立河北雄安新区，是以习近平同志为核心的党中央深入推进京津冀协同发展作出的一项重大决策部署”；第三条至第十四条分别就“科学构建城市空间布局”“合理确定城市规模”“有序承接北京非首都功能疏解”“实现城市智慧化管理”“营造优质绿色生态环境”“实施创新驱动发展”“建设宜居宜业城市”“打造改革开放新高地”“塑造新时代城市特色风貌”“保障城市安全运行”“统筹区域协调发展”“加强规划组织实施”等 12 个方面提出批复意见。采用撮要分条的结构形式，使行文主旨鲜明集中，布局顺畅合理，语言准确简练，堪称批复文种的典范之作。结尾处所写的“《雄安规划纲要》执行中遇有重大事项，要及时向党中央、国务院请示报告”，绝非赘余之笔，因为在执行过程中可能会遇到一些意想不到的事情。这体现出了行文的完整性和严密性。

九、纪要

纪要适用于记载、传达会议的主要情况和议定事项。也就是说，纪要是对会议的目的、要求、主要精神及议定的事项加以文字归纳整理，以上传下达，统一认识，推动工作。

纪要在行文关系上，可采取转发（印发）或直接发出的形式，类似于通知，发给下级贯彻执行；也可以报送给上级，类似于会议情况报告，向上级反映情况。

纪要按其内容和表达形式的不同，可分为“指示型会议纪要”与“通知型会议纪要”。指示型会议纪要，即就某一较大范围或重要的工作会议所整理的会议纪要。通知型会议纪要，即用来宣布会议决定事项的纪要。

（一）例文讲析

【例文】

广东、福建两省座谈会纪要

一九八二年二月十一日至十三日，中央书记处在北京召开广东、福建两省座谈会。中央书记处同志，国务院负责同志，中央军委和中央纪委负责同志，各有关部门负责同志和两省省委常委同志，共六十八人出席了会议。会议的中心议题是：如何更坚决、更有效地贯彻执行中央《紧急通知》，进一步开展打击经济领域中违法犯罪活动的斗争；如何认真总结经验，端正对外经济活动的指导思想，更好地实行特殊政策和灵活措施，进一步发展两省经济……

……到会同志通过分析现实情况，重温毛泽东同志的有关教导，联系实际，总结经验，进一步统一了思想，提高了认识，把在新的历史条件下反对经济领域中违法犯罪活动的斗争，反对资本主义思想腐蚀的斗争，尖锐地摆到了全党同志的面前，提到了全党工作的重要日程。所以，这是一次极为重要的会议。会议主要精神如下：

一、必须充分认识经济领域中违法犯罪活动的严重性、危害性和危险性，一定要在反对资本主义思想腐蚀的斗争中，做坚定的、清醒的、有作为的马克思主义者。

……

二、必须加强党的领导，正确掌握方针政策，坚定不移地把打击经济领域中违法犯罪活动的斗争进行到底。

……

三、必须认真总结经验，端正对外经济活动的指导思想，促进对外经济活动的健康发展，继续试办好经济特区。

……

【讲析】

1982年2月11日至13日，中央召集的广东、福建两省座谈会，是一次极为重要的会议，会议的中心是研究如何更坚决、更有效地贯彻执行中央《关于打击经济领域违法犯罪活动的紧急通知》，进一步开展打击经济领域中违法犯罪活动的斗争，端正对外经济活动的指导思想，更好地实行特殊政策和灵活措施，进一步发展两省经济。

为了突出会议的中心与目的，例文的开头部分除了介绍会议的情况外，着重写了会议的中心议题、主要活动、收获及对这次会议的评价，使人看了开头，立即能够把握纪要的内容。

纪要的主体部分，采取归纳的写法。从三个方面的内容看，主体部分结构属于并列式。例如，第一个方面主要是讲打击经济领域中违法犯罪活动的必要性和重大意义，以统一和提高人们对这一重要斗争的认识；第二个方面主要是讲为了更加坚决、更加有效地把打击经济领域中违法犯罪的斗争进行到底，在方针政策上要注意七个问题；第三个方面主要就如何端正对外经济活动的指导思想，促进对外经济活动的健康发展和继续试办好经济特区的问题提出一系列措施和要求。

另外，从结构的逻辑角度看，第一个方面是提出问题、分析问题，第二、第三两个方面则属于解决问题。

纪要的结尾部分，主要是坚定信心，提出希望与要求。

（二）范文赏析

【范文】

关于研究今年农产品收购资金问题的会议纪要

一九 ×× 年三月二十五日，国务院副总理 ××× 主持会议，研究今年农产品收购资金的有关问题。

会议认为，安排今年农产品收购资金工作的指导思想是：一、要按照党中央、国务院的决定，一定要保证今年农产品收购资金的需要，坚决消灭打“白条”的问题，以取信于民。消灭“白条”，这是硬任务，各地区、各部门都要坚决完成。二、农产品的收购总量并不多，只要各地区、各部门充分重视，互相配合，解决农产品收购资金问题是完全有可能的，对此应有信心。三、地方各级人民政府和财政、银行等有关部门都要落实责任制，各司其职，密切配合，困难再大也应首先把农产品的收购资金问题解决好。

经会议研究后，××× 同志概括提出以下五条四十个字的政策措施：

一、老账要清，逐步消化。对过去农产品收购贷款的挂账问题，请人民银行牵头，财政部、计委、经贸办、商业部（包括供销社）等有关部门参加，对农产品贷款挂账情况进行清理，并研究具体处理办法，分年度逐步消化。

二、新账要扣，逐月扣清。对今年各级财政应拨补的资金，要及时拨补。请财政部制定具体办法。哪个省（区、市）在今年收购农产品中出现补贴资金欠拨，财政部就要从中央财政拨给该地专项补贴或在其他拨款中相应逐月扣减，并划拨到相应的银行；哪个省（区、市）的有关部门对应拨补款额发生扯皮，财政部先停止中央财政对该地区的专项拨款，待拨补款数额明确并按时拨补后，再开始下拨。对企业的拖欠也应制定相应办法，如纺织厂拖欠棉花款，有关开户银行就要相应扣减该厂其他款项，划拨到棉花调出地；承担收购资金任务的农业银行和工商银行有关地方分行，如有贷款规模无资金，就应扣减其他贷款的资金，保证收购资金的及时到位。请人民银行牵头，与工商银行、农业银行等单位制定有关管理办法，尽快下达。

三、专户立账，体内循环。为保证农产品收购资金不被挪用，人民银行、工商银行、农业银行都要对农产品收购资金单独立账，专户管理，农产品的贷款收回后要及时存入专户，实行体内循环。具体办法请人民银行商有关单位负责制定。

四、定金到位，确保收购。棉花贴息贷款和粮食预购定金贷款应分别于三月底、四月底前发放给农民，有关银行不仅要下贷款规格，而且要下资金，保证农民能拿到钱。请商业部牵头，人民银行、农业银行和工商银行等单位参加，对贴息贷款和预购定金贷款落实情况进行全面检查，有问题要及时反映。棉花贴息贷款和粮食预购定金贷款安排后，要立即着手研究落实全年农产品的收购资金，首先是夏季农产品收购资金的供应，从夏收起就不能打“白条”，为全年的农产品收购工作打下一个好基础。

五、优先保证，消灭“白条”。确保农产品收购资金的需要，消灭“白条”是今年经济工作的首要任务，要优先予以保证，其他工作都要为确保农产品收购供应工作让路。

（出席会议名单略）

【赏析】

短小精悍　妙语连珠

——《关于研究今年农产品收购资金问题的会议纪要》赏析

这是一份指示型的专题“会议纪要”，全文只有1100字，篇幅不长、容量不小，而且结构严谨，妙语连珠，堪称会议纪要写作的典范之作。

例文采用“撮要分条”的结构形式。一、二两段是“撮要”，包括会议的自然情况（即会议召开的时间、地点、中心议题及主持人、参加人等）及指导思想（共三点）；在“撮要”的提领下，然后根据××同志概括的五条四十个字的政策措施，分作五个方面逐条加以说明，在每条之前加序号和显示段旨的提示语，使人一目了然，这就是“分条”。五条四十个字:（1）老账要清，逐步消化;（2）新账要扣，逐月扣清;（3）专户立账，体内循环;（4）定金到位，确保收购;（5）优先保证，消灭“白条”。呈高屋建瓴、纲举目张之势，体现了党中央和国务院对广大农民的深切关怀，也充分反映了广大农民的心声。从写作的角度讲，这“五条四十个字”用语高度概括，既准确又精练，还使行文结构显得齐整、严谨，有利于读者对该项政策精神的准确理解和把握，有利于会议精神的贯彻执行。

文中诸多坚定性的祈使语句，如“一定要保证今年农产品收购资金的需要，坚决消灭打‘白条’的问题，以取信于民。消灭‘白条’，这是硬任务，各地区、各部门都要坚决完成”，形成了强有力的“气势”。国务院领导同志出自对广大农民疾苦的关爱和对给农民打“白条”的憎恨之情，高度提炼概括而成的五条四十字的政策，既便于理解掌握又利于贯彻执行。这种高度概括、易懂好记的语句，是公文的“营养液”与“润滑剂”。

十、函

在党政公文主要文种中，函是唯一的一种平行文。按照《条例》的规定，函是不相隶属机关之间商洽工作、询问和答复问题、请求批准和答复审批事项的文种。函在实际行文中形成了多种类型。从内容作用上看，包括：申请函、商洽函、询问函、答复函、告知函。从行文方向上看，函有来函、复函之分。

（一）例文讲析

【例文】

×× 省人民政府关于
要求免税进口救灾物资的函

海关总署：

今年我省遭受特大干旱，大批农作物枯死，养殖水产品因缺淡水成批死亡。八月三十一日至九月二日又遭受了十六号强热带风暴及特大海潮的袭击。仅 ××、××、×× 三市就冲毁盐田 7.9 万亩，虾池 22 万亩，冲跑对虾 650 万公斤，损坏渔船 1400 多条；果树受灾 140 万亩，农业遭灾面积达 250 多万亩，粮食减产 4 亿多公斤，直接经济损失达 20 多亿元。

灾情发生后，我省各级领导、各有关部门以及全省人民积极行动，全力开展抗灾自救。为保护出口货源，帮助企业尽快恢复生产，我省经贸委安排进口钢材 × 万吨，胶合板 ×××× 立方米，木材 × 万立方米，柴油 × 万吨，以发展灾后出口商品生产，确保完成今年出口 ×× 亿美元创汇任务。为此，特请海关总署减免我省经贸委统一安排进口的上述救灾物资的海关关税、产品增值税等。

当否，请审批。

×× 省人民政府（印章）
20×× 年 9 月 25 日

抄送：×× 海关

【讲析】

这是一份申请函。申请函系向主管部门请求批准事项使用的。例文是某省人民政府就进口救灾物资要求免税一事给海关总署的函，此函的标题是由发文机关、事由和文种组成的完整性标题。正文共分两大层次：第一个层次写的是要求免税的缘由、背景，即为什么要求申请免税；第二个层次写的是需要免税的具体事项。申请函与请示有一个相同点，那就是目的句通常在第二层次。

（二）范文赏析

【范文】

共产党七参政员为重申不能出席本届会议理由复参政会函

（一九四一年三月八日）

国民参政会秘书处转全体参政员先生公鉴：

鱼电诵悉。诸先生关怀团结，感佩同深。四年以来，中共同人为维护民族抗战与国内团结，心力交瘁，早为国人所公认；中共参政员，对于历次参政会，无一次不出席，亦为诸先生所共见。唯独本次参政会，则有碍难出席者在。盖中共参政员，为政府所聘请，而最近政府对于中共，则几视同仇敌，于其所领导之军队则歼灭之，于其党员则捕杀之，于其报纸则扣禁之，尤以皖南事变及一·一七命令，实为抗战以来之巨变，其对国内团结，实有创巨痛深之影响。一·一七命令之后，敌伪抚掌，国人愤激，友邦惊疑，莫不谓国共破裂之将至。中共中央睹此危局，自不能不采取适当步骤，以挽危局，以保团结，乃向当局提出善后办法十二条。迁延期月，未获一复，而政治压迫，军事攻击，反变本加厉。新四军被称为叛军矣，八路军被称为匪军矣，共产党被称为奸党矣，而延、渝道上打倒共产党，抗日与剿匪并重，剿匪不是内战等等惊心动魄之口号，被正式之官府与正规之军队大书于墙壁矣。似此情形，若不改变，泽东等虽欲赴会，不独于情难堪，于理无据，抑且于势有所不利。耿耿此心，曾有删电致参政会秘书处，略述梗概，当蒙洞察。嗣后参政同人中颇多从中奔走以图转圜者，泽东等感此拳拳之意，为顾全大局委曲求全计，乃由在渝参政员必武、颖超二人提出临时办法十二条，请求政府予以解决，以便本党参政员得以出席大会。同时，即以此意通知参政会秘书处，亦未蒙政府置答。泽东等所提善后办法与临时办法诸条件，乃向聘请泽东等为参政员之政府当局提出请求解决，以为泽东等是否出席此次参政会之标准，政府固有予以解决与否之自由，泽东等亦有出席与否之自由。泽东等爱护参政会之心，今昔并无二致，如能在此次会期内由于诸先生之努力促成，与政府诸公之当机立断，采纳泽东等所提的各项办法，一有定议与实施上之保证，则本次大会虽届临毕之时，中共在渝参政员亦应命出席，否则惟有俟诸问题解决之行。泽东等接受政府之聘请，为团结，为抗战也。皖南事变以来，对于国共团结所加之深重裂痕，一日未被消灭，则泽东等一日碍难出席政府所召集之任何会议。泽东等目前所处环境与诸先生不能尽同者，其故即在此。谨布区区，尚希谅察。

中国共产党参政员

毛泽东、陈绍禹、秦邦宪、林伯渠、

吴玉章、董必武、邓颖超

齐

【赏析】

有理有节　铿锵有力

——《共产党七参政员为重申不能出席本届会议理由复参政会函》赏析

1941 年 1 月 4 日，蒋介石发动了震惊中外的皖南事变，遭到举国上下一致的谴责与怒斥，使国民党在政治上陷于空前孤立。蒋介石为掩盖其反共卖国的丑恶嘴脸，加紧筹备于 3 月 1 日召开国民参政会第二届会议，诱骗中共参政员出席会议，以粉饰门面、欺骗舆论。中共党中央及时识破了蒋介石的阴谋，拒绝出席会议。为揭露国民党反共顽固派，以正视听，特致函国民参政会秘书处。

例文采用“篇段合一”的结构形式，全文约 900 字一贯到底。条理清晰、层次分明是例文的首要特色。如开头先交代此前曾有来函：“鱼电诵悉。”随即说明我党为顾全大局、团结抗战，“对于历次参政会，无一次不出席”。接着表明态度：“唯独本次参政会，则有碍难出席者在。”此后，使用了近 300 字说明不能出席的理由，最后提出希望与要求，即 12 条临时解决办法。全文逻辑严密、顺理成章。

例文的另一特色，是用语之尖锐、干练，气势之铿锵、坚定，措辞虽激烈却又把握尺度，做到有理有节，体现出“函”的写作特点。如据理讲述不参加会议的理由是：“盖中共参政员，为政府所聘请，而最近政府对于中共，则几视同仇敌，于其所领导之军队则歼灭之，于其党员则捕杀之，于其报纸则扣禁之，尤以皖南事变及一・一七命令，实为抗战以来之巨变，其对国内团结，实有创巨痛深之影响……新四军被称为叛军矣，八路军被称为匪军矣，共产党被称为奸党矣……似此情形，若不改变，泽东等虽欲赴会，不独于情难堪，于理无据，抑且于势有所不利。”这些文字，流畅无比，刚劲有力。三个“于其……之”，与三个“被称为……矣”的连续排比句的使用，如连珠炮发，字字衔珠、句句命要，把蒋介石假抗战、真反共的卖国阴谋暴露无遗。使用一个“实为……巨变”及一个“实有……影响”的并列，一针见血地指明其严重危害。最后，引出“泽东等虽欲赴会……于情难堪，于理无据”及“于势有所不利”，三个“于……”的排比句式，其势如江河倾泻，其理无可辩驳，而且道理充分，令人信服，有利于赢得广大人民群众的理解与支持。

十一、公告、通告

按照《条例》的规定，公告是党政机关向国内外宣布重要事项或者法定事项时使用的告知性文种，包括布告；通告是党政机关在一定范围内，公布应当遵守或周知事项时使用的告知性文种。

公告和通告具有以下共同特点：一是公开，二是广泛，三是庄重。

公告和通告相互之间有以下不同点：

一是从宣布告知事项的性质来看，公告重于通告，它是用来宣布党和国家重要事项和法定事项的。这里的一个“重要”、一个“法定”，显然是通告的内容不能相提并论的，因为通告主要用于发布应当遵守和周知的事项。

二是从公布的范围看，公告是面向国内外的，范围最广；通告则是针对社会的某一方面，用于局部。

三是从发文的机关看，公告的发文机关级别高，一般只有党和国家的高级机关才使用；至于通告文种，上自中央机关、下至基层部门均可使用。

（一）例文讲析

【例文】

国家税务总局
关于企业所得税资产损失资料留存备查有关事项的公告

（2018 年第 15 号）

为了进一步深化税务系统“放管服”改革，简化企业纳税申报资料报送，减轻企业办税负担，现就企业所得税资产损失资料留存备查有关事项公告如下：

一、企业向税务机关申报扣除资产损失，仅需填报企业所得税年度纳税申报表《资产损失税前扣除及纳税调整明细表》，不再报送资产损失相关资料。相关资料由企业留存备查。

二、企业应当完整保存资产损失相关资料，保证资料的真实性、合法性。

三、本公告规定适用于2017年度及以后年度企业所得税汇算清缴。《国家税务总局关于发布〈企业资产损失所得税税前扣除管理办法〉的公告》（国家税务总局公告2011年第25号）第四条、第七条、第八条、第十三条有关资产损失证据资料、会计核算资料、纳税资料等相关资料报送的内容同时废止。

特此公告。

国家税务总局

2018年4月10日

【讲析】

例文是一份向国内外宣布重要法定事项的公告。开头以“为了”作句首，表明行文的目的，并用“现就……公告如下”的固定性引领句转入下文。主体部分总共有三项告知事项，分别是深化税务系统“放管服”改革，简化企业纳税申报资料报送，减轻企业办税负担，妥善处理企业所得税资产损失资料留存备查，最后以“特此公告”结束全文。这完全符合此类公告的结构安排。

（二）范文赏析

【范文】

中国人民解放军布告

（一九四九年四月二十五日）

国民党反动派业已拒绝接受和平条件，坚持其反民族反人民的罪恶的战争立场。全国人民希望人民解放军迅速消灭国民党反动派。我们已命令人民解放军奋勇前进，消灭一切敢于抵抗的国民党反动军队，逮捕一切怙恶不悛的战争罪犯，解放全国人民，保卫中国领土主权的独立和完整，实现全国人民所渴望的真正统一。人民解放军所到之处，深望各界人民予以协助。兹特宣布约法八章，愿与我全体人民共同遵守之。

（一）保护全体人民的生命财产。各界人民，不分阶级、信仰和职业，均望保持秩序，采取和人民解放军合作的态度。人民解放军则采取和各界人民合作的态度。如有反革命分子或其他破坏分子，乘机捣乱、抢劫或破坏者，定予严办。

（二）保护民族工商农牧业。凡属私人经营的工厂、商店、银行、仓库、船舶、码头、农场、牧场等一律保护，不受侵犯。希望各业员工照常生产，各行商店照常营业。

（三）没收官僚资本。凡属国民党反动政府和大官僚分子所经营的工厂、商店、银行、仓库、船舶、码头、铁路、邮政、电报、电灯、电话、自来水和农场、牧场等，均由人民政府接管。其中，如有民族工商农牧业家私人股份经调查属实者，当承认其所有权。所有在官僚资本企业中供职的人员在人民政府接管以前，均须照旧供职，并负责保护资财、机器、图表、账册、档案等，听候清点和接管。保护有功者奖，怠工破坏者罚。凡愿继续服务者，在人民政府接管后，准予量才录用，不使流离失所。

（四）保护一切公私学校、医院、文化教育机关、体育场所，和其他一切公益事业。凡在这些机关供职的人员，均望照常供职，人民解放军一律保护，不受侵犯。

（五）除怙恶不悛的战争罪犯和罪大恶极的反革命分子外，凡属国民党中央、省、市、县各级政府的大小官员，"国大"代表，立法、监察委员，参议员，警察人员，区镇乡保甲人员，凡不持枪抵抗、不阴谋破坏者，人民解放军和人民政府一律不加俘虏，不加逮捕，不加侮辱。责成上述人员各安职守，服从人民解放军和人民政府的命令，负责保护各机关资财、档案等，听候接收处理。这些人员中，凡有一技之长而无严重的反动行为或严重的劣迹者，人民政府准予分别录用。如有乘机破坏、偷盗、舞弊，携带公款、公物、档案潜逃，或拒不交代者，则须予以惩办。

（六）为着确保城乡治安、安定社会秩序的目的，一切散兵游勇，均应向当地人民解放军或人民政府投诚报到。凡自动投诚报到，并将所有武器交出者，概不追究。其有抗不报到，或隐藏武器者，即予逮捕查究。窝藏不报者，须受相当的处分。

（七）农村中的封建的土地所有权制度，是不合理的，应当废除。但是废除这种制度，必须是有准备和有步骤的。一般地说来，应当先行减租减息，后行分配土地，并且需要人民解放军到达和工作一个相当长的时期之后，方才谈得到认真地解决土地问题。农民群众应当组织起来，协助人民解放军进行各项初步的改革工作。同时，努力耕种，使现有的农业生产水平不致降低，然后逐步加以提高，借以改善农民生活，并供给城市人民以商品粮食。城市的土地房屋，不能和农村土地问题一样处理。

（八）保护外国侨民生命财产的安全。希望一切外国侨民各安生业，保持秩序。一切外国侨民，必须遵守人民解放军和人民政府的法令，不得进行间谍活动，不得有反对中国民族独立事业和人民解放事业的行为，不得包庇中国战争罪犯、反革命分子及其他罪犯，否则，当受人民解放军和人民政府的法律制裁。

人民解放军纪律严明，公买公卖，不许妄取民间一针一线。希望我全体人民，一律安居乐业，切勿轻信谣言，自相惊扰。切切此布。

中国人民革命军事委员会主席　毛泽东

中国人民解放军总司令　朱德

【赏析】

约法八章　晓谕天下

——《中国人民解放军布告》赏析

在毛泽东同志的公文著述中，布告体公文的数量不是很多。从《毛泽东选集》一至四卷所载的 90 篇公文来看，布告仅有两篇。本文是其中之一。

这篇布告发布于 1949 年 4 月 25 日，是由毛泽东同志亲笔起草，以毛泽东和朱德联名发布的。当时，正值人民解放军百万雄师横渡长江，所向披靡，解放的红旗直指江南广大地区。由于国民党反动派还在负隅顽抗，垂死挣扎，进行各种捣乱破坏活动，同时江南地区的广大人民群众在国民党的反动统治下对人民解放军缺乏充分了解，因此，向人民群众和社会各界阐明我党我军的政策和主张，公布其应当遵守和周知的事项，对于消除人们心中的疑虑，促进社会秩序的稳定，团结人民，分化瓦解国民党残余力量，加速革命的发展进程，就是十分必要和迫切的一件大事。

这篇布告在当时所起的革命作用，已经被历史发展充分地证明。有人甚至认为其与汉高祖刘邦的《入关告谕》一样，“一纸布告，奠定国基”，这一评价是很恰当的。不仅如此，这篇布告在写法上也体现了十分高超的艺术，无论是策见的表述还是语言的运用都十分恰当精确，全文首尾衔接，条明理晰，文势贯通，一气呵成，实为当代布告体公文的经典之作。其最突出的特色主要有如下几点：

1. 撮要显旨，明确集中

布告是用于向人民群众公布应当遵守或者周知事项的一种公文，政策性、告知性十分突出，因而在写法上务求鲜明醒目，开宗明义，让人易于理解和执行。这篇布告即是如此，首先陈述：“国民党反动派业已拒绝接受和平条件，坚持其反民族反人民的罪恶的战争立场。全国人民希望人民解放军迅速消灭国民党反动派。我们已命令人民解放军奋勇前进，消灭一切敢于抵抗的国民党反动军队，逮捕一切怙恶不悛的战争罪犯，解放全国人民，保卫中国领土主权的独立和完整，实现全国人民所渴望的真正统一。”仅用区区百余字，就将发布布告的背景、原因和目的交代清楚，点明了全文的主旨。这种篇前显旨的写法，有利于人们及时、准确地了解和把握布告的基本内容和基本精神，在此基础上提出“人民解放军所到之处，深望各界人民予以协助”的总体要求，就显得顺乎情理，便于接受。

这篇布告中所宣布的“约法八章”，可以说是全文的精髓所在，是布告的主要内容，在表述时作者采用了撮要标目的方法，即在每“章”之前大多设立了显示段旨的小标题，如“（一）保护全体人民的生命财产”“（二）保护民族工商农牧业”“（三）没收官僚资本”

“(四)保护一切公私学校、医院、文化教育机关、体育场所，和其他一切公益事业”等。显然，这些小标题是全文的分旨，它们从不同侧面、不同角度共同为表现全文的主旨服务，并与主旨形成轮辐向心的烘托之势。可见，撮要显旨是决定体公文和布告体公文中常用的一种写作技法。

2. 策见分明，严密完整

布告体公文，要求对有关方针政策的表述必须做到明确无疑，严谨缜密，来不得半点含糊。对此，这篇布告做得颇为出色，其对重大方针政策问题的阐述，以高屋建瓴、总揽全局之势，写得张弛有序，宽严结合，完善合理。约法八章，实际上就是我军的八项基本政策和主张，其所涉及的各方面内容包括民族工商农牧业、官僚资本、农村中的封建土地所有权制度以及外国侨民的生命财产等，无一不是作出了明确的政策规定，而且显得极其严密、完善。例如，“(二)保护民族工商农牧业”，是我党的一项重要政策，但其范围包括哪些，应当怎样保护，文中均作出了明确交代，令人确信无疑；还有“(三)没收官僚资本”，也是我党的重要政策，但哪些属于官僚资本，又如何加以没收，布告中也阐述得十分严整。不仅如此，文中还对在官僚资本企业中供职的人员如何安置和处理也作出了规定，体现出了我党政策的明确性和具体性。此外，值得一提的是文中在阐述对待国民党党政军事人员的政策时，采取区别不同情况、宽严有度的处置办法。例如，对“怙恶不悛的战争罪犯和罪大恶极的反革命分子”要“予以惩办”；而对“凡不持枪抵抗、不阴谋破坏者，人民解放军和人民政府一律不加俘虏，不加逮捕”；对“凡有一技之长而无严重的反动行为或严重的劣迹者，人民政府予以分别录用”。这里，哪些是打击的对象，哪些是争取的对象，哪些是可以使用的对象，界限清楚，让人一看即明。发布有关政策性的布告，其对政策界限的阐述是最有难度的，也是最重要的，对此，这篇布告堪称典范。

3. 结构严谨，详略适宜

在结构布局上，这篇布告也颇具特色。开头部分仅用不足200字的篇幅交代出发文的目的和依据，点明主旨，使之直接显露。接下去依次阐明“约法八章”的具体内容，而且在表达时采用了撮要标目的形式，使得层次清晰，段旨明确，让人一目了然；最后又以对人民解放军和全体人民提出希望和要求作结，从而使全文构成完整的开头、主体、结尾三部分，严谨缜密，和谐顺畅。同时，开头部分提出“人民解放军所到之处，深望各界人民予以协助。兹特宣布约法八章，愿与我全体人民共同遵守之”。显然，这是对各界人民提出的希望和要求，并用一过渡句很自然地提领下文，引出约法八章的内容，而在结尾处再次提出希望和要求，这就与开头部分遥相呼应，首尾圆合，浑然一体。更为重要的是，在具体内容的表达上，作者并不是平均用墨，而是十分注意讲究主次详略。约法八章，

“(一)”“(二)”“(四)”“(六)”“(八)”五章的表述较为约略概括，甚至只是原则性的表述，而“(三)”“(五)”“(七)”三章则显得详细。仍以“(三)没收官僚资本”为例，哪些属于“官僚资本”呢？即“凡属国民党反动政府和大官僚分子所经营”的资本，究竟包括哪些呢？是指有关工厂、商店、银行、仓库、船舶、码头、铁路、邮政、电报、电灯、电话、自来水和农场、牧场等。在此期间，如有民族工商业私人股份怎么办？对在官僚资本企业中供职的人员又如何进行安置？有些什么政策？如此等等，文中均作了较为详细的表述。此外，这篇布告在外在表现形式上采用了条款式结构，“约法八章”按照先重后轻、先内后外的逻辑顺序依次展开，主次分明，严谨缜密，这是本文在布局上的突出特色，也是布告体公文写作成功之要义。否则，主次不分，芜杂并陈，势必令人难得要领，进而也就不利于布告事项的贯彻执行。

4. 正反对举，相辅相成

由于布告体公文特别是有关政策性事项的布告，是要求人们遵守和周知的，因此在写作时特别强调采用正反对举的手法，即在告知人们应当遵守的事项的同时，对有可能违反规定的人提出处置办法，既从正面作出规定，又从反面加以强调，从而使行文严谨周密，富有执行力和约束力。这篇布告即十分注意运用这种表现手法。例如，“约法八章”“(一)”章中先从正面提出要求：“各界人民，不分阶级、信仰和职业，均望保持秩序，采取和人民解放军合作的态度。”继而申明：“如有反革命分子或其他破坏分子，乘机捣乱、抢劫或破坏者，定予严办。”显系从反面加以告诫；“(五)”章中先从正面阐述对待国民党党政军事人员的政策，紧接着从反面作出规定；“(六)”章和“(八)”章中也是如此。在这种正反对举的表述中，分别使用了“如有”“凡有”“否则”等标志性划界词语，从而使行文显得严整有力，便于遵照执行，同时也使布告显示出了很强的震慑力和警策作用。

5. 用语恰当，庄重得体

在用语方面，确切精当、富有概括性和表现力是这篇布告的突出特点。全文总计 1300 余字，却涵盖了十分丰富的内容，可谓言简意赅。在具体表达手法上，文言词语和文言句式的多用显得特别出色。“人民解放军所到之处，深望各界人民予以协助。兹特宣布约法八章，愿与全体人民共同遵守之。”这种文言词语的使用在文中可谓比比皆是；同时文中还大量使用了“凡……者”这一文言句式，具有表全称判断的特殊功用，顾及了布告对象的广泛性和复杂性，表现力极强。尤其重要的是，这些文言词语和文言句式的运用，还使行文显得庄重有力，能够充分体现出布告体公文的语体特征和要求。此外，文中还较多地使用了联合词组充当句子成分的句式以及排比、借代、综说等修辞手法，也使行文显得精练、庄重，富有气势。而“约法八章”一语，显然是对汉高祖刘邦“约法三章”的巧用，用得活泼洒脱，恰切无比，堪称一绝。

十二、议案

议案是各级人民政府按照法律程序向同级人民代表大会或人民代表大会常务委员会提请审议的公文，属于建议性公文。经审查通过的议案，具有较强的法律效力。

根据议案涉及内容的不同，一般将其划分为：(1）建议对某一法律、法规或法令进行修改；(2）建议对某一重大事项作出决定；(3）建议任命、罢免某人某项职务；(4）建议设置某一机构；(5）建议编制某项预算；(6）对某一重大事项或重要问题提出质询等。

（一）例文讲析

【例文】

××市人民政府关于提请
审议《××市环境保护条例（草案）》的议案

市人大常委会：

为了维护和改善本市的生活环境与生态环境，防治污染和其他公害，保障人民群众身体健康，促进社会主义现代化建设，根据《中华人民共和国环境保护法》和其他法律、法规，结合本市情况，市环保局起草了《××市环境保护条例（草案）》。该草案已经20××年8月2日第23次市政府常务会议讨论通过，现提请审议。

市长：××（印章或签名）

20××年8月7日

附件：关于《××市环境保护条例（草案）》的说明。（略）

【讲析】

这是一份申请制定地方性法规的议案。此类议案是最普通、最具有代表性的法规议案。标题由提请机关（××市人民政府）、事由（提请审议……）及文种（议案）三个要素构成。正文部分的写法比较固定单一，先扼要交代提请审议事项的目的和意义，以作为行文的依据，接下来陈述要求审议的事项，最后表明提请审议的要求。这份议案完整地载明了相应的要素内容，格式规范，层次清晰。

（二）范文赏析

【范文】

国务院关于提请审议兴建长江三峡工程的议案

全国人民代表大会：

长江是我国第一大河，流域面积占全国总面积的19%，养育着全国三分之一的人口，工农业总产值约占全国的40%，在我国国民经济发展中占重要地位……

如何解决长江的防洪问题，更好地开发长江资源，中共中央和国务院一直很重视，社会各界也十分关注。经过几十年的治理实践和对各种意见、方案的反复研究和论证，解决长江中下游的防洪问题，必须采取综合治理措施。兴建三峡工程是综合治理的一项关键性措施。三峡工程兴建后，可将……

国务院对兴建三峡工程历来采取既积极又慎重的方针。近四十年来……

经过多年的研究、论证和审查，三峡工程坝址选在湖北省宜昌县三斗坪镇……

三峡工程规模空前，技术复杂，投资多，周期长，特别是移民难度很大。对于已经发现的问题要继续研究，妥善解决，对今后可能出现的各种困难和问题，要有足够的思想准备，要谨慎从事，认真对待，使工程建设更加稳妥可靠，努力把这项造福当代、荫及子孙的事情办好。

国务院常务会经过认真讨论，同意建设三峡工程，建议将兴建三峡工程列入国民经济和社会发展十年规划，由国务院根据国民经济的实际情况和国家财力物力的可能，选择适当时机组织实施。

请审议。

国务院总理　李鹏

1992年3月16日

【赏析】

这是一份重大事项议案。对于兴建长江三峡这一重大工程，因其规模空前，技术复杂，投资多，周期长，且是一项造福当代、荫及子孙的千秋大业，故而在行文时必须着重陈述兴建该工程的必要性和重要性。这也是写作议案的重点所在。除标题和结尾外，这篇议案的正文部分占用重头篇幅，明确、具体、有力地阐述了兴建长江三峡工程的必要性和重要意义，并对该工程的具体内容从经济、技术等方面加以介绍，有理有据，令人信服。在此基础上提出审议的申请，给人水到渠成、圆润缜密之感。

十三、条例、规定、办法

条例、规定、办法属于法规类公文，是党政机关常用的公文文种。而且，条例和规定还曾经被列为党的机关专用文种，《条例》将其删掉，使之回归事务性公文的行列。

条例、规定和办法是国家行政法规、地方性法规的主要形式。对某一方面的工作作比较全面、系统的规定，称“条例”；对某一方面的工作作部分的规定，称“规定”；对某一项工作作比较具体的规定，称“办法”。国家行政法规的制发主体是国家最高行政机关——国务院；地方性法规的制发主体是省、自治区、直辖市的人民代表大会及其常务委员会和省、自治区人民政府所在的城市、经国务院批准的较大的城市、计划单列市、设区的市的人民代表大会及其常务委员会。

规定、办法也是部门规章（国务院各部门规章）和政府规章（地方人民政府规章）的主要形式。一些地区、部门根据上述法规、规章而制定的不属于法规、规章（因为法规、规章的制定者有着严格的界限）的“类规章性文件”，有的也使用规定与办法（较多的是使用实施细则、规则、规程等）。

对于条例、规定和办法等文种，在实践中一定要注意区别情况，规范行文，切不可混淆滥用。条例、规定、办法等法规性文件，在内部行文时，要用法定文种中的通知作文件头来加以颁行。向社会上公开发布，采取“法随令出”的形式，有的可使用公布令加以发布，如国家行政法规、国务院各部委制定的部门规章，省、自治区、直辖市人民政府等制定的地方政府规章；有的则不能用令，必须用通知，如“类规章性文件”。地方性法规应用公告予以发布。

（一）例文讲析

【例文】

中国共产党党务公开条例（试行）

第一章　总　则

第一条　为了贯彻落实党的十九大精神，推动全面从严治党向纵深发展，加强和规范党务公开工作，发展党内民主，强化党内监督，使广大党员更好了解和参与党内事务，动员组织人民群众贯彻落实好党的理论和路线方针政策，提高党的执政能力和领导水平，根据《中国共产党章程》，制定本条例。

第二条　本条例所称党务公开，是指党的组织将其实施党的领导活动、加强党的建设工作的有关事务，按规定在党内或者向党外公开。

第三条　本条例适用于党的中央组织、地方组织、基层组织，党的纪律检查机关、工作机关以及其他党的组织。

第四条　党务公开应当遵循以下原则：

（一）坚持正确方向。坚持维护以习近平同志为核心的党中央权威和集中统一领导，认真贯彻落实习近平新时代中国特色社会主义思想，牢固树立“四个意识”，坚定“四个自信”，把党务公开放到新时代中国特色社会主义的伟大实践中来谋划和推进，把坚持和完善党的领导要求贯彻到党务公开的全过程和各方面。

（二）坚持发扬民主。保障党员民主权利，落实党员知情权、参与权、选举权、监督权，更好调动全党积极性、主动性、创造性，及时回应党员和群众关切，以公开促落实、促监督、促改进。

（三）坚持积极稳妥。注重党务公开与政务公开等的衔接联动，统筹各层级、各领域党务公开工作，一般先党内后党外，分类实施，务求实效。

（四）坚持依规依法。尊崇党章，依规治党，依法办事，科学规范党务公开的内容、范围、程序和方式，增强严肃性、公信度，不断提升党务公开工作制度化、规范化水平。

第五条　建立健全党中央统一领导，地方党委分级负责，各部门各单位各负其责的党务公开工作领导体制。

中央办公厅承担党中央党务公开的具体工作，负责统筹协调和督促指导整个党务公开工作。地方党委办公厅（室）承担本级党委党务公开的具体工作，负责统筹协调和督促指导本地区的党务公开工作。各地区各部门应当加强党务公开工作机构和人员队伍建设。

第六条　党的组织应当根据所承担的职责任务，建立健全党务公开的保密审查、风险评估、信息发布、政策解读、舆论引导、舆情分析、应急处置等工作机制。

第二章　公开的内容和范围

……

第三章　公开的程序和方式

……

第四章　监督与追责

第二十条　党的组织应当将党务公开工作情况纳入向上一级组织报告工作或者抓党建工作专题报告的重要内容。

第二十一条　党的组织应当将党务公开工作情况作为履行全面从严治党政治责任的重要内容，对下级组织及其主要负责人进行考核。

党的组织应当每年向有关党员和群众通报党务公开情况，并纳入党员民主评议范围，主动听取群众意见。

第二十二条 党的组织应当建立健全党务公开工作督查机制，开展经常性检查和专项督查，专项督查可以与党风廉政建设责任制检查考核、党建工作考核等相结合。督查情况应当在适当范围通报。

第二十三条 对违反本条例规定并造成不良后果的，应当依规依纪追究有关党的组织、党员领导干部和工作人员的责任。

第五章 附 则

第二十四条 中央军事委员会可以根据本条例，制定有关党务公开规定。

第二十五条 中央纪律检查委员会、中央各部门，各省、自治区、直辖市党委应当根据本条例制定实施细则。

第二十六条 本条例由中央办公厅会同中央组织部解释。

第二十七条 本条例自2017年12月20日起施行。

【讲析】

习近平总书记在党的十九大报告中指出，要加强对权力运行的制约和监督，让人民监督权力，让权力在阳光下运行。党章规定，党的各级组织要按规定实行党务公开，使党员对党内事务有更多的了解和参与。推进党务公开是我们党“四个自信”的重要体现，有利于加强党的集中统一领导，旗帜鲜明宣示党的意志和主张；有利于积极推进党内民主，人人参与党的建设；有利于更好地宣传贯彻党的理论和路线方针政策，动员组织人民群众形成最大的同心圆和凝聚力。制定出台《中国共产党党务公开条例（试行）》（以下简称《党务公开条例》）是贯彻落实党的十九大精神的重大举措，对于推进全面从严治党，畅通党员参与党内事务、监督党的组织和干部、向上级党组织提出意见和建议的渠道，充分调动全党积极性、主动性、创造性，不断增强党自我净化、自我完善、自我革新、自我提高能力具有重要意义。

《党务公开条例》的标题由事由（中国共产党党务公开）与文种（条例）组成。正文采用的是“章条款式”的结构。这种结构的全文由并列的5章27条组成，条下设款；章、条的序号是统一排列，款的序号在条内单独编制。全文分作“总—分—附”三则，第一章为“总”，即讲明制定《党务公开条例》的目的、依据、适用范围、党务公开的原则以及领导机制和工作机制；第二章至第四章为分则，分别就施行党务公开的工作内容和范围、程序和方式、监督与追责等事宜作出了明确具体的规定，条条紧扣，严谨缜密。第五章为“附则”，用来宣布《党务公开条例》的解释权、实效及其他未尽事宜。

由于《党务公开条例》是内部行文，由中共中央行文给各地区各部门，所以使用的是“通知”，即《中共中央关于印发〈中国共产党党务公开条例〉的通知》。由于《党务公开条例》是法规性文件，印发时标题中使用了书名号。

（二）范文赏析

【范文】

中国共产党党内关怀帮扶办法

第一章　总　则

第一条　为了深入贯彻习近平新时代中国特色社会主义思想，建立健全党内关怀帮扶长效机制，进一步增强广大党员荣誉感、归属感、使命感，调动全党积极性、主动性、创造性，根据《中国共产党章程》和党内有关规定，制定本办法。

……

第三条　开展党内关怀帮扶，应当注重政治上激励、工作上支持、待遇上保障、心理上关怀。遵循以下原则：

（一）坚持尊重党员主体地位，突出政治关怀，始终信任、依靠和爱护党员，让党员在履行义务、行使权利中既有付出又感到温暖；

（二）坚持精神激励、人文关怀与物质帮扶相结合，突出重点对象，突出基层一线，真心实意关爱，为党员排忧解难；

（三）坚持从实际出发，量力而行、尽力而为，务求实效。

第二章　政治思想和工作关怀

第四条　……

党组织应当严格党内政治生活，加强日常管理监督……

……

第七条　在培养发展入党和党员转接组织关系、获得功勋荣誉表彰时，党组织应当派人与其谈心谈话……党组织应当及时谈话提醒，进行教育帮助。

……

第八条　对于犯过错误、受到处理或者处分的党员，党组织应当主动关心、加强教育……

第九条　党组织应当合理安排党员参加入职、岗位、晋联等培训，鼓励支持党员参加成人教育、函授教育、网络教育等继续教育，积极为党员职业发展创造良好条件。

第十条　党组织应当关心关怀党员身心健康状况……

第十一条　党员临终前，党组织应当派人或者采取适当方式探望抚慰。党员去世后，派人或者采取适当方式吊唁并慰问其亲属。

第三章　重点对象关怀帮扶

第十二条　党组织应当主动关心关爱因公殉职、牺牲党员的家庭……

第十三条　党组织应当敬重关爱老党员……

第十四条　党组织应当主动了解掌握生活困难党员情况……

……

第四章　组织领导

第十六条　各级党委（党组）应当高度重视党内关怀帮扶工作，将其列入基层党建述职评议考核重要内容。党委（党组）书记履行第一责任人职责，分管领导履行具体责任人职责。党委组织部门统筹协调党内关怀帮扶工作，教育、民政、财政、人力资源社会保障、卫生健康、退役军人事务、应急管理、工会、共青团、妇联、残联、红十字会等部门单位密切配合，做好相关工作。

第十七条　党内关怀帮扶工作所需的教育培训、走访慰问、补贴补助、表彰奖励、优抚优待等经费，应当按照有关政策规定予以保障；中央管理党费和各级党委留存党费每年拿出一定额度作为补充。

……

第五章　附　则

……

第二十二条　本办法自2019年2月2日起施行。

【赏析】

短小精悍　璀璨夺目

——《中国共产党党内关怀帮扶办法》赏析

中共中央办公厅2019年2月2日印发《中国共产党党内关怀帮扶办法》(以下简称《办法》)，不仅意义重大，事关进一步增强广大党员荣誉感归属感使命感，调动全党积极性主动性创造性，表达了对注重党内关怀帮扶这一我们党的政治优势和优良传统的继承与发展，而且在写作上，也为我们如何写好法规性文件提供了一个范例。

一是短小精悍。如此事关党内关怀帮扶工作的一部党内法规，竟然只用了3000多字，堪称“短小精悍”的典范。看看目前有些文件，不要说是法规性文件（因为这类文件一般都比较长），就是一篇意见、一份通知、一篇情况报告，动不动就是几千字乃至近万字。而这部“法”仅3000多字，堪称近些年来精短公文文章中光焰夺目的一颗明珠。

二是逻辑严密。《办法》在结构上采用的是“条项贯通”的写法，全文由并列的22条组成。第一章“总则”，是目的、依据、目标和原则，其表述是通过以“为了”作句首的目的句来体现，如“为了深入贯彻习近平新时代中国特色社会主义思想，建立健全党内关怀帮扶长效机制，进一步增强广大党员荣誉感、归属感、使命感，调动全党积极性、主动性、创造性，根据《中国共产党章程》和党内有关规定，制定本办法”。第五章是“附则”，说明本法的实施细则、相关规定、解释权和实施时间。另外三章属于“分则”。从结构形式上看是五章并列，其内在仍然体现的是办法写作的“总—分—附”的原则。

三是言简意赅，刚劲有力。制定《办法》的依据是“建立健全党内关怀帮扶长效机制，进一步增强广大党员荣誉感、归属感、使命感，调动全党积极性、主动性、创造性”，由三个并列的短句组成，言简意明；交代制定这部办法的原则，是由三个“坚持”组成的排比句，铿锵有力。所以，这样一部党内法规，只写了3000多字，这不能不归功于撰写者在用语上的干练、文字上的简洁以及大量使用了修辞技巧。比如，第二、第三章，既对一般党员又对重点对象进行关怀帮扶，一系列“党组织应当……”作句首的排比句很有气势。第四章，在表述如何组织领导党内关怀帮扶工作时，先指明了各级党委（党组）、党委（党组）书记、党委组织部门的相关职责，相应的各种经费以及对党内关怀帮扶工作的督促检查表述起来势必很费文字，但在这里只写了200多字，简明干练。

十四、总结

总结是对以往工作进行回顾、检查、分析、研究，从中提炼出规律性的东西，用以指导今后工作的一个文种。

总结的主要特点是:（1）总结与计划是一前一后、相辅相成的一对文种。（2）总结不同于报告。总结是在情况综合的基础上，分析、概括、提炼、归纳出几个专门问题，也就是通常所说的经验和体会。总结对事实、情况的直接叙述只占少部分，而且是概括性的，较多使用的是议论和说明性文字。总结属于中性行文。

总结与计划是一前一后、相辅相成的一对文种。今年的总结是对去年计划的检验，因此，写总结时必须以去年的计划为前提，今年的总结势必又成为制订明年计划的基础。

（一）例文讲析

【例文】

住房和城乡建设部稽查办公室2011年工作总结

2011年，在部党组的正确领导及部相关司局的大力支持下，稽查办紧紧围绕部中心任务开展案件稽查和专项检查，全力推进保障性安居工程专项巡查，各项工作取得了积极进展。现总结如下：

一、认真做好案件稽查和专项检查工作

充分发挥案件稽查和专项检查工作的治本功能，在工作中注重协调配合，坚持举一反三，及时纠正和制止违法违规行为，净化市场环境……

二、全力推进保障性安居工程专项巡查工作

一是按照部统一部署，举全办之力做好14个省（自治区、直辖市和新疆生产建设兵团）保障性安居工程专项巡查工作，充分发挥队伍优势，先后派出包括城乡规划督察员和稽查特派员在内的76名巡查人员，共查看196个市县的8620个项目、382万套保障房。二是针对巡查地区和参与人员较多的情况，制定了《稽查办保障性安居工程专项巡查工作规程》，成立了由办领导牵头，各处处长负责，指定联络员协调联络的巡查小组，认真查看各地保障性安居工程开工、竣工及质量安全情况，及时总结各地经验、反映问题，完成好“促开工、保质量、抓管理”的任务。

三、深入推进城乡规划督察工作

充分发挥城乡规划督察事前事中监督和层级监督的制度优势，在工作中注重把握大局，紧扣城市总体规划实施、历史文化遗产保护和生态环境改善，严格落实“禁建区、限建区、适建区”，守住“绿线、蓝线、黄线、紫线”……

四、扎实做好住房公积金督察工作

……

五、深入开展治理商业贿赂工作

……

六、着力推动体制机制建设

……

七、继续抓好队伍建设

……

【讲析】

《住房和城乡建设部稽查办公室 2011 年工作总结》(以下简称《2011 年工作总结》) 表述清晰，内容精练，形式完善。

总结的开头一般概述基本情况，应以简明扼要的文字写明总结期限内的工作根据、总结目的、主要内容提示以及对工作成绩的评价等。它是总结的引言，便于把下面的内容引出来，只要很短的一段文字即可。例如,《2011 年工作总结》的开头，“2011 年，在部党组的正确领导及部相关司局的大力支持下，稽查办紧紧围绕部中心任务开展案件稽查和专项检查，全力推进保障性安居工程专项巡查，各项工作取得了积极进展。现总结如下”。

《2011 年工作总结》的主体部分主要讲了七个方面的内容:(1)认真做好案件稽查和专项检查工作;(2)全力推进保障性安居工程专项巡查工作;(3)深入推进城乡规划督察工作;(4)扎实做好住房公积金督察工作;(5)深入开展治理商业贿赂工作;(6)着力推动体制机制建设;(7)继续抓好队伍建设。采用横式结构，总结了过去一年的工作成绩和主要做法以及经验和教训、今后打算等，层次分明，条理清楚，内容鲜明集中。

(二)范文赏析

【范文】

三个月总结

(一九四六年十月一日)

(一)七月二十日中央对时局的指示上说:“我们是能够战胜蒋介石的。全党对此应当有充分的信心。”七、八、九三个月的作战，业已证明此项断语是正确的。

(二)除了政治上经济上的基本矛盾，蒋介石无法克服，为我必胜蒋必败的基本原因之外，在军事上，蒋军战线太广与其兵力不足之间，业已发生了尖锐的矛盾。此种矛盾，必然要成为我胜蒋败的直接原因。

(三)……

(四)……

(五)……

(六)今后一个时期内的任务，是再歼灭敌军约二十五个旅。这个任务完成了，即可能停止蒋军的进攻，并可能部分地收复失地。可以预计，在歼灭第二个二十五个旅这一任务完成的时候，我军必能夺取战略上的主动，由防御转入进攻。那时的任务，是歼灭敌军第三个二十五个旅。果能如此，就可以收得大部至全部失地，并可以扩大解放区。那时国共军力对比，必起重大变化。欲达此目的，必须在今后三个月内外，继续过去三个月歼敌二十五个旅的伟大成绩，再歼敌二十五个旅左右。这是改变敌我形势的关键。

（七）过去三个月内，我们损失淮阴、菏泽、承德、集宁等几十个中小城市。其中多数是不可避免地要放弃和应当主动地暂时放弃的；一部分是仗打得不好被迫放弃的。不管怎样，只要今后仗打得好，失地即可收复。今后还可能有一部分地方，在不得已时被敌占去，但是将来均可收复。各地应检讨过去作战经验，吸取教训，避免重犯错误。

（八）过去三个月内，我中原解放军以无比毅力克服艰难困苦，除一部已转入老解放区外，主力在陕西、鄂西两区，创造了两个游击根据地。此外，在鄂东和鄂中均有部队坚持游击战争，这些都极大地援助了和正在继续援助着老解放区的作战，并将对今后长期战争起更大的作用。

（九）过去三个月战争……

（十）集中优势兵力，各个歼灭敌人，是过去三个月歼敌二十五个旅时所采用的唯一的正确作战方法……

（十一）过去三个月内，我军不但歼灭敌正规军二十五个旅，又歼灭伪军、保安队、交通警察部队等反动军队为数不少，这也是一个大成绩。今后仍应大量地歼灭此类军队。

（十二）过去三个月经验证明……今后必须有计划地扩兵，保证主力军经常满员，并大量训练军事干部。必须有计划地发展生产和整理财政，遵照发展经济，保障供给，统一领导，分散经营，军民兼顾，公私兼顾等项原则，坚决地实施之。

（十三）三个月经验证明……今后各区必须利用作战间隙，加强军事训练。一切军队必须加强政治工作。

（十四）三个月经验证明……各地必须在今后几个月内，不论战争如何忙，坚决地领导农民群众解决土地问题，并在土地改革基础上布置明年的大规模的生产工作。

（十五）三个月经验证明……今后必须加强党的领导，在暂时被敌占领地区，发展地方武装，坚持游击战争，保护群众利益，打击反动派活动。

（十六）……

（十七）国民党反动派，在美国指使下，破坏今年一月的停战协定和政协决议，决心发动内战，企图消灭人民民主力量。他们的一切花言巧语都是骗人的，我们必须揭穿美蒋的一切阴谋。

（十八）三个月以来，国民党区最广大阶层的人民，包括民族资产阶级在内，对于国民党和美国政府相互勾结，发动内战，压迫人民这一种情况的认识，很快地提高了。关于马歇尔调解是骗局、国民党是内战祸首这些真理，明白的人已日益增多。广大群众在对美国和国民党失望之余，转而寄希望于我党的胜利。这是极有利的国内政治形势。美国帝国主义的反动政策，已引起各国广大人民日益不满。各国人民的觉悟程度日益提高。一切资本主义国家的人民民主斗争日益高涨，各国共产党力量有很大的发展，反动派想要压服它们是不可能的。苏联的国力及其在各国人民中的威信日益高涨。美国反动派和被美国反动派所扶助的各国反动派，必然日益陷于孤立。这些就是极有利的国际政治形势。凡此国内国际形势，都比第一次世界大战以后时期，大不相同。第二次世界大战以后的革命力量是极大地发展了。不管中外反动派如何猖獗（这种猖獗是历史必然性，毫不足奇），我们是能够战胜他们的。各地领导同志，应当向党内一部分同志，即对于国内国际有利形势认识不足，因而对于斗争前途怀抱悲观情绪的人们，作充分的解释。必须明白，敌人还有力量，我们自己也还有弱点，斗争的性质依然是长期的、残酷的。但是我们一定能够胜利。此项认识和信心，必须在全党巩固地建立起来。

（十九）今后数月是一个重要而困难的时期，必须实行全党紧张的动员和精心设计的作战，从根本上转变军事形势。各地必须依照上述各项方针坚决实施，力争军事形势的根本转变。

（原载《毛泽东选集》第四卷，人民出版社 1991 年版）

【赏析】

要用科学的方法撰写工作总结

——毛泽东《三个月总结》谋篇技法赏析

毛泽东同志写于 1946 年 10 月 1 日的《三个月总结》，全面深刻地总结了 1946 年 7 月全国大规模内战爆发以来三个月战争的基本情况和一系列极其宝贵的经验教训，进而提出了今后一个时期的作战任务及为实现任务而应采取的正确战略战术和作战方针。

《三个月总结》（以下简称《总结》）在结构上的一个显著特点，是跳出了“三大块”（“情况概述”—“经验体会”—“问题及下步意见”）的机械模式，即不是将情况归情况、做法归做法、经验归经验、问题归问题、意见归意见各自分割独立的形态，而是把情况、做法、经验、体会、问题，战略、战术、方针、任务、相关事项等糅在一起，通过综合、分析、归纳，按照各自独立且又相互有机联系的原则，分条列项，逐一加以表述，从而构成一个多层次、多角度的网络式的立体性的结构系统，以生动活泼、新鲜有力的结构形态展现于我们的面前。

第一条是全文的开头，开宗明义地表述了这样一个基本观点：“我们是能够战胜蒋介石的。全党对此应当有充分的信心。”这是贯穿始终统率全文的一条意脉。它既是三个月同蒋介石作战的高度概括总结，又是今后数月作战的基本要求，是《总结》的“纲”。最后一段第十九条是“兜底”，即“结束语”，要求“实行全党紧张的动员和精心设计的作战，从根本上转变军事形势。各地必须依照上述各项方针坚决实施，力争军事形势的根本转变”。显然，这与第一条是相互照应的，开头显旨、末尾总括、头尾呼应、善始善终。还应一提的是，这一头一尾总共只有130个字，简明扼要、言简意赅，既不“穿靴”，又不“戴帽”，直切主题、干脆利落，是我们学习写好总结的榜样与典范。

第二至十八条，是《总结》的内容。这十七条是由三个大的层次组成的：

第二至六条为第一部分，是总结三个月的战绩，从作战歼灭敌正规军25个旅入手，分析了蒋军战线太广与兵力不足之间的尖锐矛盾，从而得出“我军能够战胜蒋介石”的正确结论；然后顺势提出“今后一个时期的任务，是再歼敌军约二十五个旅”。这里是边总结叙述、边议论分析、边说明任务，把实践、认识以及感性认识到理性认识的飞跃有机地统一在一起，体现了毛泽东同志的缜密思维和高超的军事指挥艺术。

第二部分是第七至十七条，作者从战略高度总结了我军三个月作战中的经验教训，特别是正确的作战方针及一些行之有效的作战方法。比如，过去三个月内“我中原解放军”，“主力在陕南、鄂西两区，创造了两个游击根据地……将对今后长期战争起更大的作用”，“吸引了蒋介石原拟调赴东北的几支有力部队于关内……对将来斗争也有重大的意义”，“集中优势兵力，各个歼灭敌人，是过去三个月歼敌二十五个旅时所采用的唯一的正确作战方法”，“我们损失淮阴、菏泽、承德、集宁等几十个中小城市……各地应检讨过去作战经验，吸取教训，避免重犯错误”等。特别是在第二大层次之下，每个条款又含有非常严密的两个小层次。作者使用“过去三个月内……”的句式，回顾已经发生过的情况或已经做过的事情，用“三个月经验证明……”的句式总结带有规律性的东西，用“今后必须……”“必须……”一类的句式提出今后应坚持的做法。从而，使每个条款都表现为先因后果、先务虚后务实、先讲道理后发指示、先说为什么要做后说做到什么样子这样一条立体的清晰的思维路子。

第三部分即第十八条和第十九条，作者站在宏观高度分析国际国内的政治形势，进而要求全党统一认识，树立必胜的信念。这是实现今后一个时期作战再歼敌正规军25个旅这一重大战略任务的思想保证。

三个层次，从总结战绩入手，分析形势，提出任务、明确方针、交代方法，最后落实到思想保证，一环套一环，一扣紧一扣，层层递进，逻辑严密。而且，在表述方法上，边叙述边说明，叙中有议、议中有说、有理有据、理据结合，从而把多方面的问题、多类型的矛盾、多层次的内容有机地组合在一起。这是毛泽东同志的雄才伟略在公文写作中的展现。

我们应从中吸收丰富的营养，把我们的工作总结写得更有科学性。

十五、调查报告

调查报告是机关、企事业单位常用的一个文种。它是就某一事件、某一情况或问题进行深入细致的实地调查后，经过科学的归纳整理和分析研究所写成的书面报告。通过此种文书，我们能够进一步总结经验，树立典型，向领导反映真实情况、问题及事物的发展规律，反映群众的意见和建议，为指导当前的工作服务。只有大量、深入地进行调查研究并据以形成书面报告，才能使工作做到有的放矢。

从实际使用情况来看，调查报告有多种表现形态，常见的如“调查”“调查记”“调查汇报”以及“考察报告”等，均属调查报告。

调查报告不同于工作报告。工作报告是下级写给上级，用来反映贯彻执行上级决策实施进展情况的，它偏重于事实的陈述；调查报告则是上级领导机关或业务主管部门派人到所属单位或地区进行调查以后写成的，它所针对的是具有典型性的事情与具有一定普遍意义的问题，偏重于对客观情况的分析研究与理性提炼。

（一）例文讲析

【例文】

风筝都的崛起

——潍坊市全面贯彻党的基本路线的经验调查

中共中央办公厅调研室

党的十一届三中全会以来，一向不起眼的潍坊市迅速崛起。1989 年，该市跻身于全国国民生产总值超百亿元的 25 个城市之列，排行第 17 位，去年又以 10%的速度继续增长。今年初，全国农村工作会议在山东济南召开，安排参观的 16 个点有 12 个在潍坊。人们赞叹这里“发展快、变化大、经验实”。

潍坊市崛起的奥妙何在?

抓住经济建设这个中心，就能广泛赢得人心

潍坊市地处山东半岛中部，辖七县三区两市。860 多万人，其中农业人口 765 万。解放

30 年，潍坊市有发展、有变化，但人民的温饱问题尚未根本解决。要充分发挥社会主义制度的优越性，就必须全面贯彻执行党的基本路线，千方百计地把经济搞上去，这是共产党员的党性在现阶段的集中体现。牢牢抓住这个中心，就能凝聚民心。全党工作重点转移后，潍坊市始终抓住经济工作不放松。

上面千条线，下面一针穿……

潍坊市在抓经济工作中，不仅有明确的发展战略和指导方针，而且一以贯之，坚持始终……

市县两级的党委、人大、政府、政协、纪委领导班子，对发展经济，拧成一股绳，共唱一台戏……

为增强经济发展后劲，潍坊市委、市政府对基础建设十分重视……

生产力发展出题目，深化改革做文章

潍坊市的改革开放有一股后来居上的气势。其基本经验是：“生产力发展出题目，深化改革做文章，生产力发展中遇到什么挡头就改什么。”

20 世纪 80 年代，潍坊市农村改革迈出的四大步，就是按照生产力发展的要求而逐步展开的……

坚持稳中求变，鼓励大胆探索，是潍坊经济既充满旺盛活力，又活而不乱的一个重要原因……

在潍坊市各显神通的城乡改革中，诸城市的贸工农一体化独树一帜……

在扩大对外开放方面，潍坊市更是独具匠心……

经济要腾飞，关键在科技

如果说改革开放给潍坊经济的发展开辟了广阔的道路，那么，科学技术的广泛应用则给潍坊经济的腾飞插上了强劲的翅膀。

在依靠科学技术方面，潍坊市有三个鲜明的特点……

科学技术之所以能够比较迅速地增长潍坊经济，收到巨大成效，首先是有一套完整的科学技术管理、推广应用、人员培训、资金投入和政策保障体系……

潍坊市十分重视提高广大干部和群众的科技素质……

政治优势发挥好了，就有估不透的力量

这十多年来，潍坊市的改革和建设，所以取得巨大成就，根本原因在于，他们十分重视加强和改善党的领导，始终抓住思想教育这个中心环节，不断坚定干部群众走建设有中国特色的社会主义道路的信心。用他们的话说：“政治优势发挥好了，就有估不透的力量。”

潍坊市委认为，加强党的领导，首要的问题就是要……

潍坊市委对以党支部为核心的基层组织始终不放松……

加强思想教育，坚定精神支柱，是潍坊市发挥政治优势的重要一环……

表彰先进，树立榜样，是潍坊市发挥政治优势的一项重要措施……

【讲析】

这是一篇介绍先进典型经验的调查报告，写得很有特色。标题采用正副标题模式，十分鲜明醒目，引人入胜，形象地反映出了“风筝都”——潍坊市在党的十一届三中全会以后城乡经济迅速发展的状态。这种正副标题结构模式是调查报告标题的拟制最常用、最典型的模式。文章的开头部分，是基本的情况概述，用简明扼要的文字，对潍坊市的经济增长速度及其在全国城市中的排名情况作出交代，先给读者一个总体认识，紧接着用一个设问句“潍坊市崛起的奥妙何在”引人深思、产生一种急欲一读方解疑窦的强烈愿望，有很好的表达效果。调查报告的主体部分，采用分列小标题形式，总共设有“抓住经济建设这个中心，就能广泛赢得人心”“生产力发展出题目，深化改革做文章”“经济要腾飞，关键在科技”“政治优势发挥好了，就有估不透的力量”四个小标题，分别从不同侧面、不同角度对潍坊市加快经济发展的做法和经验作出高度的概括与综合。这四个方面内容之间具有严密的逻辑关系，经济建设—生产力发展—科技应用—政治优势，构成一个完整的有机整体。正是通过这四个方面内容的阐述，使潍坊市这个先进典型在读者头脑中清晰地确立起来。

同时，在围绕四个小标题展开论述的过程中，注意运用了一系列数字和百分比，进一步增强了行文的说服力。要写好调查报告，必须在这方面下功夫，而要做到这一点，又必须以深入细致、扎实有效的调查研究活动为前提。值得注意的是，这篇调查报告在表述手法上充分采用了夹叙夹议的方式，在介绍每一做法和经验时，先是一段议论性文字，随即在撮要句的提领下转入具体的叙述。运用这种写法可使行文给人的印象深刻，事实清楚，条理分明，表达效果颇佳。此外，这篇调查报告在主体部分写完后，行文即告结束，没有专门的结尾，显得干净利落，意尽言止，也很值得借鉴。

（二）范文赏析

【范文】

湖南农民运动考察报告

（一九二七年三月）

农民问题的严重性

我这回到湖南，实地考察了湘潭、湘乡、衡山、醴陵、长沙五县的情况……所有各种反对农民运动的议论，都必须迅速矫正。革命当局对农民运动的各种错误处置，必须迅速变更。这样，才于革命前途有所补益。因为目前农民运动的兴起是一个极大的问题。很短的时间内，将有几万万农民从中国中部、南部和北部各省起来，其势如暴风骤雨，迅猛异常，无论什么大的力量都将压抑不住。他们将冲决一切束缚他们的罗网，朝着解放的路上迅跑。一切帝国主义、军阀、贪官污吏、土豪劣绅，都将被他们葬入坟墓。一切革命的党派，革命的同志，都将在他们面前受他们的检验而决定弃取。站在他们的前头领导他们呢？还是站在他们的后头指手画脚地批评他们呢？还是站在他们的对面反对他们呢？每个中国人对于这三项都有选择的自由，不过时局将强迫你迅速地选择罢了。

组织起来

……

打倒土豪劣绅，一切权力归农会

农民的主要攻击目标是土豪劣绅、不法地主，旁及各种宗法的思想和制度，城里的贪官污吏，乡村的恶劣习惯。这个攻击的形势，简直是急风暴雨，顺之者存，违之者灭。其结果，把几千年封建地主的特权，打得个落花流水……

“我出十块钱，请你们准我进农民协会。”小劣绅说。

“嘻！谁要你的臭钱！”农民这样回答。

好些中小地主、富农乃至中农，从前反对农会的，此刻求入农会不可得。我到各地，常常遇到这种人，这样向我求情：“请省里来的委员作保！”前清地方造丁口册，有正册、另册二种，好人入正册，匪盗等坏人入另册。现在有些地方的农民便拿了这事吓那些从前反对农会的人，“把他们入另册”。

那些人怕入另册，便多方设法求入农会，一心要想把他们的名字写上那农会的册子才放心。但他们往往遭农会严厉拒绝，所以他们总是悬心吊胆地过日子；摈在农会门外，好像无家可归的样子，乡里话叫做“打零”。总之，四个月前被一般人看不起的所谓“农民会”，现在却变成顶荣耀的东西。从前拜倒在绅士权力下面的人，现在却拜倒在农民权力之下。无论什么人，都承认去年十月以前和十月以后是两个世界。

“糟得很”和“好得很”

……“糟得很”，明明是站在地主利益方面打击农民起来的理论，明明是地主阶级企图保存封建旧秩序，阻碍建设民主新秩序的理论，明明是反革命的理论。每个革命的同志，都不应该跟着瞎说。你若是一个确定了革命观点的人，而且是跑到乡村里去看过一遍的，你必定觉到一种从来未有的痛快。无数万成群的奴隶——农民，在那里打翻他们的吃人的仇敌。农民的举动，完全是对的，他们的举动好得很！“好得很”是农民及其他革命派的理论。一切革命同志须知：国民革命需要一个大的农村变动。辛亥革命没有这个变动，所以失败了。现在有了这个变动，乃是革命完成的重要因素。一切革命同志都要拥护这个变动，否则他就站到反革命立场上去了。

所谓“过分”的问题

……革命不是请客吃饭，不是做文章，不是绘画绣花，不能那样雅致，那样从容不迫，文质彬彬，那样温良恭俭让。革命是暴动，是一个阶级推翻一个阶级的暴烈的行动。农村革命是农民阶级推翻封建地主阶级的权力的革命。农民若不用极大的力量，决不能推翻几千年根深蒂固的地主权力。农村中须有一个大的革命热潮，才能鼓动成千成万的群众，形成一个大的力量……必须建立农民的绝对权力。必须不准人恶意地批评农会。必须把一切绅权都打倒，把绅士打在地下，甚至用脚踏上……

所谓“痞子运动”

……

革命先锋

对于一件事或一种人，有相反的两种看法，便出来相反的两种议论。“糟得很”和“好得很”，“痞子”和“革命先锋”，都是适例。

前面说了农民成就了多年未曾成就的革命事业，农民做了国民革命的重要工作，但是这种革命大业，革命重要工作，是不是农民全体做的呢？不是的。农民中有富农、中农、贫农三种。三种状况不同，对于革命的观感也各别。当第一时期，富农耳里听得的是所谓的江西一败如水，蒋介石打伤了脚，坐飞机回广东了。吴佩孚重新占了岳州。农民协会必定立不久，三民主义也不兴起，因为这是所谓从来没有的东西。乡农民协会的办事人（多属所谓“痞子”之类），拿了农会的册子，跨进富农的大门，对富农说：“请你进农民协会。”富农怎样回答呢？“农民协会吗？我在这里住了几十年、种了几十年田，没有见过什么农民协会，也吃饭。我劝你们不办的好！”富农中态度好点的这样说。“什么农民协会，砍脑壳会，莫害人！”富农中态度恶劣的这样说。新奇得很，农民协会居然成立了好几个月，而且敢于反对绅士。邻近的绅士因为不肯缴鸦片枪，被农民协会捉了去游乡。县城里并且杀了大绅士，例如湘潭的晏容秋，宁乡的杨致泽。十月革命纪念大会，反英大会，北伐胜利总庆祝，每乡都有上万的农民举起大小旗帜，杂以扁担锄头，浩浩荡荡，出队示威。这时，富农才开始惶惑起来。在北伐胜利总庆祝中，他们听见说，九江也打开了，蒋介石没有伤脚，吴佩孚究竟打败了。而且“三民主义万岁”，“农民协会万岁”，“农民万岁”等等，明明都写在“红绿告示”（标语）上面。“农民万岁，这些人也算作万岁吗？”富农表示很大惶惑。农会于是神气十足了。农会的人对富农说：“把你们入另册！”或者说：“再过一个月，入会的每人会费十块钱！”在这样的形势之下，富农才慢慢地进了农会，有些是缴过五角钱或一块钱（本来只要一百钱）入会费的，有些是托人说情才邀了农会允许的。亦有好些顽固党，至今还没有入农会。富农入会，多把他那家里一个六七十岁的老头子到农会去上一个名字，因为他们始终怕“抽丁”。入会后，也并不热心替农会做事。他们的态度始终是消极的。

中农呢？他们的态度是游移的。他们想到革命对他们没有什么大的好处。他们锅里有米煮，没有人半夜里敲门来讨账。他们也根据从来有没有的道理，独自皱着眉头在那里想：“农民协会果然立得起来吗？”“三民主义果然兴得起来吗？”他们的结论是：“怕未必！”他们以为这全决于天意：“办农民会，晓得天意顺不顺咧？”在第一时期内，农会的人拿了册子，进了中农的门，对着中农说道：“请你加入农民协会！”中农回答道：“莫性急啦！”一直到第二时期，农会势力大盛，中农方加入农会。他们在农会的表现比富农好，但暂时还不甚积极，他们还要看一看。农会争取中农入会，向他们多作解释工作，是完全必要的。

乡村中一向苦战奋斗的主要力量是贫农……他们最听共产党的领导。他们和土豪劣绅是死对头，他们毫不迟疑地向土豪劣绅营垒进攻……这个贫农大群众，合共占乡村人口百分之七十，乃是农民协会的中坚，打倒封建势力的先锋，成就那多年未曾成就的革命大业的元勋……这个贫农领导，是非常之需要的。没有贫农，便没有革命。若否认他们，便是否认革命。若打击他们，便是打击革命……

十四件大事

一般指摘农会的人说农会做了许多坏事。我在前面已经指出，农民打土豪劣绅这件事完全是革命行为，并没有什么可指摘。但是农民所做的事很多，为了答复人们的指摘，我们须得把农民所有的行动过细检查一遍，逐一来看他们的所作所为究竟是怎么样。我把几个月来农民的行动分类总计起来，农民在农民协会领导之下总共作了十四件大事，如下所记：

第一件　将农民组织在农会里

……

第二件　政治上打击地主

……

第三件　经济上打击地主

……

第四件　推翻土豪劣绅的封建统治
——打倒都团

……

第五件　推翻地主武装，建立农民武装

……

第六件　推翻县官老爷衙门差役的政权

……

第七件　推翻祠堂族长的族权和城隍土地菩萨的神权以至丈夫的男权

……

第八件　普及政治宣传

……

孙中山先生的那篇遗嘱，乡下农民也有些晓得念了。他们从那篇遗嘱里取出了“自由”、“平等”、“三民主义”、“不平等条约”这些名词，颇生硬地应用在他们的生活上。一个绅士模样的人在路上碰到了一个农民，那绅士摆格不肯让路，那农民便愤然说：“土豪劣绅！晓得三民主义吗？”长沙近郊菜园农民进城卖菜，老被警察欺负。现在，农民可找到武器了，这武器就是三民主义。当警察打骂卖菜农民时，农民便立即抬出三民主义相抵制，警察没有话说。湘潭一个区的农民协会，为了一件事和一个乡农民协会不和，那乡农民协会的委员长便宣言：“反对区农民协会的不平等条约！”

……

第九件　农民诸禁

共产党领导农会在乡下树立了威权，农民便把他们所不喜欢的事禁止或限制起来。最禁得严的便是牌、赌、鸦片这三件。

牌：农会势盛地方，麻雀、骨牌、纸叶子，一概禁绝。

湘乡十四都地方一个区农会，曾烧了一担麻雀牌。

跑到乡间去，什么牌都没有打，犯禁的即刻处罚，一点客气也没有。

赌：从前的“赌痞”，现在自己在那里禁赌了，农会势盛地方，和牌一样弊绝风清。

鸦片：禁得非常之严。农会下命令缴烟枪，不敢稍违抗不缴。醴陵一个劣绅不缴烟枪，

被捉去游乡。

……

第十件 清匪

从禹汤文武起吧，一直到清朝皇帝，民国总统，我想没有哪一个朝代的统治者有现在农民协会这样肃清盗匪的威力。什么盗匪，在农会势盛地方，连影子都不见了。巧得很，许多地方，连偷小菜的小偷都没有了。有些地方，还有小偷。至于土匪，则我所走过的各县全然绝了迹，哪怕从前是出土匪很多的地方。原因：一是农会会员漫山遍野，梭镖短棍一呼百应，土匪无处藏踪。二是农民运动起后，谷子价廉，去春每担六元的，去冬只二元，民食问题不如从前那样严重。三是会党加入了农会，在农会里公开地合法地逞英雄，吐怨气，“山、堂、香、水”的秘密组织，没有存在的必要了。杀猪宰羊，重捐重罚，对压迫他们的土豪劣绅阶级出气也出够了。四是各军大招兵，“不逞之徒”去了许多。因此，农运一起，匪患告绝。对于这一点，绅富方面也同情于农会。他们议论是：“农民协会吗？讲良心话，也有一点点好处。”

对于禁牌、赌、鸦片和清匪，农民协会是博得一般人的同情的。

第十一件 废苛捐

……

第十二件 文化运动

……

第十三件 合作社运动

合作社，特别是消费、贩卖、信用三种合作社，确是农民所需要的。他们买进货物要受商人剥削，卖出农产品要受商人的勒抑，钱米借贷要受重利盘剥者的剥削，他们很迫切地要解决这三个问题。去年长江打仗，商旅路断，湖南盐贵，农民为盐的需要组织合作社的很多。地主“卡借”，农民因借钱而企图组织“借贷所”的，亦所在多有。大问题，就是详细的正规的组织法没有。各地农民自动组织的，往往不合合作社的原则，因此做农民工作的同志，总是殷勤地问“章程”。假如有适当的指导，合作社运动可以随农会的发展而发展到各地。

第十四件 修道路，修塘坝

这也是农会的一件功绩。没有农会以前，乡村的道路非常之坏。无钱不能修路，有钱的人不肯拿出来，只好让它坏。略有修理，也当作慈善事业，从那些“肯积阴功”的人家化募几个，修出些又狭又薄的路。农会起来了，把命令发出去，三尺、五尺、七尺、一丈，按照路径所宜，分等定出宽狭，勒令沿路地主，各修一段。号令一出，谁敢不依？不久时间，许多好走的路都出来了。这却并非慈善事业，乃是出于强迫，但是这一点子强迫实在强迫得还可以……

总上十四件事，都是农民在农会领导之下做出来的，就其基本的精神说来，就其革命意义说来，请读者想一想，哪一件不好？说这些事不好的，我想，只有土豪劣绅们吧！很奇怪，南昌方面传来消息，说蒋介石、张静江诸位先生的意见，颇不以湖南农民的举动为然。湖南的右派领袖刘岳峙辈，与蒋、张诸公一个意见，都说："这简直是赤化了！"我想，这一点子赤化若没有时，还成个什么国民革命！嘴里天天说"唤起民众"，民众起来了又害怕得要死，这和叶公好龙有什么两样！

【赏析】

鲜明　准确　生动

——《湖南农民运动考察报告》赏析

毛泽东同志的《湖南农民运动考察报告》（以下简称《考察报告》），是一篇具有准确性、鲜明性、生动性的调查力作和精湛名篇。今天重读这篇巨著仍被那爱憎分明的鲜明性、逻辑严密的准确性、精彩纷呈的生动性所深深感染和打动。

1. 鲜明——爱憎分明、主题突出

大革命时期，党内以陈独秀为首的右倾机会主义者，不愿意接受毛泽东同志的正确意见，坚持自己的错误见解。他们慑于国民党掀起的反动潮流，而不敢支持已经起来和正在起来的伟大农民革命斗争。为了迁就国民党，使工人阶级和共产党处于孤立无援的地位，并对农民运动进行种种责难。为此，毛泽东同志到湖南的湘潭、湘乡、衡山、醴陵、长沙五县，深入到广大群众中去，对农民运动进行了长达32天的实地考察，以大量生动的事实和精辟的论证，驳斥了党内右倾机会主义分子和社会上的反动阶级的无耻谰言，热情地支持和歌颂了伟大的农民革命运动，褒贬态度分明，是非界限清楚，爱憎之情溢于言表："所有各种反对农民运动的议论，都必须迅速矫正。革命当局对农民运动的各种错误处置，必须迅速变更。这样，才于革命前途有所补益。因为目前农民运动的兴起是一个极大的问题。很短的时间内，将有几万万农民从中国中部、南部和北部各省起来，其势如暴风骤雨，迅猛异常，无论什么大的力量都将压抑不住。他们将冲决一切束缚他们的罗网，朝着解放的路上迅跑。一切帝国主义、军阀、贪官污吏、土豪劣绅，都将被他们葬入坟墓。"这段由比喻、排比、成语等构成的开头语，以高屋建瓴之势，满怀激情地赞颂了刚刚兴起的农民革命运动。同时，对压在农民头上称王称霸、作威作福的各种恶势力进行了鞭笞，坚定地站在了人民的一边。

《考察报告》的鲜明性还表现在它的主题鲜明集中，明白显露。在此文的开端，毛泽东同志以极大的革命热情赞颂了农民革命运动的威力之后，一针见血地指出：“一切革命的党派、革命的同志，都将在他们面前受他们的检验而决定弃取。站在他们的前头领导他们呢？还是站在他们的后头指手画脚地批评他们呢？还是站在他们的对面反对他们呢？每个中国人对于这三项都有选择的自由，不过时局将强迫你迅速地选择罢了。”这段话集中显示了作者的写作目的与《考察报告》的中心意旨，而且置于开端，以期开宗明义，唤起阅者对“农民问题的严重性”的关注。

在上述开头“农民问题的严重性”这个总论点的统率下，于主体的第一部分，即第二至六节，又分别设置了“组织起来”“打倒土豪劣绅，一切权力归农会”、“糟得很”和“好得很”、“所谓过分”的问题、“所谓痞子运动”、“革命先锋”等分论点，使《考察报告》的主旨更加鲜明突出。在这五节文字中，作者不仅盛赞农民革命运动是“急风暴雨，顺之者存，违之者灭”，“四个月前被一般人看不起的所谓‘农民会’，现在却变成荣耀的东西。从前拜倒在绅士权力下面的人，现在却拜倒在农民权力之下”，是“历史使命，乃是乡村的民主势力起来打翻乡村的封建势力”，“无数万成群的奴隶——农民，在那里打翻他们的吃人的仇敌。农民的举动，完全是对的，他们的举动好得很”！而且鲜明地提出，“一切革命同志都要拥护这个变动，否则他就站在反革命立场上去了”，“革命不是请客吃饭，不是做文章，不能绘画绣花，不能那样雅致，那样从容不迫，文质彬彬，那样温良恭俭让。革命是暴动，是一个阶级推翻一个阶级的暴烈的行动”，“必须把一切绅权打倒，把绅士打在地下，甚至用脚踏上”等具体的论点。这些具体论点，与开端的总论点一脉相承，起到了纲举目张、众星托月之势。

2. 准确——材料翔实，逻辑严密

毛泽东同志在《工作方法六十条（草案）》中强调：“作经济工作的同志在起草文件的时候，不仅要注意准确性，还要注意鲜明性和生动性。不要以为这只是语言老师的事情，大老爷用不着去管。重要的文件不要委托二把手、三把手写，要自己动手写，或者合作起来做。”可见，毛泽东同志极其注重公文写作的准确性问题，把它放在首要位置。这份《考察报告》，在坚持准确性的文风方面堪称典范。

《考察报告》的准确性首先表现为策见的准确。所谓策见的准确，系指对复杂的事物要通过实际调查，作出彻头彻尾、彻里彻外的分析，提出精辟的见解，以制定出正确的方针政策。例如，在“革命先锋”一节里，毛泽东同志在掌握大量事实的基础上，对“这种革命大业，革命重要工作，是不是农民全体做的呢”这个问题进行了极其透彻的剖析。他指出富农的“态度始终是消极的”；中农在第一时期内，对加入农会表示：“莫性急啦！”一直到第二时期，“中农方加入农会”，“他们在农会的表现比富农好，但暂时还不甚积极”，故而明确指出“多作解释工作，是完全必要的”；“乡村中一向苦战奋斗的主要力量是贫农”。他认为，“他们最听共产党的领导。他们和土豪劣绅是死对头，他们毫不迟疑地向土豪劣绅营垒进攻”，热情地称赞说：“这个贫农大家庭，总共占乡村人口百分之七十，乃是农民协会的中坚，打倒封建势力的先锋，成就那多年未曾成就的革命大业的元勋。”进而，以一位伟大的无产阶级革命家的锐利目光提出“这个贫农领导，是非常之需要的。没有贫农，便没有革命。若否认他们，便是否认革命。若打击他们，便是打击革命”这一伟大的政策主张。同时，由于作者大量使用了设问、排比的修辞手法，也使语言表达坚定有力、气势非凡。

事实准确是公文的生命。作者在“十四件大事”一节里，使用了大量的数字和具体事例，表述得都是那么翔实、朴素，如“全省七十五县中，三十七县有了组织，会员人数一百二十六万七千七百二十七人。此数中，约有一百万是去年十月、十一月两个农会势力大盛时期组织的，九月以前还不过是三四十万人……截至一月底止，会员人数至少满二百万”。在讲述第二件大事，讲到枪毙土豪劣绅的情况时，表述之细之准更是值得我们好好揣摩的。例如，“宁乡的杨致泽，岳阳的周嘉淦，华容的傅道南、孙伯助，是农民和各界人民督促政府枪毙的。湘潭的晏容秋，则是农民和各界人民强迫县长同意从监狱取出，由农民自己动手枪毙的。宁乡的刘昭，是农民直接打死的。醴陵的彭志蕃，益阳的周天爵、曹云，则正待‘审判土豪劣绅特别法庭’判罪处决”。仅从以上片段，足见作者在引据事实上是多么严格，多么确切，没有诸如“左右”“近一个时期”“大概”“差不多”“基本上”“可能”等词语。没有深入细致的调查研究，没有严谨求实的工作作风，能做到这样吗？

毛泽东同志说：“写文章要讲逻辑。就是要注意整篇文章、整篇论说的结构，开头、中间、尾巴之间要有一种关系，要有一种内部的联系，不要互相冲突。”《考察报告》在逻辑性问题上可以说是既准确又严密，具有极强的论证性。《考察报告》采用横式结构，将全文划分为八节。如前所述，第一节“农民问题的严重性”是开头，简要地介绍了调查对象的基本情况，提出了调查的主要问题、结论和作者的观点，做到开宗明义，主题显露，这是全文的“纲要”。最末一段文字，是尾巴，对十四件大事进行总结，明确提出：“请读者们想一想，哪一件不好？”然后肯定地加以结论：“说这些事不好的，我想，只有土豪劣绅们吧！”同时，引用“叶公好龙”作比喻，揭露蒋介石等的假革命嘴脸，显然这不是一个可有可无的“结尾”，而是总括收束、画龙点睛，又与开头一呼一应、一张一弛、一放一收、善始善终。

在第一节即全文开头的统率下，第二、三两节为一个独立的层次，也可看作主体的第一部分，是叙述湖南农民运动发生、发展及壮大的过程。在叙述的基础上，就当时党内外出现的对农民运动的种种责难，有针对性地进行了分析和批判，分列为“糟得很”和“好得很”、所谓“过分”的问题、所谓“痞子运动”、革命先锋等四节，这是《考察报告》的第二部分。在这个部分里，肯定了农民运动“好得很”，指出对敌专政的必要性，并精辟地分析了农村阶级状态，赞颂了农民革命的先锋作用。这部分作者是通过大量的说理议论来展现自己的观点。为了用客观事实证明自己观点的不可辩驳性，作者又写了第三部分——“十四件大事”。

综观上述两段文字，开头为“观点”，主体先是叙述情况，在情况的基础上，通过议论展开说理，申明是非、批判错误，然后再以事实对前边的说理提供论据；最后，用夹喻夹议结束全文。如此布局，问题明确，纲举目张，环环相扣，层层相连，以理论事、以事证理，显示出一种极强的内在逻辑力量。

3. 生动——技巧灵活，语言活泼

《考察报告》的表达方式既全面又灵活。叙述有之、议论有之，更有说明，而且夹叙夹议、叙中有议、议中有说。同时，还兼用描写、抒情，灵活多样，给人以赏心悦目的美感，并激起读者喜、怒、哀、乐的感情，使其从中受到深刻教育。

从整个篇章看，主体的一、三部分是以叙述为主兼有议说，第二部分是从议论入笔夹以叙述，融叙、议、说为一体。以第三节最后一段文字为例，作者先是介绍了以前反对农会的一些中小地主、富农及至中农，现在“怕入另册”，想方设法求入农会的情形，这是一段比较具体的叙述。之后，是一段议论性文字：“总之，四个月前被一般人看不起的所谓‘农民会’，现在却变成顶荣耀的东西。从前拜倒在绅士权力下面的人，现在却拜倒在农民权力之下。”接着是说明：“无论什么人，都承认去年十月以前和十月以后是两个世界。”

《考察报告》还采用了对话、白描等手法，使文章既生动形象，又感人至深。如小劣绅与农会会员的对话：“我出十块钱，请你们准我进农民协会”，小劣绅说。“嘻！谁要你的臭钱！”农民这样回答。

简短的对话，勾画出农民扬眉吐气、小劣绅低三下四的求情窘态。一个“请”字反映出农民地位的变化。

《考察报告》的语言通俗易懂，生动活泼，幽默风趣，尖锐泼辣。首先，作者使用了大量群众喜闻乐见的俗语、谚语、方言、俚语。如“痞子”“摆格”“纸叶子”“卡借”“肯积阴功”等，使人置身于一幅农民革命运动和乡村风俗的画卷中。其次，大量使用成语、典故、四字格词组。像“落花流水”“无处藏踪”“一呼百应”“漫山遍野”“弊绝风清”“不逞之徒”等，这样的成语、典故在文中使用 40 多处，可谓出神入化。

十六、计划

计划虽不是《条例》中确定的主要文种，但使用非常频繁。大至国家，小到一个乡村、连队、车间、商店、学校，又有谁年始、月初不订计划，不做安排？因为做工作事先没有计划、安排，就等于是“没有头的苍蝇乱撞头”。

计划是对未来一定时期内的全面工作或某项工作提出指标、要求、措施、步骤、期限的文种。它是科学管理中的主要环节，是搞好管理工作的基础，是宏观控制的依据，是获得最佳成效的途径。决策部门的领导者可以凭此统筹全局，纵横协调，综合平衡，理顺关系，减少盲目性，增强预见性，合理安排人力、财力、物力，以低消耗取得高效益。

计划不是单一的文种，它是由计划、设想、纲要、规划、要点、安排、方案、预案等文种共同组成的一种文体，叫作“计划性公文”。

（一）例文讲析

【例文】

××市 2018 年工作计划

2018 年是贯彻落实党的十九大精神，实施“十三五”规划的关键一年。市工作总的要求是：以马克思列宁主义、毛泽东思想、邓小平理论、“三个代表”重要思想、科学发展观和习近平新时代中国特色社会主义思想为指导，认真贯彻党的十九大精神……为“十三五”规划的顺利实施奠定良好的基础。经济和社会发展的主要指标预定为……为实现上述要求与指标，我们必须大力采取以下十项措施：

（一）强化农业基础地位，促进农业增值增收……

（二）—（十）……

中共××市委

××市人民政府

2017 年 12 月 20 日

【讲析】

例文开头为前言，包括 2018 年工作的指导思想与主要指标，然后写为实现主要指标而采取的有关农业、工业、服务业、对外开放、高新技术、民营经济、城市建设、精神文明建设、民主法治建设、党的建设等十大措施。从逻辑结构看，表现为开头集中讲的是“做什么”，然后分十条讲的是“怎样做”。这是在通常情况下，人们撰写计划性公文时采用的写法。

另外一种结构形态，即开头先讲指导思想、总的要求，然后分条讲各自的指标及其具体措施。这种结构的逻辑形态，表现为在总的要求下，把“做什么”与“怎样做”分解到每一个方面的工作中去。

前者的好处是，“做什么”与“怎样做”各自相对集中，避免了内容上的重复，不足之处是某一方面的具体工作的要求不尽详细。后者的好处是，各个方面的工作指标清楚、措施具体，但缺点是一些具有共性的措施在多处出现，内容重复、文字冗长。

（二）范文赏析

【范文】

公民道德建设实施纲要

一、公民道德建设的重要性

1. 社会主义道德建设是发展先进文化的重要内容。在新世纪全面建设小康社会，加快改革开放和现代化建设步伐，顺利实现第三步战略目标，必须在加强社会主义法制建设、依法治国的同时切实加强社会主义道德建设，以德治国，把法制建设与道德建设、依法治国与以德治国紧密结合起来，通过公民道德建设的不断深化和拓展，逐步形成与发展社会主义市场经济相适应的社会主义道德体系。这是提高全民族素质的一项基础性工程，对弘扬民族精神和时代精神，形成良好的社会道德风尚，促进物质文明与精神文明协调发展，全面推进建设有中国特色社会主义伟大事业，具有十分重要的意义。

2. 党的十一届三中全会特别是十四大以来，随着改革开放和现代化建设事业的深入发展，社会主义精神文明建设呈现出积极健康向上的良好态势，公民道德建设迈出了新的步伐。爱国主义、集体主义、社会主义思想日益深入人心，为人民服务精神不断发扬光大，崇尚先进、学习先进蔚然成风，追求科学、文明、健康生活方式已成为人民群众的自觉行动，社会道德风尚发生了可喜的变化，中华民族的传统美德与体现时代要求的新的道德观念相融合，成为我国公民道德建设发展的主流。

但是，我国公民道德建设方面仍然存在着不少问题。社会的一些领域和一些地方道德失范，是非、善恶、美丑界限混淆；拜金主义、享乐主义、极端个人主义有所滋长，见利忘义、损公肥私行为时有发生；不讲信用、欺骗欺诈成为社会公害；以权谋私、腐化堕落现象严重存在。这些问题如果得不到及时有效解决，必然损害正常的经济和社会秩序，损害改革开放稳定的大局，应当引起全党全社会高度重视。

3. 加强公民道德建设是一项长期而紧迫的任务。面对社会经济成分、组织形式、就业方式、利益关系和分配方式多样化的趋势，面对全面建设小康社会，人民群众的精神文化需求不断增长，面对世界范围各种思想文化的相互激荡，道德建设有许多新情况、新问题和新矛盾需要研究解决……

二、公民道德建设的指导思想和方针原则

4. 根据党在社会主义初级阶段的历史任务，当前和今后一个时期，我国公民道德建设的指导思想是：以马克思列宁主义、毛泽东思想、邓小平理论为指导，全面贯彻“三个代表”重要思想，坚持党的基本路线、基本纲领，重在建设、以人为本，在全民族牢固树立建设有中国特色的社会主义的共同理想和正确的世界观、人生观、价值观，在全社会大力倡导“爱国守法、明礼诚信、团结友善、勤俭自强、敬业奉献”的基本道德规范，努力提高公民道德素质，促进人的全面发展，培养一代又一代有理想、有道德、有文化、有纪律的社会主义公民。

5. 坚持社会主义道德建设和社会主义市场经济相适应……

6. 坚持继承优良传统与弘扬时代精神相结合……

7. 坚持尊重个人合法权益与承担社会责任相统一……

8. 坚持注重效率与维护社会公平相协调……

9. 坚持把先进性要求与广泛性要求结合起来……

10. 坚持道德教育与社会管理相配合……

三、公民道德建设的主要内容

11. 从我国历史和现实的国情出发，社会主义道德建设要坚持以为人民服务为核心，以集体主义为原则，以爱祖国、爱人民、爱劳动、爱科学、爱社会主义为基本要求，以社会公德、职业道德、家庭美德为着力点。在公民道德建设中，应当把这些主要内容具体化、规范化，使之成为全体公民普遍认同和自觉遵守的行为准则。

12. 为人民服务作为公民道德建设的核心，是社会主义道德区别和优越于其他社会形态道德的显著标志……

13. 集体主义作为公民道德建设的原则，是社会主义经济、政治和文化建设的必然要求……

14. 爱祖国、爱人民、爱劳动、爱科学、爱社会主义作为公民道德建设的基本要求，是每个公民都应当承担的法律义务和道德责任……

15. 社会公德是全体公民在社会交往和公共生活中应该遵循的行为准则，涵盖了人与人、人与社会、人与自然之间的关系……

16. 职业道德是所有从业人员在职业生活中应该遵循的行为准则，涵盖了从业人员与服务对象、职业与职工、职业与职业之间的关系……

17. 家庭美德是每个公民在家庭生活中应该遵循的行为准则，涵盖了夫妻、长幼、邻里之间的关系……

四、大力加强基层公民道德教育

18. 提高公民道德素质，教育是基础……

19. 家庭是人们接受道德教育最早的地方……

20. 学校是进行系统道德教育的重要阵地……

21. 机关、企事业单位是对公民进行道德教育的重要场所……

22. 社会是进行公民道德教育的大课堂……

23. 家庭、学校、机关、企事业单位和社会在公民道德教育方面各有侧重，各有特点，是相互衔接、密不可分的统一整体……

五、深入开展群众性的公民道德实践活动

24. 公民道德建设的过程，是教育和实践相结合的过程……

25. 以“讲文明树新风”为主题的创建文明城市、文明村镇、文明行业活动……

26. 建国以来特别是改革开放和社会主义现代化建设中涌现出来的先进集体、先进人物，是实践社会主义道德的榜样……

27. 各种重要节日、纪念日，蕴藏着宝贵的道德教育资源……

28. 开展必要的礼仪、礼节、礼貌活动，对规范人们的言行举止，有着重要的作用……

29. 各种道德实践活动源于基层、扎根群众，反映了人民群众对美好生活的向往和追求，有着强大的生命力……

六、积极营造有利于公民道德建设的社会氛围

30. 大众传媒、文学艺术以及体育活动，对公民道德建设有着特殊的渗透力和影响力……

31. 广播、电视、报纸、刊物等大众媒体，要坚持团结稳定鼓劲，正面宣传为主，牢牢地把握正确舆论导向，满腔热情地宣传两个文明建设中涌现出来的、反映新时期道德要求的新事物、新典型……

32. 电影、电视剧、戏曲、音乐、舞蹈、美术、摄影、小说、诗歌、散文、报告文学等各类文艺作品的创作，要积极反映改革开放和现代化建设的火热生活，热情讴歌人民群众的开拓进取精神和良好道德风貌，以其独特形式和艺术魅力，给人以鼓舞、启迪和美的享受……

七、努力为公民道德建设提供法律支持和政策保障

33. 公民道德建设是一个复杂的社会系统工程，要靠教育，也要靠法律、政策和规章制度……

34. 加强社会主义法制，是公民道德建设健康发展的重要保证……

35. 各项经济、社会政策，对人们的价值取向、道德行为有着直接影响……

36. 公民良好的道德习惯的养成是一个长期、渐进的过程，离不开严明的规章制度……

八、切实加强对公民道德建设的领导

37. 各地区、各部门必须始终不渝地坚持“两手抓、两手都要硬”的方针……

38. 加强公民道德建设，共产党员和领导干部的模范带头作用十分重要……

39. 推进公民道德建设，需要社会各方面的共同努力……

40. 各级文明委和党委的宣传部，在公民道德建设中担负着指导、协调、组织的具体职责。

……

【赏析】

提纲挈领　深得其要

——《公民道德建设实施纲要》赏析

进入新时期以来，党中央在抓好物质文明建设的同时，大力推进社会主义精神文明建设。2001 年中共中央公布了《公民道德建设实施纲要》（以下简称《纲要》），这是我国两个文明建设特别是道德建设的一件大事。《纲要》是第一次以中国共产党的名义公布的关于公民道德建设的一个全面、系统、完整的纲领性文献。自实施以来，全国人民的思想道德水平空前提升，在根本利益一致的基础上，形成了共同的理想和精神支柱。

从公文角度看，“纲要”属于一种重要的计划体公文。它是对某一时期或某一方面的重要工作如何完成，从指标、要求、方法、步骤到措施所作出的书面回答，具有极其重要的指导和规范作用。一般而言，“纲要”不同于“方案”“安排”“打算”等计划体公文，突出表现为它只是一种提纲挈领式的粗线条勾勒，而且适用时间也较长。正因为如此，在写法上，这种计划有其特定的内容要求与表现形式。通读《纲要》全篇，我们不难看出它所具有的如下几方面的写作特点：

1. 条块贯通，顺畅谨严

这是《纲要》在结构布局上的突出之点。全文总计约9000字，分为八大部分（或八大块），共40条内容。其中，前两部分占用10条的篇幅深刻阐述了公民道德建设的重要性及其指导思想和方针原则，中间第三大部分（第11—17条）对公民道德建设的主要内容作出交代，然后用五大块23条的重头篇幅说明了加强公民道德建设的方法、措施以及组织领导等方面的事项。由于《纲要》采用分部分的结构模式，每一部分都在上面的正中位置标出小标题，揭示该部分的中心内容，部分的下面又分列了40条，而且每条均标以序码，前后贯通，因此全文的结构布局显得条理分明，内容清晰，给人严谨顺畅、一气贯通之感。每一部分各自表达一个完整的内容，具有相对独立性，但相互之间又有内在的必然联系，共同为表现全文主旨服务，是一个严密的整体。这种结构布局及表现方法是纲要写作的基本模式。

2. 撮要标目，意旨显豁

撮要即提取要点，标目就是写在前面。撮要标目是公文写作的一种重要技法，其基本含义是以简明扼要的语句概括出某篇公文或其中某一层次与段落的核心内容，将其置于篇首或段首。它可以使公文的内容表达趋于明确集中，主旨（或段旨）鲜明突出，更易于理解和执行。在这方面，《纲要》表现得颇为明显。全篇分为八大部分，实质上就是八个大层次，每一层次都分别采取撮要标目的形式，用小标题概括出中心内容，而后加以具体阐述。尤为突出的是，每一层次之下所列示的各条内容，一条即为一个段落；每个段落都采用了撮要标目的形式，即先有一段旨句，然后紧紧围绕该段旨句加以展开，使行文十分明确显豁，让人深得要领。仅以第四部分为例，其层次标题（要句）是“大力加强基层公民道德教育”，下设六条内容，分别由“提高公民道德素质，教育是基础”，“家庭是人们接受道德教育最早的地方”，“学校是进行系统道德教育的重要阵地”，“机关、企事业单位是对公民进行道德教育的重要场所”，“社会是进行公民道德教育的大课堂”，“家庭、学校、机关、企事业单位和社会在公民道德教育方面各有侧重、各有特点，是相互衔接、密不可分的统一整体”共六大段旨句构成，紧随每一段旨句后面的阐述，既深入又确切，既有原则性的要求，又有具体的方法指导，从而有利于《纲要》内容的贯彻落实。例如第二个段旨句为“家庭是人们接受道德教育最早的地方”，围绕这一段旨句，文中用三个语段作了进一步论述：“高尚品德必须从小开始培养，从娃娃抓起。要在孩子懂事的时候，深入浅出地进行道德启蒙教育；要在孩子成长的过程中，循循善诱，以事明理，引导其分清是非，辨别善恶。要在家庭生活中，通过每个成员良好的言行举止，相互影响，共同提高，形成好的家风。”

这里，既有对家庭在公民道德教育过程中的重要性的阐述，又提出了明确具体的方法和要求，而且是紧紧围绕段旨句进行表述，是段旨句的扩展和具体化。

3. 正反对比，严整缜密

正反对比也是公文写作的一种常用表达技法，其中心是在阐述正面观点、正确思想、成功做法、规范行为的同时，随即指出什么是反面观点、错误思想、失败做法和不应有的行为。通过此种表述，能够明确反映出发文者的意志倾向，使行文严整缜密，无懈可击。在这方面，《纲要》体现得极为突出。例如，第一部分的第二条在正面阐述党的十一届三中全会特别是十四大以来公民道德建设所取得成就的同时，紧接着另起一段从反面加以表述："但是，我国公民道德建设方面仍然存在着不少问题。"并随即列举出种种具体表现，通过这种表述，使人们充分认识和理解加强公民道德建设的重要性和必要性，将《纲要》中的规定化作自觉的行动。第三部分在论述"公民道德建设的主要内容"时，更多地运用了正反对比的表达技法，如"要引导人们正确处理个人与社会、竞争与协作、先富与共富、经济效益与社会效益等关系，提倡尊重人、理解人、关心人，发扬社会主义道德精神，反对拜金主义、享乐主义和极端个人主义"，"要引导人们正确认识和处理国家、集体、个人的利益关系，提倡个人利益服从集体利益，局部利益服从整体利益，当前利益服从长远利益，反对小团体主义、本位主义和损公肥私、损人利己"，"要引导人们发扬爱国主义精神，提高民族自尊心、自信心和自豪感，以热爱祖国、报效人民为最大光荣，以损害祖国利益、民族尊严为最大耻辱，提倡学习科学知识、科学思想、科学精神、艰苦创业、勤奋工作，反对封建迷信、好逸恶劳"等。通过这种正反对比的表述，使发文者的观点和态度得以明确展现，引导什么、提倡什么、反对什么，让人一目了然，便于遵照执行，同时也使行文体现出一种严密的逻辑性。

4. 用语精当，讲究修辞

有人认为，公文语言特别是计划体公文的语言应当是平铺直叙，不应当也不可能写出特色来。这是一种偏见。我们从这篇《纲要》的语言运用上即能得到明证。对于计划这类重在提出工作指标、明确工作要求、制订有关措施的文体，《纲要》在行文中突破了一般化的写法，大量地运用了四字格和六字格词组以及多种修辞方式，使语言显得非常精当，效果颇佳。例如，"社会的一些领域和一些地方道德失范，是非、善恶、美丑界限混淆；拜金主义、享乐主义、极端个人主义有所滋长，见利忘义、损公肥私行为时有发生；不讲信用、欺骗欺诈成为社会公害；以权谋私、腐化堕落现象严重存在"。例中通过一系列四字格词组的运用，将公民道德建设方面所存在的突出问题加以列摆，使行文既准确又简练，能够使人充分认识到问题的严重性以及解决问题的必要性。又如，"一切思想文化阵地，一切精神文化产品，都要宣传科学理论、传播先进文化、塑造美好心灵、弘扬社会正气、倡导科学精神，大力宣传体现时代精神的道德行为和高尚品质，激励人们积极向上，追求真善美；坚决批评各种不道德行为和错误观念，帮助人们辨别是非，抵制假恶丑，为推进公民道德建设创造良好的舆论文化氛围”。例中连续使用五个六字格词组和一个对比句，对大众传媒、文学艺术以及体育活动等“一切思想文化阵地”和“一切精神文化产品”在推动公民道德建设方面的责任和义务提出了明确要求，用语铿锵有力，富有节奏感，给人清晰、深刻的印象。此外，文中还多处运用了排比句式。例如，“要利用群众喜爱的名牌栏目，加强对社会普遍关注的道德热点问题的引导。要积极开展舆论监督，有力地批评背离社会主义道德的错误和丑恶现象。要发动群众参与，与具有典型意义的人和事开展讨论”。例中以“要”为提示语构成排比句，对广播、电视、报纸、刊物等大众媒体如何营造有利于公民道德建设的社会氛围提出了明确要求和具体的方法指导，同时也使行文严密完整，富有气势。总之，通观《纲要》全文，无论是结构布局、表达形式还是语言运用，都颇具特色。既从整体上体现出计划体公文的基本框架，又在诸多方面有所突破，堪称精品。

十七、讲话稿

讲话稿是在会议或集会期间用于讲话或演讲的预先拟制的文字底稿。与其他公文相比，这种文书具有特殊性，突出表现为它的运行不像其他文种那样终结于送达或张贴过程的结束，而是终结于讲话或演讲过程的结束。此外，其所体现出来的媒介的声音性（靠有声语言向受众传递信息）、反馈的直接性、特定的对象性以及适度的情感性等特点，也使之与许多常用公文明显区别开来。

讲话稿是一个较为庞大的文书组群，它包括在各种公务活动中使用的欢迎词、答谢词、欢送词、主持词、祝酒词、贺词、悼词、祝寿词、演说词以及会议的开幕词、闭幕词等，其中尤以会议的开幕词、闭幕词、演讲词等最为常用，也最具有代表性。

讲话稿不同于大会工作报告。前者往往是演讲者就某个问题发表意见，提出看法和主张，表明观点和态度，更多地包含着个人的情感；后者往往代表机关的意志，总结、部署一项或一个时期的工作，是经集体审议通过的，一经下发，就具有指示性质或行政约束力。此外，讲话稿也不同于个人演讲词和学术演讲词，其无论是在使用主体还是在写作要求方面都独具特性。讲话稿代表着一个机关或组织，必须体现党和国家的意志，而个人演讲词和学术演讲词代表的是演讲者个人的见解和主张，因此“文责自负”。

（一）例文讲析

【例文】

两个中国之命运

（一九四五年四月二十三日）

同志们，中国共产党第七次全国代表大会今天开幕了。

我们这个大会有什么重要意义呢？我们应该讲，我们这次大会是关系全中国四亿五千万人民命运的一次大会……

……

在中国人民面前摆着两条路，光明的路和黑暗的路。有两种中国之命运，光明的中国之命运和黑暗的中国之命运……

既然日本现在还没有被打败，既然打败日本之后，还是存在着两个前途，那末，我们的工作应当怎样做呢？我们的任务是什么呢……

我们的希望能不能实现？我们认为是能够实现的。这个可能性是存在的……

……

我们需要一个正确的政策……

……

【讲析】

《两个中国之命运》是毛泽东同志于 1945 年 4 月 23 日在中国共产党第七次全国代表大会上所作的开幕词。

“同志们！中国共产党第七次全国代表大会今天开幕了。”这是开幕词通常的一种开头写法，也称引语。

第二段说明党的七大召开的重大意义。它与一般讲会议召开的意义有所不同，别具一格，十分精巧。一上来先用一个设问句，即“我们这个大会有什么重要意义呢”，这一问题起到了调动与会者注意力的作用，然后直接作出回答：“是关系中国四亿五千万人民命运的一次大会。”接着又顺笔而下、层次深入地指出中国有两种命运，继而得出结论：光明必将战胜黑暗，指出七大是一个打败日本侵略者、建设新中国的大会，是一个团结全中国人民、团结全世界人民、争取最后胜利的大会。这里运用了排比句，显得很有气魄。

第三、第四段分析了党的七大所面临的国际和国内形势。

第五段是继前面提出的“两种命运”“两条路”之后进而提出“两个前途”，以此为前提，提出了今后党的总任务，即“放手发动群众，壮大人民力量，团结全国一切可以团结的力量，在我们党领导之下，为着打败日本侵略者，建设一个光明的新中国，建设一个独立的、自由的、民主的、统一的、富强的新中国而奋斗”。

第六段至第十三段是前段的顺延，指明实现党的总任务的四大有利条件。

第十四段是鼓舞性的结束语。最后是大会口号。

全文从“两种命运”开始，引出“两条道路”“两个前途”，到最后得出一个结论——“我们的任务是必能完成的”。从意义开笔，进而分析形势、提出任务、列摆任务实现的有利条件，也归到一个结论上来。它的写法是头尾遥相呼应，笔锋顺流直下，层层递进、融会贯通，使听者循序而进、印象深刻。这是一篇写得十分鲜明生动的开幕词。

（二）范文赏析

【范文】

为人民服务

（一九四四年九月八日）

我们的共产党和共产党所领导的八路军、新四军，是革命的队伍。我们这个队伍完全是为着解放人民的，是彻底地为人民的利益工作的。张思德同志就是我们这个队伍中的一个同志。

人总是要死的，但死的意义有不同。中国古时候有个文学家叫做司马迁的就说过：“人固有一死，或重于泰山，或轻于鸿毛。”为人民利益而死，就比泰山还重；替法西斯卖力，替剥削人民和压迫人民的人去死，就比鸿毛还轻。张思德同志是为人民利益而死的，他的死是比泰山还要重的。

因为我们是为人民服务的，所以，我们如果有缺点，就不怕别人批评指出。不管是什么人，谁向我们指出都行。只要你说得对，我们就改正。你说的办法对人民有好处，我们就照你的办。“精兵简政”这一条意见，就是党外人士李鼎铭先生提出来的；他提得好，对人民有好处，我们就采用了。只要我们为人民的利益坚持好的，为人民的利益改正错的，我们这个队伍就一定会兴旺起来。

我们都是来自五湖四海，为了一个共同的革命目标，走到一起来了。我们还要和全国大多数人民走这一条路。我们今天领导着有九千一百万人口的根据地，但是还不够，还要更大一些，才能取得全民族的解放。我们的同志在困难的时候，要看到成绩，要看到光明，要提高我们的勇气。中国人民正在受难，我们有责任解救他们，我们要努力奋斗。要奋斗就会有牺牲，死人的事是经常发生的。但是我们想到人民的利益，想到大多数人民的痛苦，我们为人民而死，就是死得其所。不过，我们应当尽量地减少那些不必要的牺牲。我们的干部要关心每一个战士，一切革命队伍的人都要互相关心，互相爱护，互相帮助。

今后我们的队伍里，不管死了谁，不管是炊事员，是战士，只要他是做过一些有益的工作的，我们都要给他送葬，开追悼会。这要成为一个制度。这个方法也要介绍到老百姓那里去。村上的人死了，开个追悼会。用这样的方法，寄托我们的哀思，使整个人民团结起来。

【赏析】

一篇当之无愧的绝妙佳作

——毛泽东《为人民服务》赏析

毛泽东同志生前为我们留下无数篇精美绝妙的演讲词，《为人民服务》就是其中的一篇。

《为人民服务》这篇演讲词为我党培养造就了千千万万“张思德式”的好党员、好干部，哺育着几代人的茁壮成长。它不仅在政治上具有深远的历史意义，而且在公文写作大家族中也是一篇当之无愧的绝妙佳作，为我们如何写好演讲词留下了许多宝贵的启示。

1. 主旨鲜明，中心突出

衡量一篇演讲词的质量如何，关键是看它的主旨是否显露、中心是否突出、观点是否鲜明。《为人民服务》一文在这方面堪称一绝。我们先放下使全文主旨明白显露的标题不说，就以该文开端为例，文章一开头，没有我们时下看到的一些演讲词那种多余客套的虚话，如“我没有什么准备，随便跟大家说几句”，“该说的前面几个同志都说了，我也没什么可说的了，说上几句只算是做个补充吧”，“谈几点很不成熟的想法，仅供大家参考”等，而是以高屋建瓴之势，开门见山地亮明观点——革命的队伍，为人民服务的宗旨。简短的74个字，把全文的中心观点完全体现出来，一下子把听众的注意力吸引到演讲的主题上来。

末尾之前属于主体的三段文字，虽然段头处没有明显揭示性的小标题，但每一段落的起笔处都有一个显示段旨的短句，从而使人一看段落开端就立刻明白了此段的中心所在。例如，第二段的“人总是要死的，但死的意义有不同”；第三段的“因为我们是为人民服务的，所以，我们如果有缺点，就不怕别人批评指出”；第四段的“我们都是来自五湖四海，为了一个共同的革命目标，走到一起来了”。

2. 脉络清晰，逻辑严密

从外形看，全文由五个并列的段落组成，似乎它们之间并无直接的联系，其实不然。第一段属开头，是全文的基本观点即所谓的"纲"，作者紧紧围绕这个"纲"（革命队伍为人民），从多角度分别阐述了革命战士的生死观（第二段）、工作观（第三、四段）及群众观（末尾段），使全文紧密地融为一体，构成了一个完整的论述，即"为人民服务"问题。

不仅全篇文脉清晰、逻辑严密，即使在一个段落中也不乏如此。例如第一段，由三句话组成，呈现层层递进的逻辑关系。先是指出党所领导的八路军、新四军"是革命的队伍"，正因为是革命的队伍所以它必须坚持为人民服务的宗旨，最后再指明张思德同志是革命队伍中为人民服务的典范。三句话顺理成文、环环相扣。

3. 感情充沛，富于哲理

《为人民服务》全文700多字，就是在这短短的几百字中，可以说字里行间无不充满着爱憎分明的感情和深刻的哲理。孔子说过："知之者不如好之者，好之者不如乐之者"（《论语·雍也》）。演讲词无论是引用史例、联系实际，还是举出实例、加以议论，都要情真意切、寓理于情，以情感打动听众。《为人民服务》在这方面为我们作出了表率。以第二段为例，作者引用司马迁非常富于哲理的名言，然后爱憎分明、语重心长地告诉我们对待死亡的两种截然不同的观点，作者把为人民利益而死比作"泰山"，反之视为"鸿毛"，并赞誉张思德同志的死"比泰山还重"。再如末尾一段，更是对主题的进一步深化，是革命领袖对每一位革命者深厚感情的表达。

4. 通俗易懂，注重修辞

演讲词的美学功能很重要的一个方面是语言的感染力。语言要力求口语化，做到明白晓畅、通俗易懂、生动悦耳；要使用多种修辞手段，把抽象的道理具体化、概念的东西形象化。《为人民服务》不仅语言通俗易懂，而且多处使用修辞，使文章显得十分生动。例如，"为人民利益而死，就比泰山还重；替法西斯卖力，替剥削人民和压迫人民的人去死，就比鸿毛还轻"，"只要我们为人民的利益坚持好的，为人民的利益改正错的"，运用的就是"对比"，"泰山"、"鸿毛"以及"五湖四海"等是比喻和成语。"在困难的时候，要看到成绩，要看到光明，要提高我们的勇气"以及"一切革命队伍的人都要互相关心，互相爱护，互相帮助"等，又是运用排比的修辞方法。

总之，《为人民服务》篇幅简洁、感情充沛、富于哲理、文脉清晰、逻辑严密，是当代政治演讲词中光芒四射的精篇佳作。

十八、专用书信

专用书信特指为执行公务而使用的便函，如以电报形式发出的即为电文。专用书信的种类很多，像介绍信、证明信、邀请信、咨询信、保证书、倡议书、敦促书、感谢信、表扬信、祝贺信（贺电）、慰问信（电）、建议书、公开信及唁电等。

专用书信与其他公文相比，它的突出特点是：一是“短”——一般篇幅都比较短小。二是“专”——用途专一，范围特定。三是“快”——成文简便，传递迅速。四是“多”——在大量的日常公文中，要属专用书信数量最多。五是“活”——公文中的“轻骑兵”，用途灵活，对上、对下，对组织、对个人均可使用。

（一）例文讲析

【例文】

总理：

昨24日赖传珠同志拟一电稿，将毛岸英同志尸骨运回北京，我意埋在朝北，以志司和志愿军司令员名义刊碑，说明其自愿参军和牺牲经过，不愧为毛泽东儿子，与其同时牺牲另一参谋高瑞欣合埋一处，似此对朝鲜人民教育意义较好，其他死难烈士家属亦无异议。原电稿已送你处，上述意见未写上。特补告，妥否，请考虑。

敬礼

彭德怀

（原载《中国社会报》1990年10月26日）

【讲析】

这是一份建议书，彭德怀同志建议将毛岸英烈士安葬在朝鲜。周恩来收到彭德怀的来信后，当即在信上批示“同意彭的意见”，并将此信送刘少奇等中央领导同志阅批，他们也同意彭德怀的意见。这样，彭德怀的建议得到了中央的批准。后来，彭德怀回国述职时，毛泽东同志跟彭德怀说：“岸英是属于革命烈士中的一员，你回去要讲岸英是志愿军的一名普通战士。”

这封建议书使我们看到，写好建议书的关键在于建议事项要具体，说理要透彻、有力。彭德怀信中建议将毛岸英尸骨埋在朝鲜的理由是：“以此对教育意义甚好，其他死难烈士家属亦无异议。”虽只有两句话，道理十分深刻。在谈到建议事项时，说得也很具体、有力：“以志司或志愿军司令员名义刊碑，说明其自愿参军和牺牲的经过，不愧为毛泽东的儿子。”

（二）范文赏析

【范文】

为庆贺朱总司令六十大寿的祝辞

（一九四六年十一月三十日）

亲爱的总司令朱德同志：

你的六十大寿，是全党的喜事，是中国人民的光荣！

我能回到延安亲自向你祝寿，使我万分高兴。我愿代表那反动统治区千千万万见不到你的同志、朋友和人民向你祝寿，这对我更是无上荣幸。

亲爱的总司令，你几十年的奋斗，已使举世人民公认你是中华民族的救星，劳动群众的先驱，人民军队的创造者和领导者。

亲爱的总司令，你为党为人民真是忠贞不贰，你在革命过程中，经历了艰险曲折，千辛万苦，但你永远高举着革命的火炬，照耀着光明的前途，使千千万万的人民，能够跟随着你充满信心向前迈进！

在我们相识的二十五年当中，你是那样平易近人，但又永远坚定不移，这正是你的伟大！对人民你是那样的亲切关怀，对敌人你又是那样的憎恶仇恨，这更是你的伟大。

全党中你首先和毛泽东同志合作，创造了中国人民的军队，建立了人民革命的根据地，为中国革命写下了新的纪录。在毛泽东同志旗帜之下，你不愧为他的亲密战友，你称得起人民领袖之一！

亲爱的总司令，你的革命历史，已成为二十世纪中国革命的里程碑。辛亥革命、云南起义、北伐战争、南昌起义、土地革命、抗日战争、生产运动，一直到现在的自卫战争，你是无役不与。你现在六十岁了，仍然这样健壮，相信你会领导中国人民达到民族解放的最后胜利，亲眼看到独裁者的失败，反动力量的灭亡。

你的强健身体，你的快乐精神，象征着中国人民的必然兴旺。

人民祝你长寿！

全党祝你永康！！

【赏析】

亲密的战友　伟大的情感

——周恩来《为庆贺朱总司令六十大寿的祝辞》赏析

1946年11月30日，时值亲爱的朱德总司令六十大寿，周恩来同志为此写下了一篇情深意浓的祝寿辞（以下简称《祝辞》，原载《周恩来选集》上卷，人民出版社1980年版，第245—246页）。全文不过500字，字里行间却充满着发自肺腑的真挚情感，字字见友谊、句句显真情，与其说是祝寿辞，不如说是一首情感交融的乐章，令人回味无穷。

《祝辞》在写作上有哪些特点呢?

1. 头尾呼应，主题鲜明

《祝辞》在抬头"亲爱的总司令朱德同志"之后，即开门见山、点明主题："你的六十大寿，是全党的喜事，是中国人民的光荣！我能回到延安亲自向你祝寿，使我万分高兴。我愿代表反动统治区千千万万见不到你的同志、朋友和人民向你祝寿，这对我更是无上荣幸。"这短短的开头，包括三层内容：一是祝贺朱老总六十大寿；二是向朱老总表达崇敬之情；三是说明自己所代表的范围、对象。这就使人一看开头，立刻对祝寿辞的基本内容与中心思想有了一个直观的了解。

为了深化主题，延伸开头对朱老总的崇敬之意，使真挚的情感达到高峰，《祝辞》在结尾处又意味深长地指出："你的强健身体，你的快乐精神，象征着中国人民的必然兴旺。"从而与开头相照应，使主题更加鲜明，回味无穷。

2. 层次分明、步步深入

《祝辞》由并列的八个自然段组成。这八段的内在关系实为五个层次，全文采用"亲爱的总司令"作为分层的标志。

第一、第二两段属于开头，主要是表明态度，显示主题。这是第一个层次。

第三段是第二个层次，对朱总司令几十年的奋斗历程给予高度的评价和赞扬："你是中华民族的救星，劳动群众的先驱，人民军队的创造者和领导者。"寥寥数语，重于泰山，这个层次是上一层次的深化。

第四、第五、第六这三段为第三个层次，是第二个层次的延续和具体发展，从朱总司令的对党忠贞不贰，对人民的无比亲切关怀，对敌人的憎恶仇恨，不愧为毛泽东同志的亲密战友等方面具体赞颂了朱总司令的高尚情操和优秀品德。

第七段为第四个层次，从概述朱总司令的光辉历程入手，进一步赞颂了他的伟大精神，表达了对他的良好祝愿。最后一个层次是结尾段，是主题思想的全盘升华与总括。然后是祝颂语，由并列的两个短句组成。

综观全文布局，开头与结尾是鲜明主题、情感的升华与收合。中间三个层次是从总的评价到具体的赞颂，从具体的赞颂再到美好的祝愿，步步深入，层层递进，顺理成章。

3. 讲究修辞，语言精巧

在500余字的《祝辞》中，排比、综说、对比、对偶、比喻等辞格和成语比比皆是，故使全文情真意切，言语干练，抒情活跃，生动活泼。例如开头，“你的六十大寿，是全党的喜事，是中国人民的光荣！”这里既使用了综说又运用了排比，既显语言干练，也使节奏明快，更是刚劲有力、含义深远。“对人民你是那样的亲切关怀，对敌人你又是那样的憎恶仇恨”，通过这种对比手法，全面赞颂了朱总司令的高风亮节。“你的强健身体，你的快乐精神”，通过这一排比句，把朱总司令的六十大寿与伟大的中国革命联结起来，引申到“中国人民的必然兴旺”。这是语义上、情感上的一种精巧的飞跃，内涵丰富，富有气势，足见周恩来同志在公文用语、逻辑上的高超技巧，令人折服。“人民祝你长寿，全党祝你永康”，这是一个对偶句，“人民”与“全党”相合，“长寿”与“永康”共融，特别是这个“永”字与“长”相配，简直是奇妙无比。假如这里换作一个“健”字，其文势就是天壤之别。周恩来同志这种字斟句酌、一丝不苟的写作精神永远值得我们学习。

短短的不足一页公文纸的祝寿辞，“无上荣幸”“忠贞不贰”“艰险曲折”“千辛万苦”“平易近人”“坚定不移”“无役不与”等成语和四字格的词组就用了多达28处。特别是像“救星”“里程碑”“先驱”“领袖”等带有深刻喻义词语的使用，更加显得全文语言干脆利落、形象具体。

4. 技法灵活，赏心悦目

阅读《祝辞》，犹如在欣赏一首绝妙的抒情诗，令人陶醉。文中大量使用抒情性议论文字，而且把它与叙述、说明有机地融于一体，惟妙惟肖。例如，“全党中你首先和毛泽东同志合作，创造了中国人民的军队，建立了人民革命的根据地”。这是一个叙述句，接着是说明“为中国革命写下了新的纪录”。随即是一个满怀激情的抒情议论句：“在毛泽东同志旗帜之下，你不愧为他的亲密战友，你称得起人民领袖之一！”又如，“亲爱的总司令，你的革命历史，已成为二十世纪中国革命的里程碑”。这是抒情式的说明，随后是叙述：“辛亥革命、云南起义、北伐战争、南昌起义、土地革命、抗日战争、生产运动，一直到现在的自卫战争，你是无役不与。”接着又是说明：“你现在六十岁了，仍然这样健壮。”随之又以抒情性议论结束：“相信你会领导中国人民达到民族解放的最后胜利，亲眼看到独裁者的失败，反动力量的灭亡。”

十九、工作研究

工作研究是指对实际工作中重要的具有普遍意义的新问题，进行研究探讨，提出见解和主张，为领导决策服务或参与应社会需要所引起的公开讨论。

工作研究的特点：一是论题的迫切性与普遍性，即论题大都源于实际工作中急需解决的难题，同时又是对其他地区或单位具有普遍指导意义的重大问题。二是见解的独到性和新颖性，即工作研究要从对重要问题的具体分析中，总结出具有普遍意义的指导思想，提出新颖独到的见解和工作方法。它是一种创造性的活动。尽管这些见解还不一定十分成熟完善，却发人深省、引人注目。三是分析研究的科学性和深刻性，即以充分、典型的事实为研究的基础，坚持以长远的观点、全面的观点、发展的观点去研究问题，寻求科学的对策。

（一）例文讲析

【例文】

中国水资源的困境与对策

朱斌　田洺　高源

水资源对于人类来说是不可缺少的。中国水资源的现状不容乐观。从全球意义上来说，我国是一个水资源贫乏的国家，加上许多水资源被污染以及没有合理地利用水资源，使得我国水资源缺乏的状况更为严重。如何来解决这一问题？

水是地球上一种有限的资源

……

从总体来看，全球有大约14亿立方千米的水量，其中97%以上是不适于人类使用的海水，就是在可使用的3%的那部分淡水中，又有77.2%被冷储存在冰帽和冰川中，约22.4%是地下水和土壤水，只有0.35%的淡水储存在湖泊和沼泽中，河水比重不及0.01%。可见，淡水是地球上一种非常有限的资源。

……

中国人均水资源处于贫困线

……

我国的水资源居世界第六位，但若按人均、亩均看，我国的水资源则是比较贫乏的，是世界上13个贫水国之一。加上河、湖水量和已知地下水量，我国人均占水量不足2500

立方米，相当于世界人均水量的1/4，美国的1/5，苏联、印度的1/7，加拿大的1/50，日本的3/4，亩均占有水量只有世界平均的3/4。

……

水体污染使我国水资源短缺雪上加霜

……

水资源短缺的解决，归纳起来有两条：一是开源，二是节流……

农业节水是发展节水型经济的关键

我国用水量的80%是农业，工业用水和城市民用水仅占20%，因此农业节水是关键。

……

城市节水和水体污染防治

……到2000年，我国城市和工业用水量达1387亿立方米/年，其中工业用水1260亿立方米/年。可见，城市节水工作已成为建立节水型经济的重要环节。

水价调整势在必行

水是自然之物，但它本身是有价值的，因此也应该遵守价值规律进行合理收费……

关于水价调整，应注意以下几个问题：

……

【讲析】

例文主题鲜明、结构清晰、论证有力、针对性强。

标题是显露公文主旨的窗口。例文的标题仅有11个字，简短明了，读者看了这11个字，不仅把握了全文的中心所在，而且被这一重大的主题内容所吸引：在“中国水资源”的后面，一个“困境”、一个“对策”，多么简明突出。

例文开头的写法是成功的，不仅文字简短，概括性强，而且巧妙地使用了“设问”的修辞手法，使主旨更加鲜明突出。一个102字的开头，包含了许多含义，如水资源对人类生存发展的重大意义，指明我国是一个水资源贫乏的国家，明确水资源污染的严重危害等。在交代上述问题的基础上，作者随即使用了“如何来解决这一问题”的疑问句，把读者的思绪引向文章的主体。

主体包括六个方面的问题，与开头呈现有问有答之势。虽然这份工作研究文字较长，约1.5万字，但由“一问六答”构成，使全文结构清晰，逻辑严密。在每一具体问题的表述中，作者又采用了边叙述边针对性地提出对策的夹叙夹议的手法，使每一个问题都事理融合，论证有力。

（二）范文赏析

【范文】

中国社会各阶级的分析

（一九二五年十二月一日）

谁是我们的敌人？谁是我们的朋友？这个问题是革命的首要问题。中国过去一切革命斗争成效甚少，其基本原因就是因为不能团结真正的朋友，以攻击真正的敌人。革命党是群众的向导，在革命中未有革命党领错了路而革命不失败的。我们的革命要有不领错路和一定成功的把握，不可不注意团结我们的真正的朋友，以攻击我们的真正的敌人。我们要分辨真正的敌友，不可不将中国社会各阶级的经济地位及其对于革命的态度，作一个大概分析。

中国社会各阶级的情况是怎样的呢？

地主阶级和买办阶级。在经济落后的半殖民地的中国，地主阶级和买办阶级完全是国际资产阶级的附庸，其生存和发展，是附属于帝国主义的，这些阶级代表中国最落后的和最反动的生产关系，阻碍中国生产力的发展。他们和中国革命的目的完全不相容。特别是大地主阶级和大买办阶级，他们始终站在帝国主义一边，是极端的反革命派。其政治代表是国家主义派和国民党右派。

中产阶级……他们对于中国革命具有矛盾的态度……其政治主张为实现民族资产阶级一阶级统治的国家。有一个自称为戴季陶“真实信徒”的，在北京《晨报》上发表议论说：“举起你的左手打倒帝国主义，举起你的右手打倒共产党。”这两句话，画出了这个阶级的矛盾惶遽状态……

小资产阶级。如自耕农，手工业主，小知识阶层——学生界、中小学教员、小员司、小事务员、小律师、小商人等都属于这一类……这种人发财观念极重，对赵公元帅礼拜最勤，虽不妄想发大财，却总想爬上中产阶级地位。他们看见那些受人尊敬的小财东，往往垂着一尺长的涎水。这种人胆子小，他们怕官，也有点怕革命。因为他们的经济地位和中产阶级颇接近，故对中产阶级的宣传颇相信，对于革命取怀疑的态度。这一部分人在小资产阶级中占少数，是资产阶级的右翼。第二部分是在经济上大体上可以自给的。这一部分人比较第一部分人大不相同，他们也想发财，但是赵公元帅总不让他们发财，而且因为近年以来帝国主义、军阀、封建地主、买办大资产阶级的压迫和剥削，他们感觉现在的世界已经不是从前的世界。他们觉得现在如果只使用和从前相等的劳动，就会不能维持生活。必须增加劳动时间，每天起早散晚，对于职业加倍注意，方能维持生活。他们有点骂人了，骂洋人叫“洋鬼子”，骂军阀叫“抢钱司令”，骂土豪劣绅叫“为富不仁”……第三部分是生活下降的。这一部分人好些大概原先是所谓殷实人家，渐渐变得仅仅可以保住，渐渐变得生活下降了。他们每逢年终结账一次，就吃惊一次，说："咳，又亏了！"这种人因为他们过去过着好日子，后来逐年下降，负债渐多，渐次过着凄凉的日子，"瞻念前途，不寒而栗"。这种人在精神上感觉的痛苦很大，因为他们有一个从前和现在相反的比较。这种人在革命运动中颇要紧，是一个数量不小的群众，是小资产阶级的左翼……对于革命的态度，在平时各不相同；但到战时，即到革命潮流高涨、可以看见胜利的曙光时，不但小资产阶级的左派参加革命，中派亦可参加革命，即右派分子受了无产阶级和小资产阶级左派的革命大潮所裹挟，也只得附和着革命……

半无产阶级。此处所谓半无产阶级，包含：（一）绝大部分半自耕农，（二）贫农，（三）小手工业者，（四）店员，（五）小贩等五种……

无产阶级……工业无产阶级人数虽不多，却是中国新的生产力的代表者，是近代中国最进步的阶级，做了革命运动的领导力量……

此外，还有数量不小的游民无产者，为失了土地的农民和失了工作机会的手工业工人。他们是人类生活中最不安定者。他们在各地都有秘密组织。如闽粤的"三合会"，湘鄂黔蜀的"哥老会"，皖豫鲁等省的"大刀会"，直隶及东三省的"在理会"，上海等处的"青帮"，都曾经是他们的政治和经济斗争的互助团体。处置这一批人，是中国的困难的问题之一。这一批人很能勇敢奋斗，但有破坏性，如引导得法，可以变成一种革命力量。

综上所述，可知一切勾结帝国主义的军阀、官僚、买办阶级、大地主阶级以及附属于他们的一部分反动知识界，是我们的敌人。工业无产阶级是我们革命的领导力量。一切半无产阶级、小资产阶级，是我们最接近的朋友。那动摇不定的中产阶级，其右翼可能是我们的敌人，其左翼可能是我们的朋友——但我们要时常提防他们，不要让他们扰乱了我们的阵线。

【赏析】

开宗明义　策见分明　生动逼真

——毛泽东《中国社会各阶级的分析》赏析

《中国社会各阶级的分析》一文，不仅使我们深深感受到了毛泽东公文那建立在科学与实践基础上的料事如神的预见性，还是我们学习公文写作技巧的一篇范文。

1. 开宗明义，头尾呼应

开宗明义是毛泽东同志撰写公文的常用技法，而用设问的巧妙方式开篇点出主题，阐发全文宗旨又是其中的一绝。像《两个中国之命运》《整顿党的作风》《纪念白求恩》等，毛泽东同志均采用了这一高超技法开篇，它唤起阅者注意，增强吸引力，鲜明主题观点。

毛泽东同志在《中国社会各阶级的分析》的开端，通过使用两个排比句，一连提出两问："谁是我们的敌人？谁是我们的朋友？"这个问题提得多么尖锐、多么鲜明而又多么发人深省，随即对此作出十分干脆利落的回答："这个问题是革命的首要问题。"为什么说是"首要问题"呢？毛泽东同志又运用正反对比的写作手法，深刻地指出："中国过去一切革命斗争成效甚少，其基本原因就是因为不能团结真正的朋友，以攻击真正的敌人。"在从反面指明问题之后，笔锋一转，进入对正面道理的阐述："革命党是群众的向导，在革命中未有革命党领错了路而革命不失败的……不可不注意团结我们的真正朋友，以攻击我们的真正的敌人。"接着引出目的："我们要分辨真正的敌友，不可不将中国社会各阶级的经济地位及其对于革命的态度，作一个大概分析。"这个开端，不仅主题明白显露，而且使用了设问、对比、对偶、层递等多种修辞手法，读起来十分鲜明生动，令人拍手叫好。要想增强我们眼下一些文件的鲜明性、生动性，学习运用《中国社会各阶级的分析》开端的技法是十分必要的。

为了完整地体现《中国社会各阶级的分析》的主题，加深人们的理解和认识，作者在结尾处用了一小段文字，对所阐述的中心思想和基本观点进行了总括，指明"一切勾结帝国主义的军阀、官僚、买办阶级、大地主阶级以及附属于他们的一部分反动知识界，是我们的敌人。工业无产阶级是我们革命的领导力量。一切半无产阶级、小资产阶级，是我们最接近的朋友。那动摇不定的中产阶级，其右翼可能是我们的敌人，其左翼可能是我们的朋友——但我们要时常提防他们，不要让他们扰乱了我们的阵线"。这段总括文字是多么深刻，且又多么精彩、富有远见，它与开头的设问形成鲜明的对照与回应，一头一尾、日月相辉，相辅相成，有机组合在一起，令人回味无穷。

2. 讲求科学，策见分明

《中国社会各阶级的分析》，不是一篇解决工作一般性问题的文章，它所面对的是分清敌、我、友这样一个涉及党的生存发展的重大政治问题。它所要说明的每一个阶级及其相关的具体问题，都要有根有据、有事实有见解、有分析有对策，分析见解与对策就是"策见"，也就是我们通常所说的"政策和策略"，它是"党的生命"。

把策见的提出建立在实实在在的客观基础之上，运用马克思主义的科学方法，通过严密的逻辑推理，作出准确的判断，既不随意扬善，也不随意隐恶，既不扩大程度，也不缩小性质，更不凭感情取舍，这是毛泽东公文的又一特色。

为什么地主阶级和买办阶级是我们的敌人呢？毛泽东同志用极其深透的语言，一针见血地指出，“这些阶级代表中国最落后的和最反动的生产关系，阻碍中国生产力的发展。他们和中国革命的目的完全不相容”。作者在这里采用的是公文中常用的议论方式，即一语道破的简单逻辑论证，泾渭分明、结论清楚、干脆利落、掷地有声，令人无可辩驳。

在讲到中产阶级时，毛泽东同志先是指明“他们对于中国革命具有矛盾的态度”，进而具体分析了产生这种矛盾的情形，接着指明中产阶级的政治企图，并把他们的这一政治企图放在国内外的大环境里进行深刻剖析，从而证明这仅仅是一个幻想。整个分析，有理有据，步步深入，十分严密，令人信服。

当谈到无产阶级时，毛泽东同志运用马克思主义的立场、观点和方法，联系四年来发生的一系列工人罢工运动的事实，鲜明地指出：“工业无产阶级人数虽不多，却是中国新的生产力的代表者，是近代中国最进步的阶级，做了革命运动的领导力量。”接着，作者又从无产阶级所处的政治环境和经济状况入手，具体分析了无产阶级所处的地位，说明他们特别能战斗。这样既有鲜明的观点，又有严格的依据，既有丰富的道理，又有充足的事实，既有问题的提出，又有深刻的必然原因，使人无可辩驳。

特别值得我们学习的是，作者在涉及一些具体问题时，不是一成不变地把问题框住，而是把问题放在革命运动中，做到“具体问题具体分析”。例如，在谈到小资产阶级时有这样一段话：“对于革命的态度，在平时各不相同；但到战时，即到革命潮流高涨、可以看见胜利的曙光时，不但小资产阶级的左派参加革命，中派亦可参加革命，即右派分子受了无产阶级和小资产阶级左派的革命大潮所裹挟，也只得附和着革命。”这一策见对于如何正确对待小资产阶级显然是至关重要的。还有在谈到游民无产者时，毛泽东同志更从正反两方面告诉人们：“这一批人很能勇敢奋斗，但有破坏性，如引导得法，可以变成一种革命力量。”使我们深深感到其中充满了唯物辩证法思想。

公文作为社会集团用以传递策令、指挥千军万马、治国安邦的工具，所提的策见、主张、办法，必须具有预见性和准确性。要做到这一点，就要有科学的态度，没有科学依据、科学方法，只有主观臆测，是不足为据的胡言乱语。毛泽东同志早在建党初期对各阶级所作的分析已被后来的革命实践所完全证实，是科学的。这种高瞻远瞩的预见性，不是从天上掉下来的，也不是作者头脑里固有的，而是来自作者的科学态度与实践。这一点理应成为我们今天撰写文件的基石。

3. 具体形象，生动逼真

阅读《中国社会各阶级的分析》，似乎完全沉浸在文学的万花丛中，令人陶醉：那一段段精彩的描绘，是多么活灵活现；那精湛的修辞技巧，不论是排比、借代、对偶、对比，还是进解、比喻、层递，俯拾即是，五彩纷呈；那富有节奏感的语句、语义凝练的成语更是随处可见。这样的文件，令人百读不厌、爱不释手，别说时过90多年，就是千年万年，也将闪烁着艺术的光芒。

毛泽东同志为了深刻形象地说明中产阶级的两面性，引用戴季陶的话，“举起你的左手打倒帝国主义，举起你的右手打倒共产党”，短短23个字，中产阶级的矛盾惶遽状态跃然纸上。在分析小资产阶级的第一部分人时，“这种人发财观念极重，对赵公元帅礼拜最勤，虽不妄想发大财，却总想爬上中产阶级的地位。他们看见那些受人尊敬的小财东，往往垂着一尺长的涎水”。这里创造性运用了夸张的手法和漫画的笔调，把小资产阶级中的右翼生动地勾勒在人们的面前。在分析小资产阶级的左翼时：“他们每逢年终结账一次，就吃惊一次，说：‘咳，又亏了！’”“瞻念前途，不寒而栗。”这是极妙的形态描写。

《中国社会各阶级的分析》证明，在庄重、平实的前提下，公文也可以讲究修辞、注重文采，做到鲜明、准确、生动。

第七章

公文写作人员素质提升

第一节　大力改进文风

一、为什么要大力改进文风

文风不是小事。毛泽东同志指出："学风和文风也都是党的作风，都是党风。"[①]党风决定着文风，文风体现出党风。人们从文风状况中可以判断党的作风，评价党的形象，进而观察党的宗旨的贯彻落实情况。

中国共产党是一个郑重的马克思主义政党，特别是延安整风以来，一直为培育和弘扬马克思主义文风而努力。延安整风的一个重要内容，就是整顿文风。毛泽东同志对党八股进行了淋漓尽致的批判，号召全党抛弃党八股，采取生动活泼新鲜有力的马克思主义文风。在这方面，他为我们树立了榜样。翻开《毛泽东选集》，鲜明朴实的文风扑面而来，生动活泼的语言引人入胜，深入浅出的论述让人茅塞顿开。邓小平同志历来注重务实，反对不实风气，粉碎"四人帮"以后他带头恢复党的实事求是的思想路线，针对党的优良文风在"文化大革命"中遭到严重破坏的现状，大力倡导并率先垂范开短会、讲短话、讲实话、讲新话。邓小平同志反复强调："我们开会，作报告，作决议，以及做任何工作，都为的是解决问题。"[②]江泽民同志在党的作风建设上明确提出了"八个坚持，八个反对"的重要思想，一再强调要纠正不良文风。他指出，有些文章翻来覆去老是那么几句套话，有的哗众取宠，乱造概念，词句离奇，使人看不懂，这种不良文风应加以纠正。党的十六大以后，胡锦涛同志同样重视文风建设，多次强调各级领导干部要发扬求真务实精神，大兴求真务实之风，下决心从文山会海中摆脱出来，把心思用在干事业上，把精力投到抓落实中。他在党的十七大报告中明确指出，要"改进学风和文风，精简会议和文件，反对形式主义、官僚主义，反对弄虚作假"[③]。

①《毛泽东选集》第三卷，人民出版社 1991 年版，第 812 页。

②《邓小平文选》第二卷，人民出版社 1994 年版，第 113 页。

③《胡锦涛文选》第二卷，人民出版社 2016 年版，第 656 页。

在党中央的大力倡导下，全党抓文风建设取得很大成绩。改革开放40多年来，党的优良文风逐渐得到恢复，并在新的历史条件下有了新的发展。文风与党风同社会风气是紧密相连的，弘扬优良文风、纠正不良文风是一项长期任务，不可能一蹴而就、一劳永逸。当前，在一些党政机关文件、一些领导干部讲话、一些理论文章中，文风上存在的问题仍然很突出，主要表现为长、空、假。

长，就是有意无意地对文章、讲话添枝加叶，短话长说，看似面面俱到，实则离题万里。空，就是空话、套话多。照抄照搬、移花接木，面孔大同小异，语言上下雷同，没有针对性，既不触及实际问题，也不回答群众关切，如同镜中之花，没味、没用。假，就是夸大其词，言不由衷，虚与委蛇，文过饰非。不顾客观情况，刻意掩盖存在的问题，夸大其词，歌功颂德。堆砌辞藻，词语生涩，让人听不懂、看不懂。

党的历史经验证明，文风不正，危害极大。它严重影响了真抓实干，影响执政成效，耗费大量时间和精力，耽误实际矛盾和问题的研究解决。不良文风蔓延开来，不仅损害讲话者、为文者自身形象，也降低了党的威信，导致干部脱离群众，群众疏远干部，使党的理论和路线方针政策在群众中失去吸引力、感召力、亲和力。可以说，一切不良文风都是不符合党的性质、宗旨的，都是同党肩负的历史使命相背离的。大力纠正不良文风，积极倡导优良文风，已成为新形势下加强和改进党的作风建设的一项重要任务。

二、应该提倡什么样的文风

提倡什么，反对什么，是改进文风的首要问题。针对上面所说的不良文风存在的三大突出问题，我想另外提出三个字，就是短、实、新。

短，就是要力求简短精练、直截了当，要言不烦、意尽言止，观点鲜明、重点突出。能够三言两语说清楚的事绝不拖泥带水，能够用短小篇幅阐明的道理绝不绕弯子。古人说“删繁就简三秋树”，讲的就是这个意思。毛泽东同志为人民英雄纪念碑起草的碑文，只有114个字，却反映了一部中国近代史。1975年，邓小平同志负责组织起草周恩来总理在四届全国人大一次会议上的报告，只用了5000字。后来谈到这件事的时候，邓小平同志说：“毛主席指定我负责起草，要求不得超过五千字，我完成了任务。五千字，不是也很管用吗？”[①]江泽民同志和胡锦涛同志也有许多短小精悍、言简意赅、思想深刻的文章、讲话。鲁迅先生说过，文章写完至少看两遍，竭力将可有可无的字、句、段删去，毫不可惜。现在，不少地方和部门按照中央改进文风会风的要求，提出以“能少则少、能短则短、能精

①《邓小平文选》第三卷，人民出版社1993年版，第382页。

则精、能简则简”为原则，尽可能开短会、讲短话、发短文。这“三短”，就是我们应当大力倡导的风气。

当然，也不是说长文章一概不好。有内容、有见解的长文章，人们也是喜欢读的。文章长短要视具体情况而定，宜短则短，宜长则长。要坚持内容决定形式，有些非长不可、篇幅短说不明白的事情则可以长些。《庄子》中有这样几句话：“长者不为有余，短者不为不足。是故凫胫虽短，续之则忧；鹤胫虽长，断之则悲。”意思是说，野鸭子的腿虽然很短，给它接上一截它就要发愁；仙鹤的腿虽然很长，给它截去一段它就要悲伤。这个道理同样适用于写文章。就今天来说，把“野鸭子的腿加长”的文章太多了，提倡短文章、短讲话、短文件是当前改进文风的主要任务。

实，就是要讲符合实际的话，不讲脱离实际的话；讲管用的话，不讲虚话；讲有感而发的话，不讲无病呻吟的话；讲反映自己判断的话，不讲照本宣科的话；讲明白通俗的话，不讲故作高深的话。这就要求我们的文件、讲话和文章，力求反映事物的本来面目，分析问题要客观、全面，既要指出现象，更要弄清本质；阐述对策要具体、实在，要有针对性和可操作性。要实事求是，有一说一、有二说二，是则是、非则非，不夸大成绩，不掩饰问题。要深入浅出，用朴实的语言阐述深刻的理论。要有感而发，情真意切。毛泽东同志笔下的愚公、白求恩、张思德，我们今天记忆犹新，就是因为这些人在我们的心灵深处产生过激烈震荡，所以讲出的话饱含深情、富于哲理，能深深植入人民心里，引起共鸣。

这里需要说明的是，一些关于党和国家工作的总体性要求，事关全局，事关党和国家前进方向及政策连续性，事关党的团结和社会稳定，需要在重要文件和重要讲话中反复强调。这和形式主义的套话、“穿靴戴帽”是两回事。

新，就是力求思想深刻、富有新意。正所谓“领异标新二月花”。如果一份文件、一篇讲话毫无新意，那么，制定这样的文件、作这样的讲话还有多少意义呢？可以说，能不能讲出新意，反映一个领导干部的思想水平、理论水平、经验水平以及语言表达能力。这里所说的新意，既包括在探索规律、认识真理上有新发现，讲前人没有讲过的话，又包括把中央精神和上级要求与本地区本部门本单位的实际结合起来，在解决问题上有新理念、新思路、新举措；既包括角度新、材料新、语言表达新，又包括富有个性、特色鲜明、生动活泼。需要指出的是，讲出新意，并不是要刻意求新，甚至搞文字游戏，更不能背离马克思主义立场观点方法、背离党的路线方针政策标新立异。

三、怎样大力改进文风

文风不正是多种原因造成的。克服不良文风、提倡优良文风，真正使讲短话、讲实话、讲新话蔚然成风，需要多管齐下，标本兼治。这里强调三条。

第一，各级领导机关和领导干部要起带头作用。文风问题上下都有，但文风改不改，领导是关键。从领导干部自身来说，文风不正主要是由这几个因素、几种情况所导致的：一是有的干部由于知识、经验都不够，功底、能力达不到，故而难以讲出新话、管用的话。二是有的干部思想懒惰，不愿在深入调查研究和独立思考上下苦功夫，只会在现成的文件、书本上讨生活，照抄照讲。三是有的干部认为只有照着讲文件报刊上的话，才是同上级和中央在思想上政治上行动上“保持一致”。这完全是一种误解。四是有的干部认为讲长话就是对工作重视和认真的表现，给哪个部门讲的话长就是重视哪个部门。这也是一种误解。五是有的干部不负责任，别人写什么念什么，写多长念多长。明明知道用处不大，但照念不误。六是有的干部还认为讲大话、空话、套话、歌功颂德的话最保险，不会犯错误。其实，这是患得患失的思想在作怪，本身就是错误的。

这些因素和情况，都与领导干部的素质能力有关。文如其人。作文与做人，与人的素质是紧密联系的。领导干部改进文风，需要在两个方面努力。一要学习。学习什么？学习党的基本理论，掌握马克思主义立场观点方法，以此作为政治上的望远镜和显微镜；学习新知识，了解新事物，不断拓宽视野，提高自己的综合素质；学习古人语言中有生命力的东西，充分合理地继承和运用。理论功底扎实了，知识积累厚实了，肚子里装的东西多了，才能厚积薄发，言之有物、深入浅出地讲话、写文章。二要增强党性修养。坚持以德修身，努力成为高尚人格的模范。只有自己的境界高了，没有私心杂念，才能做到言行一致、表里如一，讲出的话、写出的文章人们才愿意听、愿意看。如果言行不一、表里不一，台上台下两个形象，圈内圈外两种表现，即使讲得天花乱坠，也不会有人相信你。

第二，把改进文风同改进干部工作作风结合起来，尤其要加强调查研究，深入了解群众呼声。文风不实，反映出思想作风不纯、工作作风不实。没有调查就没有发言权。写文件、作报告、发表文章，都是为了解决问题。办法从哪里来？只能从调查研究中来，从群众的实践和创造中来。胸有成竹才能出口成章，找准症结才能对症下药，源于实践才能指导实践。领导干部改进文风，应当走出机关，深入基层，在实际生活中“望闻问切”，在充分占有和分析第一手材料的基础上概括出新思想、新观点、新论断、新举措，把群众的创造吸收到文件、讲话、文章中来，使我们的思想和文字体现时代要求，符合实际情况，能够解决实际问题。

群众是真正的英雄，是创造历史的动力。不能和群众谈心，你说的话群众听不懂，怎么会有感召力，怎么指导实践、推动工作？一些地方开展作风整顿年活动，不少干部驻村蹲点后感慨地说：“在老乡家拉家常与在办公室接待群众来访不一样，睡在农家硬板床上考虑问题与坐在办公室沙发上考虑问题不一样，能够发现平时在办公室看不到、听不到的问题，学到在办公室学不到的新思想、新话语，拿出在办公室想不到的新思路、新举措。”这些体会给我们许多启示。改进文风，必须从思想和感情深处把人民群众当主人、当先生。群众的思想最鲜活、语言最生动。深入群众，你就来到了智慧的大课堂、语言的大课堂，我们的文件、讲话、文章就可以有的放矢，体现群众意愿，让群众愿意看、看得懂，愿意听、听得进。

第三，把改进文风同改进党风统一起来，特别要大力改进会风。不良文风的总根源，主要在于形式主义和官僚主义。形式主义和官僚主义的一个重要表现，就是会议太多，会风不正。现在，以会议落实会议、以文件落实文件、以讲话落实讲话的现象依然存在，这对文风不正起到了推波助澜的作用。要改进会风，能不开的会尽可能不开，没准备好的会坚决不开，能合并的会最好合并开，必须开的会也要能短则短，对会议的时限、数量、质量、规格等加以规范，提出明确要求。条件具备，会议可以直接开到基层，多利用现代通信和技术手段召开电视电话会议或者网络会议。改进文风会风，要努力活跃党内生活，扩大党内民主，大力倡导独立思考的风气，创造鼓励讲真话、提倡讲新话的宽松环境。

第二节　践行优良文风，提高写作水平

一、倡导优良文风是我们党的一贯主张

公文文风是指公文写作中所表现出来的文章作风，是公文写作领域带有普遍性和倾向性的品格或现象。文风不仅是语言文字问题，而且是一定时代潮流和社会风尚在公文中的集中反映，是一定的世界观和思想路线的综合表现。公文中的文风问题既是一个老问题，也是一个新问题；既是公文处理实践中一个久治不愈的顽疾，也是公文写作研究领域备受关注的一个重要课题。特别是在新时代，认真开展关于改进公文文风问题的研究和讨论，对于更好地贯彻落实中央八项规定精神，促进公文写作的规范化，更好地为党和国家的管理工作服务，无疑具有更为直接的现实意义和深远的历史意义。

大力弘扬、积极倡导优良文风，是我们党的一贯主张。早在延安整风时期，我们党就将“反对党八股以整顿文风”作为整风的一项重要内容。延安整风的主要内容就是“反对主观主义以整顿学风，反对宗派主义以整顿党风，反对党八股以整顿文风”。毛泽东同志在 1942 年 1 月发表的《反对党八股》一文中，对主观主义、宗派主义的表现形式党八股作了彻底清算，列举出党八股的“八大罪状”，逐一批驳，号召人们起来加以声讨。其态度之坚决，剖析之透辟，说理之深刻，语言之犀利，使这篇名作成了声讨“假、大、空”不良文风的战斗檄文。80 年过去了，今天我们重新学习和研读《反对党八股》，仍觉春风扑面，令人遐思无限。毛泽东同志对党八股的无情揭露和声讨，是我们在新形势下与“新八股”作斗争的锐利武器，是当前公文写作领域清算形式主义的行动指南。

中华人民共和国成立之初，由于经济基础和政权性质的改变，我国的公文一洗国民党政权公文的形式主义、虚夸不实、云云抄录，甚至在语言表达上也是半文半白的文风之弊，形成了鲜明的时代特色。毛泽东同志发动的对洋八股和党八股的不断批判，使新中国公文文风得以沿着正确的轨道健康发展，不断消除旧公文中官僚主义、文牍主义和形式主义的影响，代之以马克思列宁主义的新文风，即所谓“中国作风和中国气派”。1951 年 2 月，中共中央发布《关于纠正电报、报告、指示、决定等文字缺点的指示》，指出了五个方面的问题：“现在党政军来往电报及其他报告、指示、决定等文件，写得好的，确实不少。这些电报或文件，写得清楚明确，生动活泼，使人便于阅读，发生极大效力。但同时尚有许多文电在文字上存在着严重缺点，必须予以纠正。这些缺点之最常见者，有滥用省略、句法不全、交代不明、眉目不清、篇幅冗长五类。兹分别规定纠正办法如下……”[①] 这五类常见缺点就是当时公文文风不正的主要表现形式，文中所提出的解决办法对于改进公文文风起到了积极的作用。1958 年初，针对当时出现的浮夸风以及体现在文风上的“假、大、空”问题，毛泽东同志在总结十年社会主义改造和社会主义建设经验的基础上发表了著名的《工作方法六十条（草案）》，其中从第三十二条到第四十三条，占用整整 12 条的重头篇幅，对公文文风问题作了进一步阐述，提出“文章和文件都应当具有这样三种性质：准确性、鲜明性和生动性”，这是优良文风或者叫马列主义文风的基本特征和要求。并且进一步强调：“准确性属于概念、判断和推理的问题，这些都是逻辑问题。鲜明性和生动性，除了逻辑问题以外，还有词章问题。”[②] 他还进一步指出：“现在许多文件的缺点是：第一，概念不明确；

① 中央档案馆、中共中央文献研究室编：《中共中央文件选集》（一九四九年十月 ~ 一九六六年五月）第五册，人民出版社 2013 年版，第 87 页。

② 中共中央文献研究室编：《建国以来重要文献选编》第十一册，中央文献出版社 1995 年版，第 55 页。

第二，判断不恰当；第三，使用概念和判断进行推理的时候又缺乏逻辑性；第四，不讲究词章。看这种文件是一场大灾难，耗费精力又少有所得。一定要改变这种不良的风气。”① 不仅如此，毛泽东同志还一再强调各级领导干部要亲自动手起草重要公文，不要一切由秘书代劳，指出：“做经济工作的同志在起草文件的时候，不但要注意准确性，还要注意鲜明性和生动性。不要以为这只是语文教师的事情，大老爷用不着去管，重要的文件不要委托二把手、三把手写，要自己动手，或者合作起来做。”“不可以一切依赖秘书，或者‘二排议员’。要以自己动手为主，别人帮助为辅。不要让秘书制度成为一般制度，不应当设秘书的人不许设秘书。一切依赖秘书，这是革命意志衰退的一种表现。”② 这些论述，从改进公文文风的角度来讲，至今仍然具有极其重要的现实意义和指导意义。

1981 年 5 月 7 日，中共中央发出了《关于各级领导干部要亲自动手起草重要文件，不要一切由秘书代劳的指示》，对于加强和改进公文文风、提高公文处理质量和效率产生了重要指导作用。针对机关公文处理工作的现状，党的十七届四中全会决定就整治公文文风问题作出专门论述，指出：“文风会风反映党风政风，反映对人民群众的态度，反映领导机关的工作质量和水平。各地区各部门都要……下大气力解决文风会风问题。”“要从领导机关做起，大力整治文风会风，提倡开短会、讲短话、讲管用的话，力戒空话套话。积极运用信息化手段，严格控制发文数量和范围，严格控制会议数量、经费、规模。”2010 年 5 月 12 日，习近平同志在中央党校春季学期第二批入学学员开班典礼上专门就改进公文文风问题发表了重要讲话，在领导干部中反响热烈，引起强烈共鸣。2012 年底，十八届中共中央政治局审议通过《关于改进工作作风、密切联系群众的八项规定》，其中第三项规定就是要切实改进文风：“要精简文件简报，切实改进文风，没有实质内容、可发可不发的文件、简报一律不发。”

反对“长、空、假”，倡导“短、实、新”的文风是习近平总书记对改进文风的总要求。他曾在多个场合提出，要改进文风，“一是短，二是实，三是新”。在以习近平同志为核心的党中央的示范作用下，文风正在发生改变。

求短、求实、求新，是习近平总书记说话、作文的风格；百姓话、古人话、中外经典，则是习近平总书记讲话中时常出现的内容，引起广泛共鸣。

2012 年 11 月，履新之初的习近平总书记，在记者见面会上谈起自己肩上的责任时，念兹在兹的，是“人民对美好生活的向往”。

---

① 中共中央文献研究室编：《建国以来重要文献选编》第十一册，中央文献出版社 1995 年版，第 55 页。

② 同上。

参观《复兴之路》展览时，习近平总书记语言平实，并用两句毛泽东诗词和一句李白的诗，来概括近代以来中国的过去、现在与未来："雄关漫道真如铁"，"人间正道是沧桑"，"长风破浪会有时"。而"中国梦"一词的叫响，让人"耳目为之一新，精神为之一振"。

2013 年 4 月，习近平总书记在海南调研时，一句"小康不小康，关键看老乡"，将小康社会这个目标生动质朴地表达……

习近平总书记的讲话"套话少、比喻多，道理少、个人理解多，'大论'少、小故事多"，体现了他本人的务实与个性。

习近平总书记提倡短文、短话，但"并不是说凡是长文就一定不好"。他认为，有些重要的内容，有些深刻的道理，该强调的还是要强调。总的原则是，当长则长，当短则短，倡导短风，狠刹长风。

二、当前不良文风的主要表现

应当看到，改革开放 40 多年来，党的优良文风逐渐得到恢复，并在新的历史条件下有新的发展。但同时也要看到，改进文风不是一蹴而就、一劳永逸的。当前在公文文风上仍然存在一些突出问题，这既体现在行文目的上，也体现在公文的表述形式和诸多行文方法上。主要表现为如下几个方面：

第一，照搬照转。公文写作中存在的照搬照转现象不自今日始，可以说是一种历史的流弊。邓小平同志曾经将这种现象形象地比作"收发室""传声筒"。主要表现为既不认真领会中央精神或上级指示，也不认真研究实际情况，对中央精神和上级指示一味地照搬照转，生搬硬套，习惯于做表面文章。近年来，这一问题又有了新的发展，突出表现为在公文写作领域多次发生的"抄袭门"事件，让人触目惊心。据网站和报纸的消息，2017 年 2 月，原环境保护部 2017 年第一季度空气质量专项督查的 18 个督查组，聚焦应急预案落实，全面开展夜查暗查。走访检查多个地方政府及相关部门和企业，发现了许多问题。其中，唐山市芦台经济开发区管委会规划建设管理局重污染天气专项应急预案无落实清单，存在照搬照抄问题，在正式文件中出现其他县的地名。2017 年，陕西省神木县街头的文明宣传标语，开头第一句话竟是"爱国爱家，爱我长沙"。宣传标语的 48 个字与 3 年前长沙市发布的文明公约完全相同，被网友称为"神木爱长沙"，让人啼笑皆非。同时，一些基层的文件材料、领导讲话、宣传标语大量雷同，抄袭成风。所谓"传递式"发文、"共享式"写作频频出现。河北省邯郸市丛台区也上演了同样的闹剧。丛台区委宣传部副部长的署名文章，竟然与山东省青岛市市南区的政府文件除了地区和人名之外，几乎一字不差。还有，湖南省张家界市有一次召开本市景区推介会，在领导的讲话稿中竟然抄袭了河南省巩义市一份相同的材料，其中就连“巩义”的字样都未删掉，徒增笑柄。这种公文之间的相互抄袭，是一种典型的不正之风，是机关作风的一种折射。

第二，官气十足。突出表现为由于某些机关工作中所存在的严重官僚主义，进而导致公文文风上的“官气十足”，使“公权乱作为”呈现泛滥之势。据《人民日报》2017 年 2 月 7 日的消息，近年来一些地方发布的“红头文件”随意任性，被网民吐槽：“复婚不准操办酒席”，“双方均为再婚的不准操办酒席，违者礼金一律没收”……这些限定性极强的规定出自贵州某县的县委办公室、县政府办公室印发的规范管理县辖区内所有城乡居民操办酒席的“红头文件”。浙江某市出台的文件中，根据企业亩产效益综合评价对企业作出分类，在没有法规依据的前提下，对低效类企业作了很多禁止性规定；湖北某市卫健委官网向市直机关事业单位发出公开信，呼吁年轻同志从我做起，年老的同志要教育和督促自己的子女带头响应“全面二孩”号召，文件抬头列着该市总工会、团市委、市妇联、市教育局、市卫健委等 8 个单位以及文件号，并在结尾加盖 8 个单位公章。该文件在政府部门官网公布 4 天后被撤下。这些文件一经曝出即引发公众的质疑。代表政府严肃性和权威形象的红头文件被滥用，体现的是机关工作作风官僚主义严重，公文文风官气十足。

第三，“摆长蛇阵”。毛泽东同志在《反对党八股》一文中，把“空话连篇，言之无物”作为党八股的第一大罪状加以声讨，指出：“我们有些同志欢喜写长文章，但是没有什么内容，真是‘懒婆娘的裹脚，又长又臭’。为什么一定要写得那么长，又那么空空洞洞的呢？只有一种解释，就是下决心不要群众看。因为长而且空，群众见了就摇头，哪里还肯看下去呢？”[①] 毛泽东同志一直提倡写短文件，要求报告文字每次以一千字左右为限。在《关于建立报告制度》一文中他曾指出：“报告文字每次 1000 字左右为限，除特殊情况外，至多不要超过两千字。一次不能写完全部问题时，分两次写。”[②] 不仅如此，毛泽东同志还身体力行，为我们树立了学习的典范。他代中共中央军委起草的致辽沈、淮海、平津三大战役我前线指挥者有关作战方针的四封电文，分别浓缩为 600 字至 1700 多字，其中有关辽沈战役作战方针的两封电文分别为 900 多字和 600 多字，有关淮海战役作战方针的电文为 800 多字，稍长一点的有关平津战役作战方针的电文也不过 1700 多字。即使将四篇电文加起来也只有 4000 字，不如当今有些“通知”和“意见”的文字多，确实值得我们认真学习和借鉴。想当年彭德怀同志发给党中央和毛泽东同志的一封要求增补军需物品的电文，只用了六个字“食无粮，寒缺衣”，真乃惜墨如金。

可以说，空话的存在是当今某些公文陷入“长蛇阵”而不能自拔的关键因素。在革命

①《毛泽东选集》第三卷，人民出版社 1991 年版，第 834 页。

②《毛泽东选集》第四卷，人民出版社 1991 年版，第 1264 页。

战争年代写长而空的文章不好，在中国特色社会主义进入新时代的关键时期，随着各种公务活动的不断增多，社会生活节奏的加快，工作效率的提高，写长而空的公文，同样不好。有些公文撰拟人员，对此缺乏足够的认识，不断制造“懒婆娘的裹脚”，不从实际出发，既不提出问题，也不分析问题，更没有切实可行的解决问题的办法，以致空话连篇，既嫌冗长，又显杂乱。

第四，假话真说。公文是党和国家机关传递策令、表达意志、沟通信息、报告和请示工作、联系公务的重要手段和工具，准确性是公文的生命力所在，离开了准确性侈谈公文上传下达不过是害国害民而已。在“浮夸风”盛行时，天津市东郊区（今东丽区）新立村亩产 12.7 万斤水稻以及河北省昌黎县一棵树产万斤苹果的教训，今天回想起来仍令人痛心疾首。1960 年 11 月，毛泽东同志针对当时出现的严重“浮夸风”问题审阅修改并决定颁布了《关于农村人民公社当前政策问题的紧急指示信》。60 多年过去了，按理说到今天人们应当变得更加理智、更加聪明、更加着眼于实际，但是令人失望的是一些地方的官员，置中央的规定精神于不顾，违背党的性质和宗旨，欺上压下，弄虚作假，胡编乱造。自 1985 年国家和地方层面分别核算 GDP（国内生产总值）数据以来，地方统计总和有不少年度高于全国的 GDP 总量。这种弄虚作假的现象仍然存在。

第五，“穿靴戴帽”。突出表现为套话连篇，既要开头“戴帽”，又要结尾“穿靴”。公文写作中存在的套话是一种历史的流弊，它使公文变得拉杂冗长，空洞无物，向来为人们所反对。这种套话的一个明显特点，就是“水分”太大，用很多文字却传达很少的信息，甚至根本不能传达任何信息。或是一些空洞的条条，或是一些枯燥的概念，或是开头“戴帽”，或是结尾“穿靴”，等等，不一而足。例如写总结报告，不论有无必要，都要在开篇写上“在 ×××× 以来的大好形势下，在 ×××× 会议精神的鼓舞下，认真贯彻了 ×××× 精神，反复学习领会了 ×××× 文件。通过学习，深刻认识到 ×××× 的重要性，进一步明确了 ×××× 的重要意义，从而大大提高了贯彻执行 ×××× 的自觉性。在提高认识的基础上，狠抓了 ××××，做到 ××××，取得了 ××××”等一系列冗词赘句，以致形成一种固定的模式和僵死套路。这种套话还表现在诸多评价性语句上。例如，会议总是隆重的，闭幕总是胜利的；班子总是团结的，决策总是英明的，赞成总是一致的；讲话总是“重要的”，分析总是“深刻的”，阐述总是“高屋建瓴的”；积极性的发挥总是“充分的”，对工作的促进总是“极大的”；措施总是“得力的”，成就总是“巨大的”；成绩总是“在领导关心下取得的”，问题总是“历史原因造成的”。如此等等，读来令人感到笼统空泛，索然寡味。

第六，虚张声势。实用性是公文的精髓所在。公文不是为了欣赏，而是为了实用，能够切实解决问题。公文的实用性决定了它必须言及其实，言及其义，朴实无华，实实在在，来不得半点浮夸藻饰，虚情假意。但目前我们看到有些单位所制发的文件，在谈到今后的工作设想时，动不动就是什么“大举措”“大行动”“大开发”“大数据”等；当谈到具体问题时，动不动就是“特大项目”“特大影响”“特大效应”；在总结工作成绩时，采用“膨胀法”，什么“四大举措”“六大创新”“八大变化”“十大成果”“创历史最高水平”“开创了前所未有的大好局面”“形成了一道亮丽的风景线”等；在谈到缺点和问题时，又往往采用“障眼法”，如把“生产下降”叫作“负增长”，把上当受骗叫作“缴学费”，如此等等。特别值得一提的是，当前在一些地方和部门，不看内容如何，只要是领导同志的讲话，就千篇一律地在讲话前面冠以“重要”二字，这是很值得研究的。1957 年 3 月 12 日，毛泽东同志在中国共产党全国宣传工作会议上的讲话中有一段话很精彩：“我们现在有些文章，神气十足，但是没有货色，不会分析问题，讲不出道理，没有说服力……我们应该老老实实地办事，对事物有分析，写文章有说服力，不要靠装腔作势来吓人。”① 毛泽东同志在这里虽然指的是写文章，但对讲话同样具有深刻的指导意义。我们设想一下，如果不讲职务、不看内容，只要带“长”字的讲话就是“重要讲话”，那么，实际上也就没有真正的“重要讲话”了。可见，讲话重不重要，关键要看其内容，而不是靠“说”出来的。实际上，对领导同志的讲话要不要冠以“重要”二字，还是应当务实一点为好。

三、优良文风的衡量标准

那么，好的公文文风应当符合什么样的标准呢？我们认为应当是以下“16 字标准”。

第一，实实在在。就是要据实而书，以“管用”为本，把公文写得实实在在。我们力求反映事物的本来面目，分析问题要客观、全面，既要指出现象，更要弄清本质；阐述对策要具体、实在，要有针对性和可操作性；要实事求是，有一说一、有二说二，是则是、非则非，既不夸大成绩，也不掩饰问题；要深入浅出，用朴实的语言来阐述深刻的理论；要有感而发，情真意切，不矫揉造作，故弄玄虚。讲究“据实而书”，摒弃“浮华之作”；秉笔直书，传递真实情况，是公文写作的一条根本原则。

第二，简练精要。就是开门见山、文字精练、用语简明、篇幅简短。古往今来，凡是有作为的领导者都十分重视公文的精简。明代的海瑞，极力反对文牍主义，主张“简省文移”，认为“凡事不必抄录前案许多，紧急者略节用之。府县所自议，说话一句而尽者止用一句……当用片纸者用片纸，当用长纸者用长纸，止使事情不遗便是”。清代太平天国专门

①《毛泽东文集》第七卷，人民出版社 1999 年版，第 277 页。

发布过《戒浮文巧言谕》，也主张行文简约。

关于公文写作的简洁问题，毛泽东同志在《反对党八股》一文中指出："我们应该研究一下文章怎样写得短些，写得精粹些……文章太长了，有谁来看呢？"[①]还指出："要'精兵简政'。讲话、演说、写文章和写决议案，都应当简明扼要。"[②]他很形象地将那种烦冗拖沓、又臭又长的公文比作"懒婆娘的裹脚"，指出："我们应当禁绝一切空话。但是主要的和首先的任务，是把那些又长又臭的懒婆娘的裹脚，赶快扔到垃圾桶里去。或者有人要说：《资本论》不是很长的吗？那又怎么办？这是好办的，看下去就是了。俗话说：'到什么山上唱什么歌。'又说：'看菜吃饭，量体裁衣。'我们无论做什么事都要看情形办理，文章和演说也是这样。"[③]毛泽东同志把"内容要扼要，文字要简练"作为对报告文字的一条基本要求。

随着科学技术和经济的发展、生活节奏的加快，节省时间、讲究效率，已经成为当代社会的普遍要求。反映到机关公文写作中，简洁明了更为人们所强调。不少国家都把它视为公文的一项改革。例如，新加坡在1976年就成立了"华文应用文改革工作委员会"，制定了《华文应用文改革大纲》，目的是"使应用文变成容易学、容易写，既快捷、又简省的通信利器，从而更好更广泛地为现代化的新加坡社会服务"。又如，美国前总统卡特为研究如何改革和精简文体，专门举办了有200名联邦政府官员参加的学习班，而且自己带头，把总统令的首句"我秉承合众国宪法和法律赋予合众国总统的权力，兹发布命令如下"改为"我作为合众国总统命令"，这也推动了美国文风的改革。

第三，明白通俗。就是公文用语必须坚持人民用语，向人民用语接近。即公文用语要简单明了、浅显通俗、明白晓畅，为群众所喜闻乐见，具有强烈的人民性。倡导通俗化，是中国共产党理论联系实际、密切联系群众、一心一意为人民利益着想的作风的体现，也是使党的路线、方针、政策深入人心的实际需要。要达到通俗易懂，就不要生造谁也不懂的话，也不要专门使用那些生僻难懂的古代词语，更不要放着中国字不写而专门使用由让老百姓摸不着头脑的外国字构成的"大拼盘"式的插花句子，好像这样才能显示出撰稿者、讲话者"有学问，水平高"。此外，随着网络的发达，网络用语十分流行。但要注意的是，网络用语毕竟不成熟、随意性强，所以在公文写作中一定要慎重使用，如"亲""有木有""神马都是浮云"等。要知道我们的各级机关都是人民的机关，文件用语必须具备人民性，即为绝大多数人民群众所理解、所接受。关于公文的人民性问题，毛泽东同志在《反对党八股》一文中指出："任何机关做决定，发指示，任何同志写文章，做演说，一概要靠

①《毛泽东选集》第三卷，人民出版社1991年版，第834页。

②《毛泽东选集》第四卷，人民出版社1991年版，第1443页。

③《毛泽东选集》第三卷，人民出版社1991年版，第834页。

马克思列宁主义的真理，要靠有用。”[①] 而要有用，就要想到，你所写的文章究竟是给什么人写的，是给什么人看的。这就把公文的人民性问题提到了一个很高的地位来认识。实际上，公文的人民性不仅体现在行文目的上，也体现在公文的表述形式和诸多行文方法上。

第四，新鲜活泼。就是要有新理念、新思路、新举措，语言富有个性、特色鲜明、生动活泼。例如，党的十七届四中全会公报中有这样一段文字：“全党必须居安思危，增强忧患意识，常怀忧党之心，恪尽兴党之责，勇于变革、勇于创新，永不僵化、永不停滞，继续推进党的建设新的伟大工程，确保党在世界形势深刻变化的历史进程中始终走在时代前列，在应对国内外各种风险和考验的历史进程中始终成为全国人民的主心骨，在发展中国特色社会主义的历史进程中始终成为坚强的领导核心。”通过集中运用四字格、六字格词组以及排比句，使用语显得非常庄重、严谨、活泼，极富书面语体色彩。

文风折射领导作风，领导作风反映党风。党员干部文风不正，严重影响真抓实干，影响工作成效，耗费大量时间和精力，耽误实际矛盾和问题的研究解决。如果不良文风蔓延开来，会严重损害党的威信，导致干部脱离群众，使党的理论和路线方针政策在群众中失去感召力、亲和力，滋生“四风”问题和各种腐败现象。可见，改进公文文风是一项长期的任务，必须常抓不懈。领导干部要主动转变作风，经常深入基层调查研究，把心思用在发现问题、分析问题、解决问题上，用在听民声、察民情、办实事上，用在结合实际创造性地贯彻中央路线方针政策上，那么，我们党的文风会更朴实，作风会更扎实，广大人民群众会更拥护、更支持党的领导，党的各项事业就一定会按照预定轨道向前顺利发展。

第三节　公文写作人员的政治素质

公文写作是机关单位一项非常重要的工作，是一种特殊的行为活动。公文是政治的产物，是政治的“晴雨表”和“风向标”，是我们党治国理政的工具和手段。在所有文体中，只有公文文体受政治因素的影响最为直接、最为紧密。这就对从事公文写作的人员提出了

① 《毛泽东选集》第三卷，人民出版社 1991 年版，第 836 页。

很高的素养要求。不具备相应的素养要求，就不能胜任公文写作的任务。

公文写作行为的全过程，就是作者认识客观世界、反映客观世界的过程。公文写作人员的素质是从事公文写作的重要前提。而良好的政治素质是公文写作人员应具备的首要素质，政治素质直接影响公文的写作质量。政治素质高，思想深刻，见解独到，就能透过现象把握事物的本质，写出来的公文就会有深度、高度、广度和力度。

具有较高的政治素质是对公文写作人员的必然要求，主要表现在三个方面。

一、必须具有坚定正确的政治方向

政治方向，是指人们为实现本阶级根本利益而必须遵循的政治要求。各级党政机关及其领导者所做的一切工作，都离不开政治，离不开党的路线方针政策。公文写作人员的活动与领导的工作密切相连，因此，公文写作人员必须具备较高的思想政治素质和政治觉悟。公文写作人员分布在各行各业，尽管服务对象有所不同，但有一点是相同的，那就是要认真学习马克思列宁主义、毛泽东思想、邓小平理论、“三个代表”重要思想、科学发展观和习近平新时代中国特色社会主义思想，学习党的路线、方针、政策，坚持把讲政治放在一切工作的首位，时刻保持政治上的清醒与坚定，牢固树立正确的世界观、人生观、价值观；坚持为人民服务的根本宗旨，时刻把人民的利益放在第一位；坚持做到廉洁自律，严格用党的纪律和公务员行为准则约束自己。

公文同时也是一种宣传载体，一方面，对于广大干部群众能否形成正确的政治方向、政治立场、政治鉴别力、政治敏锐性有着很强的导向作用；另一方面，集中体现公文写作者自身的政治方向、政治立场、政治鉴别力和政治敏锐性。公文写作者应具备较高的政治素质，具备坚定的政治信念，这是由其所从事的工作性质决定的。因此，公文写作者只有具备较强的政治思想素质，写作时才能灵活地运用马克思主义的立场、观点和方法认识问题和分析问题，才能做到立场坚定、旗帜鲜明，弘扬什么、鞭挞什么，毫不含糊；才能更好地使公文发挥为社会主义现代化建设、为经济建设服务的作用。可见，写作者政治素质的高低，直接关系到公文写作的质量。

二、必须具有较高的政策理论水平

党的路线方针政策是理论同实际情况相结合的产物，指明了各个时期的政治方向。作为公文写作人员，除了要具有较高的政治水平，还必须提高自己的政策理论水平，在政治上自觉地与党中央保持一致。没有理论的坚定性，就不会有政治上的坚定性。政策理论水平是决定公文写作人员政策水平高低的主要因素之一，没有较高的政策理论水平，就不能正确地理解党的路线方针政策，公文写作水平就会停留在一般层次上，无法提高。

公务活动离不开国家政策的指导与控制。公文撰写的过程，也是执行政策、理解政策、表达政策的过程，所以公文写作人员必须具有较高的政策理论水平，并使自己成为国家政策的自觉维护者和执行者。在当今瞬息万变的信息时代，公文写作人员必须善于掌握政策，勤于学习理论，努力提高自己的政策理论水平，学会运用马克思主义的立场、观点和方法深入地观察问题、分析问题、解决问题，并与现行的路线方针政策和法律法规相结合。

政策理论水平是决定一篇公文质量的灵魂。大量的公文写作实践充分证明，一篇公文质量的高低，往往取决于作者政策理论水平的高低。对于这个问题，过去我们在认识上一直存在着很大的误区。在通常情况下，我们评判一个作者的公文写作水平如何，往往只着眼于其文字表达能力，而恰恰忽视了政策理论水平这个最为关键的因素，这是失之偏颇的。为什么？因为公文是政治的产物，是党和国家路线方针政策的承载者，具有高度的政策性、法定的权威性和现实的指导性及效用性，是用来指导和推动公务活动开展的重要工具和手段。《条例》第三条明确规定：“党政机关公文是党政机关实施领导、履行职能、处理公务的具有特定效力和规范体式的文书，是传达贯彻党和国家方针政策，公布法规和规章，指导、布置和商洽工作，请示和答复问题，报告、通报和交流情况等的重要工具。”《条例》对党政机关公文的概念作出了科学的规定性表述。正因为如此，公文写作对作者的政策理论水平要求非常高。可以这样说，公文写作者政策理论水平的高低，是衡量一篇公文质量的决定性因素。在实际工作中，大家可能都有过这样的经历和体会：有些公文写出来以后，不符合领导意图，不符合实际情况需要；有的文稿居然改了又改，甚至推倒重来，这种情况并不少见。为什么会出现这种情况？从很大程度上讲，有时并不是因为写作者的文字表达能力不过关，而是其政策理论水平不够。也就是说，即使写作者具备了较强的文字表达能力，如果没有较高的政策理论水平，也绝对写不出好公文来。这是必须引起我们注意的一个关键问题。

既然政策理论水平对于公文写作如此重要，那么，怎样才能提高写作者的政策理论水平呢？这就要求我们的公文起草者努力学习政治理论，因为理论是管思想管方向的。理论成熟是政治成熟的表现，要想提高政策理论水平，首先就要提高自身的理论水平，要懂得辩证唯物主义和历史唯物主义，要懂得政治经济学，还要掌握科学社会主义的基本知识，也就是必须了解和掌握马克思列宁主义的基本理论。同时，还要认真学习和掌握毛泽东思想、邓小平理论、“三个代表”重要思想、科学发展观和习近平新时代中国特色社会主义思想。这些理论是我们从事一切公务活动的指南。只有掌握了这些理论，我们才能够始终保持清醒的政治头脑，才能在起草公文时避免出现政治上、原则上的失误，才能自觉地把党中央精神和国家的各项方针政策融会贯通到所起草的公文中。

一些耳熟能详的提法表述，经常被用错。这也告诉我们，公文写作涉及的一些政策性很强的提法表述，一定要与党中央、国务院的有关文件精神保持一致，一定要做到准确和规范。所以，公文写作人员要多读文件和报刊，还要多听听广播，多看看电视，多上上互联网，多思考一些问题，注意掌握时事政治的动态，逐步把自己的政策理论水平提到一个应有的高度。尤其是现在网络发展十分迅速，每个系统或部门乃至一个单位内部都有自己的局域网，集中反映一个系统或部门的各方面情况的材料也都要认真看一看。要做工作、学习和生活中的有心人，要注意培养观察问题的角度和分析问题、认识问题的方法和能力。观察问题的角度，就是看问题的出发点和立足点，也就是站位问题。“横看成岭侧成峰，远近高低各不同。”角度不同，得出的结论往往不同。许多经验证明，掌握正确看问题的角度，学会分析、综合和归纳，是写出好公文的基础。

三、必须坚持实事求是的思想路线

实事求是是马克思主义的精髓，是毛泽东思想的根本点、出发点，也是中国特色社会主义理论体系的重要基石。在公文写作实践中，要坚持实事求是的思想路线，一切从实际出发，理论联系实际。坚持实事求是，就要坚持和发展马克思主义，真正领会马克思主义的立场、观点和方法，并且应用它深刻地、科学地分析各种实际问题；要坚持理论和实践相结合，不断研究新情况，解决新问题。

实事求是是我们党在长期革命斗争中形成的优良传统，是一切工作必须遵循的基本原则。在新时代，党中央反复强调这一思想路线具有重要的现实意义和深远的历史意义。这就要求公文写作人员在新时代进一步解放思想，锐意改革，大胆创新，研究新情况，解决新问题。要敢于讲真话，反映真实情况；有喜报喜，有忧报忧；不浮夸，不掺假；讲党性，讲原则；说话办事以事实为根据。

公文写作人员坚持实事求是，要掌握客观的标准，不能自己认为正确的就一定正确，自己认为错误的就一定错误。为此，要不断提高自己观察问题和认识问题的能力，不断改造自己的世界观，坚持一切从实际出发，尊重客观事实，不脱离实际情况，如实反映事物的本来面目，不主观臆断。

讲究真实性是实事求是的具体表现。真实性是公文写作的基本要求之一，也是公文写作的一条根本原则。具体是指公文反映的内容必须真实，绝不能肆意歪曲事实或者文过饰非。要如实反映客观存在的实际情况，有一说一，有二说二，既不夸大也不缩小。特别是公文作为党政机关办理公务的实实在在的工具，担负着传递策令、沟通信息，指导、布置和商洽工作，报告情况、交流经验的重要职能，因此，其表达和反映的内容和情况绝不允许有假、大、空，有浮华失实，而必须是绝对真实的客观事实，它保证了公文的权威性和有效性。

可见，公文中所讲的真实，是以客观事物存在为基础的绝对真实，这与文学作品的写作有所区别。文学作品为了反映生活本质，可以对所写的人和事进行艺术改造和加工，甚至可以虚构。而公文反映的则是社会实践活动中的客观事实，所涉及的时间、地点、人物、事件等必须绝对准确，任何一个细节都不允许失真，尤其是一些向上级机关所写的汇报材料，如果弄虚作假，隐瞒真实情况，其结果必然会影响上级对某事项的决策，影响党和政府的形象和公信力，甚至会导致严重后果。因此，公文写作人员对待写作必须严肃认真，必须深入实际进行调查研究，使所写内容符合客观情况，做到准确无误，完全真实。

需要注意的是真实和准确之间的关系。真实和准确本是一脉相承、一本所系的，这就要求在真实的前提下还要做到准确地反映客观事实。

第四节　公文写作人员的心理素质

心理素质，是指在社会环境和社会实践中形成和发展的人自身所表现出来的稳定的、经常性的心理特征，包括人格、信念、气质、意志、情绪、性格、动机、兴趣等。具备健全的心理素质，是公文写作人员胜任该工作的前提条件之一。一个优秀的公文写作人员，必须具备良好的心理素质，善于了解和调节自己的心理，保持心理平衡，才能圆满完成工作任务。

应该承认，人与人之间在心理素质上存在着较大的差异，但决定人的心理素质的主要因素，则是来自社会环境和社会实践。公文写作活动的紧张性、快节奏和高压力等特点，对公文写作人员的心理素质提出了很高的要求。这里阐述公文写作人员的心理素质，只选择与公文写作人员行为关系最为密切的部分作概要说明。

一、公文写作人员的动机

动机，又称内驱力，是指满足与某种需要有关的活动能力，也就是推动人的行为的内在原因。需要产生动机，动机产生动力。人们在日常工作中，一切言论和行为都是受动机支配和制约的。动机的产生有两个因素：一是需要，分为个体机体的需要和社会需要；二是刺激，分为内部刺激和外部刺激。由于需要、刺激的情况不同，导致人们动机的差异，进而导致不同的行为发生。就性质而言，人的动机是多种多样的，不同性质的动机，可以对人产生不同意义和不同强度的推动作用。因此，要成为一个合格的公文写作人员，就应该培养和确立在为民族复兴、国富民强的奋斗中实现个人价值的正确动机。有了崇高的理想和正确的行为动机，就能够不计个人得失，不畏工作艰难，就会产生巨大而持久的工作动力。

二、公文写作人员的情感

情感，就是人对客观世界的一种特殊的反映形式，是人对客观事物是否符合自己需要的态度的体验。当外界事物作用于人时，人对事物就会产生不同的态度，有时是积极、友好的，有时是消极、平淡的，甚至是敌视的。当人们根据主观需要采取肯定的态度时，就会产生热爱、友好、满意、喜悦等内心体验；当人们采取否定的态度时，就会产生讨厌、憎恶、痛苦、不满等内心体验。因此，情感在人的活动中具有作用与反作用两种力量。正确认识情感在公文写作中的作用，树立正确的苦乐观、得失观等，控制与调节自己的情感，是保证完成任务的重要心理因素之一。优秀的公文写作人员应该有一个共识，就是把做“无名英雄”作为自己的“座右铭”。这种高尚无私的情感，是建立在对党的事业和公文写作工作特殊地位的认同之上的。公文写作人员有了这种理智的情感，在工作中就能保持清醒的头脑，就能正确认识客观事物，排除各种人为因素的干扰，保持旺盛的工作热情。

三、公文写作人员的兴趣

兴趣，是指人的意识中对事物所持的一种选择态度和积极探索的认识倾向，是一种复杂的行为动机。心理学家分析，兴趣能引起人们持久而稳定的注意，使感知清晰，启发思维和想象，产生愉快的情绪。良好的兴趣，可以使人眼界开阔，热爱本职工作，不断追求新知识，丰富其精神世界。兴趣是在社会实践活动中形成的，也可以随着社会实践活动而改变。由于社会实践活动丰富多彩，人们的兴趣也会多种多样。任何职位的任职者，都必须具有两方面的兴趣：一是对本职工作的兴趣，如果缺乏，便不能有效地完成自己的本职工作；二是对本职工作以外的有益的事情感兴趣，如若缺乏，则是一种心智不健康的表现，势必大大妨碍规定职务的有效执行。对于公文写作者来说，自觉培养对本职工作和工作之外的有益事情的兴趣，陶冶情操，提高素养，能使自己以百倍的精力、满腔的热情投入自己热爱的事业。

四、公文写作人员的思维

思维，是人对客观事物概括的和间接的反映。由于思维的概括、间接性质，人才能够认识那些没有直接作用于人的各种事物，揭示其本质规律，预见事物的发展变化过程。作为公文写作人员，应了解思维的特点，并能够在工作中培养自己良好的思维品质。

思维具有广阔性、深刻性、独立性、敏捷性和逻辑性等特点。思维的广阔性是指思路广泛，善于全面地考察问题，善于抓住问题的广泛的范围，还善于在不同的知识和实践领域内创造性地进行思考，通过对一个问题的分析、思考，推断出一类问题。思维的深刻性是指善于深入地研究和思考问题，具有深刻品质的人，在进行思维时就表现为善于透过问题的现象而深入问题的本质，善于揭露现象产生的原因，善于预见事物的进程，并从多方面和各种联系中理解问题。思维的独立性是指独立思考，善于独立发现、分析和解决问题。思维的敏捷性是指善于迅速地发现和解决问题。思维的逻辑性是指人的思维过程服从严格的逻辑规则，概念清楚，推理严密。

公文写作人员应善于透过表面现象看到问题的本质，善于在错综复杂的情况下掌握问题内在的规律，由表及里地思考问题，达到对问题的深刻理解的目的。具有思维独立性的人凡事都自己动脑筋，不易受别人的暗示和影响，自己寻找解决问题的途径和办法。具有思维敏捷性的人能够迅速地发现问题和解决问题，当机立断；提出问题不拖泥带水，含糊不清；考察问题层次清楚，合乎逻辑，在语言表达上具有较强的逻辑思维能力，处理具体事物能够分清轻重缓急，减少重复劳动和无效劳动。

人的智能高低，是由思维能力的开发程度决定的。若从认识论的角度来说，人的智慧则是社会实践活动的结果。因此，加强智能训练的途径之一，就是积极参加社会实践活动。从公文写作角度看，加强思维训练，就应当加强语言能力、逻辑能力、思辨能力、认识能力、领会能力等方面的训练。公文写作人员的语言表达能力低，就会影响工作。逻辑能力、思辨能力、认识能力都是思维的基本功，都是思维能力的要素。训练思维能力，就是使人能熟练地运用逻辑思维辨别、认识事物的本质和现象，而这就是一种智能。领会能力也是公文写作人员必不可少的智能。公文写作人员必须反应快、领会准，只有这样才能正确贯彻上级指示，提高办事效率。

五、公文写作人员的意志

意志是人们自觉地确定目标，并为达到预定目标支配和控制自己行为的心理过程。人的意志活动，是人脑对客观现实积极的能动的反映。公文写作人员要做好本职工作，不能没有意志。意志薄弱，必然遇难畏缩；意志坚强，才能克服困难，实现目标。公文写作人员培养自己的意志品质应当注意以下几点：一是意志的自觉性。包括对行为目的、意义有充分自觉的认识，有正确的荣誉感，有不为名不为利、甘当无名英雄的情操，有远大的理想和信念，勇于进取。二是意志的果断性。意志的果断性是指适时采取决断的能力。具有果断品质的人，善于根据具体情况，进行分析、综合、判断，明辨是非真假，迅速准确地作出行动的决定。缺乏果断性，往往会坐失良机，贻误工作，甚至给工作带来损失。三是意志的自制力。公文写作人员每做一件事、起草一份公文都必须认真审慎，在任何情况下都能控制自己的感情、欲望，节制行动，约束言论，避免冲动急躁。由于公文写作工作在机关中的特殊地位，意志的自制力对公文写作人员尤为重要。四是意志的坚韧性。意志的坚韧性是指为实现既定目标而百折不挠地克服一切困难和障碍，不达目的誓不罢休的意志品质。公文写作工作繁忙而又紧张，琐碎而又复杂，往往容易使那些意志不坚定的人产生厌倦感，感到枯燥乏味。这就需要公文写作人员具有坚韧不拔的精神和持之以恒的毅力，树立正确的苦乐观，锲而不舍地完成任务。

六、公文写作人员的性格

性格是指人对现实的态度及与之相应的习惯行为方式中比较稳定的、独特的心理特征的总和。人的性格千差万别，每个人都有鲜明的性格特征，主要有开朗与内向、活泼与冷静、刚强与懦弱、细致与粗心等。公文写作人员的工作性质，要求其性格必须具有多方面的良好特征，如既要事事关心，又要处处留意；既要思维敏捷，又要沉着冷静；既要热情活泼，又要严肃认真；既要积极主动，又要耐心细致；既要果断行事，又要脚踏实地；既要擅长交际，又要严守秘密。

良好的性格，有利于工作任务的完成，有利于事业的成功。作为公文写作人员，应具有的性格特征主要有：忠诚、稳重、谨慎、勤奋、干练等。公文写作人员的性格应具有更大的复杂性，以适应多方面工作的需要。首先，要以正确的世界观作指导，有高度的责任感，一切从工作需要出发，严格要求自己；其次，要了解自己的性格，学会剖析自己，既看到自己性格中的长处，也看到自己性格中的不足，并能根据工作的需要不断地优化完善自己的性格。那些态度冷漠、性格怪僻、脾气暴躁、粗心大意的人，是无法胜任公文写作这一工作的。

七、公文写作人员的记忆

公文写作人员的记忆品质主要有：记忆的敏捷性，即对所接触的人、事、材料要很快能记住；保持的持久性，即把已记住的事物能较长久地保存下来；记忆的精确性，这是公文写作人员的一个重要品质，如果记忆不精确，其他的品质也就失去意义了；记忆的准备性，即及时地从记忆的储存中提取所需要的知识和经验。

记忆是人的思想、行为、知识、经历等印迹的保持和再现。公文写作人员必须对人、事、文字材料等，具有较强的记忆力。增强记忆力主要靠有意识的记忆，即对需要记忆的对象在初次接触时就集中注意力进行观察、体验或阅读、理解，加深印象。过后，在短时间内再重复回忆以加强记忆。具体的记忆方法很多，如对人物形象可以用特征记忆法、情景记忆法、比较记忆法；对姓名可用谐音记忆法、默念记忆法；对文件可用反复阅读强化记忆法；对事物可用复述记忆法、图表记忆法、交叉穿插记忆法等。当然，公文写作人员不能单凭脑力记忆，还应辅之以更可靠的文字记录或软盘记录等。公文写作人员应随身携带备忘录，养成有重要材料随时记录的习惯。

公文写作人员记忆品质的培养，还应注意明确记忆的目的。心理学实验及实践证明，人的记忆效果与记忆目的有很大关系。记忆目的明确，就会引起记忆的兴趣和动机，记忆的内容便会保持持久和准确。公文写作人员要锻炼自己的记忆能力，就要先培养自己对公文写作的热爱之情，提高工作兴趣，这样的记忆便会比没有这种意识和目的的人要快要准。在实际工作中，公文写作人员应根据不同的内容和要求，寻找合理科学的记忆方法，以提高记忆水平。

八、公文写作人员的情绪

情绪是人们的情感较强烈的、带有冲动性的、明显的外部表现。情绪可以表现为喜悦或悲哀、爱慕或憎恨、惊奇或冷漠、恬静或烦躁、轻松或紧张、乐观或忧郁等。每个人都有丰富的情感，但基于公文写作人员承担的工作任务比较复杂这一特点，在调查事物、处理问题、形成文字时，应保持平衡的心态，善于控制自己的情绪，不因成功而忘乎所以，不因失败而垂头丧气；不以自己的感情代替政策，不以个人的好恶评判是非。要以冷静、沉着的态度照章办事，以实事求是的原则调查研究问题。

年轻的公文写作人员应努力使自己的情绪趋于成熟，情绪的成熟首先在于能够控制自己的情绪。不管怎样都应善于克制自己的情绪，保持平衡的心态，听到批评不急躁、不反感，遇到困难不气馁、不埋怨，工作中出现差错不推诿，勇于负责，迅速改正。

第五节　公文写作人员的职业道德

在公文写作人员的素质修养中，职业道德素养是不可缺少的一个方面。道德是社会意识形态之一，它是人们共同生活及其行为的准则和规范。职业道德同人们的职业活动紧密联系，是具有自身职业特征的行为规范。公文写作工作同其他任何一种职业一样，也需要根据本身职业的特点，遵守职业道德规范。公文写作的职业道德是约束公文写作人员在职业活动中的行为规范。优良的职业道德是新时代公文写作人员从事快节奏工作的动力，是其自我完善的必要条件和行动指南。具体地说，公文写作人员的职业道德规范包括以下内容。

一、必须具有强烈的事业心和责任感

公文写作人员直接为机关工作和为领导者服务。因此，必须具有优良的道德品质和正确的追求。优良的品质，正确的世界观、人生观和价值观，坚定的信念和执着的追求，能促使公文写作者树立廉洁勤政的观念，在行动上自觉抑制拜金主义、享乐主义和极端个人主义的侵蚀；能激励公文写作者自强不息，奋发向上，具有高度的社会责任感、强烈的事业心和全心全意为人民服务的思想，出色地完成各项任务。

公文写作人员只有具备强烈的事业心和责任感，不擅权越位，不掺杂私心杂念，不渎职；才能严格按照领导的指示和意图办事，提高参谋意识和能力；脚踏实地、任劳任怨，有吃苦耐劳甚至委曲求全的精神；才能谦虚谨慎，办事公道；才能坚持原则，秉公办事；才能端正思想，实事求是，勇于创新，既不唯领导是听，也不唯“本本”是从；才能根据自身分工的不同和形势发展的需要，认真学习，不断提高自己的科学文化素质和各项工作技能。

二、忠诚党的事业，甘做无名英雄

忠诚党的事业，甘做无名英雄，是公文写作工作的特点对公文写作人员提出的要求。公文写作工作的特点主要有：其一，公文写作的成果一般是集体智慧的结晶。例如撰写一个高质量的文件或领导讲话稿，从构思、写作到最后定稿，融入了许多人的心血，一般不是哪一个人能够单独承担的。其二，公文写作人员默默无闻、不抛头露面是工作的需要。公文写作的成果一般不以个人名义署名，只能以组织的名义或领导人的名义发出。另外，公文写作人员在其他各项工作中，一般也很少抛头露面。过于表现自己，是有违职业道德的，同时也是工作纪律不允许的。任何一个有志于从事公文写作工作的同志，从踏入这一职业开始，就应当做好甘当无名英雄的思想准备；就必须忠于党的事业，有为党、为人民献身的精神；要热爱自己的本职工作，把工作看作对国家、对人民应尽的义务，做到不为名，不为利，不计较个人得失，兢兢业业全心全意地为人民服务。没有甘当无名英雄的精神，没有完全彻底的为人民服务的思想是不能胜任这项工作的。

三、公而忘私，埋头苦干

公文写作工作需要付出很大的心血，没有埋头苦干的精神是根本不行的。起草文件，需要查阅大量的资料，进行深入的调查研究，还要绞尽脑汁地进行构思、布局。写作时常常要加班加点，甚至通宵达旦，一稿不成，几易其稿，任何一个细节都不能马虎；遇有紧急任务，为保证时效，往往还要加班加点工作，要牺牲个人的休息时间，其艰辛可想而知。埋头苦干对于其他职业来说，可能是少数先进者的标准，然而对于公文写作人员来说，却是一项基本要求。因为，它是职业的需要、工作的需要，是一种历史传统。如果缺乏埋头苦干的精神，对公文写作工作恐怕连一天也难以做下去。

四、谦虚谨慎，平等待人

谦虚谨慎、平等待人，是一切国家工作人员都应具备的品德，而对公文写作人员来说显得更加重要。因为他们处于各级机关的中枢岗位，具有一种特殊的地位。这种特殊的地位，要求公文写作人员必须具备谦虚谨慎、平等待人的品德，这也是建功立业的前提和基础。

公文写作人员首要的是摆正自己的位置。摆正位置，一方面，要求公文写作人员要正确处理与领导的关系。由于公文写作人员是为领导工作服务的，因此在工作中就应认真领会和落实领导的意图，认真听取领导的意见，不能“越位”“擅权”，自作主张。要善于听取别人的意见和建议，虚心向他人学习。在成绩面前不居功自傲，在缺点和错误面前不文过饰非并能积极采取措施进行改正。只有这样，才能保持不断进取的精神，才能增长更多的知识和才干。另一方面，要求公文写作人员有自知之明。公文写作人员要充分了解自己能做什么，不能做什么，并能根据自己的长处和短处，善于扬长避短，这样既有利于工作，也有利于个人的发展。公文写作工作者因为接触领导的机会多，知道的情况多，经历的场面大，得到的消息快，下级单位的同志对他们也很尊重，很容易产生盲目的优越感，甚至对一些事情指手画脚，以势压人，这都不是公文写作人员应有的作风和品德。公文写作人员应时刻注意提醒自己谦虚谨慎、平等待人，防止出现高人一等的思想。自以为是，以为自己做什么都正确，这是一种骄傲自满的表现。有了这种思想，就会忘乎所以，在没有任何根据的情况下，盲目地觉得自己了不起，别人都不行，甚至连领导也瞧不起，这样迟早要碰壁，显然也是无法胜任公文写作工作的。公文写作人员谦虚谨慎、平等待人的美德应当从一言一行培养，从细微小处着手，说话的语气、办事的方法都要处处注意。只有这样，才能时时看到自己的不足，永不自满，不断前进。

五、严格保密，遵纪守法

古人讲“事以密成，语以泄败”。公文写作人员被认为是领导的近身人员，在领导中枢工作，职业的机要性强，所以，必须将保密作为一项基本道德规范。

把保守秘密作为公文写作人员的职业道德规范提出来，是因为严格保密是公文写作人员的基本条件和基本的职业道德规范之一。如果一个公文写作人员忽视保密，马马虎虎，乱说乱讲，造成泄密事故，自己受处分是小事，给党和国家的事业造成损失是大事。所以，作为公文写作人员，要有极强的保密观念，要时刻想着党和国家的利益，严守机密，不在公共场合、私人通信通话中涉及机密，不在亲属与朋友面前谈论秘密，自觉做到守口如瓶。

遵纪守法是公文写作人员职业活动能够正常进行的重要保证。遵纪守法，指的是要遵守职业纪律和与职业活动相关的法律法规。法律是由国家制定的，并以国家强制力保障实施的，是每个公民必须遵守的。公文写作人员应始终把国家和人民的利益放在首位，在任何情况下，都应保持清醒的头脑，抵制各种诱惑，增强尊法守法的自觉性。在处理个人与国家、集体、他人的关系时，做到公私分明、公平允正、光明磊落；要自尊自重、秉公办事、清正廉洁，不利用职权和工作之便，假公济私，谋取私利；对于是非问题，能公平对待；对于应该做的工作都应认真做好；对于该赞扬的事应积极赞扬，对于该批评的事应敢于批评，绝不掺杂个人意志和感情色彩；要坚持原则，自觉抵制不正之风，以廉洁自律为荣，以以权谋私为耻。

六、诚实守信，团结合作

诚实守信是中华民族最重要的传统美德和做人的行为规范。“诚”就是诚实，表里如一，为人诚实，待人诚恳；“信”就是讲求信用，说一是一，言行一致，说话办事讲求信用。公文写作人员恪守诚信，就是要遵守信用、遵守时间、遵守承诺，言必信，行必果。

“天时不如地利，地利不如人和”，这是古人留下的思想精华，也是现代人的成功之道。纵观古今，没有任何一个人能游离于集体之外而获得成功。在现代社会中，存在着领导与被领导之间、同事之间和服务对象之间等人际关系，因此越来越强调团队精神。要建设团结和谐的集体，促进事业的成功，一个重要的法宝就是要以尊重为本，在上下级之间、同事之间及服务对象之间架起互相尊重、互相信任、互相爱护的桥梁。这样就能够拉近人们之间的距离，沟通人们之间的感情，从而产生巨大的凝聚力。

公文写作人员要严格要求自己，要学会调整和改善组织之间、工作之间、人与人之间的关系，精诚团结，促使各项活动趋向同步化与和谐化，以实现共同目标。在工作中，要平等地同各职能部门商量工作，互相支持，密切配合，以增强凝聚力，提高工作效率。

第六节　公文写作人员的知识结构

所谓知识结构，是指一个人所掌握知识的广度、深度及其比例与融合情况。各类社会职业都要求其从业人员具有一定的知识结构，这样才能有效地进行各种职业活动。职业的综合性，要求公文写作人员具有多维的知识结构。作为新时代的公文写作人员，其所承担的工作日趋繁忙和重要。公文写作人员不仅要有良好的职业品德，还要有全面的业务能力，要头脑灵活，反应敏捷，办事利落，通情达理，具有丰富的知识，能够做到审时度势。这些都与公文写作人员的知识结构和能力结构密切相关。

随着全面建设社会主义现代化国家新征程的开启，对公文写作人员知识结构的要求越来越高，公文写作人才逐渐向“复合型”通才方向发展，其知识体系趋于庞大和复杂。公文写作工作综合性强，接触面广，写作人员必须在实践中不断拓展自己的知识面和更新自己的知识结构，构建一个以基础知识为基石，以专业知识为核心，以与之相关联的知识为外围或边缘的宝塔形知识结构。

一、扎实的基础知识

基础知识是公文写作人员知识结构的根基、宝塔形知识结构的底座。基础知识越扎实、越丰富，公文写作人员的潜力发挥就越大。公文写作人员的基础知识主要包括以下三个方面。

（一）马克思主义理论基础知识

主要包括马克思主义哲学、政治经济学、科学社会主义、中共党史、党的建设学说、中国特色社会主义理论体系等。对于这部分知识，公文写作人员必须系统地学、认真地学，深刻领会，力求精通，从而树立科学的世界观和方法论。

（二）党的路线方针政策和法规基础知识

主要包括党的路线方针政策，党的纲领、章程；国家法律法规；各种行政法规，部门规章、制度等。只有熟悉了解这些基础知识，公文写作人员才能做到工作有依据，行动有准则。

（三）科学文化基础知识

主要包括社会科学基础知识，如文学、历史、哲学、政治、形式逻辑、外语等学科知识，和自然科学基础知识，如数学、物理、化学、生物、天文、地理等。

二、精深的专业知识

现代社会对公文写作人员的知识能力和知识结构的要求呈现多样化的趋势，具有传统的通用型知识结构的公文写作人员面临着巨大的压力，而基础知识扎实又具备较高专业水平的公文写作人员日益受到欢迎。

专业知识，是指公文写作人员工作业务方面的知识。一方面，它是公文写作人员知识结构的核心，也是区别于其他人才知识结构的依据。专业知识主要包括：写作学、文书学、秘书学、信息学、档案学、统计学、调查研究、会务工作、信访工作、机要保密、办公自动化等。另一方面，现代社会公文写作工作日益普遍化和社会化，公文写作工作不仅存在于政府机关、企事业单位和社会团体中，也渗透到社会的各个角落。每个公文写作人员的服务单位都有一定的业务范围，表现出一定的业务活动特点。公文写作人员虽然不直接从事具体的业务活动，但在起草有关文件、上通下达、综合信息的过程中必然要涉及这些业务知识。如果对自己所服务单位的业务一无所知，也不具备使用这些知识的相应能力，则很难做好这项工作。因此，公文写作人员除了必须具备本职的专业知识和业务能力之外，还应当学习和掌握所在单位的业务知识和相应能力。比如，供职于金融业的，就必须掌握财政金融方面的基本知识；在司法界工作的，就要系统地掌握法律知识并具备一定的办案能力；在医务部门工作的，就应具备一定的医药知识和医疗程序知识；在商务系统工作的，就要具备一定的商业管理知识等。也就是说，公文写作人员在哪一行业工作，就需要具备所在行业的专业知识，就应熟悉哪一行业的专业知识。只有掌握了精深的专业知识，才能真正胜任公文写作工作。

三、必要的相关知识

必要的相关知识是指独立于专业知识之外，但又与公文写作工作密切相关的知识。由于现代社会职业分工越来越细，公文写作所涉及的领域越来越广，门类也越来越多，因而要求公文写作人员在具备了写作专业知识之后，应该向相关专业知识层面拓展。只有这样，公文写作人员才能在理论和实践上获得更好的发展，才能适应现代社会对公文写作的要求，更好地完成工作任务。与公文写作相关的学科很多，其中联系比较紧密的主要有以下几类。

（一）基础科学方法论知识

主要包括：系统论、信息论、控制论等知识。

（二）心理学知识

主要包括：普通心理学、管理心理学、秘书心理学、人际关系心理学等。

（三）社交知识

主要包括：人际关系学、公共关系学等。

（四）软科学知识

主要包括：行为科学、预测学、决策学、咨询学、社会沟通学、运筹学等。

（五）其他有关学科知识

主要包括：文学、法学、教育学、人才学、伦理学、新闻学、编辑学等。

公文写作是综合性工作，涉及的内容很广。公文写作人员只有尽可能多地掌握各方面的知识，才能更好地为领导工作服务，更好地发挥主动性、创造性。

16 世纪英国哲学家弗朗西斯・培根说过："读史使人明智，读诗使人聪慧，演算使人精密，哲理使人深刻，伦理学使人有修养，逻辑修辞使人长于思辨。"各门学科都有它的特殊作用。公文写作人员对这些知识应尽量兼而有之。知识面越广的人能力越强，越具备优良的气质和高尚的情操。随着世界经济与文化的快速发展，公文写作人员应不断丰富自己的知识体系，不断优化自己的知识结构。古人云："非学无以广才，非学无以明识，非学无以立德。"公文写作人员必须不断学习，才能提高充实自己，这就要求必须有锲而不舍、坚持不懈的精神。知识要靠平时积累，积少成多，拥有的知识越多，运用起来才会得心应手，才能适应时代发展的需要。

第七节 公文写作人员的能力要求

能力，是指顺利完成工作任务，并直接影响工作质量和效率的基本技能，或者说是能胜任某项工作任务的条件，即本领。能力以知识为基础，是人的综合素质和基本修养的具体表现。公文写作人员的能力要求主要由以下五个方面组成。

一、调研能力

调研能力就是调查研究能力，即具有运用马克思主义的立场、观点和方法对有关对象进行调查，并对调查得来的材料进行研究分析，探究事物的发展规律，得出正确结论的本领。调查研究是领导工作的一部分，也是公文写作人员的一项经常性工作。当领导进行调查研究时，公文写作人员常常要做许多辅助性工作，比如，选择调查对象，安排调查场所，做记录，帮助收集和整理材料等。所以，公文写作人员必须做有心人，熟悉本地区、本单位、本系统内外及上下左右的情况，并结合各项工作，扎扎实实深入下去，了解情况，发现问题，精心科学地分析、归纳、整理，努力掌握第一手材料，及时为领导提供全面而准确的信息，并提出意见和建议，以便领导作出正确的决策。当公文写作人员独自承担调研任务时，要能够运用科学的调研方法，获得和分析材料，提出有价值的意见，以供领导参考。公文写作人员起草文件时，须了解情况，进行分析。如果没有调查研究的能力，就没有对实际情况和事物本质的深刻了解，要做好这些工作是不可能的。具体来说，主要表现在两种能力上：

一是观察能力。观察是一种有目的、有准备、有组织的知觉，是人们认识事物的高级形式。

观察之所以重要，因为它是把人的思维与现实世界联系起来的桥梁。公文写作人员只有通过对研究对象进行系统、周密、精确的观察，从而获得大量的感性材料，才有条件研究事物的规律和本质特征；如果没有观察，那就没有办法展开科学的研究。

二是思维能力。思维是人类特有的一种精神活动，它是在表象、概念的基础上进行分析、综合、判断、推理等认识活动的过程。思维能力是智力结构的核心，它在公文写作中起着主导和决定性作用。根据思维的内容、方向和解决问题的任务，可将其分为动作思维、形象思维、抽象思维和创造性思维。公文写作人员常用的主要是抽象思维和创造性思维。其中，抽象思维又称逻辑思维，是借助概念、判断、推理等逻辑手段进行的；创造性思维，是人类思维的最高级形式，它不仅能揭示事物的本质，还能提供具有社会价值的新观点、新思想、新思路。公文写作人员的创造性思维表现为善于发现问题、提出问题及提出解决问题的意见，并能在某些认识之间建立新的联系，从而为领导提供创造性、建设性的意见。

二、文字表达能力

文字表达能力即写作能力，是公文写作人员的基本功。公文写作人员应熟练掌握各种公文的写作方法，能够根据领导的授意和工作的需要，迅速撰写出格式规范、条理清楚、言简意赅、文通字顺、观点鲜明、逻辑性强的各种公文。文字表达能力，不单纯是文笔技巧问题，也是公文写作人员德才储备的一种内在的调动，是一种综合性能力，是公文写作人员的素养、知识结构的反映。

公文写作是一个独立的体系，具有许多特殊要求，如主要是运用逻辑思维，使用叙事、议论和说明的基本表达方式，很少使用文艺创作中的描写、抒情的表达方式，更不能用虚构和夸张的手法。

公文写作人员在公文写作中，如果文思敏捷，内容既切合实际，符合党的方针政策，格式上又规范得体，语言也简明通畅，那么，对宣传党的路线方针政策及解决工作中的具体问题就会产生好的效果；反之，如果文字水平低，写出的公文思路不清，冗长杂乱，或内容空洞，华而不实，脱离实际，则必然会贻误工作。

三、办事能力

办事能力，是指准确、及时、优质地完成领导交办事项的能力。具体表现在：一是完成各种复杂公文写作任务的能力。对领导交办的任务，无论困难多大，都能勇于接受，并想方设法克服困难，完成任务。二是在坚持原则前提下的灵活、变通能力。在实际工作中，有许多事情如果机械地死守条条框框，往往是行不通的，这就需要根据实际情况，在不违反原则的前提下，进行变通处理，把原则性与灵活性有机结合起来。公文写作人员在处理事务时，应围绕领导工作的要求，培养自己独立的办事能力。要正确领会领导意图，熟悉职权范围，知晓办事渠道，遵循办事程序，了解有关业务，掌握工作规律，区分轻重缓急，抓住工作要害，并有较强的组织能力、分析能力和应变能力，能审时度势，因势利导，驾驭局势，将繁杂的机关事务处理得井井有条。在实际工作中，若遇到已制订的方案、计划与现实不符的情况，应对不符部分作出修正或推翻重来；若遇到突发事件，应临危不乱、处事冷静，在较短时间内拿出对策。

四、听知能力

听知能力也是公文写作人员的基本功之一。听知能力，就是聆听并理解话语的能力。公文写作人员应掌握多种听知能力。例如，既要有听电话、简短回答问题、商洽事情的简单听知能力，又要有调查访问、召开座谈会，听取各种发言、意见，并加以择要整理的比较复杂的听知能力；既要有听取领导交代工作及交办事情、接受指示，字字句句认真铭记的特殊听知能力，又要有对一些讨论、辩论、申诉等有争议的复杂问题迅速作出判断、评价的听知能力；还要有对领导指示意图心领神会、触类旁通的创造性听知能力等。公文写作人员要具有多种听知能力，必须经过科学的训练和在实际工作中的长期磨炼，才能逐步形成并达到较高的水平。

要具有较高的听知能力，关键在听，要听得快、听得准、记得牢。因为口语在空间的传播会受到时间的限制，稍纵即逝。要想使口语表达的意思在瞬间能牢固地留在脑海中，不被遗忘，就要求公文写作人员在聆听时注意力集中、反应力灵活、理解深刻、记忆力牢固、组合机智和辨别正确。

五、操作能力

由于科学技术的快速发展，公文写作工作日趋实现电子化和自动化，即办公自动化。这就要求公文写作人员必须适应新形势发展的需要，掌握现代化办公的多种技能。主要包括：微电脑技术、复印技术、缩微技术、摄影技术、录音录像技术、打字技术、速记技术、图像处理技术、编辑技能、校对技能。

第八章

公文写作疑难问题解析

第一节　打牢政策根基

一、怎样认识公文的产生、发展沿革史?

【解答】

公文是人类社会发展到比较高级阶段时的文化产物，作为必不可少的重要工具，还将以不同的形式，伴随人类社会的发展而持续下去。

人类社会某一族群发展到统一文字的阶段，必然首先产生公文这一管理及传播工具。作为中华民族的文明现象之一，我国公文具有悠久的历史。据说，5000 年前黄帝时期的史官仓颉就已经创造性地改革统一了文字，西汉刘安所著的《淮南子・本经训》中有“仓颉造字，天雨粟，神鬼泣”的记载。

夏商周时期，公文基本成形，也有了分类，出现了代表作。目前，世界公认我国最早的古文字是 19 世纪末在河南省安阳市小屯村发现的距今约 3600 年的殷墟甲骨文。甲骨文又称契文、甲骨卜辞，被统治者主要用来进行占卜和记事。春秋时期，由孔子编辑的《尚书》，汇编了黄帝之后尧舜禹到夏商周的高级行政公文。诸子百家时期的一些文章，亦属于公文。

在 2000 多年漫长的封建社会历史中，公文在形式上不断发展变化。秦汉建立大一统中央集权专制社会，古代公文开始走向统一规范。公文代表作有李斯的《谏逐客书》、汉高祖的《求贤诏》和诸葛亮的《出师表》等。公文最初被称为“书契”“简牍”“文书”“文案”等。“公文”一词最早出现在东汉。《后汉书・卷五十七・刘陶传》记载，东汉灵帝中平元年（184），侍御史刘陶上表朝廷，提议招安张角，以防黄巾起义:“但更相告语，莫肯公文。”意为各州官员为保官职，只是互相转告，不肯写公文报告张角势力的日益强大。三国时期公文已成通称。

魏晋时期，公文写作理论有了突破。刘勰在其理论巨著《文心雕龙》中论述的大部分文章都是公文。

唐宋时期，推崇文治，公文种类有了进一步发展，涌现了许多公文名作。在“唐宋八大家”的散文中，有不少名作是公文。

明清时期，公文走向封建社会的高峰阶段，种类繁多，相继推出专著。

辛亥革命后，公文发生了革命性的变革，从内容到形式都面目一新。中国共产党十分重视公文变革，明确主张使用白话文，并注重公文写作的研究。中华人民共和国成立后，不断进行公文的规范化、科学化建设。1981 年，国务院办公厅发布了《国家行政机关公文处理暂行办法》。1987 年，国务院办公厅发布了《国家行政机关公文处理办法》，又于 1993 年对文件进行了修订。2000 年 8 月 24 日，国务院发布了《国家行政机关公文处理办法》，以国家最高权力机关的执行机关名义发布公文处理法规，意义十分重大。2012 年 4 月，中共中央办公厅和国务院办公厅联合印发了《条例》，将党政两大系统的公文法规合二为一。2017 年 7 月，《军队机关公文处理工作条例》正式印发。至此，我国公文处理工作日臻完善，对新时代中国特色社会主义事业有着重大促进作用。

二、中共中央办公厅和国务院办公厅 2012 年 4 月联合印发《党政机关公文处理工作条例》的重大意义是什么?

【解答】

中共中央办公厅和国务院办公厅于 2012 年 4 月 16 日联合印发了《党政机关公文处理工作条例》(中办发〔2012〕14 号)，并从 2012 年 7 月 1 日起正式施行，同时宣布 1996 年 5 月 3 日中共中央办公厅发布的《中国共产党机关公文处理条例》和 2000 年 8 月 24 日国务院发布的《国家行政机关公文处理办法》停止执行。

长期以来，我国党政两大系统公文处理法规一直是单独运行的。中共中央办公厅曾于 1989 年 4 月 25 日印发《中国共产党各级领导机关文件处理条例(试行)》，于 1996 年 5 月 3 日印发《中国共产党机关公文处理条例》。国务院办公厅于 1981 年 2 月 27 日印发《国家行政机关公文处理暂行办法》，于 1987 年 2 月 18 日印发《国家行政机关公文处理办法》，于 1993 年 11 月 21 日印发《国家行政机关公文处理办法》，国务院于 2000 年 8 月 24 日印发《国家行政机关公文处理办法》。其中，有些规定和做法不够统一，甚至互相抵触，影响了公文处理工作的科学化、制度化、规范化，无论是从理论上还是从实践上都带来了不少问题。鉴于此，从 2008 年开始，中共中央办公厅和国务院办公厅着手对党政两大系统的公文处理法规作进一步修订。历经近四年之久，终于在 2012 年 4 月 16 日联合印发了《条例》。党的机关公文处理工作法规与国家行政机关公文处理工作法规由原来的分别设立走向统一要求、统一规范、统一实施，是我国当代公文法规建设进程中一次具有划时代意义的重大变革，体现了党政机关公文处理工作发展的客观需要，对进一步推动各级党政机关公文处理工作的科学化、制度化、规范化，规范公文运转程序，提高公文处理的质量和效率，具有极其重要的现实意义和深远的历史意义。

三、《党政机关公文处理工作条例》的主要特点是什么?

【解答】

《条例》综合吸收了以往党中央和国务院发布的这方面法规的优点，结合新的历史条件下党政机关公文处理工作的实践，在继承和创新的基础上制定了此条例。其主要特点有以下几个方面。

1. 统一了公文定义。《条例》规定："党政机关公文是党政机关实施领导、履行职能、处理公务的具有特定效力和规范体式的文书，是传达贯彻党和国家方针政策，公布法规和规章，指导、布置和商洽工作，请示和答复问题，报告、通报和交流情况等的重要工具。"

2. 统一了公文种类。原来党的机关公文有 14 种，即决议、决定、指示、意见、通知、通报、公报、报告、请示、批复、条例、规定、函、会议纪要，行政机关公文有 13 种〔命令（令）、决定、公告、通告、通知、通报、议案、报告、请示、批复、意见、函、会议纪要〕，两者之间有 10 个文种是相同的。《条例》规定的公文种类有 15 种〔决议、决定、命令（令）、公报、公告、通告、意见、通知、通报、报告、请示、批复、议案、函、纪要〕，可以将其理解为是在行政机关公文种类基础上增加了党的机关公文的决议和公报两个文种。这里请大家注意，除了文种种类统一以外，还将会议纪要改成了纪要。

3. 统一了公文构成要素。这方面变化较多。一是对公文格式要素进行了调整。党的机关公文由版头、份号、密级、紧急程度、发文字号、签发人、标题、主送机关、正文、附件、发文机关署名、成文日期、印章、印发传达范围、主题词、抄送机关、印制版记组成；行政机关公文一般由秘密等级和保密期限、紧急程度、发文机关标识、发文字号、签发人、标题、主送机关、正文、附件说明、成文日期、印章、附注、附件、主题词、抄送机关、印发机关和印发日期等部分组成。这次进行了统一，规定公文一般由份号、密级和保密期限、紧急程度、发文机关标志、发文字号、签发人、标题、主送机关、正文、附件说明、发文机关署名、成文日期、印章、附注、附件、抄送机关、印发机关和印发日期、页码等组成，最大的变化是增加了发文机关署名和页码这两个公文格式要素，取消了主题词格式要素。二是公文格式要素编排有较大变化。进一步细化了特定格式公文的编排要求，新增了联合行文公文首页版式、信函格式首页、命令（令）首页版式等式样。

4. 统一了行文规则。这方面变化不是很大，基本规则没有大的变化，主要是作了进一步的细化和明确。一是行文应当确有必要，讲求实效。二是行文关系根据隶属关系和职权范围确定，一般不得越级行文。三是向上级行文，原则上主送一个上级机关；部门向上级主管部门请示、报告重大事项，应当经本级党委或政府同意或者授权（属于部门职权范围内的事项应当直接报送上级主管部门）；请示应当一文一事，不得在报告等非请示性公文中夹带请示事项；除上级机关负责人直接交办事项外，不得以本机关名义向上级机关负责人报送公文，不得以本机关负责人名义向上级机关报送公文。四是向下级机关行文，要主送受理机关，根据需要抄送相关机关；部门和单位不得向下级党委、政府发布指令性公文或者在公文中向下级党委、政府提出指令性要求；涉及多个部门协商不一致的不得向下行文。五是同级党政机关、党政机关与其他同级机关必要时可以联合行文。六是部门内设机构除办公厅（室）外不得对外正式行文。

5. 统一了公文处理工作。将《中国共产党机关公文处理工作条例》中的“公文起草”“公文校核”“公文签发”“公文办理的传递”“公文管理”“公文立卷归档”“公文保密”，以及《国家行政机关公文处理办法》中的“发文办理”“收文办理”“公文归档”“公文管理”统一规范为“公文拟制”“公文办理”“公文管理”三大类一系列相互关联、有序衔接的工作，从而使公文处理工作更加规范、科学。主要变化有：在公文拟制方面，要求“重要公文和上行文由机关主要负责人签发”；在公文管理方面，增加“发文立户”的规定，要求新设立的机关应当向本级党委、政府的办公厅（室）提出发文立户申请。

四、《党政机关公文处理工作条例》对各级党政机关提出了哪些要求?

【解答】

与以往的公文处理法规相比，《条例》的一个突出特点是把公文处理工作提到很高的地位。《条例》第六条规定：“各级党政机关应当高度重视公文处理工作，加强组织领导，强化队伍建设，设立文秘部门或者由专人负责公文处理工作。”

第七条规定：“各级党政机关办公厅（室）主管本机关的公文处理工作，并对下级机关的公文处理工作进行业务指导和督促检查。”可见，公文处理工作不单单是机关办公部门的事情，更不仅仅是文秘人员的事情，它与整个机关工作的运转息息相关，是实现领导决策、执行、信息反馈和监督的重要一环。离开公文处理工作单纯讲领导、管理，显然是不科学的，也是不正确的。各级党政机关都要把公文处理作为实施领导的重要一环，给予高度重视，加强组织领导，强化队伍建设，设立专门的文秘部门或者由专人负责公文处理工作。

五、《党政机关公文处理工作条例》规定公文处理工作应当坚持的基本原则是什么？

【解答】

《条例》第五条明确规定："公文处理工作应当坚持实事求是、准确规范、精简高效、安全保密的原则。"这一规定既科学合理又切合实际。特别是在当前，把实事求是作为公文处理的首要原则十分必要，它有利于防止少数单位和地区"数字出官""以 GDP 论英雄"等虚假现象的出现。公文中的不准确、不规范现象也是一个非常值得我们重视的问题。至于"精简高效"，是说要严格控制发文数量，做到发文确有必要并讲求实效。文件不是发得越多越好，也不是写得越长越好，正确的做法是发文数量要适中，力求简明扼要、短小精悍，只有这样才能从根本上搬掉"文山"，切实改进机关的公文文风。而要实现"高效"，就要求我们在公文处理的时间上做到迅速及时，在空间上做到准确周密，同时还要做到安全保密，以确保公文在政治上万无一失。

六、国家质量监督检验检疫总局、国家标准化管理委员会 2012 年 6 月发布的《党政机关公文格式》的主要新变化有哪些？

【解答】

《党政机关公文格式》是由中共中央办公厅和国务院办公厅提出，由中国标准化研究院、中共中央办公厅秘书局、国务院办公厅秘书局和中国标准出版社共同起草，中华人民共和国国家质量监督检验检疫总局和中国国家标准化管理委员会于 2012 年 6 月 29 日联合发布的。该标准与《条例》相配套，亦从 2012 年 7 月 1 日起正式实施。这是继 1988 年 9 月 5 日原国家技术监督局发布《国家机关公文格式》以及 1999 年 12 月 27 日发布修订的《国家行政机关公文格式》之后所作的第二次修订。此次修订在 1999 年标准的基础上作了很大调整，首次将适用范围扩大到各级党政机关，并对党政机关公文用纸的纸型、构成要素、版式规格以及标注位置、方法、要求等均作出统一的规定，显得更加科学、严谨、完备，更具实用性和可操作性。它的发布实施，对于进一步提高各级党政机关公文质量，推动党政机关公文处理工作的科学化、规范化和标准化，有着非常重要的作用。

《格式》对公文的标准结构和装订要求进行了适当调整，变化最大的是公文格式要素及其编排的调整。其主要变化有以下几点。

1. 对公文格式要素的划分进行了调整。原标准将版心内的公文格式各要素划分为眉首、主体、版记三部分，而新标准将其划分为版头、主体、版记三部分。《格式》明确规定，公文首页红色分隔线以上的部分称为版头；公文首页红色分隔线（不含）以下、公文末页首条分隔线（不含）以上的部分称为主体；公文末页首条分隔线以下、末条分隔线以上的部分称为版记。页码位于版心外。

2. 对公文格式要素进行了调整。新增加了发文机关署名格式要素，新增不加盖印章和加盖签发人签名章公文的相关规定；将单一机关行文不署发文机关名称，改为在成文日期之上、以成文日期为准居中编排发文机关署名；同时，删除了主题词格式要素；去掉了“印制份数”格式要素要求。

3. 对公文格式各要素编排进行了较大调整。例如，将密级和保密期限、紧急程度的编排位置由右上角改为左上角，与份号自上而下排列；又如，删除“主办单位签发人置于第一行，其他签发人从第二行起”的规定，要求如有多个签发人按照发文机关的顺序从左到右、自上而下依次均匀编排，一般每行排两个姓名，回行时与上一行第一个签发人姓名对齐。

4. 对成文日期中的数字格式进行了调整。由原来的汉字标全改为阿拉伯数字标全。年份应标全称，月、日不编虚位（即“1”不编为“01”）。

5. 对公文的特定格式进行了新规定。《格式》新增联合行文公文首页版式、信函格式首页、命令（令）格式、纪要格式版式等式样。

6. 新增加了页码格式要素。《格式》明确规定公文页码作为格式要素不可少。《格式》把《中国共产党机关公文处理条例》和《国家行政机关公文处理办法》都没有提出的“页码”作为公文的要素之一。

综上，《格式》的主要变化可用六句话概括来帮助记忆：主题词和份数不再标；密级紧急左上角；格式新增有几样；机关署名不可少；成文日期用阿数；公文页码别忘了。

七、为什么强调文秘人员必须重视公文、熟悉公文、写好公文?

【解答】

强调文秘人员必须重视公文、熟悉公文、写好公文，是因为具备一定的公文写作能力是文秘人员的基本功。随着社会政治经济建设的不断发展，各种公私事务交往活动的逐步深入和日趋频繁，公文越来越凸显出其异乎寻常的重要地位，具有其他文体难以企及的社会功能。因此，每一位机关单位的工作人员特别是文秘工作人员必须充分认识公文这种特殊文体的重要性，认真了解和掌握各类公文的写作规律、特征和要领，能够撰写出符合规范要求的公文，以适应当今社会飞速发展的形势需要。

了解和掌握公文写作的基本知识，具备相应的公文写作能力，不断提高公文写作的质量和水平，是每一位机关单位的工作人员特别是文秘工作人员必备的一项基本功，它与职业选择和定位密切相关，是做好工作的重要基础和必备条件之一。从古至今，凡是那些有作为的官员、文人和志士仁人，都非常重视文章写作特别是公文写作。三国时期的魏文帝曹丕在他的名著《典论·论文》中将文章体裁分为四科，即奏议、书论、铭诔、诗赋，并且高度概括出了各类文体的写作规律和基本特征，指出："夫文本通而末异，盖奏议宜雅，书论宜理，铭诔尚实，诗赋欲丽。此四科不同，故能之者偏也；唯通才能备其体。"更重要的是，他把文章写作特别是公文写作上升到治理国家的高度来认识，指出："盖文章，经国之大业，不朽之盛事。年寿有时而尽，荣乐止乎其身，二者必至之常期，未若文章之无穷。"晋代著名学者陆机在他的《文赋》中也说："章表奏议，经国之枢机。"北宋大儒张载更加明确地指出，写作要"为天地立心，为生民立命，为往圣继绝学，为万世开太平"。曾任新华社社长的中国著名新闻工作者郭超人也指出，写作人员"笔下有人命关天，笔下有财产万千；笔下有是非曲直，笔下有毁誉忠奸"。这些论述，都应该成为每一位从事公文写作人员的座右铭。

八、为什么强调公文写作人员"要做有心人"？

【解答】

这是由文秘工作的性质和特点决定的，是对公文写作人员的基本素养要求。具体而言，就是公文写作人员在日常工作、学习和生活过程中，要做有心人，要尽可能地多读一些报刊和文件。"要做有心人"这五个字，说起来简单，但是做起来却并不容易，也就是说，看似简单实则不凡。要做工作、学习和生活中的有心人，就要求公文写作人员平时要多读报刊和文件。这里所说的报刊，主要是指那些党报党刊和政报政刊，街头小报少看。其中，最主要的是《人民日报》和《求是》杂志;《人民日报》是中国共产党中央委员会的机关报，《求是》杂志是中共中央的机关刊物。国务院有《国务院公报》，各省区市党委、政府也都有相应的党报党刊和政报政刊，对此我们都要认真研读。

还要订阅一些与文秘工作相关的专业性期刊，目前公开发行的主要有六家:《秘书工作》（中共中央办公厅秘书局主管）、《秘书》（上海大学主办）、《秘书之友》（兰州大学主办）、《应用写作》（长春理工大学主办）、《写作》（武汉大学主办）、《办公室业务》（中国中南传媒主办、中国公文写作研究会协办）。这些期刊所刊载的文章，对于文秘人员业务水平的提高很有帮助。

文件，主要是指中共中央和国务院的文件，省（自治区）委、省（自治区）政府的文件，市委、市政府的文件，州（盟）委、州（盟）政府的文件，县（区、旗）委、县（区、旗）政府的文件，乡（镇）党委、乡（镇）政府的文件等，主要是看你在哪一个层级的单位工作，与之相应的文件都要认真研读。此外，还有大量的不同系统和部门的文件，这些文件中的内容是中共中央、国务院文件精神的具体化。例如，公安系统，就应包括中央政法委的文件、公安部文件、省（自治区、直辖市）公安厅文件，各市（地、州、盟）、县（区、旗）公安局的文件等。就企业来说，就应当看国资委的文件、总公司的文件、各个子公司的文件，应急管理部、省市应急管理局的文件等。看你在哪个层级的单位、在哪一个系统和部门工作，与之相对应的上情下情都要了解。这是提高文秘人员自身的业务水平特别是公文写作能力的十分重要的条件。也就是说，要想写好公文，你必须熟悉本系统、本部门的业务，如果不懂业务，是一个外行，即使具备了较强的文字表达能力，也是绝对不行的。当然，很多文件都有特定的阅读传达范围，并不是想看就能看到的，比如，“此件发至省军级”“此件发至县团级”等。只要条件允许，就应当尽可能地多找些文件来读。更何况，当今我们党和国家的不少政策性文件都是通过报刊、电视、广播以及网络等新闻媒体公开予以发布。多看这些党报党刊、政报政刊，多读这些不同层级、不同系统和部门的文件，对于我们思想政策水平的提高显然是非常必要和有益的。

只要正确把握、深刻理解主要党报党刊和中共中央文件、国务院文件以及上级机关有关部门的文件精神，文秘人员从事公文写作就有了基本的政策性依据，就能够在公文写作过程中始终保持思想政策的准确性。而一些政策性提法的准确性，或者说是表述口径的规范性和统一性，则是我们在公文写作过程中尤其应当引起注意的。

九、为什么说“求实”是公文写作人员最重要的职业道德?

【解答】

在公文写作实践中，有些人养成了一种很不好的习惯，撰写材料时往往“按图索骥”，按照预先定好的“调子”去找材料、写汇报，而不管其是否与实际相符。还有的人图虚名，明知不真实，却贪图虚名，写假报告，注入的“水分”过多，甚至“谎报军情”。这是缺少文德的表现。文德是社会主义职业道德的特征，是党性原则的体现。文秘人员缺乏文德，就是缺少社会主义职业道德，就是党性不强的表现。这样的文秘工作者往往是没有风骨的人。我国古代文人名臣中，就有很多不讲假话的有风骨的典范。唐代著名诗人白居易，以一生“未尝著空文”而自豪；唐代学者刘知几提倡著文“言必尽真”“从实而书”。封建时代的文人尚且有这样的风骨，作为新时期的公文工作者，没有任何理由在坚持实事求是的原则上放松对自己的要求，放松对自己的经常性提醒和检查。要学会用自己的眼睛观察社会，用自己的头脑思考问题，坚决杜绝跟风、浮夸风的不良习气，将公文写作牢牢扎根于求实的基础之上。制发公文的目的，在于指陈是非。是非不分，褒贬不明，善恶不辨，就不是真正的实事求是的态度。遇有谴毁，一概满足上司之好恶，不坚持实事求是，那还有什么文德可言？所以，无论公文工作者处于什么样的层级，无论撰写什么样的文件，都要把实事求是作为始终不渝的职业操守，孜孜追求，无怨无悔，这样才堪称一个高尚的、纯粹的、有益于人民的合格的公文工作者。

十、为什么说打牢政策理论根基是写好公文的先决条件?

【解答】

大量的公文写作实践充分证明，一篇公文写作质量的高低，在很大程度上取决于作者思想政策水平的高低。对于这个问题，我们过去在认识上一直存在很大的误区。通常情况下，我们评判一个作者的公文写作能力，往往就着眼于他的语言文字表达水平，而恰恰忽视了思想政策水平这个关键性因素，这是很偏颇的。

公文是党和国家路线方针政策的承载者，是政治的“晴雨表”和“风向标”，在各类文体中，只有公文文体受政治因素的影响最为直接和最为紧密。我们党和国家的路线方针政策通常都要以公文形式、借助公文这个物质媒介来发布和传达，具有高度的政策性、法定的权威性和现实的指导性及效用性，是用来指导和推动公务活动开展的重要工具和手段，因此，对公文写作者的思想政策水平要求非常高。可以说，公文写作者思想政策水平，是衡量一篇公文质量的决定性因素。

那么，怎样才能提高思想政策水平呢？一是要努力学习政治理论，懂得马克思主义哲学、马克思主义政治经济学和科学社会主义的基本知识。二是要认真学习和掌握马克思主义中国化的理论成果，即毛泽东思想、邓小平理论、“三个代表”重要思想、科学发展观和习近平新时代中国特色社会主义思想，它们是公文写作工作的指导思想，是我们从事一切公务活动的行动指南。只有这样，我们才能保持清醒的政治头脑，才能在起草公文时不出现马克思主义立场、观点、方法上的失误或不周，才能自觉地把党和国家的路线方针政策融会贯通到所起草的公文中去。这是确保自己具备较高思想政策水平的基础和前提。只有认真理解和把握党和国家的路线方针政策，真正做到吃深、吃透，才能使我们在起草公文时做到准确无误，切合实际。为此，要求文秘人员在日常工作、学习和生活中，要尽可能地多看一些报刊和文件。此外，还要多听听广播，多看看电视，多上上互联网，多了解一些时事，多思考一些问题，逐步把自己的思想政策水平提到一个应有的高度。还要做工作、学习和生活中的有心人，要注意培养自己观察问题的角度和分析问题、认识问题的方法。观察问题的角度，就是看问题的立足点，就是占位问题。“横看成岭侧成峰，远近高低各不同”，角度不同，得出的结论也往往不同。许多经验说明，掌握正确看问题的角度，学会分析、综合和归纳，是写出好公文的关键。没有思想政策水平的提高，要想把问题表达得准确，表达得清楚，往往是很困难的。

十一、公文写作应当进行哪些方面基本功的训练？

【解答】

任何领域、任何行业，想成就一番事业，直至达到事业或者技术的巅峰，必须要有扎实深厚的基本功。基本功不扎实的人，在任何行业都不会成为出类拔萃之人。文秘人员也是这样，要想成就自己所从事的事业，必须重视并加强基本功的训练。要不断训练，持之以恒。文秘人员如何从写作入门向写好公文转化呢？事实证明，没有别的捷径，只有进行一些艰苦的基本功训练，这是学会公文写作，从知到行的一个不可跨越的步骤。综合起来说，主要包括三个方面的基本功。

1. 讲读能力训练。讲读能力，是把文字表述改成口头表述。比较好的讲读能力，要求句读节奏分明，基本观点、主要观点能够通过音节凸显出来，语气词要充分显露，以烘托文件的思想和倾向，从而使文件表述的气势通过口头表述恰如其分地得到传递。讲读能力的训练，是文秘人员必不可少的基本功。从表面看来，讲读能力似乎与写公文的能力无关，其实不然。讲读是对一份文件的立体展示。文秘工作者经过训练，具有比较好的讲读能力，就可以利用这种立体展示的手段学习别人拟文的长处，克服自己拟文的短处。

2. 听辨能力训练。文秘写作是一项十分辛苦的工作，文秘职业也是一个非常辛苦的职业。尤其是文字秘书，在一份文件定稿之前总是放在心上，随时都在思考，脑力劳动负担过重，这种加班加点的特殊性是其他行业不具备的，也是常人难以体会的。很多职业的加班是可以计量的，而文秘人员的加班却是无形的。要想提高工作效率，文秘人员要从自身挖掘潜力，充分开通听觉感官，使视觉器官和听觉器官两者交替使用，增加作业时间，从而有助于我们搞好文件的拟制。不仅如此，为了适应现代化宣传手段的要求，越来越多的公文需要依靠听力传递。一篇公文写得再好，看起来再感人，但听不懂，也不是一篇好公文。

3. 复述能力训练。复述能力，就是口头造句的能力。对于文秘人员来讲，复述能力的培养，对于整理自己的思维，对文件的拟写是非常有用的。有人说，一篇好的作品是“念出来的”，这是有道理的。有一些文件的起草，就是由领导人或者拟稿主述人口授而记录下来的。当然，这并不是说，好的文件都要出自口述造句，而是说，口述造句有其不可替代的长处。因此，每一位文秘人员都要有意识地进行提高自己复述能力的培养训练。要注意把公文常用的基本提法复述准确；经常背诵一些东西锻炼专项记忆力，再训练复述力就会容易得多；多作口授记录的训练。复述能力的强弱，要看一次复述的字数，更要看复述语言的准确性和严谨性。因为严格地讲，没有构成文字表述的语言，不能叫作复述。一个人谈话，不要稿子，不看提纲，一次可以连续不断地讲上几个小时，讲上万字，甚至几万字，但那是口头表述，虽然可以整理成记录稿，但仍然是口头表述，而不属于复述。复述是用口头语言说出来的文字表述。

十二、公文写作如何保证政策思想的系统连贯性?

【解答】

公文的政策思想，是指通过公文这个载体传递方针、政策、主张、观点等。连贯一致，是说我们通过公文传递的政策规定、方针主张、思想观点，在时间上要保持“昨天—今天—明天”的持续；在空间上要保持上下左右步调一致。这就要求我们看问题、办事情，既要“瞻前”又要“顾后”，不切断事物的来龙去脉，这对于维护党和国家的权威与集中统一、取信于民是十分重要的。

要保持公文政策思想的系统连贯性，一般应注意以下三点。

1. 注意前前后后。即保持过去与现在为解决某一问题所制发的文件在政策上的系统连贯，不要忽东忽西，前后矛盾，使人无所适从。比如，有的单位由于领导班子更迭，新官上任，为显示自己的高明与权威，对先前一些正确的主张、要求、规定一概抹杀，重打锣鼓另开张，造成政策多变，这就损害了公文的系统性，也不利于领导形象和权威的塑造。

2. 注意上上下下。只有与上级文件的政策思想与基本原则保持系统连贯，才有利于在公务活动中做到政策连贯、上下合拍、运转一致。在实际工作中，我们有时会看到一些下级单位或部门在制定实施上级某一政策的具体规定时，断了线、走了样、变了调、串了味，使本来应当连贯的政策出现脱节，损害了公文的权威。例如，某省人民政府，为了搞活企业，制定了“厂长活动基金按销售收入的5%—10%提取”的规定，而在具体贯彻中，这个省的税务部门制定的实施细则规定不超过5%。由于规定不一致，致使下面无法执行。

3. 注意左左右右。为了保障上级某一政策的落实，下属各个主管部门必然要各自制定具体的实施办法。部门与部门之间有些规定的界限是清楚的，但有些也是有交叉的。对于交叉性的问题，在制定具体的实施办法时，要及时沟通，做到相互协调一致，不能“一个和尚一本经”，防止文件“顶牛”与“撞车”。

十三、怎样理解公文的真实性?

【解答】

真实性是公文写作的最基本要求之一，也是公文写作的一条根本原则。公文是党政机关办理公务的实实在在的工具，担负着传递策令、沟通信息，指导、布置和商洽工作，报告情况、交流经验的重要职能，因此，其所表达和反映的内容和情况绝不允许假大空，绝不允许浮华失实，必须是绝对真实的、在现实生活中具体存在的事实。它保证了公文的权威性和有效性。

对于公文写作的真实性，不能只停留在一般的层面上，而要将其置于具有政治工具功能的特殊文体的高度加以认识和理解。公文作为政治的产物，具有宣传贯彻党和国家的路线方针政策、推动机关单位公务活动开展的重要使命，因此，衡量其真实性的基本尺度就是政治的真实，也就是以最大限度地满足统治阶级及其政党的政治利益为基本前提。

公文真实的客观标准是现实的真实、主流的真实和发展的真实的紧密结合和有机统一。其中，现实的真实是指公文所承载的思想路线、方针政策必须实事求是，所涉及的事实材料必须是现实生活中客观存在而且是经过反复核实证明确凿无误的，而不是公文写作人员为着某种目的而随意杜撰的。观点、主张、意见、办法或措施等的提出，都必须实事求是，便于执行；对有关背景、经过等的表述也必须完全真实，即便某一细节甚至某一数字等，也必须认真核实，确保真实。否则，公文就会从根本上失去其应有的说服力，毫无利用价值，甚至给党和国家的事业造成损害。主流的真实是指公文所承载的思想路线方针政策必须代表和反映最广大人民的根本利益，而不能仅代表少数人的意志和利益。发展的真实是指公文所反映的思想路线和方针政策必须具有前瞻性和预见性，能够洞察当今世界政治经济发展的现状和趋势，能够代表先进生产力的发展要求，代表先进文化的前进方向，推动社会生产力的发展，并积极借鉴世界上先进的管理经验和文明成果，做到为我所用。

可见，公文的真实性，是以客观事物存在为基础的绝对真实，这与文学作品有所区别。文学作品为了反映生活本质，可以对所写的人和事进行艺术改造和加工，甚至可以虚构。而公文反映的是公务活动中的客观事实，所涉及的时间、地点、人物、事件等必须绝对准确，任何一个细节都不允许失真，尤其是一些向上级机关呈送的汇报材料，如果弄虚作假、隐瞒真实情况，其结果必然会影响上级对某事项的决策，以致出现严重后果。例如，1987年浙江省青田县鬃村干部为解决拉电线经费问题，在乡干部的默许下，把原本牢固的小学校舍卖掉，让学生到濒临倒塌的危房中上课。而在同年11月省、地两级教育“双验收”的汇报材料中却写道：“乡党委发动群众干部自力更生、集资建校舍，在上级没有拨款的情况下，一个穷乡三个村建校。鬃村建教室两间，建筑面积166平方米。”但出乎意料的是仅仅7个月之后，这个被汇报为“新建教室”的危房在大雨中倒塌，造成6名小学生死亡、16人受伤的惨剧。由此可见，上报材料弄虚作假造成的后果有多么严重。

十四、公文内容失真的主要表现有哪些?

【解答】

公文写作应当实事求是，要如实反映客观事物的本来面目，不能随意夸大或缩小。同时，对客观事物所作出的评价和结论也要恰当适度，既不能随意“扬善”，也不能无端贬抑或者“隐恶”，文中所涉及的内容必须能够反映客观事物的本质，是必然的而不是个别的、偶然的表象。报告、总结性公文中已然的内容，应反映事物的本质，表明其发展的必然结果；指令性、规定性公文中未然的内容，也应反映事物的本质，表明其发展的必然趋势。

要做到真实，就要求公文写作人员必须深入实际，认真进行深入细致的调查研究，切实获取和掌握第一手材料，而绝不能凭借传闻或者道听途说进行写作，更不能无中生有、粗制滥造。这是公文写作必须坚持的一条根本原则。

实践中有些公文却不是这样。有一个市的职称改革办公室（简称职改办）制发了一份通知，题目是《关于不具备规定学历的专业技术人员不宜评聘高级技术职称的通知》，开头部分讲道:“鉴于目前我市高职指标十分紧张，对一些虽确有真才实学，并作出突出贡献，但不具备规定学历的专业技术人才，在这次‘微调’中暂不宜办理申报‘高职’手续。”这一提法显然与中央一系列文件中所规定的“对虽不具备规定学历，但确有真才实学、作出突出贡献的专业技术人才，可以评聘相应的专业技术职务”的提法是背道而驰的。这就是说，其所作出的决策、提出的“论点”及所依据的“论据”是不真实的，与上级的规定指示精神相背离。还有一些公文涉及对有关单位和人员的功绩表述，往往“扬善”扬得过头，使用一些不切合实际的浮夸性文字。特别是某些总结和报告文体的写作，无论工作做得好坏，也无论成绩大小，都毫无例外地写上诸如“领导非常重视，方法得力”“创历史最高水平”“取得很大成绩”“跨上新台阶”等，夸大其词。可以说，这是社会上存在的一种不正之风在公文写作中的反映，是公文文风不正的具体表现。当然，我们并不是说类似语句绝对不能使用，而是主张要恰如其分，恰当贴切适度。成绩是“较大”“相当大”还是“很大”，水平是“较高”“相当高”还是“很高”，甚至是“最高”，对于这些程度副词的使用必须审慎，要以事物的实际数量和具体程度为根据，要有数量概念，不可信手拈来，更不可人为地拔高。

这种失真的公文还表现为公然伪造。2011年8月初，有媒体报道称，国家税务总局将调整年终奖个人所得税征收办法，拟将年终奖分摊至 12 个月征收个人所得税，以解决“年终奖越多，税后所得越少”等问题。8 月 15 日，国家税务总局发表声明称，该局从未发布过报道中提及的“47 号文件”及解读稿，相关公文及解读稿均系伪造，并称将依法行使追究伪造公文者法律责任的权力。

十五、怎样理解公文的现行效用?

【解答】

从公文作用的时效看，凡是正在起规范、指挥、计划、组织、协调、控制等法定效力作用的，都是具有现行效用的文件；相对来说，已经失去现行效用、立卷归档的文件，称作历史效用文件，这种文件主要起凭据、记载、考查等作用。

任何一份文件都应当发生过现行效用，也就是说，不具有现行效用的文件应当是没有的。同时，没有一份文件的现行效用是无限期的，即任何一份文件的现行效用都有一定的时间性。例如，上级发来一份指示性通知，要求对市场经济秩序进行整顿。收文机关结合本地区的实际情况作了具体的安排部署，并会同有关部门对市场进行了全面检查整顿，市场秩序有了较大的好转，整顿工作告一段落，市场管理转入正常。到这时，上级那份关于整顿市场经济秩序的指示性通知的现行效用阶段即告结束，经立卷归档，而转入历史效用阶段。

有的文件现行效用阶段很长，如一经制定而几十年不变的政策、规定，为期数十载的合同、协议，具有长远指导意义的重要决定、决议，富有远景、理想性的工作规划、设想等；有的文件现行效用阶段很短，如对上级某一具体批示、回复、通知事项的落实与办理，对下级某一请示事项的批办与答复，外机关发来属于阅知性的文件（如简报、通报等）已经阅读完毕等。总之，公文的现行效用，只有时间的长短之分，而无有否时限之别。

十六、练好文秘工作内功应当从哪些方面入手?

【解答】

公文写作是作者综合能力的反映，需要作者既具有较为深厚的语言文字功底，同时还要具有比较高超的运局谋篇艺术。因此，要想提高公文写作能力，写出的公文符合规范化的要求，就必须以持之以恒的精神和坚韧不拔的毅力，努力练好内功，多方面充实自己。

这里的“内功”包括诸多要素，其中，最主要的不外乎思想政策水平的锤炼，本系统、本单位业务知识的积累，语法、逻辑和修辞方面知识的掌握和运用等。

而要做到这一点，绝非易事，要求我们在日常的学习和工作中，一定要努力学习和掌握马克思列宁主义、毛泽东思想、邓小平理论、“三个代表”重要思想、科学发展观、习近平新时代中国特色社会主义思想，认真学习领会党和国家的路线方针政策，懂得运用正确的立场、观点和方法来观察、分析实际工作中遇到的问题，同时还要努力钻研业务，做学习和工作中的有心人。要通过写日记、记笔记、作摘录、建卡片等多种形式，广泛地积累与应用文写作相关的各种材料，凡属党和国家某一历史时期的某项路线方针政策以及相关情况等，都要加以留心并及时存储起来，以备不时之需。在此基础上，最重要的也是最有效的是要做到多动笔，公文写作标准高、要求严，要达到这一目的，没有捷径可走，只有靠自己亲身实践，多写多练。开始写得不好没有关系，只要坚持不懈，以锲而不舍的精神和顽强的毅力去反复实践，不断耕耘，久而久之，驾驭公文写作的能力就会逐步形成和提升，真正成为公文写作领域的“笔杆子”。

十七、公文写作的诀窍在于多写多练，这句话对吗?

【解答】

文章非天成，妙手靠实践。“文贵于精，精在于练。”清朝唐彪在《读书作文谱》一书中说：“谚云：‘读十篇不如作一篇。’”所以，我们不仅要多读，更要重苦练，任何好文章都离不开苦练。天道酬勤，勤能补拙。公文写作才能、技巧，也是从刻苦实践中锻炼出来的。只有多写常练，坚持不懈，才会熟能生巧，运笔自如，真正学到本领。

当然，写好公文需要有一个过程，不可能一蹴而就。工作中，常常听到一些人说：“我们想写，就是不知道从何写起。”笔者认为，不妨从写“火柴盒”“豆腐块”，整理会议记录、情况反映做起，做到勤写、多写且长期坚持下去。比如，可以先从通知、大事记、纪要等相对来说内容单一、结构简单、篇幅短小的文种学起，逐步向工作意见、工作规划、工作汇报、工作总结等相对复杂的文种拓展；也可以先从办法、规定、条例等相对来说规范性较强、模式化程度较高的文种学起，逐步向领导讲话、调查报告、经验材料等非规范化、模式化的文种拓展；也可以先从自己熟悉的领域写起，逐步向其他领域拓展，这样可以发挥自己知识和业务方面的优势，增强写作信心。“常看胸中有本，常写笔下生花。”通过练笔可以锻炼我们的思维能力，开拓知识面，只要坚持勤于练笔，不怕失败，善于总结经验教训，自己就会慢慢入门，写作水平就一定能逐渐得到提高。

十八、对刚开始接触公文写作的人员应给予一些什么样的建议?

【解答】

公文写作能力的培养和提高，需要从总体上把握八个字：注重实践，把握规范。

注重实践，是指公文写作能力的培养和提高，必须经过相当长一段时期的公文写作实践的历练。没有一定的公文写作实践，就不会写出符合规范要求的公文。公文写作标准高、要求严，要写好公文，没有捷径可走，只有靠自己亲身实践，多写多练。

公文写作的反复性很强，我们既不能奢望一蹴而就，也不能期盼一次成功就能够次次成功。只有多写多练，坚持不懈，才能日有所进、不断提高。由此可见，没有认真的培养和训练，没有刻苦的学习和实践，没有丰富的知识和经验，是不会写出好公文的。事实充分证明，坚持在写作公文的实践中学会公文写作，这是一个千古不变的真理，是一条培养公文写作能力最直接有效的途径。

把握规范，是指公文是一种比较特殊的文种，必须严格遵循相关文件的规定，目前党政机关公文写作的规范性文件主要有《条例》和《格式》。公文写作一定要遵循这两个文件的规定。

十九、作为新手怎样才能写出好公文?

【解答】

首先，在工作和生活实践中，要多读一些报刊和文件，一定要不断吃透党和国家的基本政策精神，特别是对党的各次代表大会和每次的中央全会要特别留意。其次，要认真熟悉业务，对上级机关的工作部署和本单位的工作情况要有全面的了解和熟悉，这样才能写出适用的公文来。最后，就是要切实了解和掌握规范的公文格式，特别是党和国家公文法规中有关格式方面的规定以及公文写作实践中形成的一些约定俗成的格式规范。此外，还要多读一些公文范文，从中品味公文的写作技巧和要领。平时要多搜集公文实例，尽量充实自己的写作头脑。更重要的就是要勤于实践，多动笔。“在写作中学会写作”，这是一条亘古不变的真理。

二十、写材料只会抄不会写怎么办?

【解答】

仿写是提高公文写作能力的重要一环，是写好公文的必由之路。处于入门阶段时，应当在仿写的同时加强自我培养和训练，坚持多写多练，切莫将公文写作视为一种负担，只有感兴趣，才能够不断领悟，不断提高，才能摆脱抄写阶段，进而逐步成为写作的行家。一分耕耘，一分收获。只要肯付出艰辛，必然会获得成功。

二十一、改进公文文风应当从哪些方面着手?

【解答】

改进文风不是一蹴而就、一劳永逸的，当前公文文风上仍然存在一些突出问题。因此，必须采取切实有力的措施，既要着眼于治标，更要致力于治本。主要应从以下几个方面入手。

1. 简练精要。就是要力求简短精练、直截了当，要言不烦、意尽言止，观点鲜明、重点突出。能够三言两语说清楚的事绝不拖泥带水，能够用短小篇幅阐明的道理绝不绕弯子。古人说“删繁就简三秋树”，讲的就是这个意思。毛泽东同志在《反对党八股》中指出：“我们有些同志欢喜写长文章，但是没有什么内容，真是‘懒婆娘的裹脚，又长又臭’……我们应该研究一下文章怎样写得短些，写得精粹些……长而空不好，短而空就好吗？也不好。我们应当禁绝一切空话。但是主要的和首先的任务，是把那些又长又臭的懒婆娘的裹脚，赶快扔到垃圾桶里去。或者有人要说：《资本论》不是很长的吗？那又怎么办？这是好办的，看下去就是了。俗话说：‘到什么山上唱什么歌。’又说：‘看菜吃饭，量体裁衣。’我们无论做什么事都要看情形办理，文章和演说也是这样。我们反对的是空话连篇言之无物的八股调，不是说任何东西都以短为好。战争时期固然需要短文章，但尤其需要有内容的文章。最不应该、最要反对的是言之无物的文章。”毛泽东同志为人民英雄纪念碑起草的碑文，只有 114 个字，却反映了一部中国近代史。1975 年，邓小平同志负责起草周恩来总理在四届全国人大一次会议上的报告，只用了五千字。后来谈到这件事的时候，邓小平同志说：“毛主席指定我负责起草，要求不得超过五千字，我完成了任务。五千字，不是也很管用吗？”习近平总书记也有许多短小精悍、言简意赅、思想深刻的文章、讲话。

2. 实实在在。就是要据实而书，以管用为本，把公文写得实实在在。要讲符合实际的话，不讲脱离实际的话，讲管用的话不讲虚浮的话，讲有感而发的话不讲无病呻吟的话，讲反映自己判断的话不讲照本宣科的话。这就要求我们力求反映事物的本来面目，分析问题要客观、全面，既要指出现象，更要弄清本质；阐述对策要具体、实在，要有针对性和可操作性；要实事求是，有一说一、有二说二，是则是、非则非，既不夸大成绩，也不掩饰问题；要深入浅出，用朴实的语言来阐述深奥的理论；要有感而发，情真意切，不矫揉造作，故弄玄虚。讲求“据实而书”，摒弃“浮华之作”，秉笔直书，传递真实情况，从客观存在的实际出发拟定正确的策令，是公文写作的一条根本原则。

3. 新鲜活泼。就是要力求思想深刻、富有新意。能不能讲出新意，反映一个领导干部的思想水平、理论水平以及语言表达能力。这里所说的新意，既包括在探索规律、认识真理上有新发现、前人没有讲过的话，又包括把党中央精神和上级要求与本地区本部门本单位实际结合起来，在解决问题上有新理念、新思路、新举措；既包括角度新、材料新、语言表达新，又包括富有个性、特色鲜明、生动活泼。需要指出的是，讲出新意，并不是去刻意求新，甚至搞文字游戏，更不能背离马克思主义立场、观点、方法，背离党的路线方针政策而去标新立异。

二十二、公文写作要善于把握和适应各种不同领导的“胃口”，这种观点对吗?

【解答】

公文写作者是领导的助手，是为领导决策服务的。因此，要善于把握和适应各种不同风格、不同特征的领导。做好服务工作，是公文写作者的应尽之责，而且必须做好。

要做好这项工作，要求公文写作者在工作过程中必须讲求方法和艺术，努力协调好各种关系。特别是在与本部门领导协调时，要尊重领导，维护领导的威信，适应领导的工作习惯和工作方法、工作风格等。例如，有的领导逻辑性强，讲求凡事要有个前因后果，这样的领导在工作时摆事实、讲道理，有分析有推理；而有的领导讲求单刀直入、开门见山，那就要言简意赅、直中要害。

当然，了解领导的风格和特点，目的是更好地做好工作，而不是一味地迎合，巴结讨好，见风使舵，投机取巧，无原则地服从。一切以领导的好恶办事而抛弃原则，是从事公文写作工作的大忌。

二十三、已出版的公文写作类书籍中主要存在哪些常识性错误?

【解答】

近年来，有关公文写作类图书竞相出版发行，本来这无可厚非，但相当多的书籍对有关公文写作知识的讲述不够准确，存在很多谬误，混淆是非，误导读者。某公务员公文写作与处理读本，其内容就十分陈旧，所讲文种还是依照 2000 年甚至 1993 年施行的规定中的文种，里面有大量的知识性错误。例如，讲命令的标题构成时，说有发文机关加文种的形式，举例是“中华人民共和国命令”，真是随意杜撰。讲计划的标题构成时，说是由单位、期限、计划内容和文种四个要素构成时，举例是“× × 市汽车配件厂 2015 年计划”，从中我们怎么也看不出是四个要素。讲总结时，说“总结，又称总结报告，属于报告的一种形式”；讲纪要时，说“一般情况下，会议纪要不单独地对外发出，通常作为通知的附件向有关单位发出”，还说其成文日期“规范标注于正文结尾的右下方”，这都与国家的有关规定背道而驰的。再如，讲公文格式时，说“国家行政机关公文格式的具体结构由两条红色反线分割成三部分：眉首、主体和版记”。哪里来的两条红色反线？纯属胡编乱造。另外，“眉首”“反线”之类的提法均已过时，此书中这样表述属于抱残守缺，对党和国家最新的规定精神没有及时了解和掌握。还有的读物随意篡改中共中央文件和国务院文件，如将《中共中央关于防御特大洪水的指示》一文改为《××工会关于防御特大洪水的指示》。如此难以宽恕的“硬伤”对读者遗患无穷。再有就是有些书籍对公文写作知识的介绍过于烦琐，片面追求完整全面，从文种收集到内容阐述都有拼凑堆砌之嫌，缺乏理论阐述，搞大面积的例文堆积，而且还不合规范，这是当今很多公文写作书籍存在的突出问题。我们必须与国家有关部门配合抵制这种行为，从源头上抓起，稳扎稳打，以净化公文写作环境。

二十四、怎样理解公文写作工作“苦”中有“乐”？

【解答】

公文写作人员要热爱公文工作，刻苦钻研业务，不断地提高工作水平。公文处理工作的基本业务是起草、处理与管理好文件。处理和运转是为了贯彻党和国家路线方针政策和上级文件精神，协助领导做好工作，所以一定要精通业务，做到“三个熟悉”：一是熟悉文件的处理原则、规则、要求和处理程序；二是熟悉本机关和各业务工作范围、性质，以及上下对口机关的行文关系；三是熟悉领导的业务分工。总之，就是要熟悉、掌握机关文件处理工作规律，不断地总结经验。

公文写作人员必须清除公文工作无前途、无成绩、无乐趣的思想。公文工作不是无前途，而是大有可为。谈到乐趣，人们对于它的认识是不同的。有的认为多得实惠是一种乐趣；有的认为出名得利是一种乐趣；有的认为获得荣誉是一种乐趣；有的认为在事业上大有作为是一种乐趣等。而一个合格的公文工作人员的乐趣不乏其特殊之处。当起草成功一份文件，当自己艰苦脑力劳动的精神产品得到领导的认可，并在指导工作、解决问题中发挥一定作用的时候，其乐趣是没有做过公文工作的人很难体会到的。至于公文工作的苦，更是难以列述。加不完的班，干不完的活；夜以继日、废寝忘食地疾书撰写；工作中还得谨慎小心，只字片言都不得马虎，工作质量要求十分严格；越是到了年节假日，别的同志轻松休息之时，公文工作者仍在加夜班、“开夜车”；别看一年到头辛辛苦苦，却很少出头露面、博得人们的掌声等。这些问题，关键是如何看，一个持自私观点的人，当然把这些看作一种苦。如果我们细细品味一下，起草文件是艰苦的，但要把它看成是提高自己思想和写作水平的过程；处理日常文件是烦人的，但应把它看成是增长自己办文能力的机会；协调各种人际关系是复杂的，但要把它看成是促使自己成熟的条件等，那么，对于许多不利的条件，便会转化为难得的机会。总之，公文写作工作苦是苦，但我们要苦中有乐，乐在其中。

二十五、为什么说公文语言是科学语言的代表?

【解答】

如果将公文比作一个生命个体，其主旨是核心，材料是血肉，结构是骨骼，我们还可以这样说：语言是细胞，表达方式是皮肤。

不同体裁的文章使用不同特点的语言。总的来说，语言可以分为科学语言和文学语言两类。科学语言和文学语言犹如走路和跳舞，但是都建立在字、词、句之上。字是最基本的写作材料。现在的汉字共有 91251 个，一般写作掌握 3000 个常用字就完全够用了。字要从音形义三方面掌握。词则多多益善，最好在 5000 个以上。要注意的是，单音词一般是动词，简洁有力；双音词量大，匀称稳重；三音词，跌宕起伏；四音词，庄重大方，常有历史性的内涵，如成语典故等。句子只有 30 余种，如陈述句、疑问句、祈使句等，比较容易学会。

二十六、公文用语的“八字诀”是什么?

【解答】

文学作品是欣赏型的，科学文章是实用型的，两大类文体写作目的不同，其语言形成各自鲜明的特色。文学作品语言讲究形象生动，科学应用文语言则应平实庄重。而对于最为典型的科学类文章——公文来说，其语言的具体特点如下：

1. 准确。选词准确恰当。一要恰当选择词类；二要讲究词语色彩；三要准确把握词义；四要词语搭配得当。

2. 平实。语言朴实无华，通俗易懂，不必像文学作品那样追求语言的形象、生动和音律美。

公文是处理公务的文书，在写作时使用文学语言就不能准确表意。例如，一篇公文向林业和草原局反映我国森林遭受严重破坏情况时写道：“在漫长岁月的历史上（长期以来），我国林业基础脆弱不堪（极为薄弱），森林被破坏得疮痍满目（非常严重）……”这里的

“漫长岁月”到底是什么时间概念？“脆弱不堪”和“疮痍满目”也没有把森林遭受破坏的严重程度具体化，这就不利于决策者制定和调整相应的政策。应该交代清楚具体的时间、地点和范围，并用具体的数字或事例平白如实陈述森林遭受破坏的情况。

3. 简明。言简而意明，尽可能用最少的语言，清楚明白地表达更丰富的内容。要做到言简，就要尽可能精简字数。例如，1950 年颁布的婚姻法中有一段文字：“夫对于其妻所抚养与前夫所生的子女或妻对于其夫所抚养与前妻所生的子女不得虐待或歧视。”2020 年公布的民法典把以上文字修改为：“继父母与继子女间，不得虐待或者歧视。”整个条文仅用 16 个字代替了原条文 40 个字。修改后的条文前面只用“继父母与继子女”七个字就概括了原条文前两句 33 个字的内容，并且增加了一个“间”字，就使原来条文中只是单向性规定“继父母对继子女不得虐待或歧视”改成继父母与继子女双向都不得虐待或歧视，这就丰富了原来条文的内容，体现了用尽可能少的文字表达尽可能丰富的内容。

意明就是要注意选用通俗易懂的语言，避免用“大约”“类似”“也许”“大致尚可”“似有不合”“据不完全可靠的判断”“据尚未成熟的意见”等模棱两可的词语。

4. 庄重。公文是在公务管理过程中形成的具有法定效力和规范体式的文书，是依法执政和行政的重要工具。这就确定了公文所具有的权威性和约束力。所以，公文的语言应该是庄重、严肃的。

公文语言要达到庄重的要求，就要努力做到以下两点：一是要用规范的书面语言。书面语言，可以称为“文语”。文语包括三个方面：第一，规范语言，即有符合语法的完整的句式，词义要单一；第二，有生命力的文言；第三，欧化语言，形容词等限定词语比较多。公文语言可以通俗，但要尽可能少用口语。二是用公文专用语。在长期的公务实践中，由于行文关系和处理程序的需要，公文逐渐形成一套常用的规范化、格式化的词语，这就是公文专用语。

常用的公文专用语有下面几类。

一是开头用语。表示依据，如“根据”“依据”“依照”“按照”“遵照”。表示目的，如“为”“为了”。表示原因，如“由于”。表示伴随情况，如“目前”“当前”“兹”“查”“奉”等。

二是承启用语。专用于承接上文、引起下文。先用表示目的的，如“为此”“为了”，或表示依据的，如“根据”“依据”“依照”“按照”等介词承接上文。再用“特作如下通知（决定、规定）”“通告（通知）如下”“现将有关事项通告（通知）如下”“提出以下意见”“拟采取以下措施”或“上述”“综上所述”等，以引起下文。

三是结尾用语。用于公文的结尾，如“为要”“为盼”“为荷”。不同的文种，有不同的结尾用语，如通知（通告）用“特此通知”（通告）；报告用“特此报告”“专此报告”“以上报告如无不妥，请批转执行”等；请示用“以上请示，请批复”；批复用“此复”等。

四是称谓用语。如“我（局、公司）”“本（局、公司）”“你（局、公司）”“贵（局、公司）”“该（局、公司）”。

五是经办用语。用于说明公务处理情况或要求，如“经”“业经”“现将”“已经”“兹经”“责成”“执行”“试行”“贯彻执行”“研究执行”“参照执行”“遵照执行”。

六是引叙用语。即引叙来件的用语，如“悉”“收悉”“欣悉”“惊悉”“接”“前接”“近接”“现接”等。

七是表态用语。用于表明公文办理机关对公务事项的态度，如“同意”“不同意”“照办”“可办”“不可”“不行”“应”“应该”“批准执行”。

二十七、公文写作应当怎样注重对外交辞令的研究？

【解答】

外交辞令具有一般公文所不具备的特点与要求。其实，外交辞令是一个独特的研究领域，具有很强的实用性。它是以演讲的方式，以语言为媒介，依靠一定的语调、语音表达思想、态度和主张而发挥交际功能的。外交辞令具有一定的程式，开头部分通常要对主要对象以及其他听众使用得体的称呼，既要庄重严肃、彬彬有礼，又要适合对方的身份地位，表现出双方关系的友好程度，体现出不同的外交礼宾风格，结尾部分则要从礼貌和友好的目的出发，为对方国家领导人或宾主的健康和两国的友谊进行良好的祝愿。很多用语都是外交辞令独具的，如“阁下和夫人”“总统先生”“会晤”“拜见”“谒见”“会谈”“洽谈”“商谈”“亲切友好”“热烈”等。自古以来，我国就有讲究外交辞令的传统。早在《论语·宪问》中就提到了“使能造命”，说：“子曰，为命：裨谌草创之。世叔检查、讨论之，行人子羽修饰之，东里子产润色之。”先由裨谌起草，然后由世叔检查、讨论，再由外交官子羽修改，最后再由首相子产修饰润色，非常谨慎。在我国光辉灿烂的文化宝库中，《左传》不仅是一部伟大的史学典籍，也是极具价值的文学巨著。其中一个十分重要的艺术成就，就是记述了许多精彩的外交辞令。此外，《国语》《战国策》等历史著作，也都以浑厚质朴、平淡委婉或者酣畅淋漓的语言记述了含很多外交辞令的游说类文章。这些外交辞令在战国时期尖锐复杂的外交斗争中起了非常重要的作用。正如刘勰所说：“暨战国争雄，辨士云踊；从横参谋，长短角势。”“一人之辩，重于九鼎之宝，三寸之舌，强于百万之师。”

二十八、给领导撰写讲话稿涉及较大数字时应当怎样处理?

【解答】

一位大学毕业生跨入文秘行业不久，为局长写了一份讲话稿，共6600多字，是局长在一个相当大规模的会议上讲话用的。局长的讲话进行到10分钟左右时，突然出现了意料不到的事情：在讲一个表现工作成就的数字——“生产水泥18560088吨”时，局长一连念了三遍都没有念对。台下起初寂静无声，后来便有了窃窃私语；台上的局长脸憋得通红。最后，局长便不再念这个数字。讲话结束时，局长双眼扫视了一下会场，并在讲话稿起草者脸上停了好大一会儿。那么，这件事给了我们什么启示呢？简而言之，就是在给领导起草讲话稿的时候，当遇到较大的数字时，一定要注意使用汉字数字，以免给领导造成数数字位数的麻烦。特别是当数字连续使用时，更应如此。这是一个文秘应知道的常识。

二十九、怎样掌握公文行间距的标准?

【解答】

公文的行间距是有明确规定的，《格式》国家标准中指出，公文中的“一行”规定，即指一个汉字的字高加上3号汉字字高的7/8所占的纵向距离。这样，以正文部分为例，公文正文一律使用3号仿宋体字，那么，行与行之间的距离就应当是3号汉字字高的7/8。由此可见，公文正文中的一行就应该包括3号汉字的字高加上3号汉字字高的7/8，构成一个基准行。

三十、公文中若干事物和概念的特殊表达要求有哪些?

【解答】

1. 时间的表达。公文中是不能缺少时间概念的。它不仅记录了事物运动变化的过程，而且能对受文者的行为施以强制性的影响，故我们对时间概念的表达应特别注意，还要准确选择表示时间的名词或词组。日期要标明完整年、月、日，要尽量避免使用“今年”“去年”“明年”，不能将“2017年”写作“17年”。

2. 空间的表达。（1）在表示地方的专用名词中，城市、市、县、乡等名称第一次出现在文中时，如属国外的应冠以国别，国内的要冠以所属省、自治区、直辖市的名称；凡外国国名、地名、人名、党派等译名，均应以新华社的译名为准。（2）所有国名、地名均应使用国家公布的标准名称，一般不使用别称；国内地名不用简称。（3）慎重使用处所代词

（“这里”“那边”等），防止误解或费解。

3. 职务、姓名的表达。各种职务、姓名应写全称。当一个人担任多种职务时，只列出与文件内容有关的职务。如需列出一个人物两个或两个以上职务时，国内的应按先党内后党外，由大至小的顺序排序。

4. 数量的表达。

（1）公文除在特殊情况下使用约数、概数外，数目概念应用确数表示。

（2）表示增加时用倍数，表示减少时则用分数而不用倍数。例如，可以说“增加了两倍”，而不能说“减少了两倍”。

（3）在“增加”“提高”“增长”“上升”“扩大”或“减少”“降低”“缩小”等词语后有“到”“至”“为”等字样的句式，与后面带“了”或不带“了”的句式相比，其语意差别很大。例如，“增加到过去的二倍”是指过去为“一”，现在为“二”，“增加了二倍”是指过去为“一”，现在为“三”；“减少了 1/3”，是指过去的 2/3。

（4）若用“以上”“以下”等词表示数字分界时，应注明总数是否包括在内。

（5）度量衡单位必须使用国家法定的计量单位。

（6）程度的表达。程度的表达对文件质量有决定性影响。事物的准确度、贴切度、有效度都对事物的“质”有重要影响，如表达不当就会造成公文严重失实或失误。公文中表示程度的关键要素是用各种副词，如“很”“极”“太”“最”“更”“更加”“非常”“真”“十分”“过于”“特别”“稍微”“多”“多么”等。我们在肯定或者否定某个事物时，必须注意把握分寸，做到恰如其分。

三十一、撰写党政处分决定，能否在被处分人姓名之后冠以“同志”二字?

【解答】

撰写党政处分决定，能否在被处分人姓名之后冠以“同志”二字，应视被处分人所犯错误的性质及其严重程度酌情确定。如果被处分人所犯的错误已经触犯了刑律，超出了人民内部矛盾的范畴，则不能加“同志”；反之，如果属于一般性的错误或问题，加“同志”无妨。对此，我们应当予以注意。

三十二、怎样理解公文中数字运用要遵循“同类别同形式”原则来选择数字的书写形式？

【解答】

如果两数字的表达功能类别（如都是表达时间的数字），或者两数字在上下文中所处的层级相同（如文章目录中同级标题的编号），应选用相同的形式。反之，如果两数字的表达功能不同，或所处层级不同，可以选用不同的形式。例如，2008 年 8 月 8 日、二〇〇八年八月八日，不能写为“二〇〇八年 8 月 8 日”；“第一章、第二章……第十二章”，不能写为“第一章、第二章……第 12 章”，但章的下一级标题可以采用阿拉伯数字编号。此外，要特别注意避免相邻的两个阿拉伯数字造成歧义的情况，如高三 3 个班、高三三个班，不写为“高 33 个班”，高三二班、高三（2）班，不写为“高 32 班”。但具有法律效力的文件、公告文件或财务文件中可同时采用汉字数字和阿拉伯数字。例如，35.5 元也可以写为“三十五元五角”“35 元 5 角”“叁拾伍圆伍角”。

三十三、为什么说要想写好公文必须注重阅读和讲究科学的方法？

【解答】

阅读是提高公文写作能力和水平的有效途径。阅读公文名篇佳作，可以使我们了解公文文体特征，也可以使我们了解和把握公文的语体特征，从而弄清公文“应当这样写”的道理。可以这样说，阅读越多，积累的知识就越丰富，在写作过程中就越能够根据大脑的储备做到厚积而薄发，文思泉涌。阅读不仅要有毅力和一定的知识基础与理解能力，更要注意方法。只有掌握科学的阅读方法，才能收到好的效果，提高阅读效率。阅读要有计划，许多学者在谈及他们的治学经验时，都强调阅读要有计划。漫无计划地阅读，读得再多，收获的知识却很少。而有计划地阅读应当读的书，能从中获得更多的专业系统的知识。所以，制订出一个科学的读书计划，有步骤地学习是十分必要的。

首先，制订阅读计划要注意到知识结构的广博与专精。搞学问要想有“纵向深入”，就必须有横向的坚实基础。没有广博的知识基础，专精是无法达到的。

其次，制订读书计划要确定必读书目与重点阅读书目。必读书目要列出必备知识结构所需要读的书。每门学科的研究都有一系列的必读参考书，公文写作也不例外。重点书目是必读参考书中的重点。这样的书是经典性的，或是在同类书中写得最好的，要选择一本或几本反复研读。

最后，制订读书计划要考虑循序渐进。这是个读书的顺序问题，也是个人们认识发展规律的问题。必读书与重点书加到一起是不少的，要考虑怎样安排阅读的顺序。循序渐进是人们认识发展、掌握知识的规律。人们总要由浅入深、由易到难，一步一步扩大知识面并深入地探讨问题。难易倒置，或者杂乱无章地随意来读，都不利于知识的摄取。把要读的书，分门别类地搭配好，又循序渐进地一本本排列好，有计划地读，收效自然很大。

三十四、已出版的公文写作类书籍，权威性、指导性和实用性较强的主要有哪些?

【解答】

党的十一届三中全会以后，为了适应改革开放和社会主义现代化建设飞速发展的形势需要，公文写作开始作为一门学科。到 20 世纪 80 年代，全国已有 114 所普通高等院校以及各级党校（行政学院）开设了公文写作课程，并且逐步成为这些院校的主干学科；近年来，这种情况更为普遍，并且已经普及到各类中专、职业技术学校和成人教育等教学阵地。从事公文写作教学的师资队伍不断壮大，出现了一批高质量的教材，公文写作成为深受学生欢迎的热门课。同时，每年的全国秘书职业资格考试以及国家公务员录用考试，也都把公文写作列为必考科目之一。

公文写作学科一经诞生，即呈现出繁荣发展的态势，突出表现为各种专著、教材和辞书如雨后春笋般相继问世。这些作品，内容丰富，体例新颖，有很强的实用价值。现将其中比较有代表性的列举如下。

1. 专著类。

《行政公文写作概要》，高潮主编，湖北教育出版社 1984 年版。

《公文逻辑》《公文处理语言》《公文格式》，刘雨樵著，档案出版社 1987 年版。

《公文》，侯士真著，吉林教育出版社 1987 年版。

《中国公文学》，苗枫林著，齐鲁书社 1988 年版。

《中国古代公文简史》，闵庚尧编著，档案出版社 1988 年版。

《公文写作与逻辑》，徐秋英编著，中央民族学院出版社 1988 年版。

《中国党政公文写作大全》，张保忠编著，天津人民出版社 1988 年版。

《例释中国现代公文体式大全》，李欣主编，高等教育出版社 1990 年版。

《公文吹毛录》，钟幼文著，广西人民出版社 1990 年版。

《公文写作实用手册》，保忠、费晓平编著，天津人民出版社 1991 年版。

2. 教材类。

《公文写作概论》，裴显生主编，南京大学出版社 1985 年版。

《实用公文写作教程》，汪景寿、胡光宝著，群众出版社 1985 年版。

《公文写作概论》，姜之篪、朱纯良著，群众出版社 1986 年版。

《公文写作学》，马魁深编著，辽宁教育出版社 1987 年版。

《公文写作教程》，闵庚尧、李贵如编著，北京师范大学出版社 1989 年版。

《公文评改学》，李刚英等主编，远距离教育音像出版社 1991 年版。

《公文写作》，温韫主编，辽宁教育出版社 1991 年版。

《行政公文与司法文书写作百科》，谷福生、岳海翔主编，警官教育出版社 1992 年版。

《中国当代公文写作》，苗枫林主编，山东大学出版社 1993 年版。

《国家行政机关公文指要》，杨柏、张庆儒主编，学苑出版社 1994 年版。

3. 辞书类。

《国家公务员写作词典》，苗枫林主编，山东友谊出版社 1997 年版。

《公文大辞典》，孙和平主编，四川大学出版社 1992 年版。

《党政公文小百科》，张保忠编著，天津人民出版社 1993 年版。

《最新公文写作完全手册》（上下），张保忠、岳海翔主编，中国言实出版社，2005 年版。

《机关公文写作》，岳海翔编著，人民日报出版社 2006 年版。

《最新实用公文范本大全》，岳海翔、赵同勤主编，中国言实出版社 2006 年版。

《公文写作规范指南》，张保忠、岳海翔主编，广东经济出版社 2006 年版。

《最新公文写作实用大全》，岳海翔编著，中国言实出版社 2009 年版。

《最新公文写作技巧与范例大全》，岳海翔主编，中国言实出版社 2009 年版。

《最新党政公文写作小百科》，岳海翔编著，人民出版社 2013 年版。

第二节　正确使用文种

一、决定要不要写主送单位?

【解答】

在公文写作实践中，确实会遇到这种情况。例如，年底单位有表彰奖励的决定，像《关于对 ×× 煤矿投入联合试运转表彰奖励的决定》，写不写主送单位？怎么区分写还是不写呢？这主要取决于决定的发送对象。如果是带有特定发文机关标志的普发性的决定，就不必写主送单位；如果是针对某一或某些特定对象而制发的决定，则需要标注主送单位。

二、内容相同的事情为什么有时用通知，有时用通报?

【解答】

奥妙就在于所依据的事实是某一方面问题或情况的综合，还是刚刚发生的某一典型事例，虽然都要提出解决的意见并要求下级去办，如属前者应用通知，如系后者可用通报。比如，入秋以来，火灾不断发生，为控制火灾上升的趋势，我们将近一个时期以来发生火灾的情况加以综合，分析原因，提出要求，特别是在“两节”期间要坚决防止重大火灾的发生，这样行文应用通知。如果不是上述情况，而是近期某购物超市发生一起群死群伤的特大火灾，为举一反三，严防此类事故的再次发生，提出一系列防范要求，在此种情况下不可使用通知，而应使用通报。

三、批复和复函都能用来答复下级机关的请示吗?

【解答】

虽然批复适用于答复下级机关的请示事项，但批复却不是回复请示的唯一文种，复函也常被用来答复请示。

在公文处理实践中，常有上级机关对下级呈送的请示给出意见之后，交由办公部门或者业务职能部门以部门的名义回复。这种以工作部门的名义答复同级机关及其他不相隶属机关的请示，使用批复文种显然是不妥当的。因为根据行文规则规定，政府各部门“除以函的形式商洽工作、询问和答复问题、审批事项外，一般不得向下一级政府正式行文”。所以，上级政府各部门不能向不相隶属机关尤其是下一级政府制发正式的批复文件，即使是审批事项，也只能使用函。公文法规还规定，不相隶属机关之间答复审批事项用函。由此，不相隶属机关之间产生了大量的请批函和与之对应的复函，其中也不乏答复下一级政府请示的复函。公文研究人员将此做法称为函复请示或者函代批复。

无论复函复的是报给领导机关的请示还是主送本部门的请批函，其作用与批复完全相同，区别只在于由不同行文关系决定使用的文种。

具体而言，批复与复函的区别主要有以下几个方面。

1. 行文方向不同。尽管两个文种都属法定行政公文文种，但一个是下行文，一个是平行文。收到下级机关的请示，应该给予批复；收到不相隶属机关的请批函以及领导机关转来的下级机关请示，只能给予复函。各级行政机关及其办公部门必须针对来自不同方向、使用不同文种的请批件，正确选用不同的回复文种，切勿混淆。

2. 尾语明显有别。不同的公文文种具有不同的结尾用语。写给下级机关的批复，尾语可使用严肃的要求式尾语或专用尾语“特此批复”；写给不相隶属机关的复函，就不可使用这样的尾语，只能使用适合行文关系和文种的尾语，如“特此函复”。而“此复”这个尾语，两者都可以使用。

3. 两者的语气必须有别。不同行文方向和行文关系的公文文种，使用的行文语气也是截然不同的。批复是下行文，语气可坚定严肃；复函属平行文，态度要鲜明，但语气应相对委婉，不应给人盛气凌人的感觉。

综上所述，下级机关向上级机关呈送请示，若上级机关以本机关名义亲自回复须用批复；若上级机关拿出态度责成下面某部门以部门名义回复应该用复函。

四、总结与报告有什么不同?

【解答】

总结与报告之间具有明显的差异。报告是法定公文文种之一，而总结则是事务文书；从时态上讲，总结是完成时，而报告则是进行时或者完成时；总结报告是总结，不是一般的情况综合，而是在情况综合的基础上，通过分析、概括、提炼、归纳出几个专门问题，也就是通常所说的经验和体会。与一般的工作报告相比，总结报告理性的成分浓了，规律性的东西多了，对问题的认识趋向立体化。一般的工作报告在表述方式上大量使用叙述手法，情况、实例的表述占绝大部分，只在篇章、部分、段落的开头处提纲挈领地使用一些议论性文字。而总结则不然，其对事实、情况的直接叙述只占少部分，而且是概括性的，较多使用议论和说明性文字。

五、处分决定与批评性通报在用法上有什么区别?

【解答】

在公文写作实践中，经常出现将处分决定和批评性通报混淆的情况。其实，二者之间的区别还是比较明显的。具体表现为以下四个方面。

1. 行文目的不同。处分决定与批评性通报虽然都能起到使人引以为戒、受到教育的作用，但前者是组织传达对某人所犯错误的处理结果，是在一定范围内组织对某人的处理结论；而后者则是以反面典型教育大家，总结教训。

2. 涉及对象不同。处分决定一般对人；而批评性通报通常以对事为多，对人较少。

3. 行文范围不同。处分决定的行文范围比较严格，有些还具有保密性，不宜广为宣传；而批评性通报的行文范围比较广泛，具有保密性的较少，一般都让群众知道。

4. 写法不同。处分决定的写法比较简单，一般包括个人身份情况、错误事实和结论三部分；而批评性通报则一般包括情况介绍、原因分析以及希望和要求等内容。

六、调研报告与调查报告在写作上有什么区别?

【解答】

说到调研报告，就不能不先说调查报告，实践中有很多人把这两种文体混为一谈，在写作中不加以区分，这显然是错误的。

调查报告是对某一情况、某一事件展开调查研究后，将得到的材料和结论加以整理而写成的书面报告。调查报告的使用范围很广，制定方针政策，解决各种实际问题，弄清事情真相，扶持新生事物，推广典型经验，都离不开调查报告。调查报告反映具有普遍意义或带有关键性问题的情况，内容比较复杂，深度广度的要求比较高。广义上说，所有的调查报告都或多或少带有某种研究性质，都是调研报告。而狭义的调研报告指的是以研究为目的写出的调查报告。

说调查报告与一般的调研报告并不一样，主要原因在于调查报告与调研报告的侧重点不同。调查报告侧重于调查过程，而调研报告侧重于研究与结果，是以调查为前提，以研究为目的，研究始终处于主导的、能动的地位，它是调查与研究的辩证统一，充分反映调查研究的结果。

以前的公文写作只讲调查报告，而调研报告成为公文写作的专门体裁和热门话题是在改革开放以后。进入21世纪，我国各项事业突飞猛进，不仅党政机关需要大量的调研报告，企业集团为了适应激烈的竞争形势，也需要更多的调研报告，因此，调研报告在公文写作中占有日益重要的地位。

写调研报告要抓好三个主要环节：调查、研究、报告。在这三个环节中，调查是基础，研究是关键。调研报告的写作是把调查获得的材料所形成的观点，通过布局安排、语言调遣组织成文章。这里，调查与研究是辩证统一的关系。它们之间不仅相辅相成，而且相互贯通。调查的目的在于掌握大量、真实、全面的客观事实和具体数据，对基本情况有一个系统的了解；研究的目的是对已经获取的材料进行分析、研究，探索事物的本质和规律；报告则是在调查、研究的基础上，用书面形式说明结果。因此，可以说，调查是研究的事实基础，研究是报告的理论依据，报告是调查、研究的具体体现。

七、怎样正确使用公告文种?

【解答】

根据《条例》的规定，公告适用于向国内外公布重要事项或者法定事项。它要求发布的范围越广越好，知道的人越多越好。正因如此，在实践中就出现了不规范的甚至是不合理的现象。正确的做法是：严肃对待，不可乱用。公告中的“公”是什么意思？一些人用汉语词典的一般释义去套用公文的专用名称，把它简单地理解为“公开”，显然是不合适的。这里的“公”与公文中的“公”或者公安中的“公”都不可作“公开”来解释，它们具有特殊的政治含义，是党和国家权力的象征，因此，它的使用者势必是党和国家的高级领导机关。而且在内容上，必须是重要事项或者法定事项。一般的基层机关，地方各级行政主管部门和企事业单位不得用公告来发布需要遵守或周知事项，公民个人更无权使用公告。

发布公告，在内容的选择上必须符合两个方面的要求：一是重要事项，二是法定事项。“重要事项”，就是国内外关注的尤其是有必要让国外了解的大事。颁布实施或修订《中华人民共和国宪法》、国家机关作出重大决策、国家机关重要人事任免、国家领导人的病情及治丧情况等都属于这类事项，应该使用公告来公布。“法定事项”，既包括由国家立法、司法等机关依法决定的事项，也包括依照我国有关法律的规定，这类事项应该使用公告予以公布。

八、地方各级行政主管部门可用什么文种公布事项？

【解答】

地方各级行政主管部门，如金融、工商、税务、物价、教育、卫生、司法、文化、房产、消防、土地、专利、科技、交通、市政、城管、环保、财政、审计等，不可使用公告发布应遵守或周知事项，但可使用通告。通告适用于在一定范围内公布应当遵守或者周知的事项。对于这个文种，要注意把握两点：一是在适用范围上有特定限制，即必须是在一定范围内；二是必须是应当遵守或者周知。从这个意义上讲，通告文种具有较强的强制性和约束力。

九、意见作为法定公文之后，报告提出建议的职能是否就消失了？

【解答】

《条例》明确规定，报告的适用范围是向上级机关汇报工作、反映情况、回复上级机关的询问；而意见则适用于对重要问题提出见解和处理办法。但在一些教材中，仍然将报告分为汇报性报告和建议性报告。特别是一些公文考试的题目，问到报告的作用，答案当中就有提出建议。这究竟应该怎样区分？可以肯定，建议报告的提法是不准确的，也不规范。向上级机关提出意见和建议，按照《条例》的规定，应当使用意见（上行）。有些教材中的简述以及相关考试题目答案仍有提出建议之类的表述，不能完全以因循守旧而论。因为意见无论行文方向如何，其所涉及的内容必须具备重要和新这两个要点。即凡是使用意见行文，一定是本机关或本单位在公务活动实践中遇到的重要问题，而且必须是新问题。这样，一般性的问题以及老问题，在向上级机关提出建议的时候写进报告，应当说未尝不可。这里，需要注意的一点是，我们当然要按照公文法规的规定执行，但不能死抠条文，以致流于简单化和机械化。例如，通知原来发布规章的职能已经取消，任免人员的职能也已取消，但实践中就绝对不能使用吗？肯定不是。发布有关法规规章以及公布人事任免事项，仍然要用通知。因此，就一般性事项以及已经发生过的事项向上级报告时顺带提出建议，虽然不合规，却合理。还有一些按照规定应当使用函的，在实践中也都以请示行文。我们搞教学和研究，肯定应当依据公文法规的规定进行讲解，但实践是复杂的，我们必须正确面对，如果搞“一刀切”，是要碰壁的。

十、向归口业务主管部门请求批准事项用函还是请示?

【解答】

在实践中，曾经有人问：我单位隶属重庆市渝中区环境卫生管理局，单位性质为集体事业单位（环卫局所辖其他二级单位均为全民性事业单位）。由于性质特殊，每年我单位的环卫经费计划是渝中区城乡建设委员会下达，而不是由上级机关——区环卫局下达（环卫局所辖其他二级单位的环卫经费计划由区环卫局下达）。因此，我单位在向区城乡建委所行的要求追加环卫经费计划的文件选用了请示这一文种。我曾就该文种的选用问题询问执笔人员，执笔人员的回答是:“区城乡建委代区政府管理区环卫局、区园林局、区市政局等单位，区建委显然是我们的上级机关，所以理所当然用请示行文。”而我认为，即使区城乡建委代区政府行使对环卫局等单位的管理权，也只是在业务上进行管理，即存在业务指导关系，并非行政上的领导（因为区环卫局隶属于渝中区人民政府领导）。所以，在向区建委行文要求追加环卫经费计划时应当选用函这一文种。那么，究竟应该如何正确选用文种?

就此例而言，应以使用请示文种为宜。这里涉及公文处理过程中一个很重要的问题，即归口问题。

归口问题是一种授权管理，被授权的机关要代行上级机关职权，属于奉命行事。这与一般意义上的业务关系有所不同，如同宣传部门管理党校一样。

十一、使用命令发布行政法规和规章有什么限定吗?

【解答】

行政机关公布令的制发者必须是具有制定、发布行政法规和规章权的国家行政机关。例如，国家行政法规的制发主体是国务院；部门规章即国务院各部门制发的规章；政府规章即地方人民政府制发的规章，是指由省、自治区、直辖市以及省、自治区人民政府所在地的市和经国务院批准的较大的城市、计划单列市的人民政府根据法律、行政法规和地方性法规而制定的规章。以上行政法规和规章均可使用公布令来发布。

一些地区、部门根据行政法规、地方法规、规章制定的不属于法规、规章的类规章性文件，不得使用公布令，而应用通知予以发布。

十二、怎样使公文用语与文种达到统一和谐?

【解答】

公文用语以实用为目的，以传递治理党和国家的策令为内容，这就决定了它风格必然是平实、简明、庄重的。在这一总要求下，对不同的文种在用语上又要有所区别，以保持文种与用语的严格一致。例如，以下行文、上行文、平行文这3类文种来讲，由于它们分别代表了不同的行文方向，加之它们又分别具有指令、请示与商洽3种不同性质，所以在用语上必然互不相同。其主要体现在以下3个方面：

1. 下行文主要由命令（令）、意见（下行）、通知、决定、通告、公告、通报等组成，应使用斩钉截铁的语气，多用带有指令语气，表示肯定或带有禁止语气以示否定的句式。常用的词语主要有："要""必须""应""保证""务必""坚决""认真""努力""要求""严禁""禁止""不得""不准""不可""一律""一定""凡""均得""定予""严加""切勿"等。

2. 上行文主要由报告、请示、意见（上行）等文种组成，要用下级对上级说话的语气，不能有不尊重上级、不懂深浅的语气，也不能有强逼上级作出某种决断的语句，而要用汇报和请示的语气，把事情说清楚，把道理讲透彻，把依据写充分，以求上级研究和表态。常用的主要词语有："请""敬请""拟请""望""建议""意见""报告""汇报""叙述"等。

3. 平行文主要是函，要使用平等协商的语气，多用商量、谦恭的语句，以取得对方的理解与支持，使问题得到顺利解决。常用的词语主要有："贵""悉""为荷""感谢""承蒙""关照""望""特请""给予""盼予"等。

十三、公文文种选用的基本依据是什么?

【解答】

公文是一个集合概念，它是由若干具体种类组成的。由于这些公文种类的性质不同，作用有别，因此每一具体的公文种类被赋予一个具体的名称，诸如通知、意见、报告、请示、总结、计划等，这就是公文的文种。

那么，在公文写作中应当如何准确选择文种呢？应主要考虑如下5个方面因素。

1. 依据现行公文法规规定。《条例》对15个法定公文文种的用法均作出了明确规定，公文撰写者必须熟练掌握，并认真遵照执行。这15个文种名称，按规定要求只能单独行文，而且要采用国家标准的公文格式，不能对不同的文种名称随意缩减或者合并使用。实践中，有时见到诸如申请报告、请示报告、意见报告、总结报告、告示之类的复合文种，即将两个具有不同功能的文种随意合并或者缩减使用，这显然是不严肃的，也是不规范的。

2. 依据制文机关的职权范围。有些公文文种，在使用权限上有明确的规定或约定俗成的习惯和经验，制发公文时切莫乱用。例如，命令（令），根据有关规定，只有国务院及其工作部门以及地方各级政府有权制发，至少是县级以上的人民政府才有权制发，而各级地方政府的工作部门无权制发。因此，国务院各部委可用公布令发布部门行政规章，而各级地方政府的工作部门发布内容类似的规范性文件只能用发布性通知。又如，公告，法规规定其适用于向国内外宣布重大事项或者法定事项，而且它的制文机关的级别很高。但从实践来看，对公告的使用相当混乱，有人以为公告就是“公开告知”，纯属望文生义。须知公告的“公”与“公安”“公文”等词语中的“公”含义相同，代表的是党和国家，也就是说，只有党和国家的高级领导机关才有权制发公告，一般机关尤其是基层的企事业单位无权制发公告。但在实践中，不仅党和国家的高级领导机关使用，而且一般的企事业单位也在用；所涉及的内容事项既有法规中所规定的重要事项和法定事项，又有一般性事项，甚至有的单位还用公告来规定门卫制度，这显得很不严肃。要牢记，基层机关和一般单位没有权力使用这一文种，基层政府的职能部门如欲在本辖区发布职能业务方面的事项，应该使用通告。再如，议案，没有议案提出权的机关是无权使用的。

3. 依据发文机关与受文机关之间的组织关系。对于公文文种的选择和使用，还要依据不同的行文关系来进行，要考虑到与受文单位之间的组织关系。如果受文单位是自己的上级机关，可选用的文种则只能是请示、报告、意见、议案；如果受文单位是自己的下级机关，可选用的文种则较多，主要有决定、命令（令）、决议、通知、通报、批复、意见等；如果受文单位是与自己没有隶属关系的机关，所选用的文种一般用函。例如，某省卫生厅拟行文请求批准事项，主送机关若是本省人民政府，就应该使用上行文种请示；若主送给本省人事厅，则应使用属于平行文种的请求批准函。

4. 依据发文机关的行文目的。这就是说，文种的选择和使用还要受到不同的行文目的的制约。如果发文机关已经明确了文件的主送机关，即确定了行文关系，那么，选用何文种主要看行文目的。例如，某省教育厅拟向本省人民政府行文，行文目的若是汇报工作、反映情况或答复询问，就应使用报告；若是为了请求指示或批准，就必须使用请示；若是就某一重要问题提出见解和处理方法，就应使用意见。

5. 依据约定俗成的文种使用习惯和经验。有时候，运用以上几点依据还不能够最后确定文种，那么，这条依据就显得尤为必要了。例如，某行政机关拟奖励某些人员，依照《条例》的规定，命令（令）、决定和通报这三个文种均有表彰奖励的职能，那么应该如何取舍呢？在这种情况下，应着眼于奖励的性质、种类、级别以及公示范围等具体情况，同时结合长期以来本系统、本机关文种使用的习惯，方能恰当选用相应文种。再如，一些党政机关向下级布置工作，也必须依据使用习惯和经验在决定、意见和指示性通知等几个文种中作出选择。

总之，选用文种应该慎重行事，切不可随意而为。公文撰写者只有把发文机关的行文目的职责权限，与受文机关之间的行文关系，所选用文种的使用规定、使用习惯等因素综合起来考虑，才能准确无误地选择使用公文的文种。

十四、公文文种使用应当注意哪些问题?

【解答】

当前，对于公文文种的选择和使用，应当特别注意以下几点。

1. 要完整准确地学习领会《条例》中有关文种使用方面的规定。例如，对通知的适用范围删去了原有发布规章的内容表述，为此，有的人就提出“不能再使用通知来发布规章，而应采用公布令”。这种观点是不准确的，也是不符合实际的。我们万万不可简单机械地理解公文法规的任何一个条文。例如，《条例》在正式印发时使用的就是通知，恰恰没有使用公布令，道理很简单，就是因为《条例》的发布是在各级党政机关内部行文，不是公布于全社会。假如认为《条例》关于通知的适用范围规定中删去了发布规章的内容，就再也不能用通知来发布规章，只能使用公布令，那么地（市）级以下的政府、部门以及国有企业、事业单位制定的类规章性文件又用什么来发布呢？难道也用公布令吗？当然不行，还是采用通知为宜。对于报告文种的使用也是如此，《条例》中并未就有关提出意见或建议的内容作出规定表述，据此，有的人就认为建议报告也不能再用，而由意见取而代之。这也是一种片面之见。上行的意见不同于建议报告，前者所面对的必须是“新”“大”“难”的问题，而后者所面对的范围要远远大于前者，可能是重大问题、难点问题或者一般问题，但不一定就是新的问题。总之，我们必须从鲜活且复杂的公文工作实际去考虑文种的使用问题，完整准确地理解公文法规的每一条规定精神。

2. 要准确把握公布令的使用限度。公布令的制发者，必须是具有制定、发布行政法规、规章权的国家机关。例如，国家行政法规的制发主体是国务院，部门规章由国务院各部门制发；政府规章即地方人民政府制发的规章，由省、自治区、直辖市以及省、自治区人民政府所在地的市和经国务院批准的较大的城市、计划单列市的人民政府根据法律、行政法规和地方性法规制定。以上行政法规和规章均可使用令来发布。除上述以外，一些地区、部门根据行政法规、地方法规、规章而制定的不属于法规、规章的类规章性文件，不得使用公布令，而应当用通知予以发布。在实践中，我们见到某一直辖市的经济技术开发区管委会，对自己制定的规定使用令在媒体上进行发布，显然值得商榷。

3. 不要把函遗忘，偏爱请示。《条例》明确规定：函适用于不相隶属机关之间商洽工作，询问和答复问题，请求批准和答复审批事项。按这一规定精神，凡向与自己无领导与被领导、指导与被指导关系的主管部门请求审批事项，均应使用函这个文种。切不可因为自己有权审批某一事项（如经商办企业、贷款、用地、房产、减免税、办学及要经费、要物资、要机构、要编制、要人员、要政策优惠等），不问有无隶属关系，一律要对方写“请示”，然后自己对其也以批复相待。这与《条例》的规定显然是格格不入的，须知道文种本身体现着严格的权限。

为什么会出现上述情况？有的是因为对函与请示的使用规范掌握不准造成的，但有的是明知不对，不得已而为之。因为这样做有利于申请事项获得批准，完全是出于无奈。比如，前述几例，对方回复时都使用的是答复下级机关请示事项的批复，由此可见，对方是如何偏爱请示了。在实践中，的确有不少类似事项因为使用了函而被收文单位退回的现象，而一旦改用了请示，就会马上得到对方的回复。由此可见，请示与函文种使用的规范化，任重而道远。

4. 要全面理解意见文种的多重功用。意见对广大公文工作者来讲并不陌生。人们对它的使用，过去主要是向上级机关反映自己管辖范围内有关工作的意见，要求上级加以支持或批转，现在，意见也可用于向下级机关指导工作，即对重要问题提出见解和处理办法，要求下级贯彻执行。还可以用于向不相隶属的机关单位行文，就办理和解决某一问题或事项提出见解和处理办法。这就是说，意见在行文方向上具有不确定性，对上、对下以及对不相隶属的单位均可使用，这是意见的一个突出特征。

5. 请示与报告必须严格分开。二者虽同属上行文，但相互之间有着严格的区别。比如，报告对上级没有肯定性的批复要求，而请示则相反。在行文时间上，报告是事前、事中或事后皆可行文，而请示只能是事前行文。上级对下级报送的报告，可作批示也可不作批示，一切全由上级酌情处理；而请示则不然，不论上级机关对所请示的事项同意与否，都应及时作出回复，但回复时所使用的文种是批复而不是批示。

6. 要注意区别正式文种与非正式文种的使用界限。正式文种，也叫主要文种，是指《条例》所规定使用的 15 个文种；除此之外，在机关单位的公文写作实践中所使用的大量事务性文书为非正式文种，具体包括：计划体公文，如规划、纲要、规程、方案、安排、打算、设想、预案等；总结体公文，如工作总结、述职报告、述廉报告、典型材料、调查报告；礼仪体公文，如欢迎词、答谢词、欢送词、贺词、唁电；书信体公文，如感谢信、慰问信、表扬信、倡议书、公开信；凭证体公文，如组织鉴定、干部人事考察材料、大事记、协议书等；会议体公文，如开幕词、大会工作报告、闭幕词、会议简报、领导讲话等。非正式文种的法律地位，决定了其在行文时，不能使用党和国家公文法规中正式规定的行文格式，也不具有独立行文的资格。按照人们的普遍做法，非正式文种要上报或下发时，应从正式文种中寻求一个文种做它的载体，采用复体行文的方式，载运着它行文，我们通常称这一载体为“文件头”。“文件头”大都由命令（令）、通知（下行时）或报告（上行时）来担任。

如果非正式文种在行文时不按上述做法，而是使用正式文种的行文格式，那就犯了把非正式文种当正式文种使用的错误。

十五、传达性通报和批评性通报有什么区别?

【解答】

在公文写作实践中，传达问题或事故的情况通报与批评性通报颇易混淆，两者都需要不同程度地介绍问题或者事故的情况、论述其危害的严重性、提到处理决定，并就此对全局工作提出统一的要求。但是，这两种通报的用法与写法都有区别，概括起来，主要有以下三个方面。

1. 两者对事故或者错误事实的介绍详略不同。批评性通报是针对文中个案的事实作出处理决定，所以事实的介绍通常较为具体；而问题或事故情况的传达性通报是以此事实为切入点、为由头，引导人们重视某一带有共性的现象，所以对事实的介绍就较为简要概括。

2. 两者对处理决定的表述不同。区别两者的要点，在于批评性通报含有对问题的处理决定，这使所有关注问题处理结果的人员在第一时间获取第一手的书面信息。例如，《国务院办公厅关于福建省人民政府违反规定征收基础设施建设附加费的通报》，作为批评性通报，它在文中直接宣布了对福建省人民政府所犯错误的处理决定：“经国务院同意，决定没收其部分收费收入上缴中央财政，并予以通报批评。”而问题或事故情况通报包含的处理决定只是对原始处理决定及实际处理情况或具体或概括的转述。

3. 两者对全局工作提出的要求详略不同。批评性通报以处理该事故或问题为基本任务，并提出一些对全局工作的要求，所以通常这一部分文字简短、言简意赅；而问题或事故情况通报，行文的本意就是要提出要求，所以对全局工作提出要求是其写作的重点。

十六、实施意见和指导意见有什么区别?

【解答】

诸如《关于……加快 ×× 工作的实施意见》或《关于……加快 ×× 工作的指导意见》之类的标题，有不少人对二者之间的界限把握不准。一般来说，指导意见主要侧重于对工作进行指导，体现出一种民主协商的工作作风，注重原则性与灵活性、规定性与变通性，在执行过程中允许相关机关单位有所创造和发挥，不像原来指示文种那样具有很强的指令性色彩。指导意见比较抽象，理论性文字较多，是对这项工作的指导思想、主要任务、目标步骤、工作措施作一个总体部署。实施意见可能也涵盖以上内容，但在工作措施上会更为具体，包括一些具体的工作安排。

指导意见和实施意见表明的都是一种意见和建议，但前者是宏观层面，后者是微观层面；前者是提要求，后者是抓落实；前者是定原则，后者是定方法。

十七、实施意见和实施细则有什么区别?

【解答】

意见是党政机关公文的一种，细则则不属于这个范畴。

意见适用于对重要问题提出见解和处理办法。

细则也称实施细则，是有关机关或部门为使下级机关或人员更好地贯彻执行某一法令、条例和规定，结合实际情况，对其所作的详细的、具体的解释和补充。细则一般由原法令、条例、规定的制定机构或其下属职能部门制定，与原法令、条例、规定配套使用，其目的是补充原条文中的漏洞。

因此，笔者认为两者有较大区别。实施意见是指导性的，为的是定措施、抓落实；而实施细则则是解释性的，为的是作解释，作补充。

十八、决议的语气及常用标志性动词的写作规律有哪些?

【解答】

分析这个问题，我们以《中国共产党第十九次全国代表大会关于十八届中央委员会报告的决议》为例。中国共产党第十九次全国代表大会，是在全面建成小康社会决胜阶段、中国特色社会主义进入新时代的关键时期召开的一次十分重要的大会。中共中央总书记习近平在会上作了题为《决胜全面建成小康社会　夺取新时代中国特色社会主义伟大胜利》

的报告。2017年10月24日，大会一致通过了《中国共产党第十九次全国代表大会关于十八届中央委员会报告的决议》。这篇决议虽然不长，内容却十分丰富，架构清晰，事项具体，论断坚定有力，对党的十九大报告进行了全面深入的分析和评价，高瞻远瞩，气势非凡，彰显了决议文种的应有特色。尤其是在决议写作技巧和要领方面给我们提供了有益的借鉴，很值得我们认真品读。

决议在《条例》所规定的15个主要文种中居第一位，这本身就说明了这一文种的重要性。《条例》明确规定，决议“适用于会议讨论通过的重大决策事项”。对党的十九大报告进行评断，用语应当简明扼要，准确精练，而且要开门见山，起句立意直接表明行文的观点，即“批准这个报告”，给人单刀直入、简洁明快之感。这里特别需要注意的是，决议的写作不能用第一人称，而应采用第三人称。具体来说，写作中应使用“会议听取了”“会议研究了”“会议认为”“会议强调”“会议号召”等惯用语。在这方面，此决议堪称典范。

从实践来看，几乎所有决议都会数量不等地选用“传达”“介绍”“听取”“回顾”“交流”“分析”“研究”“审议”“通过”“提出”“讨论”“认为”“指出”“决定”“同意”“明确”“要求”“强调”“希望”“号召”等常用动词，将“会议”或“大会”二字冠于其前，写成“会议传达了”“会议审议了”“大会回顾了”“会议指出”“会议决定”“会议同意”“会议强调”“会议认为”“会议提出”等标志性惯用语。这与纪要文种有异曲同工之处。现代汉语中的动词不计其数，决议之所以偏偏常用这些动词，是因为它们在处理经“会议讨论通过的重大决策事项”中具有不可替代的作用。

决议经常使用的动词很多，但不是随心所欲、杂乱无章的。笔者通过认真研究，总结出了决议动词使用的内在规律：决议中的常用动词是分层次的；这几个常用动词在决议中出现的先后是排列有序的。主要表现为以下几个方面：

1.“听取”“分析”“介绍”“总结”“传达”“作出”等通常为第一层次，在决议中起着提出问题、叙述内容的作用，属于综合性很强的论断性词语。“听取”用于叙述会议发言人的发言内容；“分析”用于对当前重大国际国内形势的研判；“介绍”用于对会议中一些重要的发言内容作简要阐述。例如，文中开篇部分指出：“大会高举中国特色社会主义伟大旗帜，以马克思列宁主义、毛泽东思想、邓小平理论、‘三个代表’重要思想、科学发展观、习近平新时代中国特色社会主义思想为指导，分析了国际国内形势发展变化，回顾和总结了过去五年的工作和历史性变革，作出了中国特色社会主义进入了新时代、我国社会主要矛盾已经转化为人民日益增长的美好生活需要和不平衡不充分的发展之间的矛盾等重大政治论断，深刻阐述了新时代中国共产党的历史使命，确立了习近平新时代中国特色社会主义思想的历史地位，提出了新时代坚持和发展中国特色社会主义的基本方略，确定了决胜全面建成小康社会、开启全面建设社会主义现代化国家新征程的目标，对新时代推进中国特色社会主义伟大事业和党的建设新的伟大工程作出了全面部署。大会通过的十八届中央委员会的报告，描绘了决胜全面建成小康社会、夺取新时代中国特色社会主义伟大胜利的宏伟蓝图，进一步指明了党和国家事业的前进方向，是全党全国各族人民智慧的结晶，是我们党团结带领全国各族人民在新时代坚持和发展中国特色社会主义的政治宣言和行动纲领，是马克思主义的纲领性文献。”开篇部分使用了“分析了”“回顾了”“总结了”“阐述了”“确立了”“提出了”“确定了”“描绘了”“指明了”等词语，从不同侧面、不同角度对党的十九大报告所提出的有关党的建设和国家发展、人民生活所取得的辉煌成就以及今后工作的目标进行阐述，既实事求是，又恰当贴切，充分体现出了决议的谋篇技巧与逻辑架构。“总结”用于把一定阶段内的有关情况分析研究，作出有指导性的结论；“传达”用于传达上级机关的工作会议精神或者上级首长的讲话内容；“作出”用于对会议讨论的问题、研究的事项提出的意见。

2.“强调”“提出”“讨论”“认为”“指出”等通常为第二层次，在决议中起着分析问题、深化内容的作用。“强调”用于重申需要突出的某个事项的重要性与紧迫性；“提出”用于表达会议中与会者的看法、主张和建议，其内容是对会议出现不同观点的表述，作为一种补充，从而使会议所提出的思想更为完善；“讨论”用于叙述经过会议广泛讨论的某种意见或某个事项；“认为”与“指出”用于阐述会议形成的一致看法和观点。

3.“同意”“明确”“决定”“要求”“号召”等通常为第三层次，在决议中起解决问题、落实内容、发出号召的作用。“同意”用于叙述会议采纳与会者提出的某种设想、意见，如人事任免或机构设置的方案等；“明确”用于表达澄清疑惑、消除分歧、达成共识、分清责任、明确任务等情况；“决定”用于宣布会议形成的一致性意见；“要求”用于叙述会议主持机构提出的具有一定约束力的意见；“号召”一般用于会议的结尾，向所有与会人员发出动员，让更多的人响应所发出的号召。例如，文中最后一个自然段指出：“大会号召，全党全国各族人民要紧密团结在以习近平同志为核心的党中央周围，高举中国特色社会主义伟大旗帜，认真学习贯彻习近平新时代中国特色社会主义思想，锐意进取，埋头苦干，为实现推进现代化建设、完成祖国统一、维护世界和平与促进共同发展三大历史任务，为决胜全面建成小康社会、夺取新时代中国特色社会主义伟大胜利、实现中华民族伟大复兴的中国梦、实现人民对美好生活的向往继续奋斗！”

显而易见，这些标志性动词的使用能够让人对会议的结论，或提出明确的希望和要求，或发出号召等印象更深刻，起到了增强行文表达效果的作用。

决议中标志性动词排列的有序性，内在地显示了决议内容排列的合理性和逻辑性，正确了解和掌握这些规律，对于写好决议是大有益处的。

十九、决定的写作要领有哪些?

【解答】

决定是对重要事项、重要问题或者重大行动作出安排，奖惩有关单位及人员，变更或者撤销下级机关不适当的决定事项时使用的公文文种。

要写好决定，应注意把握如下几点。

1. 要注意把握决定事项的历史和现实背景。撰写决定既要了解历史，掌握政策的连贯性，又要了解现实，掌握有关现实情况，并进行分析，抓住问题的实质和焦点，以作出切合实际的判断和决策。只有这样写，才有利于受文者遵照执行。

2. 要注意把握决定的多种结构形式。要根据不同类型的决定，恰当地运用适宜的结构形式。一般而言，分条列述式结构往往适用于法规政策性决定；篇段合一式结构往往适用于决策知照性决定；而撮要分条式结构则往往适用于方针政策性和部署指挥性的决定。至于奖惩性决定，则通常采用分列自然段的写法。在具体写作过程中，要视情况选用结构形式，以使决定的内容得以圆满地表达。

3. 要注意处理好内容的详略。例如，知照性决定往往要用较多的笔墨去写决定的缘由和依据，而决定事项部分文字相对较少；反之，部署指挥性和法规政策性决定，缘由和依据部分往往文字较少，而具体事项部分则文字较多。奖惩性决定，由于其主体部分要写出先进或者错误的事实，故而文字较多，而决定依据及决定事项部分则文字较少。

4. 要注意与决议文种的使用区别开来。决定中的“决”字，反映了它产生的特点，即产生于决策之中，直接为决策服务，属于决策性文件。它虽然与决议同属决策性文件，但与决议相比，决定的产生程序不像决议那样单一，它可以是会议集体讨论通过的，也可以是领导机关在自己职权范围内作出的。

二十、命令（令）的写作要领及常见问题有哪些?

【解答】

命令(令)是一种具有强制执行效力的指挥性公文，适用于公布行政法规和规章、宣布施行重大强制性行政措施、嘉奖有关单位及人员。

1. 要严格发文权限。从制发主体上看，命令（令）具有特定的规定性。作为一种下行文，不是所有上级机关或领导人都可以对下级机关或个人发布命令（令）(军事部门例外)。

根据《中华人民共和国宪法》的规定，只有国家主席、全国人大常委会委员长、国务院总理、国务院所属各部部长、各委员会主任以及县以上地方各级政府及其他法定机关和人员，才有发布命令（令）的职权。

2. 要严肃认真。既不得滥用命令（令），也不得朝令夕改，使下级无所适从。制发机关及签发人必须具有法定的权威性。在命令体公文中，使用最多的是“公布令”，它的制发者必须是具有制定、发布法律、法规、规章权的国家权力机关、行政机关和军事机关，而发布的内容又必须是法律、法规和规章。无法规、规章制发权的机关制定的“类规章性文件”不得使用公布令的形式发布，而应用通知。

3. 要准确果断。命令（令）是指挥性公文，语言表达应当准确恰当，不能使人产生歧义；语气应当坚决果断，斩钉截铁，令人不容置疑。

嘉奖令是命令体公文的重要种类之一。按照公文法规的规定，命令（令）与通报两个文种都具有嘉奖有关单位及人员的功能，正因如此，在实践中经常被人们错用或混用，以致影响了公文效用的发挥，也不利于公文文种使用的规范化。

对于命令（令）、通报用于奖惩时的区分问题，应当依据法律的规定和职权，根据奖惩的性质、种类、级别以及公示范围等具体情况，选择使用相应的文种。我国宪法对发布命令有严格的权限规定，即使县级人民政府，一般也只有在遇到特大突发事件时，才使用命令。而通报从表面上看，所涉及的内容事项往往不是很突出，影响也不是很大，只是在特定范围内一般性的号召大家学习或告诫大家引为借鉴。

由此可见，嘉奖有关单位和人员究竟应当使用嘉奖令还是使用表彰性通报，具有特定的范围和条件，不能随意而为。

二十一、公报的写作要领有哪些?

【解答】

《条例》规定，公报适用于公布重要决定或者重大事项。

1. 要注意区别公报与公告，两者不要混用。从文种的适用范围上看，公报与行政公文中的公告极其相近，其所涉及的内容均为党和国家的重要事项，而且辐射范围也相同，均是面向国内外发布。但从实际情况看，二者仍然存在差别，在很大程度上取决于使用上的习惯性。

2. 要注意公报内容事项的选择。从公报文种的适用范围来看，它所涉及的内容有两项：一是重要决定、重大决策；二是重大事件。由于它的使用者是党和国家高级机关，而且内容重大，因此公报具有很强的庄重性和严肃性，一经发布，即在国内外引起强烈反响。

3. 要注意公报的发布形式。从实践来看，公报的发布往往既不同于一般的例行公文，也不同于用于张贴的布告，而多是通过新闻媒体刊登和播发。在这一过程中，如果以新闻形式发布，则称《新闻公报》；以党和国家机关名义直接发布重要决定或重大决策的，称为《发布公报》；两个或两个以上的政党、国家、社会团体的代表将会谈达成的协议通过正式文件公之于世的，则称为《联合公报》。由此可见，公报在发布形式上具有多样化的特征。

4. 要做到重点明确，主旨突出。有些公报，特别是会议公报和涉及统计情况的公报，内容往往比较繁杂，因此，在撰写时必须抓住重点，突出行文的主旨。要把写作重点放在对事件的陈述和观点的阐述上，而且要紧扣全文的核心内容来写，切忌主次不分，不得要领。

5. 要注意用语的准确性和概括性。公报作为党和国家高级机关使用的公文，用以公布重大事件或重要决策，因此，它十分讲究用语的准确性和概括性。是什么，不是什么；应当怎样做，不应怎样做，必须确切无误地传输给读者，而且要最大限度地使用低密度的语言，用较少的文字表达丰富的内容，做到言简意赅。

二十二、公告的写作要领有哪些?

【解答】

公告是国家行政机关使用的一个公文文种。它是向国内外宣布重要事项或者法定事项时使用的一种公文。要写好公告，应注意把握如下几点：

1. 要简要直陈。公告的内容表述应简明扼要，直陈其事，就实避虚，一事一告。

2. 要庄重朴实。即在用语上做到严肃严谨，朴实无华，既不发表议论，也不加以说明和解释，更不能使用渲染性的语言或过于溢美的形容词进行带有感情色彩的夸张描述。

3. 要迅速及时。由于公告具有新闻性的特点，故应及时、迅速地将所发生的重大事项向社会公布，以发挥其应有的作用。

4. 要规范使用。现在公告的使用已经到了混乱不堪的地步，不管大报小报、电视广播，还是企业、私人都可以发布公告。目前媒体上的所谓公告（如迁址、变更电话号码、出租房屋、注销账号、丢失证件发票、增减工资、酒楼开业、招收学员、出售书籍光盘等）令人眼花缭乱。实际上，对这一文种，不仅个人和企事业单位不能使用，就是地方各级行政主管部门也不可随便乱用。根据职权，这些部门发布通知事项时，按公文处理法规的规定，只能使用通知，切不可随心所欲地滥用公告。不要把经济活动中的广告冠以公告之名，与公文中的专用文种名词公告相提并论，混为一谈。

二十三、通告的写作要领有哪些?

【解答】

通告是国家行政机关使用的主要文种之一，用于一定范围内公布应当遵守或周知的事项。要写好通告，应注意把握如下几点：

1. 要注意讲求政策性和法规性。通告的事项是党的方针政策和国家法律、法令、法规在某些事项上的具体体现。因此，撰写通告时必须注意政策性、法规性，使每一项措施、规定和要求都符合法律、法规和政策，体现党和人民的利益。只有这样，才能确保通告的权威性。

2. 要做到内容明确，主题突出。无论通告中涉及多少事项，都应紧扣中心，使主题突出和集中，凡与通告的事项关系不大，或虽有一定关系但是对通告对象不会造成影响的，都不应写进通告之中。

3. 要做到事项具体，态度鲜明。通告的目的在于让公众知晓通告内容，以便遵守和执行。因此，在写通告时，提倡什么，反对什么，态度要鲜明，事项要具体，切忌事项和要求笼统抽象，使公众不得要领，无所适从。

4. 要正确区分公告与通告。公告、通告虽然都是公开发表的告知性公文，但它们之间也存在一定的差异。首先，在发布的形式上，通告既可以采用公开张贴或报纸刊登、电台广播、电视播出的形式予以公开发布，也可采用内部行文的方式，这与公告等告知性文种是不同的。其次，在发布的范围上，公告一般没有限制，其所涉及的内容事项往往是知道的人越多越好，范围越广越好，而通告只是向一定范围内的人民群众公布。最后，从发布机关的权限及所涉及的内容来看，公告是党和国家机关使用的，通告的使用者虽较公告广泛，但一般也是具有一定权威的机关及管理部门。通告在内容上除一小部分是为了周知外，较多的是用以规范人们的社会行为，要求人们不但要知晓，而且要严格遵守与服从，这在某种程度上与法规近似。

二十四、意见的写作应着重把握的问题有哪些?

【解答】

意见这一文种进入公文写作领域，时间较为久远，中华人民共和国成立初期甚至再往前追溯至新民主主义革命时期，意见一直在公务活动之中使用，只是没有被纳入法定公文而已。1996 年 5 月 3 日中共中央办公厅印发的《中国共产党机关公文处理工作条例》以及

2000年8月24日国务院公布的《国家行政机关公文处理办法》分别将其列为法定公文文种，从而使意见文种取得了应有的地位。2012年4月16日中共中央办公厅和国务院办公厅联合印发的《条例》继续将其规定为主要公文种类。与其他文种相比，意见具有一些独特的使用功能，而且在实践中由于人们对其内涵外延缺乏充分、准确的认识和理解，因此往往导致使用的不规范现象。对于意见文种的使用及写作，应当着重把握好如下几个问题。

1. 必须弄清意见涉及内容的特定指向。使用意见文种行文，在内容方面具有确定性。依据《条例》的规定，意见适用于对重要问题提出见解和处理办法。因此，凡属用意见文种行文的，其所涉及的内容必须是本机关、本单位在公务活动实践中遇到的重大问题，而且必须是新问题。一般的问题和事项以及已经发生过的老问题不能使用意见文种行文。这是意见文种的独有特征，实践中不少文秘人员对此缺乏认识和了解，仅凭主观意志使用，随意性强，这是必须要注意和纠正的。

2. 必须弄清意见行文方向的特定指向。与其他文种相比，意见在行文方向上具有多向性，不受任何制约。比如，请示、报告等，只能是上行文；决定、决议、公报、通报、批复、命令（令）等，只能是下行文；函等，只能是平行文。唯独意见文种例外，它既可以上行，也可以下行，还可以平行，其行文方向不受任何限制，也正是由于这个缘故，意见文种的使用频率很高，特别是从20世纪90年代开始，意见由原来的主要用于上行文转为更多地用于下行文，并且逐渐取代了指示，我们党和国家的高级领导机关都不再习惯于制发指示，而分别使用通知或意见来取代。进入21世纪以后特别是近年来，意见文种的使用频率居高不下，而且还出现了一些具体的名称诸如实施意见、若干意见、指导意见等，从而使这一文种的使用范围越来越广。需要注意的是，对于上行的意见，在行文时应当按照请示性公文的程序和要求办理，上级机关和单位在接到下级呈送的意见之后要及时予以回复；对于下行的意见，如果文中有明确的贯彻执行要求，则下级机关和单位必须认真贯彻执行，如果文中没有明确的贯彻执行要求，则下级机关和单位可以参照执行；给不相隶属的机关和单位使用意见行文，其中所提出来的见解和处理办法仅供对方参考，对对方没有约束力。可见，意见这个文种的多向性行文特点，使它备受人们青睐，在公文写作领域十分活跃。

3. 必须弄清意见结构模式的特定指向。在结构布局上，意见具有独特的规律和特点。早在1942年延安整风时期，毛泽东同志就在他的著名演说《反对党八股》中一针见血地指出："一篇文章或一篇演说，如果是重要的带指导性质的，总得要提出一个什么问题，接着加以分析，然后综合起来，指明问题的性质，给以解决的办法……使大家学会应用马克思主义的方法去观察问题、提出问题、分析问题和解决问题。”[①]毛泽东同志提出的这个写作思路与框架，可以变换为“是什么（现状）—为什么（原因）—怎么办（方法）”。这种布局模式与意见的写作要求非常吻合，是意见文种独有的结构模式。如请示，其结构布局通常只是“提出问题—解决问题”，而没有“分析问题”的部分，即下级单位向上级单位呈送请示，不能给上级单位“讲道理”；如撰写报告一般就是“提出问题—分析问题”，而没有“解决问题”的部分，因为下级单位向上级单位提交报告，只是将有关情况反馈给上级，并提出解决的办法或者措施，供上级决策参考，至于怎样解决问题，那是上级的事情。还有一些文种如通知、通告等，也都是如此，而意见文种则不同，它必须呈现出“提出问题—分析问题—解决问题”的内在逻辑结构模式，必须是三个问题，缺少任何一个问题，都不符合意见文种的写作规律与要求。对此，实践中必须引起公文写作人员足够的重视。

4. 必须弄清意见使用功能的特定指向。如前所述，意见文种的行文方向具有多向性，但在实践中当涉及上行文时，人们通常易将其与请示和报告混淆。同样是向上行文，究竟是用请示还是用意见？值得注意的是，请示与上行意见相比，在行文方向与目的上比较接近，都是要求上级对自己所提的事项或问题给予批准、指示或予以认可。但其所提的事项与内容不尽相同。请示的内容较多涉及的是诸如机构设置、人员编制、资产购置、财政支出等实质性事项，即通常所说的“硬件”，而意见往往涉及的是有关政策性的问题，提出见解和处理办法，请上级机关定夺，即通常所说的“软件”。还有，原来的公文法规对于报告文种适用范围的规定是“适用于向上级机关提出意见或者建议”，自从意见文种成为法定公文之后，报告的“提出意见或建议”功能被取消，但在实践中人们依然习惯于在向上级机关提交报告时提出建议，故而引起理论和实践中的热议。那么，报告中究竟是否还可以提出建议？如果可以，又与上行意见有什么区别？依笔者之见，按照常理，意见作为正式文种之后，报告的提出建议的功能即行停止。但事实上，向上级机关和单位提交报告，有时又不能绝对离开顺带提出建议的情形和做法，以供上级决策参考。因此，同样是向上级机关报告，如果涉及提出建议的部分，关键是要根据行文的目的来选择使用文种。即如果行文旨在就下一步工作尤其是某项新工作提出见解和处理办法，要用意见；如果行文旨在对以往工作情况进行梳理汇报，就要使用报告。这就是说，建议报告的提法肯定不合规范，向上级机关提出意见和建议，根据《条例》的规定，应当使用上行意见。

5. 必须弄清意见行文语气的特定指向。意见文种行文方向的特殊性，对行文语气产生了不同的影响。要根据意见种类的不同以及行文方向的不同而选用不同的行文语气。其

①《毛泽东选集》第三卷，人民出版社 1991 年版，第 839 页。

中，上行的意见常使用下级对上级汇报见解、陈述办法的语气，诸如“我们考虑”“我们认为”“我们建议”“我们要求”以及“请”“敬”“望”“应 ××”“可 ××”等期请和建议性词语，用语比较婉转诚恳，结尾常用“以上意见供参考”“以上意见如无不妥，请批转”等，意在体现对上级机关的尊重。下行的意见与上行意见在用语上有所不同，它较多使用一些带有祈使语气表示肯定或带有禁止语气以示否定的指令性语气，意在对所提出的问题及解决办法予以强调，常用“要 ××”等用语，有的在引言中用“提出如下贯彻要求”等过渡语表明发文机关的态度。平行的意见，则较多使用委婉、谦虚、平和的语气，以体现对对方的平等相待。

二十五、通知的写作规范与基本要领有哪些?

【解答】

在党政机关、企事业单位所使用的公文中，通知是发文数量最多、使用频率最高的一个文种。根据《条例》的规定，通知适用于发布、传达要求下级机关执行和有关单位周知或者执行的事项，批转、转发公文。可见，通知具有承接上下、联系内外等多方面的作用，在绝大多数情况下，通知是作为下行文来使用的，但有时向不具有隶属关系的单位告知某一事项，诸如启用新的印章、成立或撤销某一机构等，也可用通知来行文。因此，通知既可以用于发布、传达要求下级机关执行的事项，也可以向有关机关（主要是不相隶属机关）告知相关事项，具有发布、传达和告知的作用；既可以用于批转下级机关的公文，也可以用于转发上级机关和不相隶属机关的公文，因而具有桥梁和纽带的作用。

五种主要通知的写作规范如下。

1. 指挥性通知。指挥性通知是在上级机关需要对下级机关或所属单位就某一事项作出具体规定或者就某一问题作出具体安排部署时使用的，具有较强的指令性和行政约束力，受文单位必须坚决贯彻执行。在具体写法上，通常包括如下五个部分：

第一，标题。应写得准确、简要、完整，要载明发文机关、事由、文种三个要素，如《中共中央纪律检查委员会关于坚决纠正新形势下出现的不正之风的通知》。需要指出的是，此类通知的标题往往显现出发文机关的倾向性态度，如“坚决制止”“坚决打击”“坚决纠正”等。视实际情况，也可以根据通知的发布形式、内容及执行时限要求等，在文种前面分别冠以“联合”“补充”“紧急”等字样，以求准确、具体，同时唤起受文单位注意，便于执行。

第二，主送机关。在标题之下、正文之上顶格标识通知的致送对象，对于泛称的主送机关，要注意排列的先后次序，即按照从高到低、先外后内以及党政军群的顺序排列，要注意同一系统和部门之间使用顿号隔开，不同系统和部门之间则使用逗号隔开，以厘分层级。

第三，通知目的或缘由。这是通知正文的开头部分，具有提纲挈领的作用，要写得简明扼要、精练概括。一般应交代出制发通知的缘由、目的、背景和依据等，以便为下文进一步提出通知事项作好铺垫。用语要简洁明快，文字不宜过多，然后用过渡句“现通知如下”“现将有关事项通知如下”“为此，特作如下通知”“现就……通知如下”等开启下文。如《国务院办公厅关于加强安全生产监管执法的通知》就是在提出制发通知的目的和依据之后，紧接着使用“现就加强安全生产监管执法有关要求通知如下”这一过渡句引出下文。用语简练精要，干净利落。

第四，通知事项。这部分是指挥性通知写作的主干，是受文单位执行的依据，因此，要明确、具体地交代应办的事项，即工作的任务和要求，切忌含糊笼统，令人不得要领。在结构安排上，一般采用分条列项式的写法，用序号标明层次；也可采用分列小标题的形式，将通知内容的各个方面分别进行阐述。无论采用哪种方式，都必须做到条理明晰、层次清楚、便于领会、理解和执行。例如，《国务院办公厅关于加强安全生产监管执法的通知》就很好地体现了这一点，在结构布局上能够给我们提供有益的借鉴，紧紧围绕“加强安全生产监管执法”这一核心问题，分别从五个大的方面进行阐述，作出规定，提出要求。而且每项规定都极为明确具体，具有很强的针对性和可行性，是指挥性通知写作的典范。

第五，结尾。包括发文机关署名、成文日期和印章三项内容，它们共同构成通知的生效标志。

2. 印发、发布性通知。印发、发布性通知用来印发领导人讲话、工作计划、工作总结、工作方案等常用事务文书以及公开发布法规、规章等。它的制发条件是必须经领导批准或经某一会议讨论通过，以通知的形式印发或发布，要求有关单位予以贯彻执行。其写作结构一般由标题、主送机关、正文、结尾等四部分组成。具体写法如下：

第一，标题。通常由发文机关名称，被印发、发布的对象名称，文种三个要素组成，如《国务院关于发布〈党政机关厉行节约反对浪费工作条例〉的通知》。

第二，主送机关。要按规定写明受文单位名称，可写全称，也可用规范化简称。对于泛称的主送机关名称，应按上述规范要求办理。

第三，正文。此类通知的正文部分一般均较为简短，通常载明两层内容：一是用介词结构前置的句式（即“现将……”）引出被印发、发布的对象；二是提出贯彻执行的希望和要求。此项内容通常使用习惯性语句诸如“请认真贯彻执行”“请照此执行”“请遵照执行”等，旨在强调通知的内容关系重大，必须令行禁止，照章办事，以充分体现其指挥效力。

在结构安排上，一般采用篇段合一的形式，整篇通知就是一个自然段，如《中共中央办公厅国务院办公厅关于印发〈党政机关公文处理工作条例〉的通知》的正文部分写道："《党政机关公文处理工作条例》已经党中央、国务院同意，现印发给你们，请遵照执行。"较为复杂一些的通知，往往另起一个自然段提出贯彻执行的希望和要求，内容更为明确具体。

第四，结尾。与指导性通知相同。

3. 转文性通知。转文性通知包括批转性通知和转发性通知。其中，前者用于批转下级机关的公文，后者用于转发上级机关、平级机关和不相隶属机关的公文。与前述印发、发布类通知相同，此类通知均作为"文件头"来使用，采用复体行文的方式，将被批转、转发的对象引出来。

转文性通知的写作结构，一般由标题、主送机关、正文和结尾四部分组成。

第一，标题。一般由发文机关名称，被批转、转发的文件标题，文种三个要素构成，如《国务院批转〈国家体改委关于在治理整顿中深化企业改革强化企业管理的意见〉的通知》。如果被批转、转发的对象系法规性文件，要注意加上书名号。

第二，主送机关。与印发、发布性通知的要求相同。

第三，正文。这部分是转文性通知写作的主体，篇幅也较简短，一般应载明三项内容：一是写明对被批转、转发文件的评价性意见或态度，措辞要适度、中肯，语气要肯定。二是指明通知事项的意义，即阐述批转、转发该文件的必要性和重要性。三是提出具体的贯彻执行的意见或要求。要特别注意所提出的执行要求必须有针对性，即要结合本地区、本系统、本单位的实际情况，对被批转、转发文件的内容要求加以具体化，做到有的放矢。此类通知的执行要求部分通常使用的习惯用语有"请遵照执行""请认真贯彻执行""请参照执行""请认真贯彻落实"等，具体如何使用，应视所批转、转发文件的内容而定。例如，通知中的意见属于探索性的，且法律程序不够完备，需要下级机关边执行边修改的，则习惯用语一般写为"请研究试行"；如果通知中的要求只是根据一定地区的特点，或者批转下级机关的报告、有参考价值的意见或建议，或是应引起注意的问题，则习惯用语一般写为"请参照执行"等。在具体写作实践中，这种习惯用语也用于第一层次内容的结尾处。

第四，结尾。结尾包括发文机关署名、成文日期和印章三项内容。

4. 事务性通知。事务性通知在要求受文机关知晓某一事项或办理某件事情时使用，如人事任免通知，迁址办公通知，启用印章通知以及成立、调整、撤销某机构的通知等。其写作结构一般由标题、主送机关、正文和结尾组成。

第一，标题。应完整载明发文机关、事由、文种三个要素，如《国务院关于成立中国船舶工业总公司的通知》。

第二，主送机关。与印发、发布性通知的要求相同。

第三，正文。正文是事务性通知写作的重心，其内容一般较为简短，撰写时应当根据实际情况，准确、具体地予以载明。例如，有关人事任免通知，就应写明经由哪级组织决定，任免何人何职务，一般要先写免职，再写任职，即先免后任。用语要简洁利落，切忌拖沓啰唆；同时，亦应载明有关待遇、任职期限等事项的通知。如果是设置某一机构的通知，则应写明设置该机构的目的、依据、名称、组成人员、办公地址及其相关内容。调整和撤销某一机构的通知，应写明撤销或调整的缘由、依据等。无论哪种类型的通知，都必须做到开门见山，直截了当，用语简洁干脆，意尽言止。

第四，结尾。同前文所述。

5. 会议性通知。会议性通知属于知照类公文，用来告知召开某一会议。其写作结构一般也由标题、主送机关、正文和结尾组成，重点是要写好正文部分。应主要写明召开会议的缘由、目的、主办单位以及协办承办单位、会议内容、起止时间、参加人员、会议地点、报到时间及地点、需要准备的材料、食宿安排、接送站事宜以及其他相关事项，要全盘考虑，不能疏漏。如参会者与会议地点的空间距离较远，则还应写明赴会的交通路线以及需乘坐的交通工具等，以便使参会者及时地到达。同时，在发出通知时应将与会人员的途中时间考虑进去。这里要特别注意对有关事项的交代必须清楚明确，切忌含糊不清，例如，时间一项不能只写某年某月某日，还应写明是上午或下午，几时几分。又如，参加人员一项不能写为“有关负责同志”，而应写明参加人员的职务和人数要求等。否则，极易造成混乱。

写好通知，应掌握以下基本要领。

一是要讲求实效，切不可滥发通知。由于制发通知是要求所属单位及人员执行或周知的，其目的在于指导和推动工作的深入开展，因此要特别注意发文的必要性，讲求实效，严禁滥发，严格控制发文的数量，做到量度适宜。

二是不要越俎代庖。有一些事项，按其内容和发文的目的要求应该使用函或启事的，则不要使用通知来代替。

三是要注意通知内容的准确性。撰写通知，必须符合党和国家的方针政策和法律法规，还要符合本地区、本单位的实际情况，对有关事实的阐述，一定要准确无误，语言表达也要合乎逻辑、语法和修辞规则。这些都是通知内容的准确性的基本保证。

四是要分清发布的载体形式。印发、发布性通知以及转文性通知，在外在表现形式上均须采用复体行文的方式，即以通知文种作为“文件头”来引出相应的文种，如领导讲话、工作总结、实施方案等，但这种被引出的对象不是通知的附件，只是一种公文的发布形式。

因此，以通知为主件，以其后的总结、讲话、方案、意见等为附件，构成“主件—附件”结构模式的方法是错误的，是对国家标准公文格式的误解。

二十六、怎样简化转文性通知的标题?

【解答】

值得注意的是，由于转文性通知的标题通常要涉及对被批转、转发的原文标题的引用，因此，在实践中往往容易导致标题字数过多，排列起来较为冗长杂乱，烦琐累赘。实践中，经常见到类似“一字长蛇阵”的公文标题，这种现象不利于公文写作的规范化。解决的办法有三个：其一，压缩介词“关于”，即在整个标题中只使用一个介词“关于”，这个介词既可以出现在“批转”“转发”字样的前面，也可以出现在“批转”“转发”字样的后面，具体位置应视被批转、转发的对象而定。也就是说，如果被批转、转发的原文标题中已经带有介词“关于”，则前面就要省略；如果原文标题中不带介词“关于”，则前面就要添加。一般来说，被批转、转发的对象标题不带介词“关于”的，通常是法规、规章、工作要点、实施方案等文种。诸如，《××关于批转〈关于×××的通知〉的通知》，应改为《××批转关于×××的通知》，既省减了文字，又加强了批转语气。其二，省略中间环节。不要层层转发或批转，直转即可。其三，压缩文种。例如，《×××关于转发×××〈关于×××的通知〉的通知的通知》，此种形式的标题，文种重叠，实属赘疣，应将原发文机关的文种名称删除，即写为《×××转发关于×××的通知》。这是被批转、转发的对象均为通知的情况的处理办法；但如果被批转、转发的对象不是通知，而是报告、请示、意见、方案等文种，则应保留，例如，《国务院批转民政部关于进一步加强生产救灾工作的报告的通知》。

二十七、通报的写作要领有哪些?

【解答】

通报是各机关单位常用的一种公文。根据国家公文法规规定，它适用于表彰先进，批评错误，传达重要精神和告知有关情况。由此衍生出三种不同类型的通报，即表彰性通报、批评性通报和传达性通报。各种不同类型的通报，在写作时所遵循的要领和方法从总体上讲是相同的，但又各有特点。

1. 要厘清通报与通知文种之间的用法差异。通报与通知看似相同，但却有着明显差异。主要表现为：

一是适用范围不同。通知适用于发布、传达要求下级机关执行和有关单位周知或者执行的事项，批转、转发公文。通报适用于表彰先进、批评错误、传达重要精神和告知重要情况。

二是行文目的不同。发布通知的目的是使受文单位了解发文单位要求做什么和怎么做，从而行动起来；而制发通报的目的则在于使受文单位了解某一重要情况或典型事件，从而受到教育、启发。

三是内容构成层次不同。通知一般由受文单位做什么和怎么做两大层次构成，要直陈直述，不用举例和论证；而通报则不同，它一般由情况和事例构成，要求对情况和事例作简明扼要的分析，并对分析的结果加以评论。

2. 要厘清处分决定与批评性通报之间的差异。实践中，很多人对究竟是用处分决定还是用批评性通报也存在模糊认识，区辨不清。二者之间的差异有以下几个方面：

一是二者的行文目的不同。处分决定与批评性通报虽然都能起到引以为戒、使人受到教育的作用，但前者是组织传达对某人所犯错误的处理结果，是在一定范围内组织对某人的处理结论，而后者则是以反面典型教育大家，希望大家吸取教训，避免类似事件的再次发生。

二是涉及对象不同。处分决定一般对人，而批评性通报对事较多，对人较少。

三是行文范围不同。处分决定的行文范围比较严格，有些还具有保密性，不宜广为宣传；而批评性通报的行文范围比较广泛，保密性较少，一般都让群众知道。

四是写法不同。处分决定的写法比较简单，一般包括个人身份情况、错误事实和结论三部分，而批评性通报则一般包括情况介绍、原因分析、希望和要求等内容。

3. 要厘清表彰性通报与嘉奖令、表彰性决定之间的差异。这是在实践中最容易出现的问题往往带有普遍性。按照《条例》的规定，命令适用于嘉奖有关单位和人员，决定适用于奖惩有关单位和人员，通报适用于表彰先进。可见，这三个文种均有表彰奖励的功能，因此，在实践中往往被人们混用。正确的做法是，各级党政机关应当依据法律的规定和职权，根据奖励的性质、种类、级别、公示范围等具体情况，选择使用相应的文种。根据长期的使用习惯，人们主要是从以下三个方面来区别选用的：

一是发布机关的层次级别。在这三个文种中，唯有命令具有发布权限的规定，而嘉奖令又往往由级别较高的机关予以发布；表彰性决定虽无明确的使用权限，但发文机关一般层次较高且通常是被表彰对象的非直接上级机关；表扬性通报的发文机关不受限制，但多是被表彰对象的直接上级机关。

二是被嘉奖对象先进事迹的类型及影响范围。若是在完成“急难险重”任务中事迹突出、影响范围广泛，则适于用嘉奖令，如《国务院对胜利粉碎劫机事件的民航杨继海机组的嘉奖令》《国务院、中央军委关于给武警部队抗洪抢险先进单位及个人授予荣誉称号和记功的命令》。若是在长期艰苦的工作中表现突出、成绩卓著则适于用表彰性决定，如《国务院关于2017年度国家科学技术奖励的决定》。表扬性通报适用的规格低于前两者，但适用范围可大可小。

三是表彰奖励的规格。嘉奖令和表彰性决定的规格要高于表扬性通报。尤其是嘉奖令，通常都要授予被嘉奖对象荣誉称号，故在《条例》中有“批准和授予衔级”的特别规定。而表扬性通报多侧重于介绍被嘉奖对象的先进事迹，进行恰当的评价并予以适当的表扬奖励，但其规格要低于嘉奖令和表彰性决定，多是通报表扬，如《国务院办公厅关于对全国第二次大督查发现的典型经验做法给予表扬的通报》中提到的“为进一步调动各方面的积极性、主动性和创造性，总结经验，宣传典型，扎实推进各项重大政策措施落地生效，经国务院同意，对天津市推动重大项目开工建设等20项地方工作典型经验做法和发展改革委加强宏观政策统筹协调等16项部门工作典型经验做法予以通报表扬”。不过，表扬性通报进行表扬奖励的及时性往往高于嘉奖令和表彰性决定。总之，从嘉奖令、表彰性决定到表扬性通报，表彰奖励的规格是逐步下降的，而其中的表扬性通报，无论是适用主体还是适用范围都是最广泛的。

4. 要梳理脉络，讲究叙述的技巧。通报的写作，无论是表彰性通报还是批评性通报，肯定要涉及对被表彰或者被批评有关事件发生发展过程的叙写，包括对时间、地点、人物、起因、过程、结果和影响等要素的叙写，因此，通报的写作离不开叙述的表达方式。

此类文种的中心题材是被通报的具体事项，因此，其所使用的主要表达方式是叙述，但叙事并非通报的最终目的，一切通报的写作主旨都在于使人们通过通报的事实得到启发、受到教育，吸取其中的经验和教训，用以指导和推动工作的开展，提高人们的思想水平和工作能力。因此，通报的基本写法是在叙写所要告知的具体事实的基础上进一步加以抽象概括，挖掘深层次原因，据此梳理和提炼出带有本质性和规律性的东西，表明作者的观点和态度，提出相应的希望和要求。体现在写法上，则通常又是在以叙述为主要表达方式的前提下，兼以必要的议论和说明。必须注意的是，通报中的叙述必须是高度概括，不能写得过于详尽，要用概括性语句将所要表述的内容反映出来，力戒使用一般文章和文学作品中的描写性语句。例如，某公司工会的一名姓刘的干部，因分房未能遂愿去找房管科科长罗某纠缠，结果两人话不投机，相互辱骂，发生肢体冲突。该公司为此拟制了一篇批评性通报。文中在叙写两人发生冲突的过程时使用了这样一段文字：“刘随手从茶几上抄起一只热水瓶朝罗的头部砸去，想用热水烫对方，幸好瓶中无水。由于瓶中无水，再加上刘用力过猛，结果暖水瓶飞向罗的头部。罗一看不好，往左边一闪，暖水瓶正好砸在办公桌的玻璃板上，只听‘啪’的一声，碎片溅满办公室。这时，罗也顺手抓起办公桌上的计算器，朝刘的头部砸去，说时迟那时快，刘一猫腰朝罗的肚子顶去，计算器正好打在刘的屁股上。”这段神乎其神、活灵活现的文字，要是用在文学创作中应当是很生动的，但在公文中则属于“语不对体”。

5. 要处理好文字表述的详略。无论是表彰性通报还是批评性通报，肯定要涉及事件的概括、原因分析以及处理决定等部分。通报的主文部分由三层内容组成，其中，表彰性通报往往在第一层表明成就，用语概括简练；第二层交代通报的目的和具体事项；第三层对受文单位提出希望和要求。而全文的主旨通常是在第三层明确提出来的，即主要是对受文单位提出要求，发出号召。从行文上来看，一定要有一条一以贯之的脉络，使主旨明确，结构严谨，用语准确顺畅。如果是对群体的表彰，由于其带有普遍性，因此，对其事迹的叙述就要更为概括简练，而无须列出具体事例。在高度概括的基础上可以使用一些议论评价性文字，这是此类文体写作的规律性特征。如系对于个体的表彰，对其事迹的叙写往往相对较为具体，但也要注意简要概括，力避详尽描述。

6. 要向深处挖掘，讲究层次分明，严整有序。通报的写作，特别是表彰性和批评性通报的写作，往往要在叙述事实的基础上作出进一步的分析和评价，挖掘事件或事故发生的根本原因和责任归属，据此揭示问题的实质，概括出可供借鉴的经验和应当吸取的教训。要注意触及事件的本质，向思想和灵魂深处发掘，切中要害，一针见血。否则，就达不到以典型事例指导工作的目的。

7. 要明确直达与转述，在表达手法上有所侧重。根据通报发布方式的不同，可将其分为直达式与转述式两种类型。其中，前者是以领导机关名义直接下发，后者则是对下级来文加写按语后予以批转；一个是单体行文，另一个是复体行文。鉴于此，其表达手法也就各不相同，直达式通报侧重于叙事，兼以必要的说明，而转述式通报则侧重于议论，属于评价性文字。应注意，这种评价性文字不是对下级来文内容的重复，而是在此基础上的提炼与升华，要起到画龙点睛的作用，以指导下级机关的行动。从这个角度讲，它是转述式通报写得是否成功的关键所在。

二十八、请示写作的关键是什么?

【解答】

请示的结构模式较为简单，通常由两个层次组成，即“为什么请示”和“请示什么”。“为什么请示”即请示缘由，是行文的重点所在，是请示写作的关键环节，要用简明扼要的语言将请示的原因和背景情况或者请示问题的依据、出发点及思想基础交代清楚，请示目的能否得以实现，关键取决于“请示理由”是否充分、具体、有力、令人信服。这就要求在写作时把握住两点：一是要选准角度，即请示理由的切入点。同样的理由，角度选择失准，就是没有抓住问题的症结，没有抓住主要矛盾，因而也就缺乏足够的说服力。例如，××汽车修配厂所写的一篇请示，事由是拟将其厂院内黄土地改为水泥地面，向上级主管部门请求拨款数万元。在陈述请示缘由时，列举出诸如刮风时尘土飞扬、雨天道路泥泞等方面的事实，结果请示呈送以后未获批复。那么，问题症结在哪里？关键在于“角度”选得不准，缺乏应有的说服力。如果变换角度，着重突出“尘土飞扬”及“道路泥泞”等对该厂生产的影响，解决问题的紧迫性和必要性就显现出来了。由此可见，“角度”选得是否恰当，直接关系到一篇请示行文目的的顺利实现。二是要讲究逻辑性，即对于请示理由的陈述，必须注意其内在的必然联系。哪些内容先说，哪些内容后说，都要经过缜密考虑，精心措置，不可信笔挥洒。

二十九、请示写作常见的病误有哪些?

【解答】

请示是党政机关和企事业单位使用频率较高的一种上行文。下级机关和单位经常就有关财政支出、资产购置、人员定编、机构设置、出国（境）等事项向上级机关或单位行文请示，获得批准后方可执行或者办理。与其他文种相比，请示文种在行文过程中要遵循一系列特定规则，方能顺利实现行文目的。但从实践来看，有相当多的请示在行文时存在这样或者那样的问题，因此，很有必要对其进行总结归纳，并切实加以纠正。

1. 标题的拟制不规范。标题是请示的“眉目”，必须写得正确规范，让人一看标题即知其大概的内容。根据公文法规的规定，请示标题必须完整载明发文机关名称、事由、文种三个要素，三者不可缺漏，但实践中经常出现省略发文机关名称的现象，写为“关于……的请示”，不够完整，也不规范。还有相当多的请示标题写为“关于申请解决……的请示”“关于请求……的请示”，因请示文种本身已蕴含“申请”之意，无须在事由部分加以强调表述，否则，就是语意重复累赘。

2. 与上行的意见混淆使用。意见文种具有行文方向的多向性，可以上行、下行和平行，在上行时，容易与请示混淆。请示与上行的意见相比，在行文方向与目的上比较接近，都是要求上级对自己所提的事项或问题给予批准、指示或认可。但两者所提的事项与内容不尽相同。请示的内容涉及的多是诸如机构设置、人员编制、资产购置、财政支出、出国（境）等实质性事项，而意见涉及的往往是有关政策性的问题，提出见解和处理办法，请上级机关定夺。实践中，有些机关或单位将本来属于涉及政策性的“软件”问题使用请示行文，就用错文种了。例如，某市人力资源和社会保障局制发了一篇《关于调整机关公务人员工资待遇问题的通知》，其下属单位 ×× 区人社局对其中一项规定把握不准，遂向市人社局提交了一份请示。因为其涉及关于政策界限性的问题，所以应使用意见。

3. 与报告混淆使用。这个问题比较突出。报告和请示均属上行文，行文方向一致，而且所涉及的内容也大体相同，都是下级机关和单位就工作中的有关事项向上级机关作出反映，但二者之间在行文目的、性质要求、行文时限以及内容含量等方面有着明显的差异。就本质而言，请示属于请求性公文，必然会引出上级机关的批复，而报告则不然，它属于陈述性公文，只是向上级机关汇报工作、反映情况、回复上级机关的询问的作用，上级机关对于收到的下级机关的报告一般不作回复，因此，如果本来应写请示，却写成了报告，结果上级机关未予批复，就会延时误事，影响行文目的的顺利实现。例如，有一个市公安局就办公大楼选址事宜给市人民政府递交了一份报告，结果报告发出去之后数月犹如石沉大海，后经询查才知道是因为错用了文种而未能引起领导重视，我们应从中吸取教训。

4. 与申请函混淆使用。由于函具有向有关主管部门请求批准的功能，在行文目的和内容上与请示具有一定的相似性，因此，实践中也常常容易被人们混用。实际上，它们在行文的隶属关系上有着严格的界限，即请示适用于具有隶属关系的上下级机关之间，而申请函则适用于不相隶属的机关之间。只要不存在直接的隶属关系，无论对方级别高低，均应以函行文，而不能使用请示。实践中，有些机关或单位认为是“求着对方”，于是不得已使用请示。更为严重的是，由于受文单位均系“握有实权”的业务主管部门，所以就不自觉地将自己摆到了上级的位置，非让发文单位写请示不可，如果使用函行文，就设置种种障碍不予审批，于是就出现了大量的以请示代替函的问题。例如，×× 市公安局，拟购置 50 辆执法执勤警务用车，向市财政局行文，将标题写为《×× 市公安局关于拟购置 50 辆执法执勤警务专用车辆的请示》，市财政局给公安局的回文是《×× 市财政局关于同意购置 50 辆执法执勤警务专用车辆的批复》。这里，行文双方均系市政府的职能部门，相互之间是平级关系，按规定应当使用函，市公安局却错误地使用了请示。实践中此种现象绝非个例，应当引起重视并坚决加以纠正。

5. 请示缘由的角度选择不够准确。请示缘由是请示写作的关键环节，它直接关系到请示目的能否顺利实现。要用简明扼要的语言将请示的原因和背景情况或者请示问题的依据、出发点及思想基础交代清楚，请示目的能否得以实现，关键取决于请示缘由是否充分、有力，令人信服。这就要求在写作时一定要选准角度，即请示缘由的切入点。同样的理由，角度选择失准，就是没有抓住问题的关键，没有抓住主要矛盾，因而也就缺乏足够的说服力。

6. 行文缺乏逻辑性。对于请示理由的陈述，必须注意其内在的必然联系。哪些内容先说，哪些内容后说，都要进行缜密考虑，精心措置，不可信笔挥洒。例如，有一篇题为《××厂关于扩建浴室的请示》，其请示缘由部分写道："我厂原是街道厂，厂区狭窄，建筑物之间距离较近，而且近年来职工人数不断增加，原65平方米的男女浴室，现已远远不能满足广大职工洗澡的需要。为此，我们拟将原浴室改建成二层楼……"此段请示缘由写得含糊笼统，不合逻辑，令人难得要领。实际上，这篇请示要求的是解决两个问题：一是扩建，二是改建成二层楼。这是前后相继的两道工序，即先行扩建，然后方可涉及改建成二层楼的问题。没有第一步，第二步也就无从谈起。所以，在阐述请示缘由时应先列摆扩建的理由，而后再讲改建成二层楼的理由。很显然，这篇请示的缘由部分属于事理倒置，有悖逻辑，是不规范的。

7. 结尾用语不规范。请示的结尾一般有较为固定的结语，以示对上级机关的尊重。通常写法是"妥否（可否、是否可行），请批示"。这里涉及的问题是"请批示"之后究竟要不要加句号。实践中既不统一，也不规范。正确的做法是，因为"妥否，请批示"是一个完整的句子，置于请示的正文之后单独成段，因此应当加上句号。这与报告文种的结尾用语如"以上报告如有不妥，请指示""以上报告如无不妥，请批转各地执行"等是完全一致的。但要特别注意的是，请示的结语中绝不能出现"报告"字样，以免造成混乱，甚至延误时机，给工作带来不必要的麻烦。

8. 格式项目不够完整。写请示时要注意特定格式项目的完整性。实践中，最常见的问题有两个：一是请示行文按规定应当标注签发人或会签人姓名，以明确责任，但很多行文有所遗漏；二是要在附注处注明联系人的姓名及电话号码，这在实践中也往往被人们疏忽。对此，均应予以重视。

9. 多头主送。请示的致送对象必须而且只能是一个，不得多头请示，以免因责任不清，互相推诿扯皮而延误工作，同时可避免因上级机关答复意见不一致而使请示主体无所适从的现象。受双重领导的单位，在请示问题时，应当本着谁有权力批准这一事项就请示谁的原则，同时将另一上级单位列为抄送，以便对方了解情况。如果行政关系在中央、省市，而党的关系在省市、地县的，不能把党、政上级机关一并列为主送，应当按照党政各自的分工范围，或以党委、党组的名义请示上级党委，或以行政名义请示上级行政机关。在实践中，有些机关或单位为了加快请示的运转速度，往往同时主送给两个或者两个以上的上级机关，如"市委、市政府"，这是与公文法规的规定相悖的。

10. 行文给领导者个人。请示行文，要以组织为行文对象，而不能针对个人。但实践中不少机关或单位为了顺利实现行文目的，往往直接主送给领导者个人，采用领导人的姓加职务的表述形式，如“张市长”“马总经理”“周县长”“李局长”等，这都属于不规范的做法，应予以纠正。但要注意，根据规定，属于领导人授权交办的特别事项，不在此列。

三十、报告的写作要领有哪些?

【解答】

报告是党和国家机关以及企事业单位使用频率极高的一个文种。依照《条例》的规定，它适用于向上级机关汇报工作、反映情况，回复上级机关的询问，从本质上讲，属于陈述性的上行文种。

按所涉及的内容的多少，报告分为综合性报告与专题性报告。涉及一个单位、地区、系统全面工作情况的报告为综合性报告；只涉及某一方面、某一专项的事情，为专题性报告。在实际写作过程中，要写出符合领导意图、高质量的报告，难度是很大的。尤其是综合性报告，涉及的内容繁杂，难度就更大。写好报告，需要抓住以下六个方面的要领：

1. 文种要确切。报告经常容易与请示混淆。因为二者行文的方向一致，所涉及的内容也大体相同，均系下级机关或单位就工作中的有关事项向上级作出反映，所以，在实践中往往本来应该使用请示的，却用了报告。有些领导同志交代拟文任务，开口就讲“给省厅打个报告”。其实，领导的本意是写请示。报告和请示是两个性质相近但职能各异的文种，在行文目的、性质要求、行文时限和内容含量等各个方面都存在很大差异，因此，必须严格区别，分开使用，该用请示的就用请示，该用报告的就用报告。有的单位将二者合而为一，即请示报告，这种做法更应予以纠正。

还要注意报告不能与上行的意见混淆使用。意见适用于对重要问题提出见解和处理办法，在行文方向上具有多向性，既可以上行，也可以下行，还可以平行。在上行时，人们往往分不清究竟应当用意见还是用报告。这两个文种的突出区别之处在于，行文旨在就下一步工作尤其是某项新工作提出意见、见解和处理方法时要用意见，行文旨在对以往工作情况梳理汇报时则要用报告。

2. 思路要清晰。由于报告所蕴含的内容较多，特别是综合报告，涉及有关工作或情况的方方面面，因此，在撰写时一定要保持清晰的思路，把所获取的材料进行精心梳理，做到主次分明，针对性强。要紧紧围绕报告的主题，在材料的组织和选择上有所侧重，突出重点，主要有四方面的内容：能够影响全局的工作或情况的材料，能够对当前或今后的工作有重要指导和推动作用的材料，能够充分显现本机关工作成效、工作状况和工作水平的材料，能够代表和反映本机关或本地区工作中存在的带有普遍性和倾向性问题的材料。同时，由于报告文种功能较多，写法各异，撰写时要紧紧围绕行文的主旨，采取恰当的结构模式进行叙写。如果是汇报工作，则应首先写明工作的基本情况，其次写明主要做法和成绩，包括采取的办法、措施以及由此带来的直接效果等，最后写明还存在什么问题以及今后的大体工作设想。在内容布局上，一般将第二层次详写，第一、第三层次略写，不作过多铺陈。如果是反映情况，则应首先对所要反映的问题或情况作一个概述，然后集中分析产生问题的原因，包括主客观两方面原因，最后提出解决问题的意见和办法。在内容布局上，第一层次文字要简洁，第二、第三层次的叙写应当根据行文的主旨表达需要确定详略。如果是回复上级机关的询问和要求，应首先扼要叙述上级机关交办的事项或任务，然后写明处理的大致过程，包括采取的办法或措施，处理中遇到的问题及需要进一步陈述的事项等，最后交代处理结果，同时征询上级机关对处理结果的意见。如是就某项工作中的错误向上级机关检讨，应首先陈述错误的事情概况，继而分析造成错误的原因（包括直接原因和间接原因）及应负的责任，最后写明处理结果及今后的改进意见。

3. 内容要真实。报告有向上级机关反映信息及决策的反馈作用，上级机关要通过报告及时掌握各方面的动态及变化，掌握决策的运行情况，因此，在某种程度上说，报告是决策的基础条件之一。要使报告充分发挥决策与执行之间的桥梁作用，必须原原本本地反映实际情况，做到实事求是。真实是报告写作之本。

这里所讲的真实，是以客观事物存在为基础的绝对真实，与文学作品的写作有所区别。文学作品为了反映生活本质，可以对所写的人和事进行艺术改造和加工，甚至可以虚构。而报告反映的是公务活动中的客观事实，所涉及的时间、地点、人物、事件等必须绝对准确，任何一个细节都不允许失真，如果弄虚作假，隐瞒真实情况，必然影响上级对某事项的决策，以致出现严重后果。

4. 结构要合理。报告的内涵决定它在写作上的通用结构规则，这就是人们通常所讲的“三段式”。但应注意的是，“三段式”不是一成不变的模式，它必然会由于不同的内容而表现为多变的状态，主要有：“情况—做法—问题（意见）”“情况（做法）—问题—今后意见”“情况—问题—今后意见”“情况—原因（责任）—下一步做法”“情况—原因—责任及处理意见”“情况—问题—建议”等。撰写报告要切实掌握“三段式”的基本要求，根据具体的内容表达需要选用恰当的结构形式，这对提高撰文效率和质量是十分必要的。一般而言，专题性报告正文部分的结构相对比较灵活，既可以采用“情况—问题—意见”的结构形式，也可以采用“情况—做法（或经验）—不足”的结构形式。其中，前者适用于以反映情况为主的专题工作报告，而后者则适用于以总结经验为主的专题工作报告。综合性报告正文的结构一般要把握好三点内容：一是要有一个概括说明全文主旨的开头。这个开头在写作技巧上可采用起句立意的手法，开门见山，先把一定时间内各方面总的工作情况，包括依据、目的、总的行动和对整个工作的评价等加以概括介绍。二是要有一个内容比较丰富的主体。主体也就是报告的核心部分，在这个部分里，要把各个方面工作的主要情况，并列地拉开段落，每一个大的段落即表述一个方面的主要工作。在具体写法上，一个段落应包括某方面工作的进展情况、主要做法、取得的主要进展和效果，尽量使用数字说明和概括性的材料，做到言简意赅。例如，××县委《关于2021年××县生产情况的综合报告》一文，在主体部分集中写了五个方面的做法：集中力量发展工业，继续强化农业的基础地位，下大力搞好市场流通建设，大力发展外向型经济，全面实施“科教兴县”的战略。三是要有一个较为具体的结尾。综合报告的结尾与工作总结的结尾不同，后者讲究既简短又概括，属于表态性的结尾，而前者却要检查这个时期的工作还存在一些什么问题，并有针对性地提出下一步工作意见。

5. 用语要得体。报告由于受行文方向的制约，写作时一定要注意用语的恰当得体，要多使用陈述性、叙述性语句，力求准确精要，而且还要体现出期请、征询的语气。涉及对有关单位和人员的功绩表述，不能“扬善”扬得过头，使用一些不切合实际的浮夸性言辞。实践中，有的报告的一些提法不够准确，例如，一篇《企业纪委工作报告》写道：“××××年6月，我们带领公司篮球队到×××市人民检察院进行了一场篮球友谊赛，增强了彼此的友谊和了解，促进了公司的职务犯罪预防工作。”说篮球赛能够“促进公司的职务犯罪预防工作”，这样的语言表述就未免过于夸张了。而另一篇《北湖区安监局关于开展“三满意”活动的工作报告》，其主体部分是从横向的四个方面来介绍具体的做法和措施，采用分列小标题的形式，包括“加强领导，周密部署”“加强学习，查摆问题”“健全制度，公开承诺”“结合实际，开展活动”，来说明成绩的取得是几个方面联合发挥效用的结果。这种写法用语精练，和谐匀称，体现出了较高的语言锤炼概括能力。而且，几个小标题非常符合管理学的基本原理，有领导的因素、学习的因素、制度的因素、方法的因素等几个方面，而这几个方面几乎在任何报告中都要涉及，只是侧重点不同，这种写法值得我们学习借鉴。

6. 篇幅要简短。报告要做到短，就要充分运用概述和突出重点的表达方法。毛泽东同志曾在《关于建立报告制度》中指出：“报告文字每次一千字左右为限，除特殊情况外，至多不要超过两千字。一次不能写完全部问题时，分两次写。或一次着重写几个问题，对其余问题则不着重写，只略带几笔；另一次，则着重写其余问题，而对上次着重写过的只略带几笔。综合报告内容要扼要，文字要简练，要指出问题或争论之所在。”[①]

①《毛泽东选集》第四卷，人民出版社1991年版，第1264—1265页。

要使报告短小精悍，就应避繁就简。这里讲的“繁”，主要是指现象拼凑，事实罗列，也就是通常所讲的“流水账”；这里讲的“简”，是指注意综合分析，寻求规律，讲究提炼，显示本质。另外，还应当坚持“厚积薄发”，即指占有材料多，这样写报告能以一当十，言简意赅、一语中的。最后，还要舍得删削。草稿写成后，要通过修改，把那些可用可不用的字、词特别是句子删掉，删削“叠床架屋”的用语，化冗长的句子为短小精悍的句子；要“脱靴摘帽”，削减开头的套话和结尾的空话。总之，要斟字酌句，力求精练，以少胜多。

三十一、批复的写作要领有哪些?

【解答】

批复是答复下级请示事项时使用的公文文种。它是根据下级请示而制发的，批复和请示构成一个问题的两个面，两者是统一的。

要写好批复，应注意把握如下四点。

1. 要慎重及时。批复既是上级机关指示性、政策性较强的公文，又是对下级机关请求指示、批准的答复性公文，因此，撰写批复一定要做到慎重及时。批复机关收到请示后，要及时进行周密的调查了解，掌握有关情况，根据现行政策法令及办事准则，经认真研究后，及时给予答复，切勿拖而不决，延误工作。

2. 要有针对性。请示要求一文一事，批复也应有针对性地一文一复，请示要求解决什么问题，批复就答复什么问题，上下行文要互相对应，绝不能答非所问。

3. 要明确态度。批复意见时不管同意与否，态度必须明朗，十分清楚明白，不能含糊其词，模棱两可，以免让下级机关无所适从。

批复的主送机关非常明确，只有请示机关一个，如果所请示问题带有普遍性，或需告知其他一些机关，可用如下办法处理：一是除批复原请示单位外，并转有关单位；二是将批复抄送有关单位；三是将有关意见另用通知行文，将本机关对一些普遍性问题的意见及时传达下去。

4. 要与复函区别使用。由于批复与复函都是回复来文的公文，有时会被人们混用。两者的区别在于：从行文关系上看，批复是上级机关向下级机关的答复用文，属于下行文；复函一般是向不相隶属机关的答复用文，属于平行文。从行文内容上看，批复多属于对重大原则和政策性问题作出决定、批答，而复函多用于一般性事项的回复。

三十二、议案的写作要领有哪些?

【解答】

议案是各级人民政府按照法律程序向同级人民代表大会或人民代表大会常务委员会提出并需大会列入议程，进行讨论、审议和决定的议事原案，属于建议性公文。经审查通过的议案，具有较强的法律效力。写好议案需要注意把握以下四个写作要领。

1. 要一案一事。这是由议案自身所具有的上行文性质所决定的，它一方面要由法定机关依照法律程序提出，另一方面要由人民代表大会或其常委会审查批准，这种提请与审批的关系要求议案所涉及的内容必须是一案一事，这是一条重要原则。否则，直接影响提请审议目的的顺利实现。

2. 要切实可行。议案所涉及的内容一般是带有全局性的重要事项，政策性很强。因此，在撰写过程中，必须严肃认真，一丝不苟。要深入实际进行调查研究，广泛听取人民群众的意见和要求，切实做好政策、法规和有关情况等方方面面的材料准备工作，以确保所提议案的正确性、合理性和可行性。

3. 要注意用语的准确得体。由于议案是向同级人民代表大会或人民代表大会常务委员会提交，提交对象是国家权力机关，属上行文，审议与否，通过与否，均须由大会作出决定。因此，在语言表达上必须做到准确恰当，字斟句酌，笔笔中的，还要符合上行文的语体特点和风格。要着重体现出一种提请的姿态，语气要中肯，否则就会有损于议案的质量和效用，使提请审议的愿望落空。

4. 要注意生效标识的规范。这是议案文种在形式上的一个重要特征，突出表现为其生效标识必须体现机关第一行政首长的署名，且不加盖机关公章。例如，国务院的议案由国务院总理署名，省政府的议案由省长署名，依此类推，别人不能替代，这一点是很特殊的。因为在一般情况下，单一机关制发的公文在结尾生效标识处只标注成文时间并加盖公章，而议案无须这样做。

三十三、函的写作要领有哪些?

【解答】

函是机关之间相互商洽工作、询问和答复问题及向无隶属关系的有关主管部门请求批准和答复事项时使用的公文文种。

要写好函，应当注意把握如下三点。

1. 要正确区分函与信函式公文。函与信函式公文是容易混淆的两个文种，必须认真加以分辨。函是法定行政公文种类之一，而信函式公文则是指以信函格式印制的公文。在实际工作中，对于一些普发性的公文如通知、通报、批复、函等，往往使用信函格式印发。二者属于不同的范畴，不能混为一谈。

2. 要正确使用请求批准函。请求批准函是向有关主管部门请求批准，在某种程度上与请示的功能近似，但要注意两者之间的差异，做到正确使用。

向有关主管部门请求批准，有两种情况：一是平级单位申请批准，二是非隶属关系单位申请批准。因为单位之间不存在任何隶属关系，根据公文法规的规定都应该使用函而不能使用请示。

3. 要注意用语的谦和得体。公函是代表机关向外联系工作、商洽事情、请求帮助的，无论发函方还是受函方都处在一种平等、协商、互助的关系之下，欲要对方理解、接受、支持并取得圆满的效果，必须注意用语要谦和、态度要诚恳，如"敬请函复""敬祈见复""祈请函复为盼"等，避免使用"你们要……""你们不要……"等指令性词语，也不可使用"承蒙关照"等过于客套、寒暄性的词语。

三十四、纪要的写作要领有哪些?

【解答】

纪要是记载会议的议定事项和主要精神时使用的公文。纪要在行文关系上，可采取转发（印发）或直接发出的形式，类似于通知，发给下级贯彻执行；也可报送给上级，类似于会议情况报告，向上级反映情况；还可发给平级机关，类似于函，使对方知晓，相互沟通情况。

要写好会议纪要，应注意把握如下三点。

1. 要认真做好材料的搜集、整理和加工工作。由于纪要是对所有会议材料的概括、综合和提炼，因此，在撰写时要注意搜集、掌握会议情况，并按照会议精神和领导意图对材料进行恰当的筛选和分析，然后围绕纪要的主旨进行精心安排。

2. 篇幅不宜过长，语言表达要简约。叙述中可兼记与会者的发言，以增强纪要的真实性和生动性。在表述方式上，通常使用第三人称，并在每一层次之首冠以"会议认为""会议强调""会议指出""会议希望""会议号召"之类的标志性用语，这与前面所讲的决议文种有异曲同工之处。

3. 内容必须真实。要反映会议的真实情况和基本精神；同时，要限于会议议及的内容，不可旁骛，或者将执笔者个人的见解掺杂进去。

三十五、方案的写作要领有哪些？

【解答】

方案属于计划体公文的一种。它是按有关管理目标，对未来要做的某一重要的专门事项，从总体筹划上所作的最佳选择与安排。

方案是计划的一种具体表现形式，侧重于对某一专项工作从目的、要求到方式、方法再到具体进度作出详尽的安排，内容单一，专业性强，在实践中具有较高的使用频率。要写好方案，需要注意把握如下三点写作要领。

1. 要体现创意。在实践中，机关单位所开展的各种专项活动往往很多，并进而需要形成相应的实施方案。由于这一计划文种使用频率较高，故而时常出现因循陈规，“旧瓶装新酒”，将新的工作、新的活动内容套用老的方案的现象，这既不符合这一文种的写作要求，也不利于工作的顺利开展。因此，撰写方案应讲求开创性，要在具体的步骤安排、实施办法等方面不断提出新的思路，体现出新的创意，以最大限度地推动工作的深入开展。

2. 要体现科学性和可行性。即方案当中所提出的有关任务目标、步骤安排、落实办法、措施和要求等，一定要符合客观的实际情况，要着眼于工作的发展变化趋势，本着务实的态度及科学合理的原则加以制定，以利于取得预期的效果。

3. 要注意协调性。即注意所提出的方案一定要与上级的指示精神相协调，防止出现抵触的现象，同时还要注意方案本身的综合平衡，防止出现计划与执行的矛盾。

三十六、工作总结常写常新的要领是什么？

【解答】

总结是党政机关、企事业单位常用的一种事务文书，它是对以往工作进行回顾、检查、分析、研究，从中提炼出规律性的东西，用以指导今后更好开展工作的一个文种。总结虽然不属于法定公文，但其使用频率比法定公文还要高，通过总结，人们可以看出一个机关和单位的整体或某项专门工作的进展情况及其成效，从而更好地做好下一步工作。因此，对于总结的写作，一定要高度重视。

总结属于机关单位例行性的重要文书，每年都要写，而且要求常写常新，这样就在无形中增加了写作的难度。总结的写作贵在不断创新，善于发现和归纳事物发展的内在联系，找出规律，从而有效地指导工作的进一步深化。

工作总结具有如下独特的写作要领。

1. 找出规律，突出重点。切忌把总结写成流水账，不讲轻重，事无巨细，面面俱到。克服这种现象的唯一办法就是突出重点。“重点”，是指事物的主要矛盾和矛盾的主要方面。具体来说，就是把工作中的基本经验和主要做法、贯彻党的方针政策上的成功之处、指导工作开展的得力之法、推动事业顺利进行的关键所在等总结提炼出来。那种“年年总结一个样”的通用总结应加以杜绝。

2. 功夫下在平时。写总结最根本的一条要领是丰富地运用材料，要把材料积累的功夫真正下到平时。注意“上头”和“下头”，“上头”材料包括党和国家在方针政策上一些重大的、最新的提法；上级组织有关本部门、本系统工作一些新的要求；本机关每一位领导同志在有关工作上的一些新的意图、见解、评论、想法，特别是他们随口而出的一些零零碎碎的想法、看法，都一定要记在心中。“下头”包括机关内部及下面基层单位出现的工作新动向、新苗头，以及典型人、典型事，特别是群众中出现的对工作精神的见解、评价及含义深刻的火花式的语言。

3. 不要“十步九回头”。当按照提纲正式动笔写作时，一开始不要过多考虑文字的技巧。如同盖大楼一样，先把框架建起来，而后再精雕细琢。起草初稿时犹如冲锋陷阵，要尽量一气呵成，宜粗不宜细；修改稿子时则要精雕细刻，好似绣花，宜细不宜粗。

4. 行文要规范。总结不是一个法定文种，加之它的行文属性是中性，因此，在上报和下发时，都要从主要的、正式的文种中选择报告和通知作文件头，采取复体行文的方式载运着总结分别向上和向下行文，切不可“天马行空，独来独往”。总结虽然要随“文件头”运行，但从本质上讲，它不属于附件，其落款处也要加盖印章，以示负责。

三十七、调研报告的写作要领有哪些?

【解答】

调研报告是对某种情况、某项经验、某个问题或某一事件进行有目的、有系统的调查了解，将全部情况和材料进行深入细致的分析研究之后，所写出的反映客观实际、揭示事物本质与发展规律的书面报告。

写好调研报告，应当注意把握如下五点。

1. 在调查上下功夫，确保材料的真实性和说服力。毛泽东同志在《反对本本主义》一文中指出：“没有调查，没有发言权。”撰写调研报告，必须以认真、细致、周密的调查活动作为坚实的基础。只有这样，才能保证其所用材料的真实性，也才能使之具有说服力。如果不下苦功夫进行调查，就往往容易导致报告失真，或者以偏概全，或者挂一漏万，而这又势必影响报告的质量，这种调研报告不会对实际工作产生任何指导作用。因此，要写好调研报告，必须对调查对象进行深入、细致的了解，力求获取全面材料，包括正面的、反面的，现实的、历史的，上层的、下层的（领导和群众）等。只有这样，材料选用起来才会得心应手，只有这样我们才能对大量的事实材料进行分析比较，从而得出正确结论。在调查过程中，还要坚持运用马克思主义的立场、观点和方法来观察问题、认识问题和解决问题，它是使调查活动趋于正确的思想基础和理论基础。

2. 在研究上做文章，确保调研报告的指导性。研究是对调查所得材料的深化，也是写好调研报告的关键所在。没有这个环节，所撰写的调研报告只能是事实现象的堆砌和罗列，不具有任何实用价值。要在辩证唯物主义和历史唯物主义的指导下，通过对调查对象的精心对比和分析，将全部情况和材料进行“去粗取精，去伪存真，由此及彼，由表及里”的改造制作，扬弃表面的、支流的东西，抓住事物的主要矛盾和矛盾的主要方面，侧重于对事物内部联系的研究，努力寻觅和挖掘出其深层意义，找出规律，然后将其上升到理论的高度，实现认识的升华。在此基础上所得出的结论及提炼出的主旨，必然是新鲜的，具有时代特色和实际的指导意义。

3. 要合理安排框架结构，做到条理清晰、层次分明。调研报告文种所涉及的内容十分广泛，它要反映出事物或事件发展的全过程，还要进行恰当有力的分析，找出根源，提出下一步工作意见。既要提出问题，又要解决问题；既要摆事实，又要讲道理；既要以材料说明观点，又要用观点统率材料。因此，在撰写时必须精心设计其框架结构，以便合理地使用获取的材料，更好地突出全文的主旨。其外形结构的安排方式，通常有三种：一是部分式，即以调查点为核心，调查了几个点，就分为几个部分叙写。二是阶段式，即按照时间顺序或事物产生、发展和变化过程的先后顺序，将其划分为若干个阶段，逐阶段进行叙写，前后有所概括，有所归纳。三是问题式，即将调查情况归结为几个方面问题，按其内容性质主次、轻重的逻辑顺序，逐一进行叙写。究竟采用何种形式，应视具体的内容表达需要来确定，要条理清晰，有助于说明问题。

4. 要力求准确，做到材料翔实，逻辑严密。调研报告的准确性首先表现为策见的准确。策见的准确，是指对复杂的事物要通过实际调查，作出从头到尾、由外到里的分析，提出精辟的见解，以此制定出正确的方针政策。

5. 应注重表达手法的特定性，用语要生动活泼，耐人寻味。调研报告要用事实说话，要反映事物发生、发展和变化的过程，并对其进行分析，找出规律性的东西，用以指导工作。这要求在写作时既有叙述，又有议论，叙述和议论（夹叙夹议）有机结合。优秀的调研报告无一不是两种表达方式的高度统一体。在语言运用上，应力求生动活泼，富于表现力。要善用比喻、排比、引用等修辞手法，这些均有助于提高语言表达的效果。

三十八、新闻通稿的写作要领有哪些?

【解答】

通常情况下，新闻通稿是新闻机构在采访到一些重要新闻以后，以统一的稿件方式发给需要稿件的各有关媒体。随着公务活动领域的不断扩大，信息传播速度的加快和渠道的增多，越来越多的党政机关和企事业单位在对外发布新闻的时候，为了统一宣传口径，也会组织新闻通稿，以提供给需要的新闻媒体。新闻通稿的写作要注意以下几点：

1. 要把握好报道时机。新闻通稿具有很强的时效性，报道得越快越好，它直接关系到宣传的效果。因此，在写作时要注意配合党和国家以及上级主管部门新的指示精神、新的方针政策和新的工作部署，要注意密切结合当前的中心工作和热点问题，及时加以反映。

2. 要准备充分。一般来说，对于所要发布的新闻通稿，应该准备两篇以上，至少是一篇消息、一篇通讯。消息中应该包括整个事件的过程。通讯则是对消息内容的补充，既可以是整个事件的背景情况介绍，也可以是一些花絮或者是参与事件的人物故事等。

3. 要交代好相关的要素。由于新闻通稿是新闻类稿件，所以它就离不开新闻文体构成的诸要素，包括时间、地点、人物、事件、起因、结果等，对这些要素要根据实际情况作出恰当的处理，做到完整得体，能够切实反映问题。文字要严谨，内容要充实，数字要准确，确保稿件的全面性、真实性和时效性。

4. 要力求活泼新颖。要在切实掌握充分可靠材料的基础上，运用鲜活流畅的语言增强行文的可读性，力避干瘪陈旧的叙述或者泛泛而论，这是新闻通稿写作极为重要的一环。

三十九、习近平总书记在十八届中共中央政治局常委同中外记者见面会上的重要讲话有哪些特色?

【解答】

党的十八届一中全会闭幕之后，习近平总书记在中共中央政治局常委同中外记者见面会上的重要讲话，极其简短，只有1500字，却传递了大量信息，读后令人心情格外明朗，受到强烈的震撼与激励。这个重要讲话可以说是习近平总书记向世人发出的治国理政宣言，是极其庄严而又郑重的政治承诺。而且这篇重要讲话稿在写作技巧和方法上都给我们提供了许多有益的借鉴，堪称讲话稿写作的经典范例。

女士们，先生们，朋友们：

大家好！让大家久等了，很高兴同各位记者朋友见面……

在这里，我代表新一届中央领导机构成员，衷心感谢全党同志对我们的信任。我们一定不负重托，不辱使命！

全党同志的重托，全国各族人民的期望，这是对我们做好工作的巨大鼓舞，也是我们肩上沉沉的担子……

我们的责任，就是要团结带领全党全国各族人民，接过历史的接力棒，继续为实现中华民族伟大复兴而努力奋斗，使中华民族更加坚强有力地自立于世界民族之林，为人类作出新的更大的贡献。

这个重大的责任，就是对人民的责任。我们的人民是伟大的人民。在漫长的历史进程中，中国人民依靠自己的勤劳、勇敢、智慧，开创了民族和睦共处的美好家园，培育了历久弥新的优秀文化。

我们的人民热爱生活，期盼有更好的教育、更稳定的工作、更满意的收入、更可靠的社会保障、更高水平的医疗卫生服务、更舒适的居住条件、更优美的环境，期盼着孩子们能成长得更好、工作得更好、生活得更好。人民对美好生活的向往，就是我们的奋斗目标……

打铁还需自身硬。我们的责任，就是同全党同志一道，坚持党要管党、从严治党，切实解决自身存在的突出问题，切实改进工作作风，密切联系群众，使我们的党始终成为中国特色社会主义事业的坚强领导核心……

责任重于泰山，事业任重道远。我们一定要始终与人民心心相印、与人民同甘共苦、与人民团结奋斗，夙夜在公，勤勉工作，努力向历史、向人民交一份合格的答卷。

记者朋友们，中国需要更多地了解世界，世界也需要更多地了解中国。希望你们今后要继续为增进中国与世界各国的相互了解作出努力和贡献。

谢谢大家！

这篇短小精悍的讲话稿主要有如下四个方面的特点。

1. 以情感人，令人动容。通读全文，仔细品味其中的每句话、每个字，我们不能不被文中所饱含的那种对祖国、对人民无限真挚的深情厚谊深深打动，久久难以忘怀。这是一次充满情怀的讲话，充满了历史的厚重感，饱含着对人民的感情。全心全意为人民服务，是我们党的根本宗旨，是中国革命和建设、改革胜利的坚强基石。习近平总书记深知人民的疾苦，他曾经长期与人民群众同甘共苦，亲身体察过人民的所思所想，正因如此，讲话稿通篇充满着对人民的浓浓深情，时时处处为人民利益着想，让人民感到亲切、实在，令人心情激荡，不能自已。古人云“感人心者，莫先乎情”，说的正是这个道理。

2. 郑重承诺，令人信服。讲话稿，篇幅虽短，但意味深长，是以习近平同志为核心的党中央向全党和全国各族人民所作的庄严而又郑重的政治承诺，有力地回答了十八届中央领导集体如何治国理政的重大政治课题。“人民对美好生活的向往，就是我们的奋斗目标”，这句话是贯穿全文的“红线”，是行文的主旨所在。习近平总书记表示“一定不负重托，不辱使命”，表示“要团结带领全党全国各族人民，接过历史的接力棒，继续为实现中华民族伟大复兴而努力奋斗”，表示“党领导人民已经取得了举世瞩目的成就，我们完全有理由因此而自豪，但我们自豪而不自满，决不会躺在过去的功劳上”，表示“一定要始终与人民心心相印、与人民同甘共苦、与人民团结奋斗，夙夜在公，勤勉工作，努力向历史、向人民交一份合格的答卷”。掩卷深思，这些郑重承诺，怎么不令人豪情满怀，深信不疑；怎么不令人心潮澎湃，热血沸腾！就是这样的承诺，才使人民对十八届中央领导集体充满了希冀，充满了信任，看到了中国共产党始终把人民的利益放在第一位，真正体现了“人民的利益高于一切”的原则，从而赢得了人民群众广泛而强有力的支持。

3. 语言平实，寓意深远。这篇讲话稿的前两个自然段，语言亲切平和，一下子就拉近了与听者之间的距离，这是撰写讲话稿必须注意的一个要领。像“打铁还需自身硬”，更是一句非常朴实的话语。习近平总书记在这篇讲话稿中谈得最多的是责任。指出“我们的责任”，就是“继续为实现中华民族伟大复兴而努力奋斗”“努力解决群众的生产生活困难，坚定不移走共同富裕的道路”“切实改进工作作风，密切联系群众，使我们党始终成为中国特色社会主义事业的坚强领导核心”。这种厚重责任的背后，是十八届中央领导集体对自身肩负历史重任的清醒认识和诚挚的表态，深深赢得了民心。同时，习近平总书记在演讲中谈得最多的是“人民”。“我们的人民是伟大的人民”“人民对美好生活的向往，就是我们的奋斗目标”。这种对人民的尊重，对人民期盼过上美好幸福生活的积极回应，体现的是我们党立党为公、执政为民的理念和全心全意为人民服务的根本宗旨。习近平总书记的这番讲话，让百姓宽心。对当下社会普遍关注的党风廉政建设和反腐败斗争，习近平总书记直截了当地点明：“新形势下，我们党面临着许多严峻挑战，党内存在着许多亟待解决的问题。尤其是一些党员干部中发生的贪污腐败、脱离群众、形式主义、官僚主义等问题，必须下大气力解决。”这种不回避现实困难和问题，直面社会普遍关切的务实态度，体现的是十八届中央领导集体的决心、勇气和自信。习近平总书记的这次重要讲话，真正讲到了让百姓放心。

4. 运局独特，修辞精工。在布局谋篇上，这篇讲话稿十分讲究，特别是在谈到三个“责任”的时候，先用一个段落“全党同志的重托，全国各族人民的期望，这是对我们做好工作的巨大鼓舞，也是我们肩上沉沉的担子”作为过渡，引领出下文，紧接着连续使用了三个排比段落进行阐述，“这个重大责任，就是对民族的责任”“这个重大责任，就是对人民的责任”“这个重大责任，就是对党的责任”，而且逻辑性也很强。三个排比段落内容由远及近，彰显出十八届中央领导集体肩上责任的重大，也体现出其敢于担当责任的信心和勇气。由此也可看出，排比修辞是公文写作特别是领导讲话稿在布局架构上最常用的表达方式。不仅如此，在前后语句之间使用排比句的情况更是比比皆是。例如，习近平总书记在演讲中还特意强调人民期盼：“有更好的教育、更稳定的工作、更满意的收入、更可靠的社会保障、更高水平的医疗卫生服务、更舒适的居住条件、更优美的环境，期盼着孩子们能成长得更好、工作得更好、生活得更好。”正是由于有了这段文字，使人民对十八届中央领导集体的执政能力更加坚信不疑，更加充满自豪和憧憬。

习近平总书记的讲话不长，但内涵丰富，寓意深远，亲切感人，道出了普通百姓的心声。事实有力证明，以习近平同志为核心的党中央没有辜负全党的重托，不负人民的期望，团结带领全国各族人民过上了更加美好的幸福生活，正使中华民族更加坚强有力地立于世界民族之林。

四十、习近平主席在第十二届全国人民代表大会第一次会议上的讲话有哪些特色?

【解答】

习近平主席在第十二届全国人民代表大会第一次会议上的讲话，堪称讲话稿写作的经典之作，尤其是其所蕴含的高超的写作艺术，更值得我们每一位公文工作者学习和研究。

这篇讲话稿在写作技巧和方法上为我们提供了很好的典范，突出体现在如下三点。

1. 脉络清晰，主旨明确。全文紧紧围绕“实现中华民族伟大复兴的中国梦”这一中心意旨，从三个大的方面进行阐述，即“实现中国梦必须走中国道路”“实现中国梦必须弘扬中国精神”“实现中国梦必须凝聚中国力量”，并且用高度概括的语言揭示问题的实质“中国梦归根到底是人民的梦，必须紧紧依靠人民来实现，必须不断为人民造福”。在此基础上，讲话稿进一步从几个方面表明态度，对社会各个阶层人员分别提出要求，内在层次布局十分清晰，逻辑结构非常紧密，给人以严谨顺畅、前后贯通之感。

2. 撮要标目，重点突出。讲话稿开篇即明确了对“担任国家主席这一崇高职务”的态度，并扼要回顾了中华人民共和国走过的光辉历程以及中华民族具有 5000 多年连绵不断的文明历史进程，以此作为行文的引据，开门见山，紧接着用高度概括的过渡性语段“面对浩浩荡荡的时代潮流，面对人民群众过上更好生活的殷切期待，我们不能有丝毫自满，不能有丝毫懈怠，必须再接再厉、一往无前，继续把中国特色社会主义事业推向前进，继续为实现中华民族伟大复兴的中国梦而努力奋斗”提领下文，进入主体部分，精练明快，便于人们从深广的层面加以理解和把握。从写作技巧的角度讲，这种追溯性的概括实际上是一种“篇前撮要”，是对全文内容的引领；同时，这篇讲话在具体行文时很注重对撮要技法的运用，尤其是对“实现中华民族伟大复兴的中国梦”的阐述，提炼概括出三条，每一条都通过一个撮要句来表述，十分精练，很容易理解和把握。

3. 用语精当，妥帖得体。在语言运用上，这篇讲话稿也堪称典范。文中十分注重对各种三字格、四字格甚至六字格词组的运用，使行文简洁凝练，富有表达力。例如，“我将忠实履行宪法赋予的职责，忠于祖国，忠于人民，恪尽职守，夙夜在公，为民服务，为国尽力，自觉接受人民监督，决不辜负各位代表和全国各族人民的信任和重托”“我们要随时随刻倾听人民呼声、回应人民期待，保证人民平等参与、平等发展权利，维护社会公平正义，在学有所教、劳有所得、病有所医、老有所养、住有所居上持续取得新进展，不断实现好、维护好、发展好最广大人民根本利益”“功崇惟志，业广惟勤”，使行文显得极为典雅凝练，概括性和表现力十分突出，而且，读起来铿锵有力，富有节奏感。此外，排比修辞技法的运用也很突出。例如，“经过几千年的沧桑岁月，把我国 56 个民族、13 亿多人紧紧凝聚在一起的，是我们共同经历的非凡奋斗，是我们共同创造的美好家园，是我们共同培育的民族精神，而贯穿其中的、更重要的是我们共同坚守的理想信念”，以“是”作提示语，分别表达三个不同方面的意思。又如，“全体共产党员特别是党的领导干部，要坚定理想信念，始终把人民放在心中最高的位置，弘扬党的光荣传统和优良作风，坚决反对形式主义、官僚主义，坚决反对享乐主义、奢靡之风，坚决同一切消极腐败现象作斗争，永葆共产党人政治本色，矢志不移为党和人民事业而奋斗”，以“坚决”作提示语，对全体共产党员特别是党的领导干部提出了明确要求，表明了党中央全面从严治党鲜明的政治态度。此外，在设层构段上，“实现中国梦必须走中国道路”“实现中国梦必须弘扬中国精神”“实现中国梦必须凝聚中国力量”，也属于排比。这些排比修辞的恰当运用，使行文明晰可鉴，严谨缜密，极大地增强了行文的表达效果。

四十一、习近平主席在二十国集团领导人杭州峰会欢迎宴会上的致辞的写作有哪些特色？

【解答】

欢迎词属于礼仪类文书，是党政机关、社会组织和企事业单位常用的一种重要公关文书。它是在迎接宾客的仪式、集会和宴会上表示热诚欢迎时使用的一种礼仪文书。在 2016 年 9 月，举世瞩目的二十国集团领导人第十一次峰会在杭州召开。9 月 4 日，举行了盛大的欢迎晚宴，国家主席习近平发表了精彩绝伦的欢迎词。

本文在对参加会议的各国领导人及嘉宾表示热烈欢迎之后，用“桥”作引领，使抽象的概念具象化，成为一条贯穿全篇的“红线”，对与会各国之间的关系进行巧妙解读，指出是一座“友谊之桥”“合作之桥”“未来之桥”；同时回顾了与会各国与杭州之间的历史渊源，纵跨古今，绵延几百年，可谓源远流长，通过追忆加深了人们的认识，增进了相互了解和友谊。接下来又进一步阐述了二十国集团领导人之间应当遵循的原则和所肩负的历史责任，字字珠玑，掷地有声，令人豪情满怀，信心倍增。

语言美是这篇欢迎词的突出特色。原本平淡的欢迎词，却写得非常精美，魅力四射。一是各种三字句、四字句的使用，使行文节奏感和韵律美非常强烈，如“湖光山色、人文美景俯拾皆是，西湖十景或近观、或远眺，引人无限遐思，流连忘返”。这样的表述，给人如临其境之感。二是多次使用排比修辞，“这是一座友谊之桥”“这是一座合作之桥”“这是一座未来之桥”“我们为了共同的使命而来”“我们为了更紧密的伙伴关系而来”“我们为了人类命运共同体而来”，这些排比修辞的使用，极大地增强了行文的表达效果，使行文严谨细密，富有气势。三是比喻修辞，如：“二十国集团成员具体国情、发展阶段不同，就像杭州的山山水水，各具其态；世界经济的起落波动，就像西湖的晴晴雨雨，乍起还歇。”用语既和谐匀称，又兼及恰当的比喻，荡气回肠，令人回味无穷。这篇只有不到一千字的欢迎词，却综合运用了多种修辞格，让人感到美不胜收，不忍释卷，确实是难得一见的佳作。此外，“钱塘江，我们路过了，最具魅力的是七八月的潮水。我们二十国集团领导人齐聚钱塘江畔，要做世界经济的弄潮儿，以我们的智慧引领世界发展潮流，为全球经济治理书写新的篇章”一段，用形象化的语言表明了二十国集团领导人齐心协力共创辉煌的决心，令人深受震撼和鼓舞。

这篇欢迎词与领导人身份是相符合的，与发表讲话的语境是一致的，值得我们从中细细体会这种礼仪类文书写作的结构和内容。

四十二、二十国集团领导人杭州峰会开幕词和闭幕词的特色有哪些?

【解答】

开幕词（也作开幕辞）属会议类文书。开幕词是党政机关、社会组织、企事业单位的领导人在各种大型会议或重要会议开始时，向与会人员宣布会议开始并发表的带有指示性、方向性、指导性和总结性的致辞。开幕词的作用表现在，阐明会议主旨及其指导思想，说明会议程序，提出会议注意事项，引导会议围绕既定主题和议程顺利进行。开幕词处于会议的开头，从写作技巧的角度讲，开幕词必须做到首尾呼应，浑然一体，形成贯通的文脉，切不可阻滞隔断，前后不畅，因此，认真了解和把握开幕词和闭幕词的写作技巧，就显得十分必要了。

2016年9月，二十国集团领导人峰会首次在中国召开，也是近年来中国主办的级别最高、规模最大、影响最深远的国际峰会。会上，习近平主席先后致开幕词和闭幕词。对于这种高层次、高规格的国际性会议的开幕词和闭幕词，从什么样的角度入手，又如何写好，是很有讲究的。在这方面，习近平主席的两篇致辞给我们提供了绝好的范例，值得我们认真品味和借鉴。

【例文】

构建创新、活力、联动、包容的世界经济
——在二十国集团领导人杭州峰会上的开幕辞

（2016年9月4日，杭州）

中华人民共和国主席　习近平

各位同事：

我宣布，二十国集团领导人杭州峰会开幕！

很高兴同大家相聚杭州。首先，我谨对各位同事的到来，表示热烈欢迎！

去年，二十国集团领导人安塔利亚峰会开得很成功。我也愿借此机会，再次感谢去年主席国土耳其的出色工作和取得的积极成果。土耳其以“共同行动以实现包容和稳健增长”作为峰会主题，从“包容、落实、投资”三方面推动产生成果，中国一直积极评价土耳其在担任主席国期间开展的各项工作。

去年11月，我在安塔利亚向大家介绍，上有天堂，下有苏杭，相信杭州峰会将给大家呈现一种历史和现实交汇的独特韵味。今天，当时的邀请已经变成现实。在座的有老朋友，也有新朋友，大家齐聚杭州，共商世界经济发展大计。

未来两天，我们将围绕峰会主题，就加强宏观政策协调、创新增长方式，更高效的全球经济金融治理，强劲的国际贸易和投资，包容和联动式发展，影响世界经济的其他突出问题等议题展开讨论。

8年前，在国际金融危机最紧要关头，二十国集团临危受命，秉持同舟共济的伙伴精神，把正在滑向悬崖的世界经济拉回到稳定和复苏轨道。这是一次创举，团结战胜了分歧，共赢取代了私利。这场危机，让人们记住了二十国集团，也确立了二十国集团作为国际经济合作主要论坛的地位。

8年后的今天，世界经济又走到一个关键当口。科技进步、人口增长、经济全球化等过去数十年推动世界经济增长的主要引擎都先后进入换挡期，对世界经济的拉动作用明显减弱。上一轮科技进步带来的增长动能逐渐衰减，新一轮科技和产业革命尚未形成势头。主要经济体先后进入老龄化社会，人口增长率下降，给各国经济社会带来压力。经济全球化出现波折，保护主义、内顾倾向抬头，多边贸易体制受到冲击。金融监管改革虽有明显进展，但高杠杆、高泡沫等风险仍在积聚。如何让金融市场在保持稳定的同时有效服务实体经济，仍然是各国需要解决的重要课题。

在这些因素综合作用下，世界经济虽然总体保持复苏态势，但面临增长动力不足、需求不振、金融市场反复动荡、国际贸易和投资持续低迷等多重风险和挑战。

二十国集团聚集了世界主要经济体，影响和作用举足轻重，也身处应对风险挑战、开拓增长空间的最前沿。国际社会对二十国集团充满期待，对这次峰会寄予厚望。我们需要通过各自行动和集体合力，直面问题，共寻答案。希望杭州峰会能够在以往的基础上，为世界经济开出一剂标本兼治、综合施策的药方，让世界经济走上强劲、可持续、平衡、包容增长之路。

第一，面对当前挑战，我们应该加强宏观经济政策协调，合力促进全球经济增长、维护金融稳定。二十国集团成员应该结合本国实际，采取更加全面的宏观经济政策，使用多种有效政策工具，统筹兼顾财政、货币、结构性改革政策，努力扩大全球总需求，全面改善供给质量，巩固经济增长基础。应该结合制定和落实《杭州行动计划》，继续加强政策协调，减少负面外溢效应，共同维护金融稳定，提振市场信心。

第二，面对当前挑战，我们应该创新发展方式，挖掘增长动能。二十国集团应该调整政策思路，做到短期政策和中长期政策并重，需求侧管理和供给侧改革并重。今年，我们已经就《二十国集团创新增长蓝图》达成共识，一致决定通过创新、结构性改革、新工业革命、数字经济等新方式，为世界经济开辟新道路，拓展新边界。要沿着这一方向坚定走下去，帮助世界经济彻底摆脱复苏乏力、增长脆弱的局面，为世界经济迎来新一轮增长和繁荣打下坚实基础。

第三，面对当前挑战，我们应该完善全球经济治理，夯实机制保障。二十国集团应该不断完善国际货币金融体系，优化国际金融机构治理结构，充分发挥国际货币基金组织特别提款权作用。应该完善全球金融安全网，加强在金融监管、国际税收、反腐败领域合作，提高世界经济抗风险能力。今年，我们重启了二十国集团国际金融架构工作组，希望继续向前推进，不断提高有效性。

第四，面对当前挑战，我们应该建设开放型世界经济，继续推动贸易和投资自由化便利化。保护主义政策如饮鸩止渴，看似短期内能缓解一国内部压力，但从长期看将给自身和世界经济造成难以弥补的伤害。二十国集团应该坚决避免以邻为壑，做开放型世界经济的倡导者和推动者，恪守不采取新的保护主义措施的承诺，加强投资政策协调合作，采取切实行动促进贸易增长。我们应该发挥基础设施互联互通的辐射效应和带动作用，帮助发展中国家和中小企业深入参与全球价值链，推动全球经济进一步开放、交流、融合。

第五，面对当前挑战，我们应该落实2030年可持续发展议程，促进包容性发展。实现共同发展是各国人民特别是发展中国家人民的普遍愿望。据有关统计，现在世界基尼系数已经达到0.7左右，超过了公认的0.6“危险线”，必须引起我们的高度关注。今年，我们把发展置于二十国集团议程的突出位置，共同承诺积极落实2030年可持续发展议程，并制定了行动计划。同时，我们还将通过支持非洲和最不发达国家工业化、提高能源可及性、提高能效、加强清洁能源和可再生能源利用、发展普惠金融、鼓励青年创业等方式，减少全球发展不平等和不平衡，使各国人民共享世界经济增长成果。

各位同事！

二十国集团承载着世界各国期待，使命重大。我们要努力把二十国集团建设好，为世界经济繁荣稳定把握好大方向。

第一，与时俱进，发挥引领作用。二十国集团应该根据世界经济需要，调整自身发展方向，进一步从危机应对向长效治理机制转型。面对重大突出问题，二十国集团有责任发挥领导作用，展现战略视野，为世界经济指明方向，开拓路径。

第二，知行合一，采取务实行动。承诺一千，不如落实一件。我们应该让二十国集团成为行动队，而不是清谈馆。今年，我们在可持续发展、绿色金融、提高能效、反腐败等诸多领域制定了行动计划，要把每一项行动落到实处。

第三，共建共享，打造合作平台。我们应该继续加强二十国集团机制建设，确保合作延续和深入。广纳良言，充分倾听世界各国特别是发展中国家声音，使二十国集团工作更具包容性，更好回应各国人民诉求。

第四，同舟共济，发扬伙伴精神。伙伴精神是二十国集团最宝贵的财富。我们虽然国情不同、发展阶段不同、面临的现实挑战不同，但推动经济增长的愿望相同，应对危机挑战的利益相同，实现共同发展的憧憬相同。只要我们坚持同舟共济的伙伴精神，就能够克服世界经济的惊涛骇浪，开辟未来增长的崭新航程。

各位同事！

在杭州峰会筹备过程中，中国始终秉持开放、透明、包容的办会理念，同各成员保持密切沟通和协调。我们还举办了各种形式的外围对话，走进联合国，走进非盟总部，走进七十七国集团，走进最不发达国家、内陆国、小岛国，向世界各国，以及所有关心二十国集团的人们介绍杭州峰会筹备情况，倾听各方利益诉求。各方提出的意见和建议对这次峰会的筹备都发挥了重要作用。

我期待在接下来两天的讨论中，我们能够集众智、聚合力，努力让杭州峰会实现促进世界经济增长、加强国际经济合作、推动二十国集团发展的目标。

让我们以杭州为新起点，引领世界经济的航船，从钱塘江畔再次扬帆启航，驶向更加广阔的大海！

标题采用正副题的结构形式，正题表明开幕词的核心意旨，紧接着使用破折号引出会议名称及文种。称谓部分只使用了泛称“各位同事”，显得既亲切又自然，也切合会议的性质和场合。

正文部分，开头用充满激情的语句宣布会议开始，并对全体与会者表示欢迎；主体部分首先对上一次峰会所取得的成果进行扼要评价，然后自然过渡到本次峰会的主要议题。行文采用对比的写法，将八年前后二十国集团在国际经济发展中的地位和所起的重要作用进行精当恰切的评价。在此基础上，对二十国集团杭州峰会所承担的历史使命提出了五条意见，并据此提出了下一步合作的方向和奋斗目标。文中多次使用“各位同事”这一称呼，让人倍感亲切和温暖。最后以“让我们以杭州为新起点，引领世界经济的航船，从钱塘江畔再次扬帆启航，驶向更加广阔的大海”为结束语，具有很强的号召力和鼓舞力，令全世界人民对二十国集团未来发展方向充满期待，信心倍增，也让全世界人民从中看到了希望，看到了未来。

与一般的开幕词相比，这篇开幕词不足3000字，但对于会议的胜利召开起到了重要的作用，而且用极凝练的语言表达了丰富的内容，是一篇值得细细欣赏的优秀开幕词。

闭幕词是党政机关、社会组织和企事业单位领导人在各种大型会议或重要会议即将结束时，对大会的议程及会议中解决的问题所作的带有评价性、总结性的讲话。它既是对大会基本内容的突出和强调，又是对大会的总结。

【例文】

在二十国集团领导人杭州峰会上的闭幕辞

（2016 年 9 月 5 日，杭州）

中华人民共和国主席　习近平

各位同事：

我们用了一天半的时间，围绕会议主题和重点议题进行了热烈而富有成果的讨论，就加强政策协调、创新增长方式，全球经济金融治理，国际贸易和投资，包容和联动式发展等议题，以及影响世界经济的其他突出问题，深入交换看法，达成许多重要共识。

第一，我们决心为世界经济指明方向，规划路径。我们认为，当前世界经济增长仍然乏力，增长动力不足，国际和地区热点问题以及全球性挑战对世界经济的影响不容忽视。维护世界和平稳定，为促进全球经济增长创造良好环境至关重要。我们要继续加强宏观政策沟通和协调，发扬同舟共济、合作共赢的伙伴精神，凝聚共识，形成合力，促进世界经济强劲、可持续、平衡、包容增长。我们通过了《二十国集团领导人杭州峰会公报》，进一步明确了二十国集团合作的发展方向、目标、举措，就推动世界经济增长达成了杭州共识，为构建创新、活力、联动、包容的世界经济描绘了愿景。

我们认为，面对当前世界经济的风险和挑战，需要标本兼治，综合施策，运用好财政、货币、结构性改革等多种有效政策工具，既要做好短期风险防范和应对，也要挖掘中长期增长潜力；既要保持总需求力度，也要改善供给质量。这将向国际社会传递二十国集团成员共促全球经济增长的积极信号，有助于提振市场信心，维护全球金融市场稳定。

第二，我们决心创新增长方式，为世界经济注入新动力。我们一致通过了《二十国集团创新增长蓝图》，决心从根本上寻找世界经济持续健康增长之道，紧紧抓住创新、新工业革命、数字经济等新要素新业态带来的新机遇，并制定一系列具体行动计划。我们支持以科技创新为核心，带动发展理念、体制机制、商业模式等全方位、多层次、宽领域创新，推动创新成果交流共享。我们决定大力推进结构性改革，制定了优先领域、指导原则、指标体系。《二十国集团创新增长蓝图》的达成，将使我们在理念上有共识、行动上有计划、机制上有保障，有助于为全球增长开辟新路径，全面提升世界经济中长期增长潜力。

第三，我们决心完善全球经济金融治理，提高世界经济抗风险能力。我们同意继续推动国际金融机构份额和治理结构改革，扩大特别提款权的使用，强化全球金融安全网，提升国际货币体系稳定性和韧性。我们决心加强落实各项金融改革举措，密切监测和应对金融体系潜在风险和脆弱性，深化普惠金融、绿色金融、气候资金领域合作，共同维护国际金融市场稳定。我们决定深化国际税收合作，通过税收促进全球投资和增长。我们就能源可及性、可再生能源、能效共同制定了行动计划，以提升全球能源治理有效性。我们就继续深化反腐败合作达成多项共识，决心让腐败分子在二十国乃至全球更大范围无处藏身、无所遁形。我们期待通过上述成果和举措，全面提升全球经济金融治理结构的平衡性、机制的可靠性、行动的有效性，为世界经济增长保驾护航。

第四，我们决心重振国际贸易和投资这两大引擎的作用，构建开放型世界经济。我们同意充分发挥贸易部长会和贸易投资工作组的作用。我们共同制定《二十国集团全球贸易增长战略》，促进包容协调的全球价值链发展，继续支持多边贸易体制，重申反对保护主义承诺，以释放全球经贸合作潜力，扭转全球贸易增长下滑趋势。我们制定了《二十国集团全球投资指导原则》，这是全球首个多边投资规则框架，填补了国际投资领域空白。期待在我们共同努力下，在强劲的国际贸易和投资推动下，世界经济将重新焕发活力，经济全球化进程将继续蓬勃发展。

第五，我们决心推动包容和联动式发展，让二十国集团合作成果惠及全球。我们第一次把发展问题置于全球宏观政策框架的突出位置，第一次就落实联合国2030年可持续发展议程制定行动计划，具有开创性意义。我们同意在落实气候变化《巴黎协定》方面发挥表率作用，推动《巴黎协定》尽早生效。我们发起《二十国集团支持非洲和最不发达国家工业化倡议》，制定创业行动计划，发起《全球基础设施互联互通联盟倡议》，决定在粮食安全、包容性商业等领域深化合作。这些行动计划和务实成果，将着力减少全球发展不平等、不平衡问题，为发展中国家人民带来实实在在的好处，为实现2030年可持续发展目标作出重要努力，为全人类共同发展贡献力量。

我们认识到发挥好二十国集团国际经济合作主要论坛作用的重要性，认为二十国集团有必要进一步从危机应对机制向长效治理机制转型，从侧重短期政策向短中长期政策并重转型。我们认为，二十国集团的发展关乎所有成员切身利益，也牵动世界经济发展的未来，只有顺应变革，与时俱进，才能永葆生机。我们决心合力支持二十国集团继续聚焦世界经济面临的最突出、最重要、最紧迫的挑战，加强政策协调，完善机制建设，扎实落实成果，引领世界经济实现强劲、可持续、平衡、包容增长。

各位同事！

在我正式宣布会议结束之前，我想向大家表示诚挚谢意。感谢你们对我本人和中国政府的信任，感谢你们在会议期间给予中方的支持、理解、合作，感谢你们为推动世界经济增长和二十国集团发展付出的辛勤努力和作出的重要贡献。

在我们共同努力下，二十国集团领导人杭州峰会取得了丰硕成果，画上了圆满句号。

我深信，这次会议将成为一个崭新起点，让二十国集团从杭州再出发。

相聚美好而又短暂，很快到了我们要说再见的时候。会议结束后，我将参加记者招待会，根据我们在会上达成的共识，向媒体简要介绍会议成果和讨论情况。有些同事还要在中国逗留几天，有些同事很快将离开中国。我希望这次中国之行和西湖风光能给大家留下美好的回忆，也愿借此机会祝大家旅途愉快，一路平安！

最后，我宣布，二十国集团领导人杭州峰会闭幕！

习近平主席在二十国集团领导人杭州峰会所发表的闭幕词，主旨明确，结构紧凑，用语得体，值得借鉴。首先，开篇开门见山，表明会议所取得的总体成果，给人十分鲜明深刻的印象。其次，对会议的情况和所取得的成果进行概括，用语精练扼要，主要采用段旨句的形式加以概括："第一，我们决心为世界经济指明方向，规划路径。""第二，我们决心创新增长方式，为世界经济注入新动力。""第三，我们决心完善全球经济金融治理，提高世界经济抗风险能力。""第四，我们决心重振国际贸易和投资这两大引擎的作用，构建开放型世界经济。""第五，我们决心推动包容和联动式发展，让二十国集团合作成果惠及全球。"这五个段旨句相互之间联系紧密，主次分明，富有逻辑性，而且以"我们决心"为提示语构成排比修辞，分别表达五个不同方面的意思，也就是会议所讨论的五项议定事项。因为使用了第一人称"我们"表述形式，使人感觉更加亲切自然，富有魅力。再次，用三个自然段向与会人员表示谢意和良好的祝愿，富有极强的感染力。最后，宣布会议胜利闭幕。一般而言，会议闭幕词是会议带有总结性的讲话，要对会议的主要收获作出概括和评价，但要注意必须突出主要之点，特别是要围绕会议的主要议题加以精要点评，篇幅要短小精悍，意尽言止，为会议的圆满成功画上句号。以此衡量这篇闭幕词，确实是一篇成功之作。

四十三、党的十九大报告在语言文字运用方面有哪些突出特色？

【解答】

2017 年 10 月 18 日，中国共产党第十九次全国代表大会在北京隆重开幕。党的十九大是在全面建成小康社会决胜阶段、中国特色社会主义进入新时代的关键时期召开的一次十分重要的会议，习近平总书记代表第十八届中央委员会向大会作报告，报告全文总计 32385 字，历时 210 分钟，是我们党历史上又一次具有划时代意义的报告，其将以独特的光芒四射的魅力被载入史册。需要指出的是，这篇报告还在公文写作上特别是语言表达方面给我们提供了绝好的范例，值得我们细细品味和借鉴。

从总体上来看，这篇报告高瞻远瞩，寓意深远，是我们党新时代的宣言书。其写作特色主要有如下几个方面。

1. 气势壮阔之美。气势是一篇公文的精神支柱，魏晋时期曹丕在《典论·论文》中就明确指出："文以气为主。"文章的气势包括论势和文势，其中，论势是指在情理上令人感到无可辩驳，在发展方向上让人感到是历史趋势；文势即论述的方法，要从理直引出气壮。势是气的外化，气是势的动力，气势是文章风格外部状貌的美。通读这篇报告，自始至终表现出一种行文的气势之美。例如，"全党同志一定要永远与人民同呼吸、共命运、心连心，永远把人民对美好生活的向往作为奋斗目标，以永不懈怠的精神状态和一往无前的奋斗姿态，继续朝着实现中华民族伟大复兴的宏伟目标奋勇前进"，要求具体，目标明确，气势雄伟，令人坚信不疑。又如，"中国特色社会主义进入新时代，在中华人民共和国发展史上、中华民族发展史上具有重大意义，在世界社会主义发展史上、人类社会发展史上也具有重大意义。全党要坚定信心、奋发有为，让中国特色社会主义展现出更加强大的生命力"，气势磅礴，读后令人信心倍增，热血沸腾，深受鼓舞。身处这样一个新时代，每一位中华儿女都应当倍感自豪。还有，像"我们坚决维护国家主权和领土完整，绝不容忍国家分裂的历史悲剧重演。一切分裂祖国的活动都必将遭到全体中国人坚决反对。我们有坚定的意志、充分的信心、足够的能力挫败任何形式的'台独'分裂图谋。我们绝不允许任何人、任何组织、任何政党、在任何时候、以任何形式、把任何一块中国领土从中国分裂出去"，以强有力的语气，明确表达了我们党维护国家统一反对分裂的坚定立场，读后大快人心，充分表现出了行文的壮阔气势。

2. 准确恰切之美。准确是公文的生命，也是公文写作的必然要求。公文写作中无论是对事实的叙述还是对事物或者问题的评价和认识，必须准确恰当，不能草率行事，言不及义，更不得遮遮掩掩甚至弄虚作假。通读报告全文，除用语外，这种准确突出体现为对于过去五年以及当前和今后一个历史时期我国经济社会发展以及治国理政理念所作的准确判断，令人感到耳目一新，眼界大开。

一是对党的十八大以来所取得的成就作出准确判断。报告指出："十八大以来的五年，是党和国家发展进程中极不平凡的五年。面对世界经济复苏乏力、局部冲突和动荡频发、全球性问题加剧的外部环境，面对我国经济发展进入新常态等一系列深刻变化，我们坚持稳中求进工作总基调，迎难而上，开拓进取，取得了改革开放和社会主义现代化建设的历史性成就。"这段话用寥寥数语即从总体上对五年来的工作成就进行定位，读后令人一目了然。

二是对我国当前所面临的形势作出准确判断。报告深刻指出："经过长期努力，中国特色社会主义进入了新时代，这是我国发展新的历史方位。”这就充分说明了改革开放的方向没有错，改革开放的历史成就世界瞩目，新的历史发展拐点正在到来，读了这样的语句，令人心旷神怡，对未来充满了美好的憧憬。

三是对我国面临的社会矛盾作了准确判断。报告指出：“中国特色社会主义进入新时代，我国社会主要矛盾已经转化为人民日益增长的美好生活需要和不平衡不充分的发展之间的矛盾。”“我国稳定解决了十几亿人的温饱问题，总体上实现小康，不久将全面建成小康社会，人民美好生活需要日益广泛，不仅对物质文化生活提出了更高要求，而且在民主、法治、公平、正义、安全、环境等方面的要求日益增长。”这些判断性语句都是十分坚定有力的，是对我国面临社会主要矛盾的科学概括和归纳。同时又进一步指出：“必须认识到，我国社会主要矛盾的变化，没有改变我们对我国社会主义所处历史阶段的判断，我国仍处于并将长期处于社会主义初级阶段的基本国情没有变，我国是世界最大发展中国家的国际地位没有变。”这些表述，使行文圆润缜密，令人信服。

四是对新时代中国共产党的历史使命作出准确判断。报告指出：“我们党深刻认识到，实现中华民族伟大复兴，必须推翻压在中国人民头上的帝国主义、封建主义、官僚资本主义三座大山，实现民族独立、人民解放、国家统一、社会稳定。”“我们党深刻认识到，实现中华民族伟大复兴，必须建立符合我国实际的先进社会制度。”“我们党深刻认识到，实现中华民族伟大复兴，必须合乎时代潮流、顺应人民意愿，勇于改革开放，让党和人民事业始终充满奋勇前进的强大动力。”此段连续使用三个“我们党深刻认识到”，揭示了在当前新时代我们党所担负的历史任务，使命光荣，责任重大。

3. 撮要标目之美。“撮”即提取，“要”即要点，撮要标目就是将一篇公文每一个自然段的核心内容提炼出来，将其置于篇首或段首。这是公文特别是一些内容复杂、篇幅较长的公文最常用的写作技法。撮要在古代叫作“片言居要”，这种写作技法一直沿用至今。这篇报告，在这方面表现得尤为突出，报告的十三个专题全部采用此种写法，这是由大型工作报告的内容性质所决定的。例如，报告的开头部分首先讲到“大会的主题是：不忘初心，牢记使命，高举中国特色社会主义伟大旗帜，决胜全面建成小康社会，夺取新时代中国特色社会主义伟大胜利，为实现中华民族伟大复兴的中国梦不懈奋斗”。这是全文的“纲”，是贯穿全文的一条红线，其后所列内容全部以此为轴心加以展开。在谈到“过去五年的工作和历史性变革”时，对党的十八大以来的五年党和国家发展成就进行了高度概括和总结，分别从“经济建设取得重大成就”“全面深化改革取得重大突破”“民主法治建设迈出重大步伐”“思想文化建设取得重大进展”“人民生活不断改善”“生态文明建设成效显著”“强军兴军开创新局面”“港澳台工作取得新进展”“全方位外交布局深入展开”“全面从严治党成效卓著”十个方面，即运用了十个段旨句加以高度概括和总结，指出五年来的成就是全方位的、开创性的，五年来的变革是深层次的、根本性的。报告彰显了我们党以巨大的政治勇气和强烈的责任担当，提出一系列新理念新思想新战略，出台一系列重大方针政策，推出一系列重大举措，推进一系列重大工作，解决了许多长期想解决而没有解决的难题，办成了许多过去想办而没有办成的大事，推动党和国家事业发生历史性变革。这些历史性变革，对党和国家事业发展具有重大而深远的影响。还有像“行百里者半九十。中华民族伟大复兴，绝不是轻轻松松、敲锣打鼓就能实现的。全党必须准备付出更为艰巨、更为艰苦的努力”，紧接着连续使用“实现伟大梦想，必须进行伟大斗争”“实现伟大梦想，必须建设伟大工程”“实现伟大梦想，必须推进伟大事业”等几个段落主旨句，使行文显得层次分明，意旨明确，从而深刻表达了习近平新时代中国特色社会主义思想的精神实质和丰富内涵。

4. 简洁洗练之美。公文写作要求做到言简意赅，言约意丰，用极其简短的文字表达丰富的内容，力戒拖沓冗赘，这是基本原则和要求。在这方面，报告表现得尤为突出。党的十八大以来五年的工作，内容十分繁杂，报告对此进行了高度浓缩，将这些内容在篇首使用“不忘初心，牢记使命，高举中国特色社会主义伟大旗帜，决胜全面建成小康社会，夺取新时代中国特色社会主义伟大胜利，为实现中华民族伟大复兴的中国梦不懈奋斗”加以概括，并作为全文的主旨。同时，全篇所列述的十三个大问题具体又包括若干小项目，而对这些小项目的阐述均采用撮要显旨的方式，用语简洁洗练。此外，报告在论述党的十八大以来五年的工作成就时，十分注重使用数字来说明问题。例如，“深入贯彻以人民为中心的发展思想，一大批惠民举措落地实施，人民获得感显著增强。脱贫攻坚战取得决定性进展，六千多万贫困人口稳定脱贫，贫困发生率从百分之十点二下降到百分之四以下。教育事业全面发展，中西部和农村教育明显加强。就业状况持续改善，城镇新增就业年均一千三百万人以上。”“坚定不移贯彻新发展理念，坚决端正发展观念、转变发展方式，发展质量和效益不断提升。经济保持中高速增长，在世界主要国家中名列前茅，国内生产总值从五十四万亿元增长到八十万亿元，稳居世界第二，对世界经济增长贡献率超过百分之三十。供给侧结构性改革深入推进，经济结构不断优化，数字经济等新兴产业蓬勃发展，高铁、公路、桥梁、港口、机场等基础设施建设快速推进。农业现代化稳步推进，粮食生产能力达到一万二千亿斤。城镇化率年均提高一点二个百分点，八千多万农业转移人口成为城镇居民。”利用数字来说明问题，使行文显得更加凝练，更加具有说服力和论证性，能够省略许多不必要的文字表述。

5. 修辞精当之美。在公文写作中，为了增强行文的可读性，往往用一些修辞，如排比、层递、比喻、设问、借代等，使行文璀璨夺目，流光溢彩。按照常理，报告文字是比较枯燥乏味的，但是听了这篇报告，没有丝毫的冗长之感，反倒觉得意犹未尽，这就凸显了报告的语言魅力和高超的表达艺术。例如，“中国特色社会主义进入新时代，意味着近代以来久经磨难的中华民族迎来了从站起来、富起来到强起来的伟大飞跃，迎来了实现中华民族伟大复兴的光明前景；意味着科学社会主义在二十一世纪的中国焕发出强大生机活力，在世界上高高举起了中国特色社会主义伟大旗帜；意味着中国特色社会主义道路、理论、制度、文化不断发展，拓展了发展中国家走向现代化的途径，给世界上那些既希望加快发展又希望保持自身独立性的国家和民族提供了全新选择，为解决人类问题贡献了中国智慧和中国方案”。以“意味着”作提示语构成排比句式，从不同的层面对中国特色社会主义进入新时代的伟大历史作用进行高度评价和科学概括，紧接着进一步指出：“这个新时代，是承前启后、继往开来、在新的历史条件下继续夺取中国特色社会主义伟大胜利的时代，是决胜全面建成小康社会、进而全面建设社会主义现代化强国的时代，是全国各族人民团结奋斗、不断创造美好生活、逐步实现全体人民共同富裕的时代，是全体中华儿女勠力同心、奋力实现中华民族伟大复兴中国梦的时代，是我国日益走近世界舞台中央、不断为人类作出更大贡献的时代。”以“是”作为提领句对中国特色社会主义进入新时代的伟大历史意义作出进一步概括，言近旨远，蕴意深刻。此外，像“全党同志一定要登高望远、居安思危，勇于变革、勇于创新，永不僵化、永不停滞，团结带领全国各族人民决胜全面建成小康社会，奋力夺取新时代中国特色社会主义伟大胜利”等通过四字句、六字句的交替使用，使报告铿锵悦耳，错落有致，跌宕起伏，引人入胜，富有鲜明的节奏感和声律美。再如，“坚持反腐败无禁区、全覆盖、零容忍，坚定不移‘打虎’‘拍蝇’‘猎狐’，不敢腐的目标初步实现，不能腐的笼子越扎越牢，不想腐的堤坝正在构筑，反腐败斗争压倒性态势已经形成并巩固发展”，既有排比句，又有比喻句，还有三字词组，联结在一起阅读，妙语连珠，一气呵成，给人以强大的震慑力和鼓舞力。

四十四、党的十九大报告在谋篇布局方面有哪些突出特色?

【解答】

党的十九大报告在写作技巧和方法上尤其是在公文的结构布局方面给我们提供了绝好的范例，值得我们细细品读和鉴赏。

1. 开门见山，文脉畅达。公文写作的一个重要特征和基本要求是一定要做到开门见山，落笔入题，并且在行文过程中要一以贯之，形成畅通的文脉。党的十九大报告的开头就是如此，直截了当，直奔主题：“中国共产党第十九次全国代表大会，是在全面建成小康社会决胜阶段、中国特色社会主义进入新时代的关键时期召开的一次十分重要的大会。大会的主题是：不忘初心，牢记使命，高举中国特色社会主义伟大旗帜，决胜全面建成小康社会，夺取新时代中国特色社会主义伟大胜利，为实现中华民族伟大复兴的中国梦不懈奋斗。”寥寥130多个字，就将全文的背景和主旨鲜明地表述出来，给人以耳目一新之感。尤为突出的是，其中用于揭示主旨的语句仅仅70余字，可谓高度浓缩，精粹凝练。在这一主旨的引领下，其余文字全部围绕它展开阐述，形成一种众星捧月的态势，文脉贯通，浑然一体。通过这样的主旨显露方式，从理论和实践的结合上科学回答了新时代坚持和发展什么样的中国特色社会主义、怎样坚持和发展新时代中国特色社会主义等重大时代课题，文势强劲有力，高屋建瓴，顺理成章，颇具特色。

2. 主次分明，详略得当。公文写作尤其是内容纷繁、篇幅较长的公文，一定要妥善处理好表述的主与次、详与略的关系，而不能平均用墨，让人难得要领。党的十九大报告既要对党的十八大以来五年的工作进行回顾，总结成绩，指出不足，还要对未来五年党中央的治国理政思想理念和方略及构想作出全面精当的阐述，涉及党和国家工作的方方面面，内容极为复杂。因此，必须分清主次，明确详略，做到详其所当详，略其所当略，繁简适度，详略得当，从而使全文首尾圆合，内容与形式达到和谐统一。例如，在报告第一大部分“过去五年的工作和历史性变革”中，先从“经济建设取得重大成就”“全面深化改革取得重大突破”“民主法治建设迈出重大步伐”“思想文化建设取得重大进展”“人民生活不断改善”“生态文明建设成效显著”“强军兴军开创新局面”“港澳台工作取得新进展”“全方位外交布局深入展开”“全面从严治党成效卓著”十个方面阐明所取得的成绩，主次顺序清晰分明，提纲挈领，令人一目了然。紧接着用“同时，必须清醒看到，我们的工作还存在许多不足，也面临不少困难和挑战”来指出存在的问题，而对问题的阐述仅仅使用了一个自然段来高度概括，从而明确展示出成绩是举世瞩目的，也是不容置疑的。报告全文总共讲了十三个大的方面的内容，也是按照特定的结构顺序加以布局的，而且有的题目讲得具体细致，有的则简明扼要。像第二部分“新时代中国共产党的历史使命”以及第三部分“新时代中国特色社会主义思想和基本方略”，因为涉及一些重大的政治性很强的命题和论断，故而讲得相对详尽具体。而诸如第四部分“决胜全面建成小康社会，开启全面建设社会主义现代化国家新征程”则相对简要，从2020年到21世纪中叶分两步走，从全面建成小康社会到基本实现现代化，再到全面建成社会主义现代化强国，是新时代中国特色社会主义发展的战略安排。此外，像“坚持‘一国两制’，推进祖国统一”“坚持和平发展道路，推动构建人类命运共同体”两部分的阐述相对简约，而第十三个问题“坚定不移全面从严治党，不断提高党的执政能力和领导水平”又阐述得十分详尽，充分体现了党要管党、全面从严治党的根本目标，也是通篇报告的归宿点和落脚点。这种巧妙的结构布局艺术，是公文写作的亮点之所在。

3. 逻辑清晰，严谨缜密。撰写这种高难度、高质量的报告，对作者的思路要求很高。作者要具有缜密的逻辑思维，无论是通篇内容的分布还是具体段落构造，都要做到严谨细密。

首先，公文的开头部分、主体部分、结尾部分要齐备，不可无故残缺。毛泽东同志曾指出，写文章要讲逻辑，意思是说要注意整篇文章、整篇说话的结构，开头、中间、结尾要有一种内在的联系，不要互相冲突。通览这篇报告，行文的内部逻辑层次十分鲜明，既提出了什么是新时代中国特色社会主义的重大命题，又紧紧围绕全文主旨科学回答了为什么要坚持新时代中国特色社会主义以及怎样坚持新时代中国特色社会主义的重大命题，体现出了极高的理论思辨性以及篇章结构的驾驭能力。

其次，各个部分要相对饱满，不能干瘪、空洞，给人局部残损的感觉。品读全篇报告，在开头部分率先亮明主旨的前提下，所阐述的13个专题在层次结构顺序上表现得十分匀称，尽管篇幅较长，但字字珠玑，字斟句酌，毫无冗词赘句，读起来十分顺畅。例如，“习近平新时代中国特色社会主义思想，是对马克思列宁主义、毛泽东思想、邓小平理论、‘三个代表’重要思想、科学发展观的继承和发展，是马克思主义中国化最新成果，是党和人民实践经验和集体智慧的结晶，是中国特色社会主义理论体系的重要组成部分，是全党全国人民为实现中华民族伟大复兴而奋斗的行动指南，必须长期坚持并不断发展”，这样表述，使行文前呼后应，严谨有序。

最后，就是要做到脉络畅通，贯穿首尾。如果一篇文章有文气不能串联的地方，容易形成脱节断气，会影响文章的表达效果。这就是朱光潜所说的“有一股生气贯注于全体”。例如，报告中强调，要贯彻新发展理念、建设现代化经济体系，坚持质量第一、效益优先，以供给侧结构性改革为主线，推动经济发展质量变革、效率变革、动力变革，着力加快建设实体经济、科技创新、现代金融、人力资源协同发展的产业体系，着力构建市场机制有效、微观主体有活力、宏观调控有度的经济体制，不断增强我国经济创新力和竞争力。要深化供给侧结构性改革，加快建设创新型国家，实施乡村振兴战略，实施区域协调发展战略，加快完善社会主义市场经济体制，推动形成全面开放新格局，努力实现更高质量、更有效率、更加公平、更可持续的发展。要健全人民当家作主制度体系、发展社会主义民主政治，坚持党的领导、人民当家作主、依法治国有机统一，加强人民当家作主制度保障，发挥社会主义协商民主重要作用，深化依法治国实践，深化机构和行政体制改革，巩固和发展爱国统一战线，巩固和发展生动活泼、安定团结的政治局面。要坚定文化自信、推动社会主义文化繁荣兴盛，牢牢掌握意识形态工作领导权，培育和践行社会主义核心价值观，加强思想道德建设，繁荣发展社会主义文艺，推动文化事业和文化产业发展，激发全民族文化创新创造活力。要提高保障和改善民生水平、加强和创新社会治理，抓住人民最关心最直接最现实的利益问题，优先发展教育事业，提高就业质量和人民收入水平，加强社会保障体系建设，坚决打赢脱贫攻坚战，实施健康中国战略，打造共建共治共享的社会治理格局，有效维护国家安全，使人民获得感、幸福感、安全感更加充实、更有保障、更可持续。要加快生态文明体制改革、建设美丽中国，推进绿色发展，着力解决突出环境问题，加大生态系统保护力度，改革生态环境监管体制，推动形成人与自然和谐发展现代化建设新格局。这些文字简洁凝练，分别从经济建设、政治建设、文化建设、社会建设以及生态文明建设等几个层面进行阐释，内在的逻辑性非常强。

4. 布局紧凑，浑然天成。公文的各个部分之间，在内容上要相互连贯，井然有序，在语言形式上要有紧密的衔接和合理的过渡。品读这篇报告，在布局谋篇上显得非常紧凑，部分与部分之间，既相互联系又互为补充，形成一个有机联系的整体。例如，报告的开篇，开宗明义，直接点明主题，然后用一个自然段作进一步阐释，以加深人们的认识和理解，紧接着使用一个过渡段："当前，国内外形势正在发生深刻复杂变化，我国发展仍处于重要战略机遇期，前景十分光明，挑战也十分严峻。全党同志一定要登高望远、居安思危，勇于变革、勇于创新，永不僵化、永不停滞，团结带领全国各族人民决胜全面建成小康社会，奋力夺取新时代中国特色社会主义伟大胜利"，承接上文，开启下文，使行文圆润细密，浑然一体。接下来即分为13个大的方面逐一进行阐述，各个部分之间呈现出一种内在的并列关系，再加上撮要显旨技法的运用，使行文一环紧扣一环，环环相连，读起来十分顺畅。

又如，报告第四部分"决胜全面建成小康社会，开启全面建设社会主义现代化国家新征程"，在阐述了目前党和国家所面临的新形势后进一步指出："从十九大到二十大，是'两个一百年'奋斗目标的历史交汇期。我们既要全面建成小康社会、实现第一个百年奋斗目标，又要乘势而上开启全面建设社会主义现代化国家新征程，向第二个百年奋斗目标进军。综合分析国际国内形势和我国发展条件，从二〇二〇年到本世纪中叶可以分两个阶段来安排。"然后，另起一段分别阐述具体的安排内容，行文衔接得非常紧密顺畅，无懈可击。报告结尾坚定有力，铿锵悦耳，读之令人无比振奋，深受鼓舞，对新时代中国特色社会主义的美好未来充满必胜的信念，具有极其强大的号召力和感染力。

四十五、企业给当地党政机关行文都用函吗?

【解答】

这个问题的关键在于企业与当地党政机关是否存在直接的隶属关系，或者业务指导关系，如果存在隶属关系或业务指导关系，就要用请示，否则就要使用函。

四十六、高校给政府部门行文是用函还是用其他形式的公文?

【解答】

高校给政府部门行文，使用函无疑是正确的。但实践中更多的是使用邀请函，因为既为邀请，则被邀请人（单位）可参加可不参加，故使用法定公文不妥，用邀请函即可，如果是带有喜庆色彩的活动，用请柬即可。

四十七、法律、法规、规章和类规章文件的主要区别是什么?

【解答】

法律、法规、规章这三个概念既有联系，又有区别，在实践中经常出现区别不清的问题。要正确使用它们，最主要的是弄清三者之间的差异：

1. 法律。从广义上讲，泛指法律的整体；从狭义上讲，根据《中华人民共和国立法法》的规定，指由全国人大及其常委会制定、颁布的具有法律效力的规范性文件，如《中华人民共和国行政许可法》《中华人民共和国居民身份证法》《中华人民共和国道路交通安全法》等。

2. 法规。由国务院根据宪法和法律制定的法规称为国家行政法规，文种主要包括条例、规定、办法；由地方即省、自治区、直辖市和其同级人大及其常委会，以及省、自治区所在地的市和国务院批准的较大的市的人大及其常委会制定的规范性文件称为地方性法规，文种主要包括条例、规定、办法。

3. 规章。国务院的组成部门和具有行政管理职能的直属机构，根据我国法律和国家行政法规，在本部门的权限内制定的具有一定法律效力的文件，称为部门规章。省、自治区、直辖市及省、自治区人民政府所在地的市和经国务院批准的较大的市的人民政府所制定的规范性文件，称为地方政府规章，这两种规章使用的文种，不但有条例，且主要是规定、办法等。

4. 类规章性文件。一些地区、部门根据行政法规、地方法规、规章制定的不属于法规、规章的规范性文件，称为类规章性文件。

四十八、单位的年度工作安排是用意见好还是用计划好?

【解答】

根据《条例》的规定，意见适用于对重要问题提出见解和处理办法。具体地说，意见这一文种面对的是在工作中所遇到的新、大、难问题，对此，不但要进行分析问题、提出看法，而且要有解决的措施。一个单位、地区的工作，虽含有新、大、难方面的问题，但更多的是常规性方面的问题，对上述问题进行全面的计划安排称意见显然不妥，还是叫计划为宜。

四十九、某市审计局和市财政局直属分局，都向市财政局申请所需经费，它们所使用的文种一样吗?

【解答】

不一样。虽然都是申请会议所需经费，但前者是平级关系，在各自的职权范围内，相互办理和答复审批事项，根据《条例》第九条的规定，应当使用函（申请函）与复函（答复函）。后者由于具有上下级的隶属关系，故应用请示，对应请示的应当是批复。

五十、中华人民共和国成立以来公文文种发展与演变情况是怎样的?

【解答】

中华人民共和国成立以来，我国的公文处理工作在继承和延续新民主主义革命时期优良传统和宝贵经验的基础上，经历了一个不断发展、不断完善的历史过程。尤其是在公文文种方面，随着各式各样的公文处理实践不断发展和进步，充分发挥了为党和国家领导管理的基本职能。

公文文种即公文种类，是公文系统中各个子要素之间相互区别的标志。从中华人民共和国成立以来公文文种的确立与使用情况来看，既有历史的传承性和稳定性，又有随着社会形势的发展和管理活动需要而发展的变化性，但总的走向是逐步趋于稳定，不断臻于科学、规范和合理。在 70 多年的时间里，党和国家先后十次制定和发布有关公文处理方面的法规和规章，对公文文种问题作出了十分明确的规定。具体包括以下几个方面：

1. 1951 年 9 月 29 日，中央人民政府政务院发布的《公文处理暂行办法》，将公文文种规定为 7 类 12 种，即报告、签报、命令、指示、批复、通知、通报、布告、通告、公告、公函、便函。

2. 1957年10月8日，国务院秘书厅发布的《关于对公文名称和体式问题的几点意见》，公文文种虽然仍规定为7类12种，但对具体文种名称作了较大调整，包括：命令、令、指示、报告、请示、批复、批示、通知、通报、通告、布告、函。

3. 1964年2月，由国务院办公厅发布的《公文处理试行办法》，将公文种类规定为10类12种，即命令（令）、指示、批复、答复、批转、通知、通报、报告、请示、布告、通告、函。

4. 1981年2月27日，国务院办公厅发布的《国家行政机关公文处理暂行办法》，将公文种类规定为9类15种，即命令、令、指令、决定、决议、指示、布告、公告、通告、通知、通报、报告、请示、批复、函。

5. 1987年2月18日，由国务院办公厅发布的《国家行政机关公文处理办法》，在原暂行办法的基础上，将公文种类规定为10类15种，即命令（令）、指令、决定、决议、指示、布告、公告、通告、通知、通报、报告、请示、批复、函、会议纪要。

6. 1989年4月25日，中共中央办公厅发布的《中国共产党各级领导机关文件处理条例（试行）》，将党的机关文件种类规定为13种，即公报、决议、决定、指示、条例、规定、通知、通报、请示、报告、批复、会议纪要、函。

7. 1993年11月21日，国务院办公厅发布的《国家行政机关公文处理办法》，对1987年的处理办法进行了较大修订，将公文种类确定为11类13种，即命令（令）、议案、决定、指示、公告、通告、通知、通报、报告、请示、批复、函、会议纪要。

8. 1996年5月3日，中共中央办公厅发布修订后的《中国共产党机关公文处理条例》，将公文种类规定为14种，即决议、决定、指示、意见、通知、通报、公报、报告、请示、批复、条例、规定、函、会议纪要。

9. 2000年8月24日，国务院发布了《国家行政机关公文处理办法》（国发〔2000〕23号），对1993年的处理办法进行了修订，将公文种类确定为13种，即命令（令）、决定、公告、通告、通知、通报、议案、报告、请示、批复、意见、函、会议纪要。

10. 2012年4月16日，中共中央办公厅和国务院办公厅联合印发《条例》，首次将党政两大系统公文法规合二为一，这是我国当代公文法规建设的一次空前飞跃。其将党政机关所使用的法定公文种类规定为15个，即决议、决定、命令（令）、公报、公告、通告、意见、通知、通报、报告、请示、批复、议案、函、纪要。

从中华人民共和国成立以来公文种类的历史变迁中可以看出，我国公文文种具有以下几个特点：一是多数公文种类比较稳定。如命令（令）、通知、通报、报告、请示、公告、通告、批复、函等，这些公文文种从中华人民共和国成立初期的公文法规和规章中已规定使用，并且一直沿用至今。这种状况，反映出我国公文种类的历史传承性特点，从而使之处于一种较为稳定的状态。二是有些公文文种发生了不同程度的变化。这些变化以适应不同时期党政机关管理活动的实际需要为基本动因，具有较强的时代色彩。其主要表现为随着管理活动的不断发展，有的文种逐步退出法定公文领域，如签报、便函、批转等，都曾被确定为法定公文种类，但后来均被取消；还有指令、指示、答复、布告等，也都被取消了。与此同时，有的文种不断进行新的组合，适用范围更加明确。如命令和令，在1957年的意见中曾是两个文种，后来在1964年的试行办法中被合二为一，在1981年的暂行办法中再次分开，而从1987年的处理办法至今，又一直被合并使用。报告和请示文种也是如此，在中华人民共和国成立初期，只有报告文种，请示与报告不分，而从1957年开始，意见中明确规定要严加区别，分开使用，并且一直延续至今。此外，有的文种随着管理活动的需要而被重视，如议案、意见、纪要等，它们原来都不是法定公文，但由于其在公务活动中应用的必然性，故先后被吸收进来，从而壮大了法定公文文种队伍。所有这些，都反映出了公文文种的科学化、规范化发展趋势。三是公文文种的数量从中华人民共和国成立以后到现在，变动幅度不大，一直比较稳定。先后十次发布的公文法规和规章，对公文种类的数量规定始终限定在12—15种。文种发展的稳定性由此可见一斑。四是党政两大系统公文文种的使用具有交叉关系，其中绝大部分是相同的，如两者都有决定、通知、通报、报告、请示、批复、意见、函和纪要；也有部分文种不同，如党的机关通常使用公报、决议、条例和规定，行政机关则有命令（令）、议案、公告和通告。这一情况，反映出党政机关各自的工作性质和职能划分，有利于实现我国公文文种使用的科学化和规范化。

五十一、党委机关的督察自查报告怎么写比较好?

【解答】

一般可先用一个自然段进行总的概括，紧接着用“现将有关情况报告如下”来提领下文。主体部分首先是安排部署，强化落实，其次是对落实情况进行督察，最后是督察发现问题，进行问责，最后整改。在具体行文上，应分几个小标题，每个小标题分别表述一项内容。督查的情况和结果，要注意使用数字说明问题，不能空洞无物。特别是要抓住一两个典型事例，就更有说服力。最后使用“专此报告”结束。

第三节　强化文字表达

一、公文中怎样正确使用专业术语?

【解答】

公文中常用的专业术语，大体上有十类。它们各有其特定的功用，实践中应特别注意把握如下三点。

1. 要真正弄清每一专业术语的确切含义，不可错用。诸种公文的专业术语，各有其特定的含义，具有不同的用途。因此，公文写作中必须做到正确使用，绝不能混淆误用。例如，何处应用“为荷”，何处应用“为要”，何处应用“为盼”，均有特定的使用要求，如果错用，就会影响乃至损害公文内容的正确表达。对此，应特别注意。

2. 要严格区分各相近专业术语的使用界限，切忌混淆滥用。诸多公文写作专业术语，在表面意义上极其近似，如不严加区分，使用时极易混淆，而这对公文内容的确切表达无疑是有害的。因此，必须予以充分重视。例如，“签发”与“签署”、“应该”与“必须”、“申请”与“申报”、“审核”与“审签”、“拟定”与“拟订”等，这几组专业术语乍看颇为相近，但其各自的使用功能有严格限制，不容随意滥用。否则，势必影响公文内容的准确表达。

3. 要根据不同的行文关系和职权范围，恰当选用专业术语。诸种专业术语的使用，在很大程度上取决于发文机关的职权范围和不同的行文关系。对向上级机关的行文，在专业术语的使用上应当做到尊重、诚恳，如“妥否，请批示”“以上报告如有不妥，请指示”等;对向下级机关的行文，在专业术语的使用上即应做到坚决、肯定，如“此令”“此复”“希认真贯彻执行”“特此通知”等；对平行机关或不相隶属机关的行文，在专业术语的使用上应当做到委婉、谦和，如“盼函复”“为荷”“为盼”等。对此，公文写作中如有忽视，造成错乱，就会直接影响公文的内容质量及其效用，甚至使行文目的和意图落空，招致不应有的麻烦或损失。

二、如何写上半年工作总结和下半年工作计划?

【解答】

首先，对本单位上半年的中心工作是什么，领导是怎样部署的，按照主次顺序归纳成几个方面。先写思想政治方面工作和部署，然后写业务方面的工作和部署，采取分列小标题的形式，各个小标题要对称，重点写做法和体会。其次，写下半年工作计划，围绕单位的工作特点，明确所要达到的目标，分条列段，拟出几个小标题，每个小标题各表述一项内容，层次一定要清楚，语言一定要简练连贯。在外在形式上，可以列出两个大标题，即“一、上半年工作简要总结”“二、下半年工作计划”。总结和计划很重要，但写好并不容易，需要我们在实践中不断摸索提高。

三、公文写作应当怎样加强语言能力训练?

【解答】

语言是构成文章的第一要素。训练语言能力，目的就是使我们能够准确鲜明地反映公务活动，得心应手地表达思想。语言的学习，对于公文写作者来说是十分重要的。语言能力的重要性体现在整个写作过程中，从开始观察、感受、积累材料，到构思、修改，全部与语言修养密切相关。譬如观察和感受，没有比较丰富的词汇便不能体验出细致的感受，即使有体会，也无法用文字把它固定下来。这正是我们常常感到的笔力不足，心中想得很好，落到笔下全不是那么一回事的原因所在。如果观察时不能用语言把它固定下来，构思时便无法通过想象呈现清晰的图像，写作时也无法构成清晰动人的画面，修改时会感到没有依据，不知从何下笔。由此可见，我们必须下苦功夫学习语言。没有一定的语言积累，便没有从事写作的资本，而要想达到较高的写作水平，就必须不断研习语言。

一般而言，学习语言必须与思维的锤炼相结合。公文中出现用词不当、语句不通、表述不清、文气不顺等现象，往往与思维上的问题有直接关系。一般来说，语言上的紊乱与思路纷杂、缺乏条理有关；肤浅的语言则是认识浮泛、缺少深度的表现；语言上的拖沓累赘，是思维松散、不够缜密的结果。语言和思维很难分开，因此，矫正语言上的毛病不能只在文字上反复修改，还应在思维上反复锤炼；从另一方面看，思维上的毛病通过语言的形式表现出来，凝固在纸面上，才容易发现它，改正它。所以，语言训练必须与思维训练结合进行。

四、公文写作中撮要的具体表现形式有哪些?

【解答】

篇前撮要在具体运用上，要因文而异，针对不同的文种采用不同的形式。

1. 综合性工作总结、工作报告、情况简报、会议纪要、调查报告等陈述性文件，篇前撮要多表现为情况概述式。即用非常简明的语言，或概述某一时期、某一方面工作的基本情况，或综合交代文中的基本内容，或简略写明会议的自然情况，或简要说明某一活动的主要收获等。

2. 章程、条例、规定、办法等规章制度性文件，篇前撮要多表现为提纲挈领式。即或写一个总纲，或写一个总则，或写一个前言，或写"一、二、三……"几个条目。总纲用以阐明一个政党、社会团体的性质、地位、奋斗目标、指导思想、总的任务、基本要求等，是一个章程的"纲"；总则、前言和开头并列的"一、二、三……"几个条目，用来写明订立本规章制度的目的、意义、要求、根据、原因、动机、适用范围等，是一个规章制度的要领所在。

3. 下行意见、决定、决议、通知、通报、布告、通告等决策指令性文件，篇前撮要多表现为"目的依据式"。即把制发文件的目的、依据、原委、基本要求等，用简明的语言高度概括于文件的开端处。在交代目的时，通常以"为……""为了……"作句首，形成一个比较固定的目的句；在交代原委时，通常以"当前……""近一个时期……"等作句首，形成一个比较固定的陈述句；在阐述中心思想、基本要求时，通常以"为此……""决定……""必须……"等强调语作句首；在讲明依据时，更多在句首使用"根据……""遵照……""按照……"等。

4. 请示、申请函的篇前撮要多表现为交代缘由式。即在开头着重讲明请示的原因，一般很少像决策指令性文件那样在开端处先交代目的。请示的目的句通常置于缘由之后，并以"为此……""为……""鉴于……""为解决上述问题……"等作句首，形成目的前置，这就是请示与申请函篇前撮要的特殊之处。

5. 批复、复函的篇前撮要多表现为引述来文式。即以引述来文的日期、发文字号或标题作为本文的开端。

6. 讲话稿的篇前撮要，一般表现为观点结论式。即把讲话的中心观点及结论性的意见置于开头，然后再讲内容、事项和具体问题。为了吸引听者，做到"起句当如爆竹，骤响易彻"，有些讲话稿在交代观点、说明结论时又多采用明知故问的方法。

7. 计划、规划、工作要点、方案、安排等计划性文件，篇前撮要基本表现为起句立意式。即开端处要用简明的语言，讲清制订计划的指导思想、总的目标与基本主张。

五、怎样掌握公文写作中的特定用语?

【解答】

在公文写作的长期实践中，形成了一些特定的词语，不同的特定用词分别服务于不同语境的需要，掌握好这些特定用词对于提高公文写作效率和质量而言是必要的。例如，“根据”“遵照”“为了”“关于”“随着”等均属公文开头用语；“我（处）”“你（局）”“本（委）”“贵（校）”等均属公文称谓用语；“拟请”“恳请”“报请”“可否请批示”等均属公文中的期求用语；“责成”“交办”“试办”“办理”“执行”“可行”“可办”“同意”“照办”“批准”“原则同意”等均属公文中审批批办用语；“为荷”“特此……”“为……而努力”“祝……”等均属公文结尾用语。对上述一些公文常用词语，应当根据公文表达的不同对象和行文的不同关系，按照不同需要有选择地加以使用。

六、公文写作中应当怎样把握一些词语的习惯表述顺序?

【解答】

有些词语，在表述上有特定的习惯顺序，如果不按这种特定的顺序进行表述，就会使人感到很不和谐，也不够顺畅。而且在很多情况下，词序不同，其表达的意思也会有所不同。如果不注意这种变化，就会影响准确地表情达意。例如，《××××年××分局工作总结》《××××年度××分局从优待警十件实事》，其中的年份就放错了位置，应将其置于“分局”之后。同时，词序的变化也直接影响公文的表情达意。

七、公文写作中怎样调整语言密度?

【解答】

公文语言应当是美的语言。它的这种美固然不像文学作品那样斑斓绚丽、五彩缤纷，但同样应当是活泼生动、别具特色的。而要做到这一点，其中很重要的一个方面就是要根据具体的内容合理地调整好语言的密度，使之疏密相间，张弛适度，读起来和谐悦耳，铿锵有力，给人以美感。

语言密度的大小与字数的多少成正比。字数多，则语言密度大；字数少，则语言密度小。公文写作要求以最小的语言密度来表达语言容量最为丰富的内容，做到言简意赅，文约意丰。这是公文写作最基本的要求，在有些情况下，公文写作又必须使用大密度的语言，使内容表达更为详尽、具体，只有这样才更具有说服力和论证性。从实际情况来看，对于公文语言密度的调整主要应考虑如下因素。

1. 要根据不同的文种特征及要求进行调整。这就是说，公文语言密度的大小要受不同的文种的制约。不同的文种，其语言密度各异。一般而言，凡是涉及以陈述事实或阐述理由为主的公文，其语言密度往往较大，如工作报告、调查报告、先进事迹材料等。而那些带有告知和指令性的公文，其语言密度一般相对较小，往往只需将有关内容交代明白即可，无须过细陈述。例如，通知、公告、通告、命令、批复、函等。值得注意的是，即使同一件事，在不同的文种中其语言密度的大小也会有所不同。例如，在事故性调查报告中，对有关事实的叙述要求详尽、具体，要交代出事故发生的来龙去脉，给人完整的印象，这样其语言密度就大；而处分决定或者批评性通报，对有关事实的叙述则要予以概括，语言密度要小。因此，在写作过程中要视具体情况而考虑文字的增删，使语言密度适当。

2. 要根据公文不同的结构要素进行调整。一篇公文的结构无外乎是由标题、正文和结尾这样几个基本要素组成，不同的要素对语言密度调整的要求也不相同，写作时必须分别对待，恰当处理。就通常情况而论，标题、正文的开头部分以及结尾，语言密度相对要小。特别是公文的标题，它是全篇的眉目，按照《条例》的规定，必须准确、简要地概括出公文的主要内容，而要做到简要，其用语必须高度精练、浓缩，尽可能地将语言密度控制在最小限度之内，切忌拖沓冗长。实践中不少类似“一字长蛇阵”的公文标题，都是因为未能恰当处理好这个问题所致。开头部分是公文行文的“先锋”，是全篇内容的总概括，一般要交代清楚行文的目的、依据、缘由、背景等内容，其用语也要求简明扼要，开门见山，力戒言不及义，套话连篇。而要做到这一点，就要求其语言密度要小，要富有概括性，寥寥几句即说明问题，给人单刀直入、开宗明义之感。如果开头部分语言密度过大，就往往会导致行文铺陈过多，令人难得要领，不利于读者准确迅速地理解和把握公文的中心主旨，进而也就不利于公文内容的贯彻施行。主体部分是用来阐述公文内容的，是标题“事由”要素及开头所述内容的具体化，因而其语言密度较大，特别是有些内容事项较为单一的公文，其语言密度就更大。公文结尾部分是全篇的收束，要求干净利落，意尽言止，力戒画蛇添足，无病呻吟。这反映到文字上，要求其语言密度一定要小，只要能说明问题即可。甚至有些公文干脆省略结尾，更显得简洁利落。

值得一提的是，不少公文正文部分的写作往往采用撮要标目的表达技法，即在某一层次或段落之前需要设立一个段旨句。要注意，这个段旨句也应同公文标题一样，语言密度一定要小，不能太大。

3. 要根据不同的行文目的进行调整。每篇公文都有明确的行文目的，这样反映到内容表达上就是要有所侧重，或是着重陈述事情的经过和缘由，或是重在分析产生问题的原因，或是着重提出解决问题的办法和措施等，而这也就相应地对其语言密度的调整作出了限定。例如，情况报告，一般要分为问题或情况概述、集中分析产生问题的原因、提出解决问题的意见和办法三部分，而这三部分内容的详略处理即语言密度的调整是不同的，其中第一部分内容要略写，语言密度要小；关键是第二、第三部分的叙写，其语言密度的大小应视不同的行文目的而定。如果行文重在分析原因，则第二部分的语言密度要大；如果行文的目的重在提出解决问题的办法，则第三部分的语言密度要大，第二部分的语言密度相对要小。

4. 要根据不同的表达方法和内容转换的需要进行调整。公文写作中经常使用一些独特的表达方法，反映到语言的疏密上也很有特点。例如，虚笔与实笔相结合是为了使主要陈述事件与中心观点不重复表述而采取的一种重要手法，其中，“实”是指详细、具体、全面、深刻，“虚”是相对实而言，即指略其详情、概其轮廓，舍其细节、取其整体，省其外延、选其内涵，弃其全文、留其要领。在一篇公文中，对于事件或道理，如在前面实写，即语言密度大，则在后面只能虚写，语言密度要小。还有，公文中经常使用先从正面说，简单肯定，然后用“但是”加以转折的写法。这种写法随着其内容的转换，前面往往使用小密度的语言，寥寥几笔，而在“但是”后则使用高密度的语言，进行具体阐述，从而使行文疏密有致，重点突出，也使公文的内容表达更趋完整和严密。

八、公文写作怎样做到明确清晰？

【解答】

公文写作要做到明确无疑，清晰可见，让人一目了然，这是一条最基本的要求，也是顺利实现行文目的、确保公文质量和效用的前提条件。对此，著名教育家叶圣陶在《公文写得含糊草率的现象应当改变》一文中曾经说过：“公文不一定要好文章，可是必须写得一清二楚，十分明确，句稳词妥，通体通顺，让人家不折不扣地了解你说的是什么。”这就把公文写作的明确性问题提到了一个很高的地位。大量的公文写作实践告诉我们，离开明确这一基础和前提，就会让受文对象难以理解和把握公文的内容，并给执行环节造成障碍。对此，公文写作者必须给予足够的重视。

公文写作要做到明确，其基本要求就是要直来直去，把行文的目的、依据、内容明明白白地传输给受文对象，使其不产生理解和执行上的偏差。而要做到这一点，看似简单，实则不易。总体而言，公文写作中的明确主要包括如下几个方面的内容。

1. 观点要明确。在公文写作过程中要注意明确提出问题，然后靠深刻有力的分析，揭示事物的本质和内在联系，经过分析、综合，使问题得到有效的解决或回答。毛泽东同志在《反对党八股》中，批评“甲乙丙丁，开中药铺”的写作方法，就是指文章写作中存在的只罗列现象，而不提出、分析和解决问题的不良文风。公文写作的明确性程度，是体现公文质量与水平的重要标志。它要求一篇公文中所提出的观点和主张必须旗帜鲜明，毫不隐讳。赞成什么，反对什么；提倡什么，禁止什么；同意什么，否定什么，都必须直陈己见，让人一目了然。特别是决定、通知、批复等诸多下行文，更需要如此。即使是报告、请示等上行文，如提出几种可供选择的建议、办法或措施，也要明确提出发文单位的倾向性意见，只有这样做才能有利于信息的传递以及问题的研究和解决，切忌吞吞吐吐，模棱两可，更不能八面玲珑，回避矛盾。

2. 叙事要明确。叙述是公文写作中运用最广泛的一种表达方式。除计划体、法规体公文一般不采用叙事、指令性文体较少使用叙事外，其他如通知、通报、报告、请示、纪要、调查报告、讲话稿、典型材料等都必须以叙事为基础。如果叙事失之明确，过于简略，就会令人难得要领。例如，有一篇关于省政府机关贯彻中纪委《公开信》解决建房分房中的不正之风进展情况的通报，其中只写了检查验收的情况，而对省直机关存在的问题和查处的情况却一笔带过，未加明确而详尽的叙述，显然与此类通报的写作要求相悖。

3. 逻辑要明确。公文写作中所运用的概念、判断和推理必须合乎逻辑规则，让人明确所指。在公文写作实践中，因违反逻辑而导致表意不明的问题时有所见，例如，《中共××县委政法委关于政法部门加强联合、共同搞好社会治安秩序整顿工作的通知》中对“政法部门”就使用了如“政法单位”“政法机关”“政法各部门”“公检法司”“政法治安管理部门”“政法、公安机关”等各种不同的称谓，前后不一，造成混乱。因此，当同一概念在一篇公文中不止一次出现时，必须做到前后一致，明确无误。同时，所运用的判断和推理也都要遵循明确性的原则。

4. 结构要明确。由于公文的内容、社会功用以及受文对象不同于一般文章，因而决定了其结构上的特殊性，既要明确反映每篇公文的策见内容，又要着眼于为实际应用服务。这就要求公文在谋篇布局上必须讲求艺术，突出表现为要普遍使用标题显旨、篇前撮要、分设小标题、提炼段旨句、标示序码等手段，甚至在法规性文件中要专门采用章条款分列的形式等，以使公文结构视觉化，条分缕析，眉目清楚，明确无疑。在具体行文过程中，还要顾及层次段落的划分、过渡照应的安排、背景情况的交代甚至句子结构的设置等，对这些都要处理得恰切得体，它们是确保公文写作臻于明确不可缺少的重要因素。

5. 用语要明确。公文用语要简明通俗、明白晓畅，不要生造谁也看不懂的话，也不要使用生僻难懂的语词，要能够使受文对象容易接受，愿意读、读得懂。实际上，关于公文写作的明确性问题，中央早就有过明确的规定。1951 年 2 月中共中央颁发的《关于纠正电报、报告、指示、决定等文字缺点的指示》中对诸多文电在文字上所存在的严重缺点，列举出滥用省略、句法不全、交代不明、眉目不清、篇幅冗长五大类，而这些都是导致公文失之明确的重要原因和主要表现。值得注意的是，该指示不仅提出了“问题”，还给出了解决“问题”的具体办法，尤其是针对“眉目不清”的现象所作出的开门见山、篇前撮要、段前明旨的规定，意义重大，影响深远，对公文写作做到明确具有极强的针对性和指导意义。因此，在公文写作中，要达到符合明确性的要求，可依循这一指示中的诸项规定去做，真正将其落到实处。

九、公文写作中对涉及会议的出席人、列席人、参加人应如何规范表述?

【解答】

从实践来看，会议的出席人和列席人都是参加人，区别在于：法定成员参加本组织的会议叫作出席，其他人员（上级领导除外）参加的叫作列席。

十、任免、决定任免、批准任免在使用上有什么区别?

【解答】

这些都是人大及其常委会行使任免权的方式。任免是县级以上地方各级人大常委会根据主任会议、“两院”一委正职领导人的提请，任命同级人大常委会机关、“两院”一委副职等有关人员担任某一领导职务或者免去有关人员所担任的职务。根据《地方人大和政府组织法》第三十四条，第五十条第十三项、第十五项、第十六项、第十七项规定，县级以上地方各级人大常委会的任免对象是：根据主任会议提名，补充任命专门委员会的个别副主任委员和部分委员，任免人大常委会各委、办、室主任；根据监委主任的提名，任免监委副主任、委员；根据本级人民法院院长的提请，任免法院其他组成人员职务；根据本级人民检察院检察长的提请，任免检察院其他组成人员的职务。决定任免是地方各级人大常委会根据同级政府正职领导的提名，作出由某人担任国家机关的某一领导职务或者免去有关人员所担任的国家机关职务的决定。根据《地方人大和政府组织法》第五十条第十三项、第十四项规定，县级以上地方各级人大常委会在本级人大闭会期间决定副省长、自治区副主席、副市长、副州长、副县长、副区长的个别任免；根据人民政府正职领导人提名，决定本级人民政府秘书长和政府各组成部门正职领导人的任免。批准任免是指对下一级国家权力机关依法作出的任免事项予以批准认可，履行同意手续。现行的法律规定，只限于人大常委会对下一级人民检察院检察长行使，这是检察机关双重领导体制决定的。根据 2019 年修订的《中华人民共和国检察官法》第十八条规定，地方各级人民检察院检察长的任免，须报上一级人民检察院检察长提请本级人民代表大会常务委员会批准。

十一、同级党政领导职务一起连用时，如何注意排列次序?

【解答】

同级党政领导职务一起连用时，一般情况下应以党委的负责人在前，行政负责人依次在后排列，如“县委书记、县长、县委副书记、副县长”“局党委书记、局长、副书记、副局长、党办主任、局办主任”等。同级机关一起连用，按照各自的法律地位和使用的习惯，应是“市委、市人大、市政府、市政协”。上述排列次序不应前后颠倒。

十二、×× 市人民政府拟与中共 ×× 市委、×× 市军分区和市社科联联合行文，其版头如何设置?

【解答】

根据公文法规的规定，联合行文时，主办机关应当排列在前。但是，如果属于上面这种情况，就不能囿于教条，而必须按照“党政军群”的顺序排列，即“中共 ×× 市委、×× 市人民政府、×× 市军分区、×× 市社科联”，上下依次排列。

十三、在公文行文时，如何称呼省、市、县人民政府的领导同志?

【解答】

时下，如“×× 市人民政府副市长”“×× 省人民政府副省长”“×× 市 ×× 区人民政府区长”之类的称谓表述颇为盛行。这样的称谓是不够确切的。因为省长、市长、县长，他们都是一个省、市、县的行政“一把手”，或称“最高行政长官”，而不应仅仅是“人民政府”这个组织机构的首长，也不涉及全称与简称的问题。因此，正确规范的表述应当是“×× 省省长”“×× 市市长”“×× 县县长”。

十四、在公文中如何称呼各级党委书记?

【解答】

中央有明文规定，对于各省、自治区、直辖市以及地市县级的党委“一把手”统一称为“中共 ×× 省、市（地、州、盟）、县委书记”，不能简称为“×× 省、市（地、州、盟）、县委书记”。

十五、公文写作中怎样正确使用“拟同意”一语？

【解答】

“拟”有“认为、打算、想要、考虑”之意，是公文中用于表示谦敬的词语，通常出现于上行文的请示、报告及意见等文种中。在下行文的批复中，有时也要用到这一词语，且往往与“同意”连用。

值得注意的是，“拟同意”一语的使用具有较为严格的职责限定。它不仅具有“谦敬”之义，而且能够体现出主体的职责权限。有无“拟”字，是有无最后决定权的标志。

也就是说，主体对某一事件或问题的处理若有决定权，即只需表明“同意”，而不宜用“拟同意”，以示肯定；而如果只有表态权却没有决定权，则以使用“拟同意”为宜。

十六、公文写作中怎样正确使用“进行”一词？

【解答】

在公文写作中，“进行”是使用频率很高的一个词语，表示从事、做、开展等意思。它一般用于这样两种情形：一是用于比较庄重、正式的行为。例如，《中共中央关于构建社会主义和谐社会若干重大问题的决定》指出：“社会和谐是我们党不懈奋斗的目标。新中国成立后，我们党为促进社会和谐进行了艰辛探索，积累了正反两方面经验，取得了重要进展。党的十一届三中全会以后，我们党坚定不移地推进改革开放和现代化建设，积极推动经济发展和社会全面进步，为促进社会和谐进行了不懈努力。”其中的两个“进行”都是用于非常严肃的事情，使行文显得庄重。二是用于持续性强的行为，如“各单位要将业务工作与正在进行的保持共产党员先进性教育活动紧密结合起来，真抓实干，务求实效”，这里使用的“进行”，修饰后面的“保持共产党员先进性教育活动”，而该项活动显然不是短暂行文，需要“进行”一段时期，因此用“进行”是比较恰当的。

但在当前的公文写作中，我们却发现“进行”用得过滥，则给人一种画蛇添足之感。例如，“公司迅速开会进行了研究，决定对张××进行批评教育，并对受到伤害的一方进行慰问，对其所受的损失进行赔偿，同时通报全体职工，向大家进行一次纪律教育”。这里的“进行”就用得很多，造成臃肿累赘。可以采取变换句式的方法，将“对……”“向……”的介词结构句式改为直陈的句式，如将“向大家进行一次纪律教育”改为“教育大家遵守纪律”等。

十七、公文中怎样正确使用“该”字句?

【解答】

“该”字句是公文中用于表示第三人称的特殊句式，能使行文体现出简洁、庄重的特色。但要注意的是，这个句式往往是带有贬义的，如“该同志思想一贯消极”“该犯好逸恶劳”等。因此，必须注意不能滥用。实践中，很多同志对此把握不准，不论是用于表扬的还是用于批评的，都用“该同志”“该生”“该领导”等，是不妥当的。

十八、公文中怎样正确使用“将”字结构短语?

【解答】

在现代汉语中，“将”字含义多达十余种，在不同的语境使用，其含义相去甚远。在公文中出现的“将”字，大多是介词，取其“把”的含义，构成“现将……”“兹将……”“拟将……”“已将……”“还将……”等介词结构短语，分别用作起首语、承启语等。例如，“现将《党政机关公文处理工作条例》印发给你们，请照此执行”。这种“将”字介词结构短语，还能突出行文的语气，使行文显得庄重严整。

十九、公文中怎样正确使用“的”字助词?

【解答】

“的”附在词语的后面，表明这个词语是名词的修饰语。在句子成分中，名词的修饰语称为“定语”，所以“的”是定语的标志。公文中使用“的”字结构时，要注意与“地”字结构助词相区别，以免误用。

“的”字之后跟的是名词，“地”字之后跟的是动词或形容词，“地”字结构助词是动词或形容词的修饰语，在句子中作状语，“地”是状语的标志。

“的”与“地”区别很大。动词或形容词在文中充当主语或宾语时，它们便成了陈述的对象，或动作所涉及的对象，就被当成一件事物名词化了，此时的动词或形容词应用“的”字结构助词来修饰。以“的”字收尾的词组，在公文中还具有分类和指代作用，多指被贬称的人和事物。如“以权谋私的”“聚众闹事的”等。

二十、公文中怎样正确使用介词结构?

【解答】

在公文写作中，介词结构的使用频率极高。除部分纪要、简报、调查报告外，几乎所有公文的标题，都含有介词结构；许多公文的开头、结尾，由于表述的需要，也都使用一些约定俗成的介词结构。至于公文内容之间的过渡，公文中大量的推理等，在很多情况下也离不开介词结构。

公文标题中的介词结构，只有一个，即由介词“关于”和它的宾语结合起来的介词结构。公文标题，一般由三个要素组成，即发文机关、事由、文种。其中，发文事由就是由含有“关于”的介词结构来表示的。例如，《中共中央关于经济体制改革的决定》这一标题中，发文机关是“中共中央”，使用的文种是“决定”，发文事由是“关于经济体制改革”。“关于经济体制改革”就是一个介词结构。

那么，公文标题中，为什么必须要有一个含“关于”的介词结构呢？因为在标题的三个要素中，“文种”是中心词，“发文机关”和“发文事由”都是“文种”的限制语，都直接与“文种”发生关系。介词“关于”和“发文事由”组成介词结构之后，加上助词“的”，成为体词性结构，作为“文种”的定语，直接修饰和限制“文种”。而“发文事由”也因此不再与发文机关发生直接关系，如果在“发文机关”和“文种”之间没有“关于”和“发文事由”组成的介词结构，那么，“发文机关”就很容易与“发文事由”直接发生关系，因而也就取消了“发文机关”对“文种”的直接限制和直接关系，以致造成公文标题表述上的模糊不清。例如，《中共中央关于增强党性的决定》这个标题，从内容上看，增强党性的要求，是对全党每个党员和党的各级组织提出的，表意十分明确。如果将标题中的介词“关于”去掉，含有“关于”的介词结构也就不存在了，标题变为“中共中央增强党性的决定”。这样，标题的含义也很明确，但增强党性的要求，成了针对中共中央机关及其党员而提出的了，这就违背了制发公文的原意。究其原因，就是标题中去掉介词“关于”之后，“发文机关”与“发文事由”直接发生了关系，从而组成了一个新的词语，与“文种”发生关系。可见，由“关于”组成的介词结构，在“发文机关”和“发文事由”之间，的确起到了隔离两者之间发生任何关系的作用。

不仅公文标题要使用介词结构，而且公文正文也离不开介词结构。许多公文正文的开头，或者段落的开头，往往用来说明行文的目的、根据、原因或者背景等，这时候，一般使用由介词“根据”“依据”“按照”“遵照”“为了”“为此”“由于”“关于”“鉴于”“随着”等与名词、代词、名词性词组组成的介词结构，在句子中充当状语、定语或者补语。

公文的结尾，亦时常使用一些含有“为要”“为盼”“特此函报”“特此函商”“特此函达”等约定俗成的介词结构。例如，《全国博士后管委会关于进一步明确博士后研究人员身份等问题通知》在正文结束后，以“特此通知”收尾。在公文的结尾，除了使用约定俗成的介词结构外，还使用其他形式的介词结构。

至于公文内容的过渡，其中的介词结构更是比比皆是。在“通知”“决定”“报告”“规章制度”等文种写作中，往往通过使用介词结构，实现承接上文、引出下文的目的。其结构特点为：承接上文，用一介词结构，一般较为简短，如“根据……”“为了……”等；引起下文，用一基本固定的结构形式，如“……特作如下决定”“提出如下意见”等。例如，“为适应新形势和新任务的需要，现就加强党校工作问题通知如下”（《中共中央关于加强党校工作的通知》），介词结构起承接上文的作用，再用固定句式引起下文。介词结构起了过渡作用。

介词结构承上启下的过渡作用，不仅用于公文开头的写作，而且还用于公文的总述与分述的连接中。这时常带有“总之”“综上所述”“据此”“有鉴于此”等标志性词语。

在公文写作中，为什么介词结构的使用频率如此之高？因为整篇公文的表述，即阐述政策规定和政策思想的过程，可以说是一个运用概念进行判断和推理的过程，同时又要求使用的语言必须概括精练，而运用介词结构，正好能够比较恰当地反映和表达这样的推理思维过程。

二十一、公文中怎样正确使用联合词组?

【解答】

联合词组指的是词与词之间是联合、并列关系的词组，如“工农商学兵”“工矿企业”“民间团体”“政策和策略”“勤劳而勇敢”“讨论并通过”“贯彻执行”“立场、观点和方法”等。表达公文内容要用到大量的联合词组。文中出现联合词组时，要注意连词的使用方法。

（1）两个名词联合常用“和”字相连。（2）两个动词联合常用“并”或“并且”相连。（3）两个形容词联合常用“而”或“而且”相连。（4）多词联合可直接连，如“农林牧副渔”；也可用顿号相连，如“团结、紧张、严肃、活泼”；还可以顿号与连词并用相连，如“试验、改良并推广”，前面各词之间用顿号，后面两词之间用连词。联合词组在文中可以充当句子的各种成分。

二十二、纪要行文需注意哪些问题?

【解答】

无论是会议出席人、缺席人还是列席人，一律只标姓名。其中，“出席人”“缺席人”“列席人”用三号黑体字，后标全角冒号，冒号后用三号楷体字标注姓名。如果出席人员较多，按职务高低顺序排列，也可按照姓氏笔画顺序排列。要注意的是，如有上级领导参加，仍为“出席”，而不能标为“列席”。上面这些要素一律标注在纪要正文之后。

其实，对于纪要，《条例》里面并没有太多规范要求。并且，实际操作中也都形式各样，不像通知、批复、请示、通报等格式那么严格、统一。例如，纪要中，标注时间、地点、主持人、出席、缺席等要素有的列在正文之前；正文的表述形式也五花八门；有的纪要还需要出席人签字等。

二十三、公文写作当中关于聘用人员该用“任职”还是“任命”？

【解答】

聘任为干部职位，一般用“关于 ××× 同志任职的决定”。在正文叙述时，一般为“根据工作需要，经……研究，决定聘任 ××× 同志为……（具体干部职位）”。如果有任有免，一般用“关于 ××× 等同志任免职的决定”。

但是在具体叙述任免情况时，一般都要先任后免，即先提任职，后提免职。

二十四、公文中怎样正确使用“要”字句?

【解答】

“要”字句是公文中常用的一种特定句式，它通常出现于一句话的开头，用以表示“应该”“必须”之意，对人们的行为起到一种提醒、希望、要求或命令的作用。恰当地运用“要”字句，能够增强行文的坚定性、原则性和论断性，使之观点鲜明、态度显豁、文字简要，具有很好的修辞表达效果。正因如此，在公文写作中，“要”字句的使用频率很高。

值得注意的是，“要”字句应当根据不同的行文方向和公文文种恰当地加以使用。一般而言，下行文中的指示周知性的文种，如决定、决议、通知、批复、会议纪要等，在表示希望、要求、提醒、命令人们去做某件事、采取某项行动时，往往采用“要”字句。

例如，“各级党委要把和谐社会建设放在全局工作的突出位置，把握方向，制定政策，整合力量，营造环境，切实担负起领导责任。”（《中共中央关于构建社会主义和谐社会若干

重大问题的决定》)

上述例子通过运用“要”字句，向受文者提出要求，表示出应当怎样去做，语势坚定有力，论断性强，令人不容置疑。

但是，在上行文的请示、报告及意见等文种中，因其多属叙事、申明性的，故而只能使用计划、打算、商讨和请求性的语气，而不宜使用“要”字句。否则，就会显得很不得体。即使是在指示周知性的文种中，也要注意不宜过多使用“要”字句。对于当下公文写作中的弊端和不足，中国公文写作研究会创始人苗枫林举了一个例子：烟台鲁东大学公文研究中心前几年检索了30件公文35万字，其中“要”字句就占44.94%。苗枫林说，公文既要解决做什么的问题，更要解决怎么做的问题。一个“要”字后面必须有一堆文字来解决怎么办的问题。

二十五、“周密”与“严密”在使用上有什么区别?

【解答】

“周密”与“严密”都是形容词，都有紧密、细致的意思，区别在于：

1. 它们的词义重点不同。“周密”的着重点在于“周”，强调“周到、完备、不疏忽”。“严密”的着重点在于“严”，强调“严实、无疏漏”。

2. 词义的程度范围不同。“周密”是指“周到而细密”，比“严密”的词义范围要窄。“严密”有三个义项：一是表示事物之间结合得紧，没有空隙；二是表示周到，没有疏漏；三是表示使严密，如“严密的规章制度”等。它的一、三项词义，不能随便以“周密”代替。

例如，“各级教育部门和各级各类学校要周密部署，系统安排，制订切实可行的学习宣传方案”“要妥善保管危险化学品，严密监管人员集中场所，确保安全无事故”。

二十六、公文标题中如何使用“2”、“二”与“两”字?

【解答】

数字2的用法特殊，当表示概数的时候要写作“两个”，使用“2个”或“二个”既不规范，读起来也拗口。所以，在这种情况下不论使用汉字数字还是使用阿拉伯数字，都是不恰当的。

二十七、公文中怎样正确区分“零”和“〇”？

【解答】

在公文写作中，阿拉伯数字“0”有“零”和“〇”两种汉字数字书写形式。一个数字用作计量时，其中“0”的汉字书写形式为“零”；用作编号时，“0”的汉字书写形式为“〇”。例如，“3052（个）”的汉字数字形式为“三千零五十二”，不写为“三千〇五十二”；“95.06”的汉字数字形式为“九十五点零六”，不写为“九十五点〇六”；“公元2012（年）”的汉字数字形式为“二〇一二”，不写为“二零一二”。

二十八、为什么在公文写作中要坚决剔除“正确的废话”？

【解答】

现行公文写作中，“正确的废话”现象屡禁不止，或是开头“戴帽”，如“在中央×××文件精神指引下，在上级党委、政府的关怀下，在本单位领导的直接指挥下，经过全体干部和职工的共同努力……”等；或是结尾“穿靴”，如“让我们共同奋斗吧”“我们虽然取得了上述成绩，但距离领导要求还相差很远”等。这两种倾向只能导致文字表达上的空洞浮泛，而不具任何实际意义，均应予以坚决剔除。从当前的实际情况来看，在很多机关单位的公文中，套话、空话和“正确的废话”司空见惯，这是公文文风不正的重要表现。“正确”，就是在道理上无可非议；“废话”，就是没有实际作用和指导价值。比如，评价某个领导的讲话时，不少干部都会用“非常重要”“触动很大”“倍感振奋”“深受鼓舞”“深受启发”等公式化的词语，而在群众看来，这样的话根本体现不出干部到底从中学到了什么东西，说了等于没说。还有像“开会没有不隆重的，闭幕没有不胜利的，讲话没有不重要的，决议没有不通过的，鼓掌没有不热烈的，人心没有不鼓舞的，领导没有不重视的，进展没有不顺利的，问题没有不解决的，完成没有不超额的，成就没有不巨大的”等，均属此类。可见，“正确的废话”华而不实、空洞乏味，令人生厌。

二十九、对于大学毕业刚走上文秘工作岗位的新手怎样才能练就一双心到笔到的妙手?

【解答】

这个问题需要从以下四个方面来分析：

1. 写材料是个苦活累活，确实需要一点天分。爱迪生说，天才是1%的灵感加上99%

的汗水，但那1%的灵感才是最重要的。不得不说，在写材料方面有点天分的人，往往与旁人有所不同，比如，在遣词造句、文章脉络和组织结构上，一点就通。或者他们只需要看看领导以前的讲话材料，就能大致把握领导的整个文风。没有天分的人只能看到冰山一角，有天分的却能看到水面下的冰山。

2. 写材料是个苦活累活，确实需要理科思维。“不谋全局者，不足以谋一域。”理科的思维往往更加缜密，更加有全局观，更加有把控力。文科出身的人不一定写材料就比理科出身的人写得好。

3. 写材料是个苦活累活，一定要沉得下心。“罗马不是一天建成的”，说的就是这个道理。多看，多听，多学，对自己的发展大有裨益。向领导同志学，向“笔杆子”学，向文件学。眼要看文，手要勤记。

4. 写材料是个苦活累活，一定要勤于学习，培养眼光。每次听习近平总书记讲话，笔者都特别崇拜，崇拜他滔滔不绝的谈吐，崇拜他扎扎实实的功底，崇拜他纵览世界的眼光。这一切都源于他孜孜不倦的学习。通过单位组织学习《习近平的七年知青岁月》，才知道总书记从未间断过学习。他最大的爱好就是学习。我们更要学政策、学讲话、学精神、学文件、学部署、学报纸。

三十、“法制”与“法治”在使用上有什么区别?

【解答】

根据《现代汉语词典》“法制”一词的意思为:“法律制度体系，包括一个国家的全部法律、法规以及立法、执法、司法、守法和法律监督等。”

“法治”，有两个意思：一个表示先秦时期法家的治国思想，一个表示根据法律治理国家。“法治”一词的第一个义项，“法制”一词不包含。所以，当使用这一义项时，二者一般不会出错。例如，法家主张法治，儒家主张仁治。这种情况下一般都不会把“法治”误用为“法制”。容易混淆的在于，“法制”所表示的“法律的制定”“法律的遵守和执行”等意思，表示根据法律治理国家的“法治”一词也含有这些意思，所以它们容易用混。如“实行法制，是社会主义市场经济的重要保证”，“健全的法治是经济持续发展的有力保障”，这两个例子正好把“法治”和“法制”用反了。前一句要表示的意思是依据法律治理国家，应该用“法治”；后一句是想表达健全的法律制度，应该用“法制”。“法制”和“法治”还有一个比较明显的区分:“法制”是指国家的法律制度，是实行专政的工具，它是一个名词，“法治”是根据法律治理国家，是动词。可见，上例中的前一个例句中的“实行法制”是联合短语作主语，所以“法制”应该改为“法治”；后一个例句中，“健全”应修饰名词

"法制"，不应修饰动词"法治"，所以"法治"应改为"法制"。

三十一、"反应"与"反映"在使用上有什么区别?

【解答】

"反映"原指光线返照，一般指"把客观事物的实质表现出来"，"把情况和意见等告诉领导或有关部门"，"有机体接受和回答客观事物的活动过程"等。"反应"表示"有机体受到体内或体外的刺激而引起的相应的活动"，"打针、吃药等所引起的发烧、呕吐等现象"，"化学反应"，"事物所引起的意见、态度或行动"等。

"反映"和"反应"都有表示"有机体或人对外界事物所作的相应的活动过程"这一含义，所以，二者在使用时较难把握，混淆现象十分普遍。例如，"党的二十大即将召开的喜讯公布后，各界群众对此反应良好"，"观众对影片《满江红》的反映很强烈"。这两个例子中的"反应"和"反映"正好用反了。

"反应"和"反映"的意思还是各有其侧重的。"反应"强调外界刺激所引起的相应活动，强调事件所引起的意见、态度和行动；"反映"则强调回答情况，强调把意见向上级或有关部门报告。"反应"一般指有诱因才有行为，即有刺激和事件才有相应的活动和意见、态度及行动，被动成分浓一些；"反映"则包含有主动向上级和有关部门报告情况的意思，主动性强一些。

在我们上面举的这个例子中，群众的行为实际上是对党中央这一决议的回答，是一种表态，所以应该用"反映"；后一个例子中，群众的行为是对放映《满江红》这部电影一事及对该片所表示的一种态度，所以用"反应"更确切一些。

三十二、"制定"与"制订"在使用上有什么区别?

【解答】

"制定"是制作、定出的意思，偏重于作出最后的决定，使其完全确定下来，在公文中习惯用于较大场合，如制定党和国家的路线方针政策和法律法规等；"制订"是创制、拟订的意思，偏重于从无到有的创制、草拟而后的订立，公文中习惯用于具体计划方案的订立，如"最近一个时期，我们单位相继制订了防火、防盗、防毒等安全管理方案"。

三十三、“实施”与“施行”在使用上有什么区别?

【解答】

“实施”与“施行”这两个词语的词义十分接近，在使用过程中只有习惯上的区别，而没有对错之分。语言中的“习惯势力”非常强大，有些用法单从语法上、逻辑上很难判定谁是谁非。对于法令、政策和规章制度，既可“施行”，也可“实施”。只不过在习惯上，“本条例（规定、办法等）自公布之日起施行”，用“施行”；而条例“施行”之后，还可以制订“实施”细则。

三十四、“必须”与“必需”在使用上有什么区别?

【解答】

“必须”与“必需”都含有“一定要”的意思，都可以作表示可能与意愿的动词，有时也可互换。其中，“必须”通常置于动词或形容词之前，用以表示动作行为或性质状态的必要性。而“必需”通常是指“不可缺少”“一定要用”，是动词，但不带宾语；也可以放在动词和形容词之前，与“必须”的用法相同；或者放在名词之前，起修饰作用，如“必需的用品”等。

三十五、“大约”、“大概”与“大略”在使用上有什么区别?

【解答】

“大约”“大概”属于副词，二者可以通用。但“大约”通常用于对数量的估计，“大概”多用于对情况的估计，并且“大概”也用于表示事物的概况，近似名词，而“大约”无此用法。“大略”则指事物的基本情况，或者表示大致、不够详细之意，或者指“大的计谋”，是名词。由此可见，三者在使用上还是有一定的区别的。

三十六、“肤浅”与“浮浅”在使用上有什么区别?

【解答】

从词性上看，二者都是形容词，都指“不深”之意，但程度有所不同。其中，“肤浅”通常用于人的思想认识、学识、体会等方面，意为“浅薄的”“表面的”“不多的”“不深刻的”；而“浮浅”通常用于人的作风方面，意为“空虚的”“浅薄的”“不切实的”，往往带有贬义。

三十七、“容许”、“允许”与“准许”在使用上有什么区别?

【解答】

从词性上看，三者都是动词，都表示许可、同意，但三者的词意轻重有所不同，其中，“容许”语气较重，意为“容纳”“许可”；“准许”语气也较重，一般用于上级对下级；而“允许”语气较轻，意为“答应”“同意”。

三十八、“需要”与“须要”在使用上有什么区别?

【解答】

从词性上讲，“须要”是能愿动词，“需要”是动词；从表意上讲，“须要”指“一定要”，通常放在动词的前面，用以表示动作行为的必要性；“需要”指“一定要”或“应该有”“必须有”，还指对事物的欲望和要求。

三十九、“做”与“作”在使用上有什么区别?

【解答】

二者都有从事、制作、充当的含义。“做”和“作”的主要区别在于，“做”更强调干一些具体的事，而“作”干的事一般较为抽象。

通常容易犯的错误是把“有所作为”“做作业”“自作自受”“作为”等误写成“有所做为”“作作业”“自做自受”“做为”等。“作”还读（zuō)，例如“作坊”。

四十、“辞”与“词”的用法有什么不同?

【解答】

“修辞”中的“辞”与“词语”中的“词”是不能等同使用的两个概念。在公文写作实践中，经常出现将二者混用的情况。其实，“辞”是一个集合概念，所涵盖的面很广，如《辞海》《辞源》等，大凡使用“词”的地方均可以“辞”来替代，而“词”的涵盖面相对较窄，像“贺词”“欢迎词”“答谢词”“演讲词”等。而这些又完全可以使用“辞”来代替，统称“致辞”。另外，从修辞学的角度分析，“辞”更多地适用于艺术修辞，而“词”则更多地用于科学修辞。可见，两者的用法是有区别的，不能等同。不然像“词藻”之类的词语就无法解释了。

四十一、“按照”、“依照”与“遵照”在使用上有什么区别?

【解答】

“按照”重在引进动作行为的凭借和根据，如“教育部门要按照招生体检工作的相关规定进一步规范入学体检表格内容”。“依照”重在强调以某事为根据完全照办，如“教育行政部门要严格依照《教师法》的规定认定教师资格证”。“遵照”多用于接收行为依据的重要原则、指示精神，如“要遵照批准的方案，精心策划、细心操作，把各项工作落到实处”。

四十二、“颁布”与“公布”在使用上有什么区别?

【解答】

“颁布”和“公布”虽都指公开发布，但二者涉及的内容范围和表达的侧重点有所不同。

“公布”，既可以是政府机关的法律、命令、文告等重大事件的发布，也可以是机关团体通知的一般事项的发布。它的范围宽泛，内容涉及面相对广，强调的侧重点在“使大家都知道”。“颁布”，过去主要是指机关的重要政策、法律、法规等自上而下地发布。现在行政机关多用“公布”，而“颁布”则较少使用。

四十三、“截止”与“截至”在使用上有什么区别?

【解答】

“截止”和“截至”都是动词，都有“到 ×× 为止”的意思。二者的区别在于:“截止”是指（到一定期限）停止，如“报名在昨天已经截止”;“截至”是指截止到（某个时候），如“报名日期截至下月底”。

表示时间的词一般出现在“截止”之前，如“展览到 6 月 10 日截止”。如果“截止”出现在时间之前，就需要加一个介词做补语或名词性词组加冒号，如“会议报名截止到 4 月 20 日”或“截止期限: 4 月 20 日”。“截至”用于时间之前，不能在其后。如“截至 7 月 5 日，有 5 个地区报来情况统计”，不能将“截至 7 月 5 日”写成“截止 7 月 5 日”或“7 月 5 日截至”。

四十四、“隶属”之后可不可加“于”字?

【解答】

在公文写作中，有人习惯在“隶属”之后加上介词“于”，如“我公司隶属于国务院国资委管理”。实际上，这里的“于”是多余的。因为“隶属”（区域、机构等）是“受管辖、从属”的意思，这个词本身就是带有被动含义的及物动词。所以，应改为“我公司隶属国务院国资委”，“管理”二字也应删去。但“从属”是不及物动词，后面要加“于”字。

四十五、公文中的记述和叙述有什么区别?

【解答】

公文中在涉及对有关事物发生发展过程以及对客观事物的状态进行表述时，要用到记述和叙述两种不同的叙写方式。要注意弄清二者之间的差异。一般而论，记述是展示客观景、物（包括人物）在一定的空间内处于相对静止状态下的诸多表现的一种表达方式。它担负着反映客观景、物的形貌、情态、色泽、质地、数量、长度、高度、深度、厚度、角度、硬度、温度、体积、面积、气味、声响、位置、方向、相互距离以及它们之间的外部联系等现象的任务。它反映的是人们在认识客观世界中，在空间知觉上所获得的记忆表象，如有关物体的形态、有关人员的容貌等，都要运用这种表达方式来加以反映。叙述是介绍客观事物沿着一定的时间顺序，处于发展、变化状态下的诸多表现的一种表达方式。它担负着反映客观事物，从种因、萌发、生长、壮大、成熟、低落、衰老、凋零到结果以及其影响等变化过程的现象的任务。例如，对事件或者案件发生的时间、地点、起因、影响、结果等应以时间顺序载录的叙事等，均应以这种表达方式加以表达。

四十六、公文中怎样正确表述宗教称谓?

【解答】

根据中央的有关规定，公文中涉及有关宗教称谓时也要注意规范。例如，“穆斯林”是伊斯兰信徒的通称，不能把宗教和民族混为一谈。不能说“回族就是伊斯兰教”“伊斯兰教就是回族”。报道中遇到“阿拉伯人”等提法，不要改称“穆斯林”。还有，涉及信仰伊斯兰教的民族的报道，不要提“猪肉”。穆斯林屠宰牛羊及家禽，只能说“宰”不能写作“杀”。

四十七、公文中对少数民族的称谓有哪些规定要求?

【解答】

根据中央的有关规定，在公文中对各民族的称谓，不得使用旧社会流行的带有侮辱性的称呼，如不能将回族人称为“回回”，不能将南方人称为“南蛮子”；也不能随意使用简称，如不能将“蒙古族”称为“蒙族”，“维吾尔族”称为“维族”等。对于这些政策性很强的称谓一定要加以注意，不能乱用。同时，禁止使用口头语言或者专业用语中含有民族称谓的侮辱性说法，不得使用“蒙古大夫”来指代“庸医”。

四十八、公文中应当如何规范使用表示国际关系的用词?

【解答】

公文中涉及的国际组织成员，既包括一些国家，也包括一些地区。在涉及此类国际组织时，不得使用“成员国”，而应使用“成员”或“成员方”。例如，不能使用“世界贸易组织成员国”“亚太经合组织成员国”，而应使用“世界贸易组织成员”或“世界贸易组织成员方”，“亚太经合组织成员”或“亚太经合组织成员方”。还有，不得使用“北朝鲜”来称呼“朝鲜民主主义人民共和国”或者直接使用简称“朝鲜”；不得使用“穆斯林国家”或“穆斯林世界”，而要用“伊斯兰国家”或“伊斯兰世界”。此外，不要将撒哈拉沙漠以南的地区称为“黑非洲”，而应当称为“撒哈拉沙漠以南的非洲”。

四十九、如何正确使用“亲自”一词?

【解答】

长期以来，在公文写作中，特别是在报告、纪要、总结、简报、开幕词、主持词、闭幕词等文种的写作中，当涉及某位领导同志的活动和言论时，常常出现“亲自”一词，如“× × × 同志亲自到会作重要讲话”“× × × 局长亲自主持会议”“× × × 市长亲自到工地视察”等，大有“亲自”泛滥之势。

毋庸讳言，在公文写作中，适当运用“亲自”一词，能够体现出领导同志对某项工作或某项活动的重视程度，并能从一个侧面起到强调、突出的作用。

实际上，不用“亲自”一词，也完全能够体现出某项工作的重要，也能够体现出领导同志对该项工作或活动的重视。将“亲自”去掉之后并不会影响“领导同志”对某项工作或活动的重视，文章显得简洁朴实，干净利落。由此看来，在公文写作中讲求简明扼要，竭力删去冗词赘句，少用或不用“亲自”也是其中的一个重要内容。

必须注意的是，鉴于实践中“亲自”一词使用过滥以及不规范的现象，中央明确规定，今后在公文中对于各级领导同志所从事各种活动的报道，要慎重使用“亲自”等词。是领导者应当去做的，就平白直接地说明做了什么。中央要求公文中慎重使用“亲自”等形容词是完全正确和适宜的，我们在实践中必须遵从这个要求。

五十、公文中可否将海峡两岸和香港称为“两岸三地”？

【解答】

不可以。中央有明文规定，在公文中不能把“中、港、澳、台”并称，也不得将海峡两岸和香港称为“两岸三地”。要注意的是，“台湾”与“祖国大陆”（或“大陆”）是对应概念，“香港”、“澳门”与“内地”为对应概念，在实际使用过程中要注意做到准确规范，不能弄混。

五十一、行文中涉及财务，经常会使用货币，怎么正确表达数值?

【解答】

根据《出版物上数字用法》的规定，如果一个数值很大，数值中的“万”“亿”单位可以采用汉字数字，其余部分采用阿拉伯数字。因此，可表述为“50 万元”。但须注意的是，在法律文书和财务票据上，应采用大写汉字数字形式记数，如 39148 元（叁万玖仟壹佰肆拾捌圆）等。

五十二、在公文写作中不能使用真实姓名的人员是哪八种?

【解答】

具体包括:（1）犯罪嫌疑人的家属;（2）涉及案件的妇女和儿童;（3）涉及案件的未成年人;（4）采用人工授精等辅助生育手段的孕、产妇;（5）患有严重传染疾病的人;（6）精神病患者;（7）艾滋病患者;（8）有吸毒史或者正在被强制戒毒的人员。具体做法是使用当事人的真实“姓”加“某某”指代，如“张某某”“李某某”“王某某”等，但不可使用化名，如“兰兰”“小云”“琪琪”等。

五十三、古往今来，有哪些公文名篇值得阅读?

【解答】

1. 古代公文。中国古代公文，是中国古代文学艺苑里的奇葩，是中国传统文化的构成部分。由于中国古代公文写得文约、辞美、体严，法理相寓，长于方略，以至于不少上乘之作被列入中华文学名篇，历千百年而不衰。像秦代李斯的《谏逐客书》，汉高祖刘邦的《入关告谕》、贾谊的《论积贮疏》《治安策》、晁错的《论贵粟疏》、汉武帝刘彻的《求茂才异等诏》，三国蜀汉诸葛亮的《出师表》，晋代李密的《陈情表》，南北朝时期南朝陈中书舍人傅滓的《狱中上书》，唐代魏徵的《谏太宗十思书》、骆宾王的《为徐敬业讨武曌檄》、韩愈的《论佛骨表》，宋代王安石的《答司马谏议书》、欧阳修的《朋党论》，明代解缙的《万言书》，清代薛福成的《出使奏疏》《出使公牍》等，都是古代公文中的精品，值得我们认真地加以研究和借鉴。

2. 现代公文。中国现代公文，是在继承中国古代公文优良传统的基础上产生和发展起来的，其中尤以革命领袖人物所写的公文特别是毛泽东同志写的公文最有代表性。毛泽东同志博古通今，学淹中外，堪称一位旷世绝伦的公文写作大师。他的公文著述生涯，同他的革命生涯一样，超过了半个世纪。他在领导中国革命和建设的长期斗争实践中，写下了许许多多光芒四射、文质并美的公文佳作。《毛泽东选集》一至四卷所载的 90 篇公文，篇篇都是精品，观点鲜明、论证深邃、笔调洒脱、语言精美，堪称中国现代公文的光辉典范。

3. 当代公文。中华人民共和国成立以后，特别是党的十一届三中全会以来，随着改革开放和社会主义现代化事业的发展，我们党和国家的高级领导机关先后制发了一系列有很高水准的公文佳作。像党的十一届三中全会以后党中央和国务院的一些文件以及习近平总书记近几年来所发表的讲话、演讲词、开幕词、欢迎词、闭幕词等，都是难得的公文精品，它们共同构成了光芒四射的中国当代公文名篇的基本阵容。

五十四、公文写作中常用的八种特定句式是什么?

【解答】

在长期的公文写作实践中，由于具体的内容表达需要，业已形成了一系列较为稳定的特殊句式，它们以遵守一般写作炼句的修辞规律为基础，是公文写作中一些具有特殊规律性的句式组合。恰当地掌握这些特定句式，不仅可以提高公文写作的时效，而且有利于将公文写得言简意赅，鲜明生动。从实际运用的情况来看，公文写作中所使用的特定句式主要有以下八种。

1. 以“为”“为了”作语言标志、以自我说明为特征的目的句式。在公文开篇交代行文目的，是公文的一种普遍而又基本的写法。其突出的特征就是以介词“为”或者“为了”作为语言标志，由发文主体直接阐述行文的目的。具体分为两种情况：(1)以“为”或“为了”作起首语，在其后直接写出目的对象和内容；(2)以“为”或“为了”作过渡语，在其后用“此”“这一问题”等来指代先行语句中通过叙述所提出的公务活动中的问题，以此说明行文的缘由和必要性。

2. 通报、简报、调查报告等文种的写作，要大量使用以“……了”为特征的陈述句式，以使语言表达趋于简练明快，给人一目了然之感。它一般紧跟“完成”“解决”“取得”“克服”“开展”“推动”等动词之后，用以表达事物的过去时态，其后面接宾语，构成一种完成了某项工作或任务、解决了某一问题或困难、取得了某一成绩或进展的动宾句式。

3. 以“必须”“禁止”等强调语为特征的祈使句式。这种句式主要用于下行文之中，其作用在于进一步加强语势，给人一种令行禁止、不容置疑之感。具体分为两种情况：(1)带有命令语气以示肯定的句式。例如，“必须搞好新型冠状病毒肺炎的防治工作”，其中的“必须”即强调性词语，用以表明发文者的观点或态度。(2)带有禁止语气以示否定的句式。例如，“严禁巧立名目，利用公款铺张浪费”“不准以任何方式将公款私存”等，其中的“严禁”“不准”等强调性词语具有庄重、严肃的语体色彩。

4. 以“凡……者(的)”为标志的判断句式。“凡……者(的)”是公文中使用频率较高的一种句式，具有表“全称判断”的功用，表明所有这一类型的人或事物全部包括在内，无一例外。同时，它还具有庄严色彩。此外，应当注意，“凡……(者)的”除具有表全称判断作用外，还往往带有贬义色彩。

5. 以“将”字结构组成的宾语提前句式。此种句式主要见于批转或转发性通知以及以复体行文形式发布的通知、报告等，通常用“现将”作为起首语，旨在引起受文对象注意，并使行文语气刚劲有力。例如，“现将《关于加强当前安全保卫工作的通知》发给你们，请认真贯彻执行”。显然，这种“将”字宾语提前的句式要比“现在发给你们……”之类的正装陈述句具有较强的表达效果。

6. 前虚后实、以虚带实的“重后”句式。例如，请示的结尾用语即如此，这里所说的“重后”，是指一句话中两种截然不同的含义，一个为虚，一个为实，而且前虚后实，即所谓“重点后置”。“是否可行，请批示”“妥否，请批示”等语句中，发文主体希望批的是“是”而不是“否”，是“妥”而不是“否”，前半句中的“否”只是一种虚意，而后半句才是实意，是行文的目的所在。这种重后句式，既使文字精练，又体现出了行文主体的肯定性要求与对工作的严肃态度。

7. 把几个并列成分联在一起，由句中一个相同意思的成分综合成句的综说句式。它既可以是综说修辞在前，并列成分在后，也可以是并列成分在前，综说修辞在后。其作用主要在于使行文不仅趋于简练，而且富有气势。例如，“必须大力加强干部队伍的革命化、知识化、年轻化和专业化建设”即为一个综说句式，其中“大力加强干部队伍”为综合，“革命化、知识化、年轻化和专业化”为四个并列成分，如果不采用综说句式，势必分成四个分句进行表述，使行文烦冗累赘。

8. 以数词缩语为特征的紧缩句式。公文写作讲求言简意赅，精练扼要，这是一条基本原则。为此，往往要对一些内容特定的长句通过附以数词的手法进行高度浓缩。例如，把“学党章党规，学系列讲话，做合格党员”概括为“两学一做”，把“严以修身、严以用权、严以律己，谋事要实、创业要实、做人要实”概括为“三严三实”，把“大局意识、政治意识、核心意识、看齐意识”概括为“四个意识”，把“道路自信、理论自信、制度自信、文化自信”概括为“四个自信”，把“全面建设社会主义现代化国家、全面深化改革、全面依法治国、全面从严治党”概括为“四个全面”战略布局，把“去产能、去库存、去杠杆，降成本，补短板”概括为“三去一降一补”等。可以看出，以数词或数量词加名词或名词性词组的方式是这种紧缩句式的重要特征。应当注意的是，在公文中运用数词浓缩语句时必须做到表意明确清晰，切忌盲目追求浓缩而使句意难懂，令人费解甚至误解。

五十五、瞿秋白的演讲词《宣传的关键》有哪些特点？

宣传的关键

（1926年）

瞿秋白

宣传关键是一个“要”字，鲁智深三拳打死镇关西，拳拳打在“要害”上。

【解答】

五卅运动爆发后，随着北伐战争的推进以及成功，中国反帝国主义爱国民族运动空前高涨，收回租界、收回教育主权、打倒列强、反基督宗教和反帝国主义势力的运动如火如荼。这时对民众的宣传工作尤为重要。北伐战争开始前夕，应国民革命军政治部主任的邀请，瞿秋白在广州中山纪念堂给国民革命军全军政工人员作宣传工作报告。与会者对瞿秋白演讲的名气早有耳闻，都把这当作一次难得的学习机会，做了详细记录的准备。然而出人意料的是，瞿秋白神采奕奕地站在讲台上，目光炯炯地注视着听众，作了只有26个字的演讲。瞿秋白讲完飘然走下讲台，全场两千多听众愕然，寂静几秒，突然爆发出雷鸣般经久不息的掌声。只26字的演讲，比介绍人的介绍词还少22字，语出惊人，堪称佳话。

演讲词一要短小精悍，二要鼓动有力。而达到这个程度的精品实在不多。但是，瞿秋白的26个字演讲，其词锋，字字珠玑，掷地有声；其内容，有的放矢，恰如其分；其气势，如火山爆发，似惊雷落地；其措辞，既有感性的抒发，又有理性的概括；其作用，有着巨大的鼓动力和号召力，称得上演讲中的经典之作。

五十六、公文用语怎样体现感情色彩？

【解答】

公文写作要不要讲求感情色彩？答案是肯定的。因为公文是我们党和国家机关传递策令、指挥工作、沟通情况、交流经验的工具，要想使公文的内容得以传达贯彻，切实发挥应有效用，就必须在用语上讲求一些感情色彩。公文写作中常见的感情色彩主要有以下四种情形。

1. 庄重严肃。因事情重大，或者问题严峻，故行文时态度认真，感情持重。在语言运用上应当是平正、严整、有力，令人不容置疑，字里行间透露出一种严峻的浩然正气。例如，《向全国进军的命令》等宣示命令体公文就是如此。

2. 语重心长。为了表达对人们的教诲和劝导，告诫人们汲取历史经验教训，行文时要抓住事物的本质，把握事物的精髓，来告诉人们一些极其可贵的哲理，这些道理经过长久的历史验证，证明是确凿的真理，讲出来不但理深意明，而且语重心长，跃然纸上。例如，讲话、报告等公文通常采用此法。

3. 诚恳热情。为了给人力量和鼓舞，使对方在情绪上受到感染，行动上得到推动，要运用一些发自肺腑、竭尽忠诚、情绪热烈的语言。

4. 揭露抨击。对荒谬、错误、敌对、反动的东西，不能容忍这种现象的存在，要予以愤然揭露、有力抨击，这样就需要运用一些愤怒、强烈、直面问题的语言。

五十七、公文写作怎样讲究修辞美？

【解答】

公文写作要不要讲究修辞美？答案是肯定的。但在有些人看来，好像只有文学写作所使用的语言才有美可谈，公文写作则是“板起面孔讲官话”，单调枯燥、干瘪平淡，跟美沾不上边。这既不符合历史，也与现实相悖。那么，公文写作的美都体现在哪些方面呢？主要表现为如下六点。

1. 气势雄伟之美。气势是一篇公文的精神支柱，是论势和文势的统一。论势，即立论的雄辩性，在情理上使人感到无可辩驳，在发展方向上使人感到是历史趋势；文势，即论述方法，要从理直引出气壮，势如破竹，一气呵成。例如，像一些动员令、宣言、声明、告人民书以及涉及重大政治问题的命令、决定、决议等公文都是应该写得很有气势，其气贯长虹，其势排山倒海，如万马奔腾，江河涌流。《向全国进军的命令》《中国人民解放军宣言》《中国人民解放军布告》《中国共产党中央军事委员会命令》（以上四篇均编入《毛泽东选集》），由于作者运用了排比、综说、层递等修辞手法，加之语气坚定，逻辑严密，层层递进，从而构成一种排山倒海的气势。例如，由毛泽东同志起草的《向全国进军的命令》一文，品读之后你就会感受到伟人的宏韬伟略以及“压倒一切敌人”的英雄气概，真正做到了“运筹于帷幄之中，决胜于千里之外”，体现出了一种磅礴恢宏的气势之美。

2. 浓缩精粹之美。浓缩精粹之美就是通过省略、浓缩等办法，把公文用语写得十分精粹，做到言简意赅，文约事丰，简明扼要，精练概括，这又是公文用语的美妙之处。使公文用语达到浓缩精粹之美的途径主要有：

第一，以数量词为首进行“浓缩”修辞。即把名称中几个并列成分归纳在一起，前面冠以数词或数量词，如把“丝绸之路经济带和21世纪海上丝绸之路”概括为“一带一路”等。这种被高度浓缩概括起来的句子，不论是读起来还是写起来，都会使人享受到用语上的一种精美之感。

第二，从原句中摘取一些成分，即省略一些成分，把用语缩写到不可再精练的地步，这显然也是公文用语的一种美。例如，把“人民解放军‘拥护政府，爱护人民’”的口号浓缩为“拥政爱民”，把“党政机关、群众团体的工作人员和人民群众‘拥护军队，优待军人家属’”的口号精简为“拥军优属”，最后再把上述两个压缩句的八个字高度浓缩为“双拥”二字。

第三，穿插使用一些语简、言奇、情切、意深的成语和格言警句等，使语言达到言简意赅，精粹有力。例如，在《中国共产党中央军事委员会命令》（1941年1月20日）一文中，由于作者巧妙地穿插使用了一些文言词语、成语和四字格的词组，使全文显得相当精粹。这份命令全文不超过300字，在惜字如金、言简意赅方面堪称典范。品读这样的公文，不亚于欣赏一篇艺术高超的声讨词。

3. 委婉幽默之美。公文用语也是很讲究委婉的，即用语婉转、含蓄，外柔内刚，发人深省，回味无穷。特别是一些外交公文，在用语上尤其讲究委婉含蓄。幽默对公文来说也是不可缺少的重要手段，它有利于增强公文的生动性，做到引人入胜，耐人寻味，加深读者对事物的理解和把握。委婉幽默都是讲究语言艺术的表现，显然也是一种美。

例如，毛泽东同志于1948年12月17日以中原、华东两人民解放军司令部的名义，写给国民党徐州“剿共”副总司令杜聿明等的《敦促杜聿明等投降书》一文，堪称运用委婉写作艺术的典范。这篇只有800多字的敦促书，从里到外，从头至尾，从篇章布局到遣词用句都充满了外柔内刚的婉转，其艺术魅力着实令人倾倒。

4. 抑扬结合之美。公文中在表扬或批评某一事物的时候，为了体现对事物评价的全面性，增强说服力，使人信服，往往采用要批评而先表扬或要表扬而先批评的做法，一般称这种做法为“抑扬”。公文用语“抑扬结合”，不仅使用语逻辑严密，顺理成章，达到让人易于接受的效果，而且充分体现了全面的辩证观点，有利于使人全面地认识事物。还有实践中对某一人物或事件进行批评或惩戒时，也往往采取这种表述方式，即先从正面加以肯定，紧接着使用“但是”，这才是行文的重点之所在。苗枫林先生称此种写作手法为“但书体”。

5. 形象生动之美。形象具体，寓于生动，也是公文用语竭力追求的一种美。公文写作中所讲的形象，固然不能与文学写作中的形象化相提并论，但在不失庄重的条件下，也很注重形象具体，给人一种生动的感觉。

公文的生动性主要取决于形象化，即对比喻、借代、反语、析词、换字、歇后语等艺术修辞手法的运用。

公文语言表达虽然以科学修辞为主，但它并不排斥艺术修辞。相反，在某些特定语境中，适当运用一些艺术修辞手法，可以极大地增强公文的表现力，使行文新鲜活泼，生动感人。从实践来看，除双关、象征等少数“辞格”外，绝大多数艺术修辞手法诸如排比、层递、比喻、借代、引用、设问等，均可在公文领域使用，并显现出独特的风采。党和国家领导人以及领导机关所写的公文，特别是毛泽东同志所写的公文以及他独特的公文理论，很值得我们终生去学习和研究。如：

人的正确思想是从哪里来的？是从天上掉下来的吗？不是。是自己头脑里固有的吗？不是。人的正确思想，只能从社会实践中来，只能从社会的生产斗争、阶级斗争和科学实验这三项实践中来。（毛泽东《人的正确思想是从哪里来的？》）

此系公文中运用设问修辞的范例。问答自如，破立结合，既明晰严谨，又有很强的说服力。

不难看出，艺术修辞手法在公文中具有广泛的适用性，它是增强公文生动性的有效手段。但在实践中要注意，要根据公文的语体特征恰当选用修辞手法，假若一味地追求生动，而忽视公文庄重和严谨的特征，就会弄巧成拙，适得其反，有损于公文的本质。

6. 节奏鲜明之美。公文不是诗歌，当然不讲究合辙押韵。但是，为了表达的需要，有时也可运用对偶、排比等句式，把语言写得明快和谐而带有节奏，读来上口，听起悦耳，给人一种美的享受。例如，毛泽东同志在《改造我们的学习》一文中，写给没有科学态度的人一副对联："墙上芦苇，头重脚轻根底浅；山间竹笋，嘴尖皮厚腹中空。"不仅形象地勾画出主观主义者的嘴脸，而且左右对称，节奏明快，读起来十分上口。邓小平同志在《党和国家领导制度的改革》一文中，在列举官僚主义的主要表现和危害时，一口气连用了24个四字格的成语和熟语，读起来十分上口。这是当代公文用语的一个重要规律和特征。恰当地使用这些词组和短句，能够增强公文语言的表现力，使之简洁凝练，富有概括性，读起来朗朗上口，铿锵悦耳，和谐顺畅，给人以美感。

可见，公文写作也是十分讲究美的，认真研究这些方式方法，对于提高公文的质量和表达效果，增强公文的可读性，使之更好地为党和国家的各项事业服务，无疑是非常必要和有益的。

五十八、怎样区别使用机关或单位名称的全称与简称?

【解答】

在公文写作过程中经常涉及对机关或单位名称的表述问题，不仅版头部分使用，发文字号中使用，公文标题、发文机关署名（落款）以及印章中也要用，涉及公文的各个组成部分。至于正文部分的写作，则使用得更多。但在具体表述时究竟是用其全称还是规范化简称，在《条例》和《格式》国家标准中并无硬性规定，因此一般情况下二者是通用的，但有时需要根据具体情况作适当处理。主要有以下五点。

1. 要根据发文机关标志的表现形式确定使用全称还是使用简称。根据《条例》和《格式》国家标准的规定，公文版头部分的发文机关标志（通常所说的"红头"）系重要的公文格式要素，其由"发文机关全称或者规范化简称"加"文件"二字组成，也可以使用发文机关名称全称或者规范化简称。因此，以党政机关名义所制发的文件，无论是采用机关名称加"文件"形式还是只标识发文机关名称全称或者规范化简称（不带"文件"二字）的发文机关标志，其发文机关名称既可以使用全称，也可以使用简称。

需要注意的是，一个机关和单位的名称全称，要以批准该机关或单位成立的文件核定的名称为准；一个机关或单位的名称简称，应该由其上级机关或上级单位来规定。当然，有的也是由本单位自定的，如果属于此种情况，应当明文告知相关的机关单位，而不能只是自己使用而别人并不知晓。

2. 要根据文字的繁简确定使用全称或简称。就公文版头部分而言，需要注意的是，采用发文机关名称加“文件”形式的发文机关标志，此种版式通常主要用于下行文，前面的发文机关名称既可以使用全称，也可以使用规范化简称，具体如何使用就要依据文字的繁简来确定。但上行文不带“文件”二字，应当只标识发文机关名称而且要用全称，因为对上级机关和单位不可制发“红头文件”。此外，如果机关名称字数较多，特别是一些大型的集团公司，其名称本身就比较长，例如，“中国长江三峡工程开发总公司”下面还设有二级甚至三级子公司，往往长达一二十个字，为简洁起见，通常使用简称，以使行文趋于简洁，文面布局的醒目、匀称、美观、得体。发文机关标志以及标题的拟制中要这样做，在结尾落款处的发文机关署名更要注意不能过长，一般应使用简称，如果使用简称以后仍然较长，可以考虑排成两行，并且要注意使之位于成文日期上一行居中的位置。需要注意的是，发文字号中的机关代字必须是简称，而且是高度浓缩了的称谓，比如，中共江苏省委的机关代字为“苏”，江苏省人民政府的机关代字为“苏政”，中共成都市委的机关代字用“成委”，成都市人民政府用“成府”等。因为拟制机关代字的总要求是必须做到明确、简洁、规范，不能产生歧义和冲突，特别是不能与自己的上级机关或同级机关的代字相互冲突或者重复。印章中的发文机关名称则应使用全称，以示庄重、严肃。

3. 要根据公文的运行范围和内容性质酌情确定使用全称还是简称。一般而言，对于系统或机关单位内部运行的公文，其发文机关名称可以使用简称，这既不会令人费解又使行文显得简练，便于人们接受，不然，就会使人感到繁杂。但对于那些政策性、规定性较强的公文以及会议性公文，如公报、决议、纪要等，即使在系统内部，也应以使用全称为宜，以体现行文的庄重性和严肃性。对外行文的公文，按照规范要求均应使用全称。对此，在具体的行文实践中要有所注意，根据不同情况灵活选用。

4. 要注意了解和掌握机关或单位名称的表述规范。根据《条例》的规定，一般在公文写作中第一次使用机关或单位名称时应当使用全称，并用括号注明简称，下文再次出现相同名称时，则可用简称。例如，“根据中华人民共和国国家质量监督检验检疫总局（以下简称‘国家质检总局’）和中国国家标准化管理委员会（以下简称‘国家标准委’）的有关规定”。

5. 要注意把握简称使用的规范，不可随意简化。例如，“中国共产党中央委员会”简称“中共中央”，“中华人民共和国全国人民代表大会常务委员会”简称“全国人大常委会”，“中国共产党中央纪律检查委员会”简称“中纪委”等。从实践来看，目前省、市、县三级党委的简称都是规范的，例如，“中国共产党河北省委员会”简称“中共河北省委”，“中国共产党唐山市委员会”简称“中共唐山市委”，“中国共产党乐亭县委员会”简称“中共乐亭县委”等。但是，到了具体的委、办、局，其党委（党组）的简称往往又是不合规范的，而且此种现象还相当普遍。例如，“中国共产党上海市国土资源局委员会”，往往被简称为“中共上海市国土资源局委员会”，其中前半部分使用的是简称，但后半部分使用了全称，繁简夹杂，不合规范。还有像“中共 ×× 乡党委”之类的简称也不符合规范。问题在于“中共”已经是中国共产党的简称，再在后面添加“党”字属于叠床架屋。

五十九、在公文中对各级政府、人民代表大会等机关如何运用简称?

【解答】

在正式公文中，将“人民政府”简称“政府”是不妥的。因为“人民政府”“人民检察院”“人民法院”等是整体概念，有其特定的内涵。这些冠以“人民”的国家机关，体现了社会主义国家的国体和政体；去掉了“人民”就改变了其原有的含义，出现在正式公文中是不完整、不科学、不严肃的。

还有，在某些公文中，把“人民代表大会”简化为“人大”，把“常务委员会”简化为“常委会”，应当说是可以的。但在公文中第一次出现时，按规定应写全称，以后简化应该注明。但在公文中绝不能将“人大常委会”简化为“人大”。因为各级人大是各级人民代表大会的简称而不是人民代表大会常务委员会的简称，各级人民代表大会常务委员会的简称应是各级人大常委会。根据我国宪法及有关法律的规定，地方各级人大即地方各级人民代表大会根本没有主任、副主任等职务的设置。全国人大也没有委员长、副委员长这类职务，各级人大（包括全国人大）也没有办公厅（室）之类的工作机构。各级人大开会时都是由主席团主持会议的召开，并没有固定的“办公厅（室）”之类的工作机构。因此，“人大办公厅（室）”之类的称谓也是不正确的。应当分别称为“人大常委会主任、副主任”“人大常委会办公厅（室）”。实践中经常出现错用的情况，如“据中央纪委国家监委网站消息，经 ×× 省委批准，×× 省人大副主任 ××× 涉嫌严重违纪违法，目前正在接受组织调查”，其中的“人大副主任”就应改为“人大常委会副主任”。

六十、“富含维他命”“噪音已经成为城市一大公害”“加强爱滋病预防宣传”的表述是否规范?

【解答】

在公文写作中，有时会遇到一些科技名词，如“富含维他命”“噪音已经成为城市一大公害”“加强爱滋病预防宣传”等常见的语句实际上也是不规范的。

科技专家指出，“维他命”应改为“维生素”，“噪音”应改为“噪声”，“爱滋病”应改为“艾滋病”，前面的提法均属于不规范科技名词。不写错别字，规范语言文字已经成为共识，而正确使用规范科技名词也应该引起重视。

此外，像“剖腹产”“机率”“格林威治时间”等，在实践中也用得很多，但都不规范，应该分别使用“剖宫产”“概率”“格林尼治时间”。在公文写作中，当遇到这些科技名词时，也应当注意做到规范使用。

六十一、公文写作为什么要把简洁作为一条基本要求?

【解答】

公文写作一定要做到简明扼要、短小精悍，这是基本要求。毛泽东同志把“内容要扼要，文字要简练”作为对报告文字的一条基本要求。革命导师列宁在《给伊·克·叶若夫》一文中也提倡机关公务人员要学会写五行字的材料，他认为一般的请示和报告，“写五行字就够”。

随着科学技术和经济的发展、生活节奏的加快，节省时间、讲求效率，已经成为当代社会的普遍要求。反映到机关公文写作中，简洁更为人们所强调，不少国家都把它视为公文的一项改革目标。比如，新加坡在1976年就成立了“华文应用文改革工作委员会”，1977年该委员会制定了《华文应用文改革大纲》，表明其目的就是要使应用文变成容易学、容易写，既快捷又简省的通信利器，从而更好更广泛地为现代化的新加坡社会服务。又如美国前总统卡特为研究如何改革和精简文体，专门举办了由200名联邦政府官员参加的学习班，而且自己带头，把原来总统签署命令的首句“我秉承合众国宪法和法律赋予合众国总统的权力，兹发布命令如下”改为“我作为合众国总统命令”，从而推动了美国政府文风的改革。

当然，也不是说长文章一概不好。有内容、有见解的长文章，人们也是喜欢读的。文章长短要视具体情况而定，宜短则短，宜长则长。要坚持内容决定形式，有些非长不可、篇幅短说不明白的事情可以长些。我们坚决反对的是那种缺乏实际内容而刻意把“野鸭子的腿加长”的空洞浮泛的公文，这是当前改进文风的主要任务之一。

六十二、什么是复体行文，它有哪些特点和要求?

【解答】

在公文的文种中，有一部分是党和国家通过公文法规的形式加以确定的，我们通常称这一部分文种为“主要文种”或者“正式文种”，公文学术界也称之为“法定文种”。如上所述，党政机关通过公文法规加以确定的公文主要文种共有15个，这就是我们通常所称党政公文中的主要、正式与法定文种。

与法定（主要、正式）文种相对应的是非法定（非主要、非正式）的文种，是人们在长期的公文写作实践中约定俗成的文种。从某种程度上说，这些文种的使用频率有时比法定公文还要高。例如，我们常用的计划体公文，包括计划、方案、安排、纲要、规划、设想、打算、预案等；总结体公文，包括工作总结、考察（调查）报告、述职报告、述廉报告、典型材料等；会议体公文，包括开幕词、主持词、闭幕词、大会工作报告、会议简报等；规章体公文，包括条例、规定、办法、章程、细则、守则、公约、制度、规范等；书信体公文，包括感谢信、慰问信、表扬信、倡议书、公开信、告人民书等；礼仪体公文，包括欢迎词、欢送词、答谢词、祝酒词、贺词（贺电）等；凭证体公文，包括组织鉴定、干部人事考察材料、大事记、条约、协议、合同等，种类繁多，素无定目。一个机关和单位可以不发命令（令），不发公告、决定等，但不能不制订工作计划，不能不撰写工作总结，不能不起草领导讲话。但是，由于这些文种不是党和国家公文法规中所确认的，所以就形成了与法定文种相对应的一个文书组群，在公文学术界一般通称为“事务文书”。

法定文种与非法定文种法律地位上的不同，决定了前者可以独立行文，而且行文时要采用国家标准的公文格式；后者不具有独立行文的资格，也就不能使用党和国家公文法规中正式规定的标准公文格式。非法定文种要上报或下发时，只能从“法定文种”中寻找一个文种来做它的载体，一般将这个载体称为“文件头”。这种行文方式我们一般称为“复体行文”，或称“以文载文”“文后有文”。“文件头”大都用命令（令）、通知（下行时）或报告（上行时）来担任。值得一提的是，采用这种复体行文方式行文，“文件头”后面所附带的文件诸如方案、总结、领导讲话等不是公文的附件，只是一种公文的发布形式，因此，不能在“文件头”正文结束后标注附件说明，即“附件：××××××”。实践中这方面存在的问题比较多，应当予以注意。

六十三、公文开头不够明朗有哪些表现?

【解答】

开头是指一篇公文正文部分的第一句或第一段文字。“独段式”公文的第一句话就是开头；“分段式”公文的第一自然段就是开头。公文的开头至关重要，必须写得明确无疑、直截了当、明朗可鉴。但在实践中，有些公文却未能如此，而是含混蕴藉，令人迷惑。具体而言，是指公文开头表达作者意图、态度、认识不明确。批转、转发、印发性的通知，在开头处首先要对被批转、转发、印发的文件表明态度，如果不是这样，应视为“开头不明朗”。例如，××市人民政府批转××公安局一份《关于加强农业秋收保卫工作的报告》，本应这样写“市政府同意公安局《关于加强农业秋收保卫工作的报告》中所提的意见，现将此报告转发给你们……”，而这份公文的开头却是这样写的：“现把公安局上报的《关于加强农业秋收保卫工作的报告》转发给你们……”这种写法属于开头不明朗。另外，陈述性公文的开头，不仅要讲清事物的量，而且要讲明事物的质，否则，视为“开头不明朗”。例如，某农场一份全年工作总结的开头：“……全年生产稻谷九千七百万斤、小麦一亿四千万斤，折合经济收入×××万元。”这个例文，由于孤立地只讲数量，而不进行横向或纵向的比较，看不到事物的质，所以开头状况交代得不明朗。

六十四、公文写作中在策见的表述方面有哪些规律和特点?

【解答】

“策见”，就是指政策、见解，它是一篇公文的灵魂和统帅。在一般文章写作中，人们称之为“中心思想”。在文学作品的写作中，则称之为“主题”。在公文写作领域，我们赋予它一个术语，即“策见”。具体地讲，就是指公文中所要反映和体现的基本立场、观点、主张、见解，所提出的措施、意见、办法以及所作出的结论等，必须做到准确明晰，恰如其分，令人不容置疑。如果策见表述不准确，那么所写出来的公文就失去了存在的意义和价值。而要做到策见表达准确，要求我们在公文中所提出来的观点、主张、见解、意见、办法、措施以及所作出的结论等，必须做到“两个符合”：一是要符合党的方针、政策精神；二是要符合国家的法律、法规和规章的规定。如果所提出的策见与党的方针、政策以及国家的法律、法规和规章的规定相违背，那么，该篇公文就不会对实际工作具有任何指导作用，也就失去了存在的意义和价值。在具体写法上，要做到策见表达准确，要求在公文中对事物的观点和态度鲜明、显豁。是什么，不是什么；提倡什么，禁止什么；赞成什么，反对什么，必须旗帜鲜明，毫不隐讳，绝不能模棱两可，令人难以捉摸。可以这样说，凡是优秀的公文，都在策见表达的准确性方面臻于完美。例如，《中共中央关于加强党同人民群众联系的决定》（1990年3月12日）一文中有这样一段话，其在策见表达的准确性方面就表现得很有特色：“人民群众是我们党的力量源泉和胜利之本。能否始终保持和发展同人民群众的血肉联系，直接关系到党和国家的盛衰兴亡。历史经验反复证明，什么时候党的群众路线执行得好，党群关系密切，我们的事业就顺利发展；什么时候党的群众路线执行得不好，党群关系受到损害，我们的事业就遭受挫折。”这段文字，运用一系列的判断句，使策见的表达十分鲜明、突出，具有很强的说服力。这也给我们有益的启示：公文写作中用以表述策见的文字，通常都是使用判断的语言形式来完成的。

六十五、在“主送机关”部分错用标点符号的情形主要有哪些?

【解答】

在公文写作实践中，当主送机关不止一个时，经常出现错用标点符号的情况。其中最为常见的有如下三种。

1. 漏用标点符号。即主送机关各单位之间均使用空格隔开，不使用任何标点符号。例如，“市公安局　市人民检察院　市人民法院”，这种写法是不规范的。按照规定，主送机关如果不止一个，应当遵循同系统、同单位之间用顿号，不同系统和单位之间用逗号分隔的原则。

2. 多用标点符号。按照惯例，如果机关名称之前有“各”字，可以省略中间的标点符号，而将机关名称连写。

3. 误用标点符号。突出表现为在非同一系统的单位之间使用顿号以及在同一系统单位之间用逗号。例如，某县人民政府为了确保街道的安全畅通，向一些单位发文要求进行综合治理，将主送机关名称排列为“县交通局，县交警大队，县巡警大队，县城监中队”，交警与巡警属于同一系统单位，应当使用顿号隔开。

第四节　注意格式规范

一、中华人民共和国成立以来我国公文体式的发展与演变情况怎样?

【解答】

公文体式应当包括文体、结构、各种附加标记以及格式安排等方面的内容。中华人民共和国成立以来，为摆脱旧公文体式的影响，党和国家曾经对公文体式作过多次规定和改革，从而使之体现出鲜明的时代特色。

1. 从公文用纸的纸型以及排版和装订规格上看。中华人民共和国成立初期，在继承解放区革命政权机关公文体式优点的基础上，1950 年 4 月，中共中央办公厅发布了《关于文件纸型与格式的规定》，要求使用 16 开纸，文字要采用竖排形式，而且要“左侧装订”。1951 年 9 月，政务院颁布了《公文处理暂行办法》，这是中华人民共和国成立以后第一个有关公文处理的专门性法规，其中对公文体式问题作了比较全面、具体的规定，诸如统一文件用纸尺寸；文字采用直行书写形式；多页的文件必须加盖骑缝章等。这个办法的发布实施，加快了我国行政机关公文处理工作规范化的步伐。1955 年，中共中央办公厅发布了《中国共产党中央和省（市）级机关文书处理工作和档案工作暂行条例》，对党委机关的文件体式作了具体规定，其中第八条规定：“文书纸型大小（包括文件、电报、文电稿纸、记录纸），一律采用标准报纸的十六开（即长十又四分之三英寸，宽七又四分之三英寸）”“一般文书采用竖写或竖排，在右侧装订”“只有某些表格或外文太多的文书可以横写或横排，可在左侧或上端装订。装订线以外不要写字”。从总体上看，在 1956 年以前，由于有关公文书写和排印格式的规定不够统一，以致在实践中存在明显的不一致现象，既有自右至左竖写竖排的，也有自左至右横写横排的，还有的公文在书写和排印时不留出装订线等，给公文的整理立卷带来不少困难。针对此种情况，1956 年 1 月以后中共中央办公厅和国务院办公厅等发出一系列通知，主要有《关于改变国家机关公文用纸格式的通知》《关于公文名称和体式问题的几点意见》《国家机关文书立卷工作和档案室工作暂行通则》《关于请勿使用圆珠笔、铅笔拟写文件的通知》等。值得一提的是 1957 年 10 月 8 日国务院秘书厅发布的《关于公文名称和体式问题的几点意见》，对于公文名称和体式问题在认真理顺的基础上，作出了十分明确、具体的规定，明确规定文件一律改为横写横排，左侧装订，并统一制定了文件的用纸格式。在党的机关公文处理方面，相继制定颁发了《关于文电处理工作的几项规定》《中国共产党中央和省（市）级机关文书处理工作和档案工作暂行条例》等一系列文件，从而把我国文书工作的制度建设推向了一个崭新的发展阶段。1958 年 7 月和 8 月，中共中央办公厅和国务院办公厅再次发出通知，除文件的用纸尺寸、横写横排、左侧装订不变外，又规定用纸格式可以根据文种和实际需要自行确定。在“文化大革命”期间，我国的公文处理制度遭到严重破坏，突出表现为文件体式不统一，结构不完整，公文处理工作陷入混乱状态。党的十一届三中全会以后，随着拨乱反正的不断深入，党政机关的公文处理制度逐步得以恢复与健全。在 1981 年 2 月国务院办公厅发布的《国家行政机关公文处理暂行办法》中，对公文的体式问题作出了明确规定。随后在 1987 年 2 月发布的《国家行政机关公文处理办法》中对此又进一步加以强调。在 1993 年 11 月发布的修订以后的公文处理办法中，第十条第十一项规定：“文字从左至右横写、横排。少数民族文字按其习惯书写、排版。在民族自治地方，可并用汉字和通用的少数民族文字。”第十一条规定：“公文用纸一般为16开型（宽184mm×长260mm）；也可以采用国际标准A4型（长297mm×宽210mm）。左侧装订。张贴的公文用纸大小，根据实际需要确定。”

2000年8月国务院发布的《国家行政机关公文处理办法》第十条第十四项规定：“文字从左至右横写、横排。在民族自治地方，可以并用汉字和通用的少数民族文字（按其习惯书写、排版）。”第十二条明确规定：“公文用纸一般采用国际标准A4型（210mm×297mm），左侧装订。张贴的公文用纸大小，根据实际需要确定。”2012年4月16日中共中央办公厅和国务院办公厅联合印发的《条例》第十二条明确规定：“公文用纸幅面采用国际标准A4型。特殊形式的公文用纸幅面，根据实际需要确定。”这就将原来的“一般采用”固化为一律采用，而且党政公文合一，可以说是一个重大的历史性突破。

由此可见，在中华人民共和国成立后70多年的时间里，公文用纸的幅面规格经历了由16开型到16开型与A4纸型并用再到一般采用国际标准A4纸型的历史演变过程；公文排版和印装格式经历了由竖写竖排、左侧装订到竖写竖排、右侧装订，最后发展到横写横排、左侧装订的历史演变过程，总的趋势是在不断发展的基础上逐渐走向稳定，趋于更加科学、规范和合理。

2. 从公文的语体上看。中华人民共和国成立以来，党政机关的公文一直坚持以语体文为原则，并在表达方式上不断取得新的进步。早在抗日战争时期，中国共产党领导下的陕甘宁边区政府即实行了公文改革，明确规定废除文言文、韵文体裁，改用语体文，要求公文用语通俗易懂，简明扼要，并加上新式标点，从而使公文用语逐步向人民靠近。从中华人民共和国成立之后70多年的实践来看，公文语体的通俗性一直被倡导并得以延续。1951年9月，政务院颁布的《公文处理暂行办法》第七条明确规定：“公文以用语体文为原则，并加注标点符号。旧公文套语如‘仰’‘理合’‘合行’‘相应’‘等因奉此’和模棱两可的语句，如‘大致尚可’‘尚无不合’等，均应废除。”第十条规定：“公文内应尽量避免使用简称。”第六条规定：“除综合性质的报告以外，采一文一事制。”翻阅70多年来党和国家所制发的难以计数的公文，均是使用语体文的典范，无不闪烁着通俗易懂、简洁清晰、明白晓畅的光芒，极大地发挥了公文的管理效能，使党和国家的方针政策深入人心，体现出了强烈的人民性。在表达方式上，新中国的公文以语体文叙述为基础，兼用议论、说明和夹叙夹议，特别是夹叙夹议的表达方式，已经成为当代公文最主要、最基本的写作技法之一。

3. 从公文的载体形式上看。在中华人民共和国成立后的70多年时间里，我国的公文载体先后出现了三次历史性的变迁，并呈现明显的阶段性特点。中华人民共和国成立初期，各级党政机关继续沿用新民主主义革命时期的做法，采用原始的载体形式，用“铁笔”在钢板上进行刻写，既费时又费力，所印制出来的文件也不够规范和清晰。到20世纪50年代中后期，很多机关开始使用打字机来印制文件，与以往相比，既提高了速度，又保证了质量，这是当代公文载体的一次空前革命，使党政机关的公文处理工作向前迈进了一大步。此后又逐步出现了传真机、复印机、扫描仪等先进办公设备，为公文的印制与传输带来了极大的便利。改革开放以来，我国公文的载体形式取得了突破性的进展，出现了历史性的跨越。主要是随着办公自动化的飞速发展，电子计算机得到推广和普及，已经被广泛应用于公文处理领域，大大提高了公文处理的质量和效率。现阶段，全国各级党政机关业已普遍使用电子计算机来印制、传送、存储与检索公文，实现公文的无纸化运转机制。应当说，从原始的手工操作到后来的打字机打印，再到后来的电脑操作，无论从哪个角度讲都是公文载体形式的伟大变革，是公文处理工作发展的客观需要和必然走向。

二、撰写表彰先进个人的文件，附详细名单时对人名排列有没有顺序要求?

【解答】

如果被表彰的对象涉及多个单位，则按单位的级别高低顺序排列；如涉及的是一个单位，则按职务高低顺序排列。职务相同的，可按姓氏笔画顺序排列。

三、公文写作如何做到内在结构与外在形式的有机统一?

【解答】

一篇完整的公文，在结构安排上应当是内在与外形的有机结合与统一。公文的内在结构，即作者通过对客观公务活动的观察、认识，依照一定的逻辑联系所理出的一个表达的顺序；公文的外在形式，是文内各个部分的组合方式。前者反映公文结构的立体感，后者体现结构的平面性；一个是结构的内核，一个是它的外壳；内在决定外形，外形服务于内在，是一个结构的两个方面。

公文的外在形式有各种样式，如撮要分条、篇段合一、条项贯通、章条款分列、分列小标题、全面分块等。由于公文是党和国家用来完成公务活动的一个重要工具，它的内在结构必须与公务活动的运转形式，即“提出问题—分析问题—解决问题”保持一致。正因如此，不论公文的外形表现是什么样子，其内部都应是“三个问题”的“珠联”，或至少是“提出问题”与“解决问题”的“璧合”，表现为问题的“顶真”。

公文的外形与内在结构是怎样统一在一起的呢?

1. 公布令、任免令、批复、函、任免通知、会议通知、批转（含转发、公布）通知、转述式通报、专门问题的决定等，它们的内在结构是单一的公布、表态和回答解决问题的结果，是“解决问题”的“单一”结构形式，而外在形式往往是篇段合一式。

2. 指示性通知、通告、动员令、行政令、部署指挥性的决定、方针政策性的决议、直述式通报、议案、请示、专题调查报告等，一般而言，它们的内在结构或是“提出问题—解决问题”，或是“提出问题—分析问题—解决问题”，而结构的外形多数表现为“撮要分条式”，其余是条项贯通、分列小标题式。

3. 简报、情况通报、情况报告、信息快报等，其内在结构很单纯，主要表现为“提出问题”（即反映情况）的单一形式，而外形体式有的采用分列小标题式，有的则采用撮要分条式或条项贯通式。

4. 综合性工作总结、工作计划、经验介绍、大型工作会议纪要、调查报告等陈述性文件，对重大问题作出具有指挥性的意见、条例、规定等法规性文件，外形多为“全面分块式”。如综合性工作总结的“情况概述—做法或经验体会—存在问题与今后意见”，法规性文件的“总则—分则—附则”；而内在结构表现为边摆问题、边分析与解决问题的特殊形式。这种内在结构形式之所以说是特殊的，是因为它打乱了先提出、后分析、再解决问题的逻辑次序，而是把它们糅合在一起，分列几个问题安排内在结构，每个问题中既包含问题的提出，又有对问题的分析与解决。

四、公文版头中的分隔线及其标识规则有哪些?

【解答】

1. 分隔线系《格式》中的新提法，原来称为“版头反线”，此外还有正线、文武线和武文线等多种概念表述。由于对正线、反线等说法并没有清晰的定义，在实践过程中公文制作人员对此表示困惑，不知道多粗的线算正线，多粗的线算反线。为避免歧义，简化操作，《格式》中将其调整为“分隔线”。

2. 通常而言，一篇公文中的分隔线可以有若干条。在公文首页版头部分的发文字号之下 4mm 处居中印一条与版心等宽的红色分隔线；公文末页版记部分也有至少两条分隔线，用于区分版记与正文以及版记部分各要素，分隔线应当与版心等宽，即 156mm，居中印制。

3. 需要特别注意的是，党的机关公文，原来在红色分隔线的正中央需要点缀一颗五角星，以示鲜明醒目和美观大方；除了党的机关公文外，其他机关公文均不得在红色分隔线中央嵌入五角星。而在《格式》实施后，这种做法业已取消，即无论党的机关还是国家行政机关公文，均不在红色分隔线中央点缀一颗五角星，否则就是不合规范的。

五、公文中发文字号的编制原则有哪些?

【解答】

编制发文字号的原则,《条例》中明确规定:“发文字号。由发文机关代字、年份、发文顺序号组成。联合行文时,使用主办机关的发文字号。”其具体要求是:

1. 发文字号三个构成要素的排列顺序,应先是机关代字,其次是年份(书写时两面加六角括号),最后是发文顺序号。编排在发文机关标志下空二行位置,居中排布。年份、发文顺序号用阿拉伯数字标注;年份应标全称,即4位年代号,“98”“15”等都是错误的;年份用六角括号“〔 〕”括入,如“〔2018〕”,它既不是数学公式中的中括号,也不是圆括号;发文顺序号是一个发文机关一年内制发文件的统一流水号,一般以不同的发文形式分别进行统一的编号。例如,以本机关的名义制发的公文可以统一编号,以本机关办公厅名义制发的公文另行统一编号。不加“第”字,不编虚位(即“1”不编为“01”),在阿拉伯数字后加“号”字。

2. 发文字号的拟制,难度最大的要数发文机关代字,它是由发文机关文秘部门为本机关所有部门统一编制的规范化缩写加“发”“函”等组成。规范化缩写应能够代表发文机关的特征,如中共中央的代字为“中”,国务院的代字为“国”;中共江苏省委的代字为“苏”,江苏省人民政府的代字为“苏政”;中共成都市委的代字用“成委”,成都市人民政府用“成府”。也有在发文机关规范化缩写和“发”“函”之间加拟稿部门的代字,如“发改高技”“发改办高技”。党政机关的发文字号应以分开为宜。

3. 在机关代字中应明确发文的含义,如“中发”“中办发”“闽党发”“晋汾党发”等。

4. 几个单位联合行文时,不应一文多号,而应只标主办机关的发文字号。

5. 在编写发文机关代字时,要力求明确、简洁、规范,且不产生歧义和冲突。特别是不能与上级机关、同级机关的机关代字相互冲突或重复,如某县的政府、政协、政法委三机关的代字都编成“×政发”,就会出现不同文件同一文号的现象,要力求避免。

6. 发文机关代字应力求用字简练,有的发文机关代字有七八个、十几个字之多,虽然可能各有其所代表的层次,但代字过长,不仅使人读不懂,还会带来很多不必要的麻烦,诸如登记费事、排版困难等。

7. 在机关代字中,要不要注明承办部门的代字,可视具体情况而定,如大单位可以考虑这样做,一般中、小单位就不必要注明。

8. 发文字号的标注位置,如果是平下行文,应以置于版头之下正中位置为宜。上行文的发文字号则居左空一字编排,此时右侧对称位置标注签发人,发文字号应与最后一个签发人姓名处在同一行。

六、公文发文字号中的年份要素使用哪种标点符号？

【解答】

按照《标点符号用法》规定，标示公文发文字号中的发文年份时，可用六角括号。例如，“中办发〔2018〕11号”，而不能使用圆括号（ ）或者方括号［ ］。使用数学公式中的圆括号或者方括号甚至大括号｛ ｝，都是不规范的。

七、签发人的确定及其标识规则是怎样规定的？

【解答】

签发人即签发文件人的姓名。按照《条例》的规定，上行文应当标注签发人的姓名，即只有上行文才会出现签发人。公文标注签发人姓名，主要目的是为上级机关在处理下级机关公文时，上级机关领导人了解下级机关谁对上报的事项负责，从而有利于增加决策的透明度，进一步增强公文签发者的责任感。对此，应重点把握如下几点。

1. 所有公文都有签发人这个概念。按照《条例》规定，公文应当经本机关负责人审批签发。重要公文和上行文由主要负责人签发。可见，任何一份公文都有签发人，一般性公文由主管领导签发，而上行文必须由机关主要负责人签发。主要负责人是指各级机关的正职或主持工作的负责人。因此，上行文标注的也只能是机关的主要负责人。

2. 在具体标注方法上，为清晰醒目，对比明显，“签发人”三字使用3号仿宋体字，后加全角冒号，冒号后使用3号楷体字标注签发人姓名。

3. 单一机关或者两个机关联合上行文，签发人编排在发文字号的右侧，与发文字号处在同一行，右空一字，这样显得对称美观。

4. 如有多个签发人，签发人的标注方法是，“签发人”三字和全角冒号与首行签发人姓名编排在发文机关标志下空二行位置，按发文机关顺序编排签发人姓名，每行一般排两个签发人姓名，两个签发人姓名中间空一字，回行时应做到每行签发人姓名的第一个字都要对齐。为与三个字的人名对齐，两个字的人名中间空一字。发文字号应始终与最后一个签发人姓名处于同一行。

5. 联合发文时，所有联合发文机关的负责人都称为签发人，都需要标注签发人姓名，当然主办机关的签发人应放在第一位。

八、领导人签发文件与文件正本标注签发人姓名有什么区别?

【解答】

发文机关领导人签发文件与上行文版头部分标注签发人姓名，两者的相同之处是签发人姓名一致，更有诸多区别：

1. 承担的主体不同。前者是领导人亲笔书写的；后者是由文秘部门标注印制的。签发在前，标注在后。

2. 标识的载体不同。前者签署在定稿的发文用纸上；后者标印在文件正本的版头处。

3. 标注的内容不同。前者包括签发意见、签发人姓名及签发日期；后者标印的仅是签发人姓名。

4. 两者的作用不同。前者使文稿生效成为定稿；后者是为上级机关就该文件进行沟通提供方便。

公文撰写者既要清楚两者的内在联系，又不要把两者混淆。

九、公文标题中能否使用顿号?

【解答】

在《条例》和《格式》发布之前，对于公文标题中标点符号的使用明确规定："公文标题中除法规、规章名称加书名号外，一般不用标点符号。"可见，对公文标题中使用标点符号是有严格限制的。但要注意的是,《条例》以及《格式》，对于公文标题中标点符号的使用问题未作任何限制性规定。也就是说，当今在拟制公文标题时可以根据实际情况适当使用标点符号，不受任何限制。顿号作为一种重要的标点符号，当然可以用于公文的标题之中。但需要注意的是，顿号在公文标题中的使用具有特殊性，即它只出现在公文标题的事由部分。公文标题由三个要素组成，即发文机关名称、事由、文种，当事由部分出现并列的词语时，必须使用顿号隔开。例如,《中共中央办公厅　国务院办公厅关于少开庆功、表彰大会的通知》，此标题中出现了"庆功""表彰"两个并列词语，一定要用顿号加以分隔。但是需要明确，联合行文时并列的发文机关名称之间不用顿号，如上例就不得写为《中共中央办公厅、国务院办公厅关于少开庆功、表彰大会的通知》。也就是说，联合行文时在并列的发文机关名称之间不能加顿号，而应采用空格的方式来处理。

十、怎样理解公文的特定格式?

【解答】

"特定格式"是相对于公文的通用格式而言的，是公文通用格式的补充，通常包括信函格式、命令（令）格式、纪要格式三种，其公文组成要素的标注规则有别于公文通用格式的要求，但在实际工作中，这些特定格式的公文被广泛使用，其作用和效力与通用格式的公文相同，只是表现形式有所不同。在具体实践中，应当结合本单位的实际情况正确选用公文的格式。例如，信函格式是针对非普发性公文所采用的一种格式，它是一种特定的公文格式，并不是一个文种，与我们通常所说的"函"文种有着很大的区别。长期以来，公文的信函格式被各级行政机关普遍使用，通常用于答复、解释或说明某一具体事项。相对于公文的通用格式而言，信函格式相对简单，易于操作，多见于通知、批复、意见、函等文种的公文之中。命令（令）格式则体现出了国家政令的权威性和统一性，根据《条例》的规定，命令（令）适用于公布法规和规章，宣布施行重大强制性措施，批准授予和晋升衔级，嘉奖有关单位和人员。值得注意的是，命令（令）格式只适用于命令（令）文种，具有专门性和单一性。纪要格式则是专门记载会议议定事项的一种固定格式。根据《条例》规定，纪要适用于记载会议主要情况和议定事项。在实际工作中，各级党政机关例行会议、专题会议等讨论议定的事项和会议主要情况可通过纪要的形式印发，作为指导机关开展工作的依据。纪要格式有别于公文的通用格式，而且目前各级党政机关的纪要格式五花八门，很难规定统一的样式。值得注意的是，纪要格式只适用于纪要文种，纪要格式与纪要文种也是严格绑定的。采用上述特定格式印制的公文与通用文件格式印制的公文作用与效力是相同的，只是表现形式有所不同。

十一、上行文可以采用信函格式吗?

【解答】

信函格式是公文的三种特定格式之一，实践中使用频率很高，在拟制通知、意见、批复、函等文种时，通常采用信函格式。要注意信函格式只是一种特定的公文格式，并不是一个文种。相对于公文中的通用格式而言，信函格式相对简单，易于操作。具体什么时候使用标准格式，什么时候使用信函格式，由发文单位酌情确定。但上行文因为需要标注签发人姓名，故不可采用信函格式。

十二、公文起草过程中如何掌握公文标准格式或特定格式的选择?

【解答】

公文的特定格式是相对于公文的标准格式而言的，是公文标准格式的补充，其作用和效力与标准格式完全相同，只是表现形式有所不同。除了命令（令）格式与纪要格式必须与所使用的文种一一对应外，信函格式需要在起草过程中根据实际情况灵活选择。例如，起草一份“意见”，既可以选用标准格式，也可以选用特定格式。但无论采用哪种格式，采用信函格式的效力与标准格式完全相同，而与公文内容的重要程度无关。采用信函格式，体现出发文机关对受文单位的尊重之意。

十三、公文的行款及行款规格是怎样规定的?

【解答】

行款是指书写或排列文字的行列款式，包括字序和行序。例如，汉字原来直排时，字序由上而下，行序由右而左；现在横排的行款，字序由左而右，行序自上而下。按照《格式》规定，公文正文用 3 号仿宋体字，一般每面排 22 行，每行排 28 个字，并撑满版心。即公文第一行字顶格编排在版心左上角，公文最后一行字必须沉底到版心下边缘。但在特殊情况下也可作适当调整，即当公文排版后所剩余的空白处不能容纳下印章或签发人签名章、成文日期时，可以采取调整行距、字距来解决。或者将字距行距调大，或者将字距行距调小，从而使正文和印章处于同一页上。

十四、怎样确定和标注公文的成文日期?

【解答】

成文日期是公文的生效时间，是党政机关公文生效的重要标志。《条例》规定，成文日期署会议通过或者发文机关负责人签发的日期。成文日期确定的原则是：会议通过的决议、决定等以会议正式通过的日期为准；经发文机关负责人签发的公文，以签发日期为准；联合行文的公文，以最后签发的机关负责人签发的日期为准；法规性公文，以批准日期为准；一般电报、信函等以实际发出日期为准。成文日期在公文中的标注位置有两种：一是在公文标题之下，写全年、月、日并用圆括号“( )”括起来，适用于经会议集体讨论通过批准而又不以“红头文件”（即带有红色版头的文件）形式发出且无主送标识的公文，如会议通过的决议、决定等公文。二是在公文正文或附件说明的右下方标注，写全年、月、日，并统一使用阿拉伯数字标识，年份应标全称，月、日不编虚位（即1不编为01）。这与原来的规定也有所不同，按原来的规定，党的机关公文的成文日期使用阿拉伯数字，而国家行政机关公文的成文日期则使用汉字数字，《格式》对此作了统一规定，一律使用阿拉伯数字标注。

十五、转发文件时如果被转文件带有附件应如何标识?

【解答】

按《格式》的要求，如果附件是被转发的文件，转发文件仍应标识自己的版记。

十六、有人认为报送、批转、转发、印发类公文之后所附的相应内容（如法规、规章、领导人讲话等）属于公文的附件，这种观点对吗?

【解答】

不对。报送、批转、转发、印发类公文，在其生效标志后所附的内容，诸如相关的法规、规章、领导人讲话及其他文字材料等，其间不存在主附关系，系以“报送”“批转”“转发”“印发”作为“文件头”，以报告、通知或命令（令）等文种为载体，将相关内容“运载”出来，因此，它并不属于这些文种的附件，在附件说明处也不必标注相关内容，直接另面编排即可。被报送、批转、转发、印发类公文原文之左上角也不标注“附件”二字。

十七、公文写作中有哪两个小问题应当注意?

【解答】

一是起草 ×× 关于《×××× 年工作总结》的报告时，是否要加书名号?

二是若版记与正文同在一个偶数页，是否要加页码呢?

1. 现行公文法规中，对于公文标题中的标点符号使用未作任何限制性规定，因此，对于标题中出现的文件名称，应当使用书名号。更何况总结是事务文书，不受法定公文那样严格的制约。

2. 按照公文格式国家标准的规范要求，公文版记必须置于偶数页上，如果正文恰好于版记页结束，是要标注页码的。公文的页码只标注在正文结束的那一页。

十八、公文中的横排表格及其标识规则是什么?

【解答】

1. 在公文处理实践中，有些公文需要附带表格。如果是竖排表格，应当与正文同等对待，即与一般文字无异；但如果是横排表格，为了与一般页码位置一致，页码应放在横表的左侧，单页码在表的左下角，双页码在表的左上角。

2. 对于横表的表头，单页码放在钉口一侧，双页码放在切口一侧。这样编排能够保证连续编排的表格可以依次向下看。

3. 与公文正文一起装订时，横排表格的页码按照正文的编排要求标注。

4. 公文如果需要 A3 表格，也就是表格的开本比较大，而且是作为公文的最后一页时，为避免表格的脱落，应使表格处于封三之前的位置，而不应将表格粘贴在封四上。此时，A3 表格一般不编排页码。如 A3 表格在公文中间，页码编暗码。

十九、公文版记的标识规则有哪些?

【解答】

版记是公文不可缺少的重要组成部分，是公文结束的标志，对此，应当注意把握以下几点。

1. 版记一般由抄送机关、印发机关和印发日期等要素组成。

2. 版记应置于公文的最后一页，版记的最后一个要素置于最后一行。也就是说，版记一定要放在公文的最后，即公文最后一面的最下面的位置。

3. 在实际操作过程中一定要注意版记必须处在偶数页上。假设公文内容很短，即使首页能够放得下版记内容，由于公文是双面印刷，也必须将版记移至第二页上，即便第二页除了版记外没有任何内容。

4. 公文的篇幅如果在一个折页（即有四面）以上，这时公文的页数一般应是四的倍数（一般是用 A3 纸印制，骑马装订），此时版记也一定要放在最后一面，而不管前面的空白有多少（一般不会超过三面），版记页和空白页均不标页码。

5. 如果附件是被转发的文件，转发文件还应标识自己原来的版记。

6.《格式》中规定版记中的各个要素与印发机关和印发日期之间加一条分隔线隔开，一是为了显示各要素之间的区别，二是如此设计显得美观。要注意第一个要素之上和最后一个要素之下也有一条分隔线，但这两条一头一尾的分隔线要比中间的分隔线略粗一些。

按照规定，分隔线应与版心等宽，即 156mm，首条分隔线与末条分隔线的高度应为 0.35mm，中间的分隔线用细线，高度一般为 0.25mm。

7. 印发机关是指发文单位的中心机构或业务主管部门。标注印发机关的目的，在于收文单位对文件内容中未尽事宜的询问或工作中遇有什么问题、什么情况需要联系、反映时，可径直与印发机关的承办部门联系，不必什么事都找机关领导，以提高工作效率。

二十、当前在公文写作中还使用“此页无正文”吗?

【解答】

“此页无正文”属于对公文排版时遇到的特殊情况的处理方式，在过去的公文处理实践中经常使用。对此，应当注意把握以下两点。

1. 到底在公文中是否允许使用“此页无正文”的编排方式,《条例》中对此并没有作出明文规定。当正文之后所剩空白处不能容下印章或签发人签名章、成文日期时，一般应当采取调整行距、字距的措施解决。具体的调整方法是：当正文之后的空白只有一两行时，可以加宽行距，至少将一行文字移到下一页；如果正文之后的空白仅差一两行便可容下印章位置时，可以缩小行距或缩小一两行字距，挤出能容下印章的空间。这样，使印章与正文务必同处一页，不留任何空白。

2. 如果出现采取调整正文字距或行距的措施仍无法解决的极特殊情况，如多个机关联合下行文，联合行文的机关过多，无法实现正文与所有发文机关的印章同处一页，就应采取“此页无正文”的方法，即将印章加盖在下一页空白上，并在该空白页第一行标注“此页无正文”来解决，其目的主要有两点：一是说明正文内容在前页已经完结；二是防止末页被人撕下，伪造他用。

二十一、公文处理中领导者圈阅的含义是什么?

【解答】

《条例》第二十二条规定:“签发人签发公文，应当签署意见、姓名和完整日期；圈阅或者签名的，视为同意。”按照这一规定，领导人签发公文，在绝大多数情况下，比较规范的做法是签署明确的意见，并署名，写上完整的年月日，如果只圈阅或者签名，则视为同意。这样规定，有利于消除领导人签署公文过程中的不负责任或者不够规范的现象，有利于公文处理工作的规范化和严肃性。

二十二、什么是“亲笔”“代笔”“嘱笔”“执笔”？

【解答】

在公文学界，经常有人把这几个概念混为一谈，弄不清它们的确切含义。一般而言，自己动笔写成的文字叫作“亲笔”；代他人写成的文字叫作“代笔”；受人之托写成的文字叫作“嘱笔”；集体讨论之后由一人或者数人写成的文字叫作“执笔”。弄清这几个概念的差异，对于从事公文写作的人是很有益处的。

二十三、函的形式有什么特殊要求?

【解答】

部门内设机构与相应的其他机关进行工作联系需要行文时，只能以函的形式。“函的形式”是指公文格式中区别于“文件格式”的“信函格式”。以“函的形式”行文应注意选择使用与行文方向一致、与公文内容相符的文种。

1. 部门内设机构除办公厅（室）外，不得对外正式行文，不得向本部门机关以外的其他机关（包括本系统）制发政策和规范性文件，不得代替部门审批下达应当由部门审批下达的事项。

2.“信函形式”的格式与正式标准的文件格式是截然不同的。这里所讲的“函”是形式，而不是指文种，所以在具体使用时，不要把“函的形式”与作为文种的“函”混为一谈。至于“函的形式”所使用的文种，“应注意选择使用与行文方向一致、与公文内容相符的文种”。这些都是确保函文种使用趋于规范的必要条件。

3. 需要注意的是，《格式》定义了两大类公文格式：第一类是常用格式或称标准格式，包括单一机关行文、联合行文时的常用公文格式；第二类是特定格式，包括命令（令）格式、信函格式和纪要格式。

在这两大类格式中，除了命令（令）格式与《条例》中的命令（令）文种、纪要格式与《条例》中的纪要文种具有一一对应的关系以外，需要在公文起草过程中根据实际情况灵活选择。例如，起草一份“意见”，既可能选用常用格式，也可能选用信函格式。也就是说，信函格式所使用的文种不仅仅限于“函”，还可能是意见、批复、通知、通报等文种。

二十四、纪要格式的标准与规范要求有哪些?

【解答】

纪要原称“会议纪要”,《条例》将其简化为“纪要”，是实践中使用频率很高的一个文种。按照规定，纪要的拟制，必须采用特定格式，主要包括：

1. 纪要标志。纪要格式是以固定版头印发会议纪要的特定格式，纪要标志由“××××纪要”组成，不加“文件”二字，居中排布，上边缘至版心上边缘的距离为35mm，推荐使用红色小标宋体字，字号大小自定。

2. 纪要编号。纪要编号的作用等同于发文字号，可居中编排在发文机关标志下空二行位置，可以采用“第××号”的形式，不编虚位。

3. 标注出席人员名单，一般用3号黑体字，在正文或附件说明下空一行左空二字编排“出席”二字，后标全角冒号，冒号后用3号仿宋体字标注出席人单位、姓名，回行时与冒号后的首字对齐，段末加句号。同一单位不同人员之间、不同单位之间的分隔符号可根据实际情况确定。

标注请假和列席人员名单，除依次另起一行并将“出席”二字改为“请假”或“列席”外，编排方法同出席人员名单。

4. 纪要不加盖印章。

5. 纪要格式可以根据实际情况制定。

二十五、“特此通知”“此复”后是否应该有句号?

【解答】

不同种类的公文，往往在正文结束后另起一行加上结尾语，如“此令”“此复”“特此通知”“专此报告”等，这是多年来人们在公文写作实践中约定俗成的用法，属于习惯用语。但在结尾语之后是否需要加标点符号，要依具体情况而定。如果结尾语是一个词组，就不能加句号，如上面所列的几个，但如果是一个完整的语句，就需要加上标点符号。例如，请示的结尾语“妥否，请批示”；报告的结尾语“以上报告如有不妥，请指示”“以上报告如无不妥，请批转各地执行”。也就是说，公文的结尾语，是词组的，就不加句号；是完整语句的，就要添加句号。

二十六、多个书名号或引号并列时使用顿号分隔是否规范?

【解答】

标点符号是公文的有机组成部分，一定要讲究规范。按照《标点符号用法》规定，公文中涉及标有引号的并列成分之间和标有书名号的并列成分之间应当连写，而不能使用顿号隔开。

例如：公安部门要加强校园“警务室”、“护学岗”、“安全网”建设，落实护校制度。应当改为：公安部门要加强校园“警务室”“护学岗”“安全网”建设，落实护校制度。又如：各中小学要积极贯彻落实《中华人民共和国预防未成年人犯罪法》、《中华人民共和国未成年人保护法》、《中华人民共和国义务教育法》及相关要求。应当改为：各中小学要积极贯彻落实《中华人民共和国预防未成年人犯罪法》《中华人民共和国未成年人保护法》《中华人民共和国义务教育法》及相关要求。

二十七、公文中在标示数值和起止年限时使用连接号是否规范?

【解答】

按照《标点符号用法》规定，公文中涉及标示时间、地域的起止一般用一字线（占一个字符位置），而标示数值范围起止一般用浪纹线。例如：制订并实施学校安防达标建设三年行动计划（2018~2020 年）。应当改为：制订并实施学校安防达标建设三年行动计划（2018—2020 年）。

二十八、公文发文机关标志常见病误有哪些?

【解答】

发文机关标志（原党的机关公文称之为“版头”，行政机关公文称之为“发文机关标识”，《格式》将其统一表述为“发文机关标志”）是公文版头部分的重要格式要素，即人们通常所说的“红头”，它能够体现出发文机关的权威性以及行文的庄重性和严肃性。如果违背了上述规定和人们公认的约定俗成的原则，应视为发文机关标志方面的错误。综括起来，当前在发文机关标志方面常见的错误主要有：

1. 发文机关名称所使用的简称不够规范。按照《条例》规定，公文的发文机关标志由发文机关全称或者规范化简称加“文件”二字组成，也可以使用发文机关全称或者规范化简称。也就是说，对于公文的发文机关标志，既可以使用全称，也可以使用简称，但简称必须是规范化的简称，不能随意苟简。一般而言，发文机关全称应以批准该机关成立的文件核定的名称为准。规范化简称应由该机关的上级机关规定，也有由本机关自定的，如属此种情形，一定要明文告知其他相关机关，而不能只是自己使用别人并不知晓。但在实际操作中，应当注意把握上行文必须使用发文机关全称；下行文和平行文既可以使用全称，也可以使用规范化简称。例如，“中国共产党河北省委员会”简称为“中共河北省委”，“中国共产党武汉市委员会”简称为“中共武汉市委”等都是规范的，但具体的委、办、局等的简称则往往是不规范的。例如，“中国共产党郑州市卫生局委员会”，按规定要求应当简称为“中共郑州市卫生局委”，但实践中人们往往将其简称为“中共郑州市卫生局委员会”，前半部分使用的是简称，而后半部分又使用了全称，全简夹杂，显欠规范。这种现象是比较普遍的，人们似乎已经习以为常，但终究不合规范，应当加以纠正。

2. 将具有不同功用的版式相互混淆使用。党政机关的公文版式有所不同，其功用各异。但在实践中，经常出现将具有不同功用的版式混淆使用的情形。

按照《条例》的规定，公文的发文机关标志应当由发文机关全称或者规范化简称加“文件”二字组成，也可以使用发文机关全称或者规范化简称。但按惯例，发文机关标志后加“文件”二字的版式主要用于下行文，只标识发文机关全称或者规范化简称的版式主要用于上行文。对于采用信函格式的公文，其版头部分也只能标识发文机关全称或者规范化简称。

3. 发文机关名称后面仍带有括号。在《条例》正式颁布实施之前，在党的机关公文版式中确实存在发文机关全称或规范化简称后面加文种“( )”的形式。但要注意，《格式》从党政机关公文发文机关标志的规范和统一的角度考虑，对这种形式已经明令取消。但在公文处理实践中，仍然时常见到此种版式，显然是因循守旧，未能及时了解和把握新的规定，应当予以纠正。

4. 发文机关标志字体字号的使用不够一致。按照《格式》规定，公文的发文机关标志推荐使用小标宋体字，主要是因为小标宋体字显得庄重，而其他字体诸如楷书、隶书、魏碑体等都带有某些书法艺术的成分，不适合用于标注党政机关名称。但对于发文机关标志具体应当使用几号字却没有明确规定，只是要求以醒目、美观、庄重为原则，由发文机关酌定。从实际操作来看，由于“国务院文件”五个字是22mm × 15mm（高 × 宽），所以应当以此为上限。这样，对于发文机关标志字号，应当坚持“一级小于一级”的原则，如果将22mm × 15mm（高 × 宽）称为“大版头”的话，则中共中央、国务院所属各部委以及各省、自治区、直辖市党委、政府所使用的版头应当为“中版头”，其尺寸规格为15mm × 10mm（高 × 宽），地市级及以下各级党委、政府就应当以使用“小版头”为宜，其尺寸规格为10mm × 8mm（高 × 宽）。从实践来看，不少机关单位对于发文机关标志所使用的字体字号较为随意，突出表现为字体往往不采用小标宋体，而只采用宋体字，当然使用其他字体的也有，而且字号极不统一，有些县团级甚至乡镇级党委、政府在发文时，其发文机关标志所使用的字号超出了规定的范围，甚至与中共中央文件和国务院文件的字号相差无几，显得很不规范，必须予以注意。另外，有的发文机关标志排列出来以后显得松散或者拥挤，应当根据具体情况灵活处理，即在文字较少的情况下要尽量拉宽字间距，文字较多的情况下则尽量压缩字间距，总体上要小于版心的宽度，以便从整体上看更加醒目、庄重和美观。

5. 发文机关标志的位置不规范。发文机关标志应当位于版头部分的什么位置？其与版心上边缘的距离是多少？对此，《国家行政机关公文处理办法》曾经规定："发文机关标识上边缘至版心上边缘为 25mm。对于上报的公文，发文机关标识上边缘至版心上边缘为 80mm。"这样规定，就使各级党政机关在设计和印制空白的红头文件用纸时，需要两种不同留白格式的红头纸，以至于给实际工作造成了很大不便，而且从实际情况来看，这样规定也无很大的必要。有鉴于此，《格式》从统一和规范的角度考虑，明确规定发文机关标志的上边缘至版心的上边缘距离为 35mm，取消了上行文要留出 80mm 空白区域的规定。这就是说，上行文、下行文和平行文的发文机关标志位置已经完全统一。

6. 联合行文时发文机关名称排列过多。按照《格式》规定，联合行文时对于发文机关标志的处理既可以同时标注联署发文机关名称，也可以单独使用主办机关名称。如果需要同时标注联署发文机关名称，应当分行连续标注，而且要将主办机关排列在前，并将"文件"二字置于联署发文机关名称右侧，上下居中排布，上行文则只需标识联署发文机关名称，省略"文件"二字。但在具体行文实践中，联署发文机关名称往往存在两个方面问题：一是未遵循将主办机关名称排列在前的规定。例如，××县林业局和××县公安局联合发文，就制止乱砍滥伐森林问题发出通知，本来县林业局应为主办机关，但在排布时却将县公安局排列在前，显欠规范。二是联署行文时将所有发文机关名称均予排列，以至于出现将公文正文挤出首页的情况。公文写作的一条重要原则，就是要确保首页显示正文，否则就可能出现伪造等不良现象。如果联合行文机关名称过多，可采取只标识主办机关名称的做法，如非要全部列出，也要尽量采取缩小字号、调整行间距等办法加以解决，总之要确保首页显示正文。实践中所见的将七八个甚至更多的机关名称全部予以排列的情形并不可取，应当视具体情况恰当处理，确保给人形态上的美感，从而充分发挥公文的应有效用。

二十九、公文发文字号拟制常见病误有哪些?

【解答】

发文字号又称“公文编号”，属于公文版头部分非常重要的一个格式要素，是公文的“身份标识”，在文件登记、文件查询利用以及文件归档管理等诸多环节均发挥着重要作用。从当前的公文处理实践来看，不少机关单位对于发文字号的拟制存在这样或那样的问题，随意性较强，很不规范，直接影响了公文的质量和效用。主要表现为如下几个方面。

1. 在发文字号的编排上不符合规定。按照《条例》的规定，公文的发文字号由发文机关代字、年份、发文顺序号组成，三者不可或缺，而且其排列顺序也不得随意颠倒。同时，按照《格式》规定，发文字号编排在发文机关标志下空二行位置，居中排布；上行文的发文字号则位于发文机关标志的左下侧，居左空一字编排，右侧用于标注签发人姓名。年份、发文顺序号用阿拉伯数字标注；年份应标全称，用六角括号“〔 〕”括入；发文顺序号不加“第”字，不编虚位（即 1 不编为 01），在阿拉伯数字后加“号”字。

2. 发文字号赘有多余的“字”和“第”字。在 1987 年 2 月国务院办公厅发布《国家行政机关公文处理办法》之前，公文的发文字号均标有“字”和“第”字，基于简化起见，此后被明令禁用。《条例》以及《格式》继续沿用了这一规定。但在实践中我们发现，有些省、自治区、直辖市党委、政府相继出台了《条例》的实施细则，应当说各地结合自身实际制定这些实施细则是非常必要的，但有一点就是必须坚持在《条例》和《格式》的总的规定原则下进行，而不能与之相抵触，自行其是。有的省市就明确规定发文字号中的机关代字要加“字”和“第”字，构成所谓的“××财字〔××××〕第××号”的模式，显然属于因循守旧，而且罔顾现行公文法规的最新规定，因而是错误的。特别是在公检法司等司法机关所拟制的司法文书中，这一问题表现得更为突出。尽管它们与党政机关的正式公文不能相提并论，但从规范化的角度考虑，也应以靠拢《条例》和《格式》的规定为宜。

3. 机关代字重复不明。指发文字号中的“机关代字”在一个地区中出现重复的问题。按要求，在编制发文机关代字时，应力求明确、简洁、规范，且不能产生歧义和冲突，特别是不能与上级机关、同级机关的机关代字相互冲突或重复，否则就会出现不同文件同一发文字号的重复现象。比如，某市市委政法委、市政协、市委意识形态和宣传思想工作领导小组的机关代字，选择了与市政府相同的机关代字“×政”，这就造成了一个地方范围内多家代字重复的现象，令人难明所指，从而使“×政”这个代字失去了实际存在的意义。正确的做法应该是避开重复的现象，体现出各自的代表性，即如上所述的特定性和单一性。

比如，市委政法委应选用“× 党法”，市政府政法办公室应选用“× 政法”，市政协应选用“× 政协”，市委意识形态和宣传思想工作领导小组应选用“× 党思”等，这样就会给人明晰之感。在实践中，这种现象并不是个别的，应当加以注意。此外，有的发文机关代字多达七八个甚至十几个字，虽然可能各有其所代表的层次，但代字过长，不仅使人读不懂，还会造成很多不必要的麻烦，如登记费事、排版困难等。这也是不能加“字”和“第”字的重要原因之一。

4. 一份公文出现多个发文字号。指在一份文件的版头处出现了两个或两个以上的发文字号，这是不合规定的。例如，某市科委、财委、经委等 8 个单位联合行文，在版头发文机关标志之下，并列有 8 个发文字号，占去了首页一半多的位置，使这份文件的首页变得很不匀称。《条例》和《格式》中都明确规定：联合行文时，只标明主办机关发文字号。这与联合行文时发文机关标志拟制的规定有所不同，对于联合行文的发文机关标志，既可以使用联署发文机关名称，也可以使用主办机关名称，但对发文字号则只能标注主办机关。因此，这份文件按规定只标市科委的发文字号即可，其余七个单位的发文字号均应省略。

5. 发文字号不明确发文含义。如上所述，发文字号是由发文机关文秘部门为本机关所有部门统一编制的规范化缩写加“发”“函”等组成，这里我们不妨称之为“发文形式”，也可称之为“发文类型代字”。其中，“发”代表机关向外以及向下发文，“函”代表不相隶属机关或以信函格式的发文。但上行文使用什么样的发文形式或发文类型代字，实践中很不统一，可以说是各种各样。目前除了采用信函式公文在机关代字后标注“函”以外，其余发文一般都用“发”作为总的发文类型代字(个别地区除外)。有的地区还自己增设了“报”“请”“呈”等发文类型代字嵌入上行文的发文字号，如贵州省人民政府的发文代字为“黔府发”，但其请示的发文代字为“黔府呈”；广西壮族自治区人民政府的发文代字为“桂政发”，而上报请示用的是“桂政报”。至于上行文是否必须使用单独的发文类型代字，目前尚无统一规定，但不少机关在文号中以“发”“呈”“函”三字分别作为下行文、上行文、平行文的发文类型代字。而目前很多机关所发公文的发文字号不明确发文机关含义，具体来说就是发文字号中看不到发文的含义，即在机关代字中未标明“发”“呈”“函”等字。例如，“鲁公治”代表山东省公安厅治安总队，但由于未标明“发”字，仅仅看这个机关代字判明不了它是一份发文还是一份收文的文号。因此，笔者认为，凡属发文编号的均应在机关代字中加注“发”字，以示与收文字号相区别。至于上行文是否必须单独编列发文类型代字，可由发文机关根据实际情况酌定。

6. 年份要素随意简化且不用六角括号括入。按《格式》的要求，发文字号中的年份必须用阿拉伯数字标识公元纪年，公元年份的四位数不可简化成两位数，如不可把〔2015〕

标为〔15〕，以利于有价值文件的保管与调阅。同时，要使用六角括号括入。六角括号不是数学公式中的中括号，不可标成方括号或圆括号。不然，在引用公文时，按照一般应当先引标题、后引发文字号的规则，发文字号是要用圆括号括起的，如果发文字号中的年份用中括号括起，就违反了低级符号中不得包含高级符号的原则；如果发文字号中的年份用圆括号括起，又会造成圆括号套圆括号的使用混乱，所以《格式》明确规定以“六角括号”括入年份要素。在这方面，实践中不少机关单位仍然使用方括号或圆括号，显欠规范，应予纠正。

7. 发文顺序号编列不当。公文的发文顺序号是一个机关在一年内制发文件的统一流水号，一般应以不同的发文形式分别统一编号。例如，以本机关的名义制发的公文可以统一编号，以本机关办公厅（室）的名义制发的公文另行统一编号，这就足够了。但在实践中，有些机关采用既按拟稿部门又按文种的方式分别编列流水号。例如，某市公安局制定的《公文处理办法》，明文规定公文的发文字号应当嵌入文种“× × 公通 × × 号”或“× × 公复 × × 号”等，这样做将会大大增加复杂程度，不利于公文的管理。还有，发文顺序号必须用阿拉伯数字标识，并且不编虚位 (即“1”不编为“001”)，在序号前也不加“第”字。因为从公文的内容到形式，始终应该体现简明实用的原则，在明白的基础上越简单越好。但在实践中有些单位却无视这一原则，其发文顺序号仍带有“第”字并编虚位，与《格式》的规定相悖，必须予以纠正。

值得注意的是，对于命令、公告、通告等文种，可只标注发文顺序号，用“第 × 号”的形式。以命令为例，凡以领导者名义发布的命令皆不用代字，且应以任期为限统一编排流水号而不用标注年份；以机关名义发布、由其首长签署的公布令也多用这种发文字号。这属于发文字号的特殊形式，应当是允许的。

三十、公文页码标识方面常见的病误有哪些?

【解答】

在党和国家历次发布的公文处理法规中，页码一直没有被列为公文的格式组成要素。《条例》以及《格式》首次将其列入，并规定其用以表明公文页数顺序号，这就充分说明页码是公文的一个重要组成部分，是保证公文完整性和有效性的标志。同时，在公文中标注页码，还有利于对公文进行查阅、统计、检索、印制和装订，甚至有助于公文的防伪。但在实践中，对于页码的标识时常出现一些问题，归纳起来，主要表现在：

1. 字体字号不符合规定。有人会问，公文的页码也涉及字体字号吗？答案是肯定的。按照《格式》的规定，公文的页码应当使用 4 号半角宋体阿拉伯数字。但有些机关单位的公文却比较随意，有的使用3号字，同时也非宋体字，而是采用仿宋体字或者其他字体等，这些都是不合规范的。必须明确的是，公文格式讲究统一和规范，任何单位都不可别出心裁，每一个格式要素均有其对应的标准要求，因此需要严加注意，不容粗疏。

2. 位置摆放不当。公文与一般文章和文艺作品有所不同，它不是用来供人欣赏的，也不是用来传递一般性信息的，更不是用来处理个人私务的，因此其对格式的要求非常严格，讲究“规范体式”，每一个格式要素在页面上均有其特定的位置坐标。以页码为例，一般文章和文艺作品，为了追求其多样化和艺术性，可以将其置于版心的正下方居中，也可以置于版心的右下侧、左下侧以及左上侧、右上侧，甚至置于翻口的中间位置，以求美观，彰显个性，吸引读者。但公文中却不允许这样做，因为公文是办理公务的工具，公文中的页码必须遵循特定的规定进行标识。实践中有些公文未能依照这样的尺寸规格和格式架构来设置页码，随意性很强，既不统一也很不规范，均应予以规范。

3. 空白页标注页码。按照规定，公文版记必须置于公文的最后一页，版记的最后一个要素要位于版心的最后一行，版记各要素（包括抄送机关以及印发机关和印发日期）之间要用分隔线分开，最后一条分隔线要与版心的下边缘重合。可见，版记置于公文的最后一页，其前面有时可能会出现空白页。在此种情况下，根据《格式》的规定，空白页和版记页均无须标注页码，也就是说，页码只标识到正文结束的那一页。但在实践中，有些机关单位所印制的公文却在空白页和版记页一律标注页码，而且即便标注了页码，也未按上述规定编制，因此是不合规范的。

4. 附件页码与主件分离。附件是指公文正文的说明、补充或者参考材料，是公文正文的有机组成部分，与正文具有同等效力。附件一定要另面起编排，应当处于版记页之前，根据规定，如无特殊情况，应当与主件一起装订，并且页码应当连续编排。实践中，有些公文却没有这样做，而是将附件单独标注页码，形成与主件相互隔离的状态，这是不规范的。还有的公文虽然将正文和附件的页码连续标注，但未能标至版记页且版记页排有文字，也是不合规范的。

5. 信函格式公文首页标注页码。信函格式属于公文的一种重要特定格式，与公文的标准格式相比其效力是完全相同的，只是表现形式有所不同。相对于标准格式而言，信函格式相对简单，易于操作，但值得注意的是，作为公文特定格式之一的信函格式，其首页是不能显示页码的，需要由第二页开始标注页码，这是信函格式公文与标准格式公文的一个显著差异，必须加以区分。但实践中有些采用信函格式的公文却在首页标注页码，标注形式与标准格式的公文无异，这是不合规范的。

6. 遗漏标注页码。机关单位所印制的公文需要标注页码，这是长期以来一致的和普遍的规定和做法，便于公文的查询引用和统计检索，具有不可替代的重要作用。特别是《条例》和《格式》有史以来第一次将页码列入公文的格式组成要素之一，就更加凸显了页码的重要性。因此，凡属机关单位印制的正式公文，一概不得缺漏页码，要按有关规定标准规范标识，确保行文的规范化和严肃性。但从实践来看，有的机关单位印制的公文根本就未标注页码，随意性很大，与公文法规和公文格式国家标准的规定相去甚远，必须予以纠正。

三十一、公文附件拟制中常见的问题有哪些?

【解答】

从实践来看，目前对于公文附件的拟制和使用存在以下几个方面的问题：

1. 将附件与附件说明和附注混为一谈。这三个要素均是公文主体部分的格式项目，但各自的含义和用途有所不同。按照《格式》的规定，“附件说明”指的是公文如有附件，要在正文下一行左空二字处标识“附件”，后标全角冒号和名称，附件后不加标点符号。附件如有多份，要有序号，使用阿拉伯数字。总之，“附件说明”指的是附件这一公文格式项目要素的标识问题。“附件”则是指公文主件所应附的公文附件，即实质上的附件。公文的附件是正文内容的组成部分，与公文正文具有同等效力。“附注”则一般是指对公文的阅读传达范围、使用时需要注意的事项加以说明的文字，如“此件发至县团级”“此件可见报”“此件可登党报党刊”等，通常标识于成文日期的左下方。附注不是对公文的内容作出解释和注释，对公文的注释或解释一般在公文正文中采取句内括号或句外括号的方法加以解决，对此，使用附注时要加以注意。

2. 附件位置及装订方式不正确。附件主要包括与公文正文内容相关的文字材料、数据、名单、图表、图形等，这些内容如果穿插在公文正文中，往往容易隔断公文正文前后意思的联系而造成阅读上的不便。在这种情况下需要将其从公文正文中抽出来而作为公文的附件单独表述，既可以补充完善正文，又可使正文的内容简洁连贯。那么，附件应当处在公文的什么位置呢？根据《格式》规定，附件应当置于正文之后、版记之前，并与主件一起装订。而且公文的附件需要另面起编排，即无论前一面留有多少空白，都需要另起一面。实践中不少机关把公文的版记置于公文主件之后、附件之前，形成主附分离，这是不正确的。也就是说，无论附件的页数有多少都一定要置于版记的前面，而且无极特殊情况要与主件一起装订。这是在实际操作中容易忽视的一点。如果在版记之后编排装订附件，由于版记是公文结束的标志，附件就不能视为公文的组成部分了。

3. 附件的标识方法不符合规定。按照规定，附件都要另起一面单独编排，具体的编排方法是首先要在版心左上角第一行顶格编排“附件”二字，使用3号黑体字，如果有多个附件，后面必须紧跟附件顺序号，顺序号后无须加冒号。附件标题编排在首页第三行居中位置，附件序号和附件标题必须与附件说明中的内容完全一致。附件标题以及附件中行、字、段落等的编排与主体部分相应格式要素的要求完全一致。但在具体行文过程中，我们发现有的机关或单位的公文附件没有另面编排，而是直接印制在“生效标志”之后；有的在附件的左上角遗漏“附件”二字，或是即使有也不是3号黑体字，而是仿宋体字；或者当有多个附件时，附件顺序号使用汉字数字并加注冒号等，这些显然都是不合规定的做法。

4. 采用复体行文方式时对附件的理解失之偏颇。在公文处理实践中，有一种复体行文的方式，其表现形式是“以文载文”“文后有文”。具体是指法定公文的15个文种，由于它们是党和国家公文法规中所明确规定使用的，因此具有相应的法律地位，可以单独行文；而在机关单位的行文实践中，除了这15个法定文种以外，还有一个数量相当庞大的文书组群。公文学界一般将这些文种称为“事务文书”。因为它们不属于公文法规中所规定的文种范畴，即没有相应的法律地位，虽然其中很多文种的使用频率往往比法定公文文种还要高，但不具有独立行文的资格，而必须从15个法定文种中找出一个文种来载运着它行文，此种行文方式即属于“复体行文”。被找出来的文种称为“文件头”，主要由报告（上行时）和命令（令）、通知（下行时）来担任。过去，人们多将采用复体行文方式行文“文件头”之后所附的总结、方案、领导讲话、条例等称为公文的“附件”，是不妥当的，因为批转、转发、印发、发布类公文，被批转、转发、印发和发布的内容（如工作要点、工作总结、实施方案、领导人的讲话）不属于公文的附件，所以在公文正文中不能加附件说明，而应直接另面编排，所附内容首页也不标注“附件”二字，其他格式方面的要求与正文一致。

5. 与正文不一起装订时对“附件”的标识不符合规定。如果附件不能与公文正文一起装订，按照《格式》规定，则应在附件首页版心左上角第一行顶格标注公文的发文字号加“附件”二字以及附件的顺序号。例如，正文中的附件标识为“附件：1.2015年度国家标准制修订计划项目”，在与正文不一起装订的附件左上角应顶格标注“国标委〔2015〕215号附件1”。在实践中，有些公文没有这样做，而是在附件首页版心左上角直接写上附件的名称，多个附件行文时也没有标注顺序号，让人很难弄清究竟是哪一份文件的附件，给公文的阅读和使用造成极大不便，应当严加注意和规范。

6. 有多个附件时的序号、标点符号以及页码的标识不符合规定。按照规定，公文如有附件，一定要在附件说明处标注公文附件的顺序号和名称。其位置在正文下空一行左空二字编排“附件”二字，后标全角冒号和附件名称。如有多个附件，使用阿拉伯数字标注附件顺序号（如“附件：1.×××××”）；附件名称后不加标点符号。实践中，有些公文却没有按照规定去做，比如，将附件名称加上书名号，这是毫无必要的；或者在附件名称后加冒号抑或句号；或者多个附件的顺序号使用汉字数字；所标示附件名称和实际附件的名称不完全一致；“附件”二字后边的冒号和序号位置颠倒。例如，“附件：1.××××”却被标注为“附件1.××××”或“附件一：××××”，或者“附件1：××××”以及“附件：《××××》”等，都是不规范的。还有就是当附件名称过长需要回行时，要注意应与上一行附件名称的首字对齐。

7. 附件与正文一起装订时页码的标识不符合规定。页码是《条例》和《格式》中新增加的格式项目，用以表明公文页数的顺序号。公文的版记页前有空白页的，空白页和版记页均不编排页码，即页码只需标识到正文结束的那一页。同时，当公文的附件与正文一起装订时，页码应当连续编排。实践中有些公文却未能如此，而是将附件单独编排页码，这就造成了主件和附件分离的情况，使附件没有成为公文的有机组成部分，显然是不规范的。

三十二、公文成文日期标识方面常见的病误有哪些?

【解答】

从总体情况来看，当前在公文成文日期的确定和标注方面的不规范主要表现为以下几个方面。

1. 确定标准不够一致。公文中的成文日期可能涉及各种情况，如机关或单位比较重要的公文、联合行文、以电报形式发出的公文等，其成文日期的确定有严格规定，因为它直接关系到一篇公文的时效，必须慎重对待，切不可随心所欲，草率确定。在实践中，对《条例》的理解不准确，有的是用文件的印发日期，有的联合行文署第一个领导人（或称主办机关领导人）的签发日期，电报反倒使用了领导人的签发日期。尤其是法规规章文件，其成文日期更为混乱，有的是签发日期，有的是印发日期，就是不用批准日期，极其不合规范。还有就是会议通过的文件，例如，有一篇《××人大选举委员会关于第一次人大代表选举结果的决议》，本来会议通过的日期是2016年12月28日，但在行文时却使用了2016年12月31日，显欠规范。而且这种情况还不是个例，应当引起公文拟制者的注意和重视。

2. 行政公文仍用汉字数字标注。关于公文的成文日期，原来的规定和通用做法是，党的机关文件使用阿拉伯数字，而行政公文则使用汉字数字，这种状况维持了数十年。值得注意的是，《条例》以及《格式》从党政机关公文拟制的统一化和规范化的角度考虑，已经将成文日期统一规定为使用阿拉伯数字，这样既醒目又美观。对于这一新变化，文秘人员在拟制文件时必须予以注意，确保其规范。

3. 排布位置不符合规定。公文的成文日期应当排布在公文的什么位置？按照《格式》

的规定，加盖印章的公文，成文日期的位置很固定，即必须置于正文或者附件说明之下空若干行（究竟空几行，是由发文机关或单位的公章大小决定的）右空四字编排（即与版心的右边缘为四个字的距离），无论单一机关行文还是多个机关联合行文，成文日期的位置都不能出现任何改变，而且无论印章的多少及其位置的移动，最后一个印章一定要压在成文日期上。印章的上弧要与正文或附件说明之间空出至少一行的距离，做到上不压正文；印章的下弧要与成文日期的下边缘相切。对于这一问题，实践中存在的问题相当突出，主要表现为：成文日期未能遵循与版心右边缘空出四字的位置的规定；成文日期与正文或附件说明之间的空白过大或过小；联合行文时随意更动成文日期的位置。

三十三、为什么强调公文首页必须显示正文?

【解答】

公文首页必须显示正文，这是公文行文的一条最基本原则。之所以作这样的规定，原因无外乎有两点：一是体现公文的严肃性。因为如果一份公文，首页均标注发文机关标志名称，如果签发人姓名过多，抑或标题中联合行文时将发文机关名称要素都罗列进去，就有可能出现将正文挤出首页的现象，由此导致受文对象阅读首页没有正文出现，是一件很不严肃的事情。二是如果公文首页不能显示正文，更严重的后果是有可能被人伪造，造成难以预料的后果或损失。

三十四、“党发”与“党字”在内容上如何把握，其有没有原则性的规定?

【解答】

“发”和“字”均属发文字号中的发文类型代字，“党发”标明的是党委部门的对外发文。例如，“中发”就是中共中央的发文，“国发”就是国务院的发文。而“党字”的提法早已被废弃不用，应当予以注意。这就是说，发文字号中不能出现“党字”字样，否则即不合规定。

三十五、为什么说公文的主送机关不能标识领导者个人?

【解答】

公文的致送对象一般只对组织，不对个人，这是一条重要的行文规则。有的人误以为公文主送给领导者个人，有些问题便能够尽快解决，但结果往往适得其反。特别是涉及经费问题的请示，经常见到主送给“××× 总经理”“××× 局长”“××× 主任”，这些都是不规范的。因为按照民主集中制的管理原则，许多问题的解决需要领导集体开会讨论决定，并不是由某一领导个人说了算。同时，将主送机关标识为个人，办文部门就不能按照公文处理的规范流程办理，必将延误时机。更重要的是，领导同志经常外出不在单位，其他领导也不便办理，致使时间紧迫的问题无法及时得到解决。要注意的是，根据现行公文法规的规定，有些事项是由某位领导人单独交办的不在此列。

三十六、公文中人名排列时，中间是用顿号还是空格隔开?

【解答】

关于这个问题，应当根据实际情况来确定。如果公文标题中以及签发人出现多名领导人，姓名之间要用空格的方式处理；如果正文中出现多个领导人姓名，也要采用空格的方式予以解决，如党的二十届一中全会公报中公布的名单就是如此。

但有时会遇到既要表述领导同志的姓名又要标明其职务的情况，应当使用顿号和逗号隔开，同一位领导不止一个职务，职务之间使用顿号，姓名之后用逗号，如“中共中央总书记、国家主席、中央军委主席习近平”等。有些单位编发的简报，在报尾部分将领导人的姓名与机关单位名称混杂在一起，既不规范又显杂乱。

三十七、在撰写请示时是否可以带“申请”字样?

【解答】

请示本身即已蕴含“申请”之意，所以，在请示中不能再出现“申请”字样，否则就是叠床架屋。

三十八、部门内设机构可以使用文件格式行文吗?

【解答】

不可以。按照《条例》规定，“部门内设机构除办公厅（室）外不得对外正式行文”。部门内设机构如与相应的其他机关进行工作联系确需行文时，只能以函的形式。

三十九、抄送给上级的文件是否应用“抄报”，抄送给下级的文件是否应用“抄发”？

【解答】

过去，关于公文抄送机关的确定，其称谓曾因行文方向的不同而有所变化，即将向上级机关的抄送称为“抄报”，将向下级机关的抄送称为“抄发”。但应注意的是，从中共中央办公厅 1996 年 5 月发布《中国共产党机关公文处理条例》以及国务院办公厅 1993 年 11 月发布《国家行政机关公文处理办法》以后，不管是对上、对下还是平级，凡属抄送阅知的文件一律列入“抄送”，原来的“抄报”提法已不复存在。《条例》依然沿用了这一做法。

图书在版编目（CIP）数据

新时代公文写作实务大全集 / 中国写作学会公文写作专业委员会组织编写；岳海翔编著．—北京：东方出版社，2023.4

（公文通：新时代公文写作“笔杆子”系列）

ISBN 978-7-5207-1253-8

Ⅰ．①新…　Ⅱ．①中…②岳…　Ⅲ．①公文—写作　Ⅳ．① H152.3

中国版本图书馆 CIP 数据核字（2019）第 246083 号

新时代公文写作实务大全集

（XINSHIDAI GONGWEN XIEZUO SHIWU DAQUANJI）

作　　者： 中国写作学会公文写作专业委员会　岳海翔
责任编辑： 杭　超
出　　版： 东方出版社
发　　行： 人民东方出版传媒有限公司
地　　址： 北京市东城区朝阳门内大街 166 号
邮　　编： 100010
印　　刷： 三河市龙大印装有限公司
版　　次： 2023 年 4 月第 1 版
印　　次： 2023 年 4 月北京第 1 次印刷
开　　本： 880 毫米 ×1230 毫米　1/16
印　　张： 48
字　　数： 928 千字
书　　号： ISBN 978-7-5207-1253-8
定　　价： 298.00 元
发行电话：（010）85924663　85924644　85924641

版权所有，违者必究

如有印装质量问题，我社负责调换，请拨打电话：（010）85924725